考えるカ・知的好奇心を育てる

子どもに教えたい

ふしぎのお話365

諏訪東京理科大学教授
篠原菊紀 監修

永岡書店

監修者《かんしゅうしゃ》あいさつ

「心《こころ》の基礎《きそ》」と「知的好奇心《ちてきこうきしん》」のすこやかな発達《はったつ》を！

子《こ》どもが物事《ものごと》に対《たい》して興味《きょうみ》を持《も》つには、まず、その物事《ものごと》を「好《す》きになる」ことが重要《じゅうよう》です。「好《す》きになる」という行為《こうい》を通《とお》してこそ、子《こ》どもはいろいろなものに対《たい》する知的好奇心《ちてきこうきしん》を育《はぐく》んでいけるからです。もっと好《す》きになろう、もっと知《し》ろう、そのやる気《き》のきっかけをつくることは、私《わたし》たち大人《おとな》の役目《やくめ》といえるでしょう。

そして、人間《にんげん》がそのように「好《す》きになる」力《ちから》を形成《けいせい》するのが、まさに5歳前《さいまえ》の時期《じき》であることが、M《えむ》R《あーる》I《あい》による脳《のう》の発達研究《はったつけんきゅう》から示唆《しさ》されているのです。

2008年《ねん》にP・ショーらがまとめた調査研究《ちょうさけんきゅう》によると、脳《のう》の各部位《かくぶい》ごとに、発達《はったつ》のピークを迎《むか》える時期《じき》が異《こと》なることがわかっています。発達《はったつ》のピークを迎《むか》える時期《じき》は、大体《だいたい》3つのパターンに分《わ》けられます。具体《ぐたい》的《てき》には、5歳前《さいまえ》に発達《はったつ》のピークを迎《むか》えるパターン。次《つぎ》に、9歳《さい》から12歳《さい》くらいにピークを迎《むか》えるパターン。最後《さいご》に、いわゆる思春期《ししゅんき》にあたる、12、13歳《さい》から24、25歳《さい》にかけてゆるやかにピークを迎《むか》えるパターンです。

まず5歳前《さいまえ》に発達《はったつ》のピークを迎《むか》えるのは、母親《ははおや》や他《ほか》の人《ひと》の顔《かお》の表情《ひょうじょう》の見分《みわ》け方《かた》、語彙《ごい》、好《す》き嫌《きら》いなどの価《か》値判断《ちはんだん》といった部位《ぶい》、つまり「心《こころ》の基礎《きそ》」にかかわる脳部位《のうぶい》が発達《はったつ》します。そして9歳《さい》から12歳《さい》までには、さまざまな知的《ちてき》な活動《かつどう》を通《とお》して知的好奇心《ちてきこうきしん》の中核《ちゅうかく》にあたる脳部位《のうぶい》が発達《はったつ》し、そして思春期《ししゅんき》になると、「自分《じぶん》ってなんだろう」「〇〇、ムカつく！」などと考《かんが》える「自己《じこ》モニター」や心《こころ》の切《き》り替《か》えにかかわる脳部位《のうぶい》が発達《はったつ》し、「心《こころ》」が完成《かんせい》していくのです。

「好《す》き嫌《きら》いの価値判断《かちはんだん》」の大枠《おおわく》が身《み》についてしまう5歳《さい》までの時期《じき》に、いろいろなものに興味《きょうみ》を抱《いだ》き、また好《す》きになっていく力《ちから》を身《み》につけることで、知的好奇心《ちてきこうきしん》はおおいに育《はぐく》まれていくことでしょう。そして、5歳《さい》までに発達《はったつ》のピークを迎《むか》える脳部位《のうぶい》は、いずれも主《おも》に人《ひと》と対話《たいわ》するなど、コミュニケーションにかかわる部《ぶ》位《い》です。

ですから、親子《おやこ》で一緒《いっしょ》にいるという安心《あんしん》・安全《あんぜん》な空間《くうかん》の中《なか》で、本書《ほんしょ》のように、科学《かがく》をはじめとしたさまざまな分野《ぶんや》に関《かん》する「読《よ》み聞《き》かせ」や、「親子《おやこ》で一緒《いっしょ》に読《よ》む」という行為《こうい》をおこなうことは、知的好奇心《ちてきこうきしん》を育《はぐく》む上《うえ》で、非常《ひじょう》に大《おお》きな効果《こうか》をもたらすことでしょう。

ところで、「読《よ》み聞《き》かせ」を始《はじ》める場合《ばあい》、5歳《さい》までの時期《じき》を逃《のが》したらもう効果《こうか》はないのか？　というと、そういうことは決《けっ》してありません。先《さき》ほどの研究《けんきゅう》のデータの詳細《しょうさい》を見《み》れば、5歳前《さいまえ》にピークがあると思《おも》われる部位《ぶい》が、5歳以降《さいいこう》発達《はったつ》している例《れい》は山《やま》のようにあります。そのほかのパターンも同様《どうよう》です。つまり、脳《のう》はこの時《とき》を逃《のが》したらだめということはほぼないのです。いくつになっても発達《はったつ》をしていくものなのです。

それは大人《おとな》になっても同様《どうよう》です。頭《あたま》を使《つか》う度合《どあ》いが高《たか》いほどアルツハイマー病《びょう》にかかわるβ《べーた》アミロイドの蓄積《ちくせき》が小《ちい》さいことも知《し》られていますから、お子《こ》さんだけでなく大人《おとな》のみなさんも、昔学《むかしまな》んだり聞《き》いたりしたことを思《おも》い出《だ》しながら、一緒《いっしょ》に脳《のう》を発達《はったつ》させていきましょう、脳《のう》を守《まも》りましょう。

どの時期《じき》から始《はじ》め、どのような教育《きょういく》を受《う》けていたとしても、わたしたちの脳《のう》は柔軟《じゅうなん》に学習《がくしゅう》し、発達《はったつ》をしていく潜在的《せんざいてき》な力《ちから》を秘《ひ》めています。そういう意味《いみ》では「教育《きょういく》に失敗《しっぱい》はない」といえるでしょう。失敗《しっぱい》を恐《おそ》れず、子《こ》どもにはさまざまなことを吸収《きゅうしゅう》させていくようにしてください。

本書《ほんしょ》を通《とお》して、お子《こ》さんが知的好奇心《ちてきこうきしん》を育《はぐく》み、すこやかに発達《はったつ》されていくことを願《ねが》います。

諏訪東京理科大学教授《すわとうきょうりかだいがくきょうじゅ》　篠原菊紀《しのはらきくのり》

1960年《ねん》、長野県《ながのけん》生まれ。東京大学大学院博士課程《とうきょうだいがくだいがくいんはくしかてい》（健康教育学《けんこうきょういくがく》）を経《へ》て、現在《げんざい》、諏訪東京理科大学共通教育《すわとうきょうりかだいがくきょうつうきょういく》センター教授《きょうじゅ》。東京理科大学総合研究機構併任教授《とうきょうりかだいがくそうごうけんきゅうきこうへいにんきょうじゅ》。学生相談室長《がくせいそうだんしつちょう》。専門《せんもん》は脳神経科学《のうしんけいかがく》、応用健康科学《おうようけんこうかがく》。テレビ、雑《ざっ》誌《し》等《とう》での解説《かいせつ》・実験監修《じっけんかんしゅう》のほか、教育産業《きょういくさんぎょう》・アミューズメント事業《じぎょう》などとの共同研究《きょうどうけんきゅう》を多数行《おこな》っている。近著《きんちょ》に『脳《のう》がぐんぐん若返《わかがえ》る！　脳《のう》トレーニング』（永岡書店《ながおかしょてん》）、『「しなやか脳《のう》」でストレスを消《け》す技術《ぎじゅつ》』（幻冬舎《げんとうしゃ》）、『2歳《さい》～5歳児《さいじ》の脳《のう》を育《そだ》てる子《こ》ども体操《たいそう》』（講談社《こうだんしゃ》）、『子供《こども》が勉強《べんきょう》にハマる脳《のう》の作《つく》り方《かた》』（フォレスト出版《しゅっぱん》）など多数《たすう》。

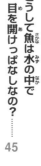

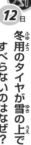

ジャンル別《べつ》のマーク
- みのまわりのふしぎ
- 人体《じんたい》のふしぎ
- 生《い》きもののふしぎ
- 自然《しぜん》のふしぎ
- 科学《かがく》のふしぎ
- 宇宙《うちゅう》のふしぎ

もくじ　2月《がつ》のふしぎ

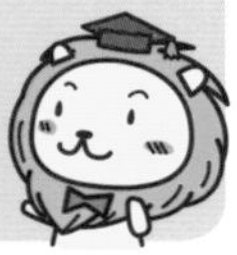

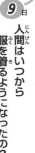

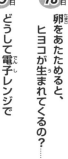

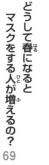

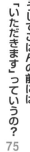

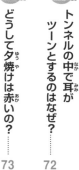

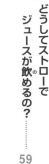

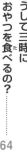

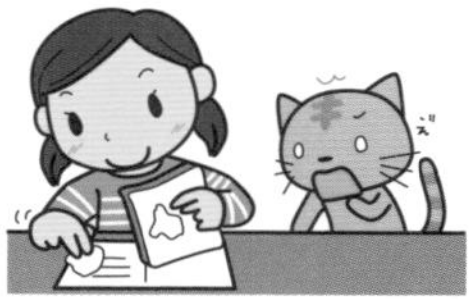

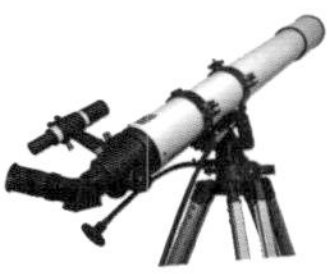

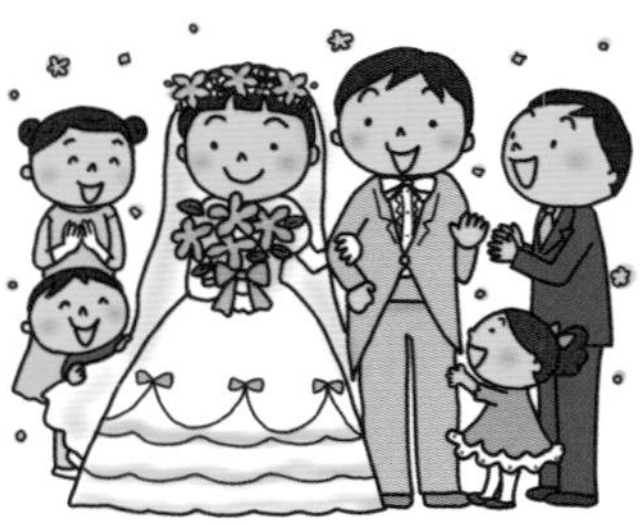

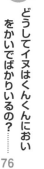

3月《がつ》のふしぎ

4月《がつ》のふしぎ

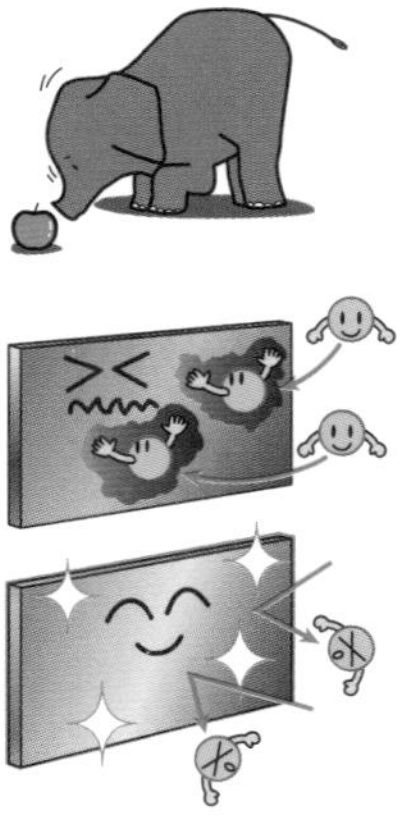

もくじ

5月《がつ》のふしぎ

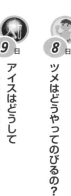

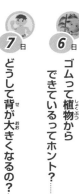

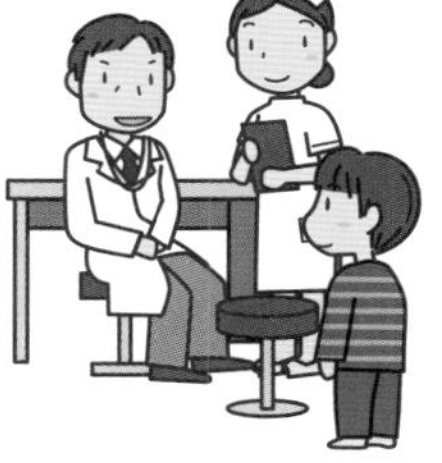

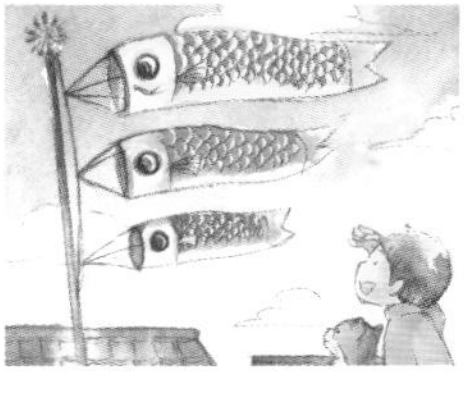

もくじ……6月《がつ》のふしぎ

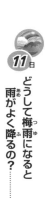

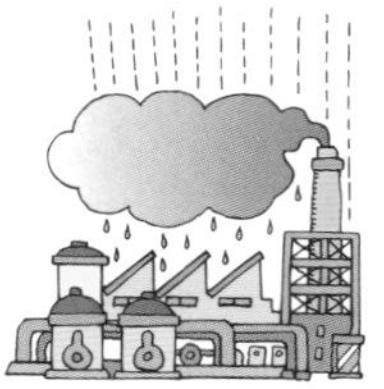

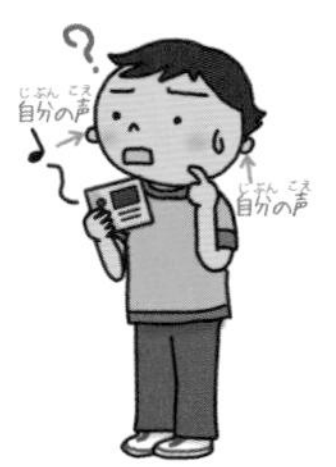

もくじ　7月《がつ》のふしぎ

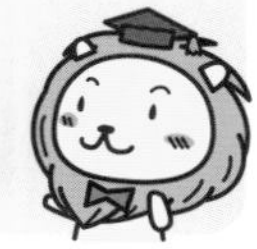

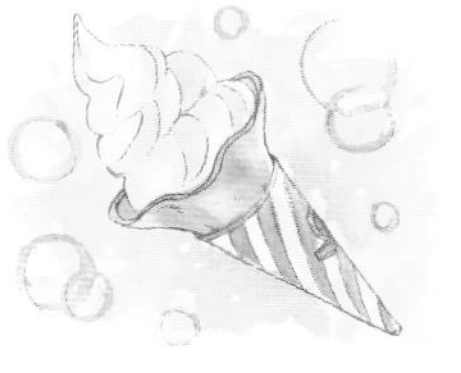

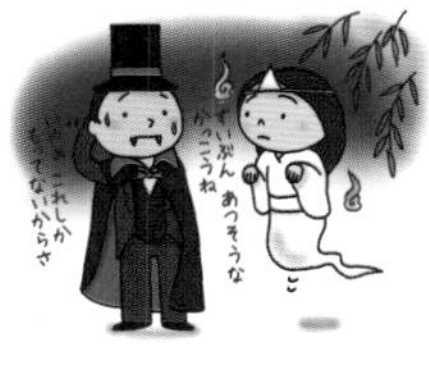

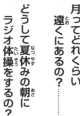

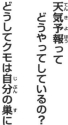

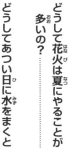

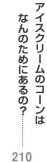

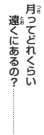

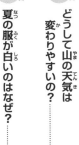

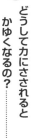

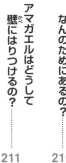

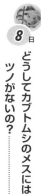

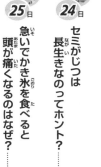

もくじ　8月《がつ》のふしぎ

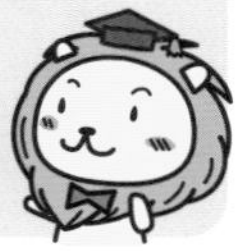

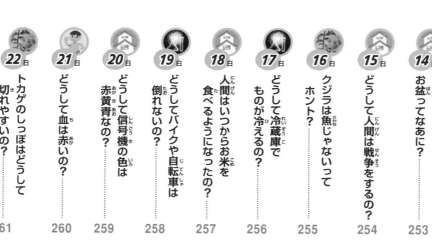

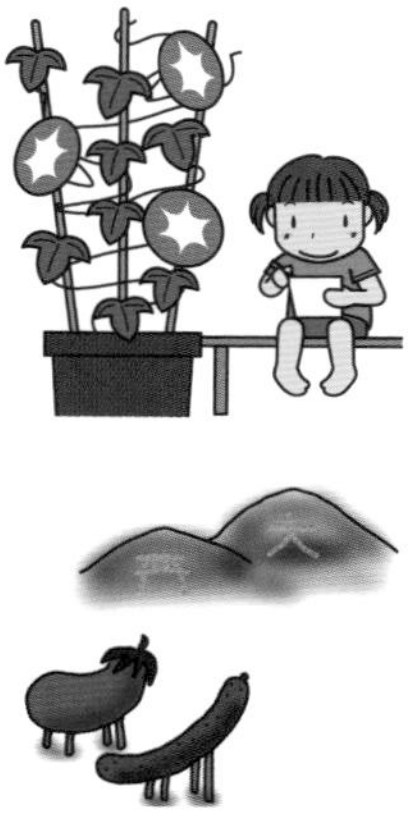

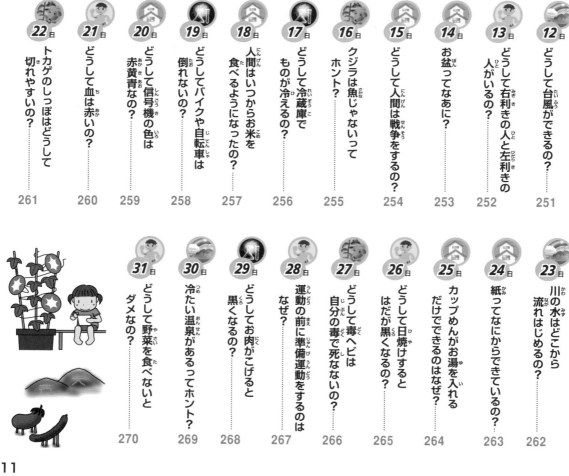

もくじ ……………… 9月《がつ》のふしぎ

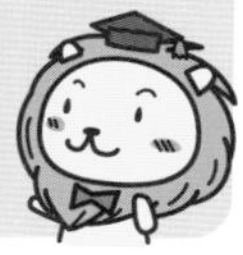

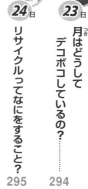

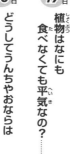

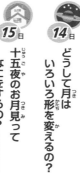

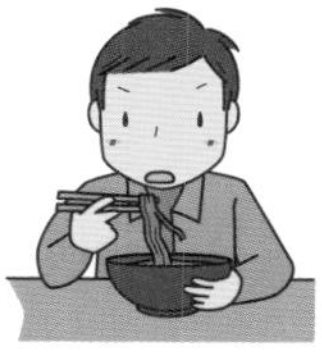

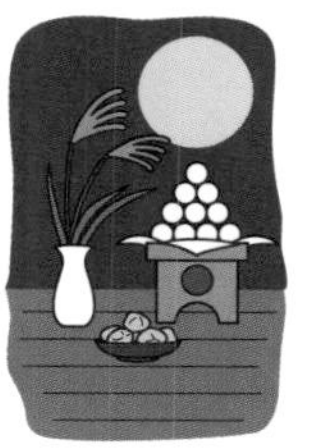

もくじ

10月《がつ》のふしぎ

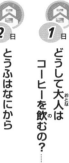

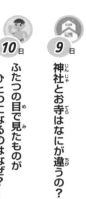

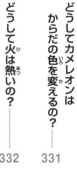

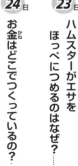

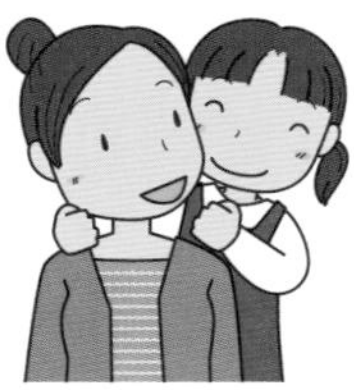

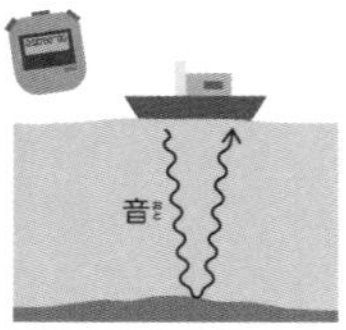

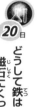

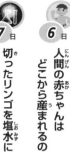

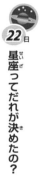

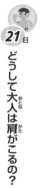

もくじ　11月《がつ》のふしぎ

もくじ …… 12月《がつ》のふしぎ

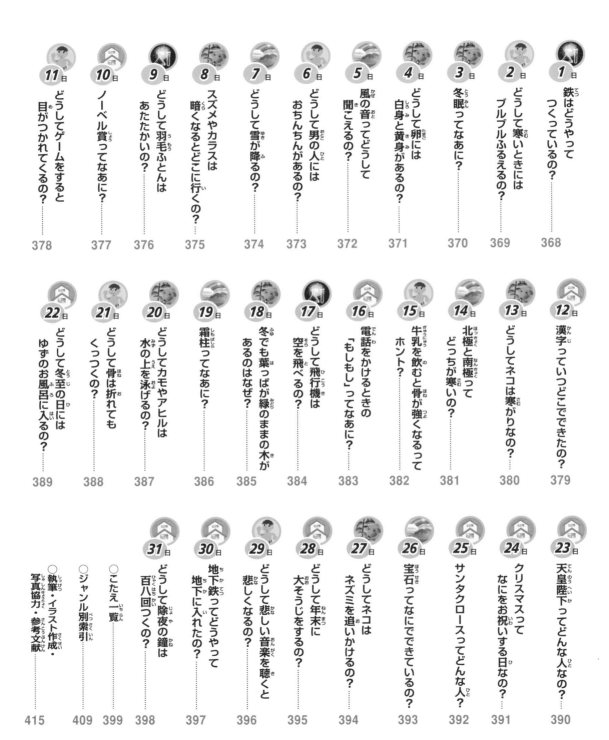

子《こ》どもたちが日常的《にちじょうてき》に感《かん》じるさまざまな「ふしぎのお話《はなし》」を、親子《おやこ》で一緒《いっしょ》に解決《かいけつ》していきましょう！

- 子《こ》どもたちの考《かんが》える力《ちから》と知的好奇心《ちてきこうきしん》を育《そだ》てる、いろいろなふしぎについて、わかりやすく解説《かいせつ》。親《おや》子一緒《こいっしょ》に考《かんが》えながら、楽《たの》しく学《まな》んでいけます。
- すべてのお話《はなし》にフリガナをふっていますので、成長《せいちょう》に合《あ》わせてお子《こ》さま一人《ひとり》で読《よ》むこともできます。

読《よ》んだ日《ひ》

いつ読《よ》んだかを記録《きろく》しておきましょう。一日《いちにち》ひとつ、でなく、ふたつ、みっつと読《よ》んでいっても大丈夫《だいじょうぶ》ですよ。

日付《ひづけ》

イベント、季節《きせつ》など、日付《ひづけ》に関係《かんけい》するお話《はなし》をたくさんのせています。もちろん、好《す》きなジャンルなど、どこから読《よ》んでいってもかまいません。

タイトル

ぎもん形式《けいしき》で全《ぜん》366話《わ》。お話《はなし》を読《よ》みながら、答《こた》えをみつけていきましょう。

ジャンル

「生《い》きもののふしぎ」「宇宙《うちゅう》のふしぎ」「科学《かがく》のふしぎ」「自然《しぜん》のふしぎ」「人体《じんたい》のふしぎ」「みのまわりのふしぎ」の計《けい》6ジャンル。お子《こ》さまがさまざまなものに興味《きょうみ》を抱《いだ》けるよう、たくさんの内容《ないよう》を盛《も》り込《こ》んでいます。

イラスト・写真《しゃしん》

お子《こ》さまの理解《りかい》を手助《てだす》けする、イラストや写真《しゃしん》をオールカラーで掲載《けいさい》しています。

まめちしき

お話《はなし》に関《かん》するたのしいオマケ知識《ちしき》をのせています。

※巻末《かんまつ》には、お子《こ》さまのぎもんに素《す》早《ばや》く答《こた》えられる「こたえ」ページを掲載《けいさい》しています。

読《よ》んだ日《ひ》　月《がつ》　日《にち》

7月《がつ》23日《にち》

どうしてあついときには汗《あせ》をかくの？

人体《じんたい》のふしぎ

一年中《いちねんじゅう》同《おな》じ体温《たいおん》を保《たも》つには

人間《にんげん》のからだは、あつい日《ひ》でも寒《さむ》い日《ひ》でも、体温《たいおん》そのものはあまり変《か》わりませんね。人間《にんげん》など、ほ乳類《にゅうるい》の仲間《なかま》は、一年中《いちねんじゅう》ほぼ同《おな》じ体温《たいおん》です。

ほ乳類《にゅうるい》がからだをうまく動《うご》かすためには、いつも同《おな》じくらいの体温《たいおん》にしておかないといけないからです。

でも、一年《いちねん》の中《なか》には寒《さむ》い季節《きせつ》もあるし、あつい季節《きせつ》もありますね。ほうっておいたら、夏《なつ》は体温《たいおん》が高《たか》くなりますし、冬《ふゆ》は体温《たいおん》が低《ひく》くなってしまいます。

そこで、人間《にんげん》や他《ほか》のほ乳類《にゅうるい》の多《おお》くは、寒《さむ》い季節《きせつ》には自分《じぶん》の力《ちから》でからだをあたため、あつい季節《きせつ》には、自分《じぶん》の力《ちから》でからだを冷《ひ》やすようにしなくてはならないのです。それには、いろいろな方法《ほうほう》があります。

汗《あせ》はからだを冷《ひ》やす仕組《しく》み

あなたは、あつい日《ひ》にイヌが口《くち》を開《あ》けて舌《した》をつき出《だ》して、ハーハーいっているのを見《み》たことはありますか。これは、つばを蒸発させてからだを冷《ひ》やしているのです（[illegible]50ページ）。

つばはほとんど水《みず》ですから、これが乾《かわ》くときに熱《ねつ》をうばっていってくれるのです。これは、夏《なつ》に水《みず》をまくとすずしくなるのと同《おな》じ仕組《しく》みです（225ページ）。

人間《にんげん》やウマは、イヌと違《ちが》って、たくさん汗《あせ》をかくことができます。汗《あせ》はほとんど水《みず》でできていますから、かいた汗《あせ》が乾《かわ》くときにからだの熱《あつ》さをうばっていってくれます。こうやってからだを冷《ひ》やすのです。

ところで、人間《にんげん》が汗《あせ》をつくるのに使《つか》う水《みず》は、口《くち》から飲《の》んだり、食《た》べたものから吸収《きゅうしゅう》したものです。だから水《みず》を飲《の》まないと、汗《あせ》をかくことができなくて、体温《たいおん》がどんどん高《たか》くなってしまうので、非常《ひじょう》に危険《きけん》です。

夏《なつ》に外《そと》であそぶときは、たくさん水《みず》を飲《の》むようにしましょうね。

まめちしき ▶けがをしたとき、傷口《きずぐち》をなめてみると、血《ち》も塩辛《しおから》いことがわかるよね。これは、生《い》きものの祖先が海《うみ》から生《う》まれたからだといわれているんだ。

230

JANUARY
1月
café

みのまわりのふしぎ

どうしてお正月《しょうがつ》はお祝《いわ》いをするの？

神《かみ》さまいらっしゃい！

「あけましておめでとうございます！」

家族《かぞく》や親《しん》せきがあつまって、新年《しんねん》のお祝《いわ》いをします。はねつきやたこあげ、おせち料理《りょうり》にお年玉《としだま》……。

お正月《しょうがつ》は、楽《たの》しいことがいっぱいですね。でも、お正月《しょうがつ》のお祝《いわ》いは、人間《にんげん》のためのものじゃないんですよ。え、じゃあだれのためかって？　それはね……。

お正月《しょうがつ》のお祝《いわ》いは、もともと「年神《としがみ》さま（歳神《としがみ》さま）」をおむかえするためのものでした。年神《としがみ》さまは、ふだんは山《やま》に住《す》んでいる神《かみ》さまです。お正月《しょうがつ》になると町《まち》におりてきて、人間《にんげん》にたくさんの食《た》べものや、しあわせをプレゼントしてくれるのです。

むかしの人《ひと》は考《かんが》えました。年神《としがみ》さまに、家《いえ》に来《き》てもらうには、どうしたらいいんだろう……。いまのお正月《しょうがつ》は、そのこたえなのです。

おうちをきれいにして、かざりつけをする。おいしいごちそうを用意《ようい》する。家族《かぞく》がきれいな服《ふく》を着《き》て、年神《としがみ》さまをおむかえする。これなら、だれでもあそびに行《い》きたくなりますものね。

お正月《しょうがつ》はみんなのお誕生日《たんじょうび》

また、年神《としがみ》さまは、人間《にんげん》に「年《とし》」もプレゼントしてくれました。むかしは、「数《かぞ》え年《どし》」といって、みんな1月《がつ》1日《ついたち》にひとつ年《とし》をとっていたのです。つまり、今日《きょう》はみんなのお誕生日《たんじょうび》。お正月《しょうがつ》には「ハッピー・バースデイ」の意味《いみ》もあったんです。

年神《としがみ》さまがくばる年《とし》を、目《め》に見《み》えるかたちにしたのが、お年玉《としだま》です。むかしはお金《かね》ではなく、おもちやおうぎが使《つか》われていました。だれかな、「お金《かね》のほうがいい！」なんて思《おも》ったのは！

今日《きょう》は楽《たの》しいお正月《しょうがつ》。今年《ことし》もいいことがいっぱいありますように。

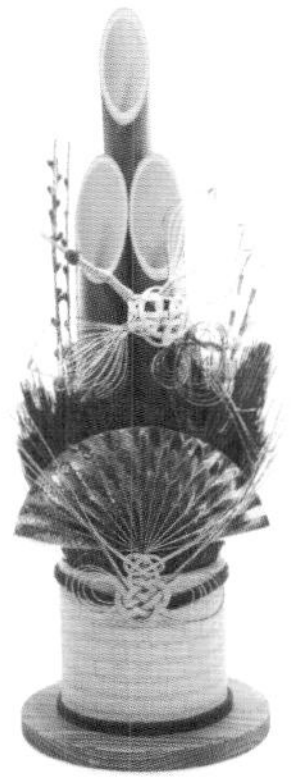

まめちしき ▶はねつきは、もとは子《こ》どもが病気《びょうき》にならないよう願《ねが》った正月《しょうがつ》の行事《ぎょうじ》で、羽子板《はごいた》ではねをつくあそび。ミスをすると、スミで顔《かお》に落書《らくが》きされるけど、これも厄除《やくよ》けといわれているよ。

1月《がつ》2日《にち》

人体《じんたい》のふしぎ

どうして夢《ゆめ》を見《み》るの？

寝《ね》ている間《あいだ》に頭《あたま》を整理《せいり》

夢《ゆめ》の中《なか》では、いろいろなことが起《お》こります。朝起《あさお》きてから思《おも》い出《だ》すと、おかしくてクスクス笑《わら》ってしまうこともありますよね。

昼間《ひるま》に起《お》こったできごとや、勉強《べんきょう》しておぼえたことなど、わたしたちの脳《のう》には、毎日《まいにち》いろいろなことが入《はい》ってきます。

その中《なか》には、おぼえておかなければならないこともあれば、忘《わす》れても大丈夫《だいじょうぶ》なこともあります。脳《のう》は、眠《ねむ》っている間《あいだ》にこれらを整理《せいり》しなければいけないのです。

はっきりしたことはまだわかっていませんが、そうやって、脳《のう》の中《なか》でいろいろなことを整理《せいり》しているうちに、脳《のう》が頭《あたま》の中《なか》でいろいろなお話《はなし》をつくってしまうのが、夢《ゆめ》を見《み》る原因《げんいん》だと考《かんが》えられています。

睡眠《すいみん》は2種類《しゅるい》ある

眠《ねむ》りには、「レム睡眠《すいみん》」という浅《あさ》い眠《ねむ》りと、「ノンレム睡眠《すいみん》」という深《ふか》い眠《ねむ》りがあります。わたしたちは眠《ねむ》っている間《あいだ》に、レム睡眠《すいみん》とノンレム睡眠《すいみん》を、何《なん》度《ど》かくりかえすのです。

脳《のう》は、ノンレム睡眠《すいみん》のときには休《やす》んでいますが、レム睡眠《すいみん》のときにははたらいています。このときの脳《のう》のようすは、起《お》きて本《ほん》を読《よ》んでいるときのようすとよく似《に》ています。夢《ゆめ》を見《み》るのは、このレム睡眠《すいみん》のときがほとんどです。

夢《ゆめ》を見《み》ることで、気持《きも》ちがすっきりして、勉強《べんきょう》したことも忘《わす》れずにおぼえられるのです。みなさんも夜《よ》ふかしせずに、しっかり眠《ねむ》りましょうね。

ところで今日《きょう》見《み》た夢《ゆめ》は、一年《いちねん》で一番《いちばん》初《はじ》めに見《み》た夢《ゆめ》ということで、「初夢《はつゆめ》」といわれます。さて、あなたはどんな夢《ゆめ》を見《み》ましたか？

まめちしき
- 人間《にんげん》は毎晩《まいばん》４～５回《かい》、合計《ごうけい》で２時間《じかん》くらい夢《ゆめ》を見《み》ているといわれるよ。
- 日本《にほん》では、「一富士二鷹三《いちふじにたかさん》なすび」が、いい初夢《はつゆめ》だといわれているんだって。

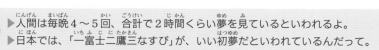

おせち料理《りょうり》ってなあに？

みのまわりのふしぎ

お正月《しょうがつ》のおめでたい料理《りょうり》

「おせち料理《りょうり》」とは、もともと季節《きせつ》の節目《ふしめ》(区切《くぎ》り目《め》)にあたる節句《せっく》(節供《せっく》)に、神《かみ》さまにおそなえする「お節料理《せちりょうり》」のことをいいました。

年《ねん》に数回《すうかい》あったものが、やがて1年《ねん》の最初《さいしょ》の節句《せっく》にあたる、お正月《しょうがつ》の料理《りょうり》を指《さ》すようになったのです。

おせち料理《りょうり》は、神《かみ》さまに感謝《かんしゃ》するとともに、家族《かぞく》のしあわせを願《ねが》って食《た》べるおめでたい料理《りょうり》。「めでたさを重《かさ》ねる」ために、重箱《じゅうばこ》に詰《つ》めて出《だ》されます。また、おめでたい意味《いみ》を持《も》つごちそうが、たくさん盛《も》り込《こ》まれます。

もうひとつのおそなえもの

プウッとふくれたり、ニューッとのびたり、お正月《しょうがつ》に欠《か》かせない食《た》べものはなんでしょう？

神《かみ》さまの食《た》べものとして大切《たいせつ》にされ、むかしは多《おお》くの家《いえ》で、ペッタンペッタンとついていたものです。

そう、こたえは「もち」ですね。

お正月《しょうがつ》に神《かみ》さまにそなえるもちを「鏡《かがみ》もち」といいます。鏡《かがみ》は姿《すがた》だけでなく、たましいもうつす神《かみ》さまだと考《かんが》えられていました。そこで鏡《かがみ》に似《に》せた丸《まる》いもちを、部屋《へや》にかざるようになったのです。

おもちを使《つか》うお正月料理《しょうがつりょうり》といえば、お雑煮《ぞうに》です。もともとは神《かみ》さまにおそなえしたもちや野菜《やさい》などを、ごちゃまぜに(雑多《ざった》に)煮込《にこ》んだものをいいました。関西《かんさい》は丸《まる》もち、関東《かんとう》は四角《しかく》いもちを使《つか》うなど、地方《ちほう》によって具《ぐ》も味付《あじつ》けもさまざまです。あなたのおうちのお雑煮《ぞうに》には、なにが入《はい》っていますか？

ダジャレいっぱい！　おせち料理《りょうり》

エビ…お年寄《としよ》りのように腰《こし》が曲《ま》がっていることから長生《ながい》きを願《ねが》う。

カズノコ…たくさんの卵《たまご》を産《う》むニシンにあやかって子宝《こだから》に恵《めぐ》まれる。

黒豆《くろまめ》…「まめ(元気《げんき》)」にはたらくことを願《ねが》う。

紅白《こうはく》かまぼこ…日《ひ》の出《で》をあらわす。

こぶ(コンブ)巻き…「よろこぶ」のごろ合《あ》わせ。

タイ……おめでたい。

まめちしき ▶たこあげが正月《しょうがつ》のあそびになったのは江戸時代《えどじだい》の終《お》わりごろ。たこは、関西地方《かんさいちほう》では、「イカ」、長崎《ながさき》では「ハタ」と呼《よ》ばれる。たこの形《かたち》も、地域《ちいき》によっていろいろあるよ。

どうして線路《せんろ》には石《いし》があるの？

科学《かがく》のふしぎ

線路《せんろ》のいろいろなしかけ

電車《でんしゃ》は、車《くるま》が通《とお》る道路《どうろ》を走《はし》ることはできません。「そんなこと、わかってる！」って？　では、なぜ、電車《でんしゃ》は道路《どうろ》を走《はし》れないのでしょう。そう、道路《どうろ》には2本《ほん》の「レール」がないからです。線路《せんろ》にはレールがあるから、その上《うえ》に乗《の》って、電車《でんしゃ》が走《はし》れるのですね。

ところで、レールにはいろいろなしかけがあるんですよ。

まず、レールが乗《の》っている、下《した》の木《き》の板《いた》。何枚《なんまい》も何枚《なんまい》も、レールがあるところには、ずーっと敷《し》かれていますよね。これは「枕木《まくらぎ》」というもので、2本《ほん》のレールが互《たが》いに寄《よ》ったり、離《はな》れたりせず、ずっと同《おな》じ幅《はば》にするためにあるのです。これがないと、電車《でんしゃ》の車輪《しゃりん》が、レールから飛《と》び出《だ》してしまい、「脱線《だっせん》」という大《おお》きな事故《じこ》につながってしまいます。

もうひとつすごいしかけは、線路《せんろ》にビッシリと敷《し》きつめられているたくさんの石《いし》。この石《いし》は「バラスト」といって、重《おも》たい電車《でんしゃ》が走《はし》っても、枕木《まくらぎ》が土《つち》の中《なか》に沈《しず》んでしまわないようにしているのです。

また、石《いし》と石《いし》のすきまがクッションのはたらきをするので、電車《でんしゃ》の揺《ゆ》れが少《すく》なくなり、お客《きゃく》さんの乗《の》り心地《ごこち》がよくなります。さらに、電車《でんしゃ》が走《はし》るときに出《で》る、ゴーッという大《おお》きな音《おと》を少《すく》なくするので、線路《せんろ》の近《ちか》くの家《いえ》に住《す》んでいる人《ひと》たちが、気持《きも》ちよく生活《せいかつ》するのにも役立《やくだ》っているのです。

バラストがない線路《せんろ》もある

ところで、地下鉄《ちかてつ》と新幹線《しんかんせん》には、バラストが使《つか》われてない線路《せんろ》もあるって知《し》っていますか？　新幹線《しんかんせん》は「高架《こうか》」という橋《はし》の上《うえ》を走《はし》るので、橋《はし》を支《ささ》えている橋桁《はしげた》がバラストと同《おな》じはたらきをしてくれるのです。

また、地下鉄《ちかてつ》は地下《ちか》にあるので、音《おと》に気《き》をつかわなくていいから、バラストがないのです。地下《ちか》はせまく、バラストの手入《てい》れが大変《たいへん》なのも理由《りゆう》です。

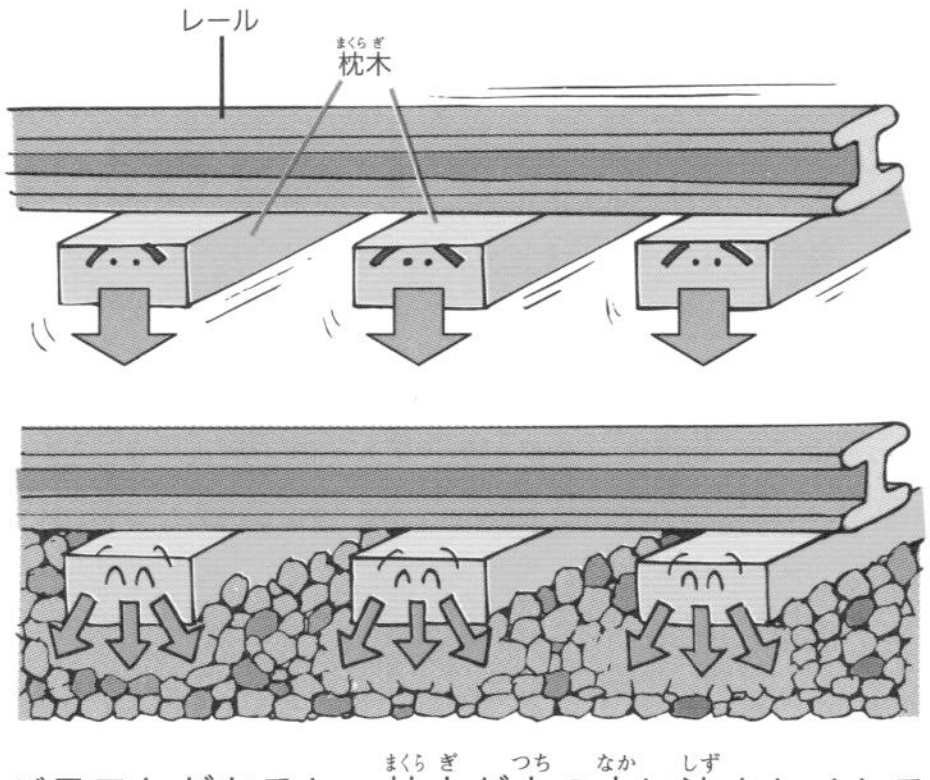

バラストがあると、枕木《まくらぎ》が土《つち》の中《なか》に沈《しず》まなくなる

バラストがない新幹線《しんかんせん》の線路《せんろ》

まめちしき ▶バラストが茶色《ちゃいろ》くなっているのは、レールの「さび」のせいだよ。バラストがあると水《みず》はけもよくなって、枕木《まくらぎ》がくさりにくくなるんだ。

イチゴのツブツブってなあに？

ツブツブの正体《しょうたい》は？

イチゴのショートケーキ、イチゴ大福《だいふく》、それにイチゴジャム……イチゴを使《つか》ったおいしい食《た》べものはいっぱいありますね。

冬《ふゆ》はイチゴがおいしい季節《きせつ》です。今日《きょう》は「イチゴの日《ひ》」。どうしてかは、もちろんわかりますよね。

ところであなたは、イチゴを見《み》ないでイチゴの絵《え》をかけますか？　三角形《さんかくけい》を反対《はんたい》にしたような、赤《あか》くてかわいい「実《み》」に、ゴマのようなツブツブの「種《たね》」がたくさんあって……。そう思《おも》った人《ひと》、じつはそれ、間違《まちが》い。

ホントは、ツブツブの種《たね》のようなものが「実《み》」で、その中《なか》に、もっと小《ちい》さな「種《たね》」が入《はい》っているのです。

カキやモモなどは、外側《そとがわ》のおいしい実《み》の中《なか》に、大《おお》きめの種《たね》が入《はい》っています。わたしたちがふだん、よく食《た》べている果物《くだもの》の実《み》は、まん中《なか》にある種《たね》をくるんでいる、甘《あま》くておいしい部分《ぶぶん》をいうことが多《おお》いのです。

右上《みぎうえ》の円《えん》の中《なか》がイチゴの花《はな》。まん中《なか》が赤《あか》くなってイチゴになる

ところがイチゴは、実《み》に見《み》えるまっ赤《か》なところは、じつは「花《か》たく」といって、花《はな》を乗《の》せる台《だい》のはたらきをする部分《ぶぶん》が大《おお》きくなったものなのです。

イチゴひとつには、ツブツブが200から300個《こ》はあるといわれていますから、それだけの実《み》と種《たね》が、花《か》たくにビッシリとくっついているのですね。

果物《くだもの》のふしぎ

他《ほか》にも、実《み》に見《み》える花《か》たくを持《も》っている果物《くだもの》があります。例《たと》えば、身近《みぢか》なものだと、リンゴやパイナップルなどがあげられます。

リンゴの実《み》は、まん中《なか》の種《たね》に近《ちか》いところにある「芯《しん》」の部分《ぶぶん》だとされていますす。ふつうは、かたくて食《た》べないところですが、立派《りっぱ》に実《み》なのですね。

また、イチゴは、正《ただ》しくは「果物《くだもの》」ではありません。「野菜《やさい》」なのです。スイカやメロンも野菜《やさい》とされています。こんなに甘《あま》い野菜《やさい》なら、毎日《まいにち》でも食《た》べたいですよね。

まめちしき

▶イチゴは英語《えいご》でストロベリー。ベリーがつく果物《くだもの》には、ブルーベリーやラズベリーがあるね。イチゴは草《くさ》の仲間《なかま》だけど、ブルーベリーとラズベリーは木《き》になるよ。どれも甘酸《あまず》っぱい味《あじ》がするよね。

魚《さかな》は、水《みず》の中《なか》でも音《おと》やにおいがわかるの？

生《い》きもののふしぎ

からだの中《なか》に耳《みみ》がある

魚《さかな》に耳《みみ》なんてあるのでしょうか。魚《さかな》の頭《あたま》は、つるんとしていて、耳《みみ》があるようには見《み》えないし、耳《みみ》の穴《あな》だって開《あ》いていません。

でも、魚《さかな》にだってちゃんと耳《みみ》があります。どこにあるのかって？　じつは、魚《さかな》の耳《みみ》はからだの中《なか》にあるのです。

わたしたち人間《にんげん》の耳《みみ》は、音《おと》をあつめる部分《ぶぶん》と、音《おと》を感《かん》じる部分《ぶぶん》にわかれています。からだの外側《そとがわ》にある、音《おと》をあつめる部分《ぶぶん》を「外耳《がいじ》」といいます。ふだんわたしたちが耳《みみ》と呼《よ》んでいるのは、この外耳《がいじ》のことです。

そして、外耳《がいじ》であつめた音《おと》を感《かん》じるための部分《ぶぶん》が、頭《あたま》の内側《うちがわ》にある「内耳《ないじ》」です。

魚《さかな》には、音《おと》をあつめるための外耳《がいじ》がありません。なぜなら、外耳《がいじ》は必要《ひつよう》ないからです。

水《みず》の中《なか》では、空気中《くうきちゅう》よりも音《おと》がよく伝《つた》わります。だから、外耳《がいじ》で音《おと》をあつめなくても、内耳《ないじ》でちゃんと音《おと》を感《かん》じることができるのです。

さらに魚《さかな》には、内耳以外《ないじいがい》にも音《おと》を感《かん》じる部分《ぶぶん》があります。魚《さかな》のからだをよく見《み》ると、頭《あたま》の後《うし》ろから、尾《お》びれの付《つ》け根《ね》まで、からだの側面《そくめん》に線《せん》がのびています。

この線《せん》は「側線《そくせん》」といって、耳《みみ》と同《おな》じように、低《ひく》い音《おと》を感《かん》じとることができるようになっているのです。

魚《さかな》の鼻《はな》はどこにある？

では、魚《さかな》に鼻《はな》はあるのでしょうか。

魚《さかな》の鼻《はな》は、頭《あたま》の前《まえ》の部分《ぶぶん》についています。右《みぎ》と左《ひだり》にふたつずつ、鼻《はな》の穴《あな》があります。つまり、ぜんぶで4つの鼻《はな》の穴《あな》があるのです。ただし、鼻《はな》の穴《あな》が左右《さゆう》にひとつずつしかない魚《さかな》もいます。この鼻《はな》を使《つか》って、魚《さかな》は食《た》べものをさがしたり、敵《てき》に気《き》づいたり、仲間《なかま》のにおいを感《かん》じとったりするのです。

水《みず》の中《なか》では、においも水《みず》に溶《と》けています。においだって、魚《さかな》はちゃんと感《かん》じとることができるのです。

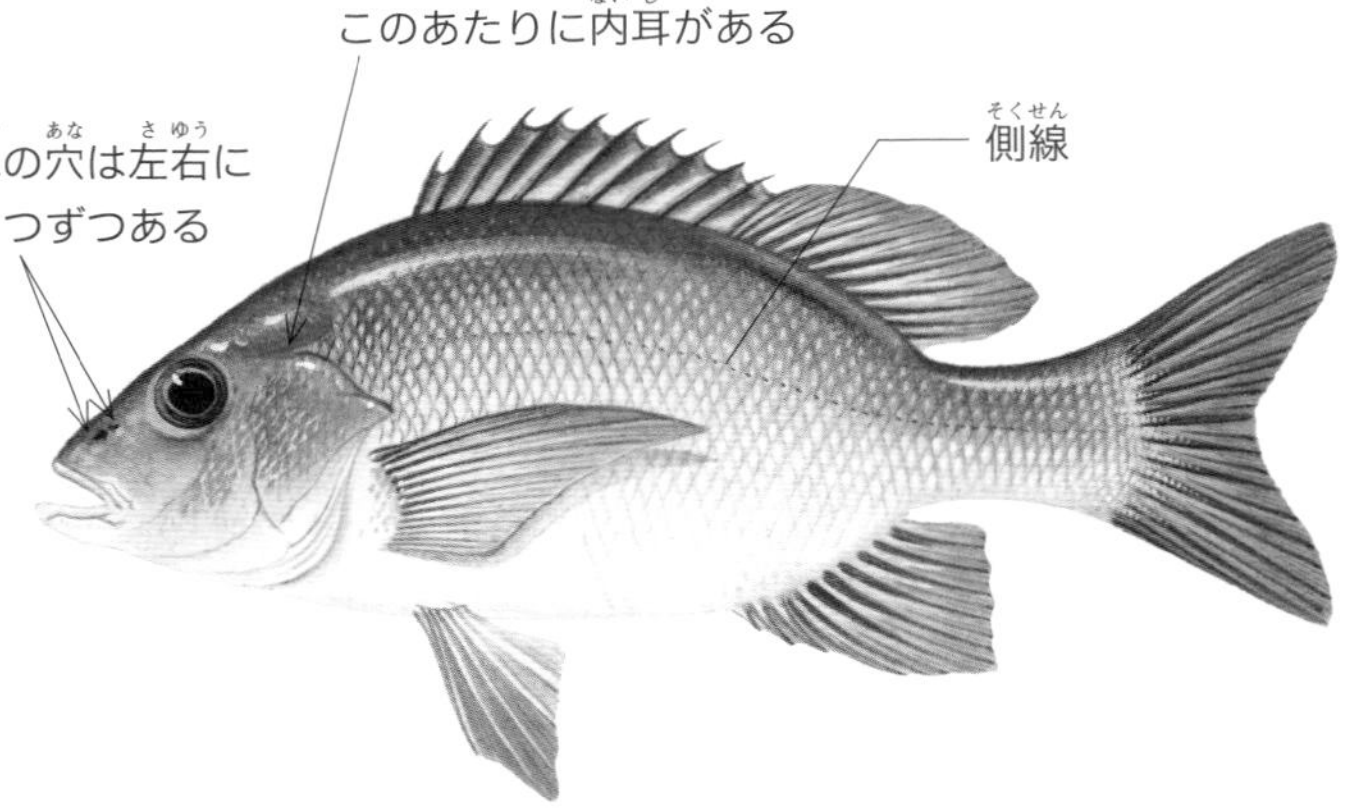
鼻《はな》の穴《あな》は左右《さゆう》に
2つずつある

まめちしき
▶側線《そくせん》には、水《みず》の流《なが》れを感《かん》じとるはたらきもあって、水《みず》の流《なが》れから自分《じぶん》の泳《およ》ぐ速《はや》さがわかる。
▶魚《さかな》の内耳《ないじ》には、水《みず》の中《なか》でからだのバランスをとるはたらきもあるんだよ。

1月《がつ》7日《にち》

みのまわりのふしぎ

七草《ななくさ》がゆってなあに？

一年《いちねん》の健康《けんこう》を願《ねが》って食《た》べる

今日《きょう》は、しめなわや門松《かどまつ》をかたづける日《ひ》です。門松《かどまつ》はお正月《しょうがつ》の神《かみ》さまを家《いえ》におむかえするための目印《めじるし》となるものなので、神《かみ》さまがお帰《かえ》りになる日《ひ》に合《あ》わせてかたづけるというわけです。1月《がつ》1日《ついたち》から7日《なのか》までを「松《まつ》の内《うち》」といい、お正月《しょうがつ》気分《きぶん》はここでひとくぎりです。

そして今日《きょう》は七草《ななくさ》がゆを食《た》べる日《ひ》でもあります。七草《ななくさ》がゆは、春《はる》に芽吹《めぶ》く七種類《ななしゅるい》の野草《やそう》を入《い》れてつくったおかゆのことで、これを1月《がつ》7日《なのか》の朝《あさ》に食《た》べると一年間《いちねんかん》病気《びょうき》をしないで元気《げんき》にくらせるといわれています。

出世《しゅっせ》を願《ねが》い、七種類《ななしゅるい》の若菜《わかな》を入《い》れた吸《す》いものを食《た》べていた中国《ちゅうごく》の習慣《しゅうかん》が、むかしの日本《にほん》に伝《つた》わったもので、江戸《えど》時代《じだい》には一般《いっぱん》の家庭《かてい》にも広《ひろ》まりました。

お正月《しょうがつ》の間《あいだ》は、おせち料理《りょうり》やお雑煮《ぞうに》などのごちそうをたくさん食《た》べ、大人《おとな》はお酒《さけ》を飲《の》む機会《きかい》もふだんより多《おお》く、胃腸《いちょう》に負担《ふたん》をかけてしまいがちです。そんなつかれた胃腸《いちょう》を休《やす》ませる効果《こうか》もある七草《ななくさ》がゆ。野菜《やさい》が少《すく》なく、ビタミンが不足《ふそく》しがちな冬《ふゆ》に、栄養《えいよう》のバランスも整《ととの》えられる、むかしの人《ひと》の知恵《ちえ》がつまった習慣《しゅうかん》です。

春《はる》の七草《ななくさ》と秋《あき》の七草《ななくさ》

春《はる》と秋《あき》を代表《だいひょう》する野草《やそう》のそれぞれ7種類《しゅるい》ずつを「春《はる》の七草《ななくさ》」「秋《あき》の七草《ななくさ》」と呼《よ》びます。春《はる》の七草《ななくさ》は食《た》べられるものですが、秋《あき》の七草《ななくさ》は見《み》て楽《たの》しむものです。

【春《はる》の七草《ななくさ》】

①せり（セリ）セリ科《か》。湿地《しっち》やみぞなどに生《は》える。

②なずな（ナズナ）アブラナ科《か》。別名《べつめい》ペンペン草《ぐさ》。

③おぎょう（ハハコグサ）キク科《か》。むかしはこれで草《くさ》もちをつくった。

④はこべら（ハコベ）ナデシコ科《か》。

⑤ほとけのざ（コオニタビラコ）キク科《か》。くきは横《よこ》に広《ひろ》がって地面《じめん》をはう。

⑥すずな（カブ）アブラナ科《か》。カルシウムやビタミンが豊富《ほうふ》。

⑦すずしろ（ダイコン）アブラナ科《か》。野菜《やさい》として畑《はたけ》でつくる。

まめちしき

▶秋《あき》の七草《ななくさ》　①はぎ（ヤマハギ）マメ科《か》。②おばな（ススキ）イネ科《か》。③くず（クズ）マメ科《か》。④なでしこ（ナデシコ）ナデシコ科《か》。⑤おみなえし（オミナエシ）オミナエシ科《か》。⑥ふじばかま（フジバカマ）キク科《か》。⑦ききょう（キキョウ）キキョウ科《か》。

1月《がつ》8日《にち》

どうして冬《ふゆ》はおしっこに行《い》く回数《かいすう》が増《ふ》えるの？

人体《じんたい》のふしぎ

汗《あせ》とおしっこのはたらき

冬《ふゆ》の寒《さむ》い日《ひ》に外《そと》であそんでいたり、急《きゅう》に寒《さむ》いところに行《い》ったりすると、なぜかすぐにおしっこをしたくなりませんか？　でもそれは、からだがおかしくなったから、というわけではないので安心《あんしん》しましょう。

人《ひと》のからだは、ほとんどが水分《すいぶん》でできています。血《ち》やつば、涙《なみだ》なども水分《すいぶん》です。からだの中《なか》にたまったよごれのほとんどは、うんちやおしっこになって外《そと》に出《で》ていきますが、じつは、わたしたちがかく汗《あせ》も、よごれを外《そと》に出《だ》すはたらきをしています。

夏《なつ》のあつい日《ひ》には、たくさん汗《あせ》をかきますね。そうすると、おしっこが出《だ》すはずだったよごれを、汗《あせ》が外《そと》に出《だ》してくれるようになります。ですから、寒《さむ》い季節《きせつ》より、あまりおしっこに行《い》かないようになるのです。

でも、寒《さむ》くなってくると、あまり汗《あせ》をかかなくなります。ですからその分《ぶん》、からだはおしっこでよごれを外《そと》に出《だ》そうとするようになるのです。

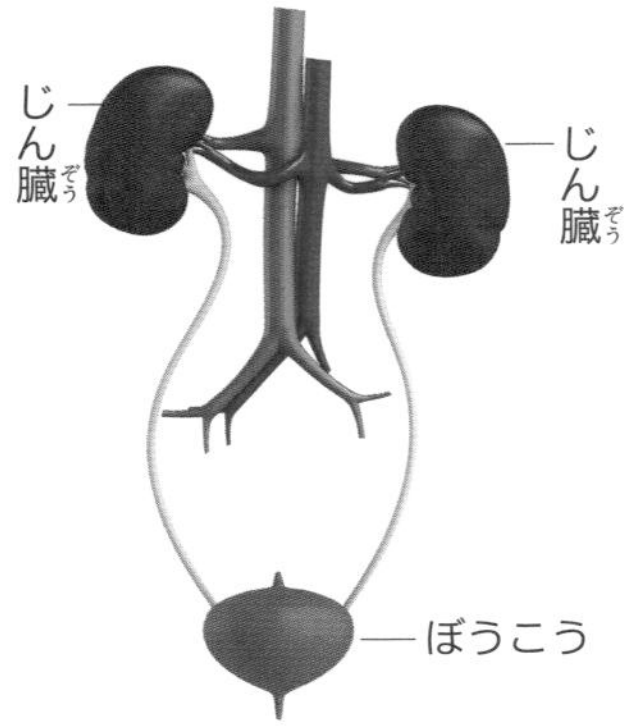

寒《さむ》い冬《ふゆ》でも水《みず》を飲《の》もう

寒《さむ》くなってからだが冷《つめ》たくなると、お腹《なか》の下《した》のほうにある、おしっこをためておく「ぼうこう」という袋《ふくろ》がギュッとちぢむので、おしっこが出《で》やすくなります。ぼうこうにためることができるおしっこは、子《こ》どもの場合《ばあい》150～250ミリリットルくらい。およそコップ1ぱい半《はん》くらいもあります。

からだの中《なか》の水分《すいぶん》が少《すく》なくなると、気分《きぶん》がわるくなったり、具合《ぐあい》がおかしくなってしまいます。ですから、「寒《さむ》い季節《きせつ》は汗《あせ》をあまりかかないから、なにも飲《の》まなくたって平気《へいき》だよ！」とは思《おも》わず、たくさんおしっこをしたら、水《みず》やお茶《ちゃ》を飲《の》んで、たっぷり水分《すいぶん》をとるようにしましょうね。

まめちしき
▶おしっこには、ばい菌《きん》をからだの外《そと》に出《だ》す役割《やくわり》がある。おしっこをがまんすると、ばい菌《きん》がからだの中《なか》にいる時間《じかん》が長《なが》くなり、病気《びょうき》になりやすくなるので気《き》をつけて。

どうしてお坊《ぼう》さんは髪《かみ》の毛《け》をそっているの？

みのまわりのふしぎ

お釈迦《しゃか》さまの教《おし》え

どうして人《ひと》は生《う》まれてくるのでしょう。どうして人《ひと》は死《し》んでしまうのでしょう。どうしてこの世《よ》のすべてのものは移《うつ》り変《か》わり、永遠《えいえん》に変《か》わらないものがないのでしょう。

――むかし、インドという国《くに》で、お釈迦《しゃか》さまという人《ひと》が、菩提樹《ぼだいじゅ》という木《き》の下《した》で、何日《なんにち》も何日《なんにち》もこういうことを考《かんが》えていました。

そして8日目《ようかめ》の朝《あさ》、ようやくこたえを見《み》つけました。それを「さとり」といいます。

お釈迦《しゃか》さまは、さとりを開《ひら》いた教《おし》えを人々《ひとびと》に伝《つた》え歩《ある》きました。ところがその教《おし》えはとても難《むずか》しく、お坊《ぼう》さんになるためにたくさん勉強《べんきょう》をしてきた人《ひと》でも、なかなかすぐにわかるようなことではありませんでした。

それでも人々《ひとびと》は、お釈迦《しゃか》さまの教《おし》えを仏《ほとけ》さまの教《おし》えと感謝《かんしゃ》しながら学《まな》び、またそれをいい伝《つた》えていきました。

お釈迦《しゃか》さまの教《おし》えは、やがて仏教《ぶっきょう》として広《ひろ》く信《しん》じられるようになり、日本《にほん》にもわたってきました。

飛鳥時代《あすかじだい》（※）にわたってきた仏教《ぶっきょう》により、日本《にほん》にはたくさんの仏像《ぶつぞう》があり、お寺《てら》があり、お坊《ぼう》さんがいるのです。

お坊《ぼう》さんは仏教《ぶっきょう》を心《こころ》から信《しん》じて、またその教《おし》えにしたがいます。

お釈迦《しゃか》さまの教《おし》えの中《なか》に、

「人《ひと》はひとつの命《いのち》としてみんな平等《びょうどう》であり、顔《かお》や形《かたち》などはなにも関係《かんけい》ない。大切《たいせつ》なのは心《こころ》だけです」

というような言葉《ことば》があります。

格好《かっこう》でなく心《こころ》が大切《たいせつ》

お坊《ぼう》さんになるには、自分《じぶん》にとてもきびしくなければなりません。そのため仏《ほとけ》の道《みち》に入《はい》るときには、髪《かみ》の毛《け》を落《お》とすとされています。

髪《かみ》の毛《け》があれば、自分《じぶん》をかざりたいと思《おも》う気持《きも》ちがうまれてしまうからです。ですからお坊《ぼう》さんは、格好《かっこう》にとらわれてしまう心《こころ》を捨《す》て、教《おし》えを学《まな》ぶために、髪《かみ》の毛《け》をそるのです。

まめちしき

▶仏教《ぶっきょう》の中《なか》には、お坊《ぼう》さんであっても髪《かみ》の毛《け》をそらなくていい宗派《しゅうは》もあるよ。

▶※飛鳥時代《あすかじだい》……今《いま》からおよそ1400年前《ねんまえ》。

1月《がつ》10日《にち》

みのまわりのふしぎ

パトカーが白《しろ》黒《くろ》なのはなぜ？

最初《さいしょ》は白《しろ》かった

ウ～ウ～ウ～！　サイレンを鳴《な》らしながら、パトカーが走《はし》っています。

パトカーはパンダのような白《しろ》と黒《くろ》にぬられていますが、じつは日本《にほん》にはじめてパトカーが登場《とうじょう》したときは、白《しろ》と黒《くろ》の2色《しょく》ではなかったのです。

日本《にほん》でパトカーが走《はし》るようになったのは、いまから約《やく》60年前《ねんまえ》の昭和《しょうわ》25年《ねん》のことです。そのころのパトカーは白《しろ》や銀色《ぎんいろ》だったので、他《ほか》の車《くるま》との見分《みわ》けがつきませんでした。

そこで、下半分《したはんぶん》を黒《くろ》にぬってわかりやすくしたのが、白《しろ》と黒《くろ》のパトカーのはじまりでした。昭和《しょうわ》30年《ねん》には、日本《にほん》中《じゅう》のパトカーすべてが白《しろ》と黒《くろ》の2色《しょく》になりました。

じつは、パトカー以外《いがい》の車《くるま》を白《しろ》と黒《くろ》の2色《しょく》にぬっても問題《もんだい》はありません。実際《じっさい》に、警備会社《けいびがいしゃ》などの車《くるま》で白《しろ》と黒《くろ》にぬっているものもありますね。ただし、赤色《あかいろ》のパトライトは、パトカーなど特別《とくべつ》に許可《きょか》された車《くるま》しかつけることができません。

1月《がつ》10日《とおか》は110番《ばん》の日《ひ》

むかしは地域《ちいき》によって警察《けいさつ》への緊急《きんきゅう》ダイヤルの番号《ばんごう》が違《ちが》っていましたが、昭和《しょうわ》29年《ねん》に、警察《けいさつ》への緊急《きんきゅう》ダイヤルは日本全国《にほんぜんこく》どこでも110番《ばん》と決《き》められました。

昭和《しょうわ》60年《ねん》には、警察庁《けいさつちょう》が1月《がつ》10日《とおか》を110番《ばん》の日《ひ》に決《き》めました。110番《ばん》は事件《じけん》や事故《じこ》など緊急《きんきゅう》のときにかける番号《ばんごう》ですが、緊急《きんきゅう》でないことや、まちがい電話《でんわ》など、110番《ばん》にふさわしくない通報《つうほう》もあるそうです。

緊急《きんきゅう》でない110番《ばん》を受《う》けていると、ホントに緊急《きんきゅう》の事件《じけん》や事故《じこ》があってもパトカーが行《い》けなくなってしまいます。110番《ばん》は正《ただ》しく使《つか》わなければいけませんね。

アメリカのパトカー

ドイツのパトカー

イタリアのパトカー

オーストラリアのパトカー

スウェーデンのパトカー

ロシアのパトカー

まめちしき

▶白《しろ》バイがはじめは赤《あか》だったって知《し》ってる？　大正《たいしょう》7年《ねん》から赤《あか》く塗《ぬ》られたバイクが交通指導取締《こうつうしどうとりしまり》をしたのがはじまりで、昭和初期《しょうわしょき》にヨーロッパにならって白色《しろいろ》に変更《へんこう》したんだよ。

1月《がつ》11日《にち》

おもちはなにからできているの？

みのまわりのふしぎ

おもちのいろんな意味《いみ》

おもちには、ふつうの白《しろ》いおもち、よもぎ入《い》りの緑色《みどりいろ》のおもち、中《なか》に甘《あま》いあんこが入《はい》ったおもちなどがあります。おいしくって、また、ビョーンとのびたり、焼《や》くとプクーッとふくらんだりして、面白《おもしろ》いですね。

　ところで、おもちは、なにからできているか知《し》っていますか？

　じつはおもちは、「もち米《ごめ》」というお米《こめ》からできています。ふだん、多《おお》くのおうちで食《た》べられている「うるち米《まい》」というお米《こめ》に比《くら》べて、もち米《ごめ》は、かなりねばり気《け》が強《つよ》いのです。

　だから、もち米《ごめ》を蒸《む》して、ペッタンペッタンとついたりすると、ネバネバがたくさん出《で》てくるというわけ。

　ちなみに、「おもち」の名前《なまえ》は、食《た》べるのに長《なが》「持《も》ち」したり、「持《も》ち」歩《ある》くのに便利《べんり》だったり、お腹《なか》がいっぱいになって「腹持《はらも》ち」がいいということから、つけられたといわれています。

今日《きょう》は「鏡開《かがみびら》き」

お正月《しょうがつ》には、丸《まる》くて平《ひら》べったいおもちをふたつ重《かさ》ねて、てっぺんにミカンを置《お》いたりする「鏡《かがみ》もち」をおそなえするおうちもあるでしょう。これは、むかしの鏡《かがみ》が丸《まる》かったことと、鏡《かがみ》がたましいをうつす神《かみ》さまだと思《おも》われていたことが理由《りゆう》です。鏡《かがみ》もちをおそなえすることには「清《きよ》らかでめでたい」という意味《いみ》があるのです。

　そして、おそなえをしてしばらくして、1月《がつ》11日《にち》になると、「鏡開《かがみびら》き」をします。かたい鏡《かがみ》もちを割《わ》って、あずきが入《はい》った、甘《あま》いおじるこなどにして食《た》べるのです。鏡《かがみ》もちをやわらかくして食《た》べるのは、「歯《は》がため」といって、「かたいものを食《た》べて、歯《は》を丈夫《じょうぶ》にして、長《なが》く生《い》きられますように」と、神《かみ》さまにお願《ねが》いする意味《いみ》があります。

　このように、おもちにはいろいろな意味《いみ》があります。ありがたく、おいしく食《た》べましょうね。

まめちしき ▶雑煮《ぞうに》やおしるこの他《ほか》に、おもちを使《つか》った料理《りょうり》を知《し》ってる？　やきもち、あげもち、もち巾着《きんちゃく》、力《ちから》うどん、大福《だいふく》、あんころもち、きなこもち、納豆《なっとう》もち。食《た》べたことあるかな？

冬用《ふゆよう》のタイヤが雪《ゆき》の上《うえ》ですべらないのはなぜ？

科学《かがく》のふしぎ

ぬれた氷《こおり》はツルっとすべる

朝起《あさお》きたら、外《そと》は一面《いちめん》まっ白《しろ》！　雪《ゆき》が降《ふ》ると、雪《ゆき》だるまをつくったり、雪《ゆき》合戦《がっせん》をしたりと、みんな大《おお》よろこびですね。でも、お父《とう》さんやお母《かあ》さんは困《こま》った顔《かお》をしています。「自動車《じどうしゃ》が雪《ゆき》ですべったらどうしよう……」

こんなときでも、自動車《じどうしゃ》のタイヤを冬用《ふゆよう》のもの（スタッドレスタイヤ）にとりかえていれば、すべりにくくなるので安心《あんしん》です。

自動車《じどうしゃ》のタイヤはゴムでできていて、それが地面《じめん》としっかりくっつくために止《と》まったり、動《うご》き出《だ》したりすることができます。

それが雪《ゆき》の上《うえ》だと、ツルツルとタイヤがから回《まわ》りして、すべってしまうことがあります。これは雪《ゆき》が溶《と》けて、道路《どうろ》の上《うえ》に水《みず》のまくができるからです。この水《みず》がタイヤと地面《じめん》の間《あいだ》に入《はい》ることで、タイヤと地面《じめん》がくっつくことができなくなり、すべってしまうのです。

つまり、すべるのは雪《ゆき》や氷《こおり》ではなく、それらが溶《と》けてできた水《みず》が原因《げんいん》なのです。乾《かわ》いた氷《こおり》をつかんでもすべりませんが、ぬれた氷《こおり》はツルツルとすべってしまいますよね。それと同《おな》じことが道《どう》路《ろ》の上《うえ》で起《お》こっているのです。

ひみつはたくさんのみぞ

ではどうして冬用《ふゆよう》のタイヤはすべりにくいのでしょう。

タイヤにはたくさんのみぞがありますが、冬用《ふゆよう》のタイヤはみぞがふつうのものより深《ふか》くて、見《み》た目《め》もゴツゴツしています。このみぞが、地面《じめん》の雪《ゆき》や水《みず》をかき出《だ》すという「雪《ゆき》かき」の役割《やくわり》をしています。

そしてすべらないように地面《じめん》をひっかいたり、かき出《だ》しきれなかった水《みず》を吸《す》いとって、はき出《だ》す役割《やくわり》もしています。さらに冬用《ふゆよう》のタイヤはゴムがやわらかく、しっかりと地面《じめん》にくっつくようにできているのです。

でも、いくら冬用《ふゆよう》のタイヤにしたといっても、雪道《ゆきみち》での運転《うんてん》には注意《ちゅうい》が必《ひつ》要《よう》。お父《とう》さんやお母《かあ》さんに「安全運転《あんぜんうんてん》でね」といってあげましょうね。

深《ふか》いみぞは雪《ゆき》にくいつき、こおった道《みち》の上《うえ》の水《みず》をかき出《だ》すはたらきをする。
やわらかいゴムは、乾《かわ》いた氷《こおり》にくいつくはたらきをする。

まめちしき
▶タイヤの表面《ひょうめん》に金属製《きんぞくせい》のびょうをうちこんだスパイクタイヤは、1990年《ねん》ごろ販売《はんばい》されなくなった。びょうが道路《どうろ》をけずるときに出《で》る粉《こな》が健康《けんこう》によくないと心配《しんぱい》されたからだよ。

生《い》きもののふしぎ

夜《よる》でも目《め》が見《み》える動物《どうぶつ》がいるってホント？

夜行性《やこうせい》ってなぁに？

わたしたち人間《にんげん》は、夜《よる》になると自然《しぜん》に眠《ねむ》くなり、朝《あさ》になって太陽《たいよう》がのぼれば目《め》をさまします。

でも、動物《どうぶつ》の中《なか》にはわたしたちとまったく逆《ぎゃく》で、日《ひ》がくれるころから動《うご》き出《だ》して、昼間《ひるま》は寝《ね》ているという「夜行性《やこうせい》」の動物《どうぶつ》がいます。ネコやネズミ、ウサギ、フクロウは、この夜行性動物《やこうせいどうぶつ》の仲間《なかま》です。

では、なぜわざわざ夜《よる》になって動《うご》くのでしょう。その理由《りゆう》は動物《どうぶつ》によっていろいろです。例《たと》えばからだの小《ちい》さなネズミは、天敵《てんてき》から身《み》を守《まも》るために目《め》立《だ》たない夜《よる》の間《あいだ》に動《うご》きます。また、ネコやウサギはもともとあつさに弱《よわ》く、太陽《たいよう》に当《あ》たって体温《たいおん》が上《あ》がりすぎないようにするためといわれています。

暗《くら》やみで光《ひか》る目《め》

昼《ひる》、あたたかいお日《ひ》さまの下《した》で気持《きも》ちよさそうに寝《ね》ているネコ。夜《よる》になるとギラリと目《め》を光《ひか》らせながら動《うご》き回《まわ》ります。ネコの目《め》が夜《よる》でも見《み》えるのは、光《ひか》る目《め》にひみつがあるのです。

わたしたち人間《にんげん》と同《おな》じように、ネコも目《め》の周《まわ》りの筋肉《きんにく》をいつも動《うご》かしています。こうして明《あか》るくなったり暗《くら》くなったりしても、目《め》が見《み》えるようにしているのです。

さらにネコの目《め》は、鏡《かがみ》のように光《ひかり》を反射《はんしゃ》するようになっているので、わずかな光《ひかり》しかなくてもよく見《み》えるようになっています。わたしたちが見《み》ているネコの目《め》の光《ひかり》は、周《まわ》りにある光《ひかり》が反射《はんしゃ》したものなんですね。

だから、ネコに突然《とつぜん》ライトを当《あ》てたり、フラッシュを使《つか》って写真《しゃしん》をとったりすると、ネコの目《め》が見《み》えなくなってしまいますから、気《き》をつけましょう。

まめちしき

▶子《こ》ネコの目《め》はグレーか薄《うす》い青色《あおいろ》だけど、大《おお》きくなるにつれていろんな色《いろ》に変《か》わるよ。

▶フクロウは色《いろ》の違《ちが》いは見《み》わけられないけど、左右《さゆう》で違《ちが》う景色《けしき》をそれぞれ見《み》ることができるよ。

1月《がつ》14日《にち》

どうして冬《ふゆ》は空気《くうき》がきれいに見《み》えるの？

自然《しぜん》のふしぎ

？太陽《たいよう》の光《ひかり》がまっすぐ届《とど》く

冬《ふゆ》の空気《くうき》は、夏《なつ》に比《くら》べるととても冷《つめ》たくて、きれいに見《み》えます。でも、どうしてそう見《み》えるのでしょう。

空気《くうき》の中《なか》に、細《こま》かいチリや水蒸気《すいじょうき》がたくさんあると、太陽《たいよう》の光《ひかり》が空気《くうき》の中《なか》ではねかえされるので、空気《くうき》はにごって見《み》えます。

しかし冬《ふゆ》になると、空気《くうき》の中《なか》の水蒸気《すいじょうき》やチリが少《すく》なくなります。すると、太陽《たいよう》の光《ひかり》が空気《くうき》の中《なか》ではねかえされず、まっすぐ届《とど》くようになるので、空気《くうき》がきれいに見《み》えるようになるのです。

？空気《くうき》がきれいに見《み》えるわけ

どうしてチリや水蒸気《すいじょうき》が少《すく》なくなるのでしょう。それには、次《つぎ》の理由《りゆう》が考《かんが》えられます。

❶冬《ふゆ》は気温《きおん》が低《ひく》くなるから。

気温《きおん》が高《たか》いときには、川《かわ》や池《いけ》などの水《みず》が自然《しぜん》に蒸発《じょうはつ》して、空気《くうき》の中《なか》に水蒸気《すいじょうき》が増《ふ》えます。でも、気温《きおん》が低《ひく》いと、水《みず》は蒸発《じょうはつ》しにくくなり、空気《くうき》の中《なか》の水蒸気《すいじょうき》が少《すく》なくなるのです。

❷ジェット気流《きりゅう》がチリを吹《ふ》き飛《と》ばすから。

冬《ふゆ》になると、日本《にほん》の上空《じょうくう》でジェット気流《きりゅう》という強《つよ》い風《かぜ》が、日本《にほん》の北西《ほくせい》にあるロシアという国《くに》のシベリアというところから、日本《にほん》の近《ちか》くまでやってきます。ジェット気流《きりゅう》は、1万《まん》メートルくらいの高《たか》いところを、新幹線《しんかんせん》くらいの速《はや》さで西《にし》に吹《ふ》いています。ジェット気流《きりゅう》がやってくると、地上《ちじょう》の近《ちか》くの風《かぜ》も強《つよ》くなり、空気中《くうきちゅう》のチリを吹《ふ》き飛《と》ばしてしまいます。ですから、冬《ふゆ》は空気《くうき》がきれいなのです。

ちなみに、一年《いちねん》で一番《いちばん》空気《くうき》がきれいになるのは、お正月《しょうがつ》休《やす》みのころだといわれています。たくさんの会社《かいしゃ》や工場《こうじょう》が休《やす》みになるから、空気《くうき》もきれいになるというわけですね。

まめちしき
▶空気《くうき》がきれいなところなら、冬《ふゆ》でも天《あま》の川《がわ》が見《み》えるんだよ。冬《ふゆ》の天《あま》の川《がわ》は、銀河系《ぎんがけい》の外側《そとがわ》を見《み》ていることになるので、恒星《こうせい》の数《かず》は少《すく》なくなるから、うっすらと見《み》えるよ。

1月《がつ》15日《にち》

消《け》しゴムでえんぴつの字《じ》が消《け》せるのはなぜ？

みのまわりのふしぎ

黒《くろ》いつぶを吸《す》ってはがす

字《じ》や絵《え》を書《か》くときに使《つか》っている、えんぴつやシャープペンシル。白《しろ》い紙《かみ》に字《じ》を書《か》いたり色《いろ》をぬったりすると、黒《くろ》い線《せん》や色《いろ》がつきますね。

なぜ黒《くろ》い線《せん》や色《いろ》がつくかというと、えんぴつやシャープペンシルの「しん」の中《なか》に小《ちい》さな黒《くろ》いつぶつぶが入《はい》っていて、その黒《くろ》いつぶつぶが紙《かみ》の表面《ひょうめん》にくっつくからです。

消《け》しゴムは、この黒《くろ》いつぶつぶを吸《す》いとって、はがすことができるのです。だから消《け》しゴムでこすると、文字《もじ》や絵《え》を消《け》すことができるのですね。

でも、色《いろ》えんぴつで書《か》いた文字《もじ》や絵《え》は消《け》しゴムでは消《き》えにくいですよね。

色《いろ》えんぴつには、顔料《がんりょう》という色《いろ》つきの粉《こな》とワックスというものが使《つか》われていて、えんぴつより「しん」がやわらかくなっています。そのため色《いろ》が紙《かみ》の表面《ひょうめん》につくだけでなく、中《なか》にしみ込《こ》んでしまうから、消《け》しゴムではがせないのです。

むかしはパンで消《け》していた

消《け》しゴムは「ゴム」と名前《なまえ》がついていますが、じつはプラスチックでできています。

まだ消《け》しゴムがなかった時代《じだい》には、パンを使《つか》って字《じ》を消《け》していました。

1770年《ねん》に、イギリスの科学者《かがくしゃ》が天然《てんねん》ゴムでえんぴつの字《じ》を消《け》せることを発見《はっけん》し、1772年《ねん》に世界《せかい》ではじめての消《け》しゴムが誕生《たんじょう》しました。

日本《にほん》で消《け》しゴムが使《つか》われるようになったのは、明治時代《めいじじだい》になってからのことです。それまで日本《にほん》では、字《じ》を書《か》くときにはふでを使《つか》っていましたが、子《こ》どもたちが学校《がっこう》で勉強《べんきょう》をするときに、えんぴつと消《け》しゴムを使《つか》うようになったので、日本中《にほんじゅう》にえんぴつと消《け》しゴムが広《ひろ》まりました。

消《け》しゴムのカスがつくと定規《じょうぎ》がよごれたり、定規《じょうぎ》と消《け》しゴムがくっついてしまったりするので、ふでばこの中《なか》に消《け》しゴムのカスをためないようにしましょうね。

まめちしき
▶最近《さいきん》は、ボールペンなのに、消《け》しゴムで消《け》せるものが出《で》てきているよ。消《け》せる仕組《しく》みは、メーカーによって、いろいろ違《ちが》うようだけど、これならもし間違《まちが》えてもなおせるね。

どうして シロクマは 寒《さむ》い 北極《ほっきょく》でくらせるの？

生《い》きもののふしぎ

クマの仲間《なかま》で一番《いちばん》大《おお》きい

まっ白《しろ》な姿《すがた》がとてもかわいらしいシロクマ。シロクマは、ホッキョクグマと呼《よ》ばれ、地球《ちきゅう》の一番北《いちばんきた》にある、北極《ほっきょく》近《ちか》くの寒《さむ》い地域《ちいき》に住《す》んでいます。

日本《にほん》に住《す》んでいるクマは、厳《きび》しい寒《さむ》さに耐《た》えるため、冬眠《とうみん》をして冬《ふゆ》を越《こ》すのがふつうです。でもどうして、シロクマは北極《ほっきょく》のような寒《さむ》い地域《ちいき》に住《す》んでいるのに、いつも平気《へいき》でくらしているのでしょうか。

成長《せいちょう》した大人《おとな》のシロクマの体長《たいちょう》は、オスが2・5メートル、メスが2～2・5メートル。体重《たいじゅう》はオスが300～800キログラム、メスが150～300キログラムになるといわれ、これは同《おな》じクマの仲間《なかま》のなかでももっとも大《おお》きなサイズになります。

寒《さむ》さもへっちゃら！

シロクマの大《おお》きなからだには、寒《さむ》い地域《ちいき》でくらしていくための特殊《とくしゅ》な機能《きのう》がいくつもあります。

まず、からだに生《は》えた毛《け》は、光《ひかり》を通《とお》す特殊《とくしゅ》な性質《せいしつ》を持《も》っていて、シロクマが浴《あ》びた太陽《たいよう》の光《ひかり》をそのまま皮《ひ》ふまで届《とど》けてあたためてくれます。

さらに、あたたまったからだの熱《ねつ》を逃《に》がさないように、ぶあつい脂肪《しぼう》でしっかりとからだを守《まも》っています。また、シロクマの頭《あたま》はとても小《ちい》さく、細長《ほそなが》い首《くび》をしていますが、これも氷《こおり》の海《うみ》の中《なか》でスイスイと泳《およ》ぐためのもの。氷《こおり》の上《うえ》で生活《せいかつ》をしたり、冷《つめ》たい海《うみ》の中《なか》を何時間《なんじかん》も泳《およ》ぎ続《つづ》けたりできるのは、シロクマのからだにこうしたいろんな機能《きのう》があるからなのです。

なお、日本《にほん》でもたびたび見《み》かけられるヒグマは、じつはこのシロクマにとても近《ちか》い仲間《なかま》です。いまから15万年《まんねん》ぐらい前《まえ》に、同《おな》じ祖先《そせん》からえだわかれしたといわれています。ちなみに日本《にほん》でシロクマの飼育《しいく》がはじまったのは、およそ110年前《ねんまえ》の1902年《ねん》のこと。ドイツのハーゲンベック動物園《どうぶつえん》から、東京《とうきょう》の上野動物園《うえのどうぶつえん》へとやってきました。

冷《つめ》たい海《うみ》もへっちゃら！

まめちしき ▶シロクマは、動物《どうぶつ》も植物《しょくぶつ》も食《た》べる雑食《ざっしょく》だから、魚《さかな》や鳥《とり》などの小《ちい》さなものから、アザラシなどの自《じ》分《ぶん》と同《おな》じくらい大《おお》きなものまでとって食《た》べるんだ。海草《かいそう》や草《くさ》になる実《み》なども食《た》べるよ。

読《よ》んだ日《ひ》　　月《がつ》　　日《にち》

1月《がつ》17日《にち》

「鳥《とり》はだ」ってどうしてできるの？

人体《じんたい》のふしぎ

まるで鳥《とり》のはだみたい

あなたは「鳥《とり》はだ」って知《し》っていますか？　急《きゅう》に寒《さむ》いところに行《い》ったり、冷《つめ》たい水《みず》の中《なか》に入《はい》ったり、こわい思《おも》いをしたときに、はだにプツプツッと、たくさんのつぶができたことがあるでしょう。それが鳥《とり》はだです。

なぜ鳥《とり》はだと呼《よ》ぶのかというと、ちょっとざんこくですが、ニワトリなど、鳥《とり》の羽《はね》をどんどんむしると、下《した》に見《み》えてくるはだが、そんなふうにプツプツになっているからです。

鳥《とり》や動物《どうぶつ》は、寒《さむ》かったりこわい思《おも》いをしたりしたときに、からだの筋肉《きんにく》をグッと動《うご》かして、毛《け》をピンと立《た》てることがあります。人間《にんげん》も、むかしはみんな毛《け》むくじゃらでした。ですから寒《さむ》かったりこわい思《おも》いをしたときは、「立《りつ》毛筋《もうきん》」という筋肉《きんにく》を動《うご》かして、同《おな》じように、毛《け》を立《た》てていたのです。

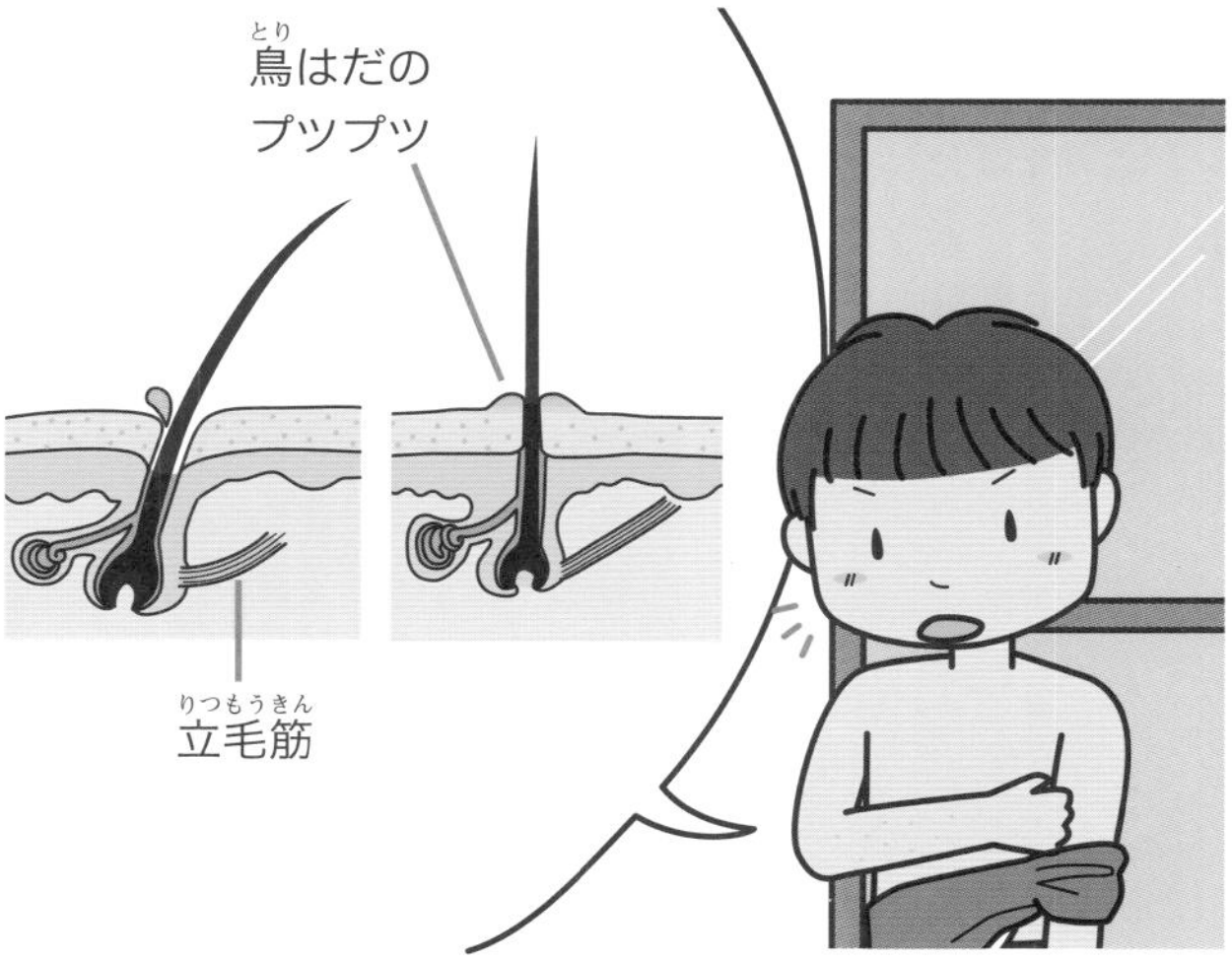

毛《け》を立《た》てると、たくさんの毛《け》と毛《け》の間《あいだ》にあるあたたまった空気《くうき》がにげないので、寒《さむ》さからからだを守《まも》れます。また、こわい敵《てき》に出会《であ》ったときには、毛《け》を立《た》てて、からだを大《おお》きく見《み》せることで、相手《あいて》をおどろかしていたのです。

ヤマアラシ

大《おお》むかしのなごり

しかしあなたは、頭《あたま》から足《あし》の先《さき》まで毛《け》むくじゃら、ではありませんよね？　そう、人間《にんげん》はむかしと違《ちが》って毛《け》むくじゃらではなくなり、はだがむき出《だ》しになってしまったのです。

大人《おとな》の男《おとこ》の人《ひと》のうでや足《あし》に、毛《け》が生《は》えているのを見《み》たことがあるでしょう。それが、むかし毛《け》むくじゃらだったころの、人間《にんげん》のなごりなのです。

いまの人間《にんげん》には、寒《さむ》かったりこわい思《おも》いをしたときには、毛《け》を立《た》てようとするクセだけが残《のこ》っているのです。だから、毛《け》が立《た》たないかわりに、はだだけがプツプツと鳥《とり》はだになってしまうのですね。

まめちしき ▶「鳥《とり》はだが立《た》つ」は、地域《ちいき》によっていろいろないい方《かた》があるよ。さぶいぼがでる（関西《かんさい》）、さむぼろがでる（名古屋《なごや》）。あなたが住《す》んでいるところでは、なんといっているかな？

読《よ》んだ日《ひ》　月《がつ》　日《にち》

生《い》きもののふしぎ

ゆでる前《まえ》のエビやカニは赤《あか》くないってホント？

もともとはどんな色《いろ》？

エビやカニを絵《え》にかくとき、あなたはどんな色《いろ》を使《つか》っていますか？　赤色《あかいろ》でカラをかいたり塗《ぬ》ったりしていませんか？

寒《さむ》い冬《ふゆ》は、お鍋《なべ》をおうちの人《ひと》と食《た》べることも多《おお》いと思《おも》います。お鍋《なべ》にエビやカニを、かたいカラごと入《い》れると、まっ赤《か》になりますね。

しかし、お鍋《なべ》に入《い》れる前《まえ》のエビやカニはどんな色《いろ》をしていますか。そして、お店《みせ》で売《う》っているエビやカニはどんな色《いろ》をしていますか。

ゆでる前《まえ》は緑《みどり》っぽかったり、茶色《ちゃいろ》っぽかったり、少《すこ》し黒《くろ》っぽい色《いろ》をしているものが多《おお》いですよね。そう、エビやカニは、火《ひ》を通《とお》すことで、カラが赤《あか》くなるのです。

ゆでることで色《いろ》が変《か》わる

エビやカニのカラには「アスタキサンチン」という、赤《あか》い色素《しきそ》が入《はい》っています。少《すこ》し舌《した》をかんでしまいそうな、長《なが》い名前《なまえ》の成分《せいぶん》ですね。

もともとのエビやカニは、アスタキサンチンと、タンパク質《しつ》という成分《せいぶん》がくっついているため、緑《みどり》っぽかったり、茶色《ちゃいろ》っぽかったり、黒《くろ》っぽい色《いろ》をしています。

でも、カラを熱《ねっ》すると、アスタキサンチンとタンパク質《しつ》が離《はな》ればなれになってしまうのです。そして、カラの色《いろ》が、もとのアスタキサンチンの赤《あか》い色《いろ》になるというわけです。

ちなみに、アスタキサンチンは、お酢《す》の中《なか》につけたり、エビやカニを買《か》ってしばらく時間《じかん》がたったときにも、赤《あか》色《いろ》に変《か》わることがあります。

ところで、人間《にんげん》も熱《あつ》いお風呂《ふろ》に長《なが》くつかっていると、からだが赤《あか》くなりますね。これは、アスタキサンチンのしわざではありません。からだの中《なか》を流《なが》れる血《ち》の流《なが》れがよくなり、それが少《すこ》しだけすけて、見《み》えているのです。

ゆでるとアスタキサンチンの色《いろ》が出《で》て赤《あか》くなる

まめちしき　▶ベニズワイガニはズワイガニに形《かたち》が似ているけど、ゆでる前《まえ》から赤《あか》いのが特徴《とくちょう》なんだ。赤《あか》エビと呼《よ》ばれるツノナガチヒロエビは、とったばかりのときにカラをむくと手《て》が赤《あか》く染《そ》まるよ。

自然《しぜん》のふしぎ

どうして山《やま》の上《うえ》では気温《きおん》が下《さ》がるの?

太陽《たいよう》に近《ちか》づくとあたたかい?

ギリシャという国《くに》のむかし話《ばなし》に、こんなお話《はなし》があります。

「むかしむかし、ある王《おう》さまが、イカロスという若者《わかもの》を、高《たか》い塔《とう》の中《なか》に閉《と》じ込《こ》めてしまいました。塔《とう》には出口《でぐち》がついていないので、外《そと》へ出《で》られません。

そこでイカロスは、塔《とう》にやってくる鳥《とり》の羽根《はね》をロウでつなぎ、大《おお》きなつばさをつくって、空《そら》を飛《と》んでにげました。

ところが、あまり高《たか》く飛《と》びすぎて太陽《たいよう》に近《ちか》づいてしまったので、ロウが溶《と》けて、つばさがこわれてしまいます。とうとうイカロスは、墜落《ついらく》して死《し》んでしまうのでした」

むかしの人《ひと》は太陽《たいよう》に近《ちか》づくほど、どんどんあつくなると考《かんが》えていたのです。でも、現実《げんじつ》にはそんなことはありません。それはなぜでしょうか?

山《やま》の上《うえ》が寒《さむ》いわけ

太陽《たいよう》は地球《ちきゅう》から約《やく》1億《おく》5千万《せんまん》キロも離《はな》れています。1時間《じかん》に100キロの速《はや》さで進《すす》んでも、170年《ねん》もかかるほど遠《とお》いところにあるのです。

ですから、イカロスが山《やま》の上《うえ》まで飛《と》べたとしても、そのくらいでは太陽《たいよう》の光《ひかり》はほとんど強《つよ》くなりません。

それなら、山《やま》の上《うえ》と地面《じめん》の近《ちか》くは、同《おな》じくらいあたたかいのかというと、これもまちがい。山《やま》の上《うえ》は地面《じめん》の近《ちか》くよりも、空気《くうき》が冷《つめ》たいのです。

宇宙《うちゅう》を通《とお》って地球《ちきゅう》にやってきた太陽《たいよう》の光《ひかり》は、地球《ちきゅう》の周《まわ》りにある空気《くうき》の層《そう》を通《とお》って、わたしたちのくらす地面《じめん》にあたります。ですがこのとき、空気《くうき》の層《そう》はほとんどあたためられないのです。

地面《じめん》にあたった太陽《たいよう》の光《ひかり》は、地面《じめん》をあたためていきます。地面《じめん》があたたかくなるにつれて、地面《じめん》の近《ちか》くの空気《くうき》もだんだんあたたまっていきます。これが空気《くうき》があたたまる仕組《しく》みなのです(220ページ)。

ところが、山《やま》の上《うえ》はわたしたちのくらす地面《じめん》から離《はな》れているので、空気《くうき》があまりあたたまりません。ですから、山《やま》の上《うえ》は地面《じめん》の近《ちか》くよりもずっと寒《さむ》くなるのです。

まめちしき　気温《きおん》は1000メートル上《あ》がるごとに大体《だいたい》6℃くらいずつ下《さ》がっていくんだよ。例《たと》えば富士山《ふじさん》のてっぺんは地上《ちじょう》より20℃以上寒《いじょうさむ》くなるんだ。

1月《がつ》20日《にち》

どうして冬《ふゆ》は日《ひ》が短《みじか》いの？

自然《しぜん》のふしぎ

太陽《たいよう》の光《ひかり》のあたり方《かた》が変《か》わる

寒《さむ》い冬《ふゆ》は、外《そと》であそんでいてもすぐに暗《くら》くなってしまいます。でも、夏《なつ》はおそい時間《じかん》になっても明《あか》るいまま。どうして季節《きせつ》によって、日《ひ》が短《みじか》くなったり、長《なが》くなったりするのでしょうか。

わたしたちがくらす地球《ちきゅう》は、バスケットボールを指《ゆび》の上《うえ》で回《まわ》しているように動《うご》いています。ですが、少《すこ》し傾《かたむ》いて回《まわ》っているので、太陽《たいよう》の光《ひかり》の当《あ》たり方《かた》が季節《きせつ》によって変《か》わるのです。

わたしたちが地上《ちじょう》から見《み》る冬《ふゆ》の太陽《たいよう》は、他《ほか》の季節《きせつ》よりも低《ひく》い位置《いち》までしかのぼらないので、沈《しず》む時間《じかん》も早《はや》くなるのです。

なお日本《にほん》では、秋分《しゅうぶん》の日《ひ》の9月《がつ》23日《にち》ごろから日《ひ》が短《みじか》くなりはじめ、12月《がつ》20日《はつか》ごろに、一年《いちねん》で一番《いちばん》日《ひ》が短《みじか》くなります。この日《ひ》を冬至《とうじ》といいます。

北半球《きたはんきゅう》と南半球《みなみはんきゅう》で季節《きせつ》は逆《ぎゃく》

では日本《にほん》が冬《ふゆ》の間《あいだ》、他《ほか》の国《くに》はどうなっているのでしょうか。

場所《ばしょ》によって気温《きおん》が違《ちが》いますが、わたしたちが住《す》む北半球《きたはんきゅう》（地球《ちきゅう》の北半分《きたはんぶん》）は、日本《にほん》と同《おな》じように冬《ふゆ》になっています。一番北《いちばんきた》にある北極《ほっきょく》の近《ちか》くでは、太陽《たいよう》がのぼらず、一日中《いちにちじゅう》まっくらなままになっています。

逆《ぎゃく》に日本《にほん》の裏側《うらがわ》、南半球《みなみはんきゅう》（地球《ちきゅう》の南半分《みなみはんぶん》）にあるオーストラリアやブラジルなどでは、夏《なつ》まっさかりです。一番《いちばん》南《みなみ》にある南極《なんきょく》の近《ちか》くはずっと太陽《たいよう》が沈《しず》まずに明《あか》るいままです。これを「白夜《びゃくや》」といいます。でも、とても低《ひく》い位置《いち》に太陽《たいよう》があるため、南極《なんきょく》は夏《なつ》といっても寒《さむ》いままです。

冬《ふゆ》の間《あいだ》は、夕方《ゆうがた》になったらあっという間《ま》にまっくらになります。まだ時間《じかん》が早《はや》くても、あぶないので早《はや》く家《いえ》に帰《かえ》るようにしましょうね。

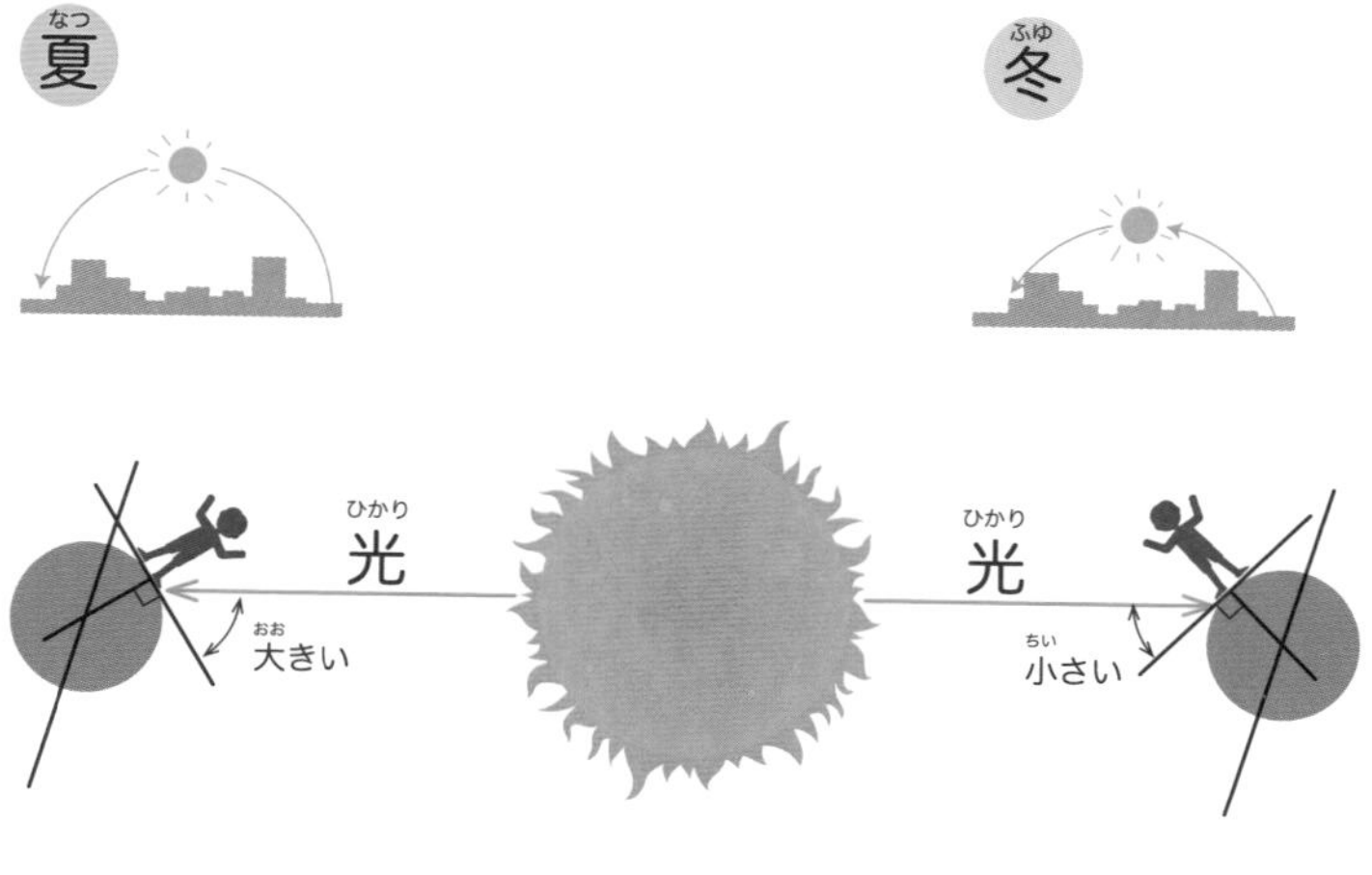

まめちしき ▶1年《ねん》で一番寒《いちばんさむ》い時期《じき》は大寒《だいかん》(1/20)から立春《りっしゅん》(2/4)。あつい時期《じき》は大暑《たいしょ》(7/23)から立秋《りっしゅう》(8/7)。地《じ》面《めん》や空気《くうき》は冷《ひ》えたりあたたまるのに時間《じかん》がかかるから、冬至《とうじ》や夏至《げし》の1ヶ月後《げつご》になるんだ。

どうして歯《は》が生《は》えかわるの？

人体《じんたい》のふしぎ

成長《せいちょう》にあわせて生《は》えかわる

歯《は》は生《う》まれてから6ヶ月《げつ》ごろから生《は》えはじめて、2~3歳《さい》で生《は》えそろいます。子《こ》どもの歯《は》は全部《ぜんぶ》で20本《ぽん》あり、「乳歯《にゅうし》」という名前《なまえ》で呼《よ》ばれています。

そして、6歳《さい》ごろになると乳歯《にゅうし》がぬけはじめます。その下《した》から生《は》えてくるのが大人《おとな》の歯《は》「永久歯《えいきゅうし》」で、数《かず》は全部《ぜんぶ》で32本《ほん》あります。

ところで、どうしてせっかく生《は》えそろった乳歯《にゅうし》が抜《ぬ》けて、大人《おとな》の歯《は》に生《は》えかわるのでしょう。それは、からだが大《おお》きくなるのと同時《どうじ》に、頭《あたま》やあごの骨《ほね》も大《おお》きくなっていくからです。乳歯《にゅうし》は小《ちい》さくて数《かず》が少《すく》ないので、そのままだとわたしたちの口《くち》の中《なか》がすきまだらけになってしまいますからね。

体《からだ》の成長《せいちょう》にあわせて歯《は》も生《は》えかわる

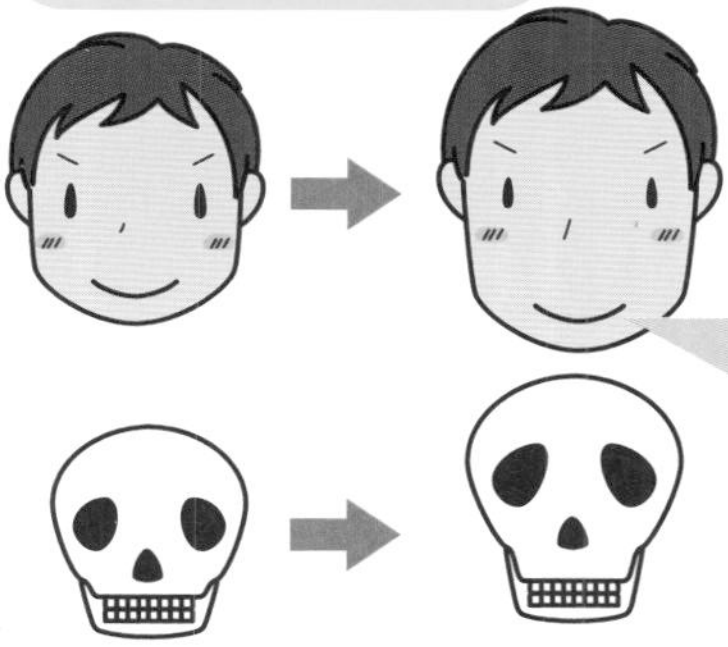

人間《にんげん》の歯《は》はしっかり生《は》えている

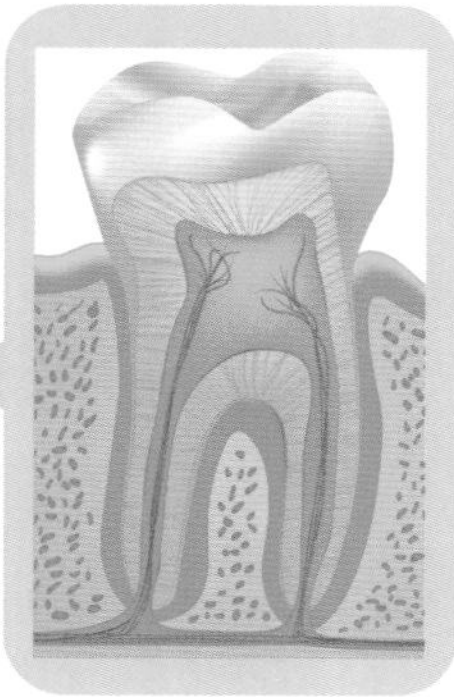

永久歯《えいきゅうし》は一生《いっしょう》使《つか》う

ところで、永久歯《えいきゅうし》の「永久《えいきゅう》」とは「いつまでも、長《なが》く」という意味《いみ》です。人《にん》間《げん》の場合《ばあい》、永久歯《えいきゅうし》の下《した》に新《あたら》しい歯《は》はもうありません。つまり、いつまでもその歯《は》を使《つか》っていかなくてはいけないというわけです。

例《たと》えば、サメの歯《は》は何度《なんど》も生《は》えかわるようになっています。サメの歯《は》はあごの骨《ほね》に直接《ちょくせつ》ついていて、とても折《お》れやすいので、何度《なんど》でも生《は》えかわるようになっているのです。

それに比《くら》べると人間《にんげん》の歯《は》は、あごの骨《ほね》に開《あ》いた穴《あな》にすっぽりとおさまっているため、折《お》れにくく丈夫《じょうぶ》にできています。でも、いくら人間《にんげん》の歯《は》が丈夫《じょうぶ》といっても、虫歯《むしば》になったりすると欠《か》けてしまうことだってあります。

むかしの人《ひと》は、乳歯《にゅうし》がぬけると「上《うえ》の歯《は》はゆか下《した》に、下《した》の歯《は》は屋根《やね》や空《そら》に投《な》げるといい」と信《しん》じていました。それには、新《あたら》しく生《は》えてくる下《した》の歯《は》は、まっすぐ上《うえ》に向《む》かってのびますように、上《うえ》の歯《は》は、しっかりと下《した》に向《む》かって根付《ねづ》きますように、という願《ねが》いがこもっていたのです。

歯《は》はとても大切《たいせつ》なもの。毎日《まいにち》しっかりみがくようにしましょうね。

まめちしき
▶アメリカやヨーロッパのいくつかの国《くに》では、乳歯《にゅうし》がぬけたときには、自分《じぶん》の枕《まくら》の下《した》において寝《ね》るらしいよ。そうすると、妖精《ようせい》がコインやプレゼントに変《か》えてくれるんだって。

宇宙《うちゅう》だとからだが浮《う》くってホント？

宇宙《うちゅう》のふしぎ

重力《じゅうりょく》ってなぁに？

あなたは、宇宙《うちゅう》ステーションにいる宇宙飛行士《うちゅうひこうし》のようすをテレビで観《み》たことがありますか？　宇宙《うちゅう》では、地球《ちきゅう》と違《ちが》って、いろいろふしぎなことが起《お》こります。そのひとつに、「からだが浮《う》く」というものがあるでしょう。

宇宙《うちゅう》でからだが浮《う》くわけは、「無重力状態《むじゅうりょくじょうたい》」になるからです。でも、無重力状態《むじゅうりょくじょうたい》ってどういう状態《じょうたい》なんでしょうか。重力《じゅうりょく》とは、地球《ちきゅう》などの星《ほし》にいるすべてのものにはたらく「星《ほし》がものをひっぱることで、重《おも》みがくわわる力《ちから》」と考《かんが》えてもよいでしょう。

例《たと》えばあなたの体重《たいじゅう》が、24キログラムだとします。これは、あなたが地球《ちきゅう》から、24キログラム分《ぶん》の重力《じゅうりょく》を受《う》けているということになります。

星《ほし》によって体重《たいじゅう》が変《か》わる!?

重力《じゅうりょく》は他《ほか》の星《ほし》にいるときにも、同《おな》じようにはたらきます。しかし、星《ほし》の大《おお》きさや重《おも》さが変《か》わると、重力《じゅうりょく》も変《か》わってしまうのです。

例《たと》えば、地球《ちきゅう》より小《ちい》さくて軽《かる》い月《つき》で、あなたの体重《たいじゅう》を体重計《たいじゅうけい》ではかったら、たったの4キログラムにしかなりません。同《おな》じように、地球《ちきゅう》よりずっと大《おお》きな木星《もくせい》で体重《たいじゅう》をはかると、あなたの体重《たいじゅう》は、60キログラムにもなってしまうのです。

このように、星《ほし》の上《うえ》にいると重力《じゅうりょく》を受《う》けますが、星《ほし》から離《はな》れて宇宙《うちゅう》まで行《い》くと、星《ほし》がひっぱる力《ちから》はどんどん弱《よわ》くなってしまいます。つまり重力《じゅうりょく》がどんどん弱《よわ》くなっていくのです。

そして、ついには、無重力状態《むじゅうりょくじょうたい》となって、重力《じゅうりょく》を受《う》けなくなってしまうのです。このとき、あなたの体重《たいじゅう》を体重計《たいじゅうけい》ではかると、0キログラムになっているはずです。

宇宙《うちゅう》って、やっぱりふしぎですね。

無重力《むじゅうりょく》の中《なか》をふわふわ、楽《たの》しそう！

まめちしき　人間《にんげん》は、宇宙《うちゅう》ステーションなど無重力《むじゅうりょく》の環境《かんきょう》にいると、重力《じゅうりょく》がかからなくなるために、骨《ほね》が弱《よわ》くなったり筋肉《きんにく》の力《ちから》が落《お》ちたりするんだ。

どうして電子《でんし》メールが送《おく》れるの？

科学《かがく》のふしぎ

イー（E）メールの日《ひ》

毎月《まいつき》23日《にち》は、「ふ（2）み（3）の日《ひ》」＝「文《ふみ》（ふみ）の日《ひ》」です。この日《ひ》は、「手紙《てがみ》を書《か》いたり受《う》け取《と》ったりして、手紙《てがみ》の楽《たの》しさを知《し》ろう」という日《ひ》だってこと、知《し》っていましたか？

さらに、1月《がつ》のふみの日《ひ》、つまり1月《がつ》23日《にち》だけは特別《とくべつ》で、この日《ひ》は「1（いい）23（ふみ）」と読《よ》めることから、「電子《でんし》メールの日《ひ》」とされています。1月《がつ》の「いい」は、「良《よ》い」という意味《いみ》と、電子《でんし》メールの別名《べつめい》「イー（E）メール」とかけているのですよ。

あなたも、電子《でんし》メールを送《おく》ったり（送信《そうしん》）、受《う》け取《と》ったり（受信《じゅしん》）することがあるでしょう。いつでも、どこからでも、電波《でんぱ》の具合《ぐあい》に問題《もんだい》がなければ、メールを送《おく》ったり受《う》け取《と》ったりできて、とても便利《べんり》なものですよね。

文章《ぶんしょう》を電気信号《でんきしんごう》に変《か》える

では、電子《でんし》メールを送受信《そうじゅしん》する仕組《しく》みは、どのようなものなのでしょうか。

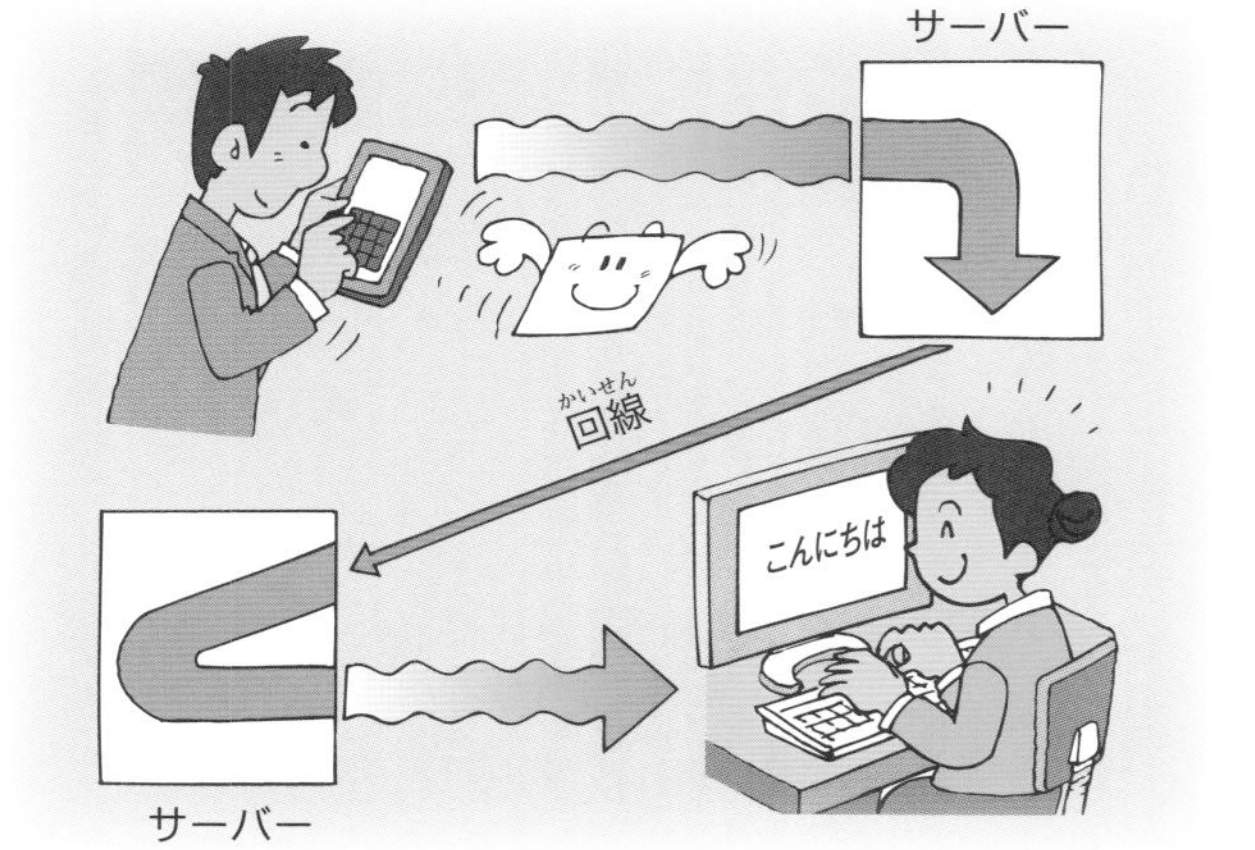

まず、あなたが「メールを送《おく》りたい」と考《かんが》えて、パソコンや携帯電話《けいたいでんわ》のキーボードなどを、指《ゆび》でカタカタ打《う》って（「タイピング」といいます）メールの文章《ぶんしょう》をつくったとします。

そして、メールを送信《そうしん》するボタンをカチッと押《お》す（「クリック」といいます）と、画面《がめん》にうつっていた文章《ぶんしょう》は、電気《でんき》で移動《いどう》できる「電気信号《でんきしんごう》」というものに変《か》わります。それが回線《かいせん》を通《とお》ったり、電波《でんぱ》になって飛《と》んでいったりするのです。

電子《でんし》メールの「アドレス」は、「住所《じゅうしょ》」と同《おな》じ役目《やくめ》を持《も》っています。電気信号《でんきしんごう》になった電子《でんし》メールは、送《おく》った相手《あいて》の電子《でんし》メールアドレスの「サーバー」という場所《ばしょ》にいったん保管《ほかん》されます。

そして、送《おく》った相手《あいて》がメールの受信《じゅしん》ボタンを押《お》したときに、あなたが送《おく》った電子《でんし》メールが、サーバーから移動《いどう》して相手《あいて》に届《とど》くわけです。

手紙《てがみ》でも、電子《でんし》メールでも、わたしたちの思《おも》いを届《とど》けるために、裏《うら》でいろんな人《ひと》やものが、はたらいていてくれているのですね。

まめちしき

▶インターネットが世界中《せかいじゅう》に広《ひろ》まってから、まだ20年《ねん》くらいなんだよ。1960年《ねん》くらいにアメリカではじまったんだけど、一般《いっぱん》の人《ひと》が使《つか》えるようになったのは1990年《ねん》くらいからなんだ。

1月《がつ》24日《にち》

どうしてかぜをひくと熱《ねつ》が出《で》るの？

人体《じんたい》のふしぎ

ばい菌《きん》やウイルスは熱《ねつ》に弱《よわ》い

かぜをひくと熱《ねつ》が出《で》て、頭《あたま》がズキズキしたり、せきがコンコン出《で》たり、鼻《はな》水《みず》がたれたり……。それに友《とも》だちとあそべないし、つまんないことばかり。

でも、かぜをひいたときに熱《ねつ》が出《で》るのは、人間《にんげん》のからだにとって大切《たいせつ》なことなのですよ。

かぜをひくのは、のどや鼻《はな》の空気《くうき》の通《とお》り道《みち》に、病気《びょうき》のもとになるばい菌《きん》やウイルスなどがくっついて、からだの中《なか》に入《はい》ってくるからです。

人《ひと》のからだにはたくさんの血管《けっかん》が通《とお》っていて、血管《けっかん》の中《なか》を血《ち》が流《なが》れています。血《ち》はいろいろな成分《せいぶん》でできていますが、その中《なか》のひとつに白血球《はっけっきゅう》という成分《せいぶん》があります。

かぜのばい菌《きん》やウイルスがからだの中《なか》に入《はい》ってくると、からだを守《まも》るために白血球《はっけっきゅう》がはたらきだします。かぜのばい菌《きん》やウイルスは温度《おんど》が高《たか》いと動《うご》きがにぶくなって、反対《はんたい》に白血球《はっけっきゅう》は温度《おんど》が高《たか》いと元気《げんき》になります。

そこで、白血球《はっけっきゅう》がばい菌《きん》やウイルスをやっつけやすくするために、からだは熱《ねつ》を出《だ》すというわけなのです。

せきでカスを吐《は》きだす

かぜをひいたときにせきやたんが出《で》るのも、からだを守《まも》るために起《お》きることです。

ばい菌《きん》やウイルスがのどにくっつくと、白血球《はっけっきゅう》がやっつけようとしていっしょうけんめいはたらきます。そうして白血球《はっけっきゅう》にやっつけられたばい菌《きん》やウイルスのカスは、たんになります。たんをからだの外《そと》に吐《は》きだそうとするため、かぜをひくと、せきがコンコン出《で》るのです。

かぜをひいて熱《ねつ》が出《で》ているときは、からだが病気《びょうき》とたたかっているというサインです。熱《ねつ》が高《たか》いときはむりをしないで、からだがばい菌《きん》やウイルスを退治《たいじ》しやすいように、ゆっくり休《やす》みましょうね。

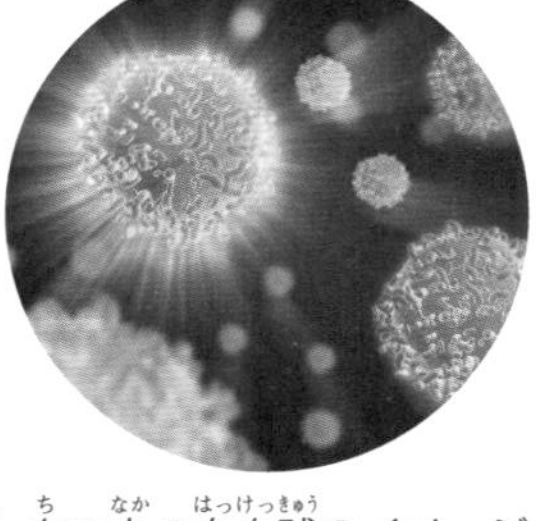

血《ち》の中《なか》の白血球《はっけっきゅう》のイメージ

まめちしき ▶背中《せなか》がゾクゾクしたり、ガタガタふるえるような寒気《さむけ》を悪寒《おかん》という。しばらくすると高《たか》い熱《ねつ》が出《で》ることが多《おお》いから、悪寒《おかん》を感《かん》じたら、体《からだ》をあたためて安静《あんせい》にすることが大事《だいじ》だよ。

どうして沖縄《おきなわ》と北海道《ほっかいどう》では気温《きおん》が違《ちが》うの？

自然《しぜん》のふしぎ

太陽《たいよう》の角度《かくど》の違《ちが》い

北海道《ほっかいどう》の冬《ふゆ》はとても寒《さむ》くて、雪《ゆき》もたくさん降《ふ》ります。でも、沖縄《おきなわ》だと、冬《ふゆ》でもそんなに寒《さむ》くはならず、半《はん》そででもすごせてしまうほど。同《おな》じ日本《にほん》の冬《ふゆ》なのに、どうしてこんなに気温《きおん》が違《ちが》うのでしょう？

それは、太陽《たいよう》の光《ひかり》があたる角度《かくど》が違《ちが》うからです。太陽《たいよう》は、地球《ちきゅう》を横《よこ》に半分《はんぶん》に切《き》ったときの切《き》り口《くち》にあたる「赤道《せきどう》」という線《せん》の上《うえ》あたりを通《とお》ります。

この近《ちか》くの国《くに》では、太陽《たいよう》の光《ひかり》がほぼま上《うえ》からあたりますが、北《きた》や南《みなみ》にいくにつれて、ななめから光《ひかり》があたるようになります。

光《ひかり》のあたる量《りょう》が変《か》わる

例《たと》えば、太陽《たいよう》から5本《ほん》の光《ひかり》がまっすぐ前《まえ》に出《で》ていた場合《ばあい》、同《おな》じ広《ひろ》さの地面《じめん》に、太陽《たいよう》の光《ひかり》が何本《なんぼん》あたるかを考《かんが》えてみましょう。まっすぐま上《うえ》から光《ひかり》があたる場合《ばあい》は、5本《ほん》の光《ひかり》があたりますね？　でもななめから光《ひかり》があたる場合《ばあい》、図《ず》のように光《ひかり》があたる範囲《はんい》が広《ひろ》くなり、外《そと》の地面《じめん》にもあたってしまいます。

太陽《たいよう》の光《ひかり》がななめからあたるほど、
光《ひかり》のあたる量《りょう》は小《ちい》さくなる。

光《ひかり》のさす方向《ほうこう》がななめになるほど、あたる光《ひかり》の数《かず》が減《へ》ってしまうことがわかるでしょう。

あたる光《ひかり》の数《かず》が多《おお》いほど、地面《じめん》はあたためられてあたたかくなります。沖《おき》縄《なわ》は北海道《ほっかいどう》より太陽《たいよう》が通《とお》る道《みち》に近《ちか》く、太陽《たいよう》の光《ひかり》がよりま上《うえ》からあたるようになるため、あたたかいのです。

また、光《ひかり》がななめからあたるようになるほど、太陽《たいよう》が出《で》ている時間《じかん》も短《みじか》くなりますね。それも、沖縄《おきなわ》と北海道《ほっかいどう》で気温《きおん》が違《ちが》う理由《りゆう》のひとつです。

北海道《ほっかいどう》の「流氷《りゅうひょう》」

今日《きょう》は「日本最低気温《にほんさいていきおん》の日《ひ》」です。明《めい》治《じ》35（1902）年《ねん》1月《がつ》25日《にち》に、北海《ほっかい》道《どう》でマイナス41℃《ど》という、日本最低気《にほんさいていき》温《おん》を記録《きろく》したことから定《さだ》められました。いったいどれくらい寒《さむ》かったのでしょうね。

まめちしき
▶日本《にほん》での最高気温《さいこうきおん》は、2007年《ねん》8月《がつ》16日《にち》に記録《きろく》された40.9℃《ど》。埼玉県熊谷市《さいたまけんくまがやし》と岐阜県多治見市《ぎふけんたじみし》の二ヶ所《にしょ》で、同《おな》じ日《ひ》に記録《きろく》されたんだ。

科学《かがく》のふしぎ

どうして冬《ふゆ》にセーターを脱《ぬ》ぐとパチパチするの？

「パチッ」「ビリッ」のひみつ

　あなたは冬《ふゆ》にセーターを脱《ぬ》いだときに、パチパチと、花火《はなび》のような音《おと》がするのを聞《き》いたことがありますか？　また、ドアノブなどの鉄《てつ》でできたものに手《て》でさわったときに、パチッという音《おと》がして、手《て》がビリッと痛《いた》くなったことがありますか？

　この「パチッ」や「ビリッ」は、「静電《せいでん》気《き》」のせいで起《お》こります。

　静電気《せいでんき》は、ものとものがこすれると生《う》まれる電気《でんき》です。ためしにプラスチックのしたじきで、髪《かみ》の毛《け》をゴシゴシとこすってみてください。そして、したじきをゆっくりと持《も》ち上《あ》げ、髪《かみ》の毛《け》から離《はな》してみましょう。すると、ふしぎなことに、髪《かみ》の毛《け》がピンと逆立《さかだ》ってしまいます。

　これも静電気《せいでんき》のしわざで、したじきにたまった静電気《せいでんき》が、あなたの髪《かみ》の毛《け》を持《も》ち上《あ》げているのです。

冬《ふゆ》は静電気《せいでんき》が伝《つた》わりやすい

　あなたが着《き》ている服《ふく》も、ふだんからはだとこすれて、静電気《せいでんき》を起《お》こしているのです。

　静電気《せいでんき》は電気《でんき》ですから、水《みず》の中《なか》を伝《つた》わりやすいという性質《せいしつ》があります。夏《なつ》の空気《くうき》はしめっているため、静電気《せいでんき》は空気《くうき》の中《なか》を通《とお》って、勝手《かって》にどんどんにげていきます。

　ですが、冬《ふゆ》は空気《くうき》が乾《かわ》いているので、にげていかずに服《ふく》にたまっていきます。たくさん服《ふく》を着込《きこ》んでいると、それだけたくさんの静電気《せいでんき》をためてしまいやすくなるのです。パチパチという音《おと》は、電気《でんき》が空気《くうき》の中《なか》ににげていくときに起《お》きるものです。

　そして、電気《でんき》を通《とお》しやすい鉄《てつ》でできたドアノブなどにさわると、音《おと》をパチッとさせて、電気《でんき》を一気《いっき》にドアノブににがします。そのときにビリッと痛《いた》みを感《かん》じるというわけなのです。

　ちなみに、静電気《せいでんき》がもっともっと大《おお》きくなったものが、雷《かみなり》です（201ページ）。大《おお》きな雲《くも》の中《なか》のつぶとつぶがぶつかり合《あ》って、あんなに強《つよ》い静電気《せいでんき》ができるのですね。

まめちしき ▶冬《ふゆ》の間《あいだ》は、重《かさ》ね着《ぎ》したときに静電気《せいでんき》が発生《はっせい》しにくい素材《そざい》の服《ふく》を組《く》み合《あ》わせるようにしよう。セーターの下《した》にはシルクやウールなどの天然繊維《てんねんせんい》の服《ふく》を着《き》るといいよ。

読《よ》んだ日《ひ》　　月《がつ》　日《にち》

1月《がつ》27日《にち》

国旗《こっき》ってなんのためにあるの？

みのまわりのふしぎ

日本《にほん》の国旗《こっき》は日《ひ》の丸《まる》

日本《にほん》の国旗《こっき》は、白《しろ》い布《ぬの》のまん中《なか》に、まっ赤《か》な丸《まる》がえがかれています。まっ赤《か》な丸《まる》は、お日《ひ》さまをあらわしているので、「日《ひ》の丸《まる》」とも呼《よ》ばれます。

日《ひ》の丸《まる》は日本《にほん》をあらわす目印《めじるし》でもあり、日本《にほん》の象徴《しょうちょう》でもあります。ですから、お正月《しょうがつ》や祝日《しゅくじつ》などのめでたい日《ひ》には、日《ひ》の丸《まる》がかざられるのです。

いまから1200年《ねん》以上前《いじょうまえ》の『続日本紀《しょくにほんぎ》』という書物《しょもつ》には、「701年《ねん》のお正月《しょうがつ》、天皇《てんのう》がお祝《いわ》いをしたときに、太陽《たいよう》をあらわす旗《はた》が使《つか》われた」と書《か》かれています。ですが、いまの日《ひ》の丸《まる》とはデザインが違《ちが》っていたようです。

あなたも小学生《しょうがくせい》になると、1180年《ねん》ごろの源氏《げんじ》と平氏《へいし》の戦《たたか》い「源平合戦《げんぺいかっせん》」について、学校《がっこう》で習《なら》うことでしょう。そのころ平氏《へいし》は赤《あか》い旗《はた》を、源氏《げんじ》は白《しろ》い旗《はた》をかかげて、だれがどちらの味方《みかた》なのかがわかりやすいようにしていました。

そして源氏《げんじ》は、白《しろ》い旗《はた》にお日《ひ》さまを意味《いみ》する赤《あか》い丸《まる》を書《か》きくわえて、勝利《しょうり》を祈《いの》ったといわれます。これが日《ひ》の丸《まる》のはじまりだという説《せつ》もあります。

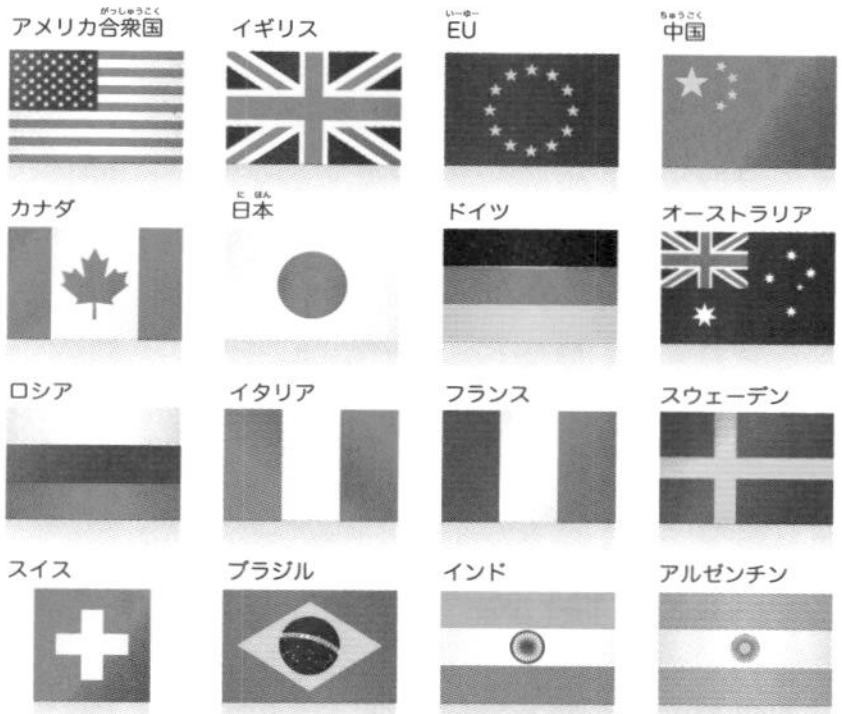

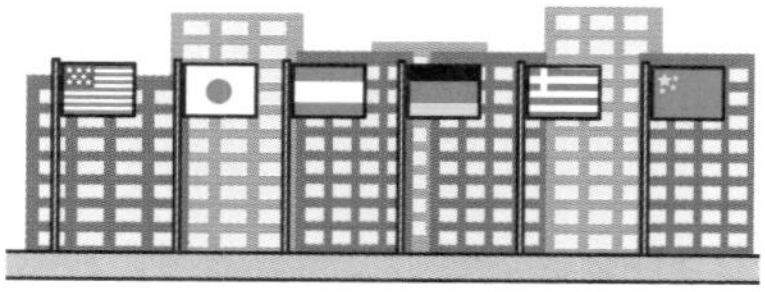

いろいろな国《くに》の国旗《こっき》

日《ひ》の丸《まる》が日本《にほん》の国旗《こっき》だとはっきり決《き》められたのは、明治《めいじ》3（1870）年《ねん》1月《がつ》27日《にち》のこと。そこで、今日《きょう》は国旗制定記念日《こっきせいていきねんび》と定《さだ》められています。

そのころ日本《にほん》は外国《がいこく》との貿易《ぼうえき》をはじめ、港《みなと》には外国《がいこく》と日本《にほん》の船《ふね》がたくさん。でもそれでは、どれがどこの国《くに》の船《ふね》かわかりません。そこで、日《ひ》の丸《まる》を国旗《こっき》に決《き》め、船《ふね》の目印《めじるし》にしたのです。

外国《がいこく》の国旗《こっき》にも意味《いみ》があります。例《たと》えばアメリカの国旗《こっき》には「州《しゅう》」の数《かず》だけ星《ほし》がえがかれています。フランスの旗《はた》は青《あお》、白《しろ》、赤《あか》が横《よこ》にならんでいますが、青《あお》は自由《じゆう》、白《しろ》は平等《びょうどう》を、赤《あか》はすべての人《ひと》を同《おな》じように愛《あい》するという意味《いみ》があるそうです。

世界《せかい》にはいろいろな形《かたち》や模様《もよう》をした国旗《こっき》があります。あなたはどれだけ知《し》っていますか？

まめちしき

▶世界《せかい》の国旗《こっき》は、地域《ちいき》によって似《に》たものが多《おお》くなるみたい。例《たと》えばヨーロッパなら三色《さんしょく》の旗《はた》や、キリスト教《きょう》を示《しめ》す十字《じゅうじ》が入《はい》っているものが多《おお》いよ。

生《い》きもののふしぎ

どうして魚《さかな》は水《みず》の中《なか》で目《め》を開《あ》けっぱなしなの？

まぶたのはたらき

わたしたち人間《にんげん》は、まぶたを使《つか》って、目《め》を開《あ》けたり閉《と》じたりしますね。まぶたにはいろいろな役割《やくわり》があります。

まず、まぶたは目《め》を守《まも》ります。髪《かみ》の毛《け》を洗《あら》うとき、目《め》を開《あ》けている人《ひと》はあまりいませんよね。シャンプーが目《め》に入《はい》ると痛《いた》いので、目《め》を閉《と》じて守《まも》っているのです。

そして、目《め》に入《はい》る光《ひかり》を少《すく》なくして、明《あか》るさを調節《ちょうせつ》するはたらきもあります。太陽《たいよう》の光《ひかり》がまぶしいときなど、自《し》然《ぜん》と目《め》を細《ほそ》めますよね。

また、集中《しゅうちゅう》して考《かんが》えたいときにも目《め》を閉《と》じることがあります。これは、目《め》を開《あ》けていると、周《まわ》りのいろいろなものが見《み》え、脳《のう》が反応《はんのう》してしまうため、ひとつのことをじっくり考《かんが》えることができないからです。

そして、重要《じゅうよう》なのがまばたきです。人間《にんげん》のまばたきの回数《かいすう》は一分間《いっぷんかん》に5～20回《かい》ほどにもなります。まばたきをしている間《あいだ》に、目《め》の表面《ひょうめん》は涙《なみだ》でおおわれ、細《こま》かなホコリなどが洗《あら》い流《なが》されるのです。同時《どうじ》に、目《め》が乾《かわ》くのも防《ふせ》ぎます。目《め》は乾燥《かんそう》してしまうと、傷《きず》つき、目《め》が見《み》えにくくなってしまうので、これは非常《ひじょう》に大切《たいせつ》なはたらきです。

魚《さかな》は目《め》を開《あ》けっぱなし

このように、目《め》を守《まも》ってくれるまぶたですが、ほとんどの魚《さかな》にはまぶたがありません。

大《おお》むかし、すべての生《い》きものが水中《すいちゅう》でくらしていたころには、まぶたというものはありませんでした。水《みず》の中《なか》では、目《め》は周《まわ》りの水《みず》でいつもうるおっていますから、乾《かわ》いて傷《きず》つくことはありませんものね。

しかしその後《ご》、生《い》きものの一部《いちぶ》が陸《りく》上《じょう》で生活《せいかつ》するようになりました。陸上《りくじょう》には水《みず》はありませんから、目《め》が乾《かわ》かないようにまぶたを発達《はったつ》させたのです。

つまり、魚《さかな》にはまぶたが必要《ひつよう》ないわけです。寝《ね》るときだって、目《め》は開《あ》けたまま。金魚《きんぎょ》や熱帯魚《ねったいぎょ》を飼《か》っている人《ひと》は、よく観察《かんさつ》してみてくださいね。

目《め》を開《あ》けて眠《ねむ》りながら泳《およ》ぐ魚《さかな》もいる

まめちしき　▶川《かわ》や沼《ぬま》の底《そこ》でくらしているナマズやハゼの仲間《なかま》には、じゃりやどろから目《め》を守《まも》るため、まぶたがあるものもいるんだって。

どうして望遠鏡《ぼうえんきょう》で遠《とお》くのものが見《み》えるの？

科学《かがく》のふしぎ

凸《とつ》レンズの仕組《しく》み

あなたは、望遠鏡《ぼうえんきょう》をのぞいたことがありますか？　望遠鏡《ぼうえんきょう》は、中《なか》にあるレンズを組《く》みあわせることで、遠《とお》くのものを大《おお》きくしています。そういう意味《いみ》では、レンズを使《つか》っている虫《むし》メガネも双眼鏡《そうがんきょう》も望遠鏡《ぼうえんきょう》も、仲間《なかま》だといえるでしょう。

虫《むし》メガネなどに使《つか》われるレンズは、まん中《なか》がふくらんだ形《かたち》をしています。これを「凸《とつ》レンズ」といいます。

ところで、ふだんあなたが見《み》ている「もの」とは、じつは「もの」からまっすぐにあなたの目《め》に飛《と》んできた光《ひかり》のことなのです。

凸《とつ》レンズには、光《ひかり》を曲《ま》げるはたらきがあります。ですから、凸《とつ》レンズを通《とお》してものを見《み》ると、光《ひかり》がふだんとは違《ちが》って見《み》えるので、ものが大《おお》きく見《み》えるようになるのです。

また、凸《とつ》レンズには、光《ひかり》を1つに集《あつ》めるはたらきもあります。光《ひかり》を集《あつ》めると、紙《かみ》が燃《も》えるくらいとても熱《あつ》くなってしまいますから、注意《ちゅうい》しましょうね。

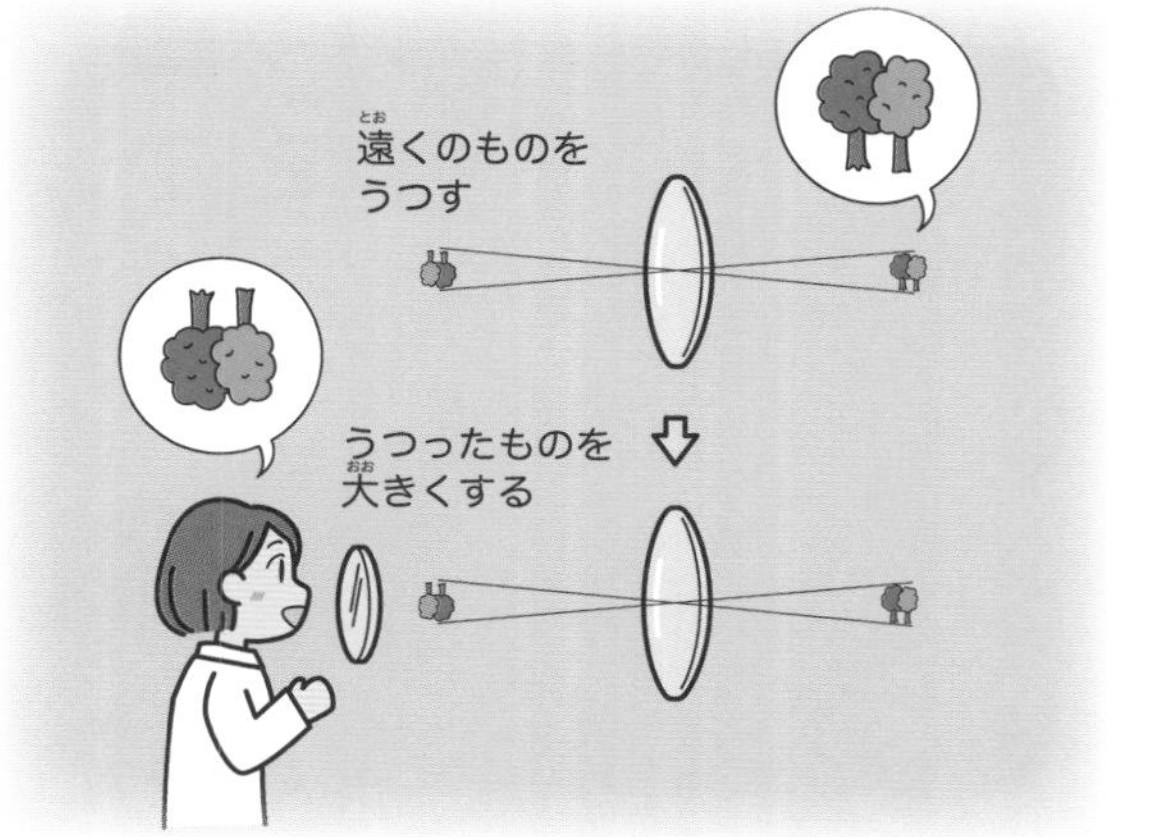

2枚《まい》のレンズのはたらき

では、あなたのおうちにある虫《むし》メガネで、**絶対《ぜったい》に太陽《たいよう》に向《む》けない**ように注意《ちゅうい》して、遠《とお》くを見《み》てみましょう。目《め》に近《ちか》づけた状態《じょうたい》だと、ぼやけてなにも見《み》えませんね。そこで、虫《むし》メガネを目《め》から少《すこ》しずつ離《はな》してみると……ほら、遠《とお》くのものが上下反対《じょうげはんたい》になって、小《ちい》さく見《み》えてきたでしょう。

でも、これでは遠《とお》くのものは大《おお》きく見《み》えません。そこで、もう1枚《まい》のレンズの出番《でばん》です。小《ちい》さく見《み》えている遠《とお》くのものを、もう1枚《まい》のレンズを使《つか》って大《おお》きくして見《み》るというわけです。これが、望遠鏡《ぼうえんきょう》の仕組《しく》みなのです。

なお、実際《じっさい》の望遠鏡《ぼうえんきょう》は、上下反対《じょうげはんたい》にならないようなレンズを使《つか》ったり、よりたくさんのレンズを組《く》み合《あ》わせたり、大《おお》きくて明《あか》るいレンズや鏡《かがみ》を使《つか》うなどして、より見《み》やすくなるよう工夫《くふう》されています。

まめちしき ▶レンズを使《つか》って光《ひかり》を見《み》る望遠鏡《ぼうえんきょう》を「光学望遠鏡《こうがくぼうえんきょう》」という。宇宙《うちゅう》などの観測《かんそく》には、星《ほし》などが出《だ》す「電《でん》磁波《じは》」を観測《かんそく》する「電波望遠鏡《でんぱぼうえんきょう》」も使《つか》われているよ。

どうして夜《よる》になると眠《ねむ》くなるの？

眠《ねむ》くなる理由《りゆう》

あなたは、「眠《ねむ》らないで一日中《いちにちじゅう》あそべたらいいのに」と考《かんが》えたことはありませんか？　でも、眠《ねむ》ることは人間《にんげん》にとって、とても大事《だいじ》なことなのです。

人間《にんげん》は起《お》きているとき、からだや脳《のう》をはたらかせています。もし眠《ねむ》らないと、からだも脳《のう》もつかれはててしまいますからね。

でも、どうして自分《じぶん》でつかれていると感《かん》じなくても眠《ねむ》くなるのでしょうか。それは、脳《のう》の中《なか》に、人《ひと》を眠《ねむ》くさせる物質《ぶっしつ》を出《だ》す部分《ぶぶん》があるからです。夜《よる》になるとその部分《ぶぶん》がはたらいて、わたしたちを眠《ねむ》くさせるというわけです。

つまり、眠《ねむ》くなるというのは、「つかれきる前《まえ》に休《やす》んでね」という合図《あいず》が、脳《のう》から出《で》たということなのです。

動物《どうぶつ》の眠《ねむ》り方《かた》はいろいろ

人間《にんげん》は主《おも》に昼間活動《ひるまかつどう》して、夜《よる》は休《やす》むという生活《せいかつ》をしていますが、動物《どうぶつ》の中《なか》には、昼間《ひるま》眠《ねむ》っていて、夜《よる》になると活《かつ》動《どう》するものもいます。こうした動物《どうぶつ》を夜行性《やこうせい》の動物《どうぶつ》といいます（30ページ）。

例《たと》えば、フクロウは夜行性《やこうせい》の動物《どうぶつ》です。目《め》や耳《みみ》がするどいフクロウは、他《ほか》の動物《どうぶつ》が眠《ねむ》っている夜《よる》の時間《じかん》のほうが、えものをつかまえやすいのです。

一日《いちにち》にどれくらい眠《ねむ》るかも、動物《どうぶつ》によってかなり違《ちが》います。コアラは一日《いちにち》のうち、20～22時間《じかん》くらい寝《ね》ています。主食《しゅしょく》のユーカリの葉《は》はあまり栄養《えいよう》がないので、よぶんなエネルギーを使《つか》わないように、長《なが》い時間《じかん》眠《ねむ》るのです。

また、キリンはあまり眠《ねむ》らない動物《どうぶつ》で、長《なが》くても一日《いちにち》に1時間《じかん》くらいしか眠《ねむ》らないといいます。

人間《にんげん》の大人《おとな》は7～8時間《じかん》くらい眠《ねむ》るのが健康《けんこう》によいといわれています。子《こ》どもは、からだが大《おお》きく育《そだ》つ時期《じき》なので、大人《おとな》よりもっと長《なが》く眠《ねむ》らなくてはなりません。眠《ねむ》っている間《あいだ》に、からだを成長《せいちょう》させる成長《せいちょう》ホルモンという物質《ぶっしつ》が出《で》るからです。

あなたも毎日《まいにち》きちんと眠《ねむ》って、しっかりしたからだを育《そだ》てましょうね。

まめちしき

▶イルカは、半分《はんぶん》の脳《のう》が寝《ね》ている状態《じょうたい》のときでも、もう半分《はんぶん》の脳《のう》がはたらいてちゃんと泳《およ》ぐことができる。休《やす》みたいときは半分《はんぶん》の脳《のう》だけ寝《ね》ている状態《じょうたい》になるんだよ。

はずかしいとどうして顔《かお》が赤《あか》くなるの？

2種類《しゅるい》の神経《しんけい》

あなたは、友《とも》だちがみんなの前《まえ》でドキドキしながらなにかを発表《はっぴょう》したり、失敗《しっぱい》してはずかしそうにしているときに、いつもより顔《かお》を赤《あか》くしているのを見《み》たことがありますよね。

人間《にんげん》のからだの中《なか》には、「神経《しんけい》」という、からだを動《うご》かす糸《いと》のようなものがあります。神経《しんけい》には2種類《しゅるい》あります。ひとつは、自分《じぶん》が「動《うご》け」と思《おも》って動《うご》かせる「体性神経《たいせいしんけい》」というものです。手《て》を動《うご》かしてものを握《にぎ》ったり、足《あし》を動《うご》かして歩《ある》いたりするのに使《つか》います。

そして、もうひとつが「自律神経《じりつしんけい》」という、「動《うご》け」と思《おも》って動《うご》かすのではなく、「勝手《かって》に動《うご》かしてくれる」ものです。自律神経《じりつしんけい》は、心臓《しんぞう》などを動《うご》かすはたらきもしています。たしかに、「心《しん》臓《ぞう》、動《うご》け！」と思《おも》わなくても、心臓《しんぞう》は動《うご》いてくれますものね。

血《ち》が自然《しぜん》と多《おお》く流《なが》れる

心臓《しんぞう》は、まっ赤《か》な血液《けつえき》（血《ち》）をからだ中《じゅう》に送《おく》るはたらきがあります。心臓《しんぞう》が早《はや》く動《うご》くと、血《ち》が多《おお》く流《なが》れます。緊張《きんちょう》すると、自律神経《じりつしんけい》が、勝手《かって》に心臓《しんぞう》を速《はや》く動《うご》かして、血《ち》をたくさんからだ中《じゅう》に送《おく》るようになります。その血《ち》は手《て》や足《あし》、そして顔《かお》や頭《あたま》にも流《なが》れます。

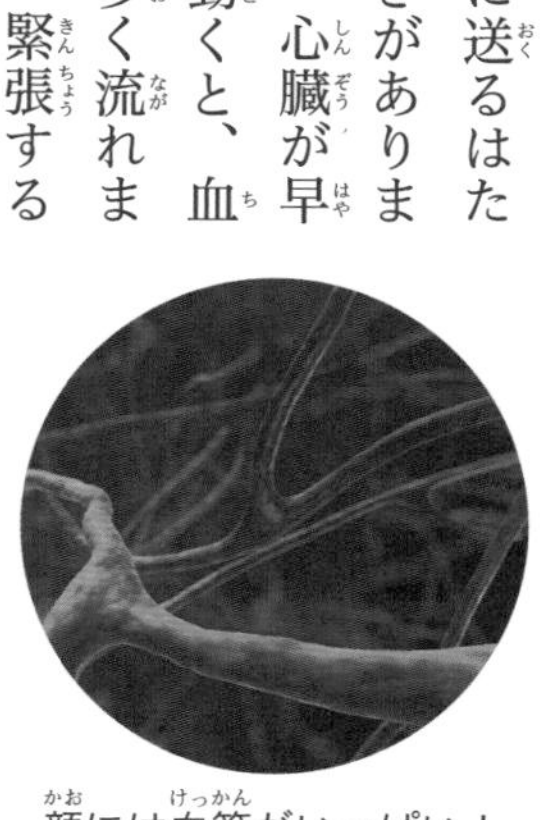

顔《かお》には血管《けっかん》がいっぱい！

とくに顔《かお》には、目《め》や鼻《はな》、口《くち》のような大切《たいせつ》なものがあるので、血《ち》を流《なが》す血管《けっかん》がたくさんあつまっています。ですから、血《ち》が多《おお》く流《なが》れると、顔《かお》が赤《あか》く見《み》えるようになるのです。

緊張《きんちょう》したり、はずかしくなったりすると、胸《むね》がドキドキして、顔《かお》がポッポッと熱《あつ》くなるのはそのためです。

ちなみにこわい思《おも》いをしたり、心配《しんぱい》をしたりすると、顔《かお》が青《あお》くなることがあります。これも自律神経《じりつしんけい》のはたらきで、血管《けっかん》が細《ほそ》くなって、血液《けつえき》が流《なが》れる量《りょう》が減《へ》るから、そう見《み》えるのです。

赤《あか》くなったり青《あお》くなったり、なんだか信号《しんごう》みたいですね。

まめちしき ▶寒《さむ》い時期《じき》、手足《てあし》の指《ゆび》やほほが赤《あか》くはれ、痛《いた》がゆくなる「しもやけ」は、血管《けっかん》が広《ひろ》がってちぢまなくなるのが原因《げんいん》。血《ち》の流《なが》れをよくする野菜《やさい》を食《た》べると予防《よぼう》になるよ。

FEBRUARY
2月
café

読《よ》んだ日《ひ》　　月《がつ》　　日《にち》

2月《がつ》1日《にち》

テレビはどうして動《うご》いて見《み》えるの？

みのまわりのふしぎ

パラパラまんがの仕組《しく》み

テレビの中《なか》では、いろいろな人《ひと》が動《うご》き回《まわ》ったり、景色《けしき》もどんどん変《か》わっていきますね。でもこれって、いったいどんな仕組《しく》みなのでしょうか？

あなたは、「パラパラまんが」というものを知《し》っていますか？　ノートがあればかんたんにつくれます。

まず、一枚目《いちまいめ》のかどに、なにか絵《え》をかいてみてください。なんでもかまいません。花《はな》が好《す》きな人《ひと》は花《はな》を、かわいらしい女《おんな》の子《こ》の顔《かお》でもいいですし、男《おとこ》の子《こ》なら自動車《じどうしゃ》でもいいでしょう。

一枚目《いちまいめ》がかけたら、二枚目《にまいめ》の同《おな》じ位置《いち》に、一枚目《いちまいめ》と少《すこ》しだけ違《ちが》う絵《え》をかいてください。例《たと》えば花《はな》をかいた人《ひと》は、花《はな》びらが一枚《いちまい》離《はな》れてしまった絵《え》を。女《おんな》の子《こ》の顔《かお》をかいた人《ひと》はウィンクした顔《かお》をかいてみてください。自動車《じどうしゃ》をかいた人《ひと》は、少《すこ》しだけ前《まえ》に進《すす》んだところにかけばいいでしょう。

止《と》まった絵《え》が少《すこ》しずつ動《うご》く

二枚《にまい》ともかけたら、一枚目《いちまいめ》の絵《え》をじっと見《み》ながら、すばやくめくってみましょう。花《はな》が散《ち》ったり、女《おんな》の子《こ》が目《め》をつぶったり、自動車《じどうしゃ》が進《すす》んだりして見《み》えませんか？

これが、パラパラまんがです。今回《こんかい》は二枚《にまい》だけしかかきませんでしたが、たくさんかけばかくほど、多《おお》くの動《うご》きをあらわせますよ。

テレビの仕組《しく》みもこれと同《おな》じ。実際《じっさい》はもっと複雑《ふくざつ》なのですが、かんたんにいうと、同《おな》じような仕組《しく》みで動《うご》いて見《み》えるのです。

ところで、日本《にほん》でテレビ放送《ほうそう》がはじまったのは、1953年《ねん》の今日《きょう》。そこで今日《きょう》は、テレビ放送記念日《ほうそうきねんび》に定《さだ》められています。そのときは、日本放送協会《にほんほうそうきょうかい》（NHK《えぬえいちけー》）が、お芝居《しばい》を放送《ほうそう》したものの、画面《がめん》が裏返《うらがえ》しにうつってしまうなどの失敗《しっぱい》もあったそうですよ。

むかしのテレビ。見《み》たことある？

まめちしき

▶世界《せかい》で最初《さいしょ》にテレビ放送《ほうそう》をおこなったのは、イギリスのＢＢＣ《びーびーしー》（英国放送協会《えいこくほうそうきょうかい》）で、1936年《ねん》のこと。そしてカラー放送《ほうそう》は、1954年《ねん》にアメリカではじめられたんだ。

2月《がつ》2日《にち》

結《けっ》婚《こん》ってなあに？

みのまわりのふしぎ

一緒《いっしょ》にくらす約束《やくそく》をする

今日《きょう》2（ふう）月《がつ》2（ふ）日《にち》は「夫婦《ふうふ》」の日《ひ》。家族《かぞく》や親《しん》せきではない男《おとこ》の人《ひと》と女《おんな》の人《ひと》が、一緒《いっしょ》にくらす約束《やくそく》をする「結《けっ》婚《こん》」をすると、二人《ふたり》は「夫婦《ふうふ》」になるのです。

その約束《やくそく》を、自分《じぶん》の周《まわ》りにいる人《ひと》にお知《し》らせするのが「結婚式《けっこんしき》」です。いまもむかしも、結婚式《けっこんしき》にはみんながあつまってお祝《いわ》いをします。

ところで、日本《にほん》で一番《いちばん》はじめに結婚《けっこん》式《しき》をした人《ひと》はだれなのでしょうね。いまから1300年《ねん》ほど前《まえ》に書《か》かれた、『古事記《こじき》』『日本書紀《にほんしょき》』という本《ほん》によると、日本《にほん》の国《くに》をつくったイザナギという男《おとこ》の神《かみ》さまと、イザナミという女《おんな》の神《かみ》さまとが、オノゴロ島《しま》というところでおこなったという儀式《ぎしき》が、結婚式《けっこんしき》のはじまりとされています。

いまから800年《ねん》以上前《いじょうまえ》の、鎌倉時《かまくらじ》代《だい》くらいまでは、男《おとこ》の人《ひと》が女《おんな》の人《ひと》の家《いえ》へ通《かよ》うというのが夫婦《ふうふ》の形《かたち》でした。ちょうどこのころから、二人《ふたり》で神《かみ》さまにちかうという儀式《ぎしき》がおこなわれるようになります。

そうして家族《かぞく》や親《しん》せき、友《とも》だち、近《きん》所《じょ》に住《す》む人《ひと》が男《おとこ》の人《ひと》の家《いえ》にあつまり、一緒《いっしょ》にお祝《いわ》いをする結婚式《けっこんしき》をおこなうようになりました。

みんなで結《けっ》婚《こん》のお祝《いわ》い

いまでは、家《いえ》が小《ちい》さくなってしまったこともあり、ほとんどの結婚式《けっこんしき》はホテルや結婚式場《けっこんしきじょう》などでおこなわれるようになりました。

これまでのように、二人《ふたり》で神《かみ》さまにちかうという儀式《ぎしき》だけでなく、教会《きょうかい》の牧師《ぼくし》さんにちかったり、また一緒《いっしょ》にいる人《ひと》たちにみとめてもらったりと、方《ほう》法《ほう》もさまざまです。

結婚式《けっこんしき》では、おいしいごちそうを食《た》べたり、お酒《さけ》を飲《の》んだりしながら楽《たの》しくお祝《いわ》いをします。あなたも結婚式《けっこんしき》に参加《さんか》するときは、二人《ふたり》のしあわせをお祝《いわ》いしてあげましょうね。

ウェディングケーキ、おいしくできるかな？

まめちしき ▶結婚指輪《けっこんゆびわ》を左手《ひだりて》の薬指《くすりゆび》にはめる習慣《しゅうかん》は、大《おお》むかしのヨーロッパではじめられたんだ。薬指《くすりゆび》には心《しん》臓《ぞう》につながる血管《けっかん》があると信《しん》じられていたからで、「心《こころ》をつなぐ」というわけ。

2月《がつ》3日《にち》

みのまわりのふしぎ

どうして節分《せつぶん》の日《ひ》に豆《まめ》をまくの？

冬《ふゆ》から春《はる》へうつる日《ひ》

季節《きせつ》の「節《せつ》」と、わかれめの「分《ぶん》」とかいて「節分《せつぶん》」と読《よ》みます。いまではとくに2月《がつ》3日《みっか》のことをいいますが、もともとはその字《じ》の通《とお》り、「季節《きせつ》のわかれめ」という意味《いみ》がある言葉《ことば》でした。

つまり、春《はる》、夏《なつ》、秋《あき》、冬《ふゆ》という4つの季節《きせつ》の区切《くぎ》りの日《ひ》、その前日《ぜんじつ》を祝《いわ》うのが節分《せつぶん》だったわけなのです。ですからむかしは年《ねん》に四回《よんかい》あったということになります。

ところが、時代《じだい》のうつり変《か》わりとともに暦《こよみ》も変《か》わっていきました。そして、寒《さむ》い冬《ふゆ》から、あたたかい春《はる》をむかえる区切《くぎ》りの「立春《りっしゅん》」を、新《あたら》しい年《とし》のはじまりと考《かんが》え、その前日《ぜんじつ》だけを節分《せつぶん》というようになったのです。

豆《まめ》まきで鬼《おに》を追《お》い払《はら》おう

節分《せつぶん》の日《ひ》には、むかしから一年《いちねん》をしめくくる行事《ぎょうじ》がおこなわれていました。それがいまも続《つづ》く豆《まめ》まきなのです。むかしの人《ひと》は、病気《びょうき》になったり、わざわいがおとずれたりするのは、きっと鬼《おに》のしわざだろうと考《かんが》えていました。

そこで、わるいものを追《お》い払《はら》う力《ちから》があるといわれる豆《まめ》をまいて、鬼《おに》も一緒《いっしょ》に追《お》い払《はら》ってしまおうと、豆《まめ》まきをするようになったといわれています。

恵方巻《えほうま》き

豆《まめ》は、まるで干《ひ》からびて死《し》んでいるように見《み》えても、水《みず》をあたえると、たちまちいきいきとよみがえっていきます。強《つよ》い生命力《せいめいりょく》を持《も》つことから、豆《まめ》にはとてもふしぎな力《ちから》があると信《しん》じられていたのです。

また、節分《せつぶん》の日《ひ》に年《とし》の数《かず》だけ豆《まめ》を食《た》べることで、からだを丈夫《じょうぶ》にするといういい伝《つた》えもあります。豆《まめ》の強《つよ》い力《ちから》をいただいて、元気《げんき》に春《はる》をむかえたいという願《ねが》いがこめられているのです。

「鬼《おに》は外《そと》、福《ふく》は内《うち》！」

しあわせをまねく福《ふく》は内《うち》に、わざわいを起《お》こす鬼《おに》は外《そと》へ、大《おお》きな声《こえ》でとなえながら、元気《げんき》に豆《まめ》をまきましょうね。

まめちしき ▶恵方巻《えほうま》きって知《し》ってる？　七福神《しちふくじん》にあやかり「7」種類《しゅるい》の具《ぐ》の入《はい》った巻《ま》きずしで、福《ふく》を巻《ま》き込《こ》むという意味《いみ》があるそう。恵方《えほう》という縁起《えんぎ》のいい方角《ほうがく》を向《む》いて、ガブリと食《た》べよう。

「がん」ってどんな病気《びょうき》？

人体《じんたい》のふしぎ

細胞《さいぼう》がおかしくなる

今日《きょう》は「世界対《せかいたい》がんデー」という日《ひ》です。そこで、「がん」という病気《びょうき》について考《かんが》えてみましょう。日本《にほん》では、人《ひと》が10人《にん》いたら、そのうち3人《にん》くらいが「がん」で死《し》んでいる、といわれているおそろしい病気《びょうき》です。

人《ひと》のからだは「細胞《さいぼう》」というとても小《ちい》さな組織《そしき》がくっつき合《あ》ってできています。赤《あか》ちゃんのときは、ごはんを食《た》べて大《おお》きくなりますが、これは、ごはんを栄養《えいよう》にして、細胞《さいぼう》がどんどん増《ふ》えるからです。これを細胞分裂《さいぼうぶんれつ》といいます。

また、すり傷《きず》などケガをしても、薬《くすり》をつけてしばらくするとなおりますよね。これも、ケガの周《まわ》りの細胞《さいぼう》が増《ふ》えて、ケガをした部分《ぶぶん》を埋《う》めてくれるからなのです。

このように、人《ひと》のからだにとって細胞《さいぼう》はとても大切《たいせつ》なものなのですが、「がん」とは、健康《けんこう》な細胞《さいぼう》を「がん細胞《さいぼう》」に変《か》えて、増《ふ》やしてしまうというおそろしい病気《びょうき》なのです。

がん細胞《さいぼう》が増《ふ》えると、健康《けんこう》な細胞《さいぼう》のはたらきを邪魔《じゃま》したり、からだの中《なか》にある心臓《しんぞう》や肺《はい》などの器官《きかん》がはたらけなくなったりして、やがて死《し》んでしまうことになるのです。

早《はや》く見《み》つけることが大切《たいせつ》

がんには、胃《い》にできる「胃《い》がん」や、はだにできる「皮《ひ》ふがん」、血液《けつえき》ががんになる「白血病《はっけつびょう》」などいろいろな種類《しゅるい》があります。いずれも「転移《てんい》」といって、からだじゅうに広《ひろ》がるというやっかいな性質《せいしつ》があります。

がんになる原因《げんいん》は、化学物質《かがくぶっしつ》やウイルスのしわざだったり、その人《ひと》のからだの生《う》まれつきの性質《せいしつ》だったりと、いろいろあります。

むかしは不治《ふじ》の病《やまい》といわれていましたが、最近《さいきん》は早《はや》く見《み》つけることさえできれば、手術《しゅじゅつ》などでなおすこともできるようになりました。

そのためにも、ふだんから健康《けんこう》に気《き》をつかうようにしましょうね。

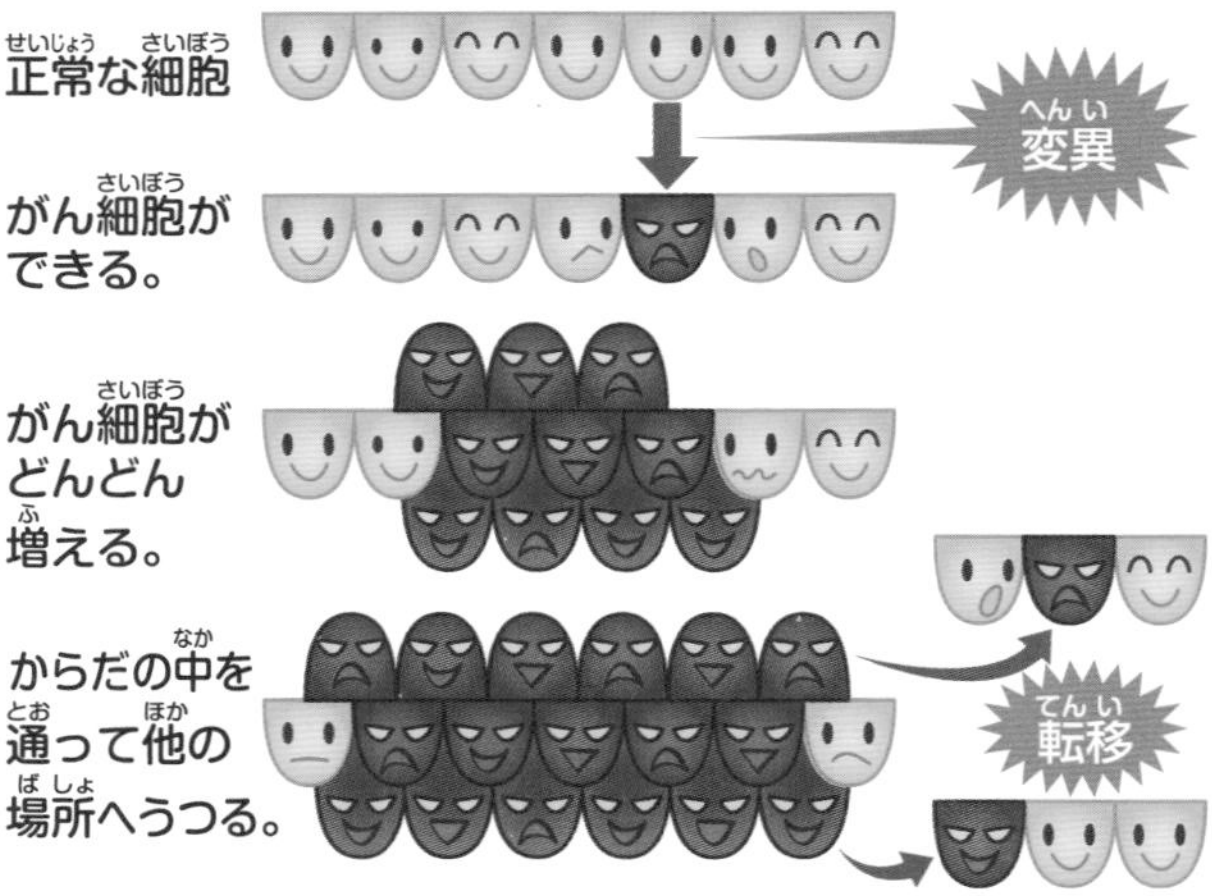

まめちしき

▶日本人《にほんじん》の死亡原因《しぼうげんいん》の1位《い》はがん、2位《い》は心臓病《しんぞうびょう》、3位《い》は脳《のう》の血管《けっかん》の病気《びょうき》。死亡原因全体《しぼうげんいんぜんたい》に対《たい》するがんの割合《わりあい》は年々《ねんねん》増《ふ》えているんだ。

人体《じんたい》のふしぎ

ふたごはどうして生《う》まれるの？

一卵性《いちらんせい》と二卵性《にらんせい》

今日《きょう》2（ふた）月《がつ》5（ご）日《にち》は「ふたごの日《ひ》」。あなたの周《まわ》りにもふたごのお友《とも》だちがいるのではないでしょうか。

ところで、どうしてふたごの赤《あか》ちゃんが生《う》まれるのか、知《し》っていますか？お母《かあ》さんのお腹《なか》には、卵子《らんし》という赤《あか》ちゃんの卵《たまご》がいます。これにお父《とう》さんの精子《せいし》がくっついて受精《じゅせい》することで、赤《あか》ちゃんになるのです。

でもすぐに赤《あか》ちゃんの形《かたち》になるのではありません。そして小《ちい》さな「受精卵《じゅせいらん》」が育《そだ》っていくとき、途中《とちゅう》でふたつに分《わ》かれてしまい、そのまま別々《べつべつ》に成長《せいちょう》することがあるのです。

これをひとつの卵《たまご》から生《う》まれたふたごということで、「一卵性双生児《いちらんせいそうせいじ》」といいます。もともとはひとつの卵《たまご》ですから、二人《ふたり》とも男《おとこ》の子《こ》、または女《おんな》の子《こ》で、見《み》た目《め》もそっくりになります。

もうひとつ、ふたごには「二卵性双生児《にらんせいそうせいじ》」という種類《しゅるい》があります。お母《かあ》さんのお腹《なか》では、だいたい1ケ月《げつ》に1個《こ》だけ卵子《らんし》ができますが、まれに2個《こ》以上《じょう》できることがあります。

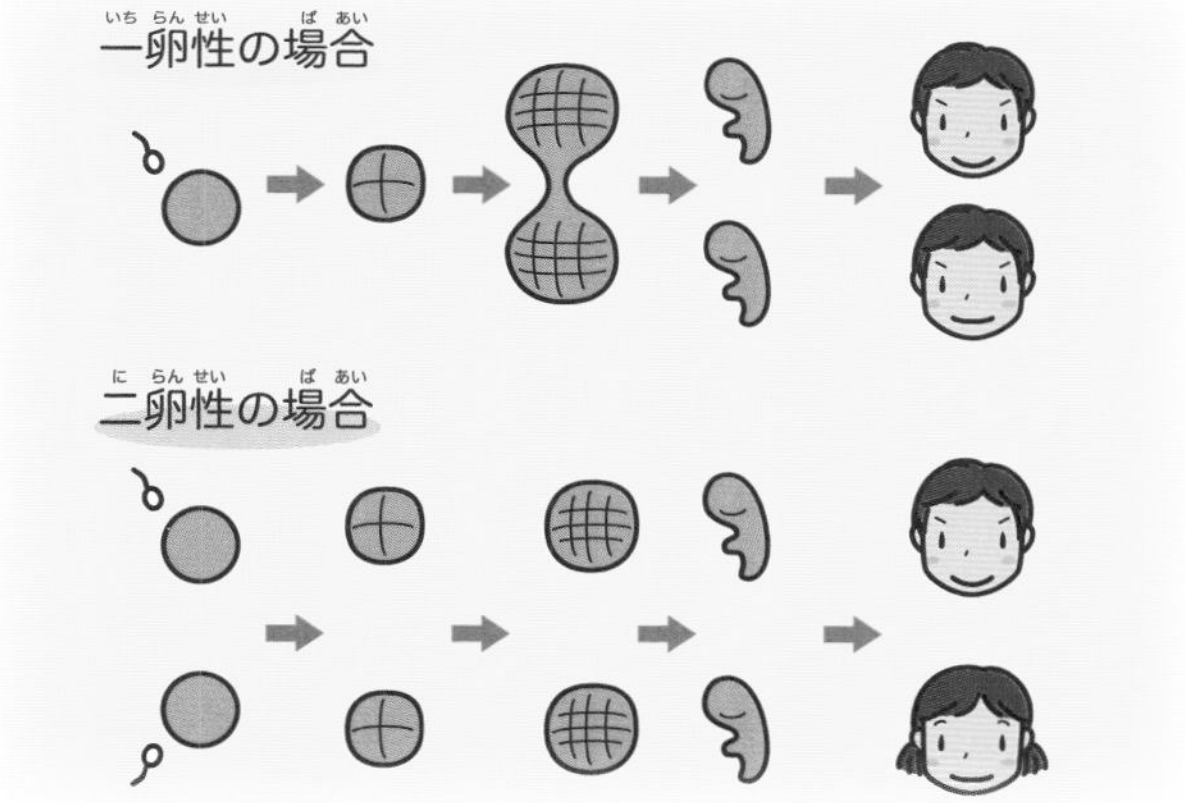

そしてそれぞれがお父《とう》さんの精子《せいし》と出会《であ》うと、受精卵《じゅせいらん》もふたつできるわけです。この場合《ばあい》、ふたごでも違《ちが》う性別《せいべつ》になることがあり、見《み》た目《め》もふつうの兄弟《きょうだい》くらいにしか似《に》ていません。

ふしぎなふたご

ところでふたごは、どちらがお兄《にい》さん（お姉《ねえ》さん）になるのでしょう。むかしは、先《さき》に生《う》まれたほうが弟《おとうと》（妹《いもうと》）であとに生《う》まれたほうが兄《あに》（姉《あね》）とされていました。

これは、むかしの人《ひと》が「お腹《なか》の奥《おく》にいる方《ほう》が先《さき》にできた子《こ》どもだから、あとから生《う》まれてくるのだろう」と考《かんが》えていたからです。現在《げんざい》は生《う》まれた順番《じゅんばん》に兄弟《きょうだい》（姉妹《しまい》）になります。

ふたごの兄弟《きょうだい》は、見《み》かけだけではなく、考《かんが》えることも似《に》てくるといわれています。二人《ふたり》でじゃんけんをしても、あいこばかりで勝負《しょうぶ》がつかないといったこともあるようです。なんだかふしぎですね。

まめちしき ▶日本《にほん》でふたごが生《う》まれる確率《かくりつ》はおよそ100分《ぶん》の1で、一卵性双生児《いちらんせいそうせいじ》が生《う》まれる確率《かくりつ》はおよそ1000分《ぶん》の4だといわれているよ。

のりってなにからできているの？

生《い》きもののふしぎ

藻《も》という植物《しょくぶつ》でつくる

お寿司《すし》やおにぎりなど、あなたがふだん食《た》べている「のり」が、じつは植物《しょくぶつ》だって知《し》っていましたか？　植物《しょくぶつ》といっても、畑《はたけ》でとれるわけではありません。のりは、海《うみ》や川《かわ》の中《なか》で育《そだ》つ「藻《も》」と呼《よ》ばれる植物《しょくぶつ》の仲間《なかま》です。

でも、植物図鑑《しょくぶつずかん》を見《み》ても、ノリという名前《なまえ》の植物《しょくぶつ》はのっていませんね。藻《も》の仲間《なかま》で、同《おな》じようなつくり方《かた》、食《た》べ方《かた》をするものを、まとめてそう呼《よ》んでいるのです。

藻《も》は、海《うみ》や川《かわ》から引《ひ》き上《あ》げたときは、ドロドロしていますが、これを薄《うす》く平《たい》らに広《ひろ》げて乾《かわ》かすと、紙《かみ》のような形《かたち》をした「板《いた》のり」になります。

これを火《ひ》であぶって食《た》べるのですが、お店《みせ》でははじめからあぶったものもたくさん売《う》られています。

のりは、板《いた》のりにする他《ほか》、かたまりのまま乾《かわ》かしたり、やわらかい佃煮《つくだに》にして食《た》べることもあります。

むかしから食《た》べられていた

日本人《にほんじん》はむかしからのりを食《た》べていました。いまから1300年《ねん》ほど前《まえ》の奈良時代《ならじだい》に、日本《にほん》のあちこちで『風土《ふど》記《き》』と呼《よ》ばれる本《ほん》が書《か》かれましたが、そのいくつかにも、のりのことが書《か》いてあります。

このころは、自然《しぜん》に育《そだ》ったのりをとってきて、そのまま乾《かわ》かして食《た》べていたようです。

それから何百年《なんびゃくねん》もたって江戸時代《えどじだい》になると、人《ひと》が自分《じぶん》の手《て》でのりを育《そだ》てるようになりました。海《うみ》の浅《あさ》いところに竹《たけ》などを突《つ》きさして、その間《あいだ》にアミのようなものをはります。のりは、そのアミにからみついて育《そだ》つのです。

そのころから、のりを薄《うす》くのばして乾《かわ》かすようになり、いまのような形《かたち》になったそうです。

今日《きょう》はのりの日《ひ》です。今日《きょう》のごはんには、のりは使《つか》われているかな？

▲岩《いわ》のりを干《ほ》しているようす

のりの養殖場《ようしょくじょう》▶

まめちしき

▶むかしの「大宝律令《たいほうりつりょう》」という法律《ほうりつ》では、のりは国《くに》におさめる税金《ぜいきん》のひとつだったんだ。大宝律令《たいほうりつりょう》が使《つか》われはじめた日《ひ》は、いまの暦《こよみ》で２月６日《がつむいか》にあたるので、今日《きょう》がのりの日《ひ》に決《き》まったんだよ。

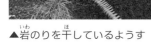

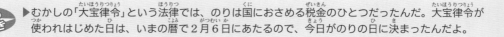

どうして渡《わた》り鳥《どり》は引《ひ》っ越《こ》しをするの？

命《いのち》がけの引《ひ》っ越《こ》し

鳥《とり》の中《なか》には、季節《きせつ》が変《か》わると住《す》むところを変《か》える仲間《なかま》がいます。例《たと》えば山《やま》と海《うみ》を行《い》ったり来《き》たりしたり、日本《にほん》の北《きた》から南《みなみ》まで行《い》ったり来《き》たりしたりと、決《き》まった季節《きせつ》になると、こまめに引《ひ》っ越《こ》しをするのです。

そして、日本《にほん》と遠《とお》い海《うみ》の外《そと》の国《くに》を、行《い》ったり来《き》たりする、「渡《わた》り鳥《どり》」といわれる仲間《なかま》たちもいます。

人間《にんげん》が引《ひ》っ越《こ》しをするときは、どこに住《す》むか決《き》めたり、荷物《にもつ》をまとめたり、引《ひ》っ越《こ》しの日《ひ》にちを決《き》めたりと、やることが多《おお》くて大変《たいへん》です。

鳥《とり》たちの場合《ばあい》、荷物《にもつ》をまとめることはなくても、飛《と》ぶ距離《きょり》が長《なが》いため、敵《てき》におそわれたりするなど、命《いのち》がけの引《ひ》っ越《こ》しになります。

そのため、見通《みとお》しはわるくなりますが、敵《てき》に見《み》つかりにくい夜《よる》にわざわざ飛《と》ぶことも多《おお》いのです。

渡《わた》り鳥《どり》の引《ひ》っ越《こ》しは、昼《ひる》は太陽《たいよう》を目印《めじるし》に、夜《よる》は星《ほし》を目印《めじるし》にして、迷子《まいご》にならないように目的《もくてき》の場所《ばしょ》まで行《い》くといわれています。

群《む》れをつくって旅《たび》をする渡《わた》り鳥《どり》

住《す》みやすいところを目指《めざ》す

なぜ渡《わた》り鳥《どり》は、このように大変《たいへん》な引《ひ》っ越《こ》しをするのでしょうか。それはもちろん、生《い》きるためです。

寒《さむ》さが苦手《にがて》な鳥《とり》たちは、冬《ふゆ》になると夏《なつ》の国《くに》へ、またその国《くに》が冬《ふゆ》になるころには、夏《なつ》になっているもとの国《くに》へと引《ひ》っ越《こ》すのです。

また、冬《ふゆ》になると、鳥《とり》のエサになる生《い》きものたちは冬眠《とうみん》をしたり、死《し》んでしまったりして、数《かず》が少《すく》なくなります。食《た》べるエサがなくなってしまうので、あたたかくてエサが多《おお》い場所《ばしょ》に引《ひ》っ越《こ》すのです。

しかし、だんだん渡《わた》り鳥《どり》の引《ひ》っ越《こ》し先《さき》が少《すく》なくなってきているようです。わたしたち人間《にんげん》が、鳥《とり》たちが住《す》んだりエサをとる森《もり》をなくすなど、自然《しぜん》をこわしているからです。

渡《わた》り鳥《どり》たちが安心《あんしん》して引《ひ》っ越《こ》しができるよう、わたしたちもいろいろ考《かんが》えていかなくてはいけませんね。

まめちしき ▶渡《わた》り鳥《どり》の移動《いどう》や寿命《じゅみょう》などを調《しら》べるときは、つかまえた鳥《とり》の足《あし》に番号《ばんごう》を記《しる》した輪《わ》っかをつけて放《はな》すんだ。100年《ねん》ほど前《まえ》にヨーロッパではじめられた方法《ほうほう》なんだって。

どうして親子《おやこ》は似《に》ているの？

人体《じんたい》のふしぎ

遺伝子《いでんし》のひみつ

あなたは「お父《とう》さんやお母《かあ》さんに似《に》ているね」とだれかにいわれたり、顔《かお》やからだつきが、なんとなく似《に》ている親子《おやこ》を見《み》たことがありますか？

でもどうして、親子《おやこ》って似《に》ているのでしょうね。

それは、生《う》まれてくるときに、お母《かあ》さんやお父《とう》さんから子《こ》どもに、その姿《すがた》や形《かたち》などの情報《じょうほう》が受《う》けつがれるからです。それを「遺伝《いでん》」といいます。

人間《にんげん》のからだは、「細胞《さいぼう》」という小《ちい》さな組織《そしき》が、何億個《なんおくこ》もあつまってできています。細胞《さいぼう》の中《なか》には「染色体《せんしょくたい》」といわれる、姿《すがた》や形《かたち》の情報《じょうほう》をまとめたものがあって、さらにその中《なか》には*DNA*《でぃーえぬえー》という、姿《すがた》や形《かたち》の情報《じょうほう》を管理《かんり》するものが入《はい》っています。これらをまとめて「遺伝子《いでんし》」といいます。

DNA《でぃーえぬえー》は、左上《ひだりうえ》の図《ず》のようなねじれた形《かたち》をしています。これがとてもたくさん重《かさ》なって染色体《せんしょくたい》になり、さらに細胞《さいぼう》になって、生《い》きもののからだをつくりあげているのです。

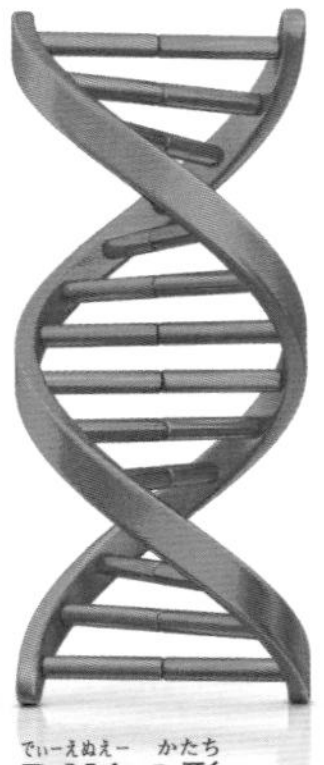

DNA《でぃーえぬえー》の形《かたち》

遺伝《いでん》の法則《ほうそく》って？

子《こ》どもは親《おや》の遺伝子《いでんし》をお母《かあ》さんから半分《はんぶん》、お父《とう》さんから半分《はんぶん》、受《う》けついで生《う》まれてきます。これを「遺伝《いでん》の法則《ほうそく》」といいます。つまり、お父《とう》さんとお母《かあ》さんの姿《すがた》や形《かたち》の情報《じょうほう》を受《う》けついでいるわけですから、似《に》ている部分《ぶぶん》があってもふしぎではありません。

なお遺伝《いでん》の法則《ほうそく》は、動物《どうぶつ》や植物《しょくぶつ》など多《おお》くの生《い》きもので見《み》られますが、すべての生《い》きものに当《あ》てはまるというわけではありません。

遺伝子《いでんし》については、世界中《せかいじゅう》でいろいろな研究《けんきゅう》がおこなわれています。とても小《ちい》さな遺伝子《いでんし》の中《なか》に、そのようなたくさんの情報《じょうほう》が入《はい》っているなんて、生《い》きものってふしぎですね。

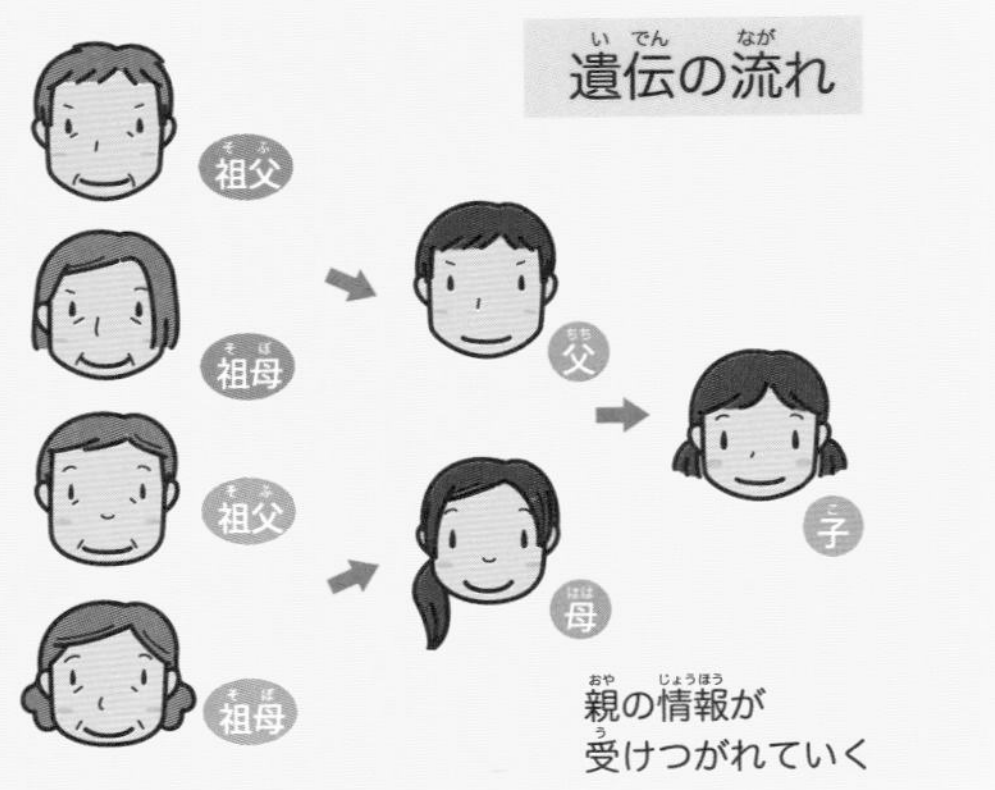

まめちしき ▶今日《きょう》はグレゴール・ヨハン・メンデルという人《ひと》が「遺伝《いでん》の法則《ほうそく》」を発見《はっけん》した日《ひ》だよ。みんなも知《し》ってる「エンドウマメ」を調《しら》べてつき止《と》めたんだ。

2月《がつ》9日《にち》

人間《にんげん》はいつから服《ふく》を着《き》るようになったの？

みのまわりのふしぎ

刺激《しげき》からからだを守《まも》る

今日《きょう》は2（ふ）月《がつ》9（く）日《にち》。服《ふく》の日《ひ》です。どうして人《ひと》は服《ふく》を着《き》るのでしょうか？　おしゃれをするため？　もちろんそれもありますが、もっと大事《だいじ》なのは、人間《にんげん》のからだを守《まも》るためです。

例《たと》えば、寒《さむ》い冬《ふゆ》にはあたたかい服《ふく》を着《き》たり、日《ひ》ざしの強《つよ》い夏《なつ》には、はだを守《まも》るために長《なが》そでを着《き》たり、ぼうしをかぶったりしますよね。

また、山《やま》などを歩《ある》くと、木《き》のえだが当《あ》たったり、虫《むし》が近寄《ちかよ》ってきたりします。でも、服《ふく》を着《き》ていればはだに傷《きず》がつきませんし、虫《むし》がさすこともありません。

このように服《ふく》は、いろいろな刺激《しげき》から、わたしたち人間《にんげん》のからだを守《まも》ってくれているのです。

はだかじゃはずかしい！

キリスト教《きょう》の教《おし》えでは、最初《さいしょ》の人間《にんげん》は、アダムという男《おとこ》の人《ひと》と、イブという女《おんな》の人《ひと》だけで、二人《ふたり》ははだかでくらしていたといいます。そのころははずかしいという気持《きも》ちを知《し》らなかったので、相手《あいて》にはだかを見《み》られても平気《へいき》だったのです。

ところがわるいヘビにだまされて、神《かみ》さまに「食《た》べてはいけない」といわれていた「ちえの実《み》」を食《た》べたとたん、はだかでいるのがはずかしくなりました。そこで、イチジクの葉《は》っぱでからだをかくしたのだそうです。

みなさんも、はだかを見《み》られるのははずかしいですよね？　でも赤《あか》ん坊《ぼう》のときははだかを見《み》られても平気《へいき》でした。はだかでいるのははずかしい！と思《おも》うようになったとき、人間《にんげん》は服《ふく》を着《き》はじめたのかもしれませんね。

実際《じっさい》にいつから服《ふく》を着《き》るようになったのか、はっきりとしたことはわかっていません。60万年《まんねん》以上《いじょう》むかしから、人《ひと》は服《ふく》を着《き》ていたともいわれています。最初《さいしょ》のころの服《ふく》は、木《き》の皮《かわ》や葉《は》っぱ、くきなどを編《あ》んだりしてつくられていたようです。いまではヒツジなど動物《どうぶつ》の毛《け》や、石油《せきゆ》などから糸《いと》をつくり、布《ぬの》をおって服《ふく》にしています。未来《みらい》の服《ふく》は、いったいどうなるのでしょうね？

まめちしき

▶2月《がつ》9日《ここのか》は、フグ（ふく）の日《ひ》でもあるよ。フグの産地《さんち》で有名《ゆうめい》な山口県《やまぐちけん》の下関《しものせき》では、フグを「ふく」と発音《はつおん》するから、これを「福《ふく》」とひっかけて縁起《えんぎ》のいい魚《さかな》としているんだって。

読《よ》んだ日《ひ》　　月《がつ》　　日《にち》

2月《がつ》10日《にち》

科学《かがく》のふしぎ

どうしてストローでジュースが飲《の》めるの？

吸《す》っているのは空気《くうき》

わたしたちは、よくストローを使《つか》ってジュースを飲《の》みます。ですが、ストローの中《なか》にジュースが入《はい》っているわけではないのに、どうしてジュースが飲《の》めるのでしょうね。

わたしたちが吸《す》っているのは、ストローの中《なか》に入《はい》っている空気《くうき》だけです。でも、ストローの中《なか》の空気《くうき》を吸《す》うと、ふしぎなことに、ジュースもひとりでに口《くち》の近《ちか》くまで上《あ》がってくるのです。

どうして空気《くうき》を吸《す》うとジュースが上《あ》がってくるのかというと、ストローの中《なか》と外《そと》の空気《くうき》がものを押《お》す「気圧《きあつ》」という力《ちから》を使《つか》っているからです。

空気《くうき》は地球《ちきゅう》の周《まわ》りをとりまいていますから、地球上《ちきゅうじょう》のすべてのものは、気圧《きあつ》を受《う》けています。

空気《くうき》の力《ちから》を使《つか》う

もちろんジュースの入《はい》ったコップも気圧《きあつ》を受《う》けていますから、コップのジュースは、空気《くうき》によって上《うえ》から押《お》しつけられています。

そこにストローをさすと、ストローの中《なか》の空気《くうき》も、同《おな》じようにジュースを上《うえ》から押《お》しつけます。

その状態《じょうたい》では、コップの上《うえ》から空気《くうき》がジュースを押《お》す力《ちから》と、ストローの中《なか》の空気《くうき》がジュースを押《お》す力《ちから》がつりあっていることになります。

けれども、口《くち》でストローの中《なか》の空気《くうき》を吸《す》うと、ストローの中《なか》の空気《くうき》がなくなります。すると、ストローの中《なか》で、上《うえ》からジュースを押《お》しつける力《ちから》がなくなってしまうので、口《くち》もとまでジュースが上《あ》がってくるのです。

こうやってわたしたちは、空気《くうき》の力《ちから》を使《つか》って、ストローでジュースを飲《の》んでいるわけです。

空気《くうき》が押《お》す力《ちから》というのは、じつはとても大《おお》きな力《ちから》です。１４２ページの実《じっ》験《けん》で、あなたも体験《たいけん》してみましょうね。

まめちしき ▶紙《かみ》パックのジュースで、ストローでジュースを吸《す》うのではなく、息《いき》を吹《ふ》き込《こ》んでみると、いきおいよくジュースが口《くち》の中《なか》に入《はい》ってくるよ。絶対《ぜったい》にストローから口《くち》を離《はな》さないでね。

日《に》本《ほん》はいつできたの？

日《に》本《ほん》最《さい》初《しょ》の天《てん》皇《のう》

今日《きょう》は「建《けん》国《こく》記《き》念《ねん》の日《ひ》」です。日《に》本《ほん》という国《くに》ができたことをお祝《いわ》いするための日《ひ》です。

けれども、日《に》本《ほん》が2月《がつ》11日《にち》にできた、というわけではありません。いろいろな説《せつ》があり、くわしいことはわかっていないからです。

でも、どうして2月《がつ》11日《にち》が建《けん》国《こく》記《き》念《ねん》の日《ひ》とされたのでしょうか。それは、むかしの神《しん》話《わ》で「神《じん》武《む》天《てん》皇《のう》」という人《ひと》が、紀《き》元《げん》前《ぜん》660年《ねん》ごろの2月《がつ》11日《にち》に、日《に》本《ほん》最《さい》初《しょ》の天《てん》皇《のう》になった、とされているからです。

それを記《き》念《ねん》して、明《めい》治《じ》時《じ》代《だい》に、この日《ひ》が「紀《き》元《げん》節《せつ》」という祝《しゅく》日《じつ》になりましたが、紀《き》元《げん》節《せつ》は、第《だい》二《に》次《じ》世《せ》界《かい》大《たい》戦《せん》後《ご》に廃《はい》止《し》されました。

その後《ご》、さまざまな議《ぎ》論《ろん》がかわされ、結《けっ》局《きょく》この日《ひ》が「建《けん》国《こく》記《き》念《ねん》の日《ひ》」と決《き》められたのです。

日《に》本《ほん》最《さい》初《しょ》の天《てん》皇《のう》といわれる神《じん》武《む》天《てん》皇《のう》

日《ひ》いずるところ日《に》本《ほん》

それでは、「日《に》本《ほん》」という国《くに》の名《な》前《まえ》ができたのは、いつでしょうか。日《に》本《ほん》という名《な》前《まえ》が最《さい》初《しょ》に使《つか》われたのは、いまから1300年《ねん》ほど前《まえ》だといわれています。

日《に》本《ほん》は、最《さい》初《しょ》からひとつの国《くに》だったわけではありません。いまから1900年《ねん》以《い》上《じょう》前《まえ》の日《に》本《ほん》には、たくさんの小《ちい》さな国《くに》がありました。

それらの小《ちい》さな国《くに》が、少《すこ》しずつまとまってきて、やがてひとつの国《くに》になりました。こうしてできた国《くに》は、最《さい》初《しょ》はヤマトという名《な》前《まえ》でした。

そしていまから1400年《ねん》ほど前《まえ》に、聖《しょう》徳《とく》太《たい》子《し》という人《ひと》がヤマトの国《くに》のことを、「日《ひ》いずるところ」と書《か》き記《しる》したのです。

「日《ひ》いずるところ」とは、「日《ひ》がのぼるところ」という意《い》味《み》になります。お日《ひ》さまは東《ひがし》からのぼりますから、これは、「東《ひがし》にある国《くに》」をあらわしています。そういえば、日《に》本《ほん》の国《こっ》旗《き》である「日《ひ》の丸《まる》」（44ページ）も、お日《ひ》さまと関《かん》係《けい》がありましたね。

この「日《ひ》いずるところ」が、「ひのもと（日《ひ》の本《もと》）」と変《へん》化《か》し、そこから、「日《に》本《ほん》」という言《こと》葉《ば》ができたのではないか、と考《かん》えられています。

まめちしき
▶むかしの中《ちゅう》国《ごく》では、ヤマトの国《くに》は、「倭《やまと》の国《くに》」と呼《よ》ばれていたんだ。「倭《やまと》の国《くに》」とは、「とても小《ちい》さな国《くに》」という意《い》味《み》なんだって。

どうして正座《せいざ》をすると足《あし》がしびれるの？

人体《じんたい》のふしぎ

正座《せいざ》で足《あし》がしびれるわけ

「べべちゃんこ」「おつんべこ」「おちょきん」これらは同《おな》じ意味《いみ》の方言《ほうげん》(地方《ちほう》の言葉《ことば》)ですが、なにかわかるかな？

座《すわ》り方《かた》のひとつで、苦手《にがて》な人《ひと》も多《おお》くて……そう、こたえは「正座《せいざ》」です。

正座《せいざ》というとかたく聞《き》こえますが、方言《ほうげん》だとなんだか、かわいらしいですね。正座《せいざ》は、日本人《にほんじん》の正式《せいしき》な座《すわ》り方《かた》とされていて、もとは神《かみ》さまや仏《ほとけ》さまをおがむときのものでした。いまから600年《ねん》くらい前《まえ》の室町時代《むろまちじだい》に、さむらいを中心《ちゅうしん》に広《ひろ》まり、ふだんの生活《せいかつ》でも座《すわ》られるようになったそうです。

しびれにくい座《すわ》り方《かた》

ジンジン、ピリピリ。正座《せいざ》をしたことがある人《ひと》なら、だれもが経験《けいけん》したことがある足《あし》のしびれ。

しびれが起《お》こる理由《りゆう》はふたつあります。ひとつは、皮《ひ》ふの薄《うす》い足《あし》の甲《こう》がゆかやたたみに当《あ》たり、血《ち》のめぐりがわるくなること。もうひとつは、おしりの重《おも》みでひざの裏《うら》の神経《しんけい》がおさえつけられること。こうして、つらいしびれが起《お》こるのです。

では、足《あし》がしびれない方法《ほうほう》はないのでしょうか。一番確実《いちばんかくじつ》なのは正座《せいざ》をしないことですが、およばれや親《しん》せきのあつまりなど、正座《せいざ》をしなくてはいけない場面《ばめん》も出《で》てくるでしょう。

そんなときには、次《つぎ》のようにするとしびれにくくなりますよ。

◉おしりでひざの裏《うら》をおさえつけないように、背《せ》すじをのばし、やや前《まえ》かがみで座《すわ》る。

◉かかとを開《ひら》いて足《あし》の親指《おやゆび》を少《すこ》し重《かさ》ね、足《あし》首《くび》をゆかに当《あ》てる。

◉ときどきからだを動《うご》かす。

◉ゆったりとしたズボンやフレアスカートなどをはく。

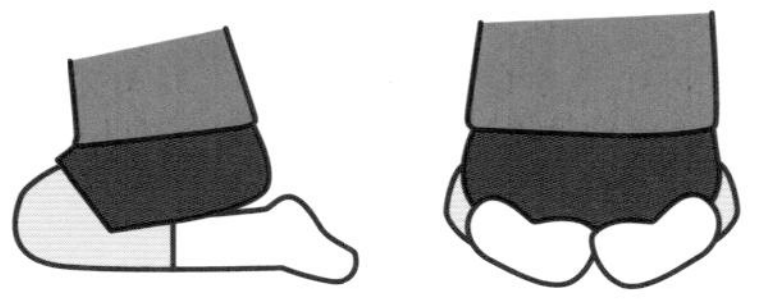

江戸時代《えどじだい》は子《こ》どもも、学校《がっこう》や家《いえ》で正《せい》座《ざ》をしていました。いまでは、いすに座《すわ》ることが多《おお》く、正座《せいざ》をすることはあまりありませんね。ふー、江戸時代《えどじだい》に生《う》まれなくてよかった！

まめちしき ▶正座《せいざ》で足《あし》がしびれたら、おしりを浮《う》かせて足首《あしくび》のあたりで足《あし》を交差《こうさ》させて5秒《びょう》くらい座《すわ》ってみよう。左右反対《さゆうはんたい》に同《おな》じようにくり返《かえ》すと、しびれが早《はや》くとれるそうだよ。ためしてみて。

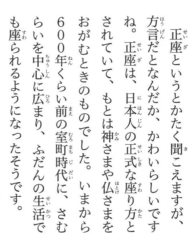

読《よ》んだ日《ひ》　　月《がつ》　日《にち》

2月《がつ》13日《にち》

どうしてニワトリは朝早《あさはや》くに鳴《な》くの？

生《い》きもののふしぎ

朝早《あさはや》くに鳴《な》くオス

あなたは朝早《あさはや》く、まだ外《そと》が暗《くら》くて眠《ねむ》い時間《じかん》に「コケコッコー」というニワトリの鳴《な》き声《ごえ》を聞《き》いたことがありますか？　むかしからニワトリは、夜明《よあ》けをつげる鳥《とり》として、人間《にんげん》に大切《たいせつ》に飼《か》われてきました。

ではどうして、ニワトリは朝早《あさはや》くに鳴《な》くのでしょう。じつは、はっきりとしたことはわかっていません。ですがこれは、メスのニワトリが朝《あさ》に卵《たまご》を産《う》むのと同《おな》じで、太陽《たいよう》の光《ひかり》が関係《かんけい》しているといわれています。

ニワトリは、暗《くら》いところや太陽《たいよう》が沈《しず》んで暗《くら》くなってからは、目《め》が見《み》えなくなってしまいます。そうして夜《よる》をすごしたニワトリは、朝《あさ》、太陽《たいよう》がのぼると急《きゅう》に目《め》が見《み》えるようになります。するとニワトリのからだの中《なか》で、細胞《さいぼう》に命令《めいれい》を出《だ》すホルモンというものが出《で》てくるのです。

メスが卵《たまご》を産《う》み、オスが鳴《な》き声《ごえ》をあげるようになるのは、このホルモンの影響《えいきょう》によるものです。

ところで、ニワトリの鳴《な》き声《ごえ》を言葉《ことば》にすると、日本《にほん》では「コケコッコー」。英語《えいご》をしゃべる国《くに》だと「クックドゥードゥルドゥー」、フランスでは「ココリコ」というそうです。鳴《な》き声《ごえ》は同《おな》じでも、しゃべる言葉《ことば》によってずいぶん変《か》わるものですね。

卵《たまご》を毎日産《まいにちう》むメス

もともと動物《どうぶつ》は子孫《しそん》を残《のこ》すために交尾《こうび》をし、卵《たまご》を産《う》むものです。ですがニワトリは、長《なが》い歴史《れきし》の中《なか》で人間《にんげん》が品種改良《ひんしゅかいりょう》をしたため、交尾《こうび》をしなくても、卵《たまご》を毎日産《まいにちう》むようになりました。

わたしたちにとっても、大《おお》きくなるために必要《ひつよう》な栄養《えいよう》がいっぱい入《はい》っている卵《たまご》。ニワトリに感謝《かんしゃ》しながら、おいしく食《た》べましょうね。

ニワトリのオス（右《みぎ》）とメス（左《ひだり》）。
ふつうオスのほうがからだが大《おお》きい

まめちしき
▶ニワトリの仲間《なかま》で、観賞用《かんしょうよう》に飼《か》われているオナガドリというのがいるんだけど、オスの尾《お》の長《なが》さが10メートルにもなるんだって！

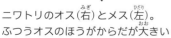

2月《がつ》14日《にち》

バレンタインデーってなんの日《ひ》？

みのまわりのふしぎ

結婚《けっこん》は命《いのち》がけだった？

むかし、イタリアがまだローマ帝国《ていこく》と呼《よ》ばれていたころのことです。ローマ皇帝《こうてい》（ローマの王《おう》さま）は、若者《わかもの》の結婚《けっこん》を禁止《きんし》しました。皇帝《こうてい》は「結婚《けっこん》すると家族《かぞく》のことが気《き》にかかり、兵士《へいし》として戦場《せんじょう》にいっても戦《たたか》う気持《きも》ちがわいてこないだろう」と考《かんが》えたのです。

キリスト教《きょう》のえらい人《ひと》だったバレンチノは、それを気《き》の毒《どく》に思《おも》い、おおぜいの男女《だんじょ》をこっそりと結婚《けっこん》させてあげました。それを知《し》った皇帝《こうてい》は怒《いか》り、バレンチノを処刑《しょけい》してしまいました。

その後《ご》、バレンチノが処刑《しょけい》された2月《がつ》14日《か》が、恋人《こいびと》どうしが愛《あい》をちかう日《ひ》、バレンタインデーとなったのです。「バレンタイン」とは「バレンチノ」の英語《えいご》での読《よ》み方《かた》なのです。

日本《にほん》ではまったく違《ちが》う習慣《しゅうかん》に

ヨーロッパでは、バレンタインデーには男女《だんじょ》ともに、恋人《こいびと》や親《した》しい人《ひと》に花《はな》やケーキ、カードなどを送《おく》ります。

その習慣《しゅうかん》が日本《にほん》にも伝《つた》えられましたが、キリスト教《きょう》が一般的《いっぱんてき》ではない日本《にほん》では、なかなか広《ひろ》まりませんでした。

そこで、お菓子《かし》の会社《かいしゃ》やデパートなどが「バレンタインデーは好《す》きな人《ひと》にチョコレートを送《おく》る日《ひ》」として宣伝《せんでん》をしはじめ、少《すこ》しずつ人々《ひとびと》に知《し》られるようになりました。やがて日本《にほん》では「女性《じょせい》が、好《す》きな男性《だんせい》に気持《きも》ちを伝《つた》えるためにチョコレートを送《おく》る日《ひ》」となったのです。

最近《さいきん》では、友《とも》だちどうしでチョコレートをおくり合《あ》ったり、男性《だんせい》が女性《じょせい》にチョコレートをおくったりということもさかんにおこなわれるようになっています。

また、3月《がつ》14日《か》の「ホワイトデー」には、バレンタインデーにチョコレートをもらった男性《だんせい》が、女性《じょせい》にあめやクッキーをお返《かえ》しします。

どちらも日本《にほん》では、キリスト教《きょう》とはほとんど関係《かんけい》ない日《ひ》になっています。あなたは、だれにチョコレートをもらったり、あげたりしますか？

まめちしき ▶日本《にほん》ではチョコレートの１年間《ねんかん》の消費量《しょうひりょう》のうち、５分《ぶん》の１はバレンタインデーに食《た》べられるんだって。食《た》べすぎに注意《ちゅうい》しないとね。

どうして三時《さんじ》におやつを食《た》べるの？

みのまわりのふしぎ

朝《あさ》と夜《よる》の間《あいだ》のごはん？

イチゴケーキにチョコレート、ペロペロキャンディーにパリパリせんべい……。

今日《きょう》のおやつはなんだろう？　待《ま》ちどおしいおやつの時間《じかん》は三時《さんじ》ですね。それなのに「お三《み》つ」といわずに、「お八《や》つ」というのはなぜでしょう？

時間《じかん》を数《かぞ》えるときは、一時《いちじ》、二時《にじ》、三時《さんじ》……といいますね。でも、江戸時代《えどじだい》には、九《ここの》つ、八《や》つ、七《なな》つ……と、違《ちが》う数《かぞ》えかたをしていました。いまでいう午後二時《ごごにじ》から四時《よじ》くらいが、むかしの「八《や》つ」にあたります。この八《や》つごろに、食《た》べていたものがおやつです。

むかしの日本《にほん》では、多《おお》くの人《ひと》がごはんを朝《あさ》と夕方《ゆうがた》の二回《にかい》だけ食《た》べていました。えっ、そんなのがまんできないって？　むかしの人《ひと》も同《おな》じだったようですよ。ですから朝《あさ》ごはんと夜《よる》ごはんの間《あいだ》の八《や》つごろに、ちょっとした軽《かる》いものを食《た》べました。それでお八《や》つと呼《よ》ぶようになったのです。

食《た》べすぎに注意《ちゅうい》！

むかしの人《ひと》は、おかしよりも、むしろうどんやおもち、焼《や》きいもなどをおやつに食《た》べていたそうです。おなかがふくれるものがよろこばれていたのでしょう。

それに、おかしのねだんは高《たか》くて、とても毎日《まいにち》食《た》べることなんてできなかったのです。朝《あさ》、昼《ひる》、夜《よる》のごはんに、おやつまで食《た》べられるわたしたちはしあわせですね。

ちなみに今日《きょう》は「おかしの日《ひ》」と定《さだ》められています。じゃあ、どんなおかしを食《た》べようかな？

でも、ちょっと注意《ちゅうい》。いくらおいしいからって、あんまり食《た》べすぎると、夜《よる》ごはんが食《た》べられなくなっちゃいますよ。お母《かあ》さんが怒《おこ》って、「明日《あした》はおやつぬきよ！」なんてことになっちゃうかも？

そんなことにならないように、おやつは、ごはんの2時間《じかん》以上前《いじょうまえ》には食《た》べるようにしましょう。もちろん量《りょう》もほどほどにね。

まめちしき

▶せっかくおやつを食《た》べるなら、不足《ふそく》しがちな栄養素《えいようそ》を補《おぎな》えるものをとろう。牛乳《ぎゅうにゅう》などの乳製品《にゅうせいひん》、豆類《まめるい》などの良質《りょうしつ》なタンパク質《しつ》、果物《くだもの》などのビタミンをおやつで補《おぎな》おう。

宇宙《うちゅう》のふしぎ

どうして宇宙飛行士《うちゅうひこうし》は宇宙服《うちゅうふく》を着《き》るの？

大気《たいき》で守《まも》られている

わたしたちは、空気《くうき》につつまれて生活《せいかつ》しています。空気《くうき》の中《なか》の酸素《さんそ》を、呼吸《きゅう》で体内《たいない》に取《と》り入《い》れなければ死《し》んでしまいますからね。

地球《ちきゅう》をとりまく空気《くうき》のことを、「大気《たいき》」といいます。大気《たいき》には重《おも》さがあり、人間《にんげん》はつねにこの重《おも》さを受《う》けています。この重《おも》さを「気圧《きあつ》」といいます。気圧《あつ》は上《うえ》からだけでなく、横《よこ》からも下《した》からもかかってつりあっているため、わたしたちは重《おも》さを感《かん》じません。

からだの内側《うちがわ》から外側《そとがわ》へおし出《だ》す力《ちから》と、大気《たいき》の力《ちから》も同《おな》じようにつりあっています。ですから、わたしたちは大気《たいき》につぶされることがないのです。

また、大気《たいき》は太陽《たいよう》からの光《ひかり》をやわらげ、地球《ちきゅう》をポカポカとあたためる役割《やくわり》もしています。このように、わたしたちのからだは大気《たいき》のおかげで守《まも》られているわけです。

大気《たいき》がないと……

ですが、宇宙《うちゅう》には大気《たいき》がありません。もしわたしたちが宇宙《うちゅう》にほうり出《だ》されたら、いったいどうなるのでしょう。

まず、呼吸《こきゅう》ができなくなります。そして、からだを外側《そとがわ》からおす力《ちから》がなくなるので、からだがふくれ上《あ》がり、血《ち》がとても熱《あつ》くなってしまいます。

さらに、太陽《たいよう》のあたるところとそうでないところとの温度差《おんどさ》は200℃以上《じょう》にもなります。ものすごくあつい場所《ばしょ》とものすごく寒《さむ》い場所《ばしょ》がある状態《じょうたい》です。わたしたちはたちまち死《し》んでしまうことでしょう。

ですから、大気《たいき》のかわりをはたす宇《う》宙服《ちゅうふく》を着《き》なくてはならないのです。

宇宙服《うちゅうふく》の中《なか》は酸素《さんそ》が入《はい》っていて、温《おん》度《ど》が調節《ちょうせつ》できます。もちろん、気圧《きあつ》も調整《ちょうせい》されています（地球上《ちきゅうじょう》より低《ひく》い気《き》圧《あつ》になっています）。また、何枚《なんまい》も重《かさ》ねられた特殊《とくしゅ》な生地《きじ》が使《つか》われていますから、チリや放射線《ほうしゃせん》が飛《と》んできても大丈夫《じょうぶ》なようにできています。

動《うご》きにくそうな宇宙服《うちゅうふく》には、このようにいろいろな機能《きのう》がつまっているのですね。

まめちしき ▶宇宙服《うちゅうふく》の下着《したぎ》には水《みず》の流《なが》れるチューブがぬい込《こ》んであり、からだが熱《あつ》くなりすぎるのを防《ふせ》いでいるんだって。洗《せん》たくも長《なが》い間《あいだ》しなくても大丈夫《だいじょうぶ》らしいよ。

どうして海《うみ》の水《みず》はなくならないの？

自然《しぜん》のふしぎ

海《うみ》は陸地《りくち》より広《ひろ》い

海《うみ》はとっても広《ひろ》いですね。では、地《ち》球《きゅう》のどれくらいの広《ひろ》さが海《うみ》なのか、あなたは知《し》っていますか？

じつは、わたしたちがくらす陸地《りくち》より、海《うみ》のほうがずっと広《ひろ》いのです。地《ち》球《きゅう》を10個《こ》にわけたとすると、陸地《りくち》が3個《こ》くらい、海《うみ》が残《のこ》りの7個《こ》くらいの広《ひろ》さになるのです。

さて、あなたは水《みず》をコップやバケツに入《い》れて、ほったらかしにしたことがありますか？　中《なか》の水《みず》は、少《すこ》しずつ減《へ》っていき、長《なが》い時間《じかん》がたつと、なくなってしまいます。目《め》には見《み》えませんが、水《みず》が少《すこ》しずつ空気《くうき》の中《なか》にまざって、外《そと》に出《で》ていってしまうからです。これを「蒸発《じょうはつ》」といいます。

循環《じゅんかん》する海《うみ》の水《みず》

海《うみ》には、たくさんの「海水《かいすい》」という水《みず》があります。すると海水《かいすい》も、いつかは蒸発《じょうはつ》してなくなってしまうのでしょうか。もしそうなってしまうと、海水浴《かいすいよく》もできなくなるし、海《うみ》の生《い》きものも死《し》んでしまいます。

ところが、海《うみ》の水《みず》はなくなることがありません。なぜだと思《おも》いますか？　コップやバケツの水《みず》と同《おな》じように、海《かい》水《すい》も少《すこ》しずつ蒸発《じょうはつ》しています。蒸発《じょうはつ》した水《みず》は、雲《くも》などに変身《へんしん》して、いろいろなところへ向《む》かいます。

海水《かいすい》は向かった先《さき》で、雨《あめ》や雪《ゆき》、ひょうなどになって、地上《ちじょう》に降《ふ》ってきます。海《うみ》に降《ふ》った水《みず》はそのまま海《うみ》に戻《もど》り、陸《りく》地《ち》に降《ふ》った水《みず》は、川《かわ》にあつまったり、地面《じめん》の下《した》を流《なが》れて、最後《さいご》はやはり海《うみ》に戻《もど》っていきます。

このようにして、海《うみ》の水《みず》は蒸発《じょうはつ》してもまた海《うみ》に戻《もど》ってくるのです。これを「循環《じゅんかん》」といいますが、それが地球全体《ちきゅうぜんたい》で起《お》こっているのです。もともと広《ひろ》い海《うみ》ですから、少《すこ》しくらい雲《くも》になったとしても、全体《ぜんたい》で見《み》るとたいしたことはないのです。

自然《しぜん》の力《ちから》はすごいと、あらためて思《おも》わされそうですね。

海《うみ》の水《みず》が蒸発《じょうはつ》して雲《くも》になる→別《べつ》のところで雨《あめ》を降《ふ》らせる→雨《あめ》の水《みず》がふたたび川《かわ》を流《なが》れて海《うみ》に戻《もど》ってくる

まめちしき

▶海《うみ》の水《みず》のしょっぱさは、100グラムの海《うみ》の水《みず》があるとして、その中《なか》に約《やく》3.5グラムの塩《しお》が溶《と》けているくらいになる。もっともしょっぱい海《うみ》の水《みず》は、アラビア半島《はんとう》の西《にし》にある紅海《こうかい》の水《みず》だよ。

卵《たまご》をあたためると、ヒヨコが生《う》まれてくるの？

生《い》きもののふしぎ

卵《たまご》の中《なか》にはヒヨコがいる

わたしたちの生活《せいかつ》に、卵《たまご》は欠《か》かせない食《た》べものです。目玉焼《めだまや》きに卵焼《たまごや》き、オムレツにホットケーキ……。あなたのおうちの冷蔵庫《れいぞうこ》にも、きっとニワトリの卵《たまご》が入《はい》っているでしょう。ところで、こんなことを思《おも》ったことはありませんか？

「この卵《たまご》をあたためたら、かわいいヒヨコが生《う》まれてくるのかな？」

ニワトリが卵《たまご》をあたためるのは、だいたい21日《にち》くらいです。卵《たまご》からかえると、ヒヨコはすぐに歩《ある》きはじめます。じゃあ、卵《たまご》をがまん強《づよ》くあたためていたら、いつかはヒヨコがカラをやぶって生《う》まれてくるのでしょうか？

こたえは、残念《ざんねん》ながら「いいえ」です。いくらあたためても、かわいいヒヨコは生《う》まれてきません。

無精卵《むせいらん》がほとんど

卵《たまご》には、「有精卵《ゆうせいらん》」と「無精卵《むせいらん》」というものがあります。メスが産《う》んだ卵《たまご》に、オスから出《で》る精子《せいし》というものが入《はい》ったものを有精卵《ゆうせいらん》といい、これはひなが生《う》まれてくる卵《たまご》です。有精卵《ゆうせいらん》は受精卵《じゅせいらん》ともいいます。

一方《いっぽう》、無精卵《むせいらん》はオスの精子《せいし》が入《はい》っていないため、ひなが生《う》まれてくることはありません。わたしたちがふだん食《た》べている卵《たまご》は、ほとんどがこの無精卵《むせいらん》なのです。

鳥《とり》だけでなく、たいていの動物《どうぶつ》は、メスとオスが交尾《こうび》ということをして、卵《たまご》を産《う》んだり、赤《あか》ちゃんを妊娠《にんしん》したりします。ところがニワトリのメスは、交尾《こうび》をしなくても、卵《たまご》を産《う》むことができます。むかしの人《ひと》が、おいしい卵《たまご》を食《た》べるために、ニワトリのからだを改良《かいりょう》したからです(62ページ)。

ちなみに有精卵《ゆうせいらん》と無精卵《むせいらん》では、味《あじ》や栄養《えいよう》の違《ちが》いはあまりない、といわれています。「いただきます」をいって、ありがたく食《た》べましょうね。

まめちしき ▶白身《しろみ》に含《ふく》まれるリゾチームという成分《せいぶん》は、細菌《さいきん》を死滅《しめつ》させるため医薬品《いやくひん》に。黄身《きみ》に含《ふく》まれるレシチンは、しっとりさせる効果《こうか》があるのでハンドクリームなどに利用《りよう》されているよ。

2月《がつ》19日《にち》

科学《かがく》のふしぎ

どうして電子《でんし》レンジでものがあたたまるの？

ものの中《なか》の水分《すいぶん》をあたためる

あなたのおうちでは、「レンジでチン」してますか？

食《た》べものや飲《の》みものを電子《でんし》レンジであたためるのは、早《はや》くてかんたんで、とても便利《べんり》ですよね。

でも、電子《でんし》レンジは、どうやってものをあたためているのでしょうか。火《ひ》やお湯《ゆ》を使《つか》っているのではなさそうですし、電子《でんし》レンジの中《なか》をとても熱《あつ》くしているのでもなさそうです。

じつは、電子《でんし》レンジは、電子《でんし》(電磁《でんじ》波《は》ともいいます)の仲間《なかま》の「マイクロ波《は》」を使《つか》って、ものをあたためているのです。ですから、名前《なまえ》に「電子《でんし》」という言葉《ことば》がついているのですね。

電子《でんし》レンジの中《なか》に食《た》べものや飲《の》みものを入《い》れて、スタートボタンをおすと、マイクロ波《は》がレンジの壁《かべ》から飛《と》ばされます。

そして、マイクロ波《は》がものに入《はい》ると、中《なか》の水分《すいぶん》をかき回《まわ》します。するとかき回《まわ》された水分《すいぶん》がどんどん熱《あつ》くなって、食《た》べものや飲《の》みもの全体《ぜんたい》をあたためていく、というわけです。

水分《すいぶん》がないとあたたまらない

ですから、水分《すいぶん》のないものを電子《でんし》レンジであたためることはできません。食《た》べものや飲《の》みものが入《はい》っていない、空《から》っぽのコップやお皿《さら》などを入《い》れても、あたたかくならないのです。

「でも、電子《でんし》レンジで食《た》べものをあたためたら、入《い》れものだって、持《も》てないくらい熱《あつ》くなるよ」と思《おも》うかもしれません。しかし、それは、入《い》れものの中《なか》の食《た》べものや飲《の》みものが熱《あつ》くなって、その熱《ねつ》が入《い》れものに伝《つた》わっただけなのです。

ちなみに電子《でんし》レンジは、マイクロ波《は》が多《おお》く飛《と》ばせるものほど、あたためる時間《じかん》も早《はや》くなります。

ですから、早《はや》くたくさんのものをあたためる必要《ひつよう》がある、コンビニエンスストアや食《た》べもの屋《や》さんでは、家庭用《かていよう》よりマイクロ波《は》がよく出《で》る電子《でんし》レンジを使《つか》っています。

まめちしき
▶マイクロ波《は》は、テレビ放送《ほうそう》や携帯電話《けいたいでんわ》、衛星放送《えいせいほうそう》の電波《でんぱ》としても使《つか》われているよ。
▶電子《でんし》レンジは氷《こおり》を溶《と》かす「解凍《かいとう》」には使《つか》えないよ。

2月《がつ》20日《にち》

どうして春《はる》になるとマスクをする人《ひと》が増《ふ》えるの？

人体《じんたい》のふしぎ

からだを守《まも》る反応《はんのう》

もうすぐ春《はる》です。春《はる》といえば桜《さくら》の花《はな》や、みんなの笑顔《えがお》いっぱいの入学式《にゅうがくしき》が思《おも》い浮《う》かびますが、マスクをした人《ひと》たちをたくさん見《み》かけるのも、同《おな》じようにこの季節《きせつ》です。

「みんなかぜをひいているのかな？」

いいえ、そうではありません。「花《か》粉症《ふんしょう》」という病気《びょうき》をひどくしないために、マスクをしているのです。

春《はる》になると、スギやヒノキの花粉《かふん》が風《かぜ》に吹《ふ》かれて遠《とお》くから飛《と》んできます。花粉症《かふんしょう》とは、これらの花粉《かふん》をからだの中《なか》に吸《す》い込《こ》むことで起《お》きる病気《びょうき》です。

人《ひと》のからだには、外《そと》から入《はい》ってくるわるいものを退治《たいじ》して、からだを守《まも》ろうとするはたらきがあります。ばい菌《きん》やウイルスなど、わるいものが入《はい》ってくるたびに休《やす》まずはたらいてくれるので、元気《げんき》なからだを保《たも》っていられるのです。

ところが反対《はんたい》に、そのはたらきがあまりにも強《つよ》すぎて、からだに害《がい》を与《あた》えることがあるのです。そのひとつがアレルギー反応《はんのう》で、花粉症《かふんしょう》は、これによってひき起《お》こされます。

マスクで花粉《かふん》を防《ふせ》ぐ

花粉症《かふんしょう》になってしまった人《ひと》は、花粉《かふん》をからだから追《お》い出《だ》そうとして、鼻水《はなみず》やくしゃみが止《と》まらなくなってしまいます。目《め》が赤《あか》くなったりかゆくなったり、頭《あたま》がぼんやりしてしまったり、とてもつらい病気《びょうき》なのです。

そこで、できるだけ花粉《かふん》がからだの中《なか》に入《はい》らないようにするために、マスクをするのです。目《め》に入《はい》らないように、水泳《すいえい》で使《つか》うようなメガネをしている人《ひと》もいます。

スギやヒノキの花粉《かふん》が多《おお》く飛《と》ぶのは、2月《がつ》ごろから4月《がつ》ごろまでですが、花粉症《かふんしょう》の原因《げんいん》となる植物《しょくぶつ》は、他《ほか》にもたくさんあるため、他《ほか》の時期《じき》に花粉症《かふんしょう》になってしまう人《ひと》もいます。十分《じゅうぶん》に注意《ちゅうい》しましょうね。

スギの花粉《かふん》が飛《と》ぶようす

まめちしき

▶アレルギー反応《はんのう》とは、からだに侵入《しんにゅう》してきた物質《ぶっしつ》をとり除《のぞ》こうとして起《お》きる反応《はんのう》のこと。花粉《かふん》だけでなく、ほこりやダニ、動物《どうぶつ》の毛《け》、食《た》べものによるアレルギー反応《はんのう》もあるよ。

新聞《しんぶん》っていつからあるの？

みのまわりのふしぎ

明治時代《めいじじだい》からはじまった

みなさんは朝《あさ》や夕方《ゆうがた》に、新聞屋《しんぶんや》さんが新聞《しんぶん》を配達《はいたつ》しているのを見《み》たことはありますか？

世界《せかい》ではじめて週刊新聞《しゅうかんしんぶん》が発行《はっこう》されたのは、いまから400年前《ねんまえ》の1605年、毎日読《まいにちよ》める日刊新聞《にっかんしんぶん》が発行《はっこう》されたのは1650年《ねん》のことでした。

日本《にほん》では、1872（明治《めいじ》5）年《ねん》2月《がつ》21日《にち》、東京《とうきょう》の浅草《あさくさ》で、初《はじ》めての日刊新《にっかんしん》聞《ぶん》「東京日日新聞《とうきょうにちにちしんぶん》」が創刊《そうかん》されました。ですから、2月《がつ》21日《にち》は日刊新聞創刊《にっかんしんぶんそうかん》の日《ひ》と定《さだ》められています。

それまでの新聞《しんぶん》は毎日発行《まいにちはっこう》されるものではなく、大《おお》きな事件《じけん》や事故《じこ》があったときなどに発行《はっこう》されるものでした。

日本《にほん》では、いまの新聞《しんぶん》とよくにた「かわら版《ばん》」というものが江戸時代《えどじだい》より前《まえ》からありました。

時代劇《じだいげき》を見《み》ていると、何《なに》か事件《じけん》が起《お》こった後《あと》で、かわら版売《ばんう》りが出《で》てくることがありますね。かわら版《ばん》は、屋根《やね》の「かわら」に文字《もじ》を彫《ほ》り込《こ》んで印刷《いんさつ》したことから、その名《な》がつきました。

やがて明治《めいじ》になると、それまで外国《がいこく》との付《つ》き合《あ》いがなかった日本《にほん》に、ヨーロッパから印刷《いんさつ》の技術《ぎじゅつ》が入《はい》ってきました。それが日刊新聞《にっかんしんぶん》を発行《はっこう》する力《ちから》につながったのです。

すごい速《はや》さで印刷《いんさつ》される新聞《しんぶん》

紙《かみ》にも意味《いみ》がある

今度《こんど》は新聞《しんぶん》の紙《かみ》に注目《ちゅうもく》してみましょう。新聞紙《しんぶんし》は、輪転機《りんてんき》という機械《きかい》を使《つか》って、ものすごい速《はや》さで印刷《いんさつ》します。弱《よわ》い紙《かみ》だと途中《とちゅう》で切《き》れてしまうので、切《き》れにくい丈夫《じょうぶ》な紙《かみ》が使《つか》われています。

そして、配達員《はいたついん》さんが家《いえ》に運《はこ》びやすくて、読《よ》む人《ひと》もつかれない軽《かる》い紙《かみ》でなくてはいけません。軽《かる》いということは紙《かみ》が薄《うす》いということにもなりますが、薄《うす》くても裏《うら》に字《じ》がうつるようなことはありません。

政治《せいじ》や経済《けいざい》、事件《じけん》や事故《じこ》、文化《ぶんか》やスポーツなど情報《じょうほう》がいっぱいのった新聞《しん》。マンガやテレビ欄《らん》だけでなく、いろいろなページを読《よ》むようにしましょうね。

まめちしき
▶印刷《いんさつ》される前《まえ》の新聞紙《しんぶんし》は、トイレットペーパーみたいに巻《ま》かれた状態《じょうたい》になっているんだよ。重《おも》さは1.5トン、横《よこ》はばは160センチくらいで、長《なが》さは19キロ近《ちか》くもあるんだって！

読《よ》んだ日《ひ》　　月《がつ》　日《にち》

2月《がつ》22日《にち》

どうしてネコはせまいところが好《す》きなの？

生《い》きもののふしぎ

ライオンやトラの仲間《なかま》

ニャーニャーニャー！　あなたはネコが好《す》きですか？　今日《きょう》、２（ニャー）月《がつ》22（ニャーニャー）日《にち》はネコの日《ひ》です。でも、ネコってどんな動物《どうぶつ》か、あなたは知《し》っていますかニャ？

じつは、あのかわいいネコは、ライオンやトラと同《おな》じ仲間《なかま》。だから、狩《か》りをして動物《どうぶつ》をつかまえるために、とがったキバやツメを持《も》っていたり、動《うご》きがすばやかったりするのです。

また、ネコは、せまい壁《かべ》と壁《かべ》の間《あいだ》をすり抜《ぬ》けたり、小《ちい》さな箱《はこ》の中《なか》にからだを丸《まる》めてすっぽりと入《はい》ってしまったりと、せまいところも大好《だいす》きですね。

ネコはむかし、木《き》の穴《あな》や岩《いわ》のすきまなどといった、せまいところにからだをかくして、敵《てき》からねらわれないように生活《せいかつ》をしていた、と考《かんが》えられています。せまいところが好《す》きなのは、そんなむかしのクセが残《のこ》っているからなのです。

狩《か》りをするときにも、せまいところにからだをかくしてから、ワッとおそいかかるほうが、成功《せいこう》しやすそうですよね。

小《ちい》さなハンター

ネコのからだは、狩《か》りをするのにも便利《べんり》なようにできています。

ヒゲは、せまいところをスルスルと、忍者《にんじゃ》のようにすり抜《ぬ》けるためのセンサー（アンテナ）のはたらきをしますし、目《め》は明《あか》るいところでも暗《くら》いところでも見《み》えるようにすぐに調整《ちょうせい》できます。

耳《みみ》は、遠《とお》くの音《おと》もきこえるようになっていて、鼻《はな》は人間《にんげん》よりもずっとよくはたらきます。

よくあたたかいところで、丸《まる》くなって寝《ね》ているのも、狩《か》りをするときのために力《ちから》をためているからなのです。

このようにネコには、「ハンター」だったころのクセやなごりが、いろいろと残《のこ》っています。小《ちい》さくてかわいらしいハンターの動《うご》きを、一度《いちど》じっくり観《かん》察《さつ》してみましょうね。

まめちしき　▶ネコが屋根《やね》や高《たか》い塀《へい》の上《うえ》を歩《ある》いていたり、そこで気持《きも》ちよさそうに寝《ね》ている姿《すがた》を見《み》たことがあるかな？　猫《ねこ》のジャンプ力《りょく》は、1.5～２メートルもあるんだって。

科学《かがく》のふしぎ

トンネルの中《なか》で耳《みみ》がツーンとするのはなぜ？

耳《みみ》にはたらく気圧《きあつ》

飛行機《ひこうき》やエレベーターに乗《の》ったときや、新幹線《しんかんせん》で急《きゅう》にトンネルに入《はい》ったときなどに、耳《みみ》の奥《おく》がツーンとしたことがありませんか？

それは、空気《くうき》の重《おも》さによってできる力《ちから》「気圧《きあつ》」の変化《へんか》が原因《げんいん》です。

わたしたちはふだん、気圧《きあつ》を感《かん》じることはあまりありません。ですが、飛行機《ひこうき》に乗《の》るなど、高《たか》いところに行《い》って急《きゅう》に気圧《きあつ》が下《さ》がったりしたとき。あるいはトンネルの中《なか》など、周《まわ》りの空気《くうき》がおされて急《きゅう》に気圧《きあつ》が変化《へんか》したときなどに、耳《みみ》の中《なか》にある鼓膜《こまく》という場所《ばしょ》がおされることで、気圧《きあつ》を感《かん》じるようになるのです。

鼓膜《こまく》というのは、耳《みみ》の外側《そとがわ》（外耳《がいじ》）と内側《うちがわ》（中耳《ちゅうじ》）の境《さかい》にある膜《まく》のことで、いろいろな音《おと》を感《かん》じて伝《つた》えてくれる、大切《たいせつ》な場所《ばしょ》です。

その鼓膜《こまく》をはさんだ外耳《がいじ》と中耳《ちゅうじ》の気圧《きあつ》は、いつもは同《おな》じようにつりあっています。

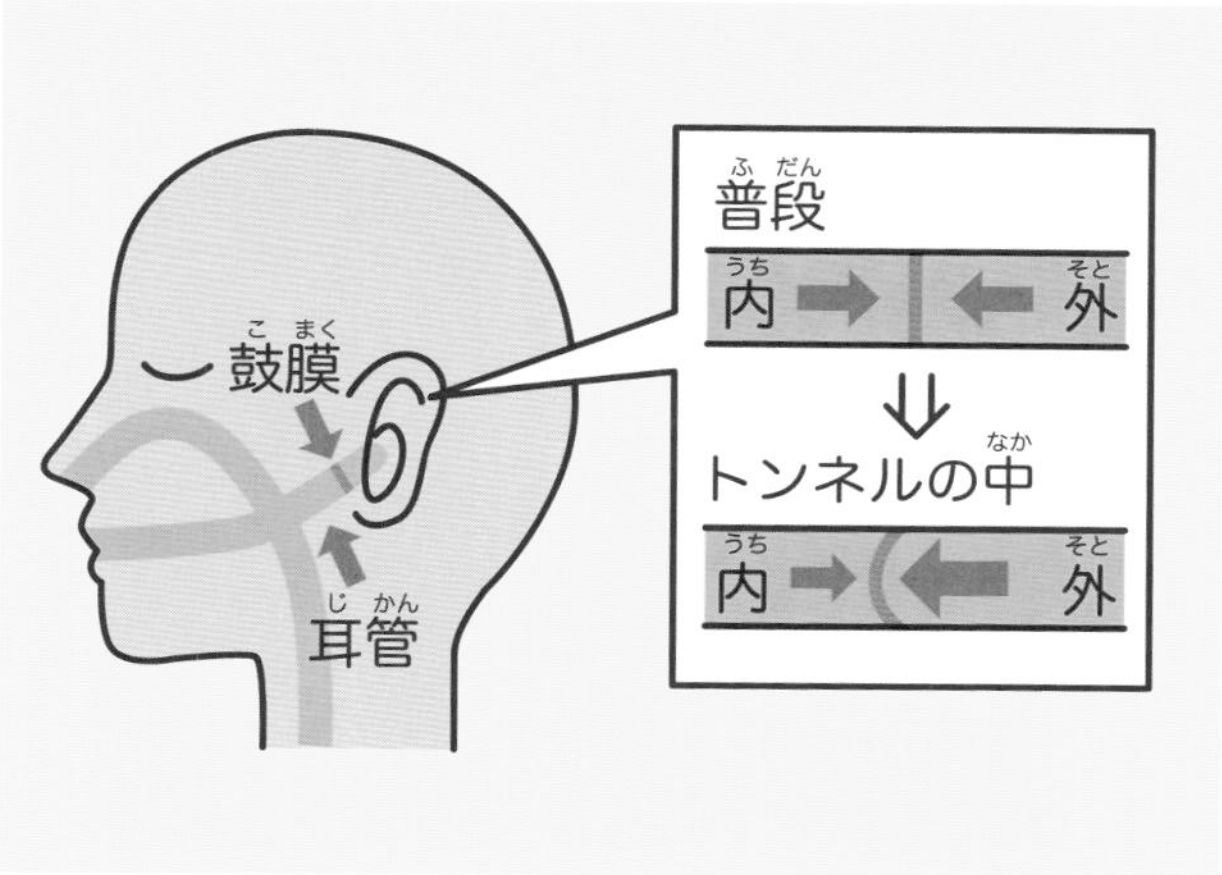

鼓膜《こまく》がおされるのが原因《げんいん》

ところが、飛行機《ひこうき》やエレベーターなどで高《たか》いところに行《い》ったり、急《きゅう》にトンネルに入《はい》ったりして、外耳《がいじ》の気圧《きあつ》が急《きゅう》に変《か》わっても、中耳《ちゅうじ》の気圧《きあつ》はそのまま。

すると、いままで同《おな》じだった気圧《きあつ》のバランスが耳《みみ》の中《なか》と外《そと》でくずれてしまい、鼓膜《こまく》がおされてツーンと耳《みみ》の奥《おく》がつまったように感《かん》じるのです。

では、そんなときはどうすればいいのでしょうか？　つばを飲《の》み込《こ》んだり、あくびをしたりしてみましょう。

鼓膜《こまく》の内側《うちがわ》には、鼻《はな》とつながっている耳管《じかん》という管《くだ》があります。ふだんは閉《と》じている場所《ばしょ》ですが、あくびをしたり、何《なに》かを飲《の》み込《こ》んだときに開《ひら》いて、鼓膜《こまく》の内側《うちがわ》と外側《そとがわ》の気圧《きあつ》のバランスを戻《もど》してくれるわけなのです。

まめちしき
▶鼻《はな》と耳《みみ》はつながっているから、鼻《はな》を強《つよ》くかみすぎると、耳《みみ》の鼓膜《こまく》が破《やぶ》れたり、鼻水《はなみず》の細菌《さいきん》が耳《みみ》に入《はい》って中耳炎《ちゅうじえん》になる可能性《かのうせい》があるから気《き》をつけてね。

どうして夕焼《ゆうや》けは赤《あか》いの？

自然《しぜん》のふしぎ

太陽《たいよう》の光《ひかり》はホントは7色《しょく》

あなたは雨上《あめあ》がりに、虹《にじ》を見《み》たことがありますか？　虹《にじ》の色《いろ》は外側《そとがわ》から順《じゅん》に、赤《あか》・だいだい・黄《き》・緑《みどり》・青《あお》・あい・紫《むらさき》の7色《しょく》です。この7色《しょく》の光《ひかり》は、太陽《たいよう》の光《ひかり》の中《なか》にもともと含《ふく》まれていて、色《いろ》によってそれぞれ長《なが》さが違《ちが》います。一《いち》番長《ばんなが》いのは赤《あか》で、虹《にじ》の色《いろ》の並《なら》び順《じゅん》に短《みじか》くなっていき、もっとも短《みじか》いのは紫《むらさき》です。7色《しょく》ぜんぶがまざりあうと白色《しろいろ》になります。

　雨《あめ》が降《ふ》ったあと、太陽《たいよう》の光《ひかり》が空気中《くうきちゅう》に残《のこ》った水《みず》のつぶに当《あ》たってはねかえります。光《ひかり》はそれぞれの長《なが》さによって、はねかえる角度《かくど》が違《ちが》うため、7色《しょく》にわかれ、虹《にじ》になるのです。

青《あお》い光《ひかり》は散《ち》らばりやすい

太陽《たいよう》の光《ひかり》は、地球《ちきゅう》に向《む》かってまっすぐ進《すす》んできます。空気《くうき》の中《なか》には、空気《くうき》をつくっている小《ちい》さなつぶやほこりが飛《と》んでいて、光《ひかり》が進《すす》む途中《とちゅう》で、このつぶやほこりにぶつかります。

　すると、散《ち》らばりやすい性質《せいしつ》をもつ青《あお》い光《ひかり》は、ぶつかったひょうしに、あちこちに散《ち》らばっていきます。

　こうして青《あお》い光《ひかり》がどんどん空気中《くうきちゅう》に広《ひろ》がっていくため、空《そら》は青《あお》く見《み》えるのです。

　ところが、夕方《ゆうがた》になると、太陽《たいよう》の光《ひかり》は地球《ちきゅう》に対《たい》してななめの位置《いち》からやってきます。昼間《ひるま》と比《くら》べて、太陽《たいよう》の光《ひかり》が地球《ちきゅう》に届《とど》くまでの距離《きょり》が長《なが》くなります。ということは、光《ひかり》が空気中《くうきちゅう》のつぶやほこりにぶつかる回数《かいすう》が増《ふ》えることになり、青《あお》い光《ひかり》は先《さき》に散《ち》らされてしまい、見《み》えなくなってしまいます。

　光《ひかり》は長《なが》さの短《みじか》いものから順《じゅん》に散《ち》らされていき、そして最後《さいご》に、長《なが》さの長《なが》い赤《あか》やだいだいの光《ひかり》だけが残《のこ》って地球《ちきゅう》に届《とど》くようになります。ですから、夕焼《ゆうや》けは赤《あか》い色《いろ》に見《み》えるのです。

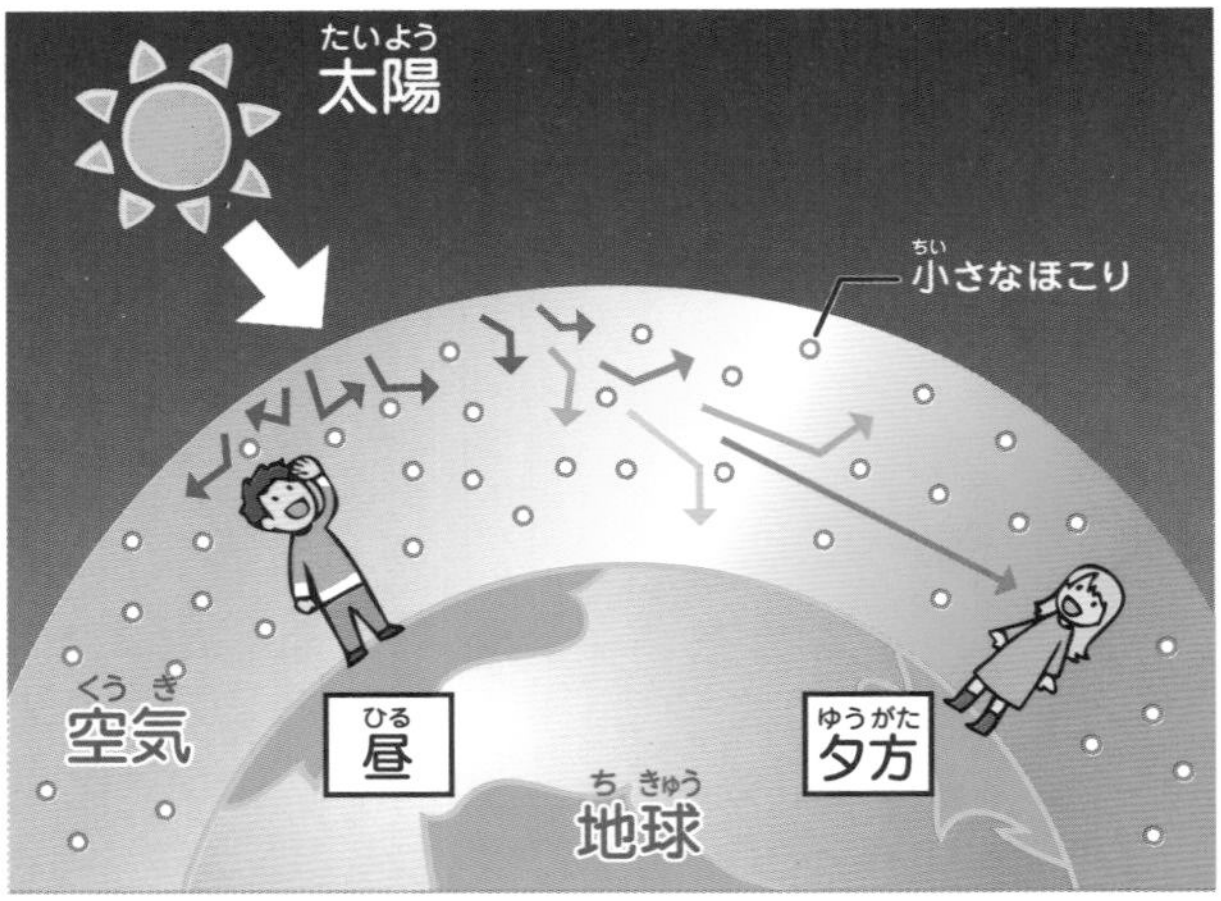

まめちしき
▶朝焼《あさや》けも、夕焼《ゆうや》けと同《おな》じ理由《りゆう》で赤《あか》くなるけど、夜《よる》の間《あいだ》に空気《くうき》が冷《ひ》えると、空気中《くうきちゅう》のつぶやほこりは地面《じめん》に落《お》ちてしまうから、夕焼《ゆうや》けほど赤《あか》くならないんだ。

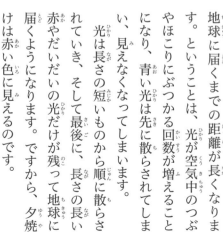

2月《がつ》25日《にち》

どうして寒《さむ》いときに吐《は》く息《いき》は白《しろ》いの？

科学《かがく》のふしぎ

白《しろ》く見《み》えるのは「水蒸気《すいじょうき》」

寒《さむ》い日《ひ》に「ハーッ」と息《いき》を吐《は》くと、口《くち》から白《しろ》い湯気《ゆげ》が出《で》ます。でも、あたたかい日《ひ》やあつい日《ひ》には、湯気《ゆげ》が出《で》ないのはどうしてでしょう。

あなたは、おうちの人《ひと》がやかんでお湯《ゆ》をわかしているときに、やかんの口《くち》からシューッと白《しろ》い湯気《ゆげ》が出《で》ているのを、おそらく見《み》たことがあるでしょう。これは、やかんの中《なか》で熱《あつ》くなった「水蒸気《すいじょうき》」という空気《くうき》です。これがやかんの口《くち》から出《で》て、外《そと》の冷《つめ》たい空気《くうき》の中《なか》にある細《こま》かいチリにふれると、急《きゅう》に冷《ひ》やされてお湯《ゆ》のつぶになるため、白《しろ》く見《み》えるのです。

人《ひと》の口《くち》から出《で》る湯気《ゆげ》も、これと同《おな》じ仕組《しく》みです。

寒《さむ》い日《ひ》に、人《ひと》のからだの中《なか》にあるあたたかい息《いき》が口《くち》から出《で》て、外《そと》の冷《つめ》たい空気《くうき》にふれることで、急《きゅう》に冷《ひ》やされてできた水《みず》のつぶが白《しろ》く見《み》えるというわけなのです。

あたたかい日《ひ》やあつい日《ひ》ですと、からだの中《なか》と外《そと》であたたかさがあまり変《か》わらないので、急《きゅう》に冷《ひ》やされることがありません。だから白《しろ》くは見《み》えないのですね。

つぶがなければ白《しろ》くならない

ところで、地球《ちきゅう》で一番《いちばん》寒《さむ》いところである南極《なんきょく》で、息《いき》を「ハーッ」と吐《は》くと、どれくらい白《しろ》く見《み》えるのでしょうか。それだけ寒《さむ》いなら息《いき》もまっ白《しろ》になることでしょうね？

ところが、南極《なんきょく》では息《いき》は白《しろ》くならないのです。南極《なんきょく》の空気《くうき》はチリがなくてとてもきれいなので、息《いき》がつぶにならないからです。

息《いき》は白《しろ》くなりませんが、南極《なんきょく》はあまりにも寒《さむ》いので、吐《は》いた息《いき》が炭酸《たんさん》ジュースのように「シューッ」という音《おと》を立《た》てて、そのままキラキラとこおることがあります。これを「星《ほし》のささやき」というのだそうです。どんなものか、一度《いちど》聞《き》いてみたいものですね。

まめちしき
▶冬《ふゆ》の寒《さむ》い夜《よる》、おうちの人《ひと》が帰《かえ》ってきたとき、メガネが白《しろ》くくもったのを見《み》たことがある？　これは冷《ひ》えたレンズに家《いえ》の中《なか》のしめった空気《くうき》がふれて、水分《すいぶん》が見《み》えているんだよ。

どうしてごはんの前《まえ》には「いただきます」っていうの?

みのまわりのふしぎ

日本《にほん》で生《う》まれたあいさつ

わたしたちは毎日《まいにち》、朝《あさ》ごはん・昼《ひる》ごはん・晩《ばん》ごはんを食《た》べていますね。

家《いえ》の人《ひと》がつくってくれるあたたかいごはんを食《た》べるとき、レストランでちょっとぜいたくなお料理《りょうり》を食《た》べるとき、遠足《えんそく》や運動会《うんどうかい》で、お友《とも》だちと楽《たの》しくお弁当《べんとう》を食《た》べるとき、いつも食《た》べる前《まえ》には「いただきます」といいます。

でも、どうして「いただきます」っていうのでしょうか?

「いただきます」という言葉《ことば》は、日本《にほん》で生《う》まれました。むかしの人《ひと》は、食《た》べものをまず神《かみ》さまにおそなえして、そのあとの食《た》べものをいただいて(もらって)食《た》べていました。それが、「いただきます」というようになった始《はじ》まりといわれています。

感謝《かんしゃ》の気持《きも》ち「いただきます」

「いただきます」という言葉《ことば》には、たくさんの大切《たいせつ》な意味《いみ》がこめられているのですよ。

わたしたちはふだん、お米《こめ》や野菜《やさい》、お肉《にく》や魚《さかな》など、いろいろなものを食《た》べて生《い》きていますね。でもそれは、他《ほか》の生《い》きものの命《いのち》を食《た》べて生《い》きていることになるのです。

さらに、わたしたちが毎日《まいにち》おいしいごはんを食《た》べられるのは、お米《こめ》や野《や》菜《さい》、お肉《にく》や魚《さかな》を育《そだ》ててくれる人《ひと》、そして育《そだ》った食《た》べものを運《はこ》んでくれる人《ひと》、そしてお店《みせ》で売《う》ってくれる人《ひと》がいて、食《た》べものを料理《りょうり》してくれる人《ひと》がいるおかげなのです。

ですから、他《ほか》の生《い》きものの命《いのち》はもちろん、食《た》べものを育《そだ》てたり、運《はこ》んだり、料理《りょうり》してくれたりした、たくさんの人《ひと》たちに、「ありがとうございます」の気《き》持《も》ちをこめて「いただきます」というのです。食《た》べたあとに「ごちそうさま」というのも同《おな》じ意味《いみ》があります。

毎日《まいにち》ごはんを食《た》べられるというのは、じつはとてもしあわせなことなのですよ。ありがとうの気持《きも》ちを忘《わす》れずに、残《のこ》さずきちんと食《た》べるようにしましょうね。

まめちしき

▶ヨーロッパやアメリカのキリスト教《きょう》の人《ひと》たちはごはんの前《まえ》にお祈《いの》りをして感謝《かんしゃ》の気持《きも》ちをあらわしているよ。他《ほか》の国《くに》やいろいろな宗教《しゅうきょう》の人《ひと》も食《た》べる前《まえ》には感謝《かんしゃ》をするところがあるよ。

どうしてイヌはくんくんにおいをかいでばかりいるの？

生《い》きもののふしぎ

においでいろいろ調《しら》べる

あなたは、散歩中《さんぽちゅう》のイヌ同士《どうし》が、相手《あいて》のおしりのにおいをかぎあっているのを見《み》たことはありますか？

これは年《ねん》れいや性別《せいべつ》など、おたがいのことを知《し》り合《あ》うためのあいさつです。また、地面《じめん》や電柱《でんちゅう》のにおいをかいでいるのは、そこをどんなイヌや生《い》きものが通《とお》ったのか調《しら》べているのです。

わたしたち人間《にんげん》は、いろいろなことを知《し》るために、まず目《め》を使《つか》って見《み》ること(視覚《しかく》)をおこないます。

しかしイヌは、目《め》が人間《にんげん》と比《くら》べてあまりよくありません。そのかわり、鼻《はな》でにおいをかぐ力《ちから》(嗅覚《きゅうかく》)と、耳《みみ》で音《おと》をきく力《ちから》(聴覚《ちょうかく》)がとても発達《はったつ》しています。とくに嗅覚《きゅうかく》は、人間《にんげん》とは比《くら》べものにならないくらいすぐれています。

とてもすごいイヌの嗅覚《きゅうかく》

人間《にんげん》もイヌも、においを感《かん》じるのは、鼻《はな》の中《なか》にある嗅粘膜《きゅうねんまく》という場所《ばしょ》です。さらにその中《なか》にある嗅細胞《きゅうさいぼう》という場所《ばしょ》でにおいのもとをひろい、脳《のう》に伝《つた》えることでにおいを感《かん》じとるのです。

イヌの嗅粘膜《きゅうねんまく》は、人間《にんげん》の40～50倍《ばい》も広《ひろ》く、さらに嗅細胞《きゅうさいぼう》は人間《にんげん》の４００倍《ばい》も多《おお》くあります。そのうえ、嗅細胞《きゅうさいぼう》じたいも人間《にんげん》よりずっと敏感《びんかん》なので、イヌの嗅覚《きゅうかく》は人間《にんげん》の鼻《はな》の１００万《まん》～１億《おく》倍《ばい》もすぐれているのです。

イヌは大《おお》むかし、自分《じぶん》で狩《か》りをしてくらしていました。えものをつかまえるのに、イヌのすぐれた嗅覚《きゅうかく》と聴覚《ちょうかく》は、とても役《やく》に立《た》っていました。

そして現代《げんだい》でも、その力《ちから》をいかして、人間《にんげん》の役《やく》に立《た》つさまざまな仕事《しごと》をしているイヌはたくさんいます。目《め》の不自由《ふじゆう》な人《ひと》をたすける盲導犬《もうどうけん》、警察《けいさつ》で捜査《そうさ》活動《かつどう》に使《つか》われる警察犬《けいさつけん》……あなたはどれだけ知《し》っていますか？

まめちしき ▶イヌはこわそうなイヌに出《で》あったり、苦手《にがて》なことをされる前《まえ》などには、周《まわ》りのにおいをかいで気《き》をまぎらわしているんだって。

ビスケットとクッキーってなにが違《ちが》うの？

同《おな》じようなものなのに……

あなたは、ビスケットとクッキーのどちらが好《す》きですか？　でもこのふたつ、いったいなにが違《ちが》うのでしょうね。

アメリカでは、すべて「クッキー」と呼《よ》び、イギリスでは、すべて「ビスケット」と呼《よ》ばれています。

ところが日本《にほん》には、「全国《ぜんこく》ビスケット協会《きょうかい》」というところがつくった「公正《こうせい》競争規約《きょうそうきやく》」という、ビスケットとクッキーをわける決《き》まりがあります。

『ビスケット』の決《き》まりは次《つぎ》の通《とお》りです。一息《ひといき》でいえるかな？

「小麦粉《こむぎこ》、糖類《とうるい》、食用油脂《しょくようゆし》および食《しょく》塩《えん》を原料《げんりょう》とし、必要《ひつよう》によりデンプン、乳製品《にゅうせいひん》、卵製品《たまごせいひん》、膨張剤《ぼうちょうざい》、食品添加物《しょくひんてんかぶつ》の原料《げんりょう》を配合《はいごう》または添加《てんか》したものを、混合機《こんごうき》、成型機《せいけいき》およびビスケットオーブンを使《つか》ってつくった食品《しょくひん》」。

……ふう、つかれましたね。では今《こん》度《ど》は、『クッキー』の決《き》まりはどうでしょう。

「手《て》づくり風《ふう》に見《み》え、糖分《とうぶん》、脂肪分《しぼうぶん》の合計《ごうけい》が全体《ぜんたい》の40％以上《いじょう》のもので、好《この》みに応《おう》じて、卵《たまご》、乳製品《にゅうせいひん》、ナッツ、乾《かん》果《か》、蜂蜜《はちみつ》などで製品《せいひん》の特徴《とくちょう》づけをおこなって風味《ふうみ》よく焼《や》き上《あ》げたもの」。

……ふう。つまりはどういうことかというと、「含《ふく》まれる成分《せいぶん》のうち、糖《とう》分《ぶん》と脂肪分《しぼうぶん》の合計《ごうけい》が全体《ぜんたい》の40％《ぱーせんと》以上《いじょう》のものがクッキーで、それ以外《いがい》がビスケット」ということです。

クッキーのほうが高級品《こうきゅうひん》？

しかし、このようにビスケットとクッキーをきちんとわけているのは世界《せかい》でも日本《にほん》だけ。なぜこんな決《き》まりがあるのでしょうか？

それは、この『公正競争規約《こうせいきょうそうきやく》』ができた昭和《しょうわ》46年当時《ねんとうじ》、日本《にほん》ではビスケットよりクッキーのほうが高級品《こうきゅうひん》だと思《おも》われていました。そこで、人々《ひとびと》を混乱《こんらん》させないように、このルールをつくったのです。

ですが、このルールもビスケット協《きょう》会《かい》に入《はい》っていなければ関係《かんけい》ありません。つまり、ビスケットとクッキーはほとんど同《おな》じもの！　と考《かんが》えてもいいでしょう。

まめちしき

▶今日《きょう》はビスケットの日《ひ》だよ。いまから150年前《ねんまえ》の江戸時代《えどじだい》に、医者《いしゃ》の柴田方庵《しばたほうあん》という人《ひと》が、日本《にほん》で最初《さいしょ》にビスケットをつくったことを記念《きねん》して、定《さだ》められたんだって。

2月《がつ》29日《にち》

みのまわりのふしぎ

うるう年《どし》ってなあに？

太陽暦《たいようれき》と太陰暦《たいいんれき》

ふつう、2月《がつ》は28日《にち》までです。でも４年《ねん》に一度《いちど》だけ、29日《にち》まである年《とし》がありますね。それが「うるう年《どし》」です。

わたしたちが使《つか》っているカレンダーを「太陽暦《たいようれき》」といいます。地球《ちきゅう》はだいたい３６５日《にち》かけて太陽《たいよう》の周囲《しゅうい》を回《まわ》りますが、きっちり３６５日《にち》ではありません。

じつは３６５日《にち》と６時間《じかん》なのです。毎年《まいとし》６時間《じかん》ずつずれたら、４年《ねん》でちょうど24時間《じかん》ずれることになります。だから1日《にち》増《ふ》やすのですね。

そのむかし、日本《にほん》では月《つき》が満月《まんげつ》からもう一度《いちど》満月《まんげつ》になるまでの期間《きかん》を、一《いっ》ヶ月《げつ》と計算《けいさん》していました。そして、毎月《まいつき》満月《まんげつ》の日《ひ》を15日《にち》と決《き》めていたのです。

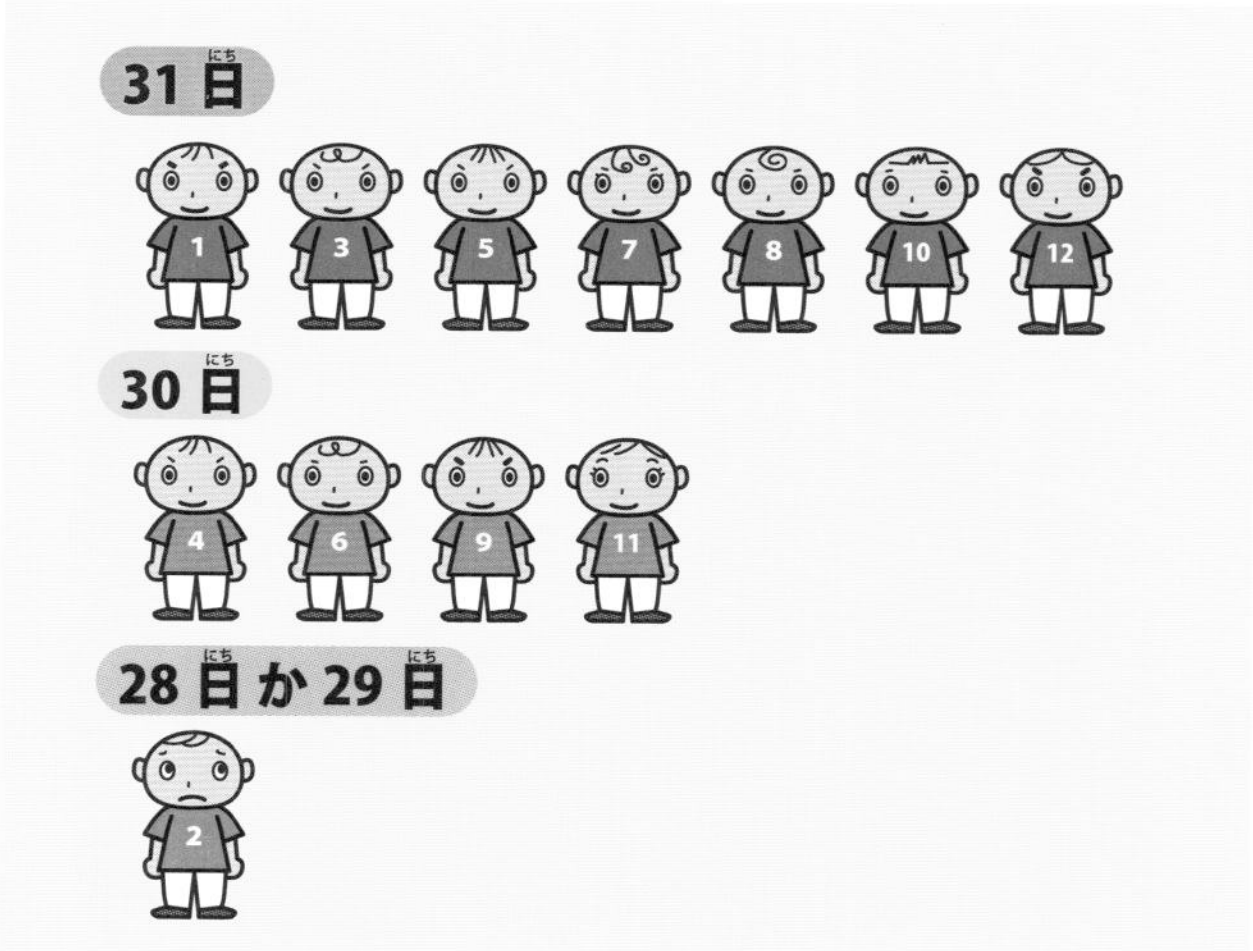

太陽《たいよう》に対《たい》して月《つき》のことを「太陰《たいいん》」と呼《よ》びましたから、これを「太陰暦《たいいんれき》」といいます。

でも、月《つき》は、３５４日《にち》で地球《ちきゅう》を12周《しゅう》してしまいますから、一年《いちねん》の３６５日《にち》より11日《にち》短《みじか》くなってしまいますね。これでは季節《きせつ》がずれるので、太陽暦《たいようれき》が使《つか》われるようになったのです。

2月《がつ》が28日《にち》しかないわけ

現在《げんざい》のカレンダーは、２０００年《ねん》以上前《いじょうまえ》、ローマという国《くに》でつくられた「ユリウス暦《れき》」がもとになっています。これより前《まえ》のカレンダーは、田植《たう》えをする3月《がつ》からはじまり、奇数《きすう》の月《つき》は31日《にち》、偶数《ぐうすう》の月《つき》は30日《にち》と決《き》まっていたので、最後《さいご》の月《つき》となる2月《がつ》だけ、数《かず》を合《あ》わせるために29日《にち》となっていました。

ところが、8月《がつ》生《う》まれだったアウグストゥスという王《おう》さまが、「自分《じぶん》の生《う》まれた月《つき》なのに、30日《にち》しかないのはいやだ！」といって、8月《がつ》も31日《にち》にしてしまったのです。

でもそれでは1日《にち》たりませんから、2月《がつ》を1日《にち》減《へ》らして、28日《にち》にしてしまったのです。ちなみに、8月《がつ》を英語《えいご》で*August*（オウガスト）というのも、アウグストゥスという名前《なまえ》からきているんですよ。

まめちしき

▶「うるう秒《びょう》」って知《し》ってる？　地球《ちきゅう》の時刻《じこく》は、地球《ちきゅう》の自転《じてん》によって決《き》められているんだけど、そのズレを正《ただ》すために、何年《なんねん》かおきに1秒《びょう》だけ時間《じかん》をずらすというものだよ。

MARCH
3月
café

春《はる》一番《いちばん》ってなあに？

自然《しぜん》のふしぎ

春《はる》を告《つ》げるあたたかな風《かぜ》

「春《はる》一番《いちばん》が吹《ふ》いたから、もうすぐあたたかくなるよ」

あなたはそんな言葉《ことば》を聞《き》いたことはありますか？　春《はる》一番《いちばん》とはその名《な》の通《とお》り、春《はる》が来《き》てから一番《いちばん》早《はや》くに吹《ふ》く風《かぜ》なのです。

それではカレンダーを見《み》てみましょう。２月《がつ》３日《みっか》か４日《よっか》には、おそらく「節分《せつぶん》」(52ページ)と「立春《りっしゅん》」と書《か》いてあると思《おも》います。

立春《りっしゅん》とは「この日《ひ》から春《はる》ですよ」という意味《いみ》なのですが、２月《がつ》のはじめはとても寒《さむ》くって、まだまだ春《はる》がきた！とは思《おも》えませんよね？

でも、このころから梅《うめ》の花《はな》が咲《さ》きはじめます。そして土《つち》の下《した》では、たくさんの植物《しょくぶつ》が芽《め》を出《だ》す用意《ようい》をしています。わたしたちの知《し》らないうちに、春《はる》の準備《じゅんび》がはじまっているのです。

さて、次《つぎ》は３月《がつ》20日《はつか》ごろを見《み》てください。「春分《しゅんぶん》」と書《か》いてあるのではないでしょうか？　この日《ひ》は、昼《ひる》と夜《よる》の長《なが》さがまったく同《おな》じになります。

そして、立春《りっしゅん》と春分《しゅんぶん》の間《あいだ》に、南《みなみ》の国《くに》からやってくる強《つよ》くあたたかい風《かぜ》のうち、一番《いちばん》早《はや》くに吹《ふ》いたものを「春《はる》一番《いちばん》」と呼《よ》ぶのです。

梅《うめ》の花《はな》

「三寒四温《さんかんしおん》」で春《はる》がくる

ところであなたは、春先《はるさき》の気温《きおん》をあらわす「三寒四温《さんかんしおん》」という言葉《ことば》を知《し》っていますか？

寒《さむ》い日《ひ》が三日《みっか》続《つづ》けば、あとの四日《よっか》はあたたかくなるという意味《いみ》です。むかしから、寒《さむ》い日《ひ》とあたたかい日《ひ》をくり返《かえ》しながら、春《はる》はやってくるものだったのですね。

きっとあなたも、春《はる》一番《いちばん》が吹《ふ》くころには、「三寒四温《さんかんしおん》」を実感《じっかん》できることでしょう。

ただし、春《はる》一番《いちばん》が吹《ふ》いた日《ひ》は、あたたかくなることが多《おお》いのですが、その次《つぎ》の日《ひ》は寒《さむ》くなりやすいようなので、かぜをひいたりしないように注意《ちゅうい》しましょう。

まめちしき

▶春一番《はるいちばん》が吹《ふ》くには、風《かぜ》の強《つよ》さや向《む》き、あたたかさなどの条件《じょうけん》がそろう必要《ひつよう》がある。だから、毎年《まいとし》必《かなら》ず吹《ふ》く、というわけではないんだよ。

人体《じんたい》のふしぎ

子《こ》どもはどうしてお酒《さけ》を飲《の》んではいけないの？

からだや心《こころ》にわるい影響《えいきょう》が

ビールにワイン、日本酒《にほんしゅ》やウイスキー、いろいろなお酒《さけ》が、お店《みせ》ではたくさん売《う》られています。でも日本《にほん》では、お酒《さけ》（アルコール）は20歳《さい》になるまで飲《の》んではいけないことになっています。

ではどうして、子《こ》どもはお酒《さけ》を飲《の》んではいけないのでしょうか？

まず、お酒《さけ》をたくさん飲《の》み続《つづ》けると、脳《のう》の細胞《さいぼう》がこわれて、脳《のう》がちぢんでくるといわれています。これはとくに子《こ》どものときほど起《お》こりやすく、ものおぼえがわるくなったり、ひとつのことに集中《しゅうちゅう》できなくなるのです。

さらに、子《こ》どもはからだの中《なか》でお酒《さけ》を分解《ぶんかい》する仕組《しく》みが完成《かんせい》されていないので、たくさん飲《の》むと「急性《きゅうせい》アルコール中毒《ちゅうどく》」になる可能性《かのうせい》が高《たか》くなり、とても危険《きけん》なのです。

また、アルコール依存症《いぞんしょう》になりやすいこともわかっています。子《こ》どもは心《こころ》とからだが成長途中《せいちょうとちゅう》のため、お酒《さけ》に対《たい》してこれはいい、これはわるいという判断力《はんだんりょく》がなく、ここでやめておこうというけじめもつけられないといわれています。

子《こ》どものときからお酒《さけ》を飲《の》んでいると量《りょう》が増《ふ》え、大量《たいりょう》のお酒《さけ》を毎日《まいにち》飲《の》むようになり、アルコール依存症《いぞんしょう》（※）になる可能性《かのうせい》が高《たか》くなるのです。

そういったことから、日本《にほん》では20歳《さい》未満《みまん》の子《こ》どもがお酒《さけ》を飲《の》むことは、法律《ほうりつ》で禁《きん》じられています。

大人《おとな》も量《りょう》を守《まも》って

では、どうして大人《おとな》はお酒《さけ》を飲《の》むと陽気《ようき》になったりするのでしょうか？

それはアルコールには、人《ひと》を陽気《ようき》にさせたり、からだをあたためたり、よく眠《ねむ》れるようにしたりするよい作用《さよう》もあるからです。また、病気《びょうき》の原因《げんいん》となるストレスや不安《ふあん》が発散《はっさん》されるともいわれています。

大人《おとな》になってからは、お酒《さけ》とうまくつきあうことはわるいことではないのです。ただし、飲《の》みすぎには注意《ちゅうい》！　おうちの人《ひと》に教《おし》えてあげましょうね。

まめちしき

※アルコール依存症《いぞんしょう》……お酒《さけ》を飲《の》まないと気分《きぶん》がわるくなったり、からだの調子《ちょうし》がわるくなったりするため、常《つね》にお酒《さけ》を飲《の》まなければいけない状態《じょうたい》になること。

3月《がつ》3日《にち》

ひな祭《まつ》りってなあに?

みのまわりのふしぎ

人形《にんぎょう》は身代《みが》わり

ひな祭《まつ》りのおおもとは、むかし中国《ちゅうごく》でおこなわれていた「上巳節《じょうしのせつ》」という行《ぎょう》事《じ》です。

わざわいを追《お》い払《はら》うために、水辺《みずべ》でからだを清《きよ》めるというものでした。

これが日本《にほん》に伝《つた》わり、紙《かみ》でできた人《にん》形《ぎょう》にわざわいをうつして、身代《みが》わりとして川《かわ》に流《なが》すようになりました。

その後《ご》、人形《にんぎょう》づくりの技術《ぎじゅつ》が進《すす》み、美《うつく》しい人形《にんぎょう》がつくられるようになってくると、しだいに人形《にんぎょう》を流《なが》さずにかざるようになりました。

ひな人形《にんぎょう》は平安時代《へいあんじだい》の内裏《だいり》(天皇《てんのう》の住《す》まい)をあらわしたもので、一番上《いちばんうえ》の段《だん》の「内裏《だいり》びな」は、天皇《てんのう》、皇后《こうごう》の姿《すがた》とされ、結婚式《けっこんしき》のようすを形《かたち》づくったものであることから、女《おんな》の子《こ》のしあわせな成長《せいちょう》を願《ねが》うお祭《まつ》りとなったのです。

ひな祭《まつ》りは「桃《もも》の節句《せっく》」とも呼《よ》ばれますが、三月三日《さんがつみっか》が桃《もも》の花《はな》が開《ひら》く時期《じき》であることだけでなく、桃《もも》の木《き》がわざわいを追《お》い払《はら》う神聖《しんせい》な木《き》とされているからでもあります。

ひな祭《まつ》りの食《た》べもの

ひな祭《まつ》りにはさまざまなごちそうがならびますが、それぞれに意味《いみ》があります。

- **菱餅《ひしもち》**…色《いろ》の重《かさ》なりで、「雪《ゆき》の下《した》に新《あたら》しい芽《め》が出《で》て、地上《ちじょう》で桃《もも》の花《はな》が咲《さ》いている」という春《はる》の情景《じょうけい》をあらわしています。
- **ひなあられ**…桃色《ももいろ》、緑《みどり》、黄色《きいろ》、白《しろ》の四色《よんしょく》で、春夏秋冬《しゅんかしゅうとう》をあらわしています。
- **白酒《しろざけ》**…長生《ながい》きを願《ねが》って飲《の》みます。
- **はまぐり**…二枚貝《にまいがい》であることから、夫婦《ふうふ》が仲《なか》よくくらせるという意味《いみ》があります。
- **ちらし寿司《ずし》**…えび(長生《ながい》き)、れんこん(見通《みとお》しがよい)など、縁起《えんぎ》のよい具《ぐ》と、卵《たまご》やみつばなどのきれいな色合《いろあ》いが春《はる》らしいため、ひな祭《まつ》りに欠《か》かせない料理《りょうり》になりました。

まめちしき

▶ひな人形《にんぎょう》は立春《りっしゅん》(暦《こよみ》のうえで春《はる》がはじまる日《ひ》。2月4日《がつよっか》ごろ)をすぎてすぐにかざりはじめ、ひな祭《まつ》りの翌日《よくじつ》にかたづけるのがいいとされているよ。

どうして船《ふね》は水《みず》に浮《う》くの？

科学《かがく》のふしぎ

鉄《てつ》なのに水《みず》に浮《う》く？

あなたは船《ふね》に乗《の》ったことはありますか？　ユラユラゆれながら景色《けしき》をながめるのは、気持《きも》ちがいいですよね。

大《おお》むかしの船《ふね》は木《き》でつくられていました。木《き》は水《みず》に浮《う》くから、木《き》でできた船《ふね》も水《みず》に浮《う》く。これはかんたんにわかりますね。

でも、いまある船《ふね》の多《おお》くは、鉄《てつ》などの金属《きんぞく》でできています。金属《きんぞく》は重《おも》くて水《みず》に沈《しず》んでしまいます。それなのに、金属《きんぞく》でできた船《ふね》でも、小《ちい》さなものから大《おお》きなものまで、海《うみ》や川《かわ》の水《みず》にプカプカ浮《う》いています。なぜでしょうか。

空《から》っぽの部分《ぶぶん》があればいい

そこで、お風呂《ふろ》で実験《じっけん》してみましょう。湯船《ゆぶね》に洗面器《せんめんき》を浮《う》かべて、その中《なか》に少《すこ》しずつ、お湯《ゆ》を入《い》れていってください。だんだんお湯《ゆ》の中《なか》につかっていき、最後《さいご》にはブクブク沈《しず》んでいきます。

これは、お湯《ゆ》が入《はい》って洗面器《せんめんき》が重《おも》くなったからではなく、洗面器《せんめんき》の中《なか》の「空《から》っぽ」の部分《ぶぶん》が減《へ》ったからです。つまり、空《から》っぽの部分《ぶぶん》が多《おお》ければ水《みず》に浮《う》き、少《すく》なければ水《みず》の中《なか》に沈《しず》んでしまう、ということなのです。

大《おお》きな船《ふね》はとても重《おも》たいですが、中《なか》には部屋《へや》がたくさんあるので、空《から》っぽの部分《ぶぶん》がほとんど。だから水《みず》に浮《う》くわけですね。

ただし、船《ふね》は軽《かる》ければいいというものではありません。軽《かる》すぎると波《なみ》や風《かぜ》のせいで横《よこ》に倒《たお》れてしまうので、むかしはわざと重《おも》たいものを積《つ》んだりして、浮《う》きすぎないようにしていました。いまの鉄《てつ》の船《ふね》は、浮《う》きすぎることも沈《しず》みすぎることもないようにできていて、安心《あんしん》して乗《の》ることができるのです。

それから、船《ふね》の仲間《なかま》には、海《うみ》に沈《しず》んで進《すす》む「潜水艦《せんすいかん》」というものがあります。潜水艦《せんすいかん》には、船《ふね》の中《なか》に海水《かいすい》を出《だ》し入《い》れするタンクがあり、浮《う》きたいときには海水《かいすい》を外《そと》に出《だ》し、沈《しず》みたいときには海水《かいすい》を中《なか》に入《い》れます。つまり、空《から》っぽの部分《ぶぶん》を少《すく》なくしたり多《おお》くしたりして、浮《う》いたり沈《しず》んだりしているのです。

まめちしき ▶人《ひと》が水《みず》に浮《う》く場合《ばあい》、プールよりも海《うみ》のほうが浮《う》くのがかんたん。海水《かいすい》は塩分《えんぶん》を含《ふく》んでいるため、水《みず》よりも重《おも》く、ものを浮《う》かせる力《ちから》が水《みず》よりも大《おお》きいからだよ。

生《い》きもののふしぎ

パンダのからだはどうして白《しろ》と黒《くろ》なの？

動物《どうぶつ》には目立《めだ》ちにくい

あなたはパンダを見《み》たことがありますか？　白黒《しろくろ》のもようをした、とてもかわいらしい姿《すがた》をしていますね。でも、どうしてあんな色《いろ》をしているのでしょうね？

野生《やせい》のパンダの多《おお》くは、中国《ちゅうごく》の南《みなみ》からチベットのあたりにある、竹《たけ》の林《はやし》の中《なか》でくらしています。白黒《しろくろ》のからだは、竹《たけ》の林《はやし》の中《なか》にまぎれ込《こ》んで、敵《てき》から姿《すがた》をかくすのに役《やく》に立《た》っているのです。

白《しろ》と黒《くろ》なんて、ものすごく目立《めだ》ちそうですね。でもそれは、わたしたち人間《にんげん》の目《め》が、周《まわ》りのものをカラーで見《み》ることができるからなのです。じつは、人間以外《にんげんいがい》のほとんどの動物《どうぶつ》は、目《め》で見《み》たものが白黒《しろくろ》に見《み》えているのです。

ボクのシマシマも同《おな》じ！

白《しろ》と黒《くろ》のしまもようをしたシマウマも、人間《にんげん》の目《め》で見《み》れば目立《めだ》ちますが、サバンナでは草《くさ》にまぎれるので、ライオンなどの肉食動物《にくしょくどうぶつ》からは見《み》つかりにくいのですね。

また、岩山《いわやま》でくらすパンダもいますが、その場合《ばあい》は、黒《くろ》い部分《ぶぶん》が岩《いわ》、白《しろ》い部分《ぶぶん》が雪《ゆき》のように見《み》えるため、敵《てき》の目《め》をごまかせるのだそうです。

寒《さむ》さから身《み》を守《まも》る

夏《なつ》に黒《くろ》い服《ふく》を着《き》て、とてもあつく感《かん》じたことはありませんか？　黒《くろ》い色《いろ》には太陽《たいよう》の光《ひかり》や熱《ねつ》をよくあつめる性質《せいしつ》があるからです（238ページ）。

野生《やせい》のパンダがくらすところは大変《たいへん》気温《きおん》が低《ひく》く、冬《ふゆ》はマイナス10℃《ど》以下《いか》にまで冷《ひ》え込《こ》むこともあります。そのため、体温《たいおん》が下《さ》がりやすい手足《てあし》や耳《みみ》に、太陽《たいよう》の光《ひかり》をなるべくあつめてあたためるために、黒《くろ》くなったのだともいわれています。

また、太陽《たいよう》の光《ひかり》が雪《ゆき》にはじかれて目《め》に入《はい》ると目《め》をいためてしまいます。そのため、目《め》の周《まわ》りの黒《くろ》いもようで光《ひかり》を吸収《きゅうしゅう》して防《ふせ》いでいるのです。

かわいらしい白黒《しろくろ》のもようにも、きちんと意味《いみ》があるのですね。

まめちしき
▶パンダは広《ひろ》い土地《とち》に一匹《いっぴき》でくらしているため、オスとメスが出会《であ》うチャンスが少《すく》なく、赤《あか》ちゃんが生《う》まれにくいんだって。

冬《ふゆ》の間《あいだ》、虫《むし》はどこにいるの？

生《い》きもののふしぎ

今日《きょう》は「啓蟄《けいちつ》」です。啓蟄《けいちつ》とは、あたたかくなって、虫《むし》が穴《あな》から外《そと》に出《で》てくるという意味《いみ》の言葉《ことば》です。ところで寒《さむ》い冬《ふゆ》の間《あいだ》、虫《むし》たちはどうやってすごしているのか、あなたは知《し》っていますか？

カブトムシは土《つち》の中《なか》で

カブトムシは、秋《あき》になると土《つち》の中《なか》に小《ちい》さな卵《たまご》を産《う》みます。

そして、冬《ふゆ》になる前《まえ》、卵《たまご》から幼虫《ようちゅう》が生《う》まれます。土《つち》の中《なか》は地面《じめん》の上《うえ》ほど寒《さむ》くはありません。カブトムシの幼虫《ようちゅう》は冬《ふゆ》の間《あいだ》を、土《つち》の中《なか》ですごすのです。

やがてあたたかい季節《きせつ》になると、幼《よう》虫《ちゅう》は白《しろ》くてぜんぜん動《うご》かない、サナギという形《かたち》になります。そのサナギの中《なか》から、大人《おとな》のカブトムシがあらわれるのです。

カマキリはあわの中《なか》の卵《たまご》で

カマキリのメスは、秋《あき》になると卵《たまご》を産《う》みます。細《ほそ》いえだにくっついたあわのようなものの中《なか》に、たくさんの卵《たまご》があります。これがカマキリが冬《ふゆ》ごしする姿《すがた》です。

春《はる》になるとカマキリの赤《あか》ちゃんが生《う》まれます。カマキリは赤《あか》ちゃんのときから、大人《おとな》のカマキリと同《おな》じ姿《すがた》をしている、少《すこ》し変《か》わったこん虫《ちゅう》です。

トンボは水《みず》の中《なか》で

夏《なつ》になると、トンボが気持《きも》ちよさそうに飛《と》ぶのを見《み》かけますね。

シオカラトンボのメスは秋《あき》になると、水《みず》の中《なか》に卵《たまご》を落《お》とします。

卵《たまご》から生《う》まれた幼虫《ようちゅう》はヤゴと呼《よ》ばれ、冬《ふゆ》の間《あいだ》ずっと、水《みず》の中《なか》でくらします。春《はる》になると、ヤゴは水《みず》から上《あ》がってきて、水辺《みずべ》で大人《おとな》のシオカラトンボになります。

テントウムシは木《き》の皮《かわ》の下《した》で

大人《おとな》の姿《すがた》のまま冬《ふゆ》ごしする虫《むし》もいます。テントウムシは、木《き》の皮《かわ》の下《した》にあつまって冬《ふゆ》をこします。

このように、いろいろな虫《むし》がいろいろな姿《すがた》で冬《ふゆ》ごしをしているのです。

トンボの幼虫《ようちゅう》（ヤゴ）

カブトムシの幼虫《ようちゅう》

テントウムシ

カマキリの卵《たまご》

まめちしき
▶北海道《ほっかいどう》などの北国《きたぐに》にいる「雪虫《ゆきむし》」と呼《よ》ばれる虫《むし》は、冬《ふゆ》がくる前《まえ》に大人《おとな》の姿《すがた》になることから、冬《ふゆ》を告《つ》げる虫《むし》だと親《した》しまれているんだ。

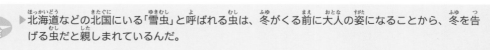

3月《がつ》7日《にち》

どうして火《ひ》は燃《も》えるの？

科学《かがく》のふしぎ

酸素《さんそ》が火《ひ》を燃《も》やす

3月《がつ》7日《なのか》は、「消防記念日《しょうぼうきねんび》」です。そこで今日《きょう》は、火《ひ》について考《かんが》えてみましょう。

火《ひ》はどうして燃《も》えるのでしょうか。火《ひ》は、空気《くうき》の中《なか》にある「酸素《さんそ》」が、同《おな》じく空気《くうき》の中《なか》にある「水素《すいそ》」や「炭素《たんそ》」と一緒《いっしょ》になることで燃《も》えます。

酸素《さんそ》は空気《くうき》の中《なか》にたくさんあり、人間《にんげん》にとってとても大切《たいせつ》なものです。あなたが息《いき》をするのも、空気《くうき》の中《なか》の酸素《さんそ》をからだの中《なか》に入《い》れるためなのです。

燃《も》えるものがないと消《き》える

火《ひ》を燃《も》やすのに必要《ひつよう》な酸素《さんそ》が、からだの中《なか》にあるなんてこわいなあ、なんて思《おも》うかもしれませんね。でも安心《あんしん》してください。酸素《さんそ》が火《ひ》になって燃《も》えるには、とても温度《おんど》が高《たか》くならなければいけません。ですから、わたしたちのからだの中《なか》くらいの温度《おんど》では燃《も》えないのです。

火《ひ》は、燃《も》えるときに高《たか》い熱《ねつ》を出《だ》します。ですから、一度《いちど》燃《も》えはじめると温度《おんど》が下《さ》がらず、ずっと高《たか》い温度《おんど》が続《つづ》くため、火《ひ》は燃《も》え続《つづ》けるのです。しかし、酸素《さんそ》や炭素《たんそ》など、燃《も》えるものがなくなったら火《ひ》は消《き》えてしまいます。

例《たと》えば、新《あたら》しい空気《くうき》が火《ひ》のそばにいかないように、燃《も》えているものの周《まわ》りを閉《と》じてしまえば、火《ひ》はシュンと消《き》えてしまいます。

バーベキューをするときに、大人《おとな》が火《ひ》のついた炭《すみ》をパタパタとうちわであおいでいるのを見《み》たことはありますか。こうやって、新《あたら》しい空気《くうき》をどんどん送《おく》り込《こ》むことで、火《ひ》は消《き》えずに燃《も》えるようになるのです。

ちなみに、紙《かみ》や木《き》の中《なか》には、水素《すいそ》や炭素《たんそ》がたくさん入《はい》っています。ですから、酸素《さんそ》と高《たか》い温度《おんど》があれば、とてもよく燃《も》えるのです。

火《ひ》は、わたしたちの生活《せいかつ》を便利《べんり》にしてくれます。でも、使《つか》い方《かた》を間違《まちが》えるとやけどをしたり、火事《かじ》になったりする、とても危険《きけん》なものでもあります。絶対《ぜったい》に子《こ》どもだけであつかってはいけませんよ。

まめちしき

▶もし、火事《かじ》が起《お》こって119番通報《ばんつうほう》するときは、自分《じぶん》の名前《なまえ》と住所《じゅうしょ》、かけている電話《でんわ》の番号《ばんごう》、燃《も》えている場所《ばしょ》を説明《せつめい》するのに目印《めじるし》になる大《おお》きな建物《たてもの》を、係《かか》りの人《ひと》に伝《つた》えてね。

3月《がつ》8日《にち》

生《い》きもののふしぎ

ハチミツはどうやってつくっているの？

花《はな》のみつをあつめる

ミツバチ、スズメバチ、アシナガバチ、クマバチ……ハチにはいろいろな仲間《なかま》がいます。でも、ハチミツをつくることができるのは、かしこくて小《ちい》さなはたらきものの、ミツバチだけです。

ミツバチの巣《す》では、一匹《いっぴき》の女王《じょおう》バチとたくさんのはたらきバチが、助《たす》け合《あ》ってくらしています。はたらきバチは一《いっ》ケ月《げつ》くらいで死《し》んでしまいますが、女王《じょおう》バチは長生《ながい》きで、四年《よねん》～六年《ろくねん》も生《い》きます。そしてハチたちには、それぞれに役割《やくわり》があるのです。

まず、みつをあつめて巣《す》に持《も》って帰《かえ》るのは、はたらきバチのメスの仕事《しごと》です。花《はな》からみつを吸《す》って、からだの中《なか》で栄養《えいよう》をくわえたものを、巣《す》の中《なか》で仕《し》事《ごと》をしている他《ほか》の仲間《なかま》にわたします。

巣《す》の中《なか》で仕事《しごと》をしているはたらきバチは、帰《かえ》ってきたメスからみつを受《う》けとり、六角形《ろっかっけい》の部屋《へや》にしまっていきます。巣《す》の中《なか》で仕事《しごと》をするはたらきバチには、メスもオスもいるようです。

羽《はね》で水気《みずけ》をとばす

さあ、ここからが大変《たいへん》です！　部屋《へや》にしまわれたみつは、このままでは水気《みずけ》が多《おお》くて、甘《あま》みがまだ足《た》りないのです。そこではたらきバチは、みんなで羽《はね》をパタパタさせて風《かぜ》を起《お》こします。その風《かぜ》でハチミツの水分《すいぶん》を少《すこ》しずつとばし、甘《あま》くしていくのです。

やがてとろ～りとしたみつになりました。あとは、六角形《ろっかっけい》の部屋《へや》にふたをして、おいしいハチミツのできあがり。

さらにはたらきバチは、巣《す》に一匹《いっぴき》しかいない女王《じょおう》バチのために、ロイヤルゼリーという特別《とくべつ》な食《た》べものもつくります。ロイヤルゼリーを食《た》べた女王《じょおう》バチは、他《ほか》のハチよりからだが大《おお》きくなり、一日《いちにち》に千個《せんこ》も二千個《にせんこ》も卵《たまご》を産《う》むという、大切《たいせつ》な仕事《しごと》をするのです。

このようにハチミツは、仲間《なかま》のために手間《てま》をかけてつくった大切《たいせつ》な食《た》べものなのですよ。

今日《きょう》3（みつ）月《がつ》8（はち）日《にち》は、ミツバチの日《ひ》。はたらきもののミツバチたちに感謝《かんしゃ》して、おいしいハチミツをいただきましょうね。

巣《す》でハチミツをつくるミツバチたち

まめちしき ▶ハチミツが白《しろ》くかたまったら、容器《ようき》ごとぬるめの湯《ゆ》につけておけば、もとのとろりとした状態《じょうたい》に戻《もど》るよ。使《つか》う分《ぶん》だけ容器《ようき》に移《うつ》して、電子《でんし》レンジを使《つか》うのもいいよ。

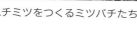

どうして「ありがとう」っていうの?

みのまわりのふしぎ

感謝《かんしゃ》の気持《きも》ちを伝《つた》える

例《たと》えば、友《とも》だちにおかしをもらったとき、あなたはなんといいますか? 「もっと、ちょうだい」ですって? そんな食《く》いしん坊《ぼう》は、だれですか。

そう。人《ひと》になにかをしてもらったときは、「ありがとう」といいますね。「ありがとう」とは、感謝《かんしゃ》の気持《き》ち《も》を伝《つた》える言葉《ことば》であり、もともとは仏教《ぶっきょう》のお経《きょう》の中《なか》にある「有《あ》り難《がた》し」という言葉《ことば》からきています。

いま、わたしたちがあたりまえのように生《い》きていられるのは、じつは仏《ほとけ》さまやご先祖《せんぞ》さまの助《たす》けがあるおかげであり、それはすごく運《うん》がいいことなのです。だから、いつも感謝《かんしゃ》の気持《きも》ちで生《い》きましょうという意味《いみ》なのです。

むかしは仏《ほとけ》さまや神《かみ》さまに対《たい》して使《つか》われていましたが、やがていまのように、人《ひと》に対《たい》してもいわれるようになりました。

あなたはお母《かあ》さんやお父《とう》さんが、ごはんをつくったりおこづかいをくれたりしたとき、きちんと「ありがとう」といっていますか? いったことのない人《ひと》は、今度《こんど》ためしてみましょう。お母《かあ》さんもお父《とう》さんも、きっとすごーくよろこんでくれますよ。

みんなに使《つか》える魔法《まほう》の言葉《ことば》

わたしたちが外国《がいこく》を旅行《りょこう》するとき、一番《いちばん》よく使《つか》う言葉《ことば》はなんでしょう。「こんにちは」や「すみません」も多《おお》いでしょうが、やっぱり一番《いちばん》は「ありがとう」です。

空港《くうこう》、ホテル、お店《みせ》、いろんな場所《ばしょ》で使《つか》います。どんな国《くに》にも、感謝《かんしゃ》の気《き》持《も》ちを伝《つた》える言葉《ことば》があります。自分《じぶん》の国《くに》の言葉《ことば》でお礼《れい》をいわれた人《ひと》は、にっこりすること間違《まちが》いなし。

「ありがとう」は、いった人《ひと》も、いわれた人《ひと》もうれしくなる魔法《まほう》の言葉《ことば》です。知《し》らない人《ひと》とでも、すぐになかよしになれますよ。

いろんな国《くに》の「ありがとう」を下《した》にまとめました。あなたはどれだけ知《し》っているかな?

まめちしき

▶世界《せかい》の「ありがとう」　「サンキュー」…アメリカやイギリス　「シェシェ」…中国《ちゅうごく》　「カムサハムニダ」…韓国《かんこく》　「メルシィ」…フランス　「ダンケシェーン」…ドイツ　「グラシアス」…スペイン

砂糖《さとう》ってなにからできているの？

沖縄《おきなわ》でとれるサトウキビ

今日《きょう》3（さ）月《がつ》10（とお）日《か》は、砂糖《さとう》の日《ひ》。あなたは、砂糖《さとう》がなにからつくられているか知《し》っていますか？

日本《にほん》の一番南《いちばんみなみ》にある沖縄《おきなわ》には、たくさんのサトウキビ畑《ばたけ》があります。サトウキビとは、名前《なまえ》の通《とお》り砂糖《さとう》の原料《げんりょう》になるものです。

あたたかい土地《とち》で育《そだ》つ植物《しょくぶつ》なので、他《ほか》の地方《ちほう》ではあまり見《み》かけませんが、細《ほそ》い竹《たけ》のようなくきに、ススキを大《おお》きくしたような葉《は》っぱがついています。サトウキビのくきをかじると甘《あま》い汁《しる》が出《で》てきます。ですが、筋《すじ》が多《おお》くてそのまま食《た》べることができません。そこで、汁《しる》をしぼって乾《かわ》かしてから、粉《こな》にするのです。

ただサトウキビの汁《しる》を乾《かわ》かしただけでは、わたしたちの知《し》っている砂糖《さとう》になりません。黒《くろ》っぽくて、とても甘《あま》い、黒砂糖《くろざとう》になります。

みなさんは「かりんとう」を知《し》っていますか？　黒《くろ》くてとても甘《あま》いお菓子《かし》ですが、かりんとうが黒《くろ》いのは黒砂糖《くろざとう》を使《つか》っているからです。

黒《くろ》っぽいサトウキビの汁《しる》を置《お》いておくと、よけいなものが沈《しず》み、すき通《とお》ります。白《しろ》い砂糖《さとう》は、それを乾《かわ》かしてつくるので、とても時間《じかん》がかかるのです。

その他《ほか》にも、和菓子《わがし》などに使《つか》われる和三盆《わさんぼん》やザラメなど、サトウキビを粉《こな》にする方法《ほうほう》はいろいろと工夫《くふう》されてきました。

砂糖《さとう》はエネルギーの素《もと》

サトウキビ以外《いがい》の植物《しょくぶつ》からも砂糖《さとう》はつくられています。例《たと》えば、ホットケーキにかけるメープルシロップは、サトウカエデの幹《みき》からとった汁《しる》です。また、日本《にほん》では主《おも》に北海道《ほっかいどう》でとれる「テンサイ」というダイコンからも、たくさんつくられています。

砂糖《さとう》は、食《た》べるとすぐにからだを動《うご》かすエネルギーになります。山登《やまのぼ》りや運動《うんどう》をするときには甘《あま》いものを持《も》っていくようにしましょう。そしてつかれたな、と思《おも》ったときに食《た》べてみましょう。きっと元気《げんき》になりますよ。

テンサイ（上《うえ》）とサトウキビ（下《した》）

まめちしき　最近《さいきん》では、砂糖《さとう》のような甘《あま》さを感《かん》じさせる「甘味料《かんみりょう》」というものがあるよ。エネルギーにならないから、太《ふと》りたくない人《ひと》にはおすすめだけど、これも食《た》べすぎには注意《ちゅうい》！

読《よ》んだ日《ひ》　月《がつ》　日《にち》

3月《がつ》11日《にち》

どうして人工衛星《じんこうえいせい》は地球《ちきゅう》に落《お》ちてこないの？

宇宙《うちゅう》のふしぎ

地球《ちきゅう》の重力《じゅうりょく》

わたしたちが住《す》む地球《ちきゅう》には、「重力《じゅうりょく》」という目《め》に見《み》えない力《ちから》がはたらいています。例《たと》えば、あなたが持《も》っているものを手《て》から離《はな》すと、地面《じめん》に向《む》かって落《お》ちていきますよね。この地面《じめん》に向《む》かってひっぱられていく力《ちから》のことを「重力《じゅうりょく》」と呼《よ》びます。

この重力《じゅうりょく》は、地球《ちきゅう》に住《す》むわたしたちだけでなく、遠《とお》く離《はな》れた月《つき》にもはたらいています。では、どうして月《つき》は地球《ちきゅう》に落《お》ちてこないのでしょうか。それは、月《つき》が地球《ちきゅう》から離《はな》れていこうとする力《ちから》と、地球《ちきゅう》が月《つき》をひっぱる力《ちから》とのつりあいがとれているからなのです。

地球《ちきゅう》の周《まわ》りを猛《もう》スピードで飛《と》ぶ

地球《ちきゅう》から打《う》ち上《あ》げられた人工衛星《じんこうえいせい》や宇宙《うちゅう》ステーションが落《お》ちてこないのは、じつはこの地球《ちきゅう》と月《つき》との関係《かんけい》と同《おな》じなのです。

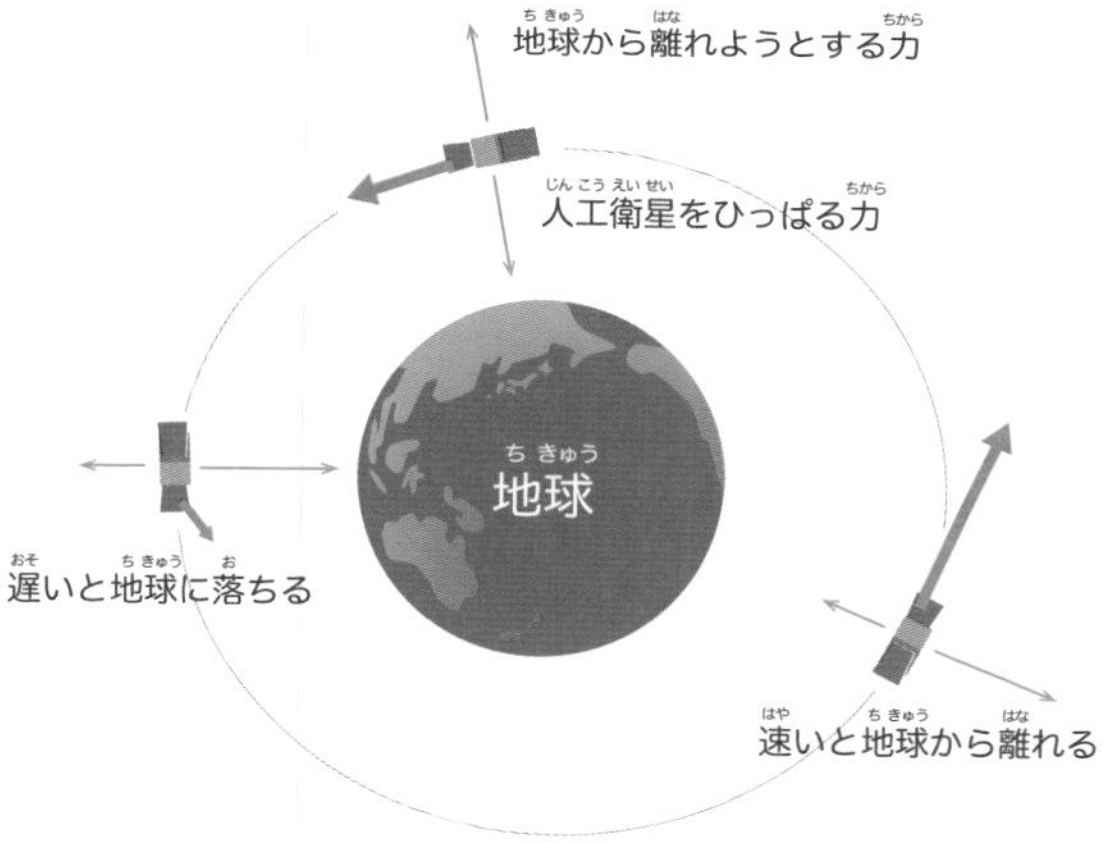

人工衛星《じんこうえいせい》や宇宙《うちゅう》ステーションは、地《ち》球《きゅう》をぐるりと回《まわ》る、「軌道《きどう》」と呼《よ》ばれるコースをものすごいスピードで飛《と》んでいるのですが、この「地球《ちきゅう》から離《はな》れようとする力《ちから》」と、「人工衛星《じんこうえいせい》をひっぱる重力《じゅうりょく》」がつりあっているので、地球《ちきゅう》に近《ちか》づいたり、離《はな》れたりすることなく、いつまでも同《おな》じコースを回《まわ》り続《つづ》けることができるのです。

この「地球《ちきゅう》に落《お》ちてこなくなる速度《そくど》」は、秒速約《びょうそくやく》8キロメートル。1秒間《びょうかん》に8キロも進《すす》むというスピードです。

これを時速《じそく》にすると約《やく》2万《まん》8800キロメートル。東海道新幹線《とうかいどうしんかんせん》が時速約《じそくやく》300キロメートルですから、その90倍以上《ばいいじょう》にもなります。東京駅《とうきょうえき》から新大阪駅《しんおおさかえき》まで、ほんの1分少々《ぶんしょうしょう》で着《つ》いてしまうという、とんでもないスピードなのです。

ちなみに、宇宙《うちゅう》ステーションが地球《ちきゅう》の周《まわ》りを飛《と》んでいるようすを、日《ひ》の出《で》前《まえ》と日《ひ》が沈《しず》んでから、自分《じぶん》の目《め》で観察《かんさつ》できることがあります。あなたも一度《いちど》、おうちの人《ひと》と一緒《いっしょ》に探《さが》してみましょうね。

まめちしき
▶国際宇宙《こくさいうちゅう》ステーションを見《み》たいなら、宇宙航空研究開発機構《うちゅうこうくうけんきゅうかいはつきこう》（JAXA《じゃくさ》）のホームページに観察《かんさつ》の方法《ほうほう》や、時刻《じこく》、方角《ほうがく》などがのっているから、調《しら》べておくと便利《べんり》だよ。

辛《から》いものを食《た》べると汗《あせ》が出《で》てくるのはなぜ？

人体《じんたい》のふしぎ

血《ち》のめぐりがよくなる

あなたはカレーが好《す》きですか？　カレーを食《た》べると、しばらくしたらなんだかからだがポカポカしてきますよね。ちょっぴり辛《から》いカレーなら、一緒《いっしょ》に汗《あせ》も出《で》てくるかもしれません。

カレーだけでなく、他《ほか》の辛《から》いものを食《た》べたり飲《の》んだりしても、同《おな》じようにからだがポカポカしてきます。これは、どうしてなのでしょうか。

辛《から》いものには、辛《から》みのもとであるトウガラシなどの香辛料《こうしんりょう》という成分《せいぶん》が入《はい》っています。

これらがからだに入《はい》ると、まず血《ち》の流《なが》れがよくなります。そうすると、だんだんからだがあたたかくなってきて、その内《うち》に汗《あせ》も出《で》てくるのです。

ところで、汗《あせ》をかきながらパクパクとカレーを食《た》べていると、しばらくしたら何《なん》だかすずしくなったような気《き》がしませんか。じつは汗《あせ》には、熱《あつ》くなったからだの熱《ねつ》を吸《す》い取《と》って、からだの外《そと》に出《だ》すというはたらきがあるからです（230ページ）。

あつい夏《なつ》にはもってこい

辛《から》いものには、食欲《しょくよく》が出《で》てごはんをモリモリ食《た》べたいと思《おも》わせたり、食《た》べものがお腹《なか》の中《なか》で消化《しょうか》されやすくなるなど、からだの中《なか》のはたらきをよくする効果《こうか》もあります。また、食《た》べものが傷《いた》んだりくさったりしにくくなるという効果《こうか》もあります。

だからこそカレーは、食欲《しょくよく》が落《お》ちたり、食《た》べものが傷《いた》んだりくさったりしやすくなる夏《なつ》にピッタリの食《た》べものだといえるのです。野菜《やさい》やお肉《にく》やお魚《さかな》をたっぷり入《い》れて、おいしくパクパク食《た》べましょうね。

ただし、辛《から》いものをたくさん食《た》べすぎると、お腹《なか》をこわしてしまいますからね。くれぐれも、食《た》べすぎにはご用心《ようじん》！

まめちしき
▶辛《から》い料理《りょうり》に使《つか》う材料《ざいりょう》には、トウガラシ、ワサビ、カラシなどがある。野菜《やさい》で辛《から》いのは、ダイコン、ネギ、タマネギ、シシトウあたりだね。生《なま》で食《た》べるとホントに辛《から》いから気《き》をつけて！

読《よ》んだ日《ひ》　　月《がつ》　日《にち》

3月《がつ》13日《にち》

みのまわりのふしぎ

サンドイッチはだれが考《かんが》え出《だ》したの？

手軽《てがる》においしく食《た》べられる

パンに卵《たまご》や肉《にく》、野菜《やさい》などをはさんで食《た》べるサンドイッチ。いろいろな食《た》べかたがあって楽《たの》しいですね。今日《きょう》3月《がつ》13日《にち》は「サンドイッチの日《ひ》」。サンドイッチについて考《かんが》えてみましょう。

サンドイッチは、イギリスという国《くに》で生《う》まれました。パンに中身《なかみ》をはさむだけでかんたんなので、いまでは、世《せ》界中《かいじゅう》で食《た》べられるようになりました。

では、サンドイッチはどうやってできたのでしょう。それには、こんな有《ゆう》名《めい》な話《はなし》があります。

めんどくさがりの伯爵《はくしゃく》

むかし、イギリスにサンドイッチ伯《はく》爵《しゃく》という人《ひと》がいました。その人《ひと》は、トランプ遊《あそ》びがとても好《す》きで、ごはんを食《た》べる時間《じかん》さえもったいないと思《おも》うくらいに、トランプばかりしていました。あるとき、サンドイッチ伯爵《はくしゃく》は、いいことをひらめきました。

「そうだ！　トランプをしながらでもごはんを食《た》べられる、いい方法《ほうほう》を思《おも》いついたぞ。パンに肉《にく》や野菜《やさい》をはさんでしまえば、片手《かたて》でトランプをしながら、反対《はんたい》の手《て》でパンを持《も》って食《た》べられるじゃないか！　さっそくためしてみよう！」

こうしてサンドイッチが生《う》まれた、というわけです。

この話《はなし》がウソかホントかは、よくわかっていません。「ホントだ」という人《ひと》もいますし、「そんなにだらしない人《ひと》じゃなかったはずだ」「仕事《しごと》が忙《いそが》しくて、トランプ遊《あそ》びができる時間《じかん》なんてなかっただろう」という人《ひと》もいます。

それはさておき、世界中《せかいじゅう》で食《た》べられているサンドイッチには、いろいろな種類《しゅるい》があります。

ペロッと食《た》べられる食《しょく》パンのサンドイッチや、焼《や》いたパンやかたいパンに中身《なかみ》をぎっしりはさんだ、食《た》べごたえのあるサンドイッチなどなど。あなたはどんなサンドイッチが好《す》きですか？

まめちしき

▶サンドイッチをつくるときは、バターやマーガリンをパンにぬると、野菜《やさい》や肉《にく》などの水分《すいぶん》をパンが吸《す》わないので、パンがフワフワしたままになっておいしいよ。

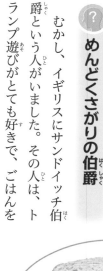

丸《まる》いトンネルが多《おお》いのはなぜ？

トンネルは力《ちから》もち

公園《こうえん》の砂場《すなば》や、海《うみ》の砂浜《すなはま》で砂山《すなやま》をつくってあそぶときは、やっぱりトンネルをほりたくなりますよね。でも気《き》をつけないと、ちょっとしたはずみに、すぐにつぶれてしまいませんか。

これは、トンネルの上《うえ》に乗《の》った砂《すな》の重《おも》さで、穴《あな》がつぶれてしまうのが原因《げんいん》です。

実際《じっさい》に山《やま》の中《なか》を突《つ》きぬけているトンネルになると、上《うえ》に乗《の》っているのはわたしたちが砂《すな》でつくったようなものではなく、土《つち》や石《いし》ころなどでできた、本物《ほんもの》の大《おお》きな山《やま》です。

このため、とても大《おお》きな力《ちから》がトンネルを押《お》しつぶそうとします。トンネルはそれに負《ま》けないようにがんばらないといけません。

四角《しかく》いトンネルと丸《まる》いトンネルを比《くら》べてみると、丸《まる》いトンネルのほうが、がんじょうです。

丸《まる》いトンネルは、山《やま》が上《うえ》から押《お》しつぶそうとする力《ちから》を、上《うえ》だけでなく、ななめや横《よこ》などトンネル全体《ぜんたい》ににがすことができるからです。ですから、トンネルには丸《まる》い形《かたち》が多《おお》いのです。

四角《しかく》いほうが中《なか》は広《ひろ》い

でも、町《まち》の地下《ちか》を走《はし》っている地下鉄《ちかてつ》のトンネルなどは、ほとんどが四角《しかく》い形《かたち》をしていますね。

地下鉄《ちかてつ》の上《うえ》にあるのは山《やま》ではなく、道路《どうろ》などですから、トンネルはあまりがんばって重《おも》さを支《ささ》えなくてもつぶれないからです。

天井《てんじょう》が丸《まる》くなっているよりは、四角《しかく》になっているほうが中《なか》を広《ひろ》くできますから、地下鉄《ちかてつ》を走《はし》らせたりするのにつごうがよくなります。ですから四角《しかく》い形《かたち》になっているのです。

山《やま》にトンネルができると、けわしい山道《やまみち》を通《とお》らずに、多《おお》くの人《ひと》やものが移動《いどう》できるようになりますから、くらしがとても便利《べんり》になります。

みなさんもトンネルを通《とお》るときには、「このトンネルは、つぶれないようにいまもがんばっているんだな」と思《おも》い出《だ》してくださいね。

まめちしき
▶世界《せかい》で一番長《いちばんなが》い鉄道《てつどう》トンネルはスイスのゴッタルドベーストンネルで、約《やく》57キロ。まだ建設中《けんせつちゅう》で、2018年《ねん》に完成予定《かんせいよてい》だよ。ちなみに日本《にほん》の青函《せいかん》トンネルは53.85キロで世界《せかい》2位《い》。

どうして家《いえ》の中《なか》ではくつをぬぐの？

みのまわりのふしぎ

はいたままの国《くに》もある

今日《きょう》は「くつの記念日《きねんび》」です。明治時《めいじじ》代《だい》のはじめ、3月《がつ》15日《にち》に、日本《にほん》で最初《さいしょ》のくつ工場《こうじょう》ができたことから定められました。そこで今日《きょう》は、くつのことを考《かんが》えてみましょう。

おうちにあがるときは、くつを玄関《げんかん》でぬぎますよね。多《おお》くの日本《にほん》のおうちでは、くつをぬいであがることになっているからです。

でも外国《がいこく》には、くつをはいたままおうちにあがるところがあります。ですから最近《さいきん》では、日本《にほん》でも「くつをはいたままおうちにあがるよ」という人《ひと》もいるかもしれません。

どうして日本《にほん》では、くつをぬいでおうちにあがるのでしょう。それにはいろいろな理由《りゆう》があります。

日本《にほん》

外国《がいこく》

日本《にほん》のくらしに合《あ》わせて

まず、日本《にほん》のおうちにはたたみがあることです。春《はる》・夏《なつ》・秋《あき》・冬《ふゆ》の季節《きせつ》があり、あつくなったり寒《さむ》くなったり、ジメジメしたりカラカラになったりと、日本《にほん》の気候《きこう》はいろいろ変化《へんか》しますよね。

たたみはそれらの変化《へんか》に対《たい》して強《つよ》く、しかも丈夫《じょうぶ》なので、むかしから日《に》本《ほん》のおうちで使《つか》われてきたのです。でも、くつのままたたみにあがると、すぐにボロボロになってしまいますよね。ですから、たたみを大切《たいせつ》に長《なが》く使《つか》うため、玄関《げんかん》でくつをぬぐようになったのです。

また、日本《にほん》はよく雨《あめ》がふるため、あまり雨《あめ》がふらない国《くに》と違《ちが》って、土《つち》がドロドロしています。そのため、玄関《げんかん》でくつをぬがないと、おうちの中《なか》がどろだらけになってしまいます。だからくつをぬぐようになったともいわれています。

他《ほか》にもいろいろ理由《りゆう》はありますが、くつのままおうちにあがる国《くに》から日本《にほん》にやってきた人《ひと》は、くつをぬぐということを知《し》ると、きっとびっくりすることでしょう。世界《せかい》にはいろいろな国《くに》があり、それぞれいろいろな習慣《しゅうかん》があるのですよ。

まめちしき

▶日本人《にほんじん》がくつをはきはじめたのは、江戸時代《えどじだい》の終《お》わりごろからといわれているよ。それまでは、ほとんどの日本人《にほんじん》がぞうりやげたをはいていたんだ。

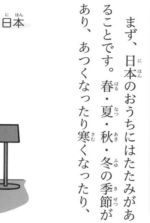

自然《しぜん》のふしぎ

雲《くも》はなにからできているの？

水《みず》や氷《こおり》があつまってできる

お空《そら》に浮《う》かぶ、白《しろ》くてふわふわの雲《くも》。まるでわた菓子《がし》のようですね。雲《くも》の上《うえ》でピョンピョンとんだりはねたり、寝《ね》ころがったりしてあそんだら、どんなに楽《たの》しいでしょう。

絵本《えほん》や童話《どうわ》などに、そんな場面《ばめん》がよく出《で》てきます。例《たと》えば「孫悟空《そんごくう》」は、雲《くも》に乗《の》って空《そら》を飛《と》びますものね。

でも実際《じっさい》は、手《て》でつかむことも、上《うえ》に乗《の》ることもできません。じつは雲《くも》は、小《ちい》さな水《みず》や氷《こおり》のつぶがあつまってできているからです。お風呂《ふろ》の湯気《ゆげ》と同《おな》じようなものだと思《おも》えばよいでしょう。

雲《くも》のつぶの大《おお》きさは、直径《ちょっけい》0・01ミリメートルほどです。1ミリの100分《ぶん》の1くらいの大《おお》きさなので、つぶの一《ひと》つひとつは、ほとんど目《め》には見《み》えませんし、もちろん手《て》でつかんだり乗《の》ったりもできません。

いろいろなものが必要《ひつよう》

実際《じっさい》に雲《くも》ができるためには、次《つぎ》のものが必要《ひつよう》です。

- 水蒸気《すいじょうき》
- 上昇気流《じょうしょうきりゅう》という、空《そら》の上《うえ》のほうに向《む》かって吹《ふ》く風《かぜ》
- 細《こま》かいチリやホコリ

空気《くうき》の中《なか》には、水《みず》が蒸発《じょうはつ》してできた水蒸気《すいじょうき》が含《ふく》まれています。水蒸気《すいじょうき》は、温度《おんど》が低《ひく》いと水《みず》に戻《もど》ります。

その水蒸気《すいじょうき》を含《ふく》んだ空気《くうき》が、上昇気流《じょうしょうきりゅう》によって空《そら》の上《うえ》のほうへと押《お》し上《あ》げられます。すると、空《そら》の高《たか》いところは気温《きおん》が低《ひく》いため、水蒸気《すいじょうき》が水《みず》や氷《こおり》に戻《もど》ってしまいます。それらが雲《くも》のもとになるのです。

雲《くも》ができるには、まだ必要《ひつよう》なものがあります。それが、空気《くうき》の中《なか》にただよっている、細《こま》かいチリやホコリです。細《こま》かいチリやホコリが、空気《くうき》の中《なか》の水《みず》や氷《こおり》にくっつくことで、雲《くも》のつぶになるのです。

こうしてできた小《ちい》さな雲《くも》のつぶが、たくさんあつまってできたのが、お空《そら》に浮《う》かぶ雲《くも》なのです。

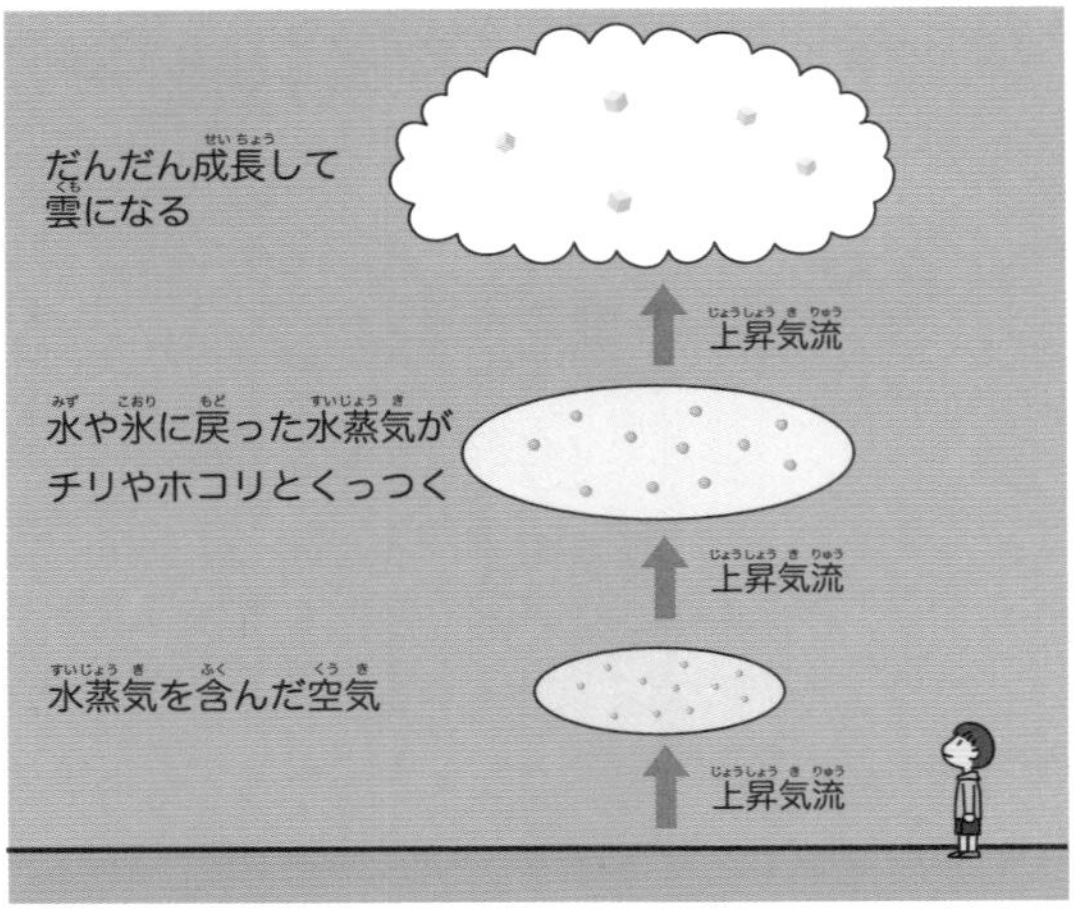

まめちしき　▶空気《くうき》がきれいで、空《そら》にチリやホコリがないと、空気《くうき》の中《なか》にたくさん水《みず》があっても雲《くも》ができないことがあるんだよ。

3月《がつ》17日《にち》

生《い》きもののふしぎ

貝《かい》のカラってなんでできているの？

人間《にんげん》の骨《ほね》と成分《せいぶん》は同《おな》じ

アサリにシジミ、ホタテにアワビなど、スーパーやお寿司屋《すしや》さんで見《み》かける貝以外《かいいがい》にも、いろいろな種類《しゅるい》の貝《かい》があります。

それぞれ形《かたち》や色《いろ》が違《ちが》い、ブローチやペンダントといったアクセサリーにも利用《りよう》されています。

貝《かい》のカラは、「炭酸《たんさん》カルシウム」という成分《せいぶん》でできています。サンゴの骨《ほね》や、ニワトリの卵《たまご》のカラ、わたしたち人間《にんげん》を含《ふく》む、動物《どうぶつ》の骨《ほね》をつくっている成分《せいぶん》などと同《おな》じものです。

ヤドカリ

ホタテやウニ、カキなどの貝《かい》ガラを高《たか》い温度《おんど》で焼《や》き、粉々《こなごな》に砕《くだ》くと、まっ白《しろ》でサラサラした「カルシウム」ができます。これは人間《にんげん》の骨《ほね》を丈夫《じょうぶ》にすると考《かんが》えられているため、さまざまな商品《しょうひん》に加工《かこう》されて売《う》られています。

人《ひと》は年《とし》をとるにしたがって、どうしてもからだを支《ささ》える骨《ほね》が弱《よわ》っていきます。そこで、カルシウムをからだに補《おぎな》うことで骨《ほね》を強《つよ》くして、健康《けんこう》に役《やく》だてようと工夫《くふう》されていったのですね。

貝《かい》は姿《すがた》を変《か》えて大《おお》きくなる

ところで、貝《かい》は卵《たまご》から生《う》まれますが、生《う》まれたばかりの赤《あか》ちゃんは、親《おや》の貝《かい》とは姿《すがた》が違《ちが》っています。

成長《せいちょう》するにつれて新《あたら》しい部分《ぶぶん》を少《すこ》しずつ増《ふ》やし、何度《なんど》も自分《じぶん》の姿《すがた》を変《か》えていくのです。そして最後《さいご》に、親《おや》と同《おな》じ貝《かい》の形《かたち》になるのです。

ちなみにあなたは、ヤドカリという貝《かい》を知《し》っていますか。ヤドカリは他《ほか》の貝《かい》とは大違《おおちが》い、貝《かい》なのにカラを持《も》っていません。

でもはだかのままでは、他《ほか》の生《い》きものにおそわれてしまう危険《きけん》があるので、空《から》っぽの貝《かい》ガラをさがして入《はい》り、自分《じぶん》の家《いえ》としてくらします。

そしてからだが大《おお》きくなると大《おお》きなカラへ引《ひ》っ越《こ》し、自分《じぶん》にぴったりのカラを見《み》つけながら生《い》きているのです。

まめちしき

▶炭酸《たんさん》カルシウムの白《しろ》い粉《こな》は、黒板《こくばん》に文字《もじ》を書《か》くためのチョークや消《け》しゴム、歯《は》みがき粉《こ》などにも含《ふく》まれているよ。

どうしてタマネギを切《き》ると涙《なみだ》が出《で》るの？

涙《なみだ》は涙腺《るいせん》から出《で》る

目《め》には目玉《めだま》（眼球《がんきゅう》といいます）の上《うえ》のところに、涙《なみだ》が出《で》てくる穴《あな》「涙腺《るいせん》」があります。悲《かな》しいとき、涙腺《るいせん》からはたくさんの涙《なみだ》が出《で》てきます。これが「泣《な》く」ということですね。

タマネギの細胞《さいぼう》には、アミノ酸《さん》と酵《こう》素《そ》という成分《せいぶん》が含《ふく》まれています。タマネギを切《き》ると細胞《さいぼう》がこわれて、アミノ酸《さん》と酵素《こうそ》がくっつきます。すると酵素《こうそ》は、アミノ酸《さん》を硫化《りゅうか》アリルというものに変《か》えてしまうのです。この硫化《りゅうか》アリルが空気中《くうきちゅう》に広《ひろ》がると、涙腺《るいせん》の周《まわ》りの神経《しんけい》を刺激《しげき》するようになります。すると、気持《きも》ちとは関係《かんけい》なく涙《なみだ》が出《で》てくるのです。

涙《なみだ》を出《で》にくくするには、次《つぎ》のようにしてみましょう。

- ●タマネギの細胞《さいぼう》をこわさないように、よく切《き》れる包丁《ほうちょう》を使《つか》うことで、硫化《りゅうか》アリルができにくくなる。
- ●タマネギと包丁《ほうちょう》を冷蔵庫《れいぞうこ》で冷《ひ》やしておくと、硫化《りゅうか》アリルが空気中《くうきちゅう》に広《ひろ》がりにくくなる。

涙《なみだ》の役割《やくわり》

わたしたちの目《め》では、悲《かな》しくなくても、涙腺《るいせん》からいつも少《すこ》しずつ涙《なみだ》が出《で》ています。涙《なみだ》には、目《め》を守《まも》る大切《たいせつ》な役割《やくわり》があるからです。

例《たと》えば目玉《めだま》の表面《ひょうめん》は、ほんの少《すこ》しだけデコボコしています。このままだと、目《め》にうつったものがデコボコに見《み》えてしまいます。

そこで涙《なみだ》で目玉《めだま》の表面《ひょうめん》をおおい、なめらかにすることによって、ものが正《ただ》しい形《かたち》で見《み》えるのです。

また、目玉《めだま》の表面《ひょうめん》に栄養《えいよう》や酸素《さんそ》を運《はこ》んだり、目玉《めだま》が乾《かわ》くことを防《ふせ》いだり、よごれや細菌《さいきん》を洗《あら》い流《なが》したりと、涙《なみだ》がはたらいてくれるおかげで、わたしたちの目《め》は守《まも》られているのです。

まめちしき ▶硫化《りゅうか》アリルはからだにとてもいい成分《せいぶん》なんだ。ネギやニンニクにも含《ふく》まれていて、これらの辛《から》さのもとになっているんだよ。

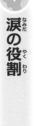

3月《がつ》19日《にち》

どうして土星《どせい》には環《わ》（リング）があるの？

宇宙《うちゅう》のふしぎ

2番目《ばんめ》に大《おお》きな惑星《わくせい》

晴《は》れた日《ひ》のお昼《ひる》に空《そら》を見《み》あげると、太陽《たいよう》がまぶしく輝《かがや》いていますね。宇宙《うちゅう》に太陽《たいよう》が生《う》まれたのは、いまからだいたい46億年《おくねん》ぐらい前《まえ》のことです。そして、太陽《たいよう》の周《まわ》りを回《まわ》る「惑星《わくせい》」という星《ほし》が生《う》まれました。

太陽《たいよう》の周《まわ》りには、わたしたちがくらす地球《ちきゅう》を入《い》れて、ぜんぶで8つの惑星《わくせい》があります。太陽《たいよう》に一番近《いちばんちか》い惑星《わくせい》が水《すい》星《せい》、そして金星《きんせい》、地《ち》球《きゅう》、火星《かせい》、木星《もくせい》、土《ど》星《せい》、天王星《てんのうせい》とならび、太陽《たいよう》から一番遠《いちばんとお》いところに海王星《かいおうせい》があります。これらの星《ほし》などをまとめて「太陽《たいよう》系《けい》」といいます。

8つの惑星《わくせい》の中《なか》で一番大《いちばんおお》きいのが木《もく》星《せい》で、2番目《ばんめ》に大《おお》きいのが土星《どせい》です。土星《どせい》はリングを持《も》った面白《おもしろ》い姿《すがた》をしているため、星《ほし》の観察《かんさつ》をする人《ひと》たちなどに、とても人気《にんき》があります。

氷《こおり》や岩《いわ》でできたリング

自分《じぶん》の目《め》で見《み》ることはできませんが、望遠鏡《ぼうえんきょう》で土星《どせい》を見《み》ると、丸《まる》い星《ほし》の周《まわ》りにきれいなリングが見《み》えます。このリングの正体《しょうたい》は、じつは氷《こおり》や岩《いわ》のかけらなのです。

土星《どせい》のリング

宇宙《うちゅう》には、いろいろな星《ほし》がたくさん散《ち》らばっています。なかには氷《こおり》や岩《いわ》でできている星《ほし》があり、それが土星《どせい》の近《ちか》くでぶつかりあったときに、たくさんのかけらが散《ち》らばりました。その散《ち》らばったかけらが、土星《どせい》の周《まわ》りのリングになったのです。

土星《どせい》のリングはひとつの環《わ》のように見《み》えますが、実際《じっさい》には6000本《ぼん》以上《いじょう》の細《ほそ》い環《わ》が重《かさ》なってできています。

星《ほし》のきれいな夜《よる》には、空《そら》を見《み》ながらおうちの人《ひと》やお友《とも》だちと一緒《いっしょ》に、星《ほし》の話《はなし》をしてみましょうね。

まめちしき

▶土星《どせい》の輪《わ》を最初《さいしょ》に発見《はっけん》したのは、ガリレオ・ガリレイだといわれているよ。春《はる》から夏《なつ》にかけて、望遠鏡《ぼうえんきょう》や双眼鏡《そうがんきょう》を使《つか》えば見《み》えるから、ためしてみよう。

科《か》学《がく》のふしぎ

どうして鳥《とり》は電《でん》線《せん》に止《と》まっても平《へい》気《き》なの？

とてもこわい感電《かんでん》

電《でん》線《せん》には電《でん》気《き》が流《なが》れています。ですから、わたしたちが電《でん》線《せん》にさわると、電《でん》線《せん》を流《なが》れる電《でん》気《き》がからだの中《なか》に入《はい》ってきてしまいます。

これを感《かん》電《でん》といい、やけどをしたり、筋《きん》肉《にく》が動《うご》かなくなったり、ひどい場《ば》合《あい》は心《しん》臓《ぞう》が止《と》まって死《し》んでしまうこともあります。

町《まち》中《なか》にある電《でん》線《せん》の多《おお》くには、ビニールがまかれています。これにさわっても感《かん》電《でん》することはありません（もちろん、絶《ぜっ》対《たい》にさわってはいけませんよ）。

ですがより大《おお》きな電《でん》気《き》を流《なが》す「高《こう》圧《あつ》線《せん》」の場《ば》合《あい》は、むきだしになっています。ですから、さわると大《たい》変《へん》危《き》険《けん》なはずです。

しかし、鳥《とり》は高《こう》圧《あつ》線《せん》に止《と》まってもへっちゃら。どうして感《かん》電《でん》しないのでしょうか？

鳥《とり》は電《でん》気《き》が流《なが》れない？

わたしたちが電《でん》線《せん》にさわろうとすると、足《あし》は必《かなら》ず地《じ》面《めん》か、地《じ》面《めん》につながるなにかにふれていることになります。つまり、人《にん》間《げん》のからだを通《とお》して、電《でん》線《せん》と地《ち》球《きゅう》がつながってしまうのです。そうなると、電《でん》気《き》がからだを伝《つた》って流《なが》れ、感《かん》電《でん》してしまうのです。

電《でん》線《せん》の近《ちか》くでたこあげをするとあぶないといわれるのは、そういう理《り》由《ゆう》があるからです。もしもたこが電《でん》線《せん》にひっかかったら、糸《いと》を通《とお》って地《じ》面《めん》にふれたわたしたちのからだに、電《でん》気《き》が流《なが》れてしまいますからね。

ですが、鳥《とり》は空《そら》を飛《と》んでいますから、電《でん》線《せん》に止《と》まっていても、からだの別《べつ》の部《ぶ》分《ぶん》が地《じ》面《めん》や他《ほか》のものにふれている、ということはありません。つまりどこにもつながっていない状《じょう》態《たい》なので、電《でん》気《き》は流《なが》れないのです。

例《たと》えば鳥《とり》が、片《かた》足《あし》を電《でん》線《せん》にのせ、もう片《かた》方《ほう》の足《あし》を地《じ》面《めん》とつながったものや、別《べつ》の電《でん》線《せん》などにのせたならば、電《でん》気《き》の通《とお》る道《みち》がつながったことになり、鳥《とり》のからだに電《でん》気《き》が流《なが》れ、鳥《とり》はたちまち感《かん》電《でん》してしまいます。

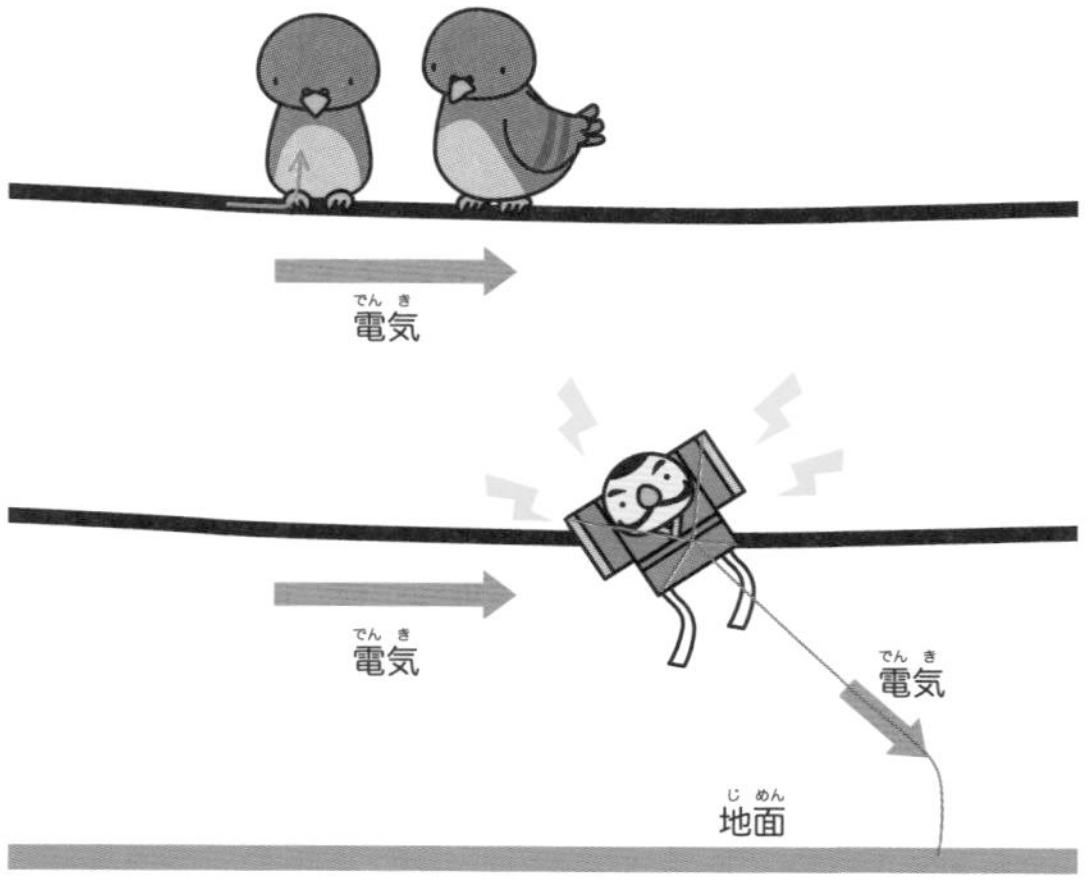

まめちしき　地《ち》球《きゅう》は電《でん》気《き》を通《とお》しやすい。だから、電《でん》気《き》で感《かん》電《でん》しないよう、電《でん》化《か》製《せい》品《ひん》には「アース」という、地《じ》面《めん》に電《でん》気《き》をにがす装《そう》置《ち》がついているんだ。

3月《がつ》21日《にち》

みのまわりのふしぎ

どうして小学生《しょうがくせい》のカバンはランドセルなの？

リュックのようなものが原型《げんけい》

今日《きょう》はランドセルの日《ひ》です。３と２と１を足《た》すと６になりますね。これが小学校《しょうがっこう》に通《かよ》う６年間《ねんかん》の数《かず》と同《おな》じだから、というのが、その由来《ゆらい》です。

小学生《しょうがくせい》は、ランドセルにいろいろな勉強道具《べんきょうどうぐ》や学校生活《がっこうせいかつ》に必要《ひつよう》なものを入《い》れて、登下校《とうげこう》をします。たくさんのものが入《はい》るので、とっても便利《べんり》。でも、どうして小学生《しょうがくせい》はランドセルを使《つか》うようになったのでしょうか。

むかし、日本《にほん》には「明治《めいじ》」という時代《じだい》がありました。そのころ、国《くに》がつくった「学習院《がくしゅういん》」という学校《がっこう》に通《かよ》っていた子《こ》どもたちは、馬《うま》で動《うご》く車《くるま》の「馬車《ばしゃ》」や、人《ひと》がひっぱって動《うご》かす「人力車《じんりきしゃ》」で、学校《がっこう》に通《かよ》っていました。しかしあるときから、歩《ある》いて学校《がっこう》に通《かよ》わなければいけないことになりました。

そのときに、明治《めいじ》の前《まえ》の「江戸《えど》」という時代《じだい》から、戦《たたか》いにいく軍人《ぐんじん》さんが使《つか》っていた「背《はい》のう」という、リュックサックのようなかばんを背負《せお》うようになったのです。

背《はい》のうは、オランダの言葉《ことば》で「ランセル」とよばれていましたが、それが「ランドセル」に変《か》わり、やがて小学生《しょうがくせい》が使《つか》うかばんとして知《し》られるようになったのです。

小学生《しょうがくせい》が使《つか》うのに便利《べんり》

ランドセルは、中《なか》にたくさんのものが入《はい》りますし、両肩《りょうかた》にかけて背負《せお》って使《つか》うので、手《て》で持《も》つより軽《かる》く感《かん》じます。また、両手《りょうて》があくので、ころんでも手《て》をつけるので安全《あんぜん》です。小学生《しょうがくせい》が使《つか》うのに、とても都合《つごう》がよいのです。

色《いろ》は、以前《いぜん》は男《おとこ》の子《こ》は黒《くろ》で、女《おんな》の子《こ》は赤《あか》が多《おお》かったのですが、最近《さいきん》では、こん色《いろ》や青《あお》、緑《みどり》、茶色《ちゃいろ》、ピンク色《いろ》など、たくさんの色《いろ》のランドセルを見《み》かけるようになりました。

あなたがいま使《つか》っている、それともこれから使《つか》うランドセルは、どんなものかな？

まめちしき

▶ランドセルを考《かんが》えたのは、明治時代《めいじじだい》に日本《にほん》で最初《さいしょ》の総理大臣《そうりだいじん》になった、伊藤博文《いとうひろぶみ》という人《ひと》だとされているよ。

読《よ》んだ日《ひ》　月《がつ》　日《にち》

ラジオのAM《えーえむ》放送《ほうそう》とFM《えふえむ》放送《ほうそう》の違《ちが》いってなあに？

みのまわりのふしぎ

ニュースをすぐ知《し》るのに便利《べんり》

ラジオは1900年《ねん》に、アメリカのレジナルド・フェッセンデンという人《ひと》が考《かんが》え出《だ》しました。そして、日本《にほん》で最初《さいしょ》にラジオ放送《ほうそう》がおこなわれたのは、1925年《ねん》の今日《きょう》。そこで今日《きょう》は「放送記念日《ほうそうきねんび》」と定《さだ》められています。

ラジオが発明《はつめい》される前《まえ》、いろいろなニュースを知《し》る手段《しゅだん》は、新聞《しんぶん》しかありませんでした。

でも新聞《しんぶん》は、事件《じけん》が起《お》きてから印刷《いんさつ》し、それからあなたのおうちに配達《はいたつ》されますから、ニュースを知《し》るまでに時間《じかん》がかかってしまいます。

例《たと》えば地震《じしん》が起《お》きたときに、「どこでゆれたのだろう？」と思《おも》っても、それがわかるのが明日《あした》の朝《あさ》、というのでは困《こま》ります。それではにげたほうがいいのかどうかもわかりませんからね。

ラジオやテレビなら、すぐに最新《さいしん》のニュースを知《し》ることができるという点《てん》で、新聞《しんぶん》より便利《べんり》だといえるでしょう。

その後《ご》、テレビでニュースを見《み》る人《ひと》が増《ふ》えましたが、ラジオが必要《ひつよう》でなくなったわけではありません。

ふだん、なにかをしながら聴《き》いたりするのはもちろん、地震《じしん》や洪水《こうずい》などの災害《さいがい》でにげなくてはいけないときなどでも、ラジオならかんたんに持《も》っていくことができます。そして、テレビと同《おな》じように、すぐにニュースを知《し》ることができますからね。

AM《えーえむ》とFM《えふえむ》の違《ちが》い

ところで、ラジオにはAM《えーえむ》放送《ほうそう》とF《えふ》M《えむ》放送《ほうそう》がありますが、どう違《ちが》うのでしょうか？

いろいろな違《ちが》いがありますが、かんたんにまとめると、AM《えーえむ》放送《ほうそう》の電波《でんぱ》は遠《とお》くまで届《とど》くので、広《ひろ》い地域《ちいき》で聞《き》くことができます。

FM《えふえむ》放送《ほうそう》の電波《でんぱ》は近《ちか》くにしか届《とど》かないので、近所《きんじょ》のニュースや話題《わだい》が放送《ほうそう》されていることが多《おお》いようです。ただ、近所《きんじょ》の放送《ほうそう》しか聞《き》けない代《か》わりに、音《おと》がきれいに聞《き》こえるので、音楽《おんがく》を聞《き》きたい人《ひと》には向《む》いています。

まめちしき　最初《さいしょ》のラジオ放送《ほうそう》は、アメリカで1906年《ねん》12月《がつ》24日《にち》のクリスマスイブにおこなわれたんだ。クリスマスイブらしく、クリスマスソングが流《なが》されたんだって。

読《よ》んだ日《ひ》　月《がつ》　日《にち》

3月《がつ》23日《にち》

お彼《ひ》岸《がん》ってなあに？

みのまわりのふしぎ

昼《ひる》と夜《よる》の長《なが》さが同《おな》じ日《ひ》

夏《なつ》は夕方《ゆうがた》まで外《そと》であそんでいても明《あか》るいのに、冬《ふゆ》になると同《おな》じ時間《じかん》でも暗《くら》くなってしまいます。

それは、太陽《たいよう》が東《ひがし》からのぼり、西《にし》に沈《しず》むまでの時間《じかん》が、季節《きせつ》によって変《か》わるからです。

夏《なつ》の太陽《たいよう》は朝早《あさはや》くのぼり、長《なが》い時間《じかん》沈《しず》まないでいるので、夏《なつ》は昼《ひる》の時間《じかん》が長《なが》くなります。

反対《はんたい》に冬《ふゆ》の太陽《たいよう》は遅《おそ》くのぼり、早《はや》く沈《しず》んでしまうので、冬《ふゆ》は夜《よる》が長《なが》くなるのです。

毎日《まいにち》少《すこ》しずつ太陽《たいよう》の沈《しず》む時間《じかん》はずれていきますが、一年《いちねん》の間《あいだ》に、昼《ひる》と夜《よる》の長《なが》さが同《おな》じになる日《ひ》が二回《にかい》あります。

それが、春分《しゅんぶん》の日《ひ》と秋分《しゅうぶん》の日《ひ》です。

そして、春《はる》と秋《あき》におとずれるその一日《いちにち》をはさんで、前後《ぜんご》の三日間《みっかかん》を入《い》れた合《ごう》計七日間《けいなのかかん》をお彼岸《ひがん》といいます。

例《たと》えば春分《しゅんぶん》の日《ひ》が3月《がつ》21日《にち》だとすると、春《はる》のお彼岸《ひがん》は3月《がつ》18日《にち》から24日《か》までになるわけです。

ご先祖《せんぞ》さまの供養《くよう》をする

むかしから日本《にほん》では、このお彼岸《ひがん》の時期《じき》に、亡《な》くなった人《ひと》やご先祖《せんぞ》さまの供養《くよう》をしてきました。

ご先祖《せんぞ》さまとは、例《たと》えばお父《とう》さんのおじいちゃん、そのまたおばあちゃんとおじいちゃんなど、自分《じぶん》よりむかしに生《い》きていた、血《ち》のつながった人《ひと》たちのことです。

そして、供養《くよう》というのは、亡《な》くなった人《ひと》やご先祖《せんぞ》さまが、別《べつ》の世界《せかい》でも心《こころ》安《やす》らかにしあわせな気持《きも》ちでいられるようにお祈《いの》りをすることです。

お墓《はか》や仏壇《ぶつだん》をていねいにそうじして、おはぎやお団子《だんご》などをおそなえしたり、線香《せんこう》をあげて手《て》を合《あ》わせ、お経《きょう》を読《よ》んだりします。

供養《くよう》のしかたは、生《う》まれた土地《とち》や家《いえ》によっていろいろあります。いずれにせよ大切《たいせつ》なのは、亡《な》くなった人《ひと》やご先《せん》祖《ぞ》さまのことを、しっかりと心《こころ》に思《おも》ってお祈《いの》りをすることです。

あなたもおうちの人《ひと》と一緒《いっしょ》に、しっかりお祈《いの》りしましょうね。

まめちしき

▶お彼岸《ひがん》におそなえするあんこのついたもちを、春《はる》は「牡丹《ぼたん》」の花《はな》にちなんで「ぼたもち」、秋《あき》は「萩《はぎ》」の花《はな》にちなんで「おはぎ」というそうだよ。

どうしてお腹《なか》がいっぱいになると眠《ねむ》くなるの？

内臓《ないぞう》が動《うご》き出《だ》すと眠《ねむ》くなる

ごはんの後《あと》に眠《ねむ》くなるのは、ごはんを食《た》べたからなのでしょうか、それともちょうど眠《ねむ》くなる時間《じかん》だったからなのでしょうか。

なかなか見《み》わけにくいことですが、ごはんを食《た》べると眠《ねむ》くなる理由《りゆう》には、いくつかあります。

わたしたちが口《くち》から食《た》べたごはんは、まずのどの中《なか》の管《くだ》を通《とお》って胃《い》に入《はい》ります。胃《い》は袋《ふくろ》のような形《かたち》をしていて、食《た》べものが入《はい》ってくると動《うご》きはじめます。これは、食《た》べものを細《こま》かく砕《くだ》き、どろどろにして、栄養《えいよう》を取《と》り出《だ》しやすくするためです。

胃《い》は、わたしたちが動《うご》かそうとしないでも、食《た》べものが入《はい》ってくると自然《しぜん》に動《うご》きはじめます。人《ひと》のからだには、胃《い》をはじめとした内臓《ないぞう》を、自動的《じどうてき》に動《うご》かすための神経《しんけい》があるのです。

そして、この神経《しんけい》がさかんにはたらきはじめると、人間《にんげん》は休《やす》みたくなるという性質《せいしつ》を持《も》っています。これが、眠《ねむ》くなる理由《りゆう》のひとつだといわれます。

血《ち》の中《なか》の栄養《えいよう》が増《ふ》えて眠《ねむ》くなる

胃《い》でどろどろにされたごはんは、腸《ちょう》というパイプのようなところに送《おく》り出《だ》されます。腸《ちょう》は送《おく》られてきたものから栄養《えいよう》を吸《す》い出《だ》します。

こうやって吸《す》い出《だ》された栄養《えいよう》は、血《ち》の中《なか》に溶《と》けていきます。そして血《ち》の中《なか》の栄養《えいよう》が増《ふ》えると、今度《こんど》はそれをからだの中《なか》にたくわえておく仕組《しく》みがはたらきます。

この結果《けっか》、脳《のう》が血《ち》から取《と》り入《い》れる栄《えい》養《よう》の種類《しゅるい》が変《か》わり、眠《ねむ》くなる物質《ぶっしつ》がつくられるのだともいわれています。

昼《ひる》ごはんを食《た》べたあとにあまり眠《ねむ》くならないようにするためには、夜《よる》の間《あいだ》にちゃんと必要《ひつよう》な時間《じかん》だけ眠《ねむ》っておくことが大事《だいじ》です。

ところでみなさんは、お休《やす》みの日《ひ》の朝《あさ》に、ふだんより長《なが》く寝《ね》ているということはありませんか。もしそうだとしたら、それはふだん寝不足《ねぶそく》になっているからです。きちんと「早寝早起《はやねはやお》き」を心《こころ》がけましょうね。

まめちしき ▶食事《しょくじ》をするときは、よくかんで食《た》べよう。胃《い》の動《うご》きにむだがなくなり、消化《しょうか》が速《はや》くなるので、脳《のう》に栄養《えいよう》が速《はや》くとどくよ。また、かむことは脳《のう》を刺激《しげき》するらしいから一石二鳥《いっせきにちょう》だね。

日本《にほん》ではいつから電気《でんき》を使《つか》えるようになったの？

みのまわりのふしぎ

電気《でんき》はくらしを便利《べんり》にする

今日《きょう》は電気記念日《でんききねんび》です。わたしたちのくらしを便利《べんり》にする電気《でんき》が、はじめておうちに届《とど》いたのが、1878（明治《めいじ》11）年《ねん》の今日《きょう》だったことから定《さだ》められました。

電球《でんきゅう》を光《ひか》らせたり、電気《でんき》ストーブをあたたかくしたり、冷蔵庫《れいぞうこ》を冷《つめ》たくしたりする電気《でんき》は、「発電所《はつでんしょ》」というところでつくられたあと、電線《でんせん》を通《とお》って、おうちまでやってきます。

電気《でんき》をつくるためには、たくさん火《ひ》を燃《も》やしたり、水《みず》の力《ちから》を利用《りよう》したりするのですが、つくられた電気《でんき》を運《はこ》ぶための仕組《しく》みが実際《じっさい》に使《つか》われ出《だ》したのは、1880年《ねん》ごろです。

アメリカで、発明王《はつめいおう》として有名《ゆうめい》なトーマス・エジソンと、ニコラ・テスラという人《ひと》が、ほぼ同《おな》じころに、つくった電気《でんき》を運《はこ》ぶ方法《ほうほう》を考《かんが》えました。日本《にほん》では、テスラの考《かんが》えた「交流方式《こうりゅうほうしき》」という方法《ほうほう》が使《つか》われています。

自然《しぜん》の中《なか》の電気《でんき》

ところであなたは、みのまわりでも自然《しぜん》に生《う》まれる電気《でんき》があることを知《し》っていますか。

わたしたちのみのまわりには、電気《でんき》を生《う》み出《だ》すもとになる「電子《でんし》」がたくさんあります。なにかのひょうしでそれが動《うご》くと、電気《でんき》が発生《はっせい》するのです。

例《たと》えば冬《ふゆ》の乾《かわ》いた日《ひ》などに、セーターなどをぬぐと、パチパチッと音《おと》がする「静電気《せいでんき》」も電気《でんき》の一種《いっしゅ》です（43ページ）。セーターがこすれあうことで電子《でんし》が動《うご》き、電気《でんき》が流《なが》れるのです。

また、夏《なつ》の夕方《ゆうがた》など、急《きゅう》に空《そら》がまっくらになって、雨《あめ》が降《ふ》りはじめることがありますね。やがて、ゴロゴロと音《おと》がして、ピカッと光《ひか》る雷《かみなり》が起《お》こります。これも、自然《しぜん》が生《う》み出《だ》した電気《でんき》なのですよ（201ページ）。

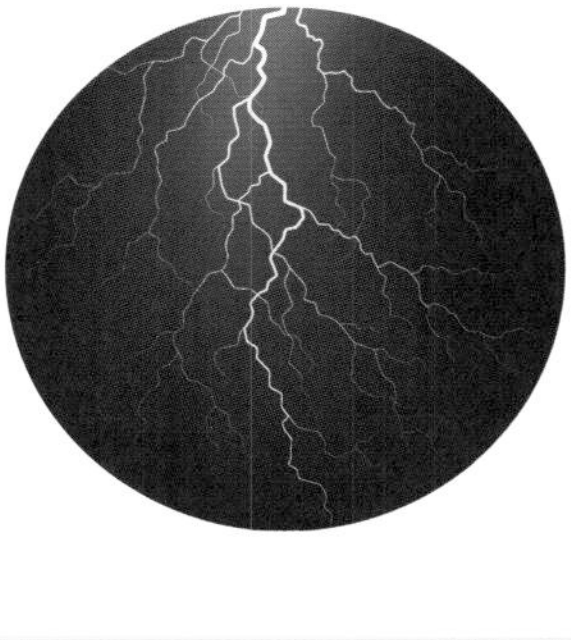

まめちしき
▶むかしエジソンがつくった電球《でんきゅう》には、京都《きょうと》の竹《たけ》が使《つか》われていたんだよ。長持《ながも》ちするという理由《りゆう》で、電球《でんきゅう》の中《なか》で光《ひか》る「フィラメント」という部品《ぶひん》に使《つか》われていたんだって。

太陽《たいよう》が大《おお》きくなったり小《ちい》さくなったりするのはなぜ？

自然《しぜん》のふしぎ

目《め》の錯覚《さっかく》が原因《げんいん》

日《ひ》の出《で》のときの太陽《たいよう》や、美《うつく》しい夕焼《ゆうや》けのなかで西《にし》の空《そら》に沈《しず》んでいく太陽《たいよう》。とてもきれいなものですが、なんだか昼間《ひるま》よりも大《おお》きいと感《かん》じることがありませんか？

きっと、月《つき》を見《み》るときにも同《おな》じように感《かん》じることでしょう。

しかし、太陽《たいよう》と地球《ちきゅう》までの距離《きょり》は、朝《あさ》も昼《ひる》も夜《よる》もほとんど同《おな》じはず。なのにどうして、大《おお》きく見《み》えたり小《ちい》さく見《み》えたりするのでしょうか。

それは「目《め》の錯覚《さっかく》」によるものだといわれています（245ページ）。目《め》の錯《さっ》覚《かく》とは、同《おな》じ大《おお》きさや形《かたち》、色《いろ》を持《も》つものでも、見方《みかた》によっては違《ちが》って見《み》えてしまうというものです。

比《くら》べるものがあるかないか

例《たと》えばお昼《ひる》ごろに空《そら》を見上《みあ》げると、上《うえ》のほうに太陽《たいよう》がありますね。このとき、太陽《たいよう》の周《まわ》りにはなにも大《おお》きさを比《くら》べるものがありません。

ところが、太陽《たいよう》がのぼるときや沈《しず》むときは、地上《ちじょう》にあるビルや木《き》などの景《け》色《しき》が、一緒《いっしょ》に見《み》えていることが多《おお》いでしょう。

すると知《し》らず知《し》らずのうちに、見《み》えているものと太陽《たいよう》を比《くら》べてしまい、太《たい》陽《よう》がお昼《ひる》のものより大《おお》きく見《み》えてしまうというわけです。

どうしてそのような錯覚《さっかく》が起《お》きてしまうかについては、むかしからたくさんの学者《がくしゃ》さんが研究《けんきゅう》をしてきましたが、まだはっきりとしたこたえにはたどりついていないようです。

そこで実験《じっけん》してみましょう。黒《くろ》いマジックと紙《かみ》を準備《じゅんび》してください。

まず、紙《かみ》に直径《ちょっけい》2センチから3センチほどの、黒《くろ》くぬりつぶした丸《まる》をかきます。次《つぎ》に、その黒丸《くろまる》よりも5ミリから1センチくらい大《おお》きな丸《まる》で、黒丸《くろまる》をかこんでみてください。そしてさらに、もうひとつ同《おな》じ大《おお》きさの黒丸《くろまる》を書《か》き、今度《こんど》は周《まわ》りを大《おお》きな丸《まる》でかこんでみてください。

同《おな》じ大《おお》きさの黒《くろ》い丸《まる》でも、大《おお》きな丸《まる》でかこんだほうが小《ちい》さく見《み》えますね。

つまり、これと同《おな》じ理由《りゆう》なのです。

まめちしき ▶えんぴつやボールペンなどのまん中《なか》を親指《おやゆび》と中指《なかゆび》で持《も》って、それを上下《じょうげ》にはやくゆらしてみよう。えんぴつやボールペンがグニャグニャになって見《み》えるよ。

みのまわりのふしぎ

どうして桜《さくら》の季節《きせつ》にお花見《はなみ》をするの？

お花見《はなみ》は春《はる》のお楽《たの》しみ

入学式《にゅうがくしき》や一学期《いちがっき》の始業式《しぎょうしき》のころには、桜《さくら》の花《はな》がいっせいに咲《さ》いて、とてもきれいですね。

ところであなたは、おうちの人《ひと》と一緒《いっしょ》に、桜《さくら》の木《き》の下《した》でピクニックシートを広《ひろ》げて、おいしいお弁当《べんとう》やお菓子《かし》を食《た》べる「お花見《はなみ》」をしたことはありますか？　大人《おとな》の人《ひと》たちは、お酒《さけ》を飲《の》んだりして、なんだかとても楽《たの》しそう。

でも、どうしてお花見《はなみ》をするのは、桜《さくら》の花《はな》を見《み》るときだけなのでしょうか？　チューリップやヒマワリではいけないのでしょうか？　きれいなお花《はな》を見《み》ながらごはんを食《た》べたら、きっとおいしいはずなのに……。

でもチューリップの花壇《かだん》に、たくさんの人《ひと》があつまってお弁当《べんとう》を食《た》べるようなことは、そんなにありませんよね。

日本人《にほんじん》が大好《だいす》きな花《はな》

日本人《にほんじん》にとって桜《さくら》は、特別《とくべつ》な花《はな》なのです。日本《にほん》の神話《しんわ》では、天《てん》に住《す》んでいた神《かみ》さまが、地上《ちじょう》に降《お》りてきてすぐに一目《ひとめ》ぼれをし、結婚《けっこん》したのは、桜《さくら》の花《はな》の神《かみ》さまだったと伝《つた》わっています。

また、あなたはお正月《しょうがつ》に「百人一首《ひゃくにんいっしゅ》」であそんだことはありますか？　いまから1000年以上前《ねんいじょうまえ》の、平安時代《へいあんじだい》につくられた「和歌《わか》」というものをあつめたもので、その中《なか》に「花《はな》」についてよまれた歌《うた》がたくさんあります。

例《たと》えば小野小町《おののこまち》という人《ひと》は、

> 花《はな》の色《いろ》は　うつりにけりな
> いたづらに　我《わ》が身《み》世《よ》にふる
> ながめせしまに

という歌《うた》をつくっていますが、この「花《はな》」とは、桜《さくら》の花《はな》のことです。

このころから、花《はな》といえば桜《さくら》を指《さ》すのがふつうになっていったようです。

また、桜《さくら》の花《はな》を見《み》ながらごはんを食《た》べたりお酒《さけ》を飲《の》んだりするお花見《はなみ》の習慣《しゅうかん》も、やはり1000年以上前《ねんいじょうまえ》にはじまっています。

もうすぐ桜《さくら》の季節《きせつ》。あなたのおうちでは、お花見《はなみ》の予定《よてい》はありますか？

まめちしき
▶大阪城《おおさかじょう》をつくった豊臣秀吉《とよとみひでよし》という人《ひと》は、京都《きょうと》の醍醐山《だいごやま》で1300人《にん》の人《ひと》たちとお花見《はなみ》をしたことでも知《し》られているよ。どんなごちそうが出《で》たんだろうね。

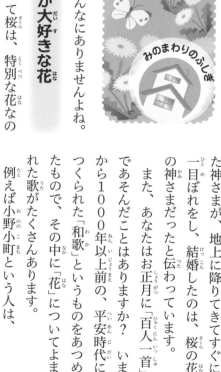

科学《かがく》のふしぎ

お酢《す》は何《なに》からつくられているの？

「酸《さん》」がすっぱさの原因《げんいん》

あなたはお寿司《すし》は好《す》きですか？ それじゃ梅干《うめぼ》しは？ お寿司《すし》や梅干《うめぼ》しがすっぱいのは、お酢《す》が使《つか》われていることに関係《かんけい》しています。ではどうして、お酢《す》はすっぱいのでしょうか？

それは、お酢《す》に含《ふく》まれている「酢酸《さくさん》」という成分《せいぶん》が原因《げんいん》です。酢酸《さくさん》は、お酢《す》の「酢《す》」と「酸《さん》」という文字《もじ》でつくられています。

他《ほか》にも、リンゴに含《ふく》まれるリンゴ酸《さん》、梅干《うめぼ》しに含《ふく》まれるクエン酸《さん》など、「酸《さん》」はとても身近《みぢか》なものです。

「すっぱい」は漢字《かんじ》では「酸《す》っぱい」とかきます。文字通《もじどお》り「酸《さん》」にはすっぱいものが多《おお》いのです。

では、「酸《さん》」とはなんなのでしょう？ 説明《せつめい》するのはとても難《むずか》しいのですが、「酸性《さんせい》」と「アルカリ性《せい》」という言葉《ことば》に関係《かんけい》があります。

小学校《しょうがっこう》に通《かよ》うと、理科《か》の実験《じっけん》で、リトマス試験紙《しけんし》というものを使《つか》います。リトマス試験紙《しけんし》は、ふだんは紫色《むらさきいろ》をしていますが、酸性《さんせい》の液《えき》につけると赤《あか》くそまり、アルカリ性《せい》の液《えき》につけると青《あお》くそまります。

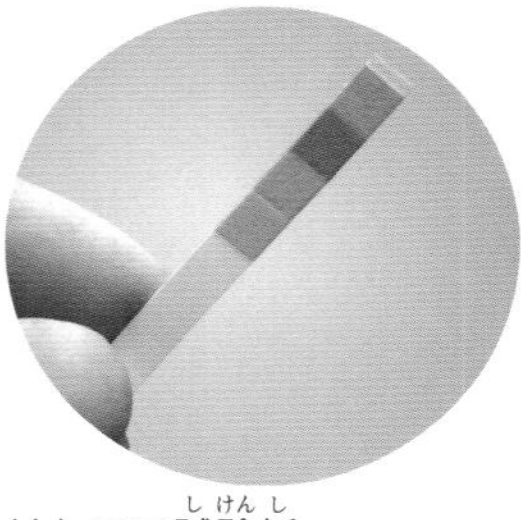

リトマス試験紙《しけんし》

「酸《さん》」には、リトマス試験紙《しけんし》を赤《あか》くする性質《せいしつ》があるということを、おぼえておくといいでしょう。

また、食《た》べられる酸《さん》ばかりではありません。塩酸《えんさん》や硫酸《りゅうさん》などの酸《さん》は、金属《きんぞく》を溶《と》かしたりできるほど強力《きょうりょく》です。さわるとやけどしてしまいますので、気《き》をつけましょう。

糖分《とうぶん》からつくられる

さて、お酢《す》は何《なに》からつくられているのでしょうか？ こたえはお米《こめ》や麦《むぎ》、果物《くだもの》などの植物《しょくぶつ》から。じつは、糖分《とうぶん》の含《ふく》まれているものであれば、なんでもお酢《す》にすることができます。

甘《あま》いものが好《す》きな「酵母《こうぼ》」と呼《よ》ばれる小《ちい》さな生《い》きものが、お米《こめ》や果物《くだもの》の糖分《とうぶん》から酢酸《さくさん》をつくり出《だ》し、お酢《す》ができるのです。

まめちしき ▶お酢《す》は、毎日少《まいにちすこ》しずつ飲《の》むとからだにいいといわれているよ。すっぱいからたくさん飲《の》むのは大変《たいへん》だけど、リンゴ酢《す》や黒酢《くろず》など飲《の》みやすいものもあるみたい。

3月《がつ》29日《にち》

どうして人間《にんげん》にはしっぽがないの?

人体《じんたい》のふしぎ

人間《にんげん》は木《き》の上《うえ》で生活《せいかつ》していた

　お腹《なか》の中《なか》で赤《あか》ちゃんを育《そだ》てて産《う》む「ほ乳類《にゅうるい》」という生《い》きものの中《なか》で、他《ほか》の動物《どうぶつ》にはあるのに、人間《にんげん》にはないものはなんでしょうか。例《たと》えばツノやキバは、ある動物《どうぶつ》とない動物《どうぶつ》がいます。ですが、しっぽがないのは、ゴリラやチンパンジー、そして人間《にんげん》だけなのです。彼《かれ》らはしっぽがないので、とても人間《にんげん》に近《ちか》い動物《どうぶつ》といわれています。

　どうして人間《にんげん》にはしっぽがないのでしょうか。それにはいろいろな説《せつ》がありますが、おそらく「しっぽが使《つか》われなくなったのでなくなったから」だと考《かんが》えられています。

　人間《にんげん》の先祖《せんぞ》は、木《き》の上《うえ》で生活《せいかつ》をしていたといわれています。木《き》のぼりをした人《ひと》ならわかると思《おも》いますが、木《き》の上《うえ》で自由《じゆう》にすばやく動《うご》こうと思《おも》うと、とても大変《たいへん》です。次《つぎ》につかまるえだを見《み》つけて、しっかりと足《あし》を届《とど》かせて……失敗《しっぱい》すると、地面《じめん》にステーン!

　そんなときに、手《て》がもう一本《いっぽん》あれば便利《べんり》ですよね。実際《じっさい》、人間《にんげん》の先祖《せんぞ》は、木《き》の上《うえ》で生活《せいかつ》するのに便利《べんり》なように、手《て》のかわりになるしっぽがあったと考《かんが》えられています(279ページ)。

しっぽは必要《ひつよう》でなくなった

　ですが、人間《にんげん》は木《き》をおりて、地面《じめん》で生活《せいかつ》をするようになりました。よつんばいで動《うご》いていたのが、しだいに2本《ほん》足《あし》で歩《ある》くようになり、やがて両手《りょうて》で道《どう》具《ぐ》を使《つか》うようになりました。

　そうすると、もうしっぽは必要《ひつよう》ではありません。むしろ、歩《ある》くときの邪魔《じゃま》になってしまいます。ですからしっぽがなくなったというわけです。ちなみに、おしりの少《すこ》し上《うえ》に尾骨《びこつ》という骨《ほね》があり、これがかつてのしっぽのなごりだと考《かんが》えられています。

　しっぽがあると意外《いがい》と便利《べんり》かもしれませんが、着《き》る服《ふく》とかに困《こま》ってしまいそうですね。

まめちしき

▶耳《みみ》を思《おも》い通《どお》りに動《うご》かせる人《ひと》がたまにいるんだよ。これも、周《まわ》りがよく聞《き》こえるように耳《みみ》を動《うご》かしていた先祖《せんぞ》のなごりだと考《かんが》えられているんだ。

どうしていろいろな光《ひかり》の星《ほし》があるの？

宇宙《うちゅう》のふしぎ

3種類《しゅるい》の星《ほし》がある

夜空《よぞら》を見上《みあ》げてみると、いろいろな星《ほし》がキラキラきれいに光《ひか》っているのが見《み》えますね。

でも、よく見《み》てみると、赤《あか》、黄《き》、青《あお》など、星《ほし》によってそれぞれ違《ちが》った色《いろ》をしていることがわかるでしょう。こうした色《いろ》の違《ちが》いを決《き》めているのは、それぞれの星《ほし》の「成分《せいぶん》」や「温度《おんど》」です。

星《ほし》は、大《おお》きく「惑星《わくせい》」、「恒星《こうせい》」、「衛星《えいせい》」という3つの種類《しゅるい》にわけられます。

惑星《わくせい》とは、他《ほか》の星《ほし》が出《だ》す光《ひかり》を鏡《かがみ》のように反射《はんしゃ》させて光《ひか》っている星《ほし》のことです。赤色《あかいろ》で光《ひか》り輝《かがや》く「火星《かせい》」や、黄色《きいろ》く見《み》える「木星《もくせい》」、わたしたちが住《す》む地球《ちきゅう》も惑星《わくせい》にあたります。

惑星《わくせい》とは違《ちが》い、自分《じぶん》で光《ひかり》を出《だ》しているのが恒星《こうせい》です。地球《ちきゅう》を明《あか》るくてらす太陽《たいよう》の他《ほか》、夜空《よぞら》に浮《う》かぶ星《ほし》たちの大半《たいはん》がこの恒星《こうせい》にあたります。

衛星《えいせい》とは、惑星《わくせい》の周《まわ》りを回《まわ》っている星《ほし》のことで、地球《ちきゅう》の周《まわ》りを回《まわ》り続《つづ》けている月《つき》も、この衛星《えいせい》のひとつです。

星《ほし》の成分《せいぶん》や温度《おんど》で変《か》わる

火星《かせい》、木星《もくせい》などのように、他《ほか》の星《ほし》からの光《ひかり》を反射《はんしゃ》させている星《ほし》の色《いろ》は、その星《ほし》の成分《せいぶん》によって決《き》まります。例《たと》えば、火星《かせい》が赤《あか》く光《ひか》っているのは、表面《ひょうめん》に赤《あか》い光《ひかり》を反射《はんしゃ》する鉄《てつ》が多《おお》く含《ふく》まれているから。また、木星《もくせい》は、表面《ひょうめん》にあるアンモニアが黄色《きいろ》い光《ひかり》を反射《はんしゃ》するので、地球《ちきゅう》から見《み》ると黄色《きいろ》っぽく見《み》えるのです。

一方《いっぽう》、自分《じぶん》で光《ひかり》を出《だ》す恒星《こうせい》については、それぞれの星《ほし》の温度《おんど》が大《おお》きく関係《かんけい》しています。温度《おんど》が高《たか》い星《ほし》ほど青白《あおじろ》く光《ひか》り、温度《おんど》が低《ひく》くなるにつれ、黄色《きいろ》、赤色《あかいろ》へと変化《へんか》していきます。

ちなみに恒星《こうせい》の温度《おんど》は、温度《おんど》が低《ひく》い赤色《あかいろ》の星《ほし》でもおよそ3000℃《ど》。黄色《きいろ》い星《ほし》では約《やく》6000℃《ど》にもなり、青白《あおじろ》い星《ほし》のなかには、3万℃《まんど》を超《こ》えるものまであります。

わたしたちの地球《ちきゅう》は、宇宙《うちゅう》から見《み》ると青《あお》く輝《かがや》いています。実際《じっさい》に宇宙《うちゅう》から見《み》てみたいものですね

まめちしき　▶太陽《たいよう》より大《おお》きな恒星《こうせい》は宇宙《うちゅう》にはたくさんあるよ。例《たと》えば赤《あか》くて明《あか》るい星《ほし》で知《し》られるさそり座《ざ》のアンタレスは、表面温度《ひょうめんおんど》4000℃で、明《あか》るさは太陽《たいよう》の1万倍《まんばい》、大《おお》きさは700倍《ばい》だ。

九《く》月《がつ》から学《がっ》校《こう》がはじまる国《くに》もあるってホント？

みのまわりのふしぎ

むかしの勉《べん》強《きょう》の仕《し》方《かた》はばらばら

あなたは六《ろく》歳《さい》になったら、小《しょう》学《がっ》校《こう》に通《かよ》いはじめることでしょう。ですが、むかしの子《こ》どもたちはそうではありませんでした。

子《こ》どもたちは自《じ》分《ぶん》のおうちで勉《べん》強《きょう》を教《おし》えてもらったり、先《せん》生《せい》の家《いえ》に行《い》って教《おそ》わったり、寺《てら》子《こ》屋《や》という学《がっ》校《こう》のようなところに行《い》ったりと、勉《べん》強《きょう》の仕《し》方《かた》はばらばらだったのです。

いまのようにみんなが学《がっ》校《こう》で勉《べん》強《きょう》をするようになったのは、侍《さむらい》の時《じ》代《だい》だった江《え》戸《ど》時《じ》代《だい》が終《お》わり、明《めい》治《じ》になってからのことでした。

だれもが知《し》っておかなければならないことを、すべての子《こ》どもたちに教《おし》えなければならないという考《かんが》え方《かた》をするようになったからです。

でも、はじめのうちは何《なん》月《がつ》に学《がっ》校《こう》に入《はい》るかということは、とくに決《き》まっていませんでした。ですから同《おな》じ学《がっ》校《こう》でも、子《こ》どもによって入《にゅう》学《がく》する月《つき》と卒《そつ》業《ぎょう》する月《つき》が違《ちが》う、なんていうこともあったようです。

それから二《に》十《じゅう》年《ねん》以《い》上《じょう》かけて、だんだんと学《がっ》校《こう》に入《はい》る月《つき》を、同《おな》じ月《つき》にそろえることにしていったのです。そして、それと一《いっ》緒《しょ》に新《あたら》しい学《がく》年《ねん》がはじまる月《つき》も決《き》まっていきました。

四《し》月《がつ》じゃない国《くに》もある

世《せ》界《かい》でも多《おお》くの国《くに》が、学《がっ》校《こう》がはじまる月《つき》を、一《いち》年《ねん》のうちの決《き》まった月《つき》にしています。でも、何《なん》月《がつ》にはじまるかということになるとさまざまで、四《し》月《がつ》にはじまる国《くに》、三《さん》月《がつ》にはじまる国《くに》、九《く》月《がつ》にはじまる国《くに》、一《いち》月《がつ》にはじまる国《くに》などばらばらです。

それでは日《に》本《ほん》ではどうして、学《がっ》校《こう》がはじまる月《つき》を四《し》月《がつ》にしたのでしょう。じつは、はっきりとしたことはわかっていないのです。

明《あし》日《た》から四《し》月《がつ》です。みなさんもはじめての学《がっ》校《こう》や新《あたら》しい学《がく》年《ねん》にきっとドキドキしているのではないでしょうか。

新《あたら》しいお友《とも》だちと、いろいろお勉《べん》強《きょう》していきましょうね。桜《さくら》の花《はな》も、きっとみなさんを応《おう》援《えん》していますよ。

まめちしき ▶アメリカ、ヨーロッパの国《くに》々《ぐに》や中《ちゅう》国《ごく》は、9月《がつ》から新《しん》学《がく》年《ねん》がはじまるよ。日《に》本《ほん》の大《だい》学《がく》でも9月《がつ》からはじめることを考《かんが》えはじめているみたい。

APRIL
4月
café

読《よ》んだ日《ひ》　月《がつ》　日《にち》

4月《がつ》1日《にち》

エイプリルフールってどんな日《ひ》なの？

みのまわりのふしぎ

ついてもいいのは午前中《ごぜんちゅう》まで？

今日《きょう》は4月《がつ》1日《ついたち》、「エイプリルフール」の日《ひ》です。エイプリルフールとは、「うそをついてもいい」という習慣《しゅうかん》がある日《ひ》です。日本《にほん》では大正時代《たいしょうじだい》に、外国《がいこく》からこの習慣《しゅうかん》が入《はい》ってきた、といわれています。

うそをついてもいいのは「一日中《いちにちじゅう》だ」という考《かんが》えと「お昼《ひる》の12時《じ》までだ」という考《かんが》えの両方《りょうほう》があります。

お昼《ひる》の12時《じ》までというのは、あまりなじみがないかもしれませんが、いずれにしても、ついていいのは「罪《つみ》のないうそ」だけ。

つまり、ついたうそが人《ひと》の迷惑《めいわく》になってはいけない、というのが決《き》まりです。ちなみに、うそにだまされた人《ひと》を、「4月《がつ》バカ」などといいます。

人《ひと》の迷惑《めいわく》にならないうそを

どうしてエイプリルフールができたのか、というのは、いろいろな理由《りゆう》が考《かんが》えられていますが、それではどれが正《ただ》しいのか、というのは、はっきりとはわかっていません。

例《たと》えば、フランスで一年《いちねん》のはじめの日《ひ》を変《か》えようとして、起《お》きた問題《もんだい》が原因《げんいん》だという説《せつ》。

むかしのフランスでは、4月《がつ》1日《ついたち》を一年《いちねん》のはじめの日《ひ》だと決《き》めて、その日《ひ》にお祭《まつ》りをしていました。ところが、あるとき王《おう》さまが「これからは1月《がつ》1日《ついたち》を一年《いちねん》のはじめの日《ひ》にする」と変《か》えてしまったのです。これに怒《おこ》った人々《ひとびと》が、4月《がつ》1日《ついたち》を「うその新年《しんねん》」として、にせのお祭《まつ》りをするようになった、というものです。

この他《ほか》にも、宗教《しゅうきょう》などに関係《かんけい》した、いくつかの理由《りゆう》があるようです。

最近《さいきん》ではインターネットが広《ひろ》まってきたこともあって、エイプリルフールにはいろいろなうその情報《じょうほう》を見《み》かけるようになりました。

もしうそをつくのなら、あまり人《ひと》が困《こま》らないようなうそを朝《あさ》の内《うち》につくようにして、お昼《ひる》をすぎたら「うそでした！」とタネあかしをするくらいの気《き》持《も》ちでいたいものですね。

まめちしき ▶イギリスのBBC放送《びーびーしーほうそう》では、エイプリルフールには、テレビやラジオでうそのニュースを流《なが》すらしいよ。今年《ことし》はどんなニュースが流《なが》れるのかな？

4月《がつ》 2日《にち》

どうしてお花《はな》はいいにおいがするの？

生《い》きもののふしぎ

においで虫《むし》をあつめる

バラ、ユリ、スイートピー……お花《はな》屋《や》さんには、たくさんのお花《はな》があります。近《ちか》づいて、鼻《はな》をクンクンすると、お花《はな》のいいにおいがしますね。

でも、お花《はな》はなぜいいにおいがするのでしょう。人間《にんげん》のため？　いいえ、もっと小《ちい》さな生《い》きもののためなんですよ。それを確《たし》かめに、近《ちか》くの公園《こうえん》に行《い》ってみましょう。

ブンブン、パタパタ、お花《はな》の周《まわ》りをハチやチョウチョが飛《と》んでいます。お花《はな》がにおいを出《だ》すのは、虫《むし》をあつめるためです。虫《むし》たちに、実《み》やたねをつくるのを助《たす》けてもらっているのです。

お花《はな》にあつまる虫《むし》は、ハチ、アブなどいろいろですが、お花《はな》は自分《じぶん》が来《き》てほしい虫《むし》にとっての、好《す》きなにおいを出《だ》します。虫《むし》の好《す》きなにおいが、たまたま人間《にんげん》にも、いいにおいだったというわけですね。

においの中《なか》には、人間《にんげん》にはわからないようなにおいもあれば、肉《にく》のくさったようなにおいがするものもあるんです。くさいにおいだなんて、どんな虫《むし》を呼《よ》ぶためか、わかりますか？

こたえはハエ。ハエはゴミ捨《す》て場《ば》や、トイレなど、くさい場所《ばしょ》にいますね。人間《にんげん》にはいやなにおいでも、ハエにとってはすてきなにおいなのです。

きれいな色《いろ》で虫《むし》をあつめる

お花《はな》の色《いろ》がきれいなのも、虫《むし》をあつめるためです。お花《はな》の色《いろ》は、どこにみつがあるかを、虫《むし》に知《し》らせる目《め》じるしのようなもの。それがたまたま、人間《にんげん》の目《め》にもきれいに見《み》えるだけなのです。

わたしたちの周《まわ》りにいいにおいのお花《はな》や、きれいなお花《はな》が多《おお》いのは、人間《にんげん》が自分《じぶん》たちの好《この》みにあうお花《はな》を育《そだ》てているからです。公園《こうえん》やお花屋《はなや》さんに、すごくくさい花《はな》があったら、みんないやですものね。

「いいにおい」にも、甘《あま》いものや、さわやかなものなど、いろいろありますから、いろんなにおいをかいでみましょう。でも、ハチやアブに、お鼻《はな》をチクリとさされないように気《き》をつけてね。

まめちしき
▶虫《むし》たちの体《からだ》についたおしべの花粉《かふん》が、めしべにつくと実《み》や種《たね》ができる。農家《のうか》で果物《くだもの》をつくる場合《ばあい》は、おいしい実《み》をつくるために、手作業《てさぎょう》で花粉《かふん》をめしべにつけているよ。

4月《がつ》3日《にち》

生《い》きもののふしぎ

タンポポのふわふわってなあに？

風《かぜ》に乗《の》って遠《とお》くへ

植物《しょくぶつ》の多《おお》くは、種《たね》をつくって子孫《しそん》を残《のこ》します。このとき、種《たね》をなるべく遠《とお》くへ飛《と》ばしたほうが、子孫《しそん》を残《のこ》せる可《か》能性《のうせい》が増《ふ》えます。そのため、自分《じぶん》では動《うご》けない植物《しょくぶつ》たちは、いろんな方法《ほうほう》で種《たね》をなるべく遠《とお》くへ飛《と》ばせるようにできているのです。

タンポポの種《たね》の場合《ばあい》は、ふわふわで風《かぜ》に乗《の》って遠《とお》くへ飛《と》べるようになっているのです。

タンポポの花《はな》をよく見《み》ると、ひとつの花《はな》に見《み》えているものが、じつはつつのような形《かたち》をした小《ちい》さな花《はな》のあつまりだとわかります。一《ひと》つひとつの花《はな》からできた種《たね》には、ふわふわとした綿毛《わたげ》がはえていて、風《かぜ》に吹《ふ》かれると飛《と》ばされていきます。

そして種《たね》が落《お》ちた場所《ばしょ》に土《つち》があり、雨《あめ》などで水《みず》がかかると、そこに新《あたら》しいタンポポが生《う》まれます。だからタンポポは芝生《しばふ》や道路《どうろ》のわきなど、いろいろなところに咲《さ》いているのです。

小《ちい》さくてもりっぱな根《ね》を持《も》つ

タンポポは生《い》きる力《ちから》が強《つよ》くて、ふまれても、くきや葉《は》がちぎれてもすぐに新《あたら》しい芽《め》を出《だ》し、元気《げんき》に成長《せいちょう》します。

その元気《げんき》のひみつは、しっかりとした「根《ね》」にあるのです。

タンポポは背《せ》が低《ひく》いのに、根《ね》はとても長《なが》くて、およそ1メートルも地面《じめん》にのびていることもあるのです。その長《なが》い根《ね》には栄養《えいよう》をためることもできるので、葉《は》やくきを切《き》られても、もう一度《いちど》成長《せいちょう》することができるのです。

タンポポの葉《は》や根《ね》は薬《くすり》の材料《ざいりょう》になるだけではなく、お茶《ちゃ》やコーヒーとして飲《の》むこともできます。

これらには利尿作用《りにょうさよう》といって、からだにたまったいらないものを外《そと》に出《だ》すはたらきがあります。

日本《にほん》で咲《さ》くタンポポは、大《おお》きくわけると外国《がいこく》から来《き》たセイヨウタンポポと日本《にほん》のタンポポの2種類《しゅるい》。セイヨウタンポポは花《はな》の付《つ》け根《ね》の緑色《みどりいろ》の部分《ぶぶん》がそり返《かえ》っていることで見《み》わけられるので、タンポポが咲《さ》いているのを見《み》かけたら、花《はな》の下《した》をよく見《み》てくださいね。

まめちしき

▶タンポポのくきを2センチくらいに切《き》って、両端《りょうはし》を細《こま》かく裂《さ》いて水《みず》につけると、鼓《つづみ》(タイコ)の形《かたち》になる。鼓《つづみ》の「タン、ポン」という音《おと》からタンポポと呼《よ》ばれるようになったという説《せつ》がある。

人体《じんたい》のふしぎ

どうしてしゃっくりが出《で》るの？

吸《す》った息《いき》はどうなるの？

「ヒック……ヒック！」。あなたはしゃっくりが止《と》まらなくて困《こま》ったこと、ありますか？

しゃっくりが出《で》るきっかけは、いろいろあります。急《きゅう》に熱《あつ》いものや冷《つめ》たいものを食《た》べたり、食《た》べものがのどに詰《つ》まったり。大声《おおごえ》で笑《わら》ったり泣《な》き続《つづ》けると、出《で》ることもあります。

では、どうしてしゃっくりが出《で》るのでしょうか。そのためにまず、あなたが吸《す》った息《いき》がからだの中《なか》でどうなっているのかを知《し》ることから、はじめてみましょう。

まず、一度《いちど》だけ息《いき》を大《おお》きく吸《す》ってみてください。すると、胸《むね》のあたりが大《おお》きくふくらんだことでしょう。このとき、吸《す》い込《こ》んだ息《いき》は胸《むね》のあたりにある肺《はい》というところに入《はい》り、この肺《はい》がプクーっとふくらんだのです。

それと同時《どうじ》に、肺《はい》の下《した》にある横隔膜《おうかくまく》という膜《まく》のようなものが、グーッと下《さ》がります。

では、次《つぎ》は息《いき》を大《おお》きく吐《は》いてみてください。胸《むね》のあたりが、もとどおりにちぢみましたね。下《さ》がっていた横隔膜《おうかくまく》も、もとの場所《ばしょ》に上《あ》がりました。

横隔膜《おうかくまく》がけいれんする

しゃっくりは、この横隔膜《おうかくまく》がびっくりしてしまい、ビリビリと不規則《ふきそく》に動《うご》くために出《で》るのです。このように不規則《ふきそく》に動《うご》くことを「けいれん」といいます。横隔膜《おうかくまく》がけいれんして下《さ》がったときに、勝手《かって》に「ヒック」と息《いき》を吸《す》ってしまうのです。

しゃっくりは、ふだんは、しばらくすると自然《しぜん》に止《と》まりますが、長《なが》く続《つづ》いてしまうこともあります。

そんなときは、30秒《びょう》から1分間《ぷんかん》くらい、息《いき》を止《と》めてみたり、スーっと深呼《しんこ》吸《きゅう》をしたり、息《いき》を止《と》めて水《みず》を飲《の》んでみたりすると、横隔膜《おうかくまく》のけいれんがなおってしゃっくりが止《と》まることがある、といわれています。もし、「しゃっくりが止《と》まらなくて、つらい」ということがあれば、一度《いちど》、ためしてみてもよいでしょう。

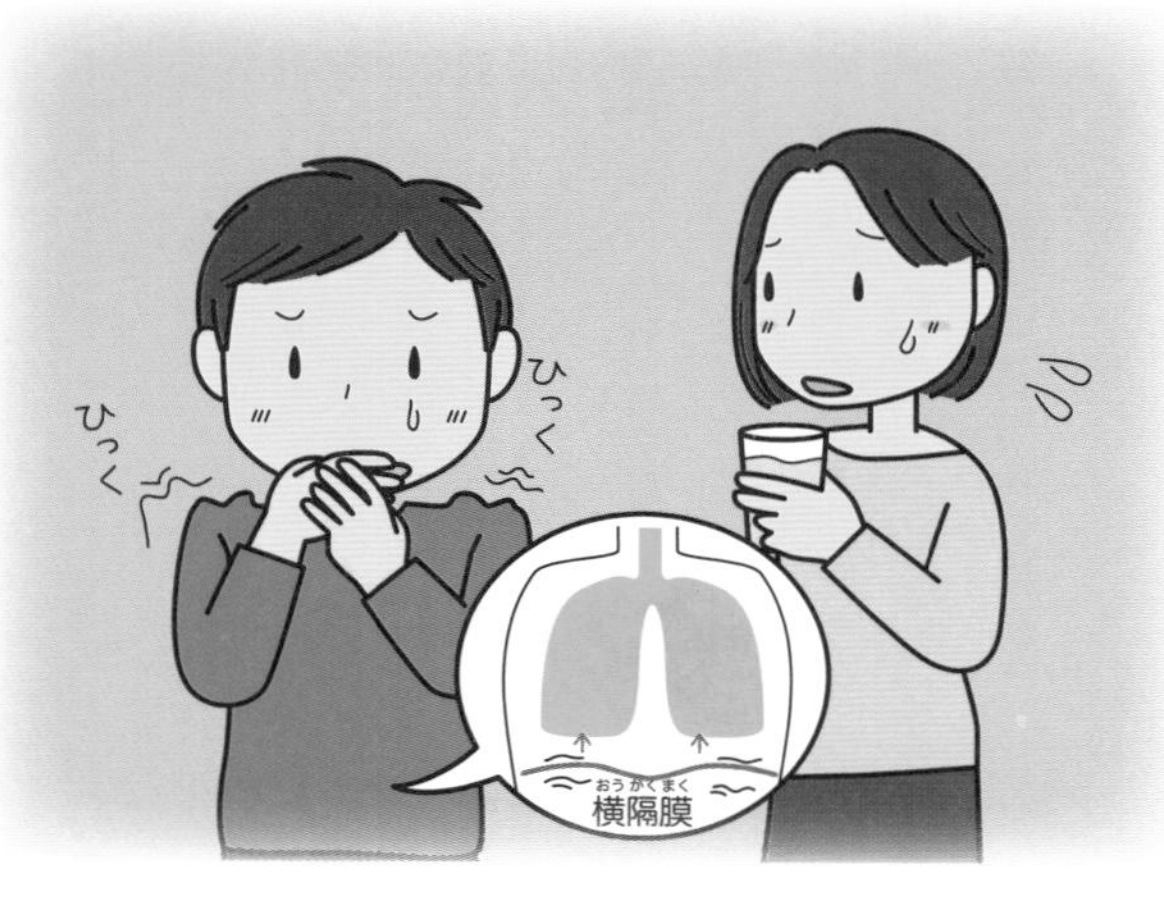

まめちしき　アメリカのアイオワ州《しゅう》というところに住《す》んでいたチャールズ・オズボーンという人《ひと》は、28歳《さい》のときから68年間《ねんかん》もしゃっくりが出続《でつづ》けたそう。ギネスブックにも記録《きろく》されているよ。

どうして海《うみ》には波《なみ》があるの？

自然《しぜん》のふしぎ

風《かぜ》が風浪《ふうろう》になり、うねりとなる

海《うみ》に波《なみ》を起《お》こしたり、波《なみ》を大《おお》きく高《たか》くしているのは風《かぜ》です。台風《たいふう》が近《ちか》づいているときや、風《かぜ》が強《つよ》いときなどは、海面《かいめん》が風《かぜ》の力《ちから》を受《う》けるので、波《なみ》も大《おお》きくなるのです。

波《なみ》には大《おお》きくわけてふたつの種類《しゅるい》があります。ひとつは「風浪《ふうろう》」と呼《よ》ばれる、強《つよ》い風《かぜ》が吹《ふ》いている海《うみ》の上《うえ》で起《お》きた波《なみ》です。風浪《ふうろう》は、波《なみ》の一番《いちばん》高《たか》いところがとがっていて、波《なみ》の山《やま》は長《なが》くありません。風《かぜ》が弱《よわ》まってくると、波《なみ》も小《ちい》さくなっていきます。

そして、小《ちい》さくなった波《なみ》は、ゆるやかな丘《おか》のような形《かたち》に変《か》わり、海面《かいめん》を動《うご》きだします。波《なみ》の山《やま》が長《なが》くなり、遠《とお》くまで広《ひろ》がっていくのが、もうひとつの波《なみ》「うねり」です。うねりとは、風浪《ふうろう》が小《ちい》さくなりながら、その場所《ばしょ》を離《はな》れた海《うみ》に進《すす》んでくるためにできます。

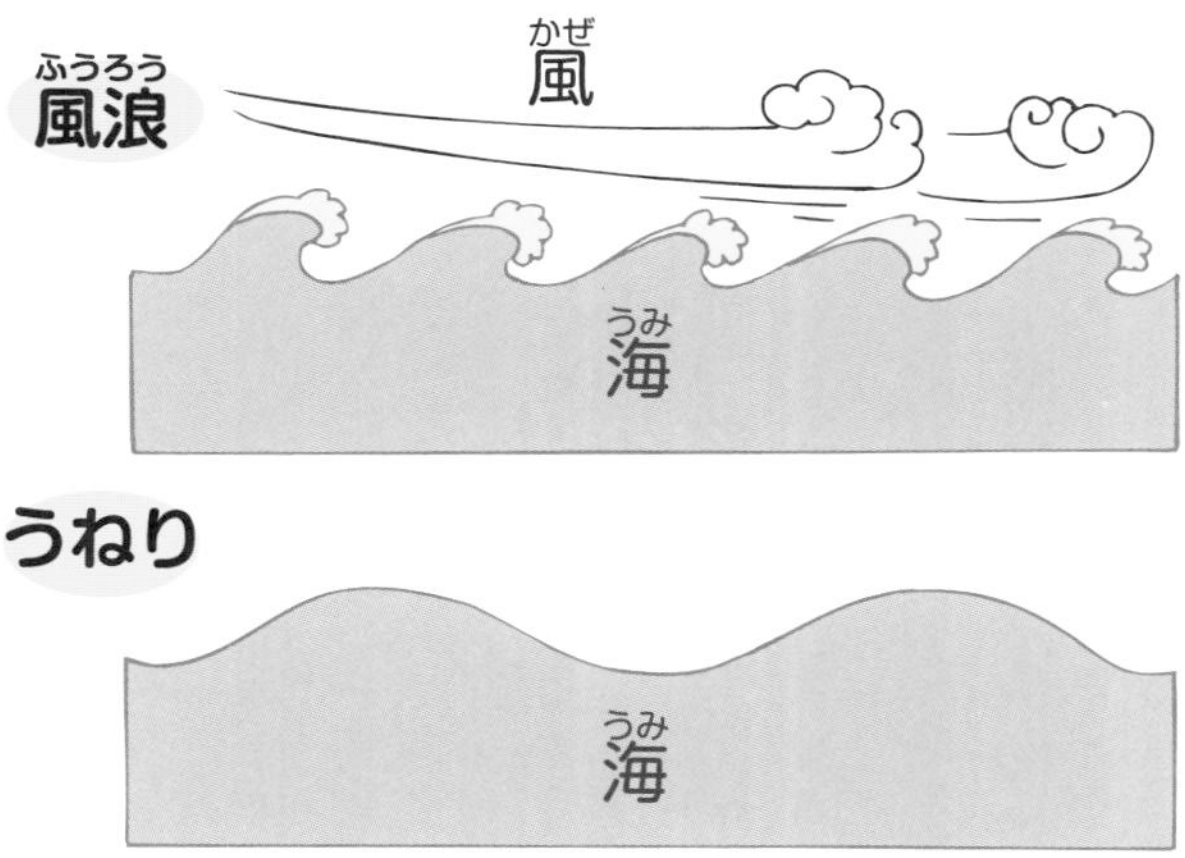

台風《たいふう》や地震《じしん》も波《なみ》の原因《げんいん》

波《なみ》の山《やま》はなめらかな形《かたち》をしていても、うねりが伝《つた》わっていくのはとても速《はや》く、時速《じそく》50キロメートル以上《いじょう》にもなります。

そのため、台風《たいふう》がまだ遠《とお》くにあっても、沖《おき》のほうで起《お》きた波《なみ》が大《おお》きなうねりとなって、台風《たいふう》より先《さき》に岸《きし》に着《つ》いてしまうことがあるのです。

7月《がつ》おわりから8月《がつ》はじめ、立秋《りっしゅう》の前《まえ》の十八日間《じゅうはちにちかん》を、夏《なつ》の土用《どよう》といいます。この時期《じき》に太平洋《たいへいよう》のまん中《なか》で起《お》きた台風《たいふう》が大《おお》きな波《なみ》を起《お》こし、うねりとなって日本《にほん》に到着《とうちゃく》する波《なみ》を、夏《なつ》の「土用波《どようなみ》」といいます。

風《かぜ》のないおだやかな海《うみ》にうちよせる大《おお》きな波《なみ》は、むかしからとても恐《おそ》れられていました。

その他《ほか》、海《うみ》の底《そこ》で地《じ》すべりや火山《かざん》の噴火《ふんか》などが起《お》きてしまうと、大《おお》きな波《なみ》ができます。これを津波《つなみ》といい、日本《にほん》でも多《おお》くの人《ひと》が被害《ひがい》にあいました。

このように、海《うみ》のどこかでいつも吹《ふ》いている風《かぜ》の力《ちから》や、海底《かいてい》の変化《へんか》によって海面《かいめん》が大《おお》きくゆれることで、海《うみ》には波《なみ》がうまれるのです。

まめちしき ▶風《かぜ》によってはじめに起《お》こるのが「さざ波《なみ》」、さざ波《なみ》が大《おお》きくなると「風浪《ふうろう》」、風浪《ふうろう》が高《たか》くなって、波《なみ》の先《さき》が砕《くだ》けると「白波《しらなみ》」になる。海岸《かいがん》に打《う》ち寄《よ》せるのは「磯波《いそなみ》」と呼《よ》ぶんだよ。

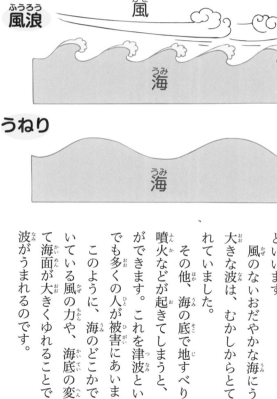

お城《しろ》ってなんのためにあるの？

みのまわりのふしぎ

戦争《せんそう》のときに役《やく》に立《た》つ

今日《きょう》は、「城《しろ》の日《ひ》」です。数字《すうじ》の4を「し」、6を「ろ」と読《よ》むことから、「しろ」というわけですね。

さて、あなたは城《しろ》を見《み》たことがありますか？　日本《にほん》のものや外国《がいこく》のもの、小《ちい》さな城《しろ》から大《おお》きな城《しろ》までいろいろありますが、城《しろ》がつくられた目的《もくてき》は、基本的《ほんてき》には同《おな》じです。

ひとつは戦争《せんそう》のときに、中《なか》に閉《と》じこもるためです。城《しろ》にはいつもたくさんの武器《ぶき》や道具《どうぐ》、食《た》べものなどを置《お》いています。城《しろ》の中《なか》に閉《と》じこもって、攻《せ》めてきた敵《てき》を待《ま》ち受《う》けて戦《たたか》うと、こちらに都合《つごう》がいいのです。

また、戦《たたか》うときは、ふつうは低《ひく》いところより高《たか》いところにいるほうが有利《ゆうり》です。石《いし》を投《な》げたり矢《や》を飛《と》ばしたりするときも、高《たか》いところにいるほうが遠《とお》くまで飛《と》びますし、高《たか》いところにいると、低《ひく》いところにいる相手《あいて》が丸見《まるみ》えで、いまどうなっているのか、よくわかります。

もうひとつは、王《おう》さまや、その土地《とち》で力《ちから》を持《も》っている人《ひと》がくらすためです。生活《せいかつ》をするのに便利《べんり》なように、たいていの城《しろ》の周《まわ》りには町《まち》が広《ひろ》がっています。りっぱな城《しろ》をつくれば、「わたしにはこんなに力《ちから》があるのだ」というのを人々《ひとびと》に示《しめ》すこともできます。

山《やま》から平地《へいち》へ

城《しろ》は、時代《じだい》が進《すす》むにつれて形《かたち》を変《か》えてきました。日本《にほん》の城《しろ》は、はじめは山《やま》の高《たか》いところにつくられていました。たしかに攻《せ》められにくいとはいえ、毎《まい》日《にち》くらすにはちょっと大変《たいへん》ですし、たてものだって、そんなに立派《りっぱ》にはつくれません。

そこで山《やま》だけでなく、丘《おか》や平地《へいち》にも城《しろ》がつくられるようになったのです。

その場合《ばあい》は、敵《てき》が攻《せ》めにくくなるように、城《しろ》の周《まわ》りに「堀《ほり》」という、水《みず》を入《い》れたみぞがほられています。

現在残《げんざいのこ》っている城《しろ》は、ほとんどが観《かん》光用《こうよう》ですが、むかしの人《ひと》の工夫《くふう》や知恵《ちえ》がたくさん残《のこ》されているのです。

姫路城《ひめじじょう》の堀《ほり》と天守閣《てんしゅかく》

まめちしき ▶日本《にほん》の城《しろ》で、国宝《こくほう》になっているのは、姫路城《ひめじじょう》、彦根城《ひこねじょう》、犬山城《いぬやまじょう》、松本城《まつもとじょう》。姫路城《ひめじじょう》は、世界遺産《せかいいさん》にも登録《とうろく》されており、白《しろ》くて美《うつく》しい形《かたち》のため、「しらさぎ城《じょう》」と呼《よ》ばれている。

どうしてヘビは足《あし》がないのに動《うご》けるの？

からだぜんぶが筋肉《きんにく》

あなたはヘビを見《み》たことがありますか？　そのときは、からだをグルグルと下《した》から上《うえ》へとまいて、じっとしている「とぐろをまいた」状態《じょうたい》だったかもしれません。どの方向《ほうこう》から敵《てき》におそわれても反撃《はんげき》できる状態《じょうたい》です。

それとも、あなたが見《み》たのは動《うご》いているところだったかもしれませんね。でも、足《あし》がある動物《どうぶつ》なら、足《あし》を交互《こうご》に動《うご》かして歩《ある》きますが、ヘビはどうして動《うご》けるのでしょう。

じつはヘビのからだは、からだぜんぶが強《つよ》い筋肉《きんにく》でできています。ですから、背骨《せぼね》といっしょに、自由《じゆう》にくねらせることができるのです。

そして、お腹《なか》の「腹板《ふくばん》」と呼《よ》ばれるウロコを地面《じめん》に引《ひ》っかけることで、いろいろな動《うご》きで移動《いどう》できるのです。

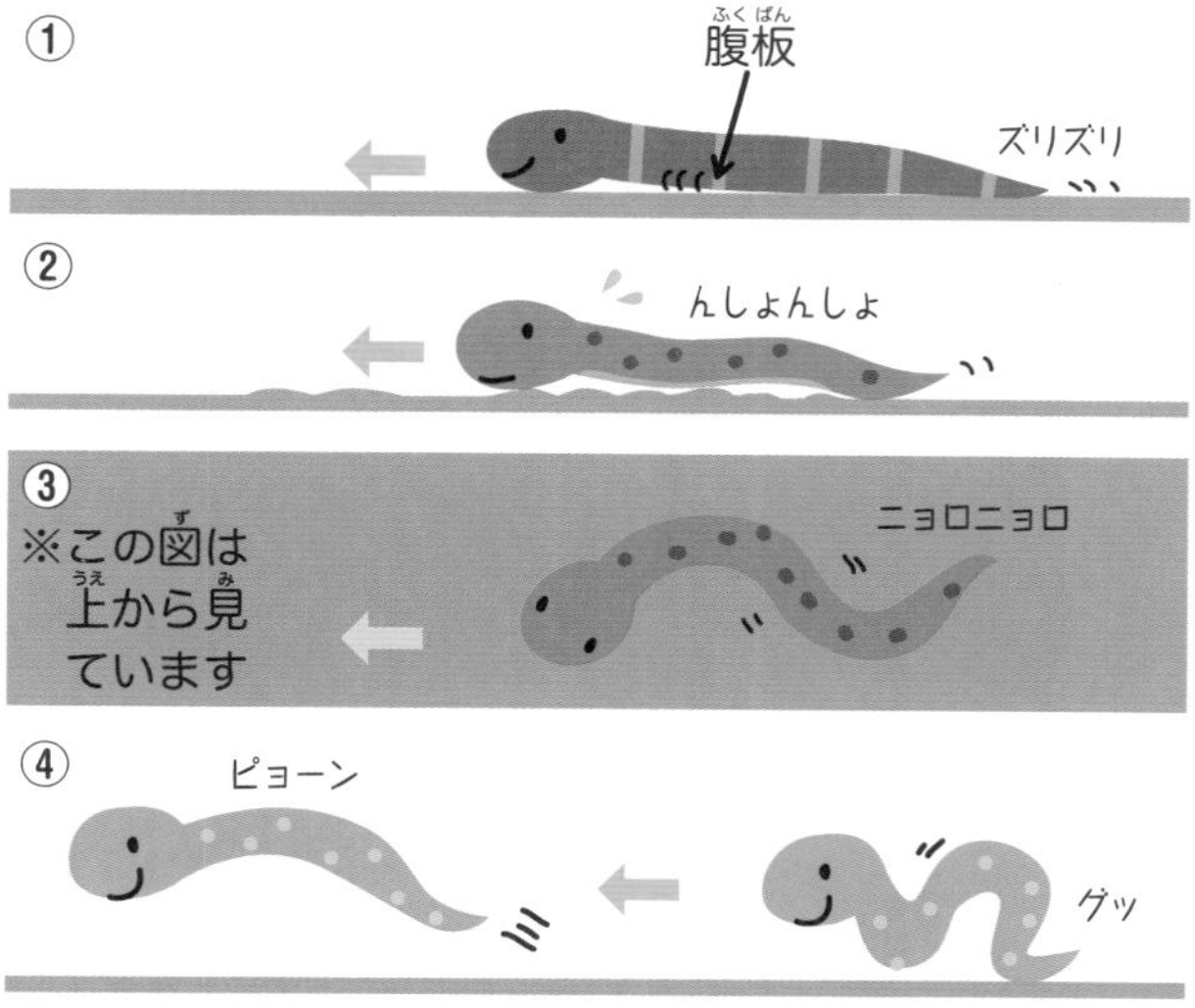

ヘビの面白《おもしろ》い動《うご》き方《かた》

ヘビの動《うご》き方《かた》には、4通《とお》りの方法《ほうほう》があります。

1つめは、からだをタテにのばしたりちぢめたりして、地面《じめん》に腹板《ふくばん》を引《ひ》っかけながら進《すす》む方法《ほうほう》。

2つめは、デコボコした地面《じめん》にからだの一部《いちぶ》をグッグッとおしあてて、そのたびにからだが前《まえ》に動《うご》いていくという方法《ほうほう》。

3つめは、からだを横《よこ》にニョロニョロと波《なみ》のように動《うご》かして進《すす》む方法《ほうほう》。

そして、4つめは、からだをギュッとちぢめたかと思《おも》うと、筋肉《きんにく》を生《い》かしてピョーンと飛《と》んで進《すす》む方法《ほうほう》。砂漠《さばく》のヘビなどによく見《み》られる動《うご》きです。

ヘビはもともとトカゲの仲間《なかま》だと考《かんが》えられていますが、地面《じめん》の中《なか》でくらすので、足《あし》がないほうが便利《べんり》だから、いまのようなからだになったといわれています。

考《かんが》えてみれば、土《つち》の中《なか》でくらすミミズにも、足《あし》がありません。足《あし》がなくても、これなら平気《へいき》なのでしょうね。

まめちしき
▶【ヘビの動《うご》きにまつわるいろいろな言葉《ことば》】「蛇行《だこう》」…道路《どうろ》や川《かわ》などがクネクネと曲《ま》がりながら続《つづ》いているようす　「長蛇《ちょうだ》」…ヘビのからだのようにウネウネと長《なが》ーく続《つづ》いているようす

4月《がつ》 8日《にち》

科学《かがく》のふしぎ

どうしてタイヤにはみぞがあるの？

デコボコどうしがひっかかる

スケート選手《せんしゅ》は氷《こおり》の上《うえ》をきれいにすべります。ですが、土《つち》の上《うえ》で同《おな》じようにすべってみようとしても、きっとうまくいかないことでしょう。

土《つち》の表面《ひょうめん》には、小《ちい》さなデコボコがたくさんあり、ひっかかってしまうからです。そして氷《こおり》はデコボコがほとんどないので、よくすべるわけですね。

これと同《おな》じように、タイヤがツルッとしていたら、車《くるま》もツルッとすべってしまい、まっすぐ走《はし》れません。

でも、タイヤはゴムでできています。ゴムの表面《ひょうめん》をよく見《み》ると、小《ちい》さなデコボコがありますから、みぞがなくてもすべりません。たしかに、晴《は》れた日《ひ》ならば、大丈夫《だいじょうぶ》かもしれません。でも、雨《あめ》の日《ひ》だとどうでしょう。

雨水《あまみず》をみぞでかき出《だ》す

タイヤのデコボコと道路《どうろ》のデコボコがかみあいながら、車《くるま》は進《すす》みます。ところが、雨《あめ》の日《ひ》は道路《どうろ》の上《うえ》にたくさんの雨水《あまみず》があります。

水《みず》の表面《ひょうめん》はツルツルしていてすべりやすいので、タイヤと道路《どうろ》の間《あいだ》から、水《みず》をかき出《だ》さなくてはいけません。

そのために、タイヤにみぞをつけるのです。みぞがあると、そこに水《みず》がたまり、他《ほか》の部分《ぶぶん》は、じかに道路《どうろ》にふれるようになります。だから、雨道《あめみち》でもすべらずに走《はし》れるようになるのです。

ちなみに、雪《ゆき》や氷《こおり》の上《うえ》はもっとすべりやすくなりますから「冬用《ふゆよう》タイヤ」をつける必要《ひつよう》があります（29ページ）。

ところで、F1《えふわん》などのカーレースが好《す》きな人《ひと》は、「レーシングカーのタイヤにはみぞがついてないよ」と思《おも》うかもしれません。

たしかに、晴《は》れの日《ひ》のレース用《よう》タイヤには、みぞがまったくありません。少《すこ》しでも速《はや》く走《はし》るためにみぞがないのです。これをスリックタイヤといいます。表面《ひょうめん》がベタベタしていて、とてもすべりにくいのですよ。

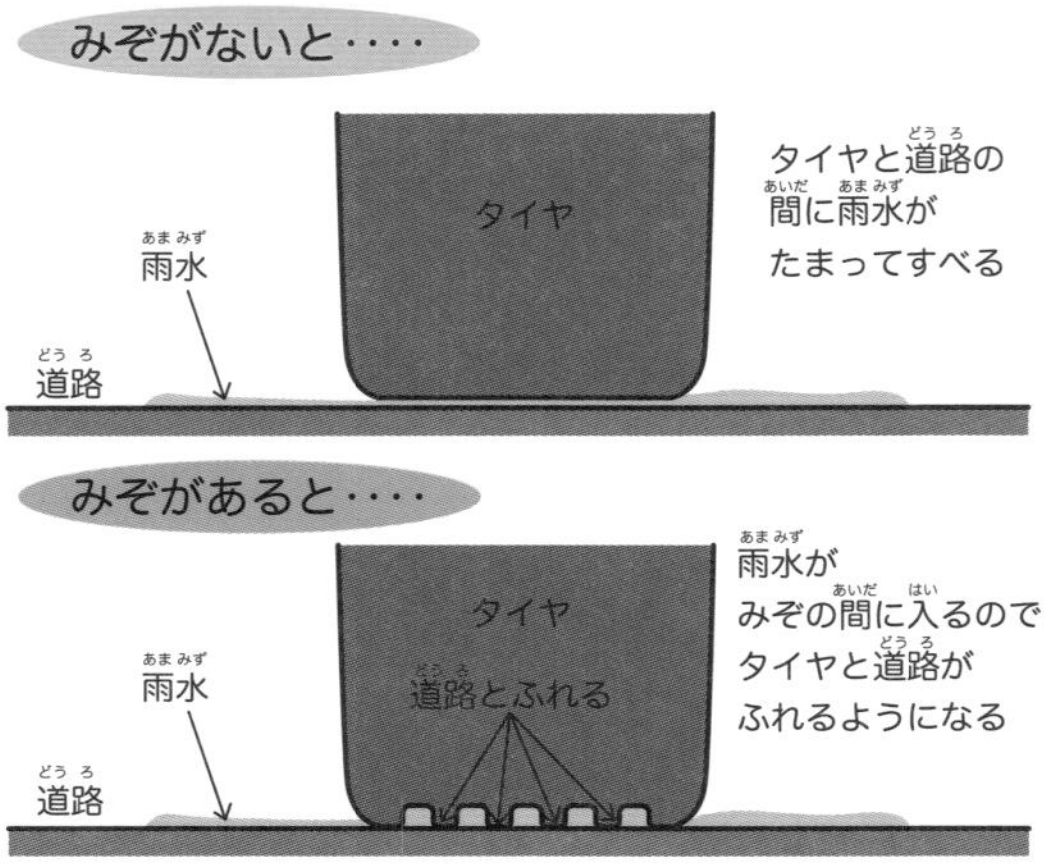

スリックタイヤ

まめちしき

▶ふつうのタイヤでも冬用《ふゆよう》タイヤでも表面《ひょうめん》がけずれてみぞが浅《あさ》くなったり、ゴムがかたくなってきたら、取《と》り替《か》えたほうがいいよ。おうちの車《くるま》はどうかな？　確認《かくにん》してみよう。

大仏《だいぶつ》ってどうしてあんなに大《おお》きいの？

人々《ひとびと》を照《て》らす大仏《だいぶつ》さま

あなたは、奈良《なら》の東大寺《とうだいじ》にある大仏《だいぶつ》さまを見《み》たことがありますか？　座《すわ》っていても高《たか》さが15メートルある、とても大《おお》きな仏《ほとけ》さまです。

日本《にほん》には、100体近《たいちか》い大仏《だいぶつ》さまがありますが、東大寺《とうだいじ》の大仏《だいぶつ》さまは、1200年以上前《ねんいじょうまえ》につくられたもので、とても大《おお》きいことで有名《ゆうめい》です。正式《せいしき》には、盧舎那仏像《るしゃなぶつぞう》といい、からだから出《で》る光《ひかり》が世界中《せかいじゅう》を照《て》らす、やさしい仏《ほとけ》さまだといわれています。

つくられはじめたのは745年《ねん》のことです。このころの日本《にほん》では、災害《さいがい》が続《つづ》いていました。734年《ねん》には大地震《おおじしん》が起《お》こりましたし、夏《なつ》に雨《あめ》があまり降《ふ》らず、作物《さくもつ》がよく実《みの》らなかったために、たくさんの人《ひと》がお腹《なか》をすかせて死《し》んだりもしました。

日本中《にほんじゅう》の人《ひと》が困《こま》り、悲《かな》しんだので、当時《とうじ》の天皇《てんのう》であった聖武天皇《しょうむてんのう》は、なんとかならないかと考《かんが》えました。そして思《おも》いついたのが、大仏《だいぶつ》さまをつくることだったのです。人々《ひとびと》の苦《くる》しみはとても大《おお》きかったので、小《ちい》さくてはだめだろうと、とても大《おお》きな大仏《だいぶつ》さまがつくられました。

鎌倉《かまくら》の大仏《だいぶつ》

ですが仏《ほとけ》さまの像《ぞう》は、つくっただけでは、力《ちから》が発揮《はっき》されません。像《ぞう》の中《なか》に仏《ほとけ》さまのたましいを入《い》れることを「開眼《かいげん》」といいます。

仏像《ぶつぞう》に目《め》をかき入《い》れると目《め》が開《ひら》いたように見《み》えますから、たましいが入《はい》ったと考《かんが》えられたのですね。

また、大仏《だいぶつ》さまがあるのは日本《にほん》だけではありません。仏教《ぶっきょう》がさかんなタイには、寝《ね》そべった大仏《だいぶつ》さまがあります。お行儀《ぎょうぎ》がわるいように思《おも》いますが、これは仏教《ぶっきょう》をはじめたお釈迦《しゃか》さまが死《し》んで、仏《ほとけ》さまになったときの姿《すがた》なのです。有名《ゆうめい》なポー寺《でら》の大仏《だいぶつ》さまは50メートルほどもあるんですよ。

また、「磨崖仏《まがいぶつ》」と呼《よ》ばれる、岩《いわ》にほられた大仏《だいぶつ》さまもあります。

まめちしき
▶東大寺《とうだいじ》の大仏《だいぶつ》の鼻《はな》の穴《あな》と同《おな》じ大《おお》きさの穴《あな》が、大仏殿《だいぶつでん》というたてものの柱《はしら》に開《あ》けられている。この穴《あな》をくぐりぬけると、病気《びょうき》にならず元気《げんき》ですごせるといわれているよ。

科学《かがく》のふしぎ

どうして鉄《てつ》はさびるの？

鉄《てつ》はもともとは岩石《がんせき》

公園《こうえん》の鉄棒《てつぼう》やジャングルジムであそんだときに、手《て》が赤茶色《あかちゃいろ》になってしまったことはありませんか？　この赤茶《あかちゃ》色《いろ》のものを「さび」といいます。

鉄棒《てつぼう》やジャングルジムは、たいてい鉄《てつ》でできています。鉄《てつ》は水《みず》にぬれると、さびて赤茶色《あかちゃいろ》になってしまうのです。でも、木《き》やプラスチックはさびないのに、どうして鉄《てつ》はさびるのでしょうか。

鉄《てつ》は鉄鉱石《てっこうせき》という岩石《がんせき》からつくられます。鉄鉱石《てっこうせき》はもともと、鉄《てつ》や酸素《さんそ》など、いろいろなものと結《むす》びついているので、そのままでは使《つか》えません。ですから、酸素《さんそ》などいろいろなものを取《と》りのぞき、鉄《てつ》だけを取《と》り出《だ》します。取《と》り出《だ》した鉄《てつ》で、鉄棒《てつぼう》やジャングルジム、クギやネジなどをつくっているのです。

さびた状態《じょうたい》がおちつく

ですが、鉄棒《てつぼう》やジャングルジムに生《う》まれ変《か》わっても、鉄《てつ》はもとの鉄鉱石《てっこうせき》に戻《もど》ろうとします。鉄《てつ》にとっては鉄鉱石《てっこうせき》の状態《じょうたい》のほうがおちつくからです。鉄鉱石《てっこうせき》のときの鉄《てつ》は、酸素《さんそ》としっかり結《むす》びついています。ですから、もう一度《いちど》酸素《さんそ》と結《むす》びつくことができれば、鉄棒《てつぼう》やジャングルジムになった鉄《てつ》でも、鉄鉱石《てっこうせき》に近《ちか》い姿《すがた》に戻《もど》ることができるのです。

空気《くうき》や水《みず》の中《なか》には酸素《さんそ》がたくさん含《ふく》まれています。鉄棒《てつぼう》やジャングルジムの周《まわ》りには、空気《くうき》がたくさんあるので、鉄《てつ》はどんどん酸素《さんそ》と結《むす》びついていきます。鉄《てつ》と酸素《さんそ》が結《むす》びつくときに、赤茶《あかちゃ》色《いろ》のさびができるのです。

さびができる金属《きんぞく》は、鉄《てつ》だけではありません。銅《どう》やアルミニウムにもさびができます。さびの色《いろ》は金属《きんぞく》によってちがい、銅《どう》のさびは緑色《みどりいろ》、アルミニウムのさびは白色《しろいろ》をしています。

ちなみに、鉄《てつ》や銅《どう》の表面《ひょうめん》にペンキをぬったり、さびにくい別《べつ》の金属《きんぞく》でカバーをしたりすれば、酸素《さんそ》と結《むす》びつきにくくなるので、さびるのを防《ふせ》ぐことができます。

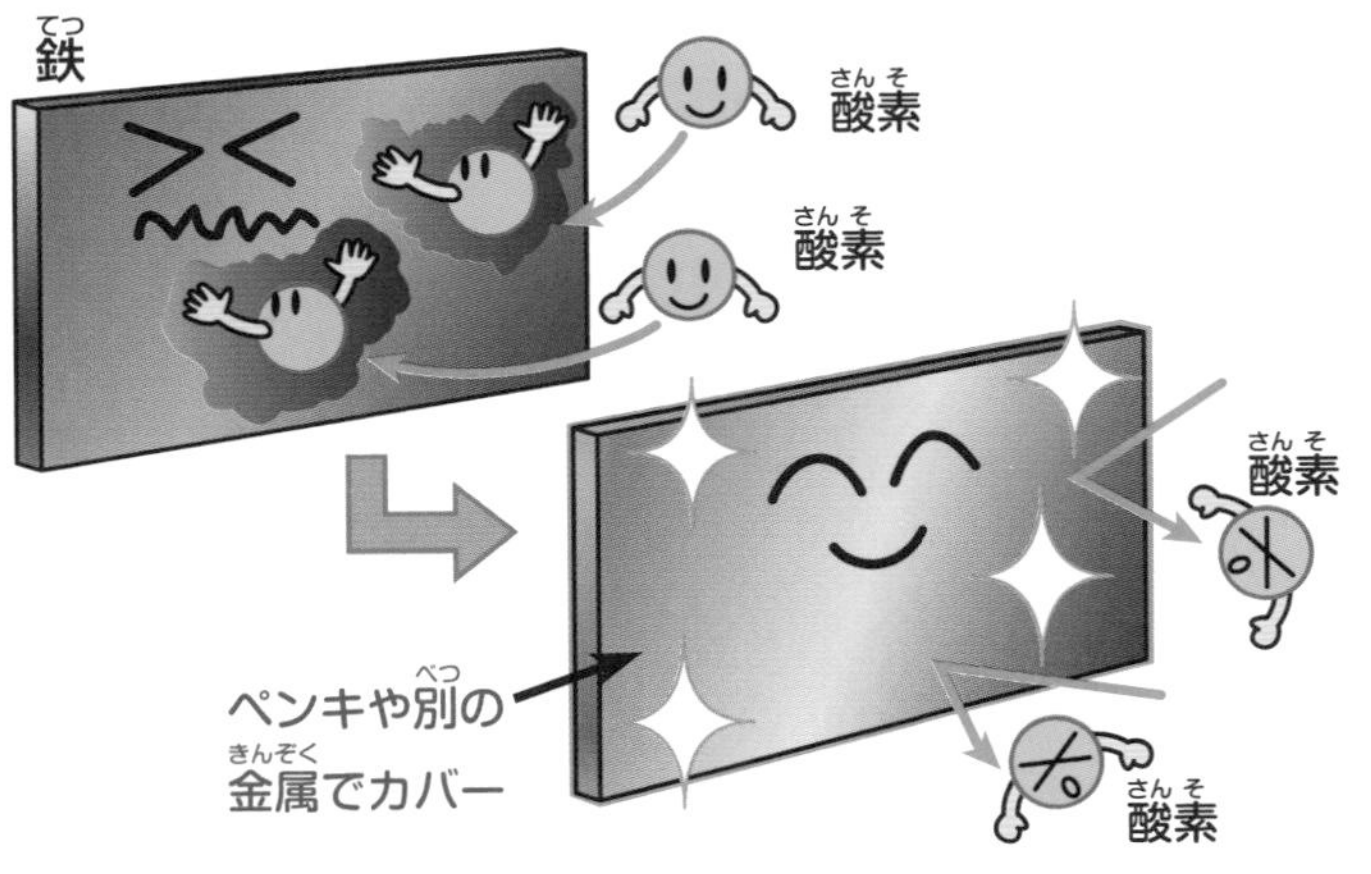

まめちしき ▶鉄《てつ》に、ニッケルやクロムという金属《きんぞく》をまぜるとさびにくくなる。これらはステンレス鋼《こう》というんだ。むかしの自転車《じてんしゃ》のハンドルはステンレス鋼《こう》だったけど、今《いま》は軽《かる》いアルミ製《せい》が多《おお》いよ。

4月《がつ》11日《にち》

メートルって単位《たんい》はどうやって決《き》めたの？

みのまわりのふしぎ

光《ひかり》の速《はや》さが目安《めやす》

ものの長《なが》さをはかるとき、「これは何《なん》メートルだ」と表現《ひょうげん》しますが、でも、どのように「1メートルはこの長《なが》さである」と決《き》められたのでしょう？

じつは、1メートルの長《なが》さも何度《なんど》か変《か》わったことがあります。もともとの1メートルは、地球《ちきゅう》の大《おお》きさを目安《めやす》にして決《き》められていました。

地球《ちきゅう》を横《よこ》に半分《はんぶん》に切《き》ったとき、その切《き》り口《くち》にあたる線《せん》を「赤道《せきどう》」といいます。この線《せん》の上《うえ》をまっ赤《か》なお日《ひ》さまが通《とお》るので、「赤《あか》い道《みち》」と書《か》くわけです。

まずはじめに、赤道《せきどう》から、地球《ちきゅう》の一《いち》番《ばん》北《きた》側《がわ》にある北極《ほっきょく》までの距離《きょり》を、1000万《まん》で割《わ》った長《なが》さが、1メートルであると定《さだ》められました。

でも、地球《ちきゅう》の大《おお》きさをはかるのは難《むずか》しいことです。科学《かがく》が進歩《しんぽ》するたびに、地球《ちきゅう》の大《おお》きさもより正《ただ》しくはかれるようになりました。それにつれて、1メートルの長《なが》さも少《すこ》しずつ変《か》わっていったわけです。

ボクハ 1メートル 30センチ
ぼくは四尺《よんしゃく》

いまでは、地球《ちきゅう》の大《おお》きさではなく、光《ひかり》の速《はや》さを目安《めやす》にして、1メートルの長《なが》さが決《き》められています。

どのようにするかというと、空気《くうき》のない場所《ばしょ》で、1秒間《びょうかん》に光《ひかり》が進《すす》む距離《きょり》を求《もと》め、それを、だいたい3億《おく》で割《わ》った長《なが》さを1メートルとしています。

日本《にほん》では「尺《しゃく》」

なお、「メートル」という言葉《ことば》はむかしのギリシャ語《ご》で「はかる」という意味《いみ》のある、「メトロン」からつくられました。もちろんむかしの日本《にほん》にはなかった言葉《ことば》です。

むかしの日本《にほん》では、中国《ちゅうごく》で発明《はつめい》された「尺《しゃく》」という単位《たんい》が使《つか》われていました。1尺《しゃく》はだいたい30センチメートルほどの長《なが》さです。

日本人《にほんじん》が、「メートル」を使《つか》うことに決《き》まったのは、1921（大正《たいしょう》10）年《ねん》の4月《がつ》11日《にち》のこと。そのことから、今日《きょう》は「メートル法公布記念日《ほうこうふきねんび》」と定《さだ》められています。日本人《にほんじん》がメートルを使《つか》うようになってから、まだ100年《ねん》もたっていなかったのですね。

まめちしき ▶むかしの日本《にほん》では、重《おも》さをあらわすのにキログラムではなく「貫《かん》」という単位《たんい》が使《つか》われていたんだよ。一貫《いっかん》は約《やく》3.75キログラムにあたるんだ。

読《よ》んだ日《ひ》　月《がつ》　日《にち》

4月《がつ》12日《にち》

パンっていつから食《た》べられているの？

みのまわりのふしぎ

むかしのパンはかたかった？

たっぷりバターをぬったトーストやサンドイッチ、こんがり焼《や》けたメロンパンやクロワッサン。パンはみんなが大好《だいす》きな食《た》べものです。世界《せかい》でも多《おお》くの人《ひと》に食《た》べられています。

でも、パンっていつから食《た》べられているのでしょうか。それは砂漠《さばく》にあるピラミッドやスフィンクスが完成《かんせい》した時代《じだい》よりむかし、いまから6000年以上《ねんいじょう》も前《まえ》のことになります。

そのころのパンは、小麦粉《こむぎこ》を水《みず》でこねて焼《や》いた、かたいものでした。いまあるようなふっくらしたパンは、あるとき、たまたまつくっておいたパンに空気中《くうきちゅう》の酵母菌《こうぼきん》というものがついてふくらんだために、生《う》まれたといわれています。

やがてパンはギリシャ、ローマへと広《ひろ》まっていき、各地《かくち》の文化《ぶんか》に合《あ》わせたさまざまなパンが誕生《たんじょう》しました。

例《たと》えばフランスでは、パリッとした皮《かわ》のフランスパンやバターを練《ね》り込《こ》んだサクサクのクロワッサン。イタリアではフォカッチャやパニーニに具《ぐ》をはさんで食《た》べられています。

日本《にほん》へは鉄砲《てっぽう》と一緒《いっしょ》に来《き》た

日本《にほん》にパンが伝《つた》わったのは1543年《ねん》。ポルトガル船《せん》から、鉄砲《てっぽう》とともに伝《つた》えられたといわれています。しかし、パンが人々《ひとびと》に広《ひろ》く知《し》られるようになったのは、それから300年後《ねんご》の、江戸《えど》時代《じだい》の終《お》わりごろ。戦争《せんそう》などの際《さい》に非《ひ》常食《じょうしょく》として便利《べんり》な食《た》べものだと、見直《みなお》されるようになったからです。

明治時代《めいじじだい》には、横浜《よこはま》や神戸《こうべ》といった港町《みなとまち》を中心《ちゅうしん》にパンづくりが広《ひろ》がりました。日本《にほん》で一番古《いちばんふる》いパン屋《や》さんは東京《とうきょう》にある木村屋総本店《きむらやそうほんてん》で、あんパン、カレーパン、メロンパンといった日本生《にほんう》まれのパンが誕生《たんじょう》しました。

いまはいろんな食《た》べものがありますが、パンはこれからも、世界中《せかいじゅう》で愛《あい》され続《つづ》けることでしょう。

まめちしき ▶パンが日本《にほん》に伝《つた》わった時代《じだい》に天下《てんか》をとっていた織田信長《おだのぶなが》も、ビスコートというかたいパンを食《た》べた記録《きろく》が残《のこ》っているんだって。

チョウは生《う》まれてすぐに飛《と》べるの？

成虫《せいちゅう》になるまで飛《と》べない

花《はな》から花《はな》へ、ひらひらと飛《と》ぶチョウはとてもきれいなものですね。でも、チョウは生《う》まれてすぐに飛《と》べるわけではありません。成虫《せいちゅう》になって羽《はね》が生《は》えるまでは飛《と》べないのです。

卵《たまご》から生《う》まれたチョウが成虫《せいちゅう》になるまでの時間《じかん》は、早《はや》くて一《いっ》ヶ月《げつ》ぐらい、おそいものでは一年以上《いちねんいじょう》かかります。

チョウはまず、卵《たまご》から幼虫《ようちゅう》の姿《すがた》で生《う》まれます。植物《しょくぶつ》の葉《は》っぱなどについているアオムシやイモムシ、毛虫《けむし》などが、チョウやガの幼虫《ようちゅう》です。

幼虫《ようちゅう》は、草《くさ》の葉《は》などを食《た》べて、脱皮《だっぴ》をしながら成長《せいちょう》し、やがてサナギになります。サナギとは、幼虫《ようちゅう》から成虫《せいちゅう》になる途中《とちゅう》の段階《だんかい》です。

チョウは、幼虫《ようちゅう》と成虫《せいちゅう》とではからだの形《かたち》がまったく違《ちが》います。幼虫《ようちゅう》は、サナギのカラの中《なか》で、からだをつくり変《か》えるのです。

サナギは食《た》べものもぜんぜん食《た》べず、動《うご》くこともできません。そのため、サナギはかたいカラで自分《じぶん》の身《み》を守《まも》るようにしているのです。

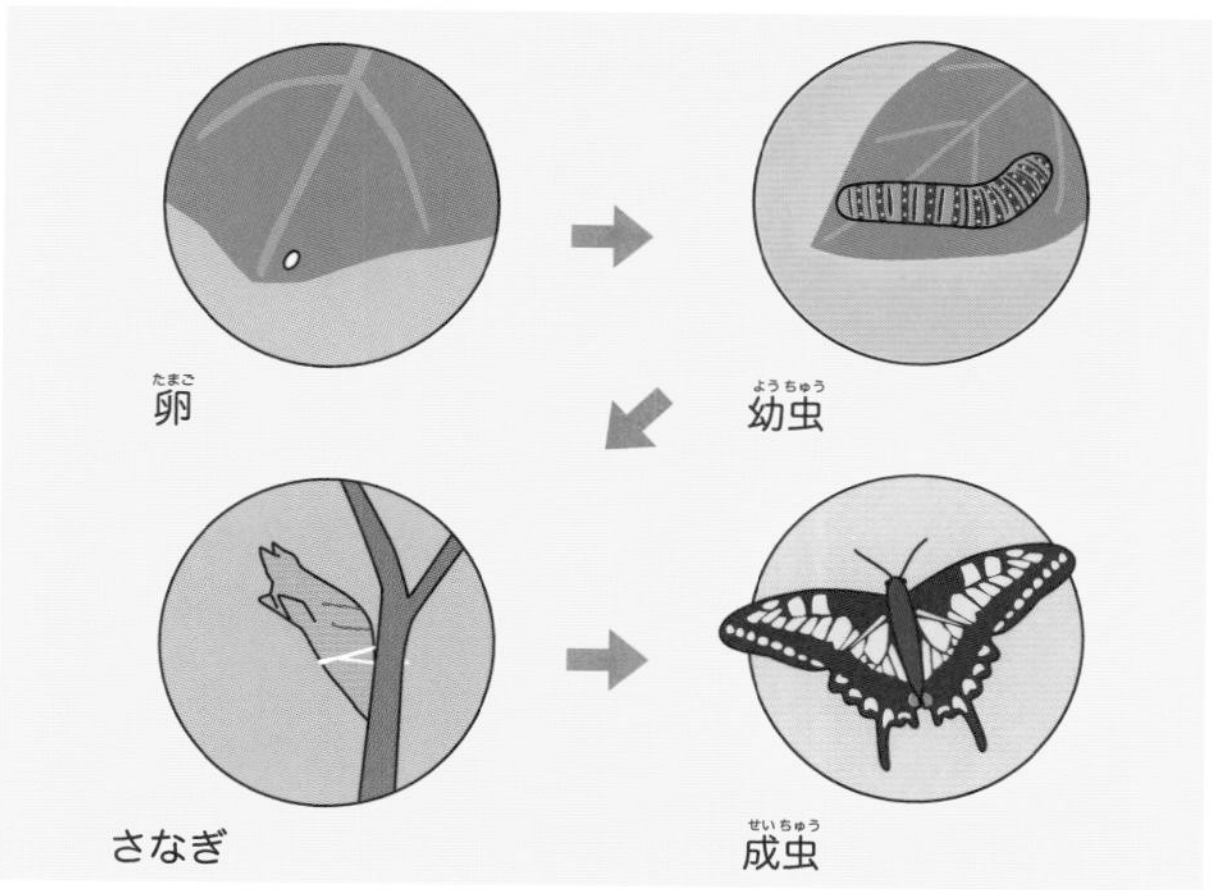

やがて、サナギのカラの中《なか》から、羽《はね》の生《は》えた成虫《せいちゅう》が出《で》てきます。これを「羽化《うか》」といいます。

羽化《うか》したあと、羽《はね》を広《ひろ》げて2時間《じかん》くらい、じっとお日《ひ》さまにあたります。そうやって、羽《はね》を乾《かわ》かすのです。そして羽《はね》がすっかり乾《かわ》いたら、ようやくヒラヒラと飛《と》んでいけるわけです。

完全変態《かんぜんへんたい》と不完全変態《ふかんぜんへんたい》

こん虫《ちゅう》が幼虫《ようちゅう》から成虫《せいちゅう》になることを「変態《へんたい》」といいます。例《たと》えばチョウのように、幼虫《ようちゅう》からサナギになり、サナギから成虫《せいちゅう》へ羽化《うか》することを「完全変態《かんぜんへんたい》」といいます。

完全変態《かんぜんへんたい》をするこん虫《ちゅう》は、チョウの他《ほか》に、カブトムシなどの甲虫《こうちゅう》や、ハチなどがいます。

また、サナギにならず、幼虫《ようちゅう》から脱皮《だっぴ》をくりかえして成虫《せいちゅう》になることを、「不完全変態《ふかんぜんへんたい》」といいます。不完全変態《ふかんぜんへんたい》をするこん虫《ちゅう》には、バッタやセミなどがいます。

まめちしき
▶チョウは、毎日同《まいにちおな》じ道《みち》を通《とお》って、だいたい同《おな》じ時間《じかん》の同《おな》じ場所《ばしょ》にあらわれる性質《せいしつ》があるんだって。この道《みち》を「チョウの道《みち》」というんだ。

どうして運動《うんどう》すると息《いき》が苦《くる》しくなるの？

筋肉《きんにく》を動《うご》かすのに必要《ひつよう》なもの

かけっこをすると、足《あし》がつかれますね。これは、かけっこをすると足《あし》の筋《きん》肉《にく》を使《つか》うからです。車《くるま》がエンジンを回《まわ》して走《はし》るように、人間《にんげん》は筋肉《きんにく》を動《うご》かして走《はし》ります。

では、エンジンを動《うご》かしているのはガソリンですが、筋肉《きんにく》を動《うご》かしているのはなんでしょう。それは、糖類《とうるい》と呼《よ》ばれる栄養《えいよう》です。糖類《とうるい》はパンやお米《こめ》にたくさん入《はい》っています。ですから、運《うん》動《どう》をすると、お腹《なか》がすくのです。

でも、ごはんを食《た》べているだけでは、筋肉《きんにく》を動《うご》かすことはできません。筋肉《きんにく》を動《うご》かすためには、栄養《えいよう》の他《ほか》に、もうひとつ大事《だいじ》なものが必要《ひつよう》なのです。それは、酸素《さんそ》というガスです。

酸素《さんそ》は空気《くうき》の中《なか》に入《はい》っているため、息《いき》をしたときに、みなさんは知《し》らないうちに酸素《さんそ》を吸《す》い込《こ》んでいます。

わたしたちが寝《ね》ていても起《お》きていても息《いき》をしているのは、酸素《さんそ》をからだの中《なか》にとり入《い》れるためなのです。

運動《うんどう》するとたくさんの酸素《さんそ》がいる

激《はげ》しい運動《うんどう》をすると、筋肉《きんにく》はもっともっとたくさんの酸素《さんそ》をほしがります。そのためにみなさんは、いつもよりもっとたくさん息《いき》をしなくてはなりません。

つまり、息《いき》が苦《くる》しくなるのは、「もっとたくさん息《いき》をしてください」と、からだがみなさんに伝《つた》えようとしているからなのです。

ですが、いつもしっかり運動《うんどう》をしている人《ひと》は、同《おな》じ回数《かいすう》だけ息《いき》をしても、ふつうの人《ひと》よりたくさんの酸素《さんそ》をからだの中《なか》にとり入《い》れられるようになります。だから、ふつうの人《ひと》ほど息《いき》が苦《くる》しくはならないのです。

外《そと》がだんだんあたたかくなってきました。みなさんも毎日《まいにち》しっかり運動《うんどう》しましょうね。

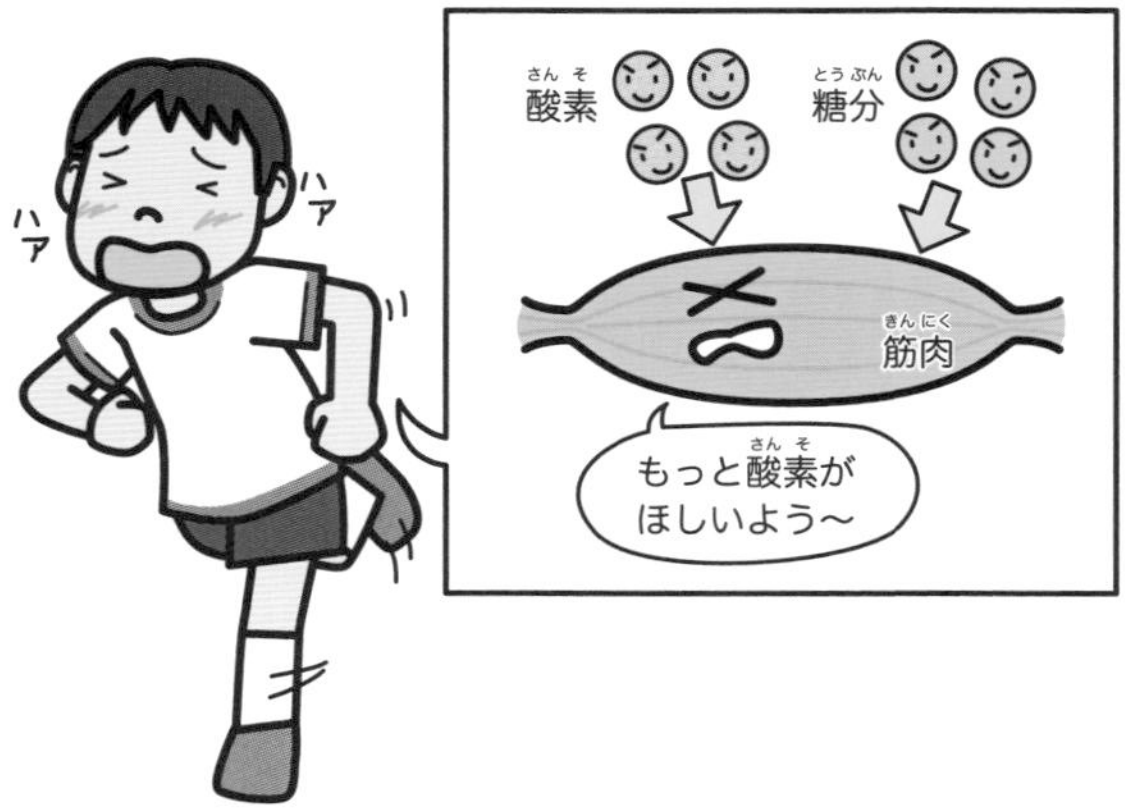

まめちしき
▶長《なが》い距離《きょり》を走《はし》るとお腹《なか》が痛《いた》くなることがあるよね。これは食後《しょくご》すぐに走《はし》ったり、運動《うんどう》をあまりふだんからしていない場合《ばあい》になることが多《おお》いんだ。走《はし》る前《まえ》に、準備運動《じゅんびうんどう》をしておくといいよ。

読《よ》んだ日《ひ》　　月《がつ》　　日《にち》

4月《がつ》15日《にち》

ヘリコプターはどうやって空《そら》を飛《と》ぶの？

科学《かがく》のふしぎ

つばさの回転《かいてん》で自由《じゆう》に飛《と》べる

今日《きょう》は「ヘリコプターの日《ひ》」。ヘリコプターが空《そら》を飛《と》ぶ仕組《しく》みを考《かんが》えた、レオナルド・ダ・ヴィンチの誕生日《たんじょうび》だからだそうです。いまから500年《ねん》以上《いじょう》前《まえ》に、ヘリコプターが考《かんが》えられていたなんて、すごいですね。

それでは、ヘリコプターが空《そら》を飛《と》ぶ仕組《しく》みを考《かんが》えてみましょう。ヘリコプターの上《うえ》には、メインローターというつばさがついています。どうやらこのつばさにひみつがあるようです。

このつばさを横《よこ》から見《み》ると、上《うえ》と下《した》の形《かたち》が少《すこ》し違《ちが》っています。そのつばさが目《め》に見《み》えないほどのスピードで回《まわ》ると、浮《う》かび上《あ》がろうとする空気《くうき》の流《なが》れが生《う》まれ、その流《なが》れを調節《ちょうせつ》して上下左右《じょうげさゆう》に飛《と》ぶことができるのです。

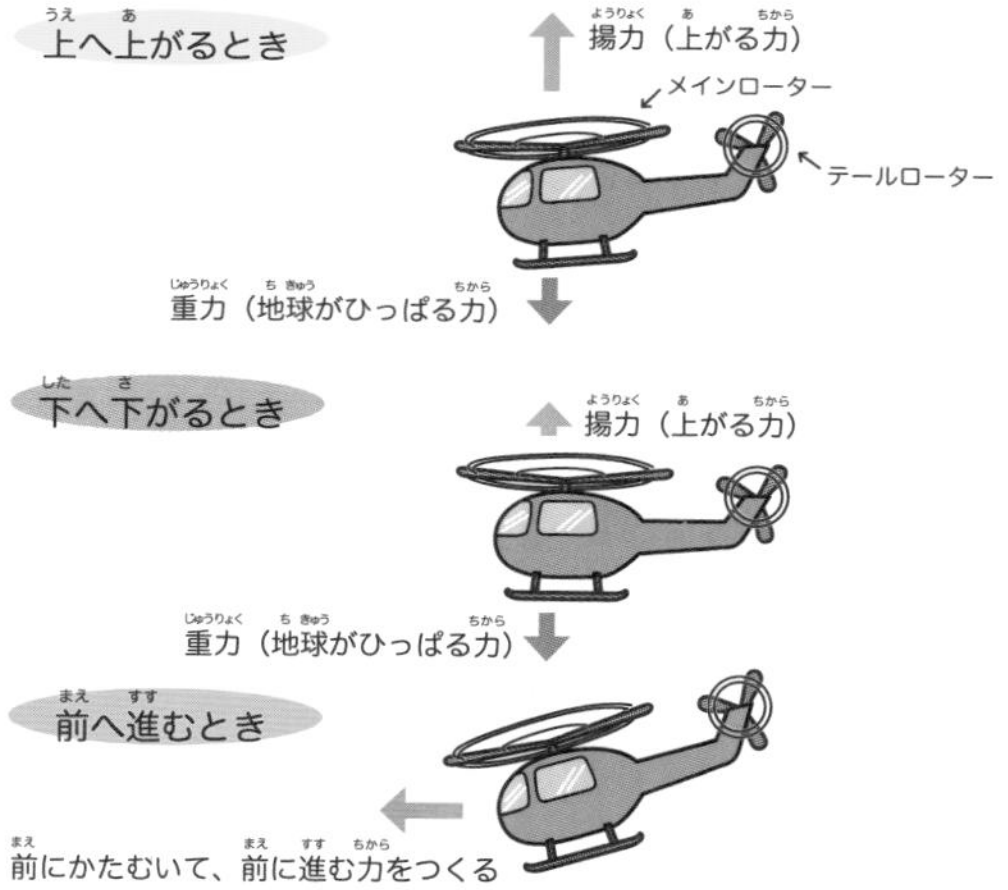

また、ヘリコプターのおしりについているつばさをテールローターと呼《よ》びます。このつばさは、ヘリコプター自体《じたい》が回転《かいてん》してしまうのを防《ふせ》いだり、飛《と》ぶ方向《ほうこう》を変《か》えたりする大切《たいせつ》な役目《やくめ》があります。

ちなみに、おもちゃの「竹《たけ》とんぼ」もヘリコプターと同《おな》じ仕組《しく》みで飛《と》んでいます。

空《そら》の救急車《きゅうきゅうしゃ》

人《ひと》やものを運《はこ》ぶヘリコプター。最近《さいきん》では空《そら》を飛《と》ぶ救急車《きゅうきゅうしゃ》「ドクターヘリ」も大《だい》かつやくしています。

病気《びょうき》や事故《じこ》で、すぐに病院《びょういん》へ運《はこ》ばなければならないケガ人《にん》が出《で》たとき、例《たと》えばそれが山奥《やまおく》だったりすると、車《くるま》ではたどりつけなかったり、とても時間《じかん》がかかったりする場合《ばあい》があります。

ですがそんなときでも、ドクターヘリならひとっ飛《と》び。空《そら》には道路《どうろ》も渋滞《じゅうたい》もないので、いち早《はや》く病院《びょういん》まで運《はこ》ぶことができるわけです。

あなたの町《まち》の上《うえ》を急《いそ》いで飛《と》んでいるヘリコプター、ひょっとしたらドクターヘリかもしれませんね。

まめちしき ▶マンガで出《で》てくる「タケコプター」は、実際《じっさい》はつけている人自体《ひとじたい》がくるくる回《まわ》ってしまうので、飛《と》べないんだって。

自然《しぜん》のふしぎ

どうして虹《にじ》は7色《しょく》なの？

正体《しょうたい》は太陽《たいよう》の光《ひかり》

あなたは虹《にじ》を見《み》たことがありますか？「虹色《にじいろ》」とまとめていわれることがありますが、虹《にじ》の色《いろ》はぜんぶで7色《しょく》あります。内側《うちがわ》（下側《したがわ》）から順番《じゅんばん》に、むらさき、あい、青《あお》、緑《みどり》、黄《き》、だいだい、赤《あか》です。

また、虹《にじ》がよく見《み》られるのは、夕方《ゆうがた》に雨《あめ》が降《ふ》ったあとだとされています。あなたが虹《にじ》を見《み》たことがあるのも、ひょっとしたら夕立《ゆうだち》のあとだったかもしれませんね。

では、どうして虹《にじ》は7色《しょく》なのでしょうか。そして、どうして夕立《ゆうだち》のあとによく見《み》られるのでしょうか。それらは、虹《にじ》の正体《しょうたい》が「太陽《たいよう》の光《ひかり》」であることと関係《かんけい》しています。

水《みず》のつぶが虹《にじ》を見《み》せる

太陽《たいよう》の光《ひかり》は、ふだんはまぶしい白色《しろいろ》に見《み》えますが、じつは、7色《しょく》の光《ひかり》が混《ま》ざって、白色《しろいろ》に見《み》えているだけなのです。それが、水《みず》のつぶにあたると、7色《しょく》にわかれます。水《みず》の中《なか》を7つの色《いろ》が通《とお》るときに、それぞれが、少《すこ》しずつ曲《まが》って通《とお》りぬけるからです。

つまり、虹《にじ》ができるには、水《みず》のつぶが必要《ひつよう》なのです。ですから、雨《あめ》が降《ふ》ったあとが都合《つごう》がよいわけです。

雨《あめ》が降《ふ》ると、空《そら》にはしばらくの間《あいだ》、目《め》に見《み》えないくらい小《ちい》さな水《みず》のつぶが、フワフワとたくさん浮《う》かんでいます。この水《みず》のつぶが、ふだんは白《しろ》く見《み》えている太陽《たいよう》の光《ひかり》を、ホントの7色《しょく》にわけて見《み》せるので、わたしたちは「あっ、虹《にじ》だ！」と思《おも》うのですね。

また、虹《にじ》はお昼《ひる》には見《み》ることができません。虹《にじ》を見《み》るためには、太陽《たいよう》が自分《じぶん》のま上《うえ》にあるとダメ。太陽《たいよう》と自分《じぶん》の位置《いち》がいい具合《ぐあい》にななめになっているのが大切《たいせつ》で、さらに、太陽《たいよう》に背中《せなか》を向《む》けていなければなりません。そのため、夕方《ゆうがた》に虹《にじ》がよく見《み》えるのです。

夕方《ゆうがた》に雨《あめ》が降《ふ》ったあとは、太陽《たいよう》に背《せ》中《なか》を向《む》けてみましょう。もしかしたら、そこに虹《にじ》が出《で》ているかもしれませんよ。

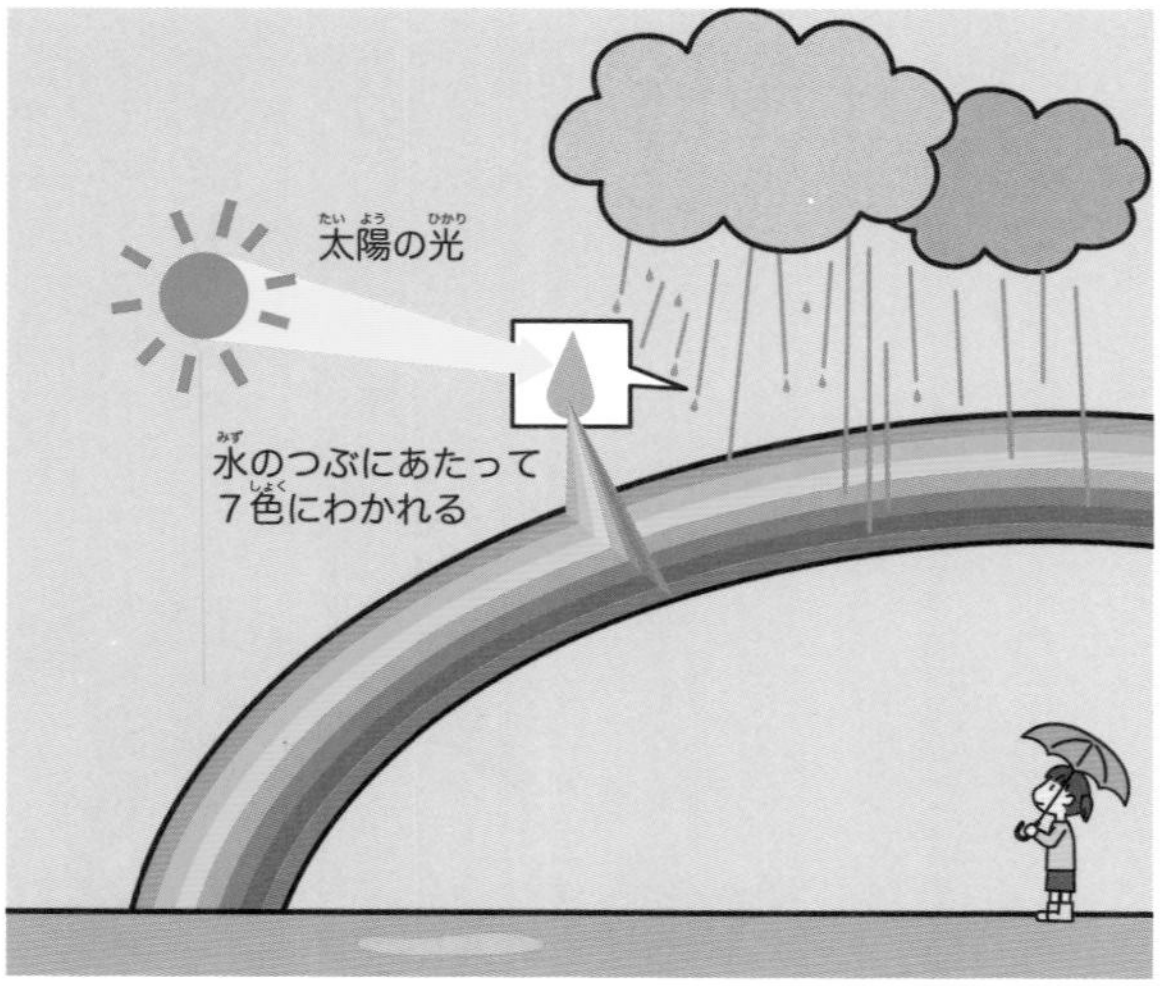

まめちしき
▶月《つき》の光《ひかり》でも虹《にじ》ができることがある。ハワイのマウイ島《とう》というところで見《み》られるんだって。この虹《にじ》を見《み》た人《ひと》には、しあわせが訪《おとず》れるといわれているよ。

どうして恐竜《きょうりゅう》は絶滅《ぜつめつ》したの？

恐竜《きょうりゅう》の時代《じだい》

恐竜《きょうりゅう》は、いまから約《やく》2億年前《おくねんまえ》の三畳紀《さんじょうき》という時代《じだい》に誕生《たんじょう》しました。

恐竜《きょうりゅう》は、地球上《ちきゅうじょう》のあらゆる場所《ばしょ》に広《ひろ》がり、さまざまな種類《しゅるい》を増《ふ》やし、非常《ひじょう》に繁栄《はんえい》しました。もっとも小《ちい》さな種類《しゅるい》はニワトリほどの大《おお》きさで、もっとも大《おお》きな種類《しゅるい》はクジラよりも大《おお》きかったと考《かんが》えられています。

恐竜《きょうりゅう》が栄《さか》えた中生代《ちゅうせいだい》(三畳紀《さんじょうき》、ジュラ紀《き》、白亜紀《はくあき》)は1億年《おくねん》以上《いじょう》続《つづ》き、「恐竜《きょうりゅう》の時代《じだい》」とも呼《よ》ばれています。

さまざまな説《せつ》がある

それほど栄《さか》えた恐竜《きょうりゅう》たちでしたが、白亜紀《はくあき》の終《お》わり、いまから6500万《まん》年前《ねんまえ》に絶滅《ぜつめつ》してしまいました。

絶滅《ぜつめつ》した理由《りゆう》は、それまであたたかかった地球《ちきゅう》の気候《きこう》が急《きゅう》に変化《へんか》して、非常《ひじょう》に寒《さむ》い時代《じだい》がやってきたからだと考《かんが》えられています。寒《さむ》くなったために、植物《しょくぶつ》が育《そだ》たなくなり、エサのなくなった植物食恐竜《しょくぶつしょくきょうりゅう》が死《し》に、やがて、植物食《しょくぶつしょく》恐竜《きょうりゅう》をエサとしていた肉食《にくしょく》恐竜《きょうりゅう》も、食料《しょくりょう》がなくなって死《し》んでしまったのです。また、恐竜《きょうりゅう》は寒《さむ》さに弱《よわ》い生《い》きものだったために、動《うご》くことができなくなり、生《い》きていけなくなったともいわれています。

地球《ちきゅう》が急《きゅう》に寒《さむ》くなった原因《げんいん》には、巨大《きょだい》ないん石《せき》がぶつかったため、という説《せつ》や、火山《かざん》が爆発《ばくはつ》したため、という説《せつ》などがありますが、はっきりとはわかっていません。

また、学者《がくしゃ》の間《あいだ》では、絶滅《ぜつめつ》の理由《りゆう》についてもいろいろ意見《いけん》がわかれています。例《たと》えば、「地球《ちきゅう》にすい星《せい》がぶつかったため」「伝染病《でんせんびょう》のため」「恐竜《きょうりゅう》が食《た》べていた植物《しょくぶつ》にほんの少《すこ》しだけ毒《どく》が含《ふく》まれていて、それがしだいにからだの中《なか》でたまっていったため」などの説《せつ》があるそうです。

あれだけ大《おお》きくてたくさんいたのにいなくなるなんて、ふしぎですね。

まめちしき ▶恐竜《きょうりゅう》を調《しら》べるには化石《かせき》をもとにするしかない。そして、からだの色《いろ》は化石《かせき》として残《のこ》らないので、現在《げんざい》、恐竜《きょうりゅう》のはっきりした色《いろ》はわかっていないんだって。

どうして電《でん》球《きゅう》をつけると明《あか》るくなるの?

科学《かがく》のふしぎ

日本《にほん》の竹《たけ》が使《つか》われていた

　あなたのおうちでも、夜《よる》になると電《でん》気《き》をつけると思《おも》います。ですが、もし、電《でん》球《きゅう》がなかったらどうなると思《おも》いますか?

　まだ電《でん》球《きゅう》がなかったころ、日《に》本《ほん》では、油《あぶら》を燃《も》やしてランプのように使《つか》うあんどんや、ろうそく、ちょうちんなどが使《つか》われていました。

　電《でん》球《きゅう》が発《はつ》明《めい》されたのは、1879年《ねん》のこと。いまから130年《ねん》以《い》上《じょう》もむかしに、アメリカの発《はつ》明《めい》王《おう》として知《し》られるトーマス・エジソンが完《かん》成《せい》させました。当《とう》初《しょ》、エジソンは、ガラスの球《たま》の中《なか》に細《ほそ》い線《せん》を入《い》れ、そこに電《でん》流《りゅう》を流《なが》して熱《ねつ》を出《だ》し、光《ひかり》をつくろうとしました。

　でも、この細《ほそ》い線《せん》はすぐに燃《も》えつきてしまいます。いろいろなものをためして最《さい》後《ご》に、細《ほそ》い線《せん》の部《ぶ》分《ぶん》に、日《に》本《ほん》の竹《たけ》の炭《すみ》を使《つか》う方《ほう》法《ほう》にたどりつきました。こうして、ようやくすぐに燃《も》えつきることなく、長《ちょう》時《じ》間《かん》光《ひか》り続《つづ》ける電《でん》球《きゅう》が誕《たん》生《じょう》したのです。

より使《つか》いやすくなるように工夫《くふう》

　ガラスの球《たま》の中《なか》に使《つか》われる細《ほそ》い線《せん》は、フィラメントと呼《よ》ばれ、現《げん》在《ざい》使《つか》われている電《でん》球《きゅう》にも用《もち》いられています。いまでは、竹《たけ》の炭《すみ》のかわりに、タングステンという金《きん》属《ぞく》が使《つか》われています。

　電《でん》気《き》を流《なが》すと電《でん》球《きゅう》が明《あか》るくなるのは、このタングステンが燃《も》えているからなのです。いまの電《でん》球《きゅう》には、燃《も》えつきにくい材《ざい》質《しつ》のタングステンを使《つか》うだけでなく、電《でん》球《きゅう》の中《なか》に特《とく》別《べつ》なガスを入《い》れることで、より長《なが》い間《あいだ》、明《あ》かりが続《つづ》くようにつくられています。

　なお、最《さい》近《きん》では、LED《えるいーでぃー》照明《しょうめい》を使《つか》う人《ひと》も増《ふ》えてきましたが、これはいままでの電《でん》球《きゅう》とはまったくの別《べつ》もの。特《とく》殊《しゅ》な構《こう》造《ぞう》を持《も》つ物《ぶっ》質《しつ》に電《でん》気《き》のエネルギーをあたえることで、直《ちょく》接《せつ》光《ひかり》に変《か》わるという仕《し》組《く》みになっています。

　ちなみに今日《きょう》は、「発《はつ》明《めい》の日《ひ》」です。1885年《ねん》に「専《せん》売《ばい》特《とっ》許《きょ》条《じょう》例《れい》」という法《ほう》律《りつ》が公《こう》布《ふ》されたことを記《き》念《ねん》して、昭《しょう》和《わ》29年《ねん》に定《さだ》められたのですよ。

まめちしき　▶蛍光灯《けいこうとう》は電球《でんきゅう》とは違《ちが》う仕組《しく》みで光《ひか》るよ。蛍光灯《けいこうとう》の中《なか》のコイルに電気《でんき》を流《なが》すと、電子《でんし》がとびまわり、管《くだ》の中《なか》の水銀《すいぎん》のつぶにぶつかったときのエネルギーが光《ひかり》に変《か》わるんだって。

4月《がつ》19日《にち》

人体《じんたい》のふしぎ

どうして汗《あせ》や涙《なみだ》はしょっぱいの？

汗《あせ》をつくる仕掛《しか》け

汗《あせ》をなめてみると、しょっぱい味《あじ》がします。これは、汗《あせ》の中《なか》に、塩《しお》が溶《と》けているからです。

でもどうして、汗《あせ》の中《なか》に塩《しお》が溶《と》けているのでしょうか。

人間《にんげん》は、からだの表面《ひょうめん》に汗腺《かんせん》と呼《よ》ばれる小《ちい》さな仕掛《しか》けをたくさん持《も》っています。からだを冷《ひ》やさなくてはならなくなると、この仕掛《しか》けが汗《あせ》をつくるのです。まるで、汗《あせ》の工場《こうじょう》ですね。

では、汗腺《かんせん》ではなにから汗《あせ》をつくっているのでしょうか。それは、血《ち》です。血《ち》はしょっぱい味《あじ》がします。汗《あせ》がしょっぱいのは、原料《げんりょう》になる血《ち》そのものがしょっぱいからなのです。

血《ち》に溶《と》けている塩《しお》は、もともとはわたしたちが口《くち》から食《た》べたものに入《はい》っていた塩《しお》です。ですから、汗《あせ》をたくさんかくと、血《ち》の中《なか》に溶《と》けている塩《しお》がたりなくなってしまうこともあります。

暑《あつ》いときは、水《みず》だけでなく塩《しお》もとりなさい！　といわれるのは、このためなのです。

涙《なみだ》をつくる仕掛《しか》け

涙《なみだ》も汗《あせ》と同《おな》じように、血《ち》からつくられるので、やっぱりしょっぱい味《あじ》がします。

からだに汗《あせ》をつくる仕掛《しか》けがたくさんあったように、目《め》の上《うえ》には涙《なみだ》をつくる仕掛《しか》けがあります。これは涙《るい》腺《せん》と呼《よ》ばれていて、両目《りょうめ》に一個《いっこ》ずつあります。

涙腺《るいせん》でつくられた涙《なみだ》は、目《め》が乾《かわ》かないように、目《め》の表面《ひょうめん》を流《なが》れていきます。あまった涙《なみだ》は、鼻《はな》に近《ちか》いあたりで吸《す》い込まれて、鼻《はな》の後《うし》ろを通《とお》ります。わたしたちが泣《な》いたときに出《で》てくる鼻水《はなみず》は、この涙《なみだ》なのです。

そして涙《なみだ》は、最後《さいご》に口《くち》の中《なか》におりてきます。だから、泣《な》くと口《くち》の中《なか》でしょっぱい味《あじ》がするのです。口《くち》から食《た》べた塩《しお》が、まわりまわって口《くち》に戻《もど》ってくるなんて、面白《おもしろ》いですね。

まめちしき
▶しょっぱい味《あじ》は、舌《した》の先《さき》と左右《さゆう》のはしで強《つよ》く感《かん》じるといわれている。甘《あま》い味《あじ》も舌《した》の先《さき》、すっぱい味《あじ》は舌《した》の中央《ちゅうおう》、苦《にが》い味《あじ》は舌《した》の奥《おく》のほうでそれぞれ強《つよ》く感《かん》じるんだって。

みのまわりのふしぎ

どうして郵便《ゆうびん》ポストは赤《あか》いの？

国《くに》によって色《いろ》が違《ちが》う

今日《きょう》4月《がつ》20日《にち》は「郵政記念日《ゆうせいきねんび》」という日《ひ》です。いまから140年以上前《ねんいじょうまえ》に、ハガキや手紙《てがみ》などを、配達員《はいたついん》さんが届《とど》けるという仕組《しく》みができたことを記念《きねん》して定《さだ》められました。郵便《ゆうびん》の仕組《しく》みができる前《まえ》は、飛脚《ひきゃく》という仕事《しごと》をする人《ひと》が、自分《じぶん》が走《はし》ったり馬《うま》を走《はし》らせたりして、ハガキや手紙《てがみ》を届《とど》けていました。

　あなたは、郵便《ゆうびん》ポストの色《いろ》が「赤《あか》い」ことを知《し》っていますね。しかし、世界《せかい》中《じゅう》のポストがぜんぶ赤色《あかいろ》というわけではありません。

　アメリカという国《くに》は青色《あおいろ》、ドイツやフランスという国《くに》は黄色《きいろ》、他《ほか》にも緑《みどり》色《いろ》やオレンジ色《いろ》の国《くに》もあります。イギリスという国《くに》は、赤色《あかいろ》です。日本《にほん》は、イギリスから郵便《ゆうびん》の仕組《しく》みを教《おし》えてもらったので、ポストが赤色《あかいろ》なのです。

アメリカのポスト

むかしの丸《まる》ポスト

むかしは黒《くろ》かった

日本《にほん》でもむかしから赤色《あかいろ》だったわけではありません。黒色《くろいろ》だったのです。赤色《あかいろ》に慣《な》れていると、なんだかヘンな感《かん》じだと思《おも》うでしょうね。

　ただ、黒色《くろいろ》のポストには、問題《もんだい》がありました。夜《よる》になって町《まち》が暗《くら》くなると、ポストが見《み》えにくくなることです。むかしは、外《そと》の明《あ》かりがたくさんあったわけではありません。暗《くら》い町《まち》のなかに、黒《くろ》くて見《み》えにくいポストが立《た》っていたら、ぶつかりそうであぶないですよね。

　こういうわけで、「ポストは目立《めだ》つ色《いろ》がいい」という意見《いけん》があり、赤色《あかいろ》になりました。

　また、形《かたち》も変《か》わってきました。むかしは、「丸《まる》ポスト」や「丸型《まるがた》ポスト」と呼《よ》ばれる、丸《まる》くて太《ふと》い棒《ぼう》のような形《かたち》のポストがたくさんありましたが、いまは、あなたもよく見《み》かける、四角《しかく》い箱《はこ》の形《かたち》をしたポストがほとんどになりました。

　最近《さいきん》では、コンビニエンスストアの中《なか》にも、ポストがあるお店《みせ》も出《で》てきました。これから、ポストがどのように色《いろ》や形《かたち》を変《か》えていくのか、考《かんが》えてみるのも楽《たの》しいかもしれませんね。

黒《くろ》いポストは目立《めだ》たなかった

まめちしき ▶江戸時代《えどじだい》の飛脚《ひきゃく》は、100キロ以上《いじょう》も走《はし》って手紙《てがみ》などを届《とど》けていたんだ。飛脚走《ひきゃくばし》りと呼《よ》ばれる走《はし》り方《かた》で、体《からだ》をひねらず体《からだ》があまり疲《つか》れない走《はし》り方《かた》だったといわれているよ。

どうしてNHK《えぬえいちけい》にはコマーシャルがないの？

みのまわりのふしぎ

コマーシャルってなに？

今日《きょう》は、「民放《みんぽう》の日《ひ》」です。1951年《ねん》のこの日《ひ》に、日本《にほん》ではじめて16の民《みん》間放送《かんほうそう》（略《りゃく》して「民放《みんぽう》」）会社《がいしゃ》に、テレビ放送《ほうそう》の「予備免許《よびめんきょ》」というものがわたされたことから定《さだ》められました。予備免《よびめん》許《きょ》とは、「放送《ほうそう》をしてもいいですよ」という許《ゆる》しをもらうことです。

では、「民放《みんぽう》」とはなんでしょうか。あなたは、テレビをみていると、番組《ばんぐみ》の途中《とちゅう》でコマーシャルが入《はい》るのを知《し》っているでしょう。

コマーシャルには、いろいろな種類《しゅるい》がありますね。多《おお》いのが、おもちゃやお菓子《かし》などといった、商品《しょうひん》の宣伝《せんでん》をするものでしょう。

これらの番組《ばんぐみ》は、コマーシャルを流《なが》している会社《かいしゃ》（広告主《こうこくぬし》）からお金《かね》をもらって、つくられているのです。

そして、コマーシャルを流《なが》している会社《かいしゃ》は、テレビをみている人《ひと》が商品《しょうひん》を買《か》ってくれたりしたときのお金《かね》を使《つか》うことで、またコマーシャルをつくります。そして、テレビ局《きょく》に「流《なが》してほしい」とお金《かね》を払《はら》うのです。

つまり、わたしたちはコマーシャルをみる代《か》わりに、無料《むりょう》でテレビをみることができるわけなのです。

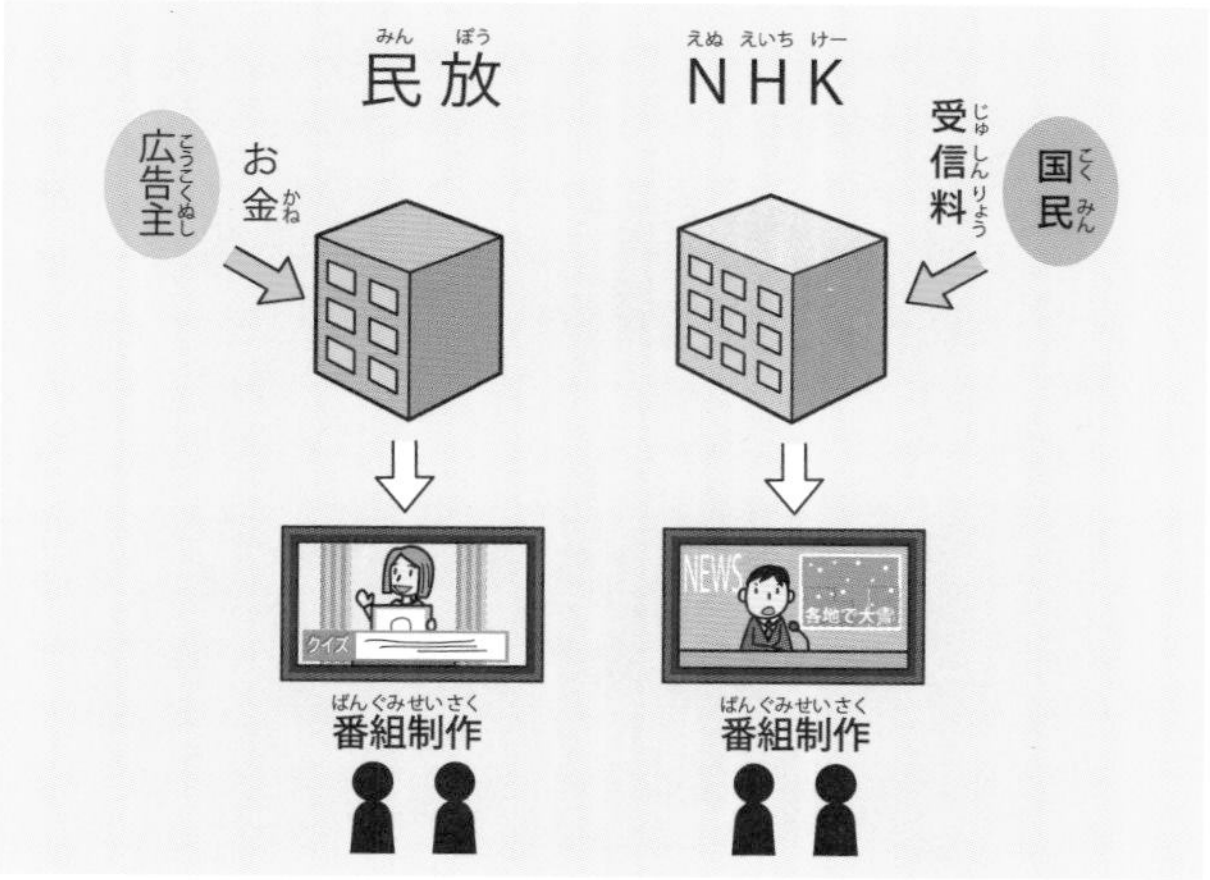

民放《みんぽう》と公共放送局《こうきょうほうそうきょく》

ところが、コマーシャルを流《なが》していない放送局《ほうそうきょく》もありますよね。それは、「NHK《えぬえいちけい》」です。

正《ただ》しくは、「日本放送協会《にっぽんほうそうきょうかい》」といいます。NHK《えぬえいちけい》は、他《ほか》の放送局《ほうそうきょく》と異《こと》なり、日本《にほん》でただひとつの「公共放送局《こうきょうほうそうきょく》」というものです。

NHK《えぬえいちけい》が民放《みんぽう》と違《ちが》うところは、放送《ほうそう》局《きょく》にお金《かね》が入《はい》る仕組《しく》みです。他《ほか》の民放《みんぽう》は、コマーシャルを流《なが》して、その会社《かいしゃ》からお金《かね》をもらうことで、番組《ばんぐみ》をつくっています。

ですがNHK《えぬえいちけい》の場合《ばあい》は、NHK《えぬえいちけい》をみている人《ひと》から「受信料《じゅしんりょう》」というお金《かね》をもらうことで、番組《ばんぐみ》をつくったりしているのです。ですから、コマーシャルを流《なが》して、お金《かね》をあつめる必要《ひつよう》がないのですね。

まめちしき ▶NHK《えぬえいちけい》の他《ほか》にも、コマーシャルのないテレビ局《きょく》がある。海外《かいがい》ニュースや映画《えいが》、スポーツ番組《ばんぐみ》だけを放送《ほうそう》している放送局《ほうそうきょく》で、見《み》たいチャンネルだけお金《かね》を払《はら》えば見《み》られるよ。

自然《しぜん》のふしぎ

どうして自然《しぜん》を大切《たいせつ》にしないといけないの？

地球《ちきゅう》に人《ひと》が住《す》めなくなる？

わたしたち人類《じんるい》にとって、いま一番《いちばん》大《おお》きな問題《もんだい》ともいえるのが、地球環境《ちきゅうかんきょう》問題《もんだい》です。

でも、どうして一番《いちばん》に地球環境問題《ちきゅうかんきょうもんだい》を考《かんが》えなければならないのでしょうか？　それは、このままだと近《ちか》い将来《しょうらい》には、わたしたちの住《す》むこの地球《ちきゅう》に、人類《じんるい》が住《す》めなくなってしまう可能性《かのうせい》があるからです。

例《たと》えば、地球温暖化問題《ちきゅうおんだんかもんだい》。地球《ちきゅう》の周《まわ》りは、温室効果《おんしつこうか》ガスというものでおおわれているため、人類《じんるい》など生《い》きものがくらしやすい気温《きおん》(約《やく》15℃《ど》)が保《たも》たれています。

しかし、これが増《ふ》えすぎると「温暖《おんだん》化《か》」が起《お》きてしまうのです。実際《じっさい》に温《おん》暖化《だんか》が原因《げんいん》で、世界中《せかいじゅう》で台風《たいふう》や洪水《こうずい》などの異常気象《いじょうきしょう》が発生《はっせい》しており、人々《ひとびと》が大《おお》きな被害《ひがい》を受《う》けています。

温暖化《おんだんか》を防《ふせ》ぐために

この温暖化《おんだんか》に大《おお》きく影響《えいきょう》をあたえているのが、「二酸化炭素《にさんかたんそ》」や「窒素酸化《ちっそさんか》物《ぶつ》」というガスです。

これらは自動車《じどうしゃ》の排気《はいき》ガスや、工場《こうじょう》のけむりなどにたくさん含《ふく》まれています。そして、新《あたら》しいものをどんどんつくるときや、古《ふる》いものを燃《も》やすときにも出《で》てきます。

つまり、ものを大事《だいじ》に使《つか》うくらしをすることで、温暖化《おんだんか》は防《ふせ》ぐことができ、地球《ちきゅう》の危機《きき》を遠《とお》ざけることができるのです。

ところで、今日《きょう》はアースデイという日《ひ》です。地球環境《ちきゅうかんきょう》について考《かんが》える日《ひ》として提案《ていあん》された記念日《きねんび》であり、この日《ひ》は世界中《せかいじゅう》で環境《かんきょう》について考《かんが》えるイベントがおこなわれます。

もちろんアースデイだけでなく、ふだんからみんなで地球環境問題《ちきゅうかんきょうもんだい》について考《かんが》えていかねばなりません。あなたにもできること、なにがあるかな？

まめちしき

▶アースデイは、1970年《ねん》4月《がつ》22日《にち》にアメリカの学生《がくせい》が地球環境《ちきゅうかんきょう》のために開《ひら》いた集会《しゅうかい》がはじまり。1990年《ねん》には全世界《ぜんせかい》に広《ひろ》まったんだよ。

生《い》きもののふしぎ

どうしてイカやタコの足《あし》はグニャグニャなの？

骨《ほね》がないからグニャグニャ

イカとタコはたくさん足《あし》がありますね。でも、何本《なんぼん》あるか知《し》っていますか？

こたえは、イカの足《あし》は10本《ぽん》で、タコの足《あし》は8本《ほん》です。ところで、イカやタコの足《あし》は、グニャグニャしていますね。これはなぜでしょうか。

人間《にんげん》のからだの中《なか》には、太《ふと》い骨《ほね》や細《ほそ》い骨《ほね》がたくさん入《はい》っています。ためしに、あなたの足《あし》の細《ほそ》いところをギュッとにぎってみてください。

足《あし》の中《なか》に、かたい棒《ぼう》のようなものが入《はい》っているのがわかりますか？　これが骨《ほね》です。骨《ほね》が、足《あし》だけではなくて、からだぜんぶを支《ささ》えてくれているので、わたしたちは、しっかりと立《た》って歩《ある》いたり、おもいっきり走《はし》ったりできるのですね。

ところが、イカやタコの足《あし》には骨《ほね》がありません。だから、グニャグニャなのです。

わたしたちは、足《あし》をどこかに強《つよ》くぶつけてしまうと、骨折《こっせつ》といって骨《ほね》が折《お》れてしまうことがありますが、イカやタコなら骨折《こっせつ》することがないのです。ちょっぴりうらやましいかも？

足《あし》はどうやって動《うご》くの？

でも、骨《ほね》がないのに足《あし》をどうやって動《うご》かしているのでしょう。じつは、イカやタコの足《あし》は、ぜんぶ、筋肉《きんにく》というものでできています。

あなたが、うでをグッと曲《ま》げるときに出《で》る「力《ちから》こぶ」が筋肉《きんにく》です。この筋肉《きんにく》を動《うご》かすことで、海《うみ》の中《なか》を自由《じゆう》に泳《およ》いでいるのです。

ちなみに、敵《てき》におそわれてにげるとき、イカもタコも黒《くろ》いスミを吐《は》き出《だ》します。イカのスミは、イカの分身《ぶんしん》に見《み》えるように、イカの形《かたち》のようなかたまりとして出《だ》します。そして、敵《てき》がびっくりしているときに、サッとにげます。

一方《いっぽう》でタコは、スミをけむりのように広《ひろ》く吐《は》き出《だ》して、敵《てき》から身《み》をかくしながら、スルッとにげます。

グニャグニャしたり、にげるためにスミを吐《は》いたり、どちらもふしぎな生《い》きものですね。

まめちしき

▶イカの足《あし》は、2本《ほん》だけ他《ほか》の足《あし》より長《なが》い。この2本《ほん》の足《あし》は、触腕《しょくわん》と呼《よ》ばれ、吸盤《きゅうばん》も大《おお》きくふちがギザギザにできている。えものをとるときにひっかけやすいようになっているんだよ。

どうして自分《じぶん》の息《いき》を入《い》れた風船《ふうせん》は浮《う》かないの？

吐《は》く息《いき》は空気《くうき》より重《おも》い

わたしたちは、生《い》きているかぎり呼吸《こきゅう》をしています。呼吸《こきゅう》とは、息《いき》を吸《す》ったり吐《は》いたりすることです。

息《いき》を吸《す》うことで、空気《くうき》の中《なか》の酸素《さんそ》をからだに取《と》り入《い》れます。

そして息《いき》を吐《は》くことで、からだに必要《ひつよう》のない二酸化《にさんか》炭素《たんそ》を外《そと》に出《だ》します。

ですから、わたしたちが吐《は》く息《いき》の中《なか》には、二酸化炭素《にさんかたんそ》がたくさん入《はい》っています。二酸化炭素《にさんかたんそ》は、空気《くうき》よりも重《おも》いガスですから、風船《ふうせん》の中《なか》に入《い》れても風船《ふうせん》は浮かないで、下《した》に落《お》ちてしまうのです。

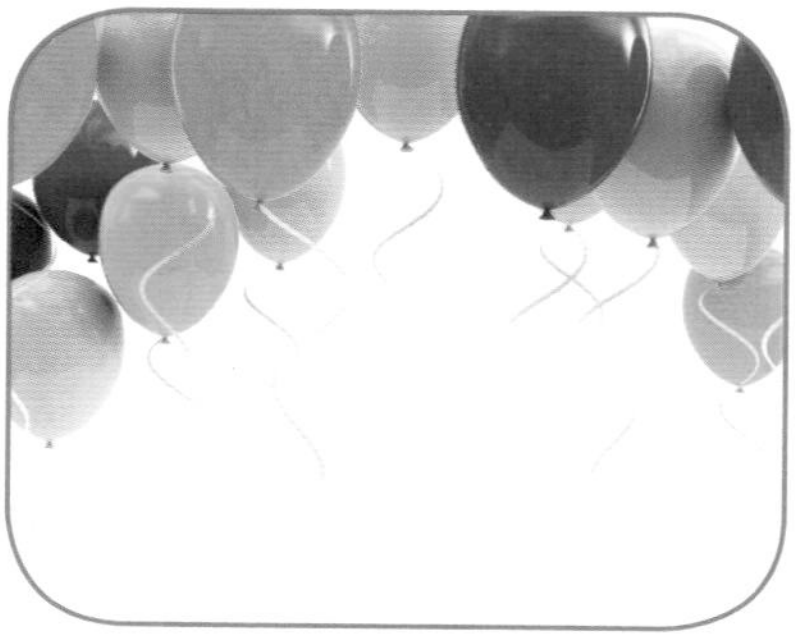

それでは、自分《じぶん》の息《いき》ではなく、周《まわ》りの空気《くうき》をそのまま風船《ふうせん》に入《い》れたらどうなるでしょうか。

自転車用《じてんしゃよう》の空気《くうき》ポンプなどを使《つか》って、風船《ふうせん》の中《なか》に空気《くうき》を入《い》れてみましょう。こうすれば、風船《ふうせん》の中《なか》のガスは周《まわ》りの空気《くうき》と同《おな》じ重《おも》さになります。

これなら風船《ふうせん》は浮《う》くかも！

ところが、やっぱり風船《ふうせん》は浮《う》きません。風《ふう》船《せん》のゴム自体《じたい》に重《おも》さがありますから、周《まわ》りの空気《くうき》よりも重《おも》くなってしまうのです。そのため、風船《ふうせん》は下《した》に落《お》ちてしまうのです。

空気《くうき》より軽《かる》いガスを入《い》れる

それではどうすれば、風船《ふうせん》を浮《う》かせることができるのでしょうか。

風船《ふうせん》を浮《う》かせるには、風船《ふうせん》が空気《くうき》よりも軽《かる》くなければなりません。ですから、風船《ふうせん》の中《なか》に空気《くうき》と風船《ふうせん》のゴムを合《あ》わせた重《おも》さよりも軽《かる》いガスを入《い》れればよいのです。

そのためによく使《つか》われているのが、ヘリウムというガスです。ヘリウムはとても軽《かる》く、その重《おも》さは空気《くうき》の7分《ぶん》の1ほどです。

ですから、ヘリウムを入《い》れた風船《ふうせん》は、空気《くうき》よりも軽《かる》くなり、プカプカ浮《う》いて空《そら》に上《のぼ》っていくのですね。

まめちしき ▶ヘリウムより軽《かる》い、水素《すいそ》というガスもある。だけど燃《も》えやすくてあぶないので、風船《ふうせん》には安全《あんぜん》なヘリウムがよく使《つか》われているんだよ。

宇《う》宙《ちゅう》人《じん》ってホントにいるの？

生《い》きものが生《う》まれるには

宇宙人《うちゅうじん》というと、銀色《ぎんいろ》の体《からだ》をしていたり、タコのように足《あし》がたくさんあったりする、ふしぎな生《い》きものを想像《そうぞう》します。でも、宇宙《うちゅう》で生活《せいかつ》する生《い》きものという意味《いみ》では、地球人《ちきゅうじん》だって、宇宙《うちゅう》人《じん》であるといえるのです。

生《い》きものが生《う》まれ、住《す》むためには、いくつかの条件《じょうけん》がそろう必要《ひつよう》があります。まず、水《みず》があること。それに、土《と》地《ち》がなくてはいけませんし、空気《くうき》も必《ひつ》要《よう》です。そしてあつすぎたり、寒《さむ》すぎたりしないということも重要《じゅうよう》でしょう。

水《みず》や土地《とち》がなくてはいけないのですから、ガスでできている星《ほし》には、生《い》きものが住《す》むことはできません。また、太陽《たいよう》のようにいつも燃《も》えている星《ほし》にも、住《す》むことはできません。

かといって、近《ちか》くに燃《も》える星《ほし》がないと、寒《さむ》すぎて星全体《ほしぜんたい》がこおってしまうでしょう。反対《はんたい》に近《ちか》すぎると、あつすぎて、生《い》きていけません。

これらすべての条件《じょうけん》がそろった星《ほし》は、なかなか見《み》つからないといわれています。地球《ちきゅう》は、ホントにめずらしい星《ほし》なのです。

地《ち》球《きゅう》は奇《き》跡《せき》の星《ほし》

宇宙《うちゅう》はとても広《ひろ》いので、地球《ちきゅう》と同《おな》じような星《ほし》もたくさんあるでしょう。例《たと》えば最近《さいきん》の調査《ちょうさ》で、火星《かせい》には空気《くうき》と水《みず》があったらしいことがわかりました。

でも、火星《かせい》には人《ひと》らしき姿《すがた》は見《み》つかっていません。人《ひと》が生活《せいかつ》できる星《ほし》があったとしても、そこに生《い》きものが生《う》まれる可能性《かのうせい》はとても低《ひく》いのです。

地球《ちきゅう》に生《い》きものが生《う》まれたのは、35億年以上《おくねんいじょう》むかしのことだとされていますが、どうやって生《う》まれたのかは、まだわかっていません。とてもたくさんの偶然《ぐうぜん》が重《かさ》なって、最初《さいしょ》の命《いのち》が生《う》まれたのだといわれています。

ですが、広《ひろ》い宇宙《うちゅう》のどこかで、地球《ちきゅう》と同《おな》じような奇跡《きせき》が起《お》きているかもしれません。

まだ宇宙人《うちゅうじん》に会《あ》った人《ひと》はいませんが、宇宙人《うちゅうじん》がいる可能性《かのうせい》だって十分《じゅうぶん》あるのですよ。

まめちしき

▶現在太陽系《げんざいたいようけい》を飛《と》び出《だ》して、外《そと》の宇宙《うちゅう》の探検《たんけん》に向《む》かっている、アメリカの探査機《たんさき》「ボイジャー」には、宇宙人《うちゅうじん》に地球《ちきゅう》のことを紹介《しょうかい》するメッセージが乗《の》せられているよ。

みのまわりのふしぎ

どうしてお風呂《ふろ》に入《はい》るようになったの？

日本人《にほんじん》はお風呂好《ふろず》き

むかしの日本《にほん》にはお風呂《ふろ》がありませんでした。人《ひと》は川《かわ》でザブザブからだを洗《あら》ったり、井戸《いど》でゴシゴシよごれを落《お》としていたのです。

身分《みぶん》の高《たか》い人《ひと》は、サウナのようなものに入《はい》りましたが、それも特別《とくべつ》なことで、年《ねん》にかぞえるほどでした。

では、いつから、お風呂《ふろ》に入《はい》るようになったのでしょうか。

いまのように、たっぷりとしたお湯《ゆ》につかるようになったのは、仏教《ぶっきょう》が日本《に》にやってきてからです。仏《ほとけ》さまにつかえる人《ひと》にとって、からだをきれいにしておくことは、とても大切《たいせつ》なことでした。

そのため、お寺《てら》には大《おお》きなお風呂《ふろ》がありました。このお風呂《ふろ》を、一般《いっぱん》の人《ひと》も入《はい》れるようにしたのが、入浴《にゅうよく》のはじまりです。

お風呂《ふろ》に入《はい》ると、わるい病気《びょうき》にかからず、しあわせになれるという仏教《ぶっきょう》の教《おし》えがありますから、お寺《てら》では月《つき》に何《なん》日《にち》かお風呂《ふろ》をたいて、たくさんの人《ひと》を招待《しょうたい》しました。

こうしてお風呂《ふろ》の気持《きも》ちよさを知《し》った人《ひと》たちは、やがて町中《まちじゅう》に銭湯《せんとう》をつくるようになり、毎日《まいにち》お風呂《ふろ》に入《はい》るようになったのです。

お風呂《ふろ》ぎらいな国《くに》もある

では海外《かいがい》ではどうでしょう。例《たと》えばむかしのヨーロッパでは、からだを洗《あら》うことはよくないという考《かんが》え方《かた》がありました。

また、お風呂《ふろ》に入《はい》るとからだがフニャフニャになって、そこから病気《びょうき》が入《はい》ってくるといわれました。

そんなわけでヨーロッパの人《ひと》たちは、お風呂《ふろ》をきらい、からだのにおいを消《け》すために香水《こうすい》をたくさん使《つか》うようになりました。

いまでもヨーロッパの人《ひと》たちは、湯《ゆ》船《ぶね》につからず、シャワーですませることが多《おお》いようです。

あなたはお風呂《ふろ》は好《す》きですか？　おもちゃであそんだり、歌《うた》を歌《うた》ったりして、楽《たの》しく入《はい》れば元気《げんき》いっぱい、気分《きぶん》爽快《そうかい》！　毎日《まいにち》、ゆ～っくり入《はい》るようにしましょうね。

まめちしき
▶五右衛門風呂《ごえもんぶろ》って知《し》ってる？　金属製《きんぞくせい》の風呂《ふろ》おけを直接火《ちょくせつひ》であたためるので、風呂《ふろ》おけはアッツアツ。だから、木《き》の板《いた》を足《あし》で沈《しず》めて、その上《うえ》に乗《の》ってお風呂《ふろ》に入《はい》るんだよ。

どうして生《い》きものは死《し》ぬの？

生《い》きもののふしぎ

細胞《さいぼう》が分裂《ぶんれつ》して増《ふ》えていく

町《まち》でみかける信号機《しんごうき》や、電気《でんき》の看板《かんばん》などをよく見《み》てみると、小《ちい》さな点《てん》があつまって、丸《まる》や文字《もじ》がつくられていることがわかります。

同《おな》じようにすべての生《い》きもののからだは、細胞《さいぼう》という、とても小《ちい》さなもののあつまりでできています。例《たと》えば人間《にんげん》のからだは、約《やく》60兆個《ちょうこ》という、とてもたくさんの細胞《さいぼう》でできているといわれています。

赤《あか》ちゃんは約《やく》3兆個《ちょうこ》の細胞《さいぼう》の数《かず》で生《う》まれ、その数《かず》が増《ふ》えていくことでからだが大《おお》きくなっていきます。

しかし、細胞《さいぼう》が新《あたら》しく生《う》まれてくるのではなく、分裂《ぶんれつ》といって細胞《さいぼう》がどんどんわかれていき、その数《かず》が増《ふ》えていったのです。

そしてどんな生《い》きものにも、遺伝子《いでんし》という大切《たいせつ》なものがあります。人間《にんげん》の遺伝子《いでんし》は2万個以上《まんこいじょう》あり、お父《とう》さんやお母《かあ》さんから受《う》けついだ情報《じょうほう》がたくさん入《はい》っています（57ページ）。

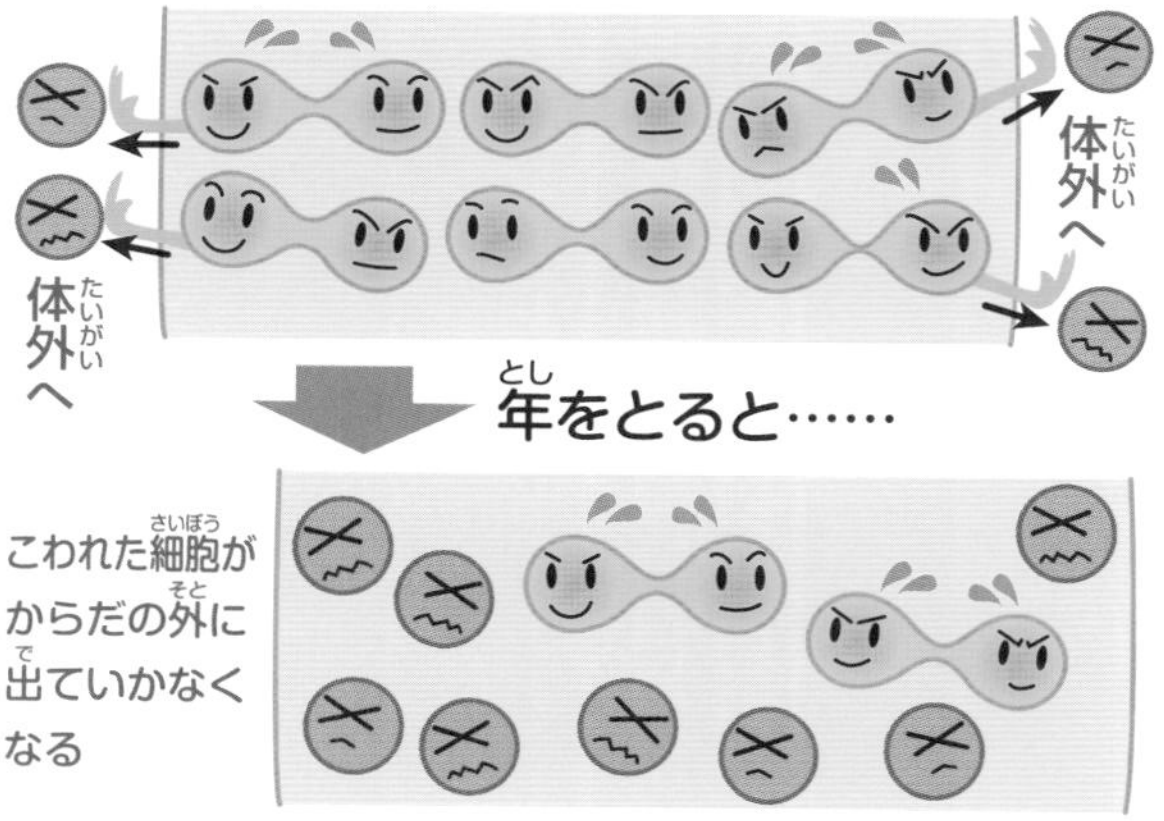

はただの色《いろ》や目《め》の形《かたち》、髪《かみ》の毛《け》の色《いろ》など、遺伝子《いでんし》は、一《ひと》つひとつ情報《じょうほう》を細胞《さいぼう》へ伝《つた》えるはたらきをするのです。だからあなたにも、お父《とう》さんやお母《かあ》さんに、似《に》ているところがあることでしょう。

こうして細胞《さいぼう》が分裂《ぶんれつ》し、やがて大人《おとな》になっていくのです。

こわれていく細胞《さいぼう》

ところが大人《おとな》になるにつれ、細胞《さいぼう》はいろんなものによって傷《きず》つき、こわれてしまうことがあります。

健康《けんこう》を保《たも》つために、からだの中《なか》では傷《きず》ついた細胞《さいぼう》をなおしたり、分裂《ぶんれつ》をくりかえしたりして、こわれた細胞《さいぼう》をからだの外《そと》に出《だ》そうとしますが、それにはかぎりがあります。

こうしてこわれた細胞《さいぼう》がからだの中《なか》にどんどん残《のこ》っていってしまい、やがて生《い》きものは死《し》んでしまうのです。

しかし、生《い》きている間《あいだ》に人《ひと》にやさしくできたり、人《ひと》の役《やく》にたてたり、なにかをがんばることができたなら、きっとだれかの心《こころ》の中《なか》に、思《おも》い出《で》は生《い》き続《つづ》けていくことでしょう。

まめちしき
▶生《い》きものは死《し》ぬと、土《つち》にかえるという。土《つち》の中《なか》にいる小《ちい》さな生《い》きものが死《し》がいを食《た》べて、土《つち》の栄養《えいよう》に変《か》えるはたらきをしているんだ。

生《い》きもののふしぎ

どうしてゾウの鼻《はな》は長《なが》いの？

先祖《せんぞ》の鼻《はな》は長《なが》くなかった

ゾウの先祖《せんぞ》はいまから6000万年《まんねん》ほど前《まえ》にアフリカに誕生《たんじょう》しました。長《なが》い鼻《はな》はなく、ウサギほどの大《おお》きさの動《どう》物《ぶつ》で、森林《しんりん》でくらしていました。

その後《ご》、地球《ちきゅう》が少《すこ》しずつ寒《さむ》くなると、森林《しんりん》が減《へ》り、ゾウの先祖《せんぞ》は草原《そうげん》でくらすようになります。

草原《そうげん》は森林《しんりん》ほど食《た》べものとなる植物《しょくぶつ》が多《おお》くないため、広《ひろ》い範囲《はんい》を移動《いどう》してエサをさがさなくてはなりません。それにはからだが大《おお》きいほうが有利《ゆうり》です。ゾウの先祖《せんぞ》はだんだんとからだを大《おお》きくしていきました。

からだが大《おお》きくなると、頭《あたま》の位置《いち》が高《たか》くなります。すると、地面《じめん》に生《は》えている草《くさ》を食《た》べたり、水場《みずば》で水《みず》を飲《の》んだりするたびに、足《あし》をおりまげてかがみ込《こ》まなければなりません。それをすると非常《ひじょう》に体力《たいりょく》を使《つか》ってしまうので、毎《まい》日《にち》やっていたら、いつかはからだが弱《よわ》ってしまいます。

また、草原《そうげん》は森林《しんりん》と違《ちが》い見通《みとお》しがよく、肉食動物《にくしょくどうぶつ》に見《み》つかりやすいところです。いちいち足《あし》をまげていては立《た》ち上《あ》がるのに時間《じかん》がかかり、肉食動物《にくしょくどうぶつ》からにげるのがおくれてしまいます。

そこでゾウの先祖《せんぞ》は、かがみ込《こ》まなくても食事《しょくじ》や水飲《みずの》みができるよう、しだいに鼻《はな》が長《なが》くのびていったと考《かんが》えられています。

キリンの首《くび》も同《おな》じ

ゾウと似《に》たようなことがキリンにも起《お》こりました。

キリンの先祖《せんぞ》はあまり首《くび》が長《なが》くありませんでしたが、立《た》ったまま水《みず》が飲《の》めるように、また、高《たか》いえだの葉《は》も食《た》べられるように、首《くび》がだんだん長《なが》くなったのです。さらに、目《め》の位置《いち》が高《たか》いので、いち早《はや》く肉食動物《にくしょくどうぶつ》の姿《すがた》を見《み》つけてにげることもできます。

このように、生《い》きものは長《なが》い長《なが》い年《ねん》月《げつ》をかけて、生《い》き残《のこ》るのに適《てき》したからだに変化《へんか》していきます。これを「進化《しんか》」というのです。

まめちしき ▶ゾウは水《みず》あびが大好《だいす》き。長《なが》い鼻《はな》を使《つか》って水《みず》を吸《す》い込《こ》んで、からだにかけるんだ。水《みず》あびにはからだを冷《ひ》やしたり、寄生虫《きせいちゅう》を退治《たいじ》する効果《こうか》があるんだよ。

どうして草《くさ》や葉《は》っぱは緑色《みどりいろ》なの？

色《いろ》のひみつは葉緑素《ようりょくそ》

「葉《は》っぱの色《いろ》って何色《なにいろ》？」と聞《き》かれたら、あなたはなんとこたえますか？

そう、「元気《げんき》な葉《は》っぱは緑色《みどりいろ》！」ですよね。大《おお》きな葉《は》っぱも、小《ちい》さな葉《は》っぱも、丸《まる》い葉《は》っぱも、ギザギザの葉《は》っぱも同《おな》じ。でもどうして、葉《は》っぱは緑色《みどりいろ》なのでしょうか。

それは、葉《は》っぱの中《なか》に葉緑素《ようりょくそ》というものがあるからです。この葉緑素《ようりょくそ》は、人間《にんげん》の目《め》では見《み》えないくらい小《ちい》さいものですが、緑色《みどりいろ》と黄色《きいろ》のつぶのようなものがまざってできています。

夏《なつ》のあついときは、緑色《みどりいろ》のつぶがたくさんあって葉《は》っぱ全体《ぜんたい》が緑色《みどりいろ》に見《み》えますが、寒《さむ》くなると、緑色《みどりいろ》のつぶがこわれて、黄色《きいろ》のつぶが目立《めだ》ってきます。すると、葉《は》っぱが茶色《ちゃいろ》や赤《あか》、黄色《きいろ》などに見《み》えたりしてくるのです。これが、紅葉《こうよう》です（342ページ）。

光合成《こうごうせい》という大切《たいせつ》なはたらき

葉緑素《ようりょくそ》は光《ひかり》にあたることで、二酸化《にさんか》炭素《たんそ》というガスと水《みず》から、栄養《えいよう》と酸素《さんそ》をつくります。これを「光合《こうごう》成《せい》」といい、葉《は》っぱにとっても、地球《ちきゅう》にとっても、とても大切《たいせつ》なはたらきです（288ページ）。

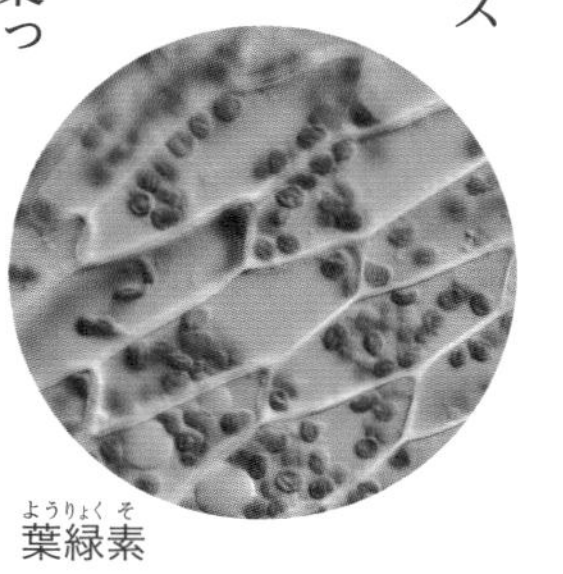
葉緑素《ようりょくそ》

もし、あなたが庭《にわ》やベランダなどで草《くさ》や葉《は》っぱを元気《げんき》に育《そだ》てようと思《おも》ったら、育《そだ》てる種類《しゅるい》にもよりますが、できるだけたっぷりと光《ひかり》にあててあげるようにしましょう。

ちなみに、葉《は》っぱには、秋《あき》が終《お》わると葉《は》っぱを落《お》とす「落葉樹《らくようじゅ》」と、冬《ふゆ》でも緑色《みどりいろ》の葉《は》っぱをつけたままの「常緑樹《じょうりょくじゅ》」があります。

落葉樹《らくようじゅ》はもちろんですが、常緑樹《じょうりょくじゅ》の葉《は》っぱにも寿命《じゅみょう》があります。だいたい2～3年《ねん》くらいで落《お》ちますが、落《お》ちるときには新《あたら》しい緑《みどり》の葉《は》っぱが生《は》えているので、枯葉《かれは》が目立《めだ》たないのです。

さあ、待《ま》ちに待《ま》ったゴールデンウィークです。緑《みどり》たっぷりの自然《しぜん》の中《なか》などで、元気《げんき》よくあそびましょうね。

まめちしき ▶今日《きょう》は、昭和《しょうわ》の日《ひ》。4月《がつ》29日《にち》は昭和天皇《しょうわてんのう》の誕生日《たんじょうび》で、1989年《ねん》～2006年《ねん》までは「みどりの日《ひ》」と呼《よ》ばれていた。いまでは5月《がつ》4日《か》がみどりの日《ひ》となっている。

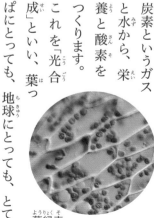

みのまわりのふしぎ

どうしてゴールデンウィークっていうの？

黄金《おうごん》の一週間《いっしゅうかん》

毎年《まいとし》、4月《がつ》の終《お》わりから5月《がつ》のはじめは、祝日《しゅくじつ》が続《つづ》きます。まずは4月《がつ》29日《にち》の「昭和《しょうわ》の日《ひ》」にはじまって、そして5月《がつ》3日《みっか》の「憲法記念日《けんぽうきねんび》」、5月《がつ》4日《よっか》の「みどりの日《ひ》」、5月《がつ》5日《いつか》の「こどもの日《ひ》」があります。

そこで、「せっかくだから」と、4月《がつ》29日《にち》から5月《がつ》5日《いつか》までの7日間《なのかかん》（一週《いっしゅう》間《かん》）をまるまる休《やす》みにする会社《かいしゃ》などが多《おお》いのです。

これを、「ゴールデンウィーク」と呼《よ》びます。「ゴールデン」は英語《えいご》でキラキラ光《ひか》る「黄金《おうごん》」、「ウィーク」は一週間《いっしゅうかん》のことです。

つまり、「黄金《おうごん》のようにキラキラに光《ひか》る一週間《いっしゅうかん》」ということなのですね。旅行《りょこう》に行《い》ったり、たくさんあそべたりする、うれしい一週間《いっしゅうかん》にピッタリの名《な》前《まえ》ですね。

ところで、だれが「ゴールデンウィーク」と呼《よ》びはじめたのでしょうか。いくつかの考《かんが》えがありますが、一番《いちばん》「それらしい」といわれているのは、「日本《にほん》で映画《えいが》をたくさんみてもらおうとして考《かんが》えられた」というものです。

せっかく家族《かぞく》みんなが休《やす》みなのだから、家族《かぞく》そろって、映画《えいが》をみにきてくださいね、という願《ねが》いを込《こ》めて、映画《えいが》の関係者《かんけいしゃ》が「ゴールデンウィーク」といいはじめた、というのです。

秋《あき》にも長《なが》い休《やす》みがある

ちなみに日本《にほん》には、秋《あき》の9月《がつ》、10月《がつ》から11月《がつ》にも、長《なが》い休《やす》みになりやすい月《つき》があります。この秋《あき》の休《やす》みについても、「ゴールデンウィーク」とセットでおぼえてもらおうと、「シルバーウィーク」と呼《よ》ぶことがあります。「シルバーウィーク」とは英語《えいご》で「銀《ぎん》」のことです。黄金《おうごん》と銀《ぎん》ということでおぼえやすいのですね。まるで、オリンピックのメダルの色《いろ》のようですね。

今年《ことし》は、どこに行《い》ったり、あそんだりするのでしょうか。家族《かぞく》みんなで考《かんが》えるのも楽《たの》しいですね。

まめちしき　休日《きゅうじつ》、平日《へいじつ》、休日《きゅうじつ》のように、休日《きゅうじつ》の間《あいだ》に平日《へいじつ》がはいることを「飛《と》び石連休《いしれんきゅう》」というよ。ちょっぴり損《そん》した気分《きぶん》になるかも。

おうちで手軽《てがる》にできる! 親子《おやこ》で楽《たの》しむ実験《じっけん》❶

◉レモンでピッカピカ！

【用意《ようい》するもの】…レモン・10円玉《えんだま》

手順《てじゅん》 ❶黒《くろ》くなった10円玉《えんだま》を用意《ようい》しましょう。

❷レモンを薄《うす》く切《き》ります。

❸薄《うす》く切《き》ったレモンで10円玉《えんだま》をゴシゴシこすってみると、10円玉《えんだま》がピカピカになるよ！

ためしてみよう▶マヨネーズやケチャップ、お酢《す》、おしょうゆ……これらを布《ぬの》につけてゴシゴシしてみよう。他《ほか》にもピカピカになるものがあるかもね？

◉どんぶりが空《そら》を飛《と》ぶ？

【用意《ようい》するもの】…ドライヤー・どんぶり型《がた》のスチロール容器《ようき》(即席《そくせき》めん、カップラーメンなどの容器《ようき》)

手順《てじゅん》 ❶ドライヤーを上《うえ》に向《む》け冷風《れいふう》を出《だ》します。

❷その冷風《れいふう》の流《なが》れの中《なか》に容器《ようき》を入《い》れます。

❸手《て》を離《はな》すと、容器《ようき》がUFO《ゆーふぉー》みたいにプカプカ浮《う》く場所《ばしょ》があります。

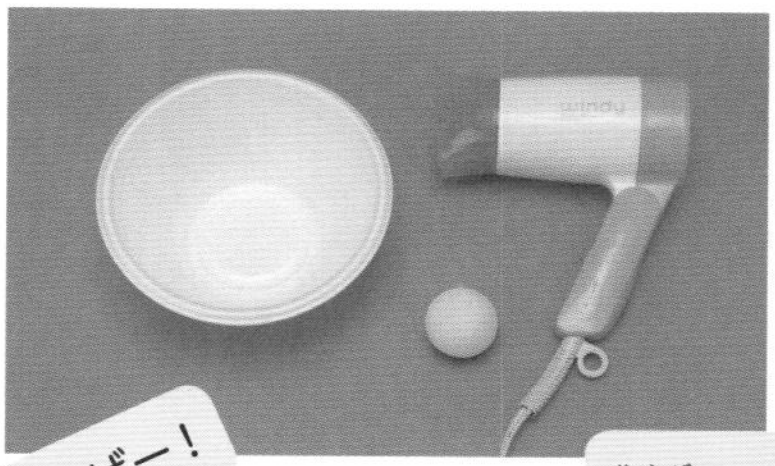

ためしてみよう▶ドライヤーを傾《かたむ》けても浮《う》くかな。ためしてみましょう。

▶ピンポン玉《だま》や紙《かみ》ふうせんなどでも、浮《う》くかどうかためしてみましょう。

◉力持《ちからも》ちな空気《くうき》

【用意《ようい》するもの】…プラスチックの下《した》じき・取《と》っ手《て》のついた吸盤《きゅうばん》・ワイングラス・厚紙《あつがみ》

手順《てじゅん》 ❶下《した》じきのまん中《なか》あたりに、吸盤《きゅうばん》をふたつはりつけましょう。

❷下《した》じきをいろいろなものに乗《の》せてから、吸《きゅう》盤《ばん》をそっと持《も》ち上《あ》げてみましょう。

❸今度《こんど》は流《なが》し場《ば》で、ワイングラスに水《みず》をギリギリまで入《い》れましょう。

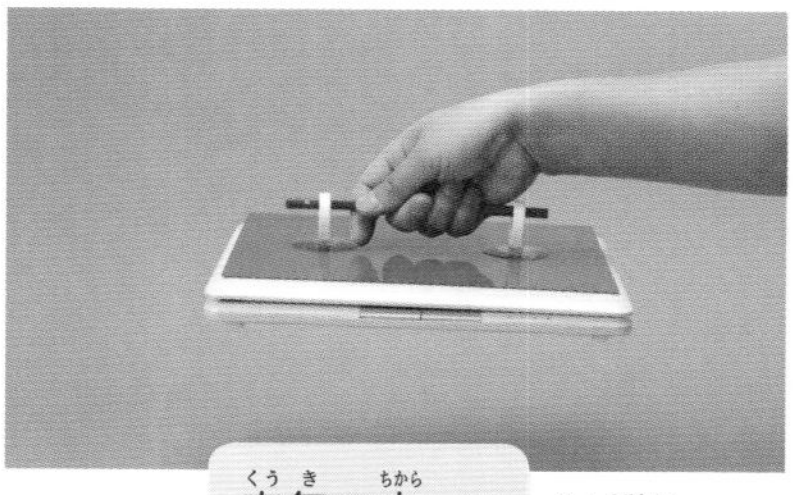

❹その上《うえ》に厚紙《あつがみ》を乗《の》せて、厚紙《あつがみ》を手《て》で押《お》さえながらそっとグラスをひっくり返《かえ》してみましょう。そのまま厚紙《あつがみ》を押《お》さえた手《て》をそっと離《はな》してみましょう。

ためしてみよう▶下《した》じきで持《も》ち上《あ》がるものと持《も》ち上《あ》がらないものにはどんな違《ちが》いがあるのかな？

MAY
5月
café

どうしてトンネルの中《なか》では音《おと》がひびくの？

科学《かがく》のふしぎ

？ 音《おと》が行《い》ったり来《き》たり

トンネルの中《なか》で話《はな》すと、自分《じぶん》の声《こえ》がグワングワンとひびいて聞《き》こえますね。これはどうしてでしょう。

トンネルの中《なか》で声《こえ》を出《だ》すと、あなたの口《くち》から、周《まわ》りに音《おと》が広《ひろ》がっていきます。あなたが自分《じぶん》の声《こえ》を聞《き》いてからも、この音《おと》は広《ひろ》がり続《つづ》け、トンネルの内側《うちがわ》の壁《かべ》にぶつかります。

音《おと》はかたいものにぶつかると、はね返《かえ》されます。そのため広《ひろ》がっていった音《おと》は、あちこちでトンネルの内側《うちがわ》の壁《かべ》にぶつかり、はね返《かえ》されます。

はね返《かえ》された音《おと》は、向《む》きを変《か》えて、またトンネル中《じゅう》に広《ひろ》がります。

広《ひろ》がる、はね返《かえ》る、また広《ひろ》がる、というのをくり返《かえ》して、あなたの声《こえ》はトンネルの中《なか》を何度《なんど》も行《い》ったり来《き》たりします。そのたびに同《おな》じ声《こえ》があなたの耳《みみ》に聞《き》こえるのです。

ただ、音《おと》は空気《くうき》の中《なか》をとても速《はや》く伝《つた》わります。だから、音《おと》がトンネルの中《なか》を何度《なんど》も行《い》ったり来《き》たりしても、ほんの短《みじか》い時間《じかん》しかかかりません。

ほんの少《すこ》しの間《あいだ》に、何度《なんど》も同《おな》じ声《こえ》を聞《き》くので、みなさんは「声《こえ》がひびいている」と感《かん》じるのです。

？ 楽器《がっき》にも使《つか》われる

音《おと》がひびく仕組《しく》みは、いろいろなところで使《つか》われています。例《たと》えばギターやバイオリンは、穴《あな》の開《あ》いた箱《はこ》の上《うえ》に、弦《げん》と呼《よ》ばれる針金《はりがね》のようなものをピンとはった楽器《がっき》です。

音《おと》を出《だ》すときには、この絃《げん》を使《つか》っているのですが、それなら箱《はこ》はなんのためについているのでしょう。

そう、弦《げん》から出《で》た音《おと》は、ギターやバイオリンの箱《はこ》の中《なか》を、行《い》ったり来《き》たりするのです。こうして音《おと》がひびくことで、周《まわ》りに大《おお》きく聞《き》こえるようになるのです。

また、大《おお》きな声《こえ》を出《だ》すときには、口《くち》の周《まわ》りに手《て》をあてますよね。これも同《おな》じことなのです。

まめちしき ▶お風呂《ふろ》で歌《うた》を歌《うた》うと、なんだか上手《じょうず》に聞《き》こえない？　これも、お風呂《ふろ》の中《なか》で音《おと》がひびいているからなんだ。コンサート会場《かいじょう》なども音《おと》がひびきやすいようつくられているよ。

みのまわりのふしぎ

緑《りょく》茶《ちゃ》も紅《こう》茶《ちゃ》も、もとは同《おな》じってホント？

むかしは薬《くすり》だった

今日《きょう》は緑茶《りょくちゃ》の日《ひ》です。立春《りっしゅん》から88日《にち》目《め》の5月《がつ》2日《ふつか》（うるう年《どし》では5月《がつ》1日《ついたち》）は八十八夜《はちじゅうはちや》といって、茶摘《ちゃつ》みが一番盛《いちばんさか》んな時期《じき》であることから、5月《がつ》2日《ふつか》が緑茶《りょくちゃ》の日《ひ》と定《さだ》められたのです。

お茶《ちゃ》のふるさとは中国《ちゅうごく》で、はじめは毒《どく》を消《け》す薬《くすり》として飲《の》まれていました。それが日本《にほん》に伝《つた》わったのは1191年《ねん》のこと。栄西《えいさい》というお坊《ぼう》さんが、中国《ちゅうごく》からお茶《ちゃ》の種《たね》と飲《の》み方《かた》を持《も》って帰《かえ》ってきてからです。

日本《にほん》でも最初《さいしょ》はお茶《ちゃ》を薬《くすり》として飲《の》んでいました。このころのお茶《ちゃ》はとてもめずらしいもので値段《ねだん》も高《たか》く、一部《いちぶ》の人《ひと》しか飲《の》むことができませんでした。

お茶《ちゃ》の産地《さんち》が増《ふ》えて、たくさんの人《ひと》が飲《の》めるようになったのは江戸時代《えどじだい》になってからです。このころには薬《くすり》としてではなく、飲《の》みものとして楽《たの》しむようになっていました。

ちなみに、お茶《ちゃ》を飲《の》むことを「一服《いっぷく》する」というのは、お茶《ちゃ》が薬《くすり》として飲《の》まれていたころのなごりです。

加工《かこう》の違《ちが》いで種類《しゅるい》が変《か》わる

ところで、日本《にほん》では紅茶《こうちゃ》よりも緑茶《りょくちゃ》がよく飲《の》まれていますが、世界《せかい》のお茶《ちゃ》の80％《ぱーせんと》は紅茶《こうちゃ》です。

緑茶《りょくちゃ》と紅茶《こうちゃ》は、色《いろ》も味《あじ》も飲《の》みかたも違《ちが》っているので、まったく別《べつ》のもののように思《おも》うかもしれません。ですが、「緑茶《りょくちゃ》の木《き》」や「紅茶《こうちゃ》の木《き》」があるわけではなく、同《おな》じツバキ科《か》の「茶《ちゃ》」の葉《は》からできているのです。

違《ちが》いは葉《は》をどのように加工《かこう》するかによって生《う》まれてきます。摘《つ》んだ葉《は》を発酵《はっこう》（小《ちい》さな生《い》きものの力《ちから》で別《べつ》のものに変《か》えること）させずに乾燥《かんそう》させたものが緑茶《りょくちゃ》で、発酵《はっこう》させてから乾燥《かんそう》させたものが紅茶《こうちゃ》です。その中間《ちゅうかん》の、半分発酵《はんぶんはっこう》させた状態《じょうたい》で乾燥《かんそう》させるとウーロン茶《ちゃ》になります。

お茶《ちゃ》の仲間《なかま》には殺菌作用《さっきんさよう》があります。とくに緑茶《りょくちゃ》には虫歯予防《むしばよぼう》のはたらきがあるとされますから、食後《しょくご》に飲《の》むといいかもしれませんね。

まめちしき ▶抹茶《まっちゃ》は、収穫前《しゅうかくまえ》に黒《くろ》い布《ぬの》でおおい、収穫後《しゅうかくご》は蒸《む》してから乾燥《かんそう》させる。それを粉《こな》にひいたものを抹茶《まっ》というんだ。そのままだと苦《にが》いけど、和菓子《わがし》を食《た》べてから飲《の》むとおいしいね。

「憲法《けんぽう》」ってなあに？

3つの大切《たいせつ》なこと

あなたは、わたしたちのくらしを守《まも》る「憲法《けんぽう》」のことを知《し》っていますか？

今日《きょう》は、そんな憲法《けんぽう》ができたこと、そして「もっと日本《にほん》がいい国《くに》になりますように」と、みんなでお祝《いわ》いする日《ひ》です。あなたも、憲法《けんぽう》について知《し》って、一緒《いっしょ》にお祝《いわ》いしましょう。

日本《にほん》のいまの憲法《けんぽう》は、1947年《ねん》の5月《がつ》3日《みっか》から用《もち》いられるようになりました。憲法《けんぽう》の中《なか》では「日本《にほん》は、3つの大切《たいせつ》なことを守《まも》っていきます」と書《か》かれています。

まず「基本的人権《きほんてきじんけん》の尊重《そんちょう》」です。わかりやすくいうと、「人《ひと》は、生《う》まれたときから人間《にんげん》らしく生《い》きる権利《けんり》を持《も》っているべきであり、そのために国《くに》がみなさんを守《まも》ります」というものです。

次《つぎ》は、「国民主権《こくみんしゅけん》」です。「日本《にほん》を動《うご》かしていく力《ちから》は、国民《こくみん》一人《ひとり》ひとりが持《も》っています」というものです。

最後《さいご》は、「平和主義《へいわしゅぎ》」です。これは「平和《へいわ》をずっと大切《たいせつ》にしていきます」という約束《やくそく》です。

そのため、外国《がいこく》との間《あいだ》でいざこざが起《お》きても、戦争《せんそう》は絶対《ぜったい》にしないで、話《はな》し合《あ》いなど平和《へいわ》な方法《ほうほう》で解決《かいけつ》するようにします、と書《か》かれています。

将来《しょうらい》のために知《し》っておこう

日本《にほん》は、いまの憲法《けんぽう》ができる前《まえ》に、いくつかの外国《がいこく》と戦争《せんそう》をしていました。そのため、平和主義《へいわしゅぎ》はとくに守《まも》っていきたいこととしています。

ところが、「こちらから戦争《せんそう》をしかけなくても、相手《あいて》が戦争《せんそう》をしかけてきたときはどうするの？」「『おたがいに助《たす》け合《あ》いましょう』と約束《やくそく》している国《くに》が、よその国《くに》と戦争《せんそう》になったら、手助《てだす》けしなくてもいいの？」といったことについての話《はな》し合《あ》いが、最近《さいきん》国《くに》の中《なか》で起《お》こっています。

憲法《けんぽう》に書《か》いてあるように、国《くに》を動《うご》かしていくのは、国民《こくみん》一人《ひとり》ひとりです。もちろん、あなたも国民《こくみん》のひとりです。大人《おとな》になって、日本《にほん》をどうしていくかを考《かんが》えていくためにも、憲法《けんぽう》のことをよく知《し》っておきたいですね。

まめちしき
▶日本《にほん》のいまの憲法《けんぽう》は「日本国憲法《にほんこくけんぽう》」という名前《なまえ》なんだ。その前《まえ》には、1889（明治《めいじ》22）年《ねん》に定《さだ》められた「大日本帝国憲法《だいにっぽんていこくけんぽう》」というものがあったんだよ。

「渋滞《じゅうたい》」はどうして起《お》こるの？

前《まえ》も後《うし》ろも車《くるま》だらけ

あなたは「渋滞《じゅうたい》」って知《し》っていますか？　車《くるま》に乗《の》っているときに、車《くるま》の列《れつ》がぜんぜん動《うご》かずに、前《まえ》の車《くるま》と同《おな》じように、自分《じぶん》の車《くるま》も長《なが》い間《あいだ》じっとしていたり、すごくゆっくりと動《うご》く状態《じょうたい》が続《つづ》いていることをいいます。

今日《きょう》はゴールデンウィークのまっ最中《さいちゅう》です。そろそろ、おうちに戻《もど》るための移動《いどう》をはじめているころでしょう。もしかしたら、「あっ、この前《まえ》、おうちの車《くるま》が渋滞《じゅうたい》にまきこまれたよ」とか「ちょうどいま、渋滞《じゅうたい》しているよ」という人《ひと》もいるかもしれませんね。

ではどうして、渋滞《じゅうたい》は起《お》こるのでしょうか。

渋滞《じゅうたい》は、車《くるま》が急《きゅう》にゆっくりとしか走《はし》れなくなったり、止《と》まらないといけなくなったりする場所《ばしょ》で起《お》こります。

例《たと》えば、交通事故《こうつうじこ》が起《お》きたり、工事《こうじ》をしたりしていて、ゆっくり走《はし》るように交通整理《こうつうせいり》がされている場所《ばしょ》。また、大《おお》きな道路《どうろ》どうしが合流《ごうりゅう》するところや、下《くだ》り坂《ざか》から急《きゅう》に上《のぼ》り坂《ざか》になるところでも起《お》こりやすいようです。

入口《いりぐち》が広《ひろ》くて出口《でぐち》がせまい

渋滞《じゅうたい》が起《お》こる仕組《しく》みについては、次《つぎ》のように考《かんが》えてみるとわかりやすいでしょう。おうちの洗面所《せんめんじょ》でゆっくりと蛇口《じゃぐち》をひねって、水《みず》を出《だ》してみてください。すると、水《みず》は、排水口《はいすいこう》からどんどん出《で》てきますね。

ところが、さらに蛇口《じゃぐち》を開《ひら》いていき、水《みず》が出《で》る量《りょう》を増《ふ》やしていくと、そのうち、排水口《はいすいこう》から水《みず》が流《なが》れきらずに、たまっていくと思《おも》います。このたまった部分《ぶぶん》が、渋滞《じゅうたい》しているところだと考《かんが》えればよいのです。

渋滞《じゅうたい》の一番先《いちばんさき》から出《で》ていく車《くるま》の数《かず》より、渋滞《じゅうたい》の一番後《いちばんうし》ろに新《あたら》しく入《はい》ってくる車《くるま》のほうが多《おお》いから、渋滞《じゅうたい》がひどくなっていくのですね。

渋滞《じゅうたい》にひっかかってもイライラしないで、のんびり渋滞《じゅうたい》が終《お》わるのを待《ま》ちましょうね。

まめちしき
▶渋滞《じゅうたい》にひっかからないようにするには、渋滞《じゅうたい》になりそうな時間《じかん》を予測《よそく》して、それを避《さ》けた時間《じかん》に出発《しゅっぱつ》するようにしてみよう。

読《よ》んだ日《ひ》　　月《がつ》　日《にち》

5月《がつ》5日《にち》

みのまわりのふしぎ

どうしてこどもの日《ひ》にはこいのぼりをかざるの？

健康《けんこう》を気《き》づかう時期《じき》のならわし

5月《がつ》5日《いつか》は、端午《たんご》の節句《せっく》といわれる日《ひ》です。

春《はる》から夏《なつ》への季節《きせつ》の変《か》わり目《め》です。からだの調子《ちょうし》をくずしやすい時期《じき》である上《うえ》に、田植《たう》えの前《まえ》でもあり、健康《けんこう》を気《き》づかい、力《ちから》をたくわえるための日《ひ》として祝《いわ》われてきました。

この時期《じき》にさかりの菖蒲《しょうぶ》という植物《しょくぶつ》は、薬《くすり》としての効果《こうか》があり、血行《けっこう》をよくして、肩《かた》こりや神経痛《しんけいつう》にきくといわれています。

そこでお風呂《ふろ》に入《い》れたり、お酒《さけ》に入《い》れたり、まくらのそばに置《お》いたりして、健康《けんこう》を願《ねが》いました。また、強《つよ》いかおりには邪気《じゃき》（わざわいをもたらすもの）をはらう力《ちから》があるとされ、軒先《のきさき》につるしたりもします。

また、「しょうぶ」という読《よ》み方《かた》には、武士《ぶし》（侍《さむらい》）の心《こころ》がまえの意味《いみ》があるため、端午《たんご》の節句《せっく》はしだいに、男《おとこ》の子《こ》の元気《げんき》な成長《せいちょう》を祝《いわ》う日《ひ》となりました。武士《ぶし》の家《いえ》に男《おとこ》の子《こ》が生《う》まれると、玄《げん》関前《かんまえ》にかぶとなどをかざってお祝《いわ》いしていたものが、現在《げんざい》の五月人形《ごがつにんぎょう》のもとになっています。

コイが滝《たき》を登《のぼ》ると…

中国《ちゅうごく》のむかしの言《い》い伝《つた》えに「竜門《りゅうもん》という、激《はげ》しい流《なが》れをした滝《たき》を登《のぼ》ることができた魚《さかな》は竜《りゅう》になる」というものがあります。

滝《たき》を登《のぼ》れる強《つよ》い魚《さかな》はコイだけである、ということから、コイのようにさまざまな苦《くる》しいことを乗《の》りこえて、りっぱな大人《おとな》に成長《せいちょう》してほしいという願《ねが》いをこめて、こいのぼりがかざられるようになったのです。

また、こどもの日《ひ》といえば、ちまきとかしわもち。ちまきのササ、かしわもちのカシワ、どちらも縁起《えんぎ》のいい植《しょく》物《ぶつ》とされ、家《いえ》が栄《さか》えるように、わざわいをさけられるようにと願《ねが》って食《た》べられるのです。

このようにさまざまな風習《ふうしゅう》がある5月《がつ》5日《いつか》は、昭和《しょうわ》23年《ねん》に「こどもの日《ひ》」と定《さだ》められ、いまでは男《おとこ》の子《こ》、女《おんな》の子《こ》両方《りょうほう》の成長《せいちょう》を祝《いわ》う日《ひ》になっています。

まめちしき
▶こどもの日《ひ》は日本《にほん》では5月《がつ》5日《いつか》だけど、他《ほか》にも世界《せかい》では「国際《こくさい》こどもの日《ひ》」が6月《がつ》1日《ついたち》に、「世界《せかい》こどもの日《ひ》」が11月《がつ》20日《はつか》に定《さだ》められているんだよ。

ゴムって植物《しょくぶつ》からできているってホント？

生きもののふしぎ

ものをつくるのに便利《べんり》

よくはずむゴムボール、よくのびる輪《わ》ゴム、えんぴつの字《じ》を消《け》すことができる消《け》しゴム……。ゴムでできているものは、わたしたちの周《まわ》りにはたくさんありますね。

他《ほか》にも、ゴムでできているものはいろいろあるでしょう。ゴムは形《かたち》を自由《じゆう》に変《か》えられるので、ものをつくるのにとても便利《べんり》なのです。

ところであなたは、ゴムが植《しょく》物《ぶつ》からもつくられているということを、知《し》っていましたか？

正《ただ》しくは、植物《しょくぶつ》からつくる「天然《てんねん》ゴム」と、人《ひと》が油《あぶら》からつくる「合成《ごうせい》ゴム」の2種類《しゅるい》があり、なにをどんな目的《もくてき》でつくるかで、天然《てんねん》ゴムを使《つか》うのか、合《ごう》成《せい》ゴムを使《つか》うのかを決《き》めています。

パラゴムの樹液《じゅえき》

天然《てんねん》ゴムは「パラゴム」という木《き》からつくられます。トウダイグサ科《か》という種類《しゅるい》のひとつで、高《たか》さは30メートルにもなるという、とても背《せ》が高《たか》い木《き》です。アマゾン地方《ちほう》や、東《とう》南《なん》アジアという地域《ちいき》で、よく育《そだ》てられています。

このパラゴムの木《き》の皮《かわ》をけずったときに出《で》てくる樹液《じゅえき》をあつめて、まぜたりかためたりすることで、天然《てんねん》ゴムができるのです。

ただしパラゴムの木《き》は、育《そだ》てられるところが決《き》まっていて、あまりたくさん樹液《じゅえき》をあつめることができません。そのため、人《ひと》は原油《げんゆ》という油《あぶら》から、ゴムをつくる方法《ほうほう》を見《み》つけたのです。それが合成《ごうせい》ゴムです。

天然《てんねん》ゴムは、合成《ごうせい》ゴムと比《くら》べて丈夫《じょうぶ》で長持《ながも》ちしますが、合成《ごうせい》ゴムはよくのびたり、よくはずんだりと、ゴムの種《しゅ》類《るい》や性質《せいしつ》を変《か》えやすくて便利《べんり》です。また、天然《てんねん》ゴムと合成《ごうせい》ゴムをまぜて、ものをつくることもあります。

今日《きょう》は5（ご）月《がつ》6（む）日《にち》だから「ゴムの日《ひ》」です。ゴムのありがたさに、感謝《かんしゃ》しましょうね。

まめちしき ▶チューインガムのガムはゴムのこと。ガムはゴムに味《あじ》をつけたものだよ。消《け》しゴムは、最近《さいきん》はポリ塩化《えんか》ビニル製《せい》のプラスチック字消《じけ》しが多《おお》く、ゴムが使《つか》われていないものも多《おお》いんだ。

5月《がつ》7日《にち》

どうして背《せ》が大《おお》きくなるの？

人体《じんたい》のふしぎ

軟骨《なんこつ》が大《おお》きくなる

背《せ》が大《おお》きくなるのは、骨《ほね》が長《なが》くのびるからです。人間《にんげん》のからだは、頭《あたま》から足《あし》の先《さき》まで全部《ぜんぶ》で約《やく》２００個《こ》もの骨《ほね》でできています。成長《せいちょう》する時期《じき》になると、成長《せいちょう》ホルモンというものの効果《こうか》で、足《あし》の骨《ほね》や背骨《せぼね》がのびて、背《せ》が大《おお》きくなっていくのです。

骨《ほね》は、外側《そとがわ》に「ちみつ質《しつ》」と呼《よ》ばれるかたい部分《ぶぶん》、スポンジのようにすきまの開《あ》いたやわらかい部分《ぶぶん》「海綿質《かいめんしつ》」、それをおおう「骨膜《こつまく》」でなりたっています。太《ふと》ももなど、大《おお》きな骨《ほね》の中心《ちゅうしん》には「骨髄《こつずい》」というものがあり、毎日《まいにち》新《あたら》しい血《ち》をつくっています。

骨《ほね》と骨《ほね》との間《あいだ》には、軟骨《なんこつ》というやわらかい部分《ぶぶん》があり、クッションの役目《やくめ》をしています。背《せ》が大《おお》きくなるときには、まずこの軟骨《なんこつ》が大《おお》きくなります。軟骨《なんこつ》の成長《せいちょう》が止《と》まると、それ以上《いじょう》背《せ》は大《おお》きくなりません。

また、骨《ほね》が太《ふと》くなるのは、骨《ほね》をおおっている骨膜《こつまく》が成長《せいちょう》するからです。

寝《ね》る子《こ》は育《そだ》つ

骨《ほね》は主《おも》に「リン酸《さん》カルシウム」というものからできています。もしからだの中《なか》のカルシウムがたりなくなったら、骨《ほね》の中《なか》からカルシウムを溶《と》かして助《たす》けてくれるのです。骨《ほね》は、からだ全体《ぜんたい》を支《ささ》えたり守《まも》るだけではなく、からだの調子《ちょうし》を整《ととの》えるためにも、活躍《かつやく》しているのですね。

背《せ》をのばすための成長《せいちょう》ホルモンは寝《ね》ている間《あいだ》によく出《で》てくるので、背《せ》をのばすには、よく眠《ねむ》ることがいいようです。まさに「寝《ね》る子《こ》は育《そだ》つ」という言葉《ことば》の通《とお》りですね。そして、運動《うんどう》することもからだの刺激《しげき》になってよいともいわれています。よく運動《うんどう》して、たっぷり寝《ね》て、どんどん大《おお》きくなりましょうね。

からだの骨《ほね》

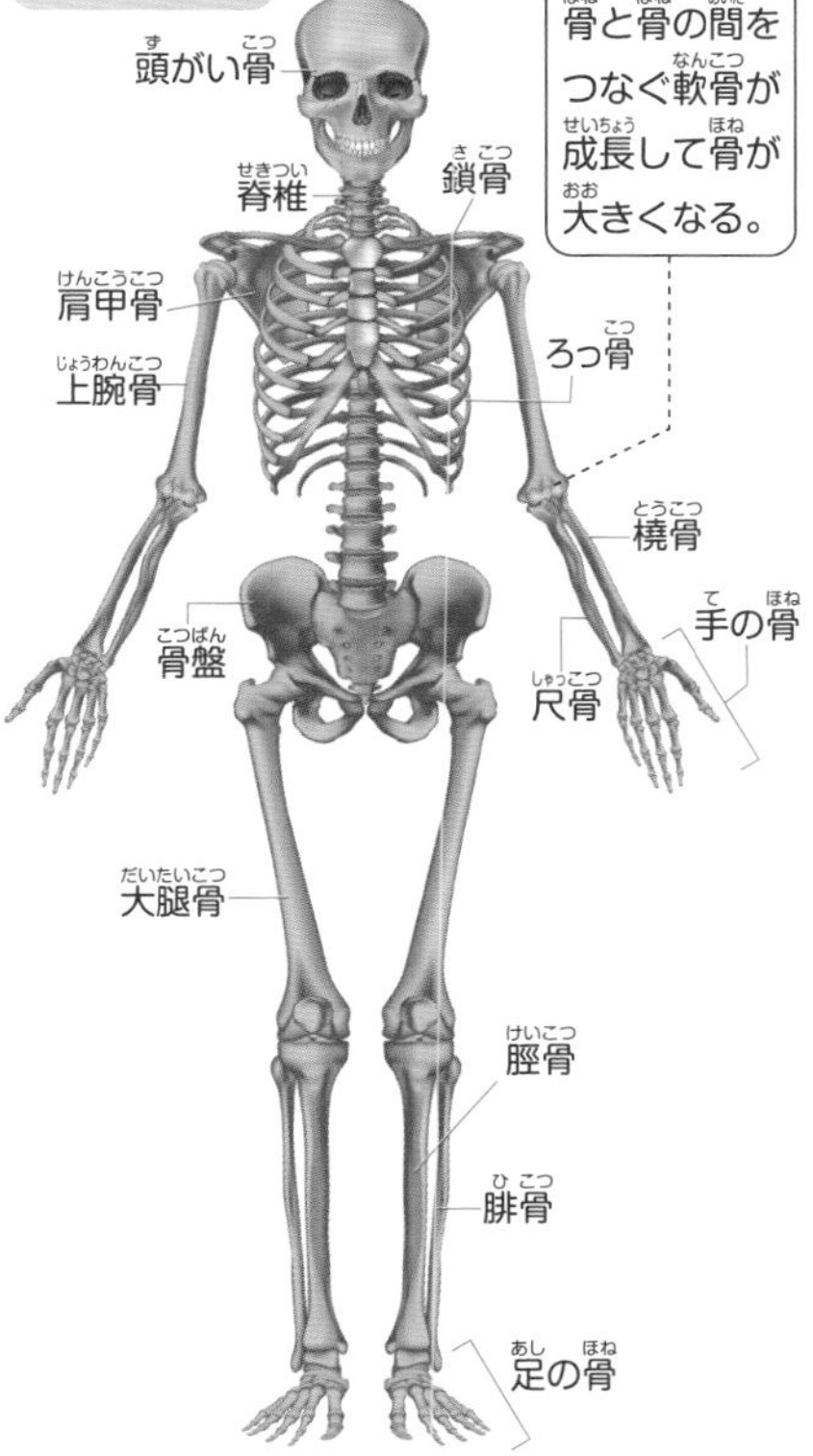

まめちしき ▶昼間《ひるま》によく運動《うんどう》した日《ひ》は、あまり運動《うんどう》しなかった日《ひ》よりも、寝《ね》ているときに背《せ》をのばすための成長《せいちょう》ホルモンがたくさん出《で》るといわれているよ。

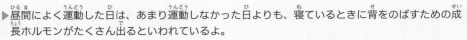

ツメはどうやってのびるの?

根《ね》っこでできる新《あたら》しいツメ

ツメは、ほうっておくと勝手《かって》にどんどんのびてきますね。では、ツメがのびる仕組《しく》みは、どのようなものなのでしょうか。

自分《じぶん》のツメを見《み》てみましょう。ツメの根《ね》っこのほうが、白《しろ》く三日月《みかづき》のようになっているのがわかりますね。これは、「爪半月《そうはんげつ》」といって、できたての赤《あか》ちゃんヅメなのです。ツメは、爪半月《そうはんげつ》のもっと根《ね》っこにある「爪母基《そうぼき》」というところで次々《つぎつぎ》とつくられて、ツメの先《さき》のほうに送《おく》られていくのです。

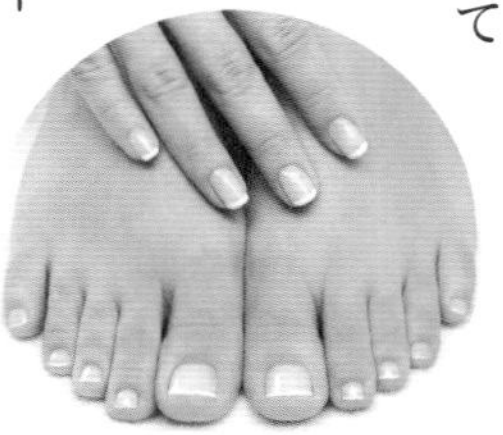

手《て》のツメがのびる速《はや》さは、1ケ月間《げつかん》でおよそ3ミリメートルくらい。足《あし》のツメはもう少《すこ》しのびるのがゆるやかで、1ケ月間《げつかん》で1・5ミリメートルくらいといわれています。

ツメがのびると、ものがつかみにくかったり、歩《ある》きにくくなったりします。ですからそうなる前《まえ》にきれいに切《き》ることが大切《たいせつ》ですね。

ツメは痛《いた》みを感《かん》じない

ところで、ツメを切《き》っても痛《いた》くないのはなぜでしょうか。

じつは、ツメには痛《いた》さを感《かん》じる「神《しん》経《けい》」や、血《ち》が通《とお》る「血管《けっかん》」がありませんので、切《き》っても痛《いた》みを感《かん》じたり、血《ち》が出《で》ることがないのです。爪母基《そうぼき》でつくられるツメは、皮《ひ》ふと同《おな》じような仲間《なかま》なのです。

ちなみにまゆげや髪《かみ》の毛《け》も、同《おな》じように、やはり神経《しんけい》や血管《けっかん》が通《とお》っていないので、切《き》ってしまっても大丈夫《だいじょうぶ》なのですね。

ちなみにツメはピンク色《いろ》に見《み》えますが、ホントはとうめいで色《いろ》がありません。ツメの下《した》にある血管《けっかん》の血《ち》の赤色《あかいろ》がうっすらとすけるために、ピンク色《いろ》に見《み》えているのです。

寒《さむ》かったり、病気《びょうき》になって、血《ち》の流《なが》れがわるくなると、ツメのピンク色《いろ》が薄《うす》くなります。ツメを見《み》ることでからだの調子《ちょうし》もわかったりするのですね。

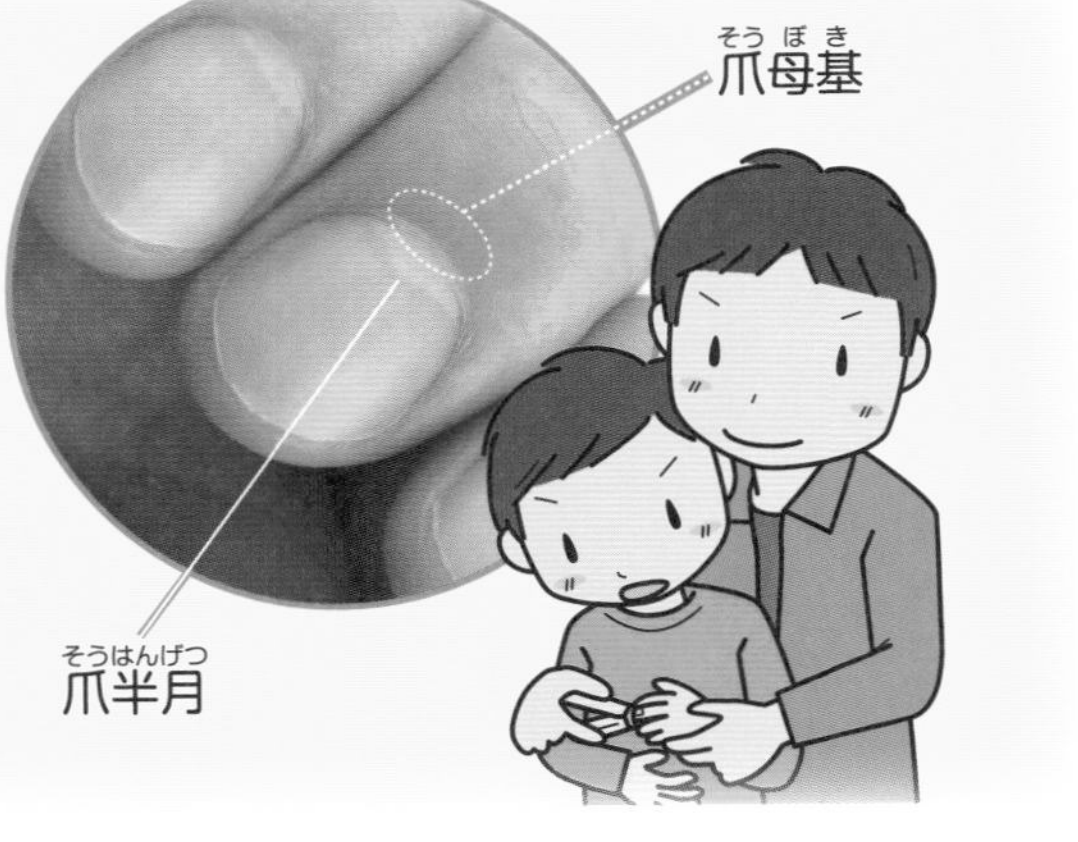

まめちしき ▶ツメを短《みじか》く切《き》りすぎてしまうことを「深爪《ふかづめ》」という。深爪《ふかづめ》してしまうと、ツメと皮《ひ》ふの間《あいだ》が痛《いた》く、ちょっとした刺激《しげき》で皮《ひ》ふがさけるので、気《き》をつけてね。

アイスはどうしてやわらかいの？

科学《かがく》のふしぎ

こおっているのにやわらかい

5月9日《がつここのか》は、「アイスクリームの日《ひ》」です。東京《とうきょう》オリンピックが開催《かいさい》された昭和《しょうわ》39年《ねん》に、夏《なつ》が近《ちか》づき、いよいよアイスクリームシーズンがはじまる連休《れんきゅう》明《あ》けに向《む》けて記念《きねん》イベントをおこなったのが、そのはじまりです。

あなたはアイスは好《す》きですか？　甘《あま》くって、冷《つめ》たくって、やわらかくって……。アイスクリームには、氷《こおり》とは違《ちが》い、たくさんの空気《くうき》や脂肪《しぼう》が入《はい》っています。このふたつが、こおっているはずのアイスをやわらかくしているひみつなのです。

アイスクリームをつくるときには、独特《どくとく》のなめらかな口《くち》あたりを出《だ》すために、「乳脂肪分《にゅうしぼうぶん》」や「無脂乳固形分《むしにゅうこけいぶん》」と呼《よ》ばれる脂肪分《しぼうぶん》や栄養分《えいようぶん》を含《ふく》ませ、おいしい味《あじ》と風味《ふうみ》を出《だ》すようにしているのです。

ひみつは空気《くうき》にある

また、アイスクリームができあがるまでには、原料《げんりょう》をまぜあわせたアイスクリームミックスの中《なか》に空気《くうき》をまぜ込《こ》むという「オーバーラン」という作業《さぎょう》が必要《ひつよう》です。

ここでは、アイスクリームの中《なか》にどれくらいの空気《くうき》をまぜるかを調整《ちょうせい》しますが、空気《くうき》が多《おお》いとやわらかく、少《すく》ないとかたくなるため、空気《くうき》のまぜ具合《ぐあい》を変《か》えながら、ほどよいやわらかさに調整《ちょうせい》しているのです。

ちなみに、やわらかいアイスクリームだと、中身《なかみ》の半分《はんぶん》近《ちか》くが空気《くうき》でできているということもあります。だから、こおっているのに、あんなにもふんわりとやわらかいのです。

ところで、日本人《にほんじん》がはじめてアイスクリームと出会《であ》ったのは、江戸時代末期《えどじだいまっき》のこと。アメリカではじめてアイスクリームを食《た》べた徳川幕府《とくがわばくふ》の一行《いっこう》は、そのおいしさにビックリしたといわれています。

その後《ご》、明治《めいじ》2年《ねん》には、日本《にほん》で最初《さいしょ》のアイスクリームが横浜《よこはま》でつくられました。その当時《とうじ》のアイスの名前《なまえ》は「あいすくりん」。なんだかとてもかわいらしいですね。

まめちしき ▶イタリアで誕生《たんじょう》したアイスクリームだけど、世界一《せかいいち》アイスクリームをよく食《た》べる国《くに》はアメリカなんだよ。一人《ひとり》あたり1年間《ねんかん》に食《た》べる量《りょう》は約《やく》20リットル！　日本《にほん》の3倍《ばい》の量《りょう》だよ。

どうして鳥《とり》は空《そら》を飛《と》べるの？

生《い》きもののふしぎ

飛《と》ぶための仕組《しく》みがいろいろ

鳥《とり》は飛《と》ぶときに、左右《さゆう》の大《おお》きなつばさをはばたかせていますね。

つばさは、さまざまな大《おお》きさや形《かたち》の羽《はね》があつまってできています。羽《はね》の中《なか》でも、飛《と》ぶのにもっとも大切《たいせつ》なはたらきをするのが、風切羽《かざきりばね》と呼《よ》ばれる、つばさの後《うし》ろにならんだ羽《はね》です。

鳥《とり》はこの風切羽《かざきりばね》を、よく発達《はったつ》した胸《むね》の筋肉《きんにく》で動《うご》かし、上手《じょうず》に使《つか》うことで、浮《う》き上《あ》がったり前《まえ》に進《すす》んだりできるのです。

また、鳥《とり》は飛《と》びやすいように、からだがとても軽《かる》くできています。

羽毛《うもう》におおわれているため、ふっくらとしたからだつきに見《み》えますが、ぜい肉《にく》はほとんどついていませんし、骨《ほね》の中《なか》は、スポンジのように空気《くうき》が入《はい》ってスカスカになっています。

食《た》べたものをすばやく消化《しょうか》して、短《みじか》い時間《じかん》でふんとしてからだの外《そと》に出《だ》すことで、からだが重《おも》くなるのを防《ふせ》いでもいます。

さらに、飛《と》んでいるときに空《くう》気《き》がぶつかりにくいからだの形《かたち》になっていたり、肺《はい》にある「気《き》のう」というふくろに空気《くうき》をためてからからだを浮《う》かびやすくするなど、鳥《とり》のからだには、飛《と》ぶためのさまざまな仕組《しく》みがあるのです。

飛《と》ばない鳥《とり》もいる

鳥《とり》は空《そら》を飛《と》ぶことで、食《た》べものをあつめたり、敵《てき》からにげたりするのに有《ゆう》利《り》になりましたが、すべての鳥《とり》が飛《と》べるわけではありません。

例《たと》えば草原《そうげん》でくらすダチョウは、二《に》本《ほん》の足《あし》を使《つか》って、時速《じそく》70キロの速《はや》さで走《はし》ることができます。

また、南極《なんきょく》でくらすペンギンは、つばさを使《つか》って水《みず》をかいて、海《うみ》の中《なか》を自《じ》由《ゆう》に泳《およ》ぐことができます。

どちらの鳥《とり》も、飛《と》ぶかわりに走《はし》る・泳《およ》ぐという力《ちから》が発達《はったつ》したのです。

まめちしき ▶鳥《とり》には、つばさをパタパタとはばたかせる飛《と》び方《かた》と、つばさを広《ひろ》げたまま空中《くうちゅう》をすべるような飛《と》び方《かた》があるんだよ。

どうして母《はは》の日《ひ》に赤《あか》いカーネーションをおくるの?

みのまわりのふしぎ

赤《あか》と白《しろ》のカーネーション

5月《がつ》の2回目《かいめ》の日曜日《にちようび》は「母《はは》の日《ひ》」です。この日《ひ》は、「お母《かあ》さん、いつもおうちのためにがんばってくれてありがとう」とお礼《れい》をいう日《ひ》です。

また、赤《あか》いカーネーションという花《はな》をおくるのが習慣《しゅうかん》にもなっています。カーネーションは、むかしから人々《ひとびと》に知《し》られた花《はな》で、国《くに》によっては、バラやチューリップと同《おな》じくらい人気《にんき》があるといわれています。

でもどうして、赤《あか》いカーネーションをおくるようになったのでしょうか。

いまから100年《ねん》以上前《いじょうまえ》、1905年《ねん》の5月《がつ》9日《ここのか》に、アメリカという国《くに》で、アンナという女《おんな》の子《こ》のお母《かあ》さんが亡《な》くなりました。そして2年後《ねんご》の1907年《ねん》、5月《がつ》の2回目《かいめ》の日曜日《にちようび》に、アンナはお母《かあ》さんのために、教会《きょうかい》でお母《かあ》さんが大好《だいす》きだった白《しろ》いカーネーションをかざったのです。

そして毎年《まいとし》この日《ひ》には、子《こ》どもがお母《かあ》さんのために、自分《じぶん》の胸《むね》にカーネーションをかざる習慣《しゅうかん》が広《ひろ》まりました。

お母《かあ》さんが亡《な》くなった子《こ》どもは白《しろ》のカーネーションを、お母《かあ》さんが生《い》きている子《こ》どもは赤《あか》いカーネーションをかざるのです。

こうして1914年《ねん》、アメリカで、5月《がつ》の2回目《かいめ》の日曜日《にちようび》を「母《はは》の日《ひ》」にすると決《き》められました。

カーネーションがおくりものに

その習慣《しゅうかん》はやがて日本《にほん》にも伝《つた》わりましたが、カーネーションを自分《じぶん》の胸《むね》にかざるのではなく、お母《かあ》さんにおくるという形《かたち》に変《か》わりました。

白《しろ》と赤《あか》でカーネーションをわける習慣《しゅうかん》も、お母《かあ》さんが生《い》きている子《こ》と生《い》きていない子《こ》を区別《くべつ》することになりかねません。ですから、赤《あか》いカーネーションをおくるようになったのです。

ですが最近《さいきん》では、いろいろな色《いろ》のカーネーションが増《ふ》えてきました。赤《あか》いカーネーションにこだわらずに、お母《かあ》さんが好《す》きな色《いろ》をおくるのもいいかもしれませんね。

まめちしき

▶母《はは》の日《ひ》が5月《がつ》の第《だい》2日曜日《にちようび》という国《くに》は多《おお》いけど、クウェートやアラブ首長国連邦《しゅちょうこくれんぽう》などの中東《ちゅうとう》の国々《くにぐに》は春分《しゅんぶん》の日《ひ》、フランスやスウェーデンは5月《がつ》の最終日曜日《さいしゅうにちようび》など、国《くに》によって違《ちが》うんだって。

5月《がつ》12日《にち》

みのまわりのふしぎ

どうしてお医者《いしゃ》さんは白《しろ》い服《ふく》を着《き》ているの？

白衣《はくい》はよごれがわかりやすい

病院《びょういん》へ行《い》くと、お医者《いしゃ》さんの多《おお》くは白《しろ》い服《ふく》を着《き》ています。

この服《ふく》は、白衣《はくい》と呼《よ》ばれているもので、病院《びょういん》で働《はたら》く人《ひと》たちの制服《せいふく》のようなものです。看護師《かんごし》さんたちも着《き》ていますね。

病院《びょういん》には、病気《びょうき》のもととなる菌《きん》を持《も》った人《ひと》がたくさん治療《ちりょう》に来《き》ています。その菌《きん》が、目《め》に見《み》えないような小《ちい》さな傷《きず》から、他《ほか》の人《ひと》や患者《かんじゃ》さんに広《ひろ》がるようなことは、けっしてあってはなりません。そのために、病院《びょういん》の中《なか》や自分《じぶん》たちが着《き》ている服《ふく》は、いつもきれいにしておく必要《ひつよう》があります。

白《しろ》い服《ふく》なら治療《ちりょう》をしているときになにかのよごれがついてしまったり、治療中《ちりょうちゅう》の患者《かんじゃ》さんの血《ち》がついてしまったりしても、よごれが目立《めだ》つのですぐに気《き》づくことができます。

白《しろ》は安心感《あんしんかん》のある色《いろ》

また、白《しろ》にはさわやかなイメージもあり、人《ひと》を安心《あんしん》させる効果《こうか》もあるようです。病気《びょうき》になって不安《ふあん》な気持《きも》ちになっている患者《かんじゃ》さんにとっては、白《しろ》い服《ふく》が安心感《あんしんかん》をあたえてくれるようです。

診察《しんさつ》を受《う》けながら、

「だいじょうぶ。すぐになおるよ」

などと先生《せんせい》にいわれただけで、なんとなくホッとして気分《きぶん》がよくなるようなことがありませんか？

このような理由《りゆう》から、お医者《いしゃ》さんの服《ふく》は白《しろ》になったといわれています。

その他《ほか》、救急車《きゅうきゅうしゃ》の色《いろ》も法律《ほうりつ》で定《さだ》められていますが、やはり同《おな》じような理由《りゆう》から白《しろ》になったようです。

さらに、白《しろ》い服《ふく》を着《き》て仕事《しごと》をする人《ひと》は、その他《ほか》にもレストランにつとめる人《ひと》や板前《いたまえ》さんなど、料理《りょうり》をつくる仕事《しごと》をする人《ひと》などもいます。

食《た》べものをあつかい、お客《きゃく》さまの口《くち》に直接《ちょくせつ》入《はい》るものをつくる仕事《しごと》なので、清潔《せいけつ》で安心《あんしん》して食《た》べてもらえるように白《しろ》い服《ふく》を着《き》ているのです。

まめちしき ▶科学者《かがくしゃ》など実験《じっけん》をするような人《ひと》たちも白衣《はくい》を着《き》ているよね。それは、薬品《やくひん》や火《ひ》などからからだを守《まも》るために着《き》ているんだって。

どうしてイヌの鼻《はな》はぬれているの？

生《い》きもののふしぎ

ぬれた鼻《はな》の役割《やくわり》

イヌの鼻《はな》がぬれているのは、イヌが鼻《はな》をなめてぬらしているわけでも、鼻《はな》水《みず》が出《で》ているわけでもありません。

イヌは大変《たいへん》においに敏感《びんかん》な生《い》きものです。周《まわ》りのことを知《し》るために、わたしたち人間《にんげん》はまず、目《め》を使《つか》ってものを見《み》ます。これに対《たい》してイヌは、鼻《はな》を使《つか》ってにおいをかぐことで、いろいろなことを知《し》るのです。つまりイヌにとって、鼻《はな》は生《い》きていくためにとても重要《じゅうよう》なものなのです。

空気《くうき》が乾燥《かんそう》していると、においの成《せい》分《ぶん》は蒸発《じょうはつ》してすぐに消《き》えてしまいます。反対《はんたい》に、空気《くうき》がしめっているほど、においの成分《せいぶん》が長《なが》く残《のこ》り、においを感《かん》じやすくなるのです。

ですからイヌは、鼻《はな》の穴《あな》の中《なか》の外側《がいそく》鼻腺《びせん》というところから少《すこ》しずつ液体《えきたい》を出《だ》しています。こうすることで鼻《はな》の穴《あな》の中《なか》の空気《くうき》をしめらせて、においを感《かん》じやすくしているのです。

また、しめり気《け》のある空気《くうき》を息《いき》としてはくことで、イヌの鼻《はな》の外《そと》がぬれた状態《じょうたい》になるため、においの成分《せいぶん》をとらえやすくもなっています。

その他《ほか》、ぬれた鼻《はな》には、体温調節《たいおんちょうせつ》や、風向《かざむ》きをとらえるなどのはたらきもあります。

ぬれていないときもある

ですが食事《しょくじ》のあとなど、静《しず》かに落《お》ち着《つ》いているときや、寝《ね》ているときには、外側鼻腺《がいそくびせん》から液体《えきたい》は出《で》ません。ぎゃくに、運動《うんどう》しているときや興奮《こうふん》しているときには、液体《えきたい》の量《りょう》が増《ふ》え、鼻《はな》がよくぬれた状態《じょうたい》になります。一日《いちにち》の間《あいだ》に、イヌの鼻《はな》はぬれたり、乾《かわ》いたりをくり返《かえ》しているのです。

ですから、一日中《いちにちじゅう》ずっと鼻《はな》が乾《かわ》いているようなら、熱《ねつ》が高《たか》かったり、病気《びょうき》かもしれません。食欲《しょくよく》がなく、元気《げんき》がないようなら、動物病院《どうぶつびょういん》に連《つ》れて行《い》くようにしましょう。

まめちしき

▶イヌは、花《はな》のにおいや人間《にんげん》が科学的《かがくてき》につくったにおいより、動物《どうぶつ》のにおいに対《たい》して敏感《びんかん》。大《おお》むかしから、エサとなる動物《どうぶつ》を狩《か》りでつかまえていたなごりなんだよ。

5月《がつ》14日《にち》

どうして空《そら》は青《あお》いの？

自然《しぜん》のふしぎ

青色《あおいろ》の光《ひかり》が空気《くうき》の中《なか》に広《ひろ》がる

天気《てんき》がいい日《ひ》は、空《そら》がまっ青《さお》で気持《きも》ちがいいですね。ところで、どうして空《そら》は青《あお》いのでしょうか。

地球《ちきゅう》の外《そと》に広《ひろ》がる宇宙《うちゅう》は黒色《くろいろ》の世界《せかい》です。空《そら》のもっと先《さき》には宇宙《うちゅう》があるわけですから、空《そら》は黒色《くろいろ》でもよさそうなものですが……。

まず知《し》っておきたいことは、ふたつあります。ひとつ目《め》は、宇宙《うちゅう》と空《そら》との違《ちが》いはなにかということです。こたえは、空気《くうき》があることですね。

ふたつ目《め》は、太陽《たいよう》の光《ひかり》は、いろいろな色《いろ》がまざってできているということです。太陽《たいよう》の光《ひかり》はまぶしい白色《しろいろ》に見《み》えますが、じつは7つの色《いろ》がまざり合《あ》ってできています。

それは、むらさき、あい、青《あお》、緑《みどり》、黄《き》、だいだい、赤《あか》です。そう、この7色《しょく》は虹《にじ》の色《いろ》と同《おな》じなのです。虹《にじ》の正体《しょうたい》は、太陽《たいよう》の光《ひかり》が7色《しょく》にわかれたものなのです（127ページ）。

いま説明《せつめい》したふたつのことが、「どうして空《そら》が青《あお》いか」の謎《なぞ》をとくのに大切《たいせつ》なのです。

太陽《たいよう》からやってきた光《ひかり》が、地球《ちきゅう》にやってくると、空気《くうき》の中《なか》を通《とお》ります。

空気《くうき》の中《なか》を通《とお》るときに、太陽《たいよう》の光《ひかり》の中《なか》でも、とくに青色《あおいろ》の光《ひかり》が「散乱《さんらん》」ということを起《お》こします。散乱《さんらん》というのは、空気《くうき》の中《なか》の分子《ぶんし》というものにぶつかって、光《ひかり》があちこちに散《ち》らばってしまうことをいいます。

青色《あおいろ》の光《ひかり》が散乱《さんらん》することで、空気《くうき》の中《なか》に青《あお》い光《ひかり》がたくさん広《ひろ》がります。ですから、わたしたちの目《め》には、空《そら》が青《あお》く見《み》えるのです。

夕方《ゆうがた》は青色《あおいろ》の光《ひかり》が見《み》えにくい

しかし、空《そら》が赤《あか》く見《み》えるときもありますよね。それは明《あ》け方《がた》や夕方《ゆうがた》です。昼間《ひるま》との違《ちが》いは、太陽《たいよう》が頭《あたま》の上《うえ》にあるか、横《よこ》のほうにあるかです。

横《よこ》のほうにあると、わたしたちの目《め》に届《とど》くまでに、空気《くうき》の中《なか》を通《とお》る距離《きょり》が長《なが》くなります。すると、青色《あおいろ》の光《ひかり》はより多《おお》く散乱《さんらん》してしまい、ほとんど見《み》えなくなってしまうのです。

そうなると、7色《しょく》の中《なか》ではあまり散乱《さんらん》しない光《ひかり》が、わたしたちの目《め》に届《とど》きます。これが赤色《あかいろ》の光《ひかり》なのです（73ページ）。

まめちしき ▶海《うみ》の色《いろ》が青《あお》く見《み》えるのも同《おな》じような理由《りゆう》で、青《あお》い光《ひかり》は水《みず》の中《なか》で散乱《さんらん》しやすいから。他《ほか》の色《いろ》の光《ひかり》は、水《みず》の中《なか》では吸収《きゅうしゅう》されてしまい見《み》えなくなってしまうんだって。

みのまわりのふしぎ

ヨーグルトはなにでできているの？

牛乳《ぎゅうにゅう》がヨーグルトのもと

今日《きょう》はヨーグルトの日《ひ》です。

1900年代《ねんだい》のはじめ、免疫《めんえき》に関《かん》する研究《けんきゅう》でノーベル生理学《せいりがく》・医学賞《いがくしょう》を受賞《じゅしょう》したロシア生《う》まれの生物学者《せいぶつがくしゃ》イリヤ・イリイッチ・メチニコフが、ヨーグルトを世界《せかい》の人々《ひとびと》に紹介《しょうかい》しました。そこで、この人《ひと》の誕生日《たんじょうび》を「ヨーグルトの日《ひ》」とすることを、明治乳業《めいじにゅうぎょう》という会社《かいしゃ》が決《き》めたのがはじまりです。

見《み》た目《め》は白《しろ》くて、口《くち》に入《い》れると少《すこ》しすっぱい味《あじ》のする、トローリとしたヨーグルト。

ヨーグルトのもとである牛乳《ぎゅうにゅう》は、良質《りょうしつ》なタンパク質《しつ》、カルシウム、ビタミンなどが含《ふく》まれていることから、「完全栄養食品《かんぜんえいようしょくひん》」といわれるほど、栄養《えいよう》がバランスよく含《ふく》まれています。

でもどうして、サラサラした牛乳《ぎゅうにゅう》がトロッとしたヨーグルトに変身《へんしん》するのでしょうか。

それは、「乳酸菌《にゅうさんきん》」という菌《きん》が、牛乳《ぎゅうにゅう》の中《なか》の「乳糖《にゅうとう》」と呼《よ》ばれる成分《せいぶん》とくっついて、姿《すがた》を変《か》えるからです。

乳酸菌《にゅうさんきん》の力《ちから》

このときにできる、ヨーグルトの中《なか》の「乳《にゅう》酸《さん》」が、お腹《なか》の中《なか》で大《だい》活躍《かつやく》！　まず、わるいばい菌《きん》が増《ふ》えることをおさえて、お腹《なか》の中《なか》の調子《ちょうし》を整《ととの》えてくれるのです。

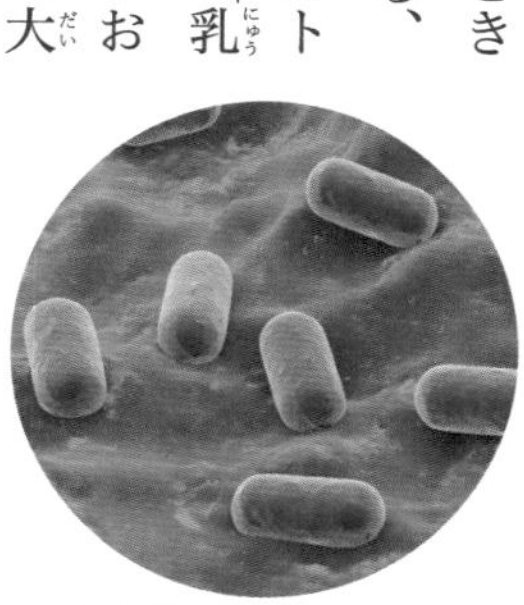
乳酸菌《にゅうさんきん》のイメージ図《ず》

さらに乳酸《にゅうさん》は、からだの大事《だいじ》な内臓《ないぞう》（肺《はい》や心臓《しんぞう》）を動《うご》かすエネルギー源《げん》となったり、食《た》べものを消化《しょうか》するはたらきを助《たす》けてくれたりします。

いわばヨーグルトは、牛乳《ぎゅうにゅう》の栄養《えいよう》バランスと、乳酸菌《にゅうさんきん》の力《ちから》でからだを守《まも》ってくれる食《た》べものなのです。

だからといって、ヨーグルトだけを食《た》べていればいいのではありません。バランスよくいろいろな食《た》べものを食《た》べることが、健康《けんこう》にすくすく成長《せいちょう》するポイントです。いろいろなものを好《す》き嫌《きら》いせず食《た》べるようにしましょうね。

まめちしき

▶ヨーグルトといえばブルガリアなのに、メチニコフ博士《はかせ》はロシアの出身《しゅっしん》。ブルガリアは当時《とうじ》ロシアに支配《しはい》されていたからだ。ブルガリアの人《ひと》はヨーグルトを食《た》べているから長生《ながい》きだよ。

5月《がつ》16日《にち》

みのまわりのふしぎ

総理大臣《そうりだいじん》と大統領《だいとうりょう》はなにが違《ちが》うの？

総理大臣《そうりだいじん》は国会議員《こっかいぎいん》のリーダー

「総理大臣《そうりだいじん》」や「大統領《だいとうりょう》」という言葉《ことば》をニュースでよく聞《き》きますね。どちらも国《くに》の大事《だいじ》なことを決《き》める人《ひと》だとはわかりますが、なにが違《ちが》うのでしょうか。

総理大臣《そうりだいじん》（首相《しゅしょう》と呼《よ》ぶ国《くに》が多《おお》い）だけがいる国《くに》があれば、大統領《だいとうりょう》だけがいる国《くに》もありますし、総理大臣《そうりだいじん》と大統領《だいとうりょう》が両方《りょうほう》いる国《くに》もあります。

どうして国《くに》によって違《ちが》うのかというと、国《くに》によってそれぞれルールや決《き》まりが違《ちが》うからです。

日本《にほん》には総理大臣《そうりだいじん》だけがいます。でも、あなたの周《まわ》りにいる大人《おとな》の人《ひと》たちが「総理大臣《そうりだいじん》を選《えら》びにいってくるね」といって、でかけたことはないですよね。総理大臣《そうりだいじん》は国民《こくみん》みんなで選《えら》ぶのではなく、国会議員《こっかいぎいん》が選《えら》ぶからです。

国会議員《こっかいぎいん》というのは、国《くに》のルールや決《き》まりを決《き》める人《ひと》のことです。総理大臣《そうりだいじん》に立候補《りっこうほ》する人《ひと》も、国会議員《こっかいぎいん》でなければいけません。つまり、国会議員《こっかいぎいん》の中《なか》から選《えら》ばれたリーダーのことを総理大臣《そうりだいじん》というのです。

大統領《だいとうりょう》は国民《こくみん》が選《えら》ぶ

では、大統領《だいとうりょう》はどうやって選《えら》ばれるのでしょうか。例《たと》えばアメリカ合衆国《がっしゅうこく》の場合《ばあい》は、国民《こくみん》が直接《ちょくせつ》大統領《だいとうりょう》を選《えら》びます。大統領《だいとうりょう》に立候補《りっこうほ》できるのは、国内《こくない》で生《う》まれて14年《ねん》以上《いじょう》国内《こくない》に住《す》んでいる、35歳《さい》以上《いじょう》の人《ひと》です。

総理大臣《そうりだいじん》は国会議員《こっかいぎいん》の中《なか》から選《えら》ばれるリーダーなので、国《くに》のルールや決《き》まりを決《き》めるときには、国会議員《こっかいぎいん》の人《ひと》たちの意見《いけん》を聞《き》かなければいけません。

でも、大統領《だいとうりょう》は連邦議会《れんぽうぎかい》（日本《にほん》の国会《こっかい》と同《おな》じ）と直接関係《ちょくせつかんけい》がないので、自分《じぶん》の考《かんが》えで国《くに》のルールや決《き》まりを決《き》めることができます。

議員《ぎいん》の人《ひと》たちの意見《いけん》を聞《き》くか、聞《き》かないか、というだけでも仕事《しごと》の内容《ないよう》に違《ちが》いがありますね。

総理大臣《そうりだいじん》と大統領《だいとうりょう》が両方《りょうほう》いる国《くに》は、例《たと》えばフランスやイタリア、韓国《かんこく》などがあります。選《えら》ばれ方《かた》や仕事《しごと》の内容《ないよう》は、国《くに》の歴史《れきし》や文化《ぶんか》によってそれぞれ違《ちが》います。

まめちしき ▶国会議員《こっかいぎいん》を一番多《いちばんおお》く出《だ》している政党《せいとう》とその政党《せいとう》に協力《きょうりょく》する政党《せいとう》を与党《よとう》といい、それ以外《いがい》の政党《せいとう》は野党《やとう》という。法律《ほうりつ》で決《き》められてはいないけど、ふつうは与党《よとう》の党首《とうしゅ》が総理大臣《そうりだいじん》になるよ。

5月《がつ》17日《にち》

どうして血圧《けつあつ》が高《たか》いとからだによくないの？

人体《じんたい》のふしぎ

血圧《けつあつ》ってなに？

血圧《けつあつ》というのは、動脈《どうみゃく》を流《なが》れる血《ち》が、血管《けっかん》にあたえる力《ちから》の強《つよ》さのことです。

心臓《しんぞう》はポンプのようなはたらきで、血《ち》をからだ中《じゅう》にいきわたらせています。心臓《しんぞう》が小《ちい》さく縮《ちぢ》むときは、動脈《どうみゃく》に血《ち》を送《おく》り出《だ》しています。このとき、動《どう》脈《みゃく》の中《なか》をいきおいよく血《ち》が流《なが》れ、血管《けっかん》を内側《うちがわ》から押《お》す力《ちから》がもっとも強《つよ》くなります。これが最高血圧《さいこうけつあつ》です。

血《ち》は動脈《どうみゃく》を通《とお》りながらからだ中《じゅう》に酸《さん》素《そ》や栄養《えいよう》を届《とど》け、かわりに二酸化炭素《にさんかたんそ》や、いらなくなった成分《せいぶん》を受《う》け取《と》り、静脈《じょうみゃく》から心臓《しんぞう》に帰《かえ》ってきます。

このとき、心臓《しんぞう》は大《おお》きくふくらみ、動脈《どうみゃく》に流《なが》れる血《ち》が減《へ》るので、血管《けっかん》を内《うち》側《がわ》から押《お》す力《ちから》は弱《よわ》くなります。これが最低血圧《さいていけつあつ》です。

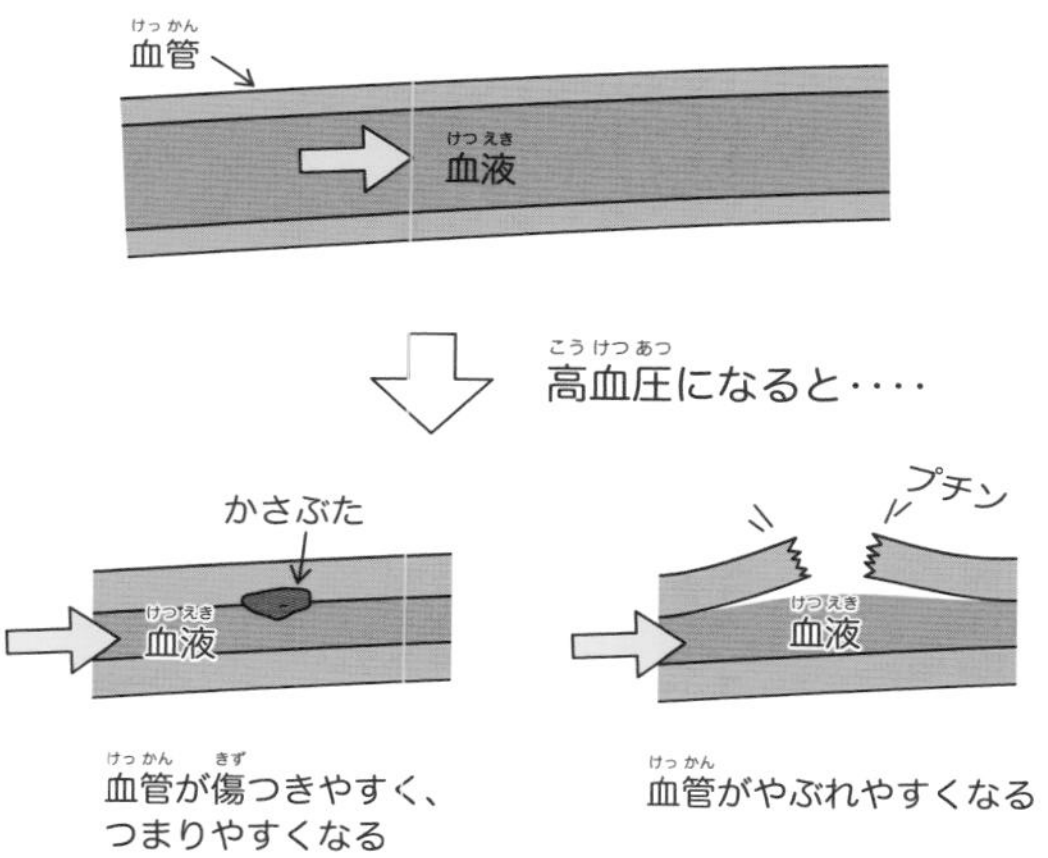

血管《けっかん》がかたくなる

血圧《けつあつ》が高《たか》くなり、血管《けっかん》がいつも内側《うちがわ》から強《つよ》い力《ちから》で押《お》されている状態《じょうたい》になると、力《ちから》に負《ま》けないように血管《けっかん》の壁《かべ》はかたく、厚《あつ》くなります。

壁《かべ》が厚《あつ》くなると内側《うちがわ》がせまくなるので、血《ち》がむりやり通《とお》ることで、血管《けっかん》が傷《きず》つきやすくなります。

傷《きず》のできた場所《ばしょ》には血《ち》がかさぶたとなってかたまり、傷《きず》をなおそうとするのですが、このかたまりが血管《けっかん》をふさいでしまい、血《ち》の流《なが》れを止《と》めてしまうことがあります。

また、血管《けっかん》はもともとやわらかく、流《なが》れる血《ち》の量《りょう》によってのび縮《ちぢ》みできるようになっています。ですがかたくなってしまうと、血《ち》がたくさん流《なが》れたときに、のびることができずにやぶれてしまいます。

どちらの状態《じょうたい》になっても、血《ち》が全身《ぜんしん》にいきわたらなくなってしまうため、とても危険《きけん》です。場合《ばあい》によっては死《し》んでしまうこともありますから、血圧《けつあつ》が高《たか》いというのはとてもこわいことなのです。

高血圧《こうけつあつ》は、とくに太《ふと》っている人《ひと》に多《おお》くみられるようです。食生活《しょくせいかつ》を見《み》なおしたり、運動《うんどう》をするなどして予防《よぼう》していきましょう。

まめちしき

▶最高血圧《さいこうけつあつ》と最低血圧《さいていけつあつ》の差《さ》が大《おお》きいほど、血管《けっかん》がかたくなっていると考《かんが》えられるよ。とくに、動脈《どうみゃく》がかたくなる「動脈硬化《どうみゃくこうか》」に要注意《ようちゅうい》！

生きもののふしぎ

ナメクジに塩《しお》をかけると小《ちい》さくなるのはなぜ？

カタツムリとナメクジ

あなたはナメクジを見《み》たことがありますか？　もしかしたら「カタツムリなら見《み》たことがあるよ」という人《ひと》がいるかもしれません。カタツムリとナメクジはよく似《に》ています。

それもそのはず、どちらも、同《おな》じ貝《かい》の仲間《なかま》なのですから。ナメクジは、カタツムリと違《ちが》って、カラがなくなってしまった種類《しゅるい》だと考《かんが》えられています（236ページ）。

ところであなたは「ナメクジに塩《しお》をかけると小《ちい》さくなってしまう」という話《はなし》を聞《き》いたことがありますか？　実際《じっさい》ナメクジに塩《しお》をかけると、どんどん小《ちい》さくなって、ひどいときには死《し》んでしまうこともあるのです。

「塩《しお》がナメクジを溶《と》かしてしまうからかな？」……いや、そうではありません。「塩《しお》がナメクジの水分《すいぶん》を吸《す》い取《と》ってしまうから」なのです。

からだのほとんどが水分《すいぶん》

ナメクジのからだは、ほとんどが水《すい》分でできています。その量《りょう》は、90パーセントといわれています。

かんたんにいうと、ナメクジのからだを10個《こ》にきちっとわけると、そのうち、9個《こ》がまるまる水分《すいぶん》だということになります。

つまりナメクジにとって、水分《すいぶん》はとても大切《たいせつ》なもの。ですから、ジメジメとした、しめりけの多《おお》いところが好《す》きですし、日《ひ》にあたらないように夜《よる》に動《うご》いているのです。

さらに、からだ全体《ぜんたい》がねばり気《け》のある粘液《ねんえき》でおおわれていて、いつもからだが乾《かわ》かないようにしているのです。

そして、塩《しお》には、水分《すいぶん》を吸《す》い取《と》ってしまうはたらきがあるのです……。もうわかりましたか？　ナメクジに塩《しお》をかけると、塩《しお》がからだの水分《すいぶん》をどんどん吸《す》い取《と》ってしまうので、ナメクジが小《ちい》さくなるのですね。

ちなみに、塩《しお》の他《ほか》に、砂糖《さとう》や小麦粉《こむぎこ》なども、水分《すいぶん》を吸《す》い取《と》ってしまうはたらきがあるので、やはり、ナメクジを小《ちい》さくしてしまいます。

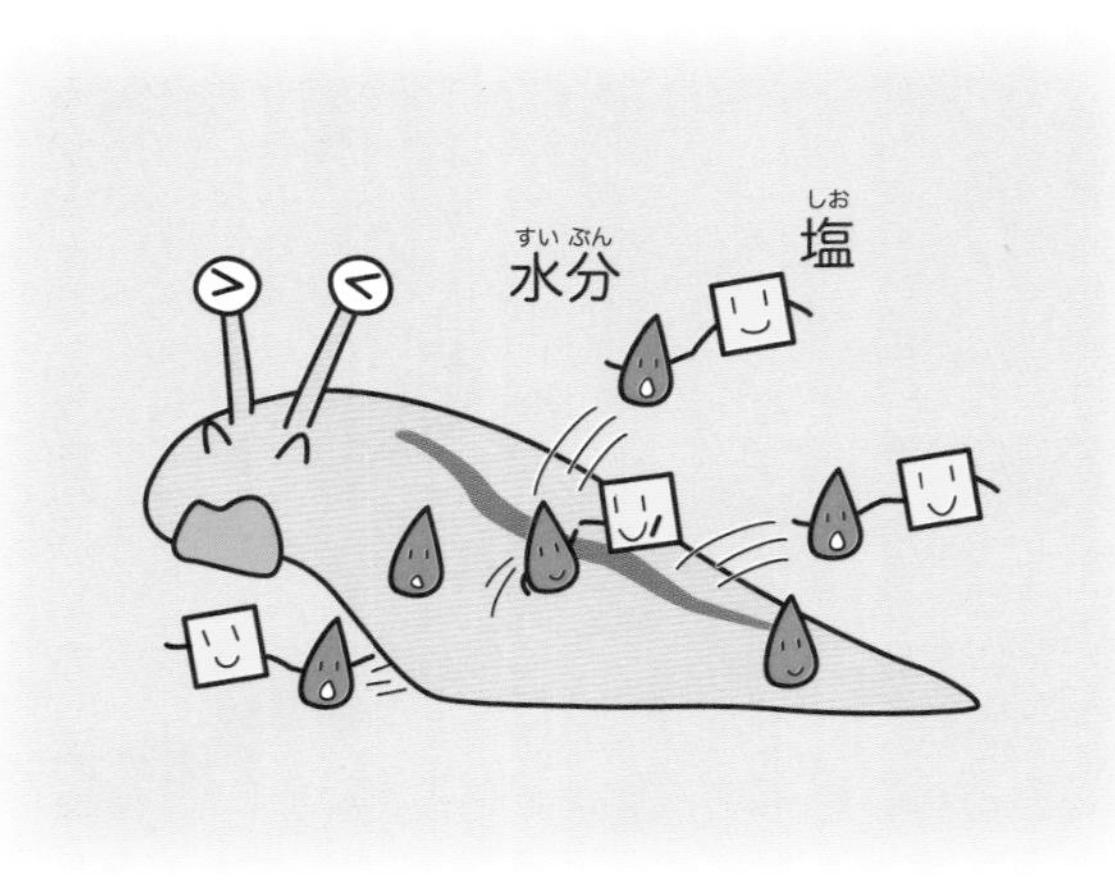

まめちしき　▶ナメクジは農作物《のうさくもつ》、とくに菜《な》っ葉《ぱ》を食《た》べて穴《あな》を開《あ》けたりするし、見《み》た目《め》もぬるっとしているから大人《おとな》からはきらわれているよ。

どうして飛行機《ひこうき》では宇宙《うちゅう》に行《い》けないの？

科学《かがく》のふしぎ

空気《くうき》に支《ささ》えられた飛行機《ひこうき》

空《そら》をどんどん高《たか》く上《のぼ》っていくと、やがて宇宙《うちゅう》に行《い》ってしまいます。では、どこからが宇宙《うちゅう》なのでしょう。

世界《せかい》で一番《いちばん》高《たか》い山《やま》はエベレスト山《さん》で、9キロメートルほどの高《たか》さですが、その頂上《ちょうじょう》では空気《くうき》が地上《ちじょう》の3分《ぶん》の1ほどしかありません。さらに上《のぼ》っていくと、空気《くうき》はさらに薄《うす》くなり、500キロメートルも上《のぼ》ると、ほとんど空気《くうき》がなくなります。そこから先《さき》が宇宙《うちゅう》だとされています。

ところで、あなたは高《たか》いところにあるものを取《と》るときに、ふみ台《だい》を使《つか》うことがありますよね。このときは、ふみ台《だい》があなたのからだを支《ささ》えています。

飛行機《ひこうき》もこれと同《おな》じです。飛《と》ぶときに、ふたつの大《おお》きなつばさを空気《くうき》に支《ささ》えてもらっています。

飛行機《ひこうき》は、止《と》まっているときは、つばさの上《うえ》からも下《した》からも同《おな》じ力《ちから》で空気《くうき》が押《お》しています。

しかし、飛行機《ひこうき》が前《まえ》に向《む》かって進《すす》むときには、つばさの上《うえ》から押《お》す空気《くうき》の力《ちから》が弱《よわ》くなり、下《した》から押《お》す空気《くうき》の力《ちから》のほうが大《おお》きくなります。そのため浮《う》かび上《あ》がるのです（384ページ）。

つまり、空気《くうき》がないと飛行機《ひこうき》はつばさを押《お》し上《あ》げてもらうことができないので、浮《う》かび上《あ》がることができません。ですから、飛行機《ひこうき》では宇宙《うちゅう》に行《い》けないのです。

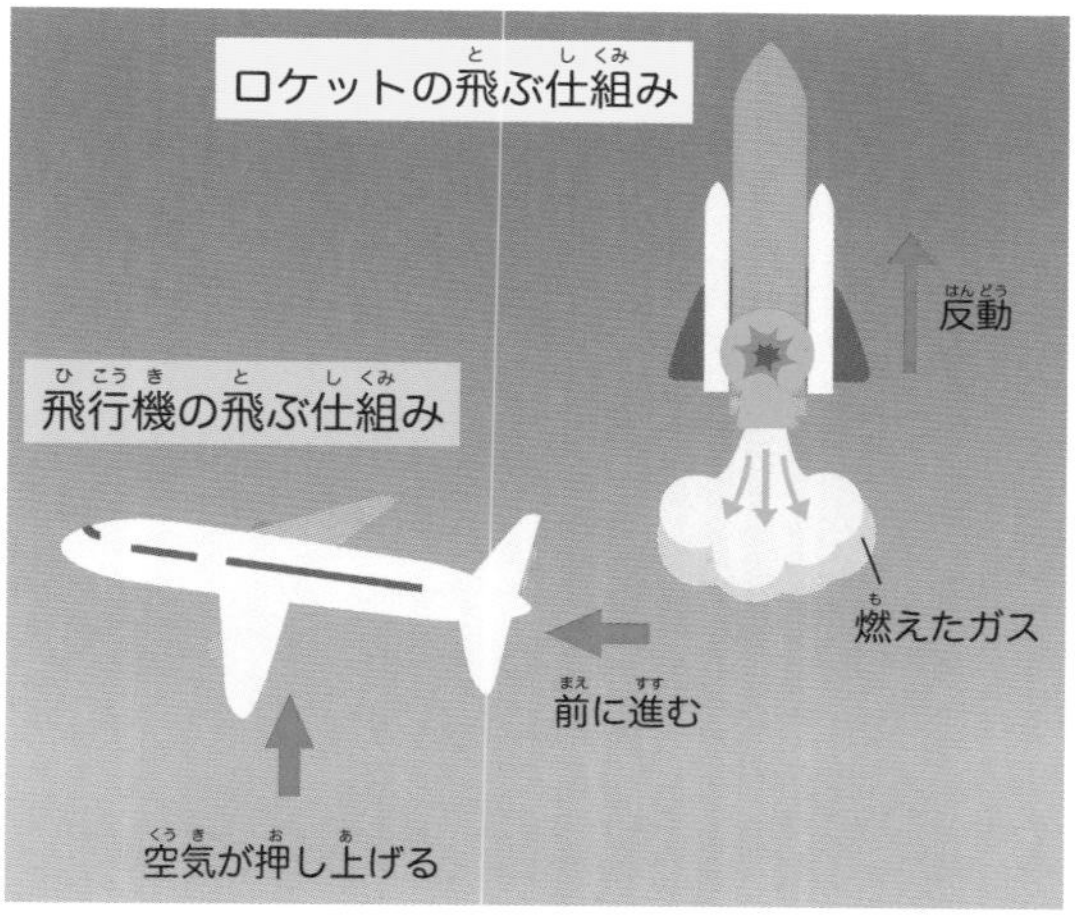

ロケットが宇宙《うちゅう》に行《い》けるわけ

ロケットは飛行機《ひこうき》とまったく違《ちが》う仕《し》組《く》みで飛《と》び上《あ》がります。ロケットのエンジンは、燃料《ねんりょう》を燃《も》やして、下《した》に向《む》かってガスを噴射《ふんしゃ》します。

わたしたちがものを投《な》げるときは、投《な》げるのに出《だ》したのと同《おな》じ力《ちから》で、後《うし》ろにも押《お》されています。これを、反作用《はんさよう》といいます。

ロケットはガスを下《した》に噴射《ふんしゃ》したときの反作用《はんさよう》を使《つか》って、飛《と》び上《あ》がるのです。この仕組《しく》みを使《つか》うと、空気《くうき》のない宇宙《うちゅう》空間《くうかん》の中《なか》でも飛《と》ぶことができます。

飛行機《ひこうき》のパイロットも宇宙飛行士《うちゅうひこうし》も、かっこいいですよね。あなたはどちらになりたいですか？

まめちしき ▶スペースシャトルは、ロケットのように打《う》ち上《あ》げられ、飛行機《ひこうき》のように帰《かえ》ってくるのが特長《とくちょう》。国《こく》際《さい》宇宙《うちゅう》ステーションが完成《かんせい》した2011年《ねん》7月《がつ》にその役割《やくわり》を終えたんだ。

天気雨《てんきあめ》ってどうして降《ふ》るの？

自然《しぜん》のふしぎ

雲《くも》がないのに雨《あめ》が降《ふ》る？

空《そら》は明《あか》るくて晴《は》れているのに、雨《あめ》がパラパラと降《ふ》ってくる天気雨《てんきあめ》。でも、上《うえ》を向《む》いても雲《くも》はありません。なんだかふしぎですね。

雲《くも》がないのなら、その雨《あめ》はどこから降《ふ》ってきたのでしょうか。それにはふたつの理由《りゆう》が考《かんが》えられます。

ひとつは、さっきまであった雲《くも》が消《き》えてしまったから。

雲《くも》の種類《しゅるい》にもよりますが、風《かぜ》が吹《ふ》きはじめると、早《はや》いときには10分《ぷん》くらいで雲《くも》は消《き》えてしまうそう。

ですから、雨《あま》つぶがわたしたちのいる地上《ちじょう》まで落《お》ちてくる間《あいだ》に、雨《あめ》を降《ふ》らせた雲《くも》が消《き》えてしまい、晴《は》れていることがあるのです。

もうひとつは、遠《とお》くで降《ふ》っていた雨《あめ》が風《かぜ》に流《なが》されてやってくる場合《ばあい》です。

これは山《やま》の近《ちか》くで多《おお》いのですが、山《やま》の向《む》こう側《がわ》や山《やま》の中《なか》で降《ふ》っていた雨《あめ》が、強《つよ》い風《かぜ》に流《なが》されて地上《ちじょう》まで降《ふ》ってくるのです。

天気雨《てんきあめ》のいろいろな呼《よ》び名《な》

天気雨《てんきあめ》は、一年《いちねん》のうちでも数回《すうかい》くらいしか起《お》こらないふしぎな天気《てんき》です。その仕組《しく》みがわからなかった時代《じだい》には、動物《どうぶつ》や悪魔《あくま》のしわざだと信《しん》じられていました。

例《たと》えば日本《にほん》では、むかしから「キツネのよめ入《い》り」といわれていました。これは、天気雨《てんきあめ》のときにキツネがよめ入《い》り（女《おんな》の人《ひと》が結婚《けっこん》して男《おとこ》の人《ひと》の家《いえ》に住《す》むこと）をすると信《しん》じられていたからです。

ふしぎなことに、日本《にほん》から遠《とお》く離《はな》れたイギリスやイタリアでも、同《おな》じように信《しん》じられていたそうです。

同《おな》じよめ入《い》りでも、地域《ちいき》によって動《どう》物《ぶつ》が変《か》わります。アフリカではサル、アラビア語《ご》が使《つか》われる地域《ちいき》ではネズミ、韓国《かんこく》ではトラ、トルコでは悪魔《あくま》が結婚《けっこん》するときと考《かんが》えられています。また、ポーランドという国《くに》では、魔女《まじょ》がバターをつくる時間《じかん》だと信《しん》じられていたそうです。

まめちしき　▶天気雨《てんきあめ》がよくみられるのは夏《なつ》。だから「キツネのよめ入《い》り」も夏《なつ》をあらわす言葉《ことば》となっているんだよ。それから天気雨《てんきあめ》のときには、虹《にじ》がかかることも多《おお》いんだ。

読《よ》んだ日《ひ》　月《がつ》　日《にち》

5月《がつ》21日《にち》

みのまわりのふしぎ

お勉《べん》強《きょう》ってなんのためにするの？

義務教育《ぎむきょういく》って？

今日《きょう》は、小学校《しょうがっこう》の日《ひ》です。1869年《ねん》のこの日《ひ》に、京都《きょうと》で日本初《にほんはつ》の小学校《しょうがっこう》「上京第二十七番組小学校《かみぎょうだいにじゅうななばんぐみしょうがっこう》」が開校《かいこう》したことから定《さだ》められました。

日本《にほん》では、6歳《さい》になるとだれもが6年間《ねんかん》、小学校《しょうがっこう》に通《かよ》わなくてはいけません。そして小学校《しょうがっこう》を卒業《そつぎょう》すると、さらに3年間《ねんかん》、中学校《ちゅうがっこう》にも通《かよ》わなくてはいけません。

このように合《あ》わせて9年間学校《ねんかんがっこう》に通《かよ》わなくてはいけないことを「義務教育《ぎむきょういく》」といいます。

中学校《ちゅうがっこう》を卒業《そつぎょう》してからも、高校《こうこう》で3年間《ねんかん》、大学《だいがく》で4年間《ねんかん》……さらに社会《しゃかい》に出《で》て、仕事《しごと》をはじめてからだって、わたしたちはお勉強《べんきょう》をし続《つづ》けなければなりません。

生《い》きていくために必要《ひつよう》なこと

でも、なんのためにお勉強《べんきょう》をするんだろう？　そう考《かんが》えたくなるときが、あなたにもあるかもしれませんね。

いろいろなお勉強《べんきょう》をすることは、将来《しょうらい》、自分《じぶん》がやりたいことをうまくやるためには、とても大事《だいじ》なことであり、必要《ひつよう》なことなのです。

例《たと》えば国語《こくご》は、文字《もじ》を読《よ》み書《か》きできるようになるために勉強《べんきょう》しています。算数《さんすう》は、いろいろな計算《けいさん》ができるようになるために勉強《べんきょう》しなければいけません。もし計算《けいさん》ができないと、お買《か》いものに行《い》ってもお金《かね》を払《はら》ったり、おつりをわたしたりすることができません。それではとても困《こま》ってしまうでしょう。

このようにお勉強《べんきょう》は、社会《しゃかい》で生《い》きていくために必要《ひつよう》なことを身《み》につけるために、していかなければならないことなのです。それはきっと、もっと楽《たの》しくあそんだり、友達《ともだち》を増《ふ》やしたりすることにもつながるでしょう。

お勉強《べんきょう》で学《まな》んだことをしっかり知識《ちしき》としてたくわえて、将来自分《しょうらいじぶん》のやりたいことをしたり、人《ひと》の役《やく》にたてるようになりたいものですね。

まめちしき ▶義務教育《ぎむきょういく》の期間《きかん》は、世界《せかい》の国《くに》ごとに違《ちが》うよ。アメリカや中国《ちゅうごく》、韓国《かんこく》などは日本《にほん》と同《おな》じく9年《ねん》で、フランスは10年《ねん》、イギリスは11年《ねん》、マカオという国《くに》は15年《ねん》もあるんだって。

生《い》きもののふしぎ

地《ち》球《きゅう》にはどれくらいの種《しゅ》類《るい》の生《い》きものがいるの？

たくさんの種《しゅ》類《るい》がくらす

地《ち》球《きゅう》に住《す》んでいる人《にん》間《げん》の総《そう》人《じん》口《こう》は、70億《おく》人《にん》以《い》上《じょう》です。70億《おく》人《にん》といっても、どれくらいたくさんなのか、もはやわからないくらいですね。

では、地《ち》球《きゅう》に住《す》んでいる、ぜんぶの生《い》きものの種《しゅ》類《るい》は、どれくらいなのでしょうか。ためしに、あなたが知《し》っている生《い》きものをかぞえていってみましょう。イヌ、ネコ、ウシ、ウマ、ニワトリ、メダカ、チューリップ、ヒマワリ……。

正《せい》確《かく》な数《かず》はまだわかっていませんが、どうやら1000万《まん》種《しゅ》類《るい》以《い》上《じょう》はいるだろうと考《かんが》えられています。

わたしたち人《にん》間《げん》は、ほ乳《にゅう》類《るい》というグループの仲《なか》間《ま》ですが、まず、このほ乳《にゅう》類《るい》は約《やく》5000種《しゅ》類《るい》。ニワトリやスズメなど、鳥《とり》の仲《なか》間《ま》は約《やく》9000種《しゅ》類《るい》。

トカゲやヘビなど、は虫《ちゅう》類《るい》は約《やく》5000種《しゅ》類《るい》。

カエルやサンショウウオなど、水《みず》でも陸《りく》でもくらせる両《りょう》生《せい》類《るい》は、約《やく》2000種《しゅ》類《るい》。

魚《さかな》の仲《なか》間《ま》は約《やく》2万《まん》3000種《しゅ》類《るい》。

ここまでの種《しゅ》類《るい》をぜんぶ合《あ》わせると、約《やく》4万《まん》4000種《しゅ》類《るい》です。

小《ちい》さな生《い》きものがとても多《おお》い

さらにこん虫《ちゅう》や、エビ・カニなどの甲《こう》殻《かく》類《るい》、クモの仲《なか》間《ま》やムカデの仲《なか》間《ま》などをまとめて節《せっ》足《そく》動《どう》物《ぶつ》といいますが、この数《かず》が約《やく》80万《まん》種《しゅ》類《るい》。

イカやタコなどの軟《なん》体《たい》動《どう》物《ぶつ》が約《やく》11万《まん》種《しゅ》類《るい》、ミドリムシやアメーバなどとても小《ちい》さな原《げん》生《せい》動《どう》物《ぶつ》が約《やく》3万《まん》種《しゅ》類《るい》、クラゲやサンゴなどの腔《こう》腸《ちょう》動《どう》物《ぶつ》が約《やく》1万《まん》種《しゅ》類《るい》と、一《いっ》気《き》に数《かず》が増《ふ》えて、動《どう》物《ぶつ》全《ぜん》部《ぶ》では100万《まん》種《しゅ》類《るい》にもなるといわれます。

生《い》きものはまだまだいます。木《き》や草《くさ》などの植《しょく》物《ぶつ》です。これが約《やく》30万《まん》種《しゅ》類《るい》といわれています。

さらに、わたしたちを病《びょう》気《き》にしたり、ときには生《せい》活《かつ》に役《やく》立《だ》ったりもする、ウイルスや細《さい》菌《きん》、菌《きん》類《るい》など目《め》に見《み》えない小《ちい》さな生《い》きものたちも合《あ》わせると、1000万《まん》種《しゅ》類《るい》より多《おお》くなると考《かんが》えられています。

まめちしき ▶宇《う》宙《ちゅう》には生《い》きものはいるのかな？　残《ざん》念《ねん》ながら、いまのところ発《はっ》見《けん》されていないよ。宇《う》宙《ちゅう》探《たん》査《さ》機《き》がいくつも打《う》ち上《あ》げられているから、近《ちか》い将《しょう》来《らい》にはなにか見《み》つかるかも。

どうしてカメの背中《せなか》にはこうらがあるの？

生《い》きもののふしぎ

こうらはからだの一部《いちぶ》

今日《きょう》は、「世界亀《せかいかめ》の日《ひ》」という記念日《きねんび》です。「カメのことをもっと知《し》って、カメを大切《たいせつ》にするように考《かんが》えてみましょう」という日《ひ》ですね。そこで、カメのことを一緒《いっしょ》に考《かんが》えてみましょう。

カメの大《おお》きな特徴《とくちょう》は、やはり背中《せなか》のこうらではないでしょうか。

「あんな大《おお》きなこうらが背中《せなか》にあって、歩《ある》くとき、重《おも》たくないのかな？」

「大《おお》きなこうらがあったら便利《べんり》だろうな。おうちにしたいな。どこでも休《やす》むことができるもの」

また、こんなことを考《かんが》えた人《ひと》もいるかもしれません。

「カメからこうらを取《と》ったら、どうなるんだろう？」

外《そと》から見《み》ていると、カメはこうらの中《なか》にスポッと入《はい》っているようですが、じつは、こうらはカメのからだの一部《いちぶ》なのです。からだとこうらはしっかりくっついているので、こうらを取《と》ることはできません。背中《せなか》のこうらと、お腹《なか》のこうらも、からだの横《よこ》でくっついており、やはり別々《べつべつ》に取《と》り外《はず》せません。

こうらはとてもがんじょう

カメのこうらは、敵《てき》から身《み》を守《まも》るものなので、とてもがんじょうにできています。「角質《かくしつ》」というものでできていて、これは、わたしたちのツメと同《おな》じ成分《せいぶん》なのです。わたしたちのツメも、手足《てあし》の先《さき》をしっかりと守《まも》って、手《て》や足《あし》をうまく動《うご》かすための大切《たいせつ》なはたらきをしてくれていますね。

また、「こうらぼし」という日光浴《にっこうよく》をすることで、からだをあたためられるうえ、たりない栄養《えいよう》をつくり出《だ》して病気《びょうき》をしないようにもできるのです。

おとぎ話《ばなし》の『ウサギとカメ』では、おそくても一歩一歩《いっぽいっぽ》しっかりと歩《ある》いて、最後《さいご》は足《あし》の速《はや》いウサギに勝《か》つカメ。わたしたちも、カメのように毎日《まいにち》がんばってすごしたいものですね。

まめちしき ▶むかしから髪《かみ》かざりやブローチ、メガネのフレームなどに使《つか》われるべっ甲《こう》は、タイマイというウミガメのこうらを使《つか》ったもの。いまは絶滅《ぜつめつ》が心配《しんぱい》されて、輸出入《ゆしゅつにゅう》が禁止《きんし》されているよ。

人体《じんたい》のふしぎ

どうして眠《ねむ》たくなるとあくびが出《で》るの？

あくびで深呼吸《しんこきゅう》をする

人《ひと》は眠《ねむ》たくなると、脳《のう》やからだがつかれてきて、息《いき》をするのがゆっくりになります。すると、わたしたちが生《い》きていくのに必要《ひつよう》な酸素《さんそ》が、たりなくなってしまいます。

そこで眠《ねむ》たくなったらあくびをすることで、息《いき》を大《おお》きく吸《す》って、からだに十分《じゅうぶん》な酸素《さんそ》を送《おく》るように、脳《のう》が命令《めいれい》を出《だ》しているのです。

うでを大《おお》きくのばしたり、口《くち》を大《おお》きく開《あ》けたりするのも、より息《いき》を大《おお》きく吸《す》うために、脳《のう》がからだに命令《めいれい》しておこなわれているのです。

ちなみにわたしたち人間《にんげん》だけでなく、イヌやネコなどのほ乳類《にゅうるい》、インコやスズメなどの鳥類《ちょうるい》、ヘビやトカゲなどのは虫類《ちゅうるい》も、眠《ねむ》たくなるとあくびをするのですよ。

ところであくびをすると、かなしかったり痛《いた》かったりしないのに、涙《なみだ》が出《で》てくることがありますね。これは、大《おお》きくあくびをすることで、顔《かお》の筋肉《きんにく》が大《おお》きく動《うご》いて、目《め》の近《ちか》くにある「涙《るい》のう」という、涙《なみだ》をためておく袋《ふくろ》をおすのが原因《げんいん》です。

あくびがうつる理由《りゆう》

だれかがあくびをすると、他《ほか》の人《ひと》も次々《つぎつぎ》とあくびをすることがあります。これは、たくさんの人《ひと》が同《おな》じ場所《ばしょ》にいて呼吸《こきゅう》して、そこの空気《くうき》がわるくなってしまうから起《お》きるのです。

空気《くうき》がわるくなると、必要《ひつよう》な酸素《さんそ》がたりなくなってしまうので、脳《のう》がからだにあくびをするように命令《めいれい》を出《だ》します。ですから同《おな》じ場所《ばしょ》にいる人《ひと》が、次々《つぎつぎ》とあくびがうつっているように感《かん》じるのです。

他《ほか》の人《ひと》がいるときに大《おお》きくあくびをするのは、あまりいいことではありません。なるべくがまんするか、できるだけ手《て》で口《くち》をおさえて、小《ちい》さくあくびをするようにしましょうね。

まめちしき ▶トンネルの中《なか》や、山《やま》の上《うえ》で耳《みみ》がツーンと痛《いた》くなったときは、あくびをするとなおることがあるよ。72ページをみてね。

科学《かがく》のふしぎ

どうして水《みず》をかけると火《ひ》が消《き》えるの？

水《みず》をかけて温度《おんど》を下《さ》げる

燃《も》えている木《き》や紙《かみ》などに水《みず》をかけると、いままでいきおいよく燃《も》えていた火《ひ》が、とたんに姿《すがた》を消《け》してしまいます。これって、なんだかとてもふしぎですよね。どうして水《みず》をかけると火《ひ》は消《き》えてしまうのでしょうか。

　ものが燃《も》えるときには、温度《おんど》がとても大《おお》きく関係《かんけい》しています。火《ひ》に近《ちか》づいてみると、炎《ほのお》の近《ちか》くが熱《あつ》くなっているのがわかるでしょう。

　ものの温度《おんど》をどんどんと上《あ》げていくと、ある温度《おんど》になったときから、ものは自然《しぜん》と燃《も》えはじめるのです。この燃《も》えはじめるときの温度《おんど》のことを、「着《ちゃっ》火点《かてん》」といいます。

　「着火点《ちゃっかてん》」は、ものが燃《も》えはじめる温《おん》度《ど》のことですから、実際《じっさい》に燃《も》えている状態《じょうたい》のものは、この「着火点《ちゃっかてん》」の温度《おんど》より高《たか》い状態《じょうたい》になります。

　そのため、火《ひ》を消《け》すためには、この着火点《ちゃっかてん》の温度《おんど》よりも低《ひく》い状態《じょうたい》にしてやればいいのです。

　燃《も》えているものに水《みず》をかけると、燃《も》えているものの温度《おんど》が下《さ》がります。そのため、水《みず》をかけると火《ひ》が消《き》えるのです。

水《みず》をかけて温度《おんど》を下《さ》げる
⇒火《ひ》が消《き》える

酸素《さんそ》の流《なが》れをせきとめる
⇒火《ひ》が消《き》える

消火器《しょうかき》は酸素《さんそ》を止《と》める

　ただ、油《あぶら》などに火《ひ》がついているときは、なかなか火《ひ》のいきおいはおさまりません。こういう場合《ばあい》には、水《みず》をかけたとしても、火《ひ》のいきおいが強《つよ》いため、着火点《ちゃっかてん》よりも温度《おんど》が下《さ》がらず、ずっと火《ひ》が燃《も》え続《つづ》けてしまいます。

　そんなときに登場《とうじょう》するのが「消火器《しょうかき》」です。消火器《しょうかき》の中《なか》には、液化炭酸《えきかたんさん》ガスなどの燃《も》えない液体《えきたい》や気体《きたい》が入《はい》っています。これをホースから吹《ふ》きかけると、燃《も》えているものをすっぽりとつつみ込《こ》んでしまうのです。

　これによって、火《ひ》が燃《も》えるのに必要《ひつよう》な「酸素《さんそ》」をせきとめ、火《ひ》を消《け》し止《と》めることができます。

　どちらも同《おな》じように火《ひ》が消《き》えていると思《おも》われがちですが、水《みず》と消火器《しょうかき》では、火《ひ》が消《き》える理由《りゆう》がだいぶ違《ちが》っているわけですね。

まめちしき
▶大《おお》きなたてものの天井《てんじょう》や壁《かべ》には、スプリンクラーという消火設備《しょうかせつび》がついているのを知《し》っている？ 熱《ねつ》やけむりを感《かん》じると、自動的《じどうてき》に水《みず》が噴射《ふんしゃ》されるんだよ。

5月《がつ》26日《にち》

生《い》きもののふしぎ

どうして静《しず》かに飛《と》ぶの？

大《おお》きな羽《はね》をゆっくり動《うご》かす

耳《みみ》の近《ちか》くでカやハエが飛《と》んでいると、ブーンという音《おと》がして、すぐに気《き》がつきますよね。また、飛《と》ぶときにワーンというような音《おと》がするこん虫《ちゅう》もいます。

これらの音《おと》は、こん虫《ちゅう》が羽《はね》を激《はげ》しく動《うご》かして、空気《くうき》をふるわせるために聞《き》こえるのです。

ところがチョウは、近《ちか》くを飛《と》んでいても羽音《はおと》が聞《き》こえません。チョウの羽音《はおと》が聞《き》こえないのは、からだと羽《はね》の大《おお》きさに関係《かんけい》があります。チョウは他《ほか》のこん虫《ちゅう》と比《くら》べて、からだが小《ちい》さいのに、羽《はね》はとても大《おお》きいですね。

そして飛《と》ぶときには大《おお》きな羽《はね》をひらひらとゆっくり動《うご》かして飛《と》んでいます。

こん虫《ちゅう》が飛《と》ぶとき、１秒間《びょうかん》に何回《なんかい》羽《は》ばたくかというのを「羽音周波数《はおとしゅうはすう》」といいます。チョウの羽音周波数《はおとしゅうはすう》はおよそ10。ミツバチの羽《は》音周波数《おとしゅうはすう》がおよそ１９０、カの羽音周波数《はおとしゅうはすう》がおよそ５００ですから、チョウの羽《はね》の動《うご》きがとてもゆっくりなのがわかるでしょう。じつはチョウも、羽《は》ばたくときに音《おと》をたてているのですが、あまりにゆっくりと空気《くうき》をふるわせているので、人間《にんげん》の耳《みみ》には聞《き》こえないというわけです。

風《かぜ》に流《なが》されやすいチョウ

チョウは種類《しゅるい》によって住《す》む場所《ばしょ》がだいたい決《き》まっていますが、たまにふだん住《す》んでいるところから遠《とお》く離《はな》れた場所《ばしょ》で見《み》つかることがあります。からだのわりに羽《はね》が大《おお》きいため、風《かぜ》に流《なが》されて飛《と》ばされてしまいやすいからです。

台風《たいふう》や季節風《きせつふう》に飛《と》ばされることもあり、九州《きゅうしゅう》や四国《しこく》で台湾《たいわん》やフィリピンのチョウが見《み》つかったり、北海道《ほっかいどう》で沖縄《おきなわ》のチョウが見《み》つかったりすることがあります。このようなチョウのことを「迷蝶《めいちょう》」と呼《よ》びます。

まめちしき ▶チョウは、英語《えいご》でバタフライ。水泳《すいえい》のバタフライは、チョウのように両腕《りょううで》を動《うご》かして泳《およ》ぐから、そう呼《よ》ばれるんだ。でもバタフライの足《あし》はドルフィン（イルカ）キックっていうんだよ。

どうして海《うみ》の水《みず》は満《み》ちたり引《ひ》いたりするの？

自然《しぜん》のふしぎ

海《うみ》の水《みず》の量《りょう》は変《か》わらない

あなたは海水浴《かいすいよく》に行《い》ったことがありますか？　浜辺《はまべ》でちょっとお昼寝《ひるね》をしていると、「あれ？　海《うみ》が近《ちか》くなった！」「今度《こんど》は遠《とお》くなった！」とおどろいたことがあるかもしれません。

まるで海《うみ》の水《みず》が増《ふ》えたり減《へ》ったりしているみたいです。これを、「潮《しお》の満《み》ち干《ひ》」や「海《うみ》の水《みず》の満《み》ち干《ひ》き」などといったりします。水《みず》が増《ふ》えたように見《み》えるときを「満《み》ち潮《しお》」、減《へ》ったように見《み》えるときを「引《ひ》き潮《しお》」といいます。

もちろん、地球《ちきゅう》の海《うみ》の水《みず》が増《ふ》えたり減《へ》ったりするわけではありません。海《うみ》の水《みず》は、いつも、ほとんど同《おな》じ量《りょう》ですからね(66ページ)。

それでは、潮《しお》の満《み》ち干《ひ》はなぜ起《お》きるのでしょうか。

月《つき》が海《うみ》の水《みず》を引《ひ》っ張《ぱ》る？

地球《ちきゅう》の周《まわ》りには、月《つき》が回《まわ》っていますね。地球《ちきゅう》などの星《ほし》には、「引力《いんりょく》」という力《ちから》が、いつもはたらいています。引力《いんりょく》とは、ものをひっぱる力《ちから》のことです。

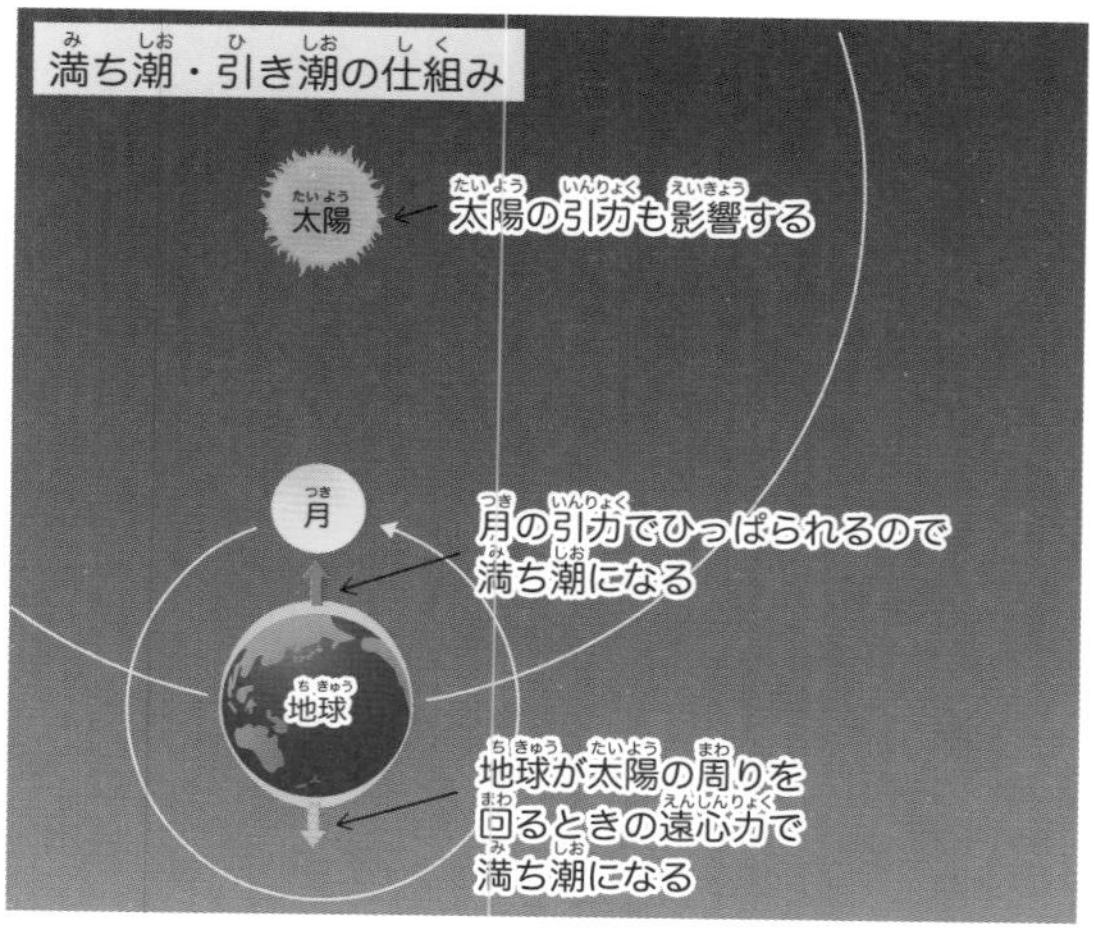

満《み》ち潮《しお》・引《ひ》き潮《しお》の仕組《しく》み

ボールを手《て》に持《も》って離《はな》すと、地面《じめん》に落《お》ちていきますね。これは、地球《ちきゅう》の地面《じめん》が、ボールをひっぱったからなのです。

地球《ちきゅう》と同《おな》じように、月《つき》にも引力《いんりょく》があります。月《つき》がわたしたちの上《うえ》にやってきて、距離《きょり》が近《ちか》づいたとき、じつは月《つき》の引力《いんりょく》がはたらいているのですね。潮《しお》の満《み》ち干《ひ》は、それが形《かたち》になったというわけなのです。

つまり、海《うみ》の水全体《みずぜんたい》が月《つき》にひっぱられて、盛《も》り上《あ》がり、満《み》ち潮《しお》が起《お》こっているのです。同時《どうじ》に地球《ちきゅう》の反対側《はんたいがわ》でも、「遠心力《えんしんりょく》」という力《ちから》で、満《み》ち潮《しお》が起《お》こっています。それ以外《いがい》の海《うみ》では、水《みず》の量《りょう》が減《へ》っています。海《うみ》の水《みず》が減《へ》っているところでは、引《ひ》き潮《しお》が起《お》こっているのですね。

また、太陽《たいよう》にも引力《いんりょく》があります。地《ち》球《きゅう》・月《つき》・太陽《たいよう》の順番《じゅんばん》に一直線《いっちょくせん》に並《なら》んだときは、「大潮《おおしお》」といって、潮《しお》の満《み》ち干《ひ》がとても大《おお》きくなります。

それにしても、あんなに遠《とお》く離《はな》れた月《つき》が、潮《しお》の満《み》ち干《ひ》を起《お》こしているんて、すごいですね。

まめちしき　▶満《み》ち潮《しお》と引《ひ》き潮《しお》の差《さ》は、日本《にほん》の太平洋側《たいへいようがわ》では1.5メートルくらい。世界《せかい》でもっともこの差《さ》が大《おお》きいのは、カナダのファンディ湾《わん》で、15メートルにもおよぶそう。

花火《はなび》はどうしてきれいな色《いろ》が出《で》るの？

科学《かがく》のふしぎ

いろいろな光《ひかり》を出《だ》すまぜもの

花火《はなび》は、いろいろな火薬《かやく》をつつんでつくったものです。でも、ただ火薬《かやく》を燃《も》やしただけでは、あんなにきれいな色《いろ》は出《で》ません。花火《はなび》がさまざまな色《いろ》に光《ひか》るのは、火薬《かやく》にまぜものがしてあるからなのです。

このまぜものは何種類《なんしゅるい》もあります。赤《あか》い色《いろ》を出《だ》したいならこれ、緑《みどり》の色《いろ》を出《だ》したいならあれ、というように使《つか》いわけるのです。

途中《とちゅう》で色《いろ》が変《か》わる花火《はなび》は、先《さき》に燃《も》えるところと、あとで燃《も》えるところで、違《ちが》うまぜものをすることでつくります。

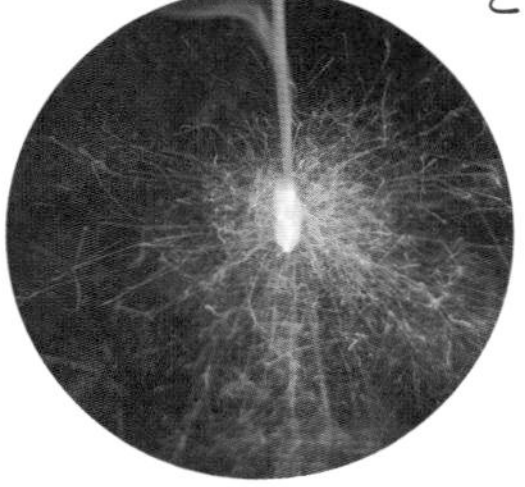

ではこのまぜものは、どんな仕組《しく》みで花火《はなび》に色《いろ》をつけるのでしょう。

きれいな光《ひかり》が出《で》る仕組《しく》み

どんなものでも、原子《げんし》というとても小《ちい》さなものがあつまってできていることを、みなさんは知《し》っていますか。原子《げんし》はあまりにも小《ちい》さいので、ふつうの顕微鏡《けんびきょう》で見《み》ることはできません。

花火《はなび》のまぜものも、この小《ちい》さな小《ちい》さな原子《げんし》が、たくさんくっつき合《あ》ってできているのです。

色《いろ》を出《だ》すまぜものは、火薬《かやく》の炎《ほのお》で熱《あつ》くなると、ばらばらの原子《げんし》になります。そして、それぞれの原子《げんし》は、火薬《かやく》の炎《ほのお》からエネルギーをもらって、自分《じぶん》の中《なか》にたくわえます。

原子《げんし》はそれからすぐに、そのエネルギーを吐《は》き出《だ》します。このときに、光《ひかり》が出《で》ます。この光《ひかり》の色《いろ》が、原子《げんし》の種類《しゅるい》によって変《か》わってくるのです。

花火《はなび》から出《で》るきれいな色《いろ》の光《ひかり》はまぜものをつくっている原子《げんし》の一《ひと》つひとつから出《で》ているものなのです。

きれいな花火《はなび》を見《み》たら、この色《いろ》はとても小《ちい》さな原子《げんし》が輝《かがや》いている色《いろ》なのだな、と思《おも》い出《だ》してください。

そうそう、花火《はなび》をやるときは、水《みず》を用意《ようい》して、必《かなら》ず大人《おとな》と一緒《いっしょ》にやるということも、忘《わす》れないでくださいね。

まめちしき ▶花火《はなび》の色《いろ》は、金属《きんぞく》を燃《も》やすことで出《だ》しているよ。ナトリウムは黄色《きいろ》、銅《どう》は青緑《あおみどり》、カリウムは紫《むらさき》、リチウムはピンクと、それぞれ金属《きんぞく》によって燃《も》えるときの色《いろ》が違《ちが》うんだ。

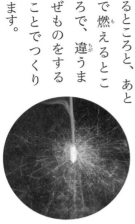

みのまわりのふしぎ

どうしてコンニャクはフニャフニャなの？

フニャフニャの正体《しょうたい》は水《みず》

おでんやすき焼《や》きなど、コンニャクは料理《りょうり》に欠《か》かせない食《た》べものです。でもコンニャクって、さわってみるとフニャフニャしていて、ひんやりとしていて、なんだかふしぎですね。

コンニャクは、文字通《もじどお》り「コンニャク」というサトイモの仲間《なかま》からつくります。このイモは、コンニャクイモとよばれることもあります。

コンニャクのつくり方《かた》は、こうです。まず、このイモをすりおろして、水《みず》と一緒《いっしょ》にまぜ、どろどろしたのりのようなものにします。

これに薬《くすり》を入《い》れてかためて、ゆでていきます。これが、みなさんの知《し》っているコンニャクです。コンニャクの中《なか》には、つくるときに入《い》れた水《みず》が、そのまま閉《と》じ込《こ》められています。この水《みず》が、フニャフニャの正体《しょうたい》なのですね。

コンニャクイモ

コンニャクの歴史《れきし》

日本人《にほんじん》はむかしからコンニャクを食《た》べていました。いまから1000年《ねん》以《い》上前《じょうまえ》の平安時代《へいあんじだい》の辞書《じしょ》にも、コンニャクのことがのっています。このころすでに、フニャフニャしたコンニャクをつくって食《た》べていたようです。

むかしのコンニャクは高級品《こうきゅうひん》でしたから、コンニャクイモがとれる秋《あき》から春《はる》までの間《あいだ》しか食《た》べることができませんでした。

いまのようにコンニャクが一年中《いちねんじゅう》食《た》べられるようになったのは、400年《ねん》以上前《いじょうまえ》の江戸時代《えどじだい》になってからです。

コンニャクイモをすって、粉《こな》にする方法《ほうほう》が発明《はつめい》されたので、すった粉《こな》をとっておくことで、いつでもコンニャクがつくれるようになったのです。

また最近《さいきん》では、コンニャクを使《つか》ったゼリーもよく売《う》られています。ですがこれはふつうのゼリーよりもかたいため、のどにつまらせる事故《じこ》も起《お》きています。あなたも食《た》べるときには注意《ちゅうい》しましょうね。

まめちしき

▶こんにゃくが水《みず》を吸《す》い、その水《みず》を閉《と》じ込《こ》めたままにするのを参考《さんこう》につくったのが、紙《かみ》おむつだよ。おむつの中《なか》のポリアクリル酸《さん》ナトリウムという物質《ぶっしつ》がおしっこを吸《す》っているよ。

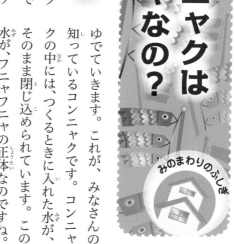

5月《がつ》30日《にち》

みのまわりのふしぎ

わたしたちが出《だ》したゴミはどこへ行《い》くの？

ゴミは毎日《まいにち》出《で》るもの

5（ゴ）月《がつ》3（ミ）0（ゼロ）日《にち》はゴミゼロの日《ひ》。1982年《ねん》から実施《じっし》されているもので、いまでは全国《ぜんこく》に広《ひろ》まっています。

「ごみやたばこのポイ捨《す》て禁止《きんし》」「ごみはごみ箱《ばこ》に捨《す》てましょう」など、ゴミ捨《す》てマナーの向上《こうじょう》をめざしていこう！　という日《ひ》です。

毎日生活《まいにちせいかつ》していると、ごはんのときに出《で》る生《なま》ゴミや、お菓子《かし》の袋《ふくろ》、使《つか》ったティッシュ、トイレットペーパーなど、たくさんのゴミが出《で》ます。新《あたら》しいものを買《か》ったときに入《はい》っていた箱《はこ》や、いらなくなったりこわれたおもちゃなどもゴミになります。

リサイクルマーク

分別《ぶんべつ》してあつめて処理《しょり》

では、そのゴミはどこへ行《い》くのでしょうか？

まず、町《まち》では「分別《ぶんべつ》」といって、燃《も》えるゴミ、燃《も》えないゴミ、空《あ》き缶《かん》・空《あ》きビンなどにわけて、あつめてくれる日《ひ》があります。分別《ぶんべつ》の方法《ほうほう》は、住《す》んでいるところによって異《こと》なります。

そしてあつめられたゴミは、それぞれの町《まち》にあるゴミ処理場《しょりじょう》にあつめられ、まとめて処理《しょり》されます。

例《たと》えば、生《なま》ゴミなどの燃《も》えるゴミは燃《も》やされ、灰《はい》になってから、最終処分場《さいしゅうしょぶんじょう》に埋《う》められます。

そして、燃《も》えないゴミはそのまま埋《う》められたりします。また、燃《も》えないゴミの中《なか》でも空《あ》き缶《かん》・空《あ》きビン・ペットボトルなどの資源《しげん》ゴミは、一《ひと》つひとつわけられ、リサイクルに回《まわ》されて、再《ふたた》び缶《かん》やビンとして使《つか》われたり、別《べつ》の製品《せいひん》になったりします。

あなたの町《まち》のゴミの出《だ》し方《かた》はどうなっているでしょうか？

住《す》んでいる町《まち》のゴミ出《だ》しルールを調《しら》べて、きちんと分別《ぶんべつ》して出《だ》すようにしましょうね。

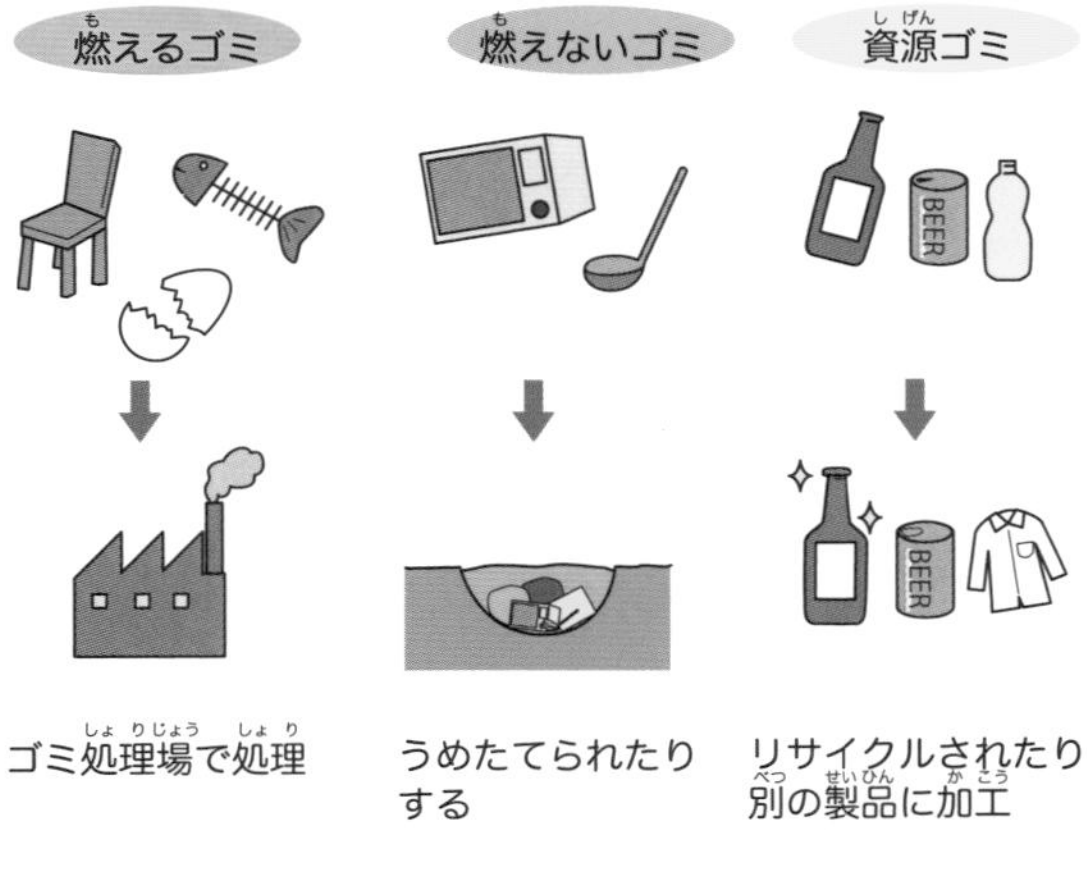

ゴミ処理場《しょりじょう》で処理《しょり》

うめたてられたりする

リサイクルされたり別《べつ》の製品《せいひん》に加工《かこう》

まめちしき ▶ペットボトルは、服《ふく》をつくる布《ぬの》やプラスチック製品《せいひん》の原料《げんりょう》になる。牛乳《ぎゅうにゅう》パックは、ティッシュペーパーやトイレットペーパーの原料《げんりょう》になるよ。

タバコはからだによくないの？

人体《じんたい》のふしぎ

タバコの歴史《れきし》は長《なが》い

タバコが世界《せかい》に広《ひろ》まったのは、いまから500年以上前《ねんいじょうまえ》のこと。アメリカ大陸《たいりく》を発見《はっけん》したコロンブスが、スペインに持《も》ち帰《かえ》ったのがきっかけです。

日本《にほん》にタバコが入《はい》ってきたのは、1500年代《ねんだい》の中《なか》ごろ、織田信長《おだのぶなが》や豊臣秀吉《とよとみひでよし》が活躍《かつやく》した戦国時代《せんごくじだい》のことで、ポルトガル人《じん》から伝《つた》えられたといわれています。日本《にほん》でもタバコはすぐに広《ひろ》まりました。

このようにタバコの歴史《れきし》は長《なが》いのですが、からだによくないとわかったのは約《やく》50年《ねん》前《まえ》の1962年《ねん》、イギリスの王立医師会《おうりついしかい》が、報告書《ほうこくしょ》を提出《ていしゅつ》したのがはじめてのことでした。

タバコのいろいろな害《がい》

では、タバコはどうしてからだによくないのでしょう？

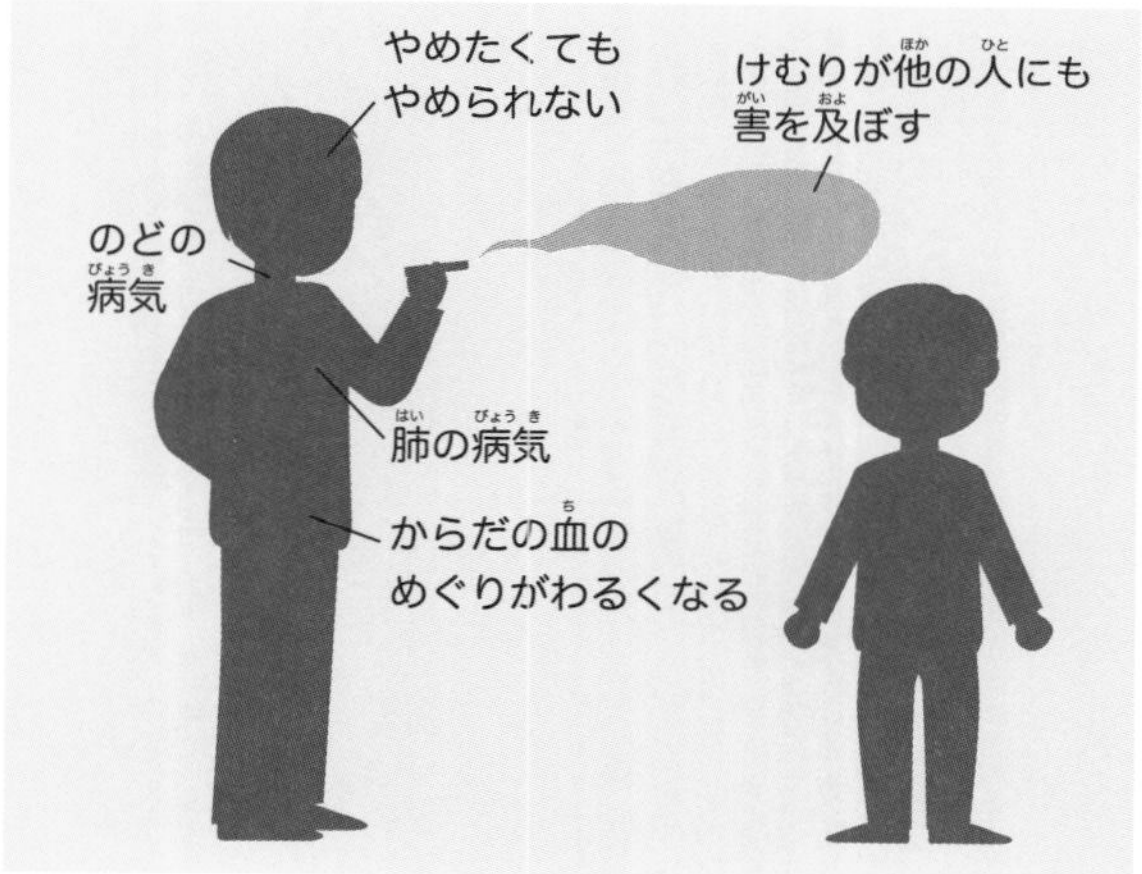

タバコのけむりには、からだによくない物質《ぶっしつ》が200種類以上《しゅるいいじょう》も入《はい》っており、とくに、ニコチン、タール、一酸化炭素《いっさんかたんそ》がからだにわるいといわれています。

ニコチンはからだを流《なが》れる血液《けつえき》の通《とお》り道《みち》である、血管《けっかん》を縮《ちぢ》めてしまいます。はじめてタバコを吸《す》った人《ひと》が、頭《あたま》がクラクラするのはそのためです。そしてニコチンには、慣《な》れてしまうとそれなしではいられなくなる性質《せいしつ》があります。だからタバコをやめたくてもなかなかやめられないのです。

タールは、からだに大切《たいせつ》な酸素《さんそ》を取《と》り入《い》れる肺《はい》を、まっ黒《くろ》によごしてしまいます。そして一酸化炭素《いっさんかたんそ》は、血液《けつえき》が酸素《さんそ》を運《はこ》ぶ邪魔《じゃま》をします。そのため、考《かんが》えたり、運動《うんどう》したりする力《ちから》が落《お》ちてしまうのです。

タバコのけむりはタバコを吸《す》っている人《ひと》だけではなく、近《ちか》くにいる人《ひと》のからだにもよくありません。そしてタバコの害《がい》はすぐにあらわれずに、20年《ねん》、30年《ねん》たって病気《びょうき》になることもあるのでやっかいなのです。

まめちしき ▶タバコを吸《す》うのをどうしてもやめられない人《ひと》のために、タバコをやめるための治療《ちりょう》をする病院《びょういん》が増《ふ》えてきているみたいだよ。

JUNE
6月
café

読《よ》んだ日《ひ》　　月《がつ》　日《にち》

6月《がつ》1日《にち》

写真《しゃしん》をとるときの「ピースサイン」ってなに？

みのまわりのふしぎ

勝利《しょうり》のポーズ、V《ぶい》！

今日《きょう》は「写真《しゃしん》の日《ひ》」です。1951年《ねん》に定《さだ》められた記念日《きねんび》で、毎年《まいとし》この日《ひ》に、全国《ぜんこく》で写真《しゃしん》の展示会《てんじかい》や表彰式《ひょうしょうしき》などがおこなわれたりします。

楽《たの》しい写真《しゃしん》をとるとき、あなたはニッコリと笑顔《えがお》をつくることでしょう。そして、いろいろなポーズをするかもしれません。では、どんなポーズをしますか？

そう、写真《しゃしん》をとるときによくするポーズといえば、やっぱり人差《ひとさ》し指《ゆび》と中指《なかゆび》をピンとのばした、「ピースサイン」ですよね。

ピースサインの由来《ゆらい》には、いろいろな説《せつ》があります。中《なか》でも有名《ゆうめい》なのは、戦争《せんそう》で勝《か》った国《くに》の人《ひと》が「勝《か》ったぞ！」という意味《いみ》でおこなったポーズだという説《せつ》です。

ピースサインをつくると、人差《ひとさ》し指《ゆび》と中指《なかゆび》の間《あいだ》に、「V」のような形《かたち》ができます。これは、英語《えいご》のV《ブイ》という文字《もじ》にも見《み》えます。そこで、「勝《か》つ」という意《い》味《み》の「*victory*《ビクトリー》」のはじめの文字《もじ》として、ピースサインを使《つか》った、といわれているのです。

ニッコリ笑顔《えがお》でとろう

他《ほか》にもいろいろな考《かんが》えがあって、例《たと》えば「ピースサイン」は、「平和《へいわ》」を意味《いみ》する「*peace*《ピース》」のサインだ、という説《せつ》もあります。そこからこの名前《なまえ》がついたのですね。

ちなみにピースサインは、世界《せかい》でもなじみのあるものではありますが、写《しゃ》真《しん》をとるときに使《つか》っている国《くに》はあまり多《おお》くはないそうです。

他《ほか》にも、笑顔《えがお》をつくりやすくするように、最後《さいご》に「ニッ」という口《くち》になるようなかけ声《ごえ》をいったりもしませんか。例《たと》えば、「1＋1＝2（ニッ！）」などがありますね。

また、ピースサインを使《つか》わずに、ちょっと面白《おもしろ》いポーズをするのも楽《たの》しいものです。

あなたは楽《たの》しい写真《しゃしん》をとるために、ニッコリ笑顔《えがお》で、いつもどんなポーズをしていますか？

まめちしき ▶書類《しょるい》などにはる証明写真《しょうめいしゃしん》は笑《わら》った顔《かお》はいけないといわれる場合《ばあい》がある。だけど、緊張《きんちょう》してこわい顔《かお》になるよりは、少《すこ》しくらいは笑《わら》った顔《かお》のほうがいいよね。

どうしてアジサイの花《はな》はいろいろ色《いろ》が変《か》わるの？

カラフルに咲《さ》くアジサイ

あなたは、アジサイを見《み》たことがありますか？　アジサイは、小《ちい》さな花《はな》がたくさんあつまって、丸《まる》い形《かたち》になるのが特長《とくちょう》です。雨《あめ》がシトシトと降《ふ》る、6月《がつ》から7月《がつ》の梅雨《つゆ》の時期《じき》によく見《み》られます。

アジサイには、いろいろな色《いろ》があります。赤《あか》や青《あお》、紫《むらさき》、緑《みどり》、白《しろ》っぽいもの。これが雨《あめ》にぬれると、キラキラとカラフルに輝《かがや》いて、わたしたちの目《め》を楽《たの》しませてくれるのです。七色《なないろ》の虹《にじ》のようにたくさんの色《いろ》があることから、「七変化《しちへんげ》をする」ともいわれます。

土《つち》の成分《せいぶん》にひみつがある

同《おな》じアジサイなのに、なぜ、たくさんの色《いろ》があるのでしょうか。それは、アジサイが咲《さ》くところにある、土《つち》の成分《せいぶん》と関係《かんけい》があります。

アジサイの中《なか》には、「アントシアニン」というものがあって、このアントシアニンと、土《つち》の中《なか》にある成分《せいぶん》の組《く》み合《あ》わせで色《いろ》が決《き》まる、と考《かんが》えられています。アジサイは、生《い》きるのに必要《ひつよう》な水《みず》を、土《つち》の中《なか》から吸《す》い上《あ》げます。つまり、水《みず》と一緒《いっしょ》に、土《つち》の成分《せいぶん》を花《はな》の中《なか》に吸《す》い込《こ》むのですね。

アジサイの咲《さ》きはじめは、薄《うす》い黄緑《きみどり》色《いろ》をしていますが、土《つち》の成分《せいぶん》で青《あお》くなったり、赤《あか》くなったり、その間《あいだ》くらいの色《いろ》の紫色《むらさきいろ》になったりするのです。また、土《つち》の成分《せいぶん》の濃《こ》さで、色《いろ》の濃《こ》い薄《うす》いが決《き》まります。ですから、同《おな》じ青《あお》でも、白《しろ》っぽいくらいの薄《うす》い青《あお》があったり、とても濃《こ》い青《あお》があったりするのです。それは赤色《あかいろ》も紫色《むらさきいろ》も同《おな》じです。

これが、いろいろな色《いろ》に変《か》わる仕組《しく》みなのです。もっとくわしくいうと、ふつうは土《つち》が酸性《さんせい》なほど青色《あおいろ》に、アルカリ性《せい》なほど赤色《あかいろ》になる、といわれています。

土《つち》の成分《せいぶん》でアジサイの色《いろ》が変《か》わるなんて、面白《おもしろ》いですね。

まめちしき　▶アジサイは、とてもきれいに見《み》えるけど、じつは毒《どく》があるので食《た》べてはいけないとされているよ。知《し》らない人《ひと》は多《おお》いみたいだから注意《ちゅうい》しよう。

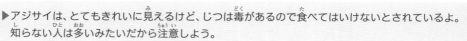

どうしてお風呂《ふろ》に長《なが》く入《はい》ると指《ゆび》がしわしわになるの？

人体《じんたい》のふしぎ

皮《ひ》ふの外側《そとがわ》が水《みず》を吸《す》う

お風呂《ふろ》に長《なが》く入《はい》っていると、指先《ゆびさき》がふやけてしわしわになりますね。これは、どうしてでしょう。

わたしたちのからだは、細胞《さいぼう》と呼《よ》ばれる小《ち》さなかたまりがあつまってできています。細胞《さいぼう》はそれぞれ、呼《こ》吸《きゅう》をしたり、栄養《えいよう》をもらったりして、別々《べつべつ》の生《い》きもののように生《い》きています。

からだをおおっている皮《ひ》ふも、この細胞《さいぼう》があつまってできています。ですが、皮《ひ》ふの一番外側《いちばんそとがわ》の部分《ぶぶん》だけは、死《し》んだ細胞《さいぼう》でできているのです。

この層《そう》は内側《うちがわ》よりもかたくなっていて、からだを傷《きず》やばい菌《きん》から守《まも》ってくれるはたらきをします。これは角質層《かくしつそう》と呼《よ》ばれています。

人間《にんげん》の皮《ひ》ふには、この角質層《かくしつそう》が厚《あつ》いところと薄《うす》いところがあるのです。指《ゆび》の先《さき》や、足《あし》のうらは、物《もの》をつかんだり歩《ある》いたりして傷《きず》つきやすいので、角質《かくしつ》層《そう》が厚《あつ》くなっています。

角質層《かくしつそう》は、生《い》きている細胞《さいぼう》と違《ちが》い、よく水《みず》を吸《す》います。お風呂《ふろ》に入《はい》ると、角質層《かくしつそう》はお湯《ゆ》を吸《す》い込《こ》んでふくらみます。そのため、指先《ゆびさき》や足《あし》の裏《うら》のような角質層《かくしつそう》が厚《あつ》いところは、よくふやけてしわになるのです。

ちなみに水《みず》を含《ふく》んだ角質層《かくしつそう》は、乾《かわ》けばまたもとに戻《もど》るので、ご心配《しんぱい》なく。

化粧水《けしょうすい》をつける理由《りゆう》

ところで、あなたはお母《かあ》さんが顔《かお》を洗《あら》ったあとやお風呂《ふろ》に入《はい》ったあとに、化粧水《けしょうすい》という水《みず》のようなものをつけているのを見《み》たことがありますか？

これは、顔《かお》の表面《ひょうめん》にある角質層《かくしつそう》に、水分《すいぶん》を含《ふく》ませているのです。顔《かお》の皮《ひ》ふが乾《かわ》いてかさかさにならないようにするためです。

「お母《かあ》さんの顔《かお》がふやけちゃうよ！」

そう思《おも》うかもしれませんね。でも顔《かお》の角質層《かくしつそう》は、指先《ゆびさき》のように厚《あつ》くはないため、ふやけることはありませんから、大丈夫《だいじょうぶ》ですよ。

まめちしき
▶お風呂《ふろ》に長《なが》く入《はい》っているときに、頭《あたま》がくらっとするのを「のぼせ」という。脳《のう》の血管《けっかん》が広《ひろ》がりすぎて血液《けつえき》が流《なが》れすぎてしまうためにおこるよ。気持《きも》ちよくても長風呂《ながぶろ》はほどほどにね。

どうして歯《は》をみがかないと虫歯《むしば》になるの？

人体《じんたい》のふしぎ

虫歯《むしば》の原因《げんいん》はミュータンス菌《きん》

今日《きょう》6(む)月《がつ》4(し)日《にち》は、「虫歯予《むしばよ》防《ぼう》デー」です。

「歯《は》をみがかないと虫歯《むしば》になるよ」

あなたはよく、おうちの人《ひと》にこういわれませんか？　虫歯《むしば》にならないためには、歯《は》みがきがとても大切《たいせつ》です。それではなぜ虫歯《むしば》になるか、考《かんが》えていきましょう。

絵本《えほん》やマンガなどでよく見《み》る虫歯菌《むしばきん》は、正《ただ》しくは「ミュータンス菌《きん》」といいます。細菌《さいきん》という、小《ちい》さな生《い》きもののひとつです。でも、じつはミュータンス菌《きん》そのものが、あなたの健康《けんこう》な歯《は》を虫歯《むしば》にするというわけではありません。

ミュータンス菌《きん》は、歯《は》と歯《は》の間《あいだ》にたまった食《た》べかすを栄養《えいよう》にして、「乳酸《にゅうさん》」というものをつくります。この乳酸《にゅうさん》が、歯《は》を溶《と》かしてしまうのです。

歯《は》がどんどん溶《と》かされる

乳酸《にゅうさん》は、まずは歯《は》の一番外側《いちばんそとがわ》にある「エナメル質《しつ》」というものを溶《と》かしはじめますが、まだこのときは、痛《いた》みがありません。

それをそのままほうっておくと、次《つぎ》には、エナメル質《しつ》の下《した》にある「象牙質《ぞうげしつ》」が溶《と》かされます。

すると、冷《つめ》たいものがピリッとしみるようになります。さらにほうっておくと、今度《こんど》はもっと下《した》の「歯髄《しずい》」が溶《と》かされます。こうなってしまうと、ふだんからズキズキと痛《いた》くなってしまうのです。

ミュータンス菌《きん》は、もともと、ほとんどの人《ひと》の口《くち》の中《なか》に住《す》みついているものです。いま、あなたの口《くち》の中《なか》にも、ミュータンス菌《きん》はきっといるはずです。

ですが、毎日《まいにち》、食《た》べたあとにしっかりと歯《は》みがきをしておけば、ミュータンス菌《きん》が乳酸《にゅうさん》をつくる栄養《えいよう》となる食《た》べかすが残《のこ》らないので、虫歯《むしば》になりにくくなるというわけです。

虫歯《むしば》になるとズキズキ痛《いた》くて、勉強《べんきょう》もあそびも、ちっとも楽《たの》しくなくなってしまいます。そうならないためにも、しっかりと歯《は》みがきをしましょうね。

まめちしき ▶歯《は》みがきで予防《よぼう》できるのは、虫歯《むしば》だけじゃない。「歯周病《ししゅうびょう》」という、歯《は》ぐきの病気《びょうき》を予防《よぼう》するにも大切《たいせつ》なことなんだよ。

酸《さん》性《せい》雨《う》ってどんな雨《あめ》なの？

科学《かがく》のふしぎ

酸《さん》化《か》物《ぶつ》が原《げん》因《いん》

今日《きょう》は「環境《かんきょう》の日《ひ》」です。いま、地球《ちきゅう》の環境《かんきょう》は急速《きゅうそく》に破壊《はかい》されています。そこで、環境《かんきょう》破壊《はかい》を一日《いちにち》も早《はや》くストップし、もとの環境《かんきょう》に戻《もど》そうと、多《おお》くの人《ひと》が活動《かつどう》しているのです。

環境《かんきょう》破壊《はかい》のひとつとして、とても心配《しんぱい》されているのが「酸性雨《さんせいう》」です。ふつうの雨《あめ》よりもずっと強《つよ》い酸性《さんせい》の雨水《あまみず》なので、森《もり》の木《き》をからし、川《かわ》や湖《みずうみ》の魚《さかな》は死《し》んでしまうこともあります。わたしたちの周《まわ》りでは、金属《きんぞく》やコンクリートのたてものが溶《と》けたりもします。

どうして酸性雨《さんせいう》が降《ふ》るのでしょう。

それは、石油《せきゆ》や石炭《せきたん》を燃《も》やすと出《で》てくる、硫黄《いおう》やちっ素《そ》の酸化物《さんかぶつ》が原因《げんいん》です。酸化物《さんかぶつ》が空気《くうき》の中《なか》にまじると、それが雲《くも》となり、雨《あめ》となって地上《ちじょう》に降《ふ》ってくるのです。

また、石油《せきゆ》や石炭《せきたん》を燃《も》やすと、同時《どうじ》に空気《くうき》もよごれるため、多《おお》くの人《ひと》が病気《びょうき》になってしまいます。

そこで、石油《せきゆ》・石炭《せきたん》をたくさん使《つか》う工場《こうじょう》や発電所《はつでんしょ》、自動車《じどうしゃ》などは、使《つか》う量《りょう》を減《へ》らせたり、酸化物《さんかぶつ》が出《で》にくい仕組《しく》みのものにとりかえられるようになってきています。

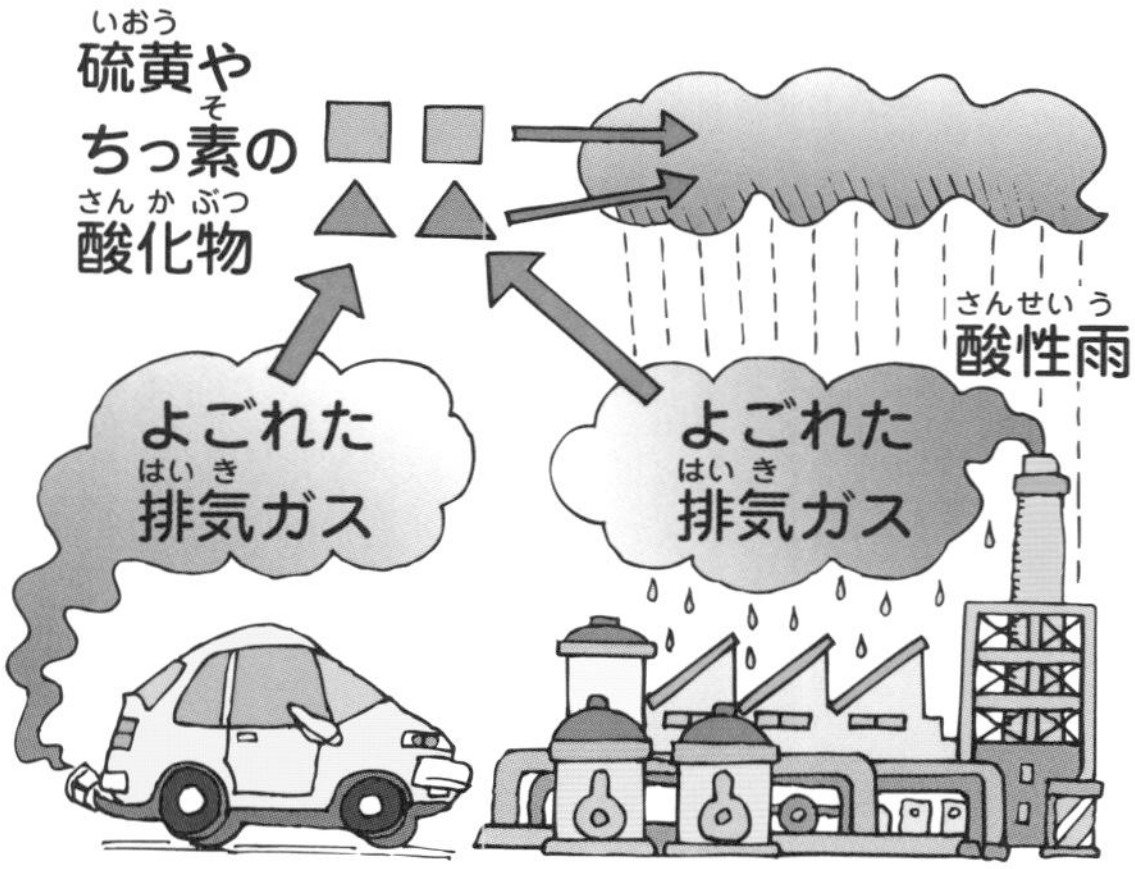

酸性雨《さんせいう》でかれた木《き》

日《に》本《ほん》でも降《ふ》っている酸《さん》性《せい》雨《う》

日本《にほん》でも、50年《ねん》ほど前《まえ》から酸性雨《さんせいう》が降《ふ》っています。酸化物《さんかぶつ》を減《へ》らす努力《どりょく》はしているのですが、完全《かんぜん》になくすことはできません。

さらに、火山《かざん》が噴火《ふんか》した影響《えいきょう》や、中国《ちゅうごく》のほうから吹《ふ》いてくる風《かぜ》の中《なか》に酸化物《さんかぶつ》が含《ふく》まれていたりして、いまでも酸性雨《さんせいう》が降《ふ》るのです。

地球《ちきゅう》には、美《うつく》しい自然《しぜん》がたくさんあります。この自然《しぜん》を守《まも》るために、わたしたちができることはなんでしょう。電気《でんき》をこまめに消《け》したり、水《みず》を大切《たいせつ》に使《つか》ったり、みんなで力《ちから》を合《あ》わせて、美《うつく》しい自然《しぜん》をいつまでも守《まも》っていきたいですね。

まめちしき
▶酸性雨《さんせいう》には、霧《きり》や雪《ゆき》となって降《ふ》るものもあるよ。
▶世界《せかい》の中《なか》でも、とくにヨーロッパとカナダで、酸性雨《さんせいう》の大《おお》きな被害《ひがい》が出《で》ているよ。

生《い》きもののふしぎ

オタマジャクシがカエルの子《こ》ってホント?

小《ちい》さな魚《さかな》のようにくらす

オタマジャクシという名前《なまえ》は、料理《りょうり》で使《つか》う道具《どうぐ》からきています。きっとあなたのおうちの台所《だいどころ》にも、先《さき》が丸《まる》くなっていて、食《た》べものやスープなどをすくうことができる形《かたち》をした、「おたま」があることでしょう。

カエルが産《う》んだ卵《たまご》から誕生《たんじょう》した子《こ》どもが、それによく似《に》た姿《すがた》をしていたので、オタマジャクシと呼《よ》ばれるようになったのです。

さて、カエルの卵《たまご》から生《う》まれたオタマジャクシは、まず小《ちい》さな魚《さかな》のように水《みず》の中《なか》を泳《およ》ぎながらくらします。

オタマジャクシの姿《すがた》のまま水《みず》の中《なか》でくらす期間《きかん》は、カエルの種類《しゅるい》によって違《ちが》います。ニホンアマガエルは約《やく》一《いっ》ヶ月《げつ》半《はん》、ニホンヒキガエルは二《に》ヶ月《げつ》半《はん》、ウシガエルはとても長《なが》く、一年《いちねん》から二《に》年《ねん》の間《あいだ》、子《こ》どものままでいるようです。

水《みず》の中《なか》から陸《りく》の上《うえ》へ

やがて少《すこ》しずつ成長《せいちょう》して、オタマジャクシはカエルになっていきます。成長《せいちょう》するにしたがって、まずはじめに生《は》えてくるのが後《うし》ろ足《あし》です。その次《つぎ》に前足《まえあし》があらわれます。

そして、オタマジャクシのときはからだの半分以上《はんぶんいじょう》もあった尾《お》っぽが、だんだんなくなっていくのです。それと同時《どうじ》に、からだの形《かたち》も変《か》わっていきます。カエルの姿《すがた》らしくなったころには、手足《てあし》に吸盤《きゅうばん》や水《みず》かきもできてきます。

水《みず》の中《なか》だけで生活《せいかつ》をしていたオタマジャクシは、成長《せいちょう》してカエルになると、主《おも》に陸《りく》の上《うえ》でくらすようになります。もちろん、水《みず》の中《なか》もスイスイとじょうずに泳《およ》ぐこともできます。平泳《ひらおよ》ぎの足《あし》の形《かたち》などは、カエルのまねをするとじょうずになるかもしれませんよ。

童謡《どうよう》で「♪オタマジャクシはカエルの子《こ》、ナマズの孫《まご》ではないわいな」と歌《うた》われるように、やはりオタマジャクシはカエルの子《こ》どもなのです。

まめちしき ▶♪は正《ただ》しくは音《おん》ぷという記号《きごう》なんだけど、「オタマジャクシ」と呼《よ》ぶことがあるよ。楽譜《がくふ》にはたくさんのオタマジャクシがならんでいるね。

みのまわりのふしぎ

床屋《とこや》さんにある赤《あか》と青《あお》のクルクルってなあに？

「クルクル」の赤《あか》は血《ち》の色《いろ》

床屋《とこや》さんの店《みせ》の前《まえ》にある、赤《あか》、青《あお》、白《しろ》にぬられて、クルクル回《まわ》っているものを、サインポールといいます。

これはもともとヨーロッパから伝《つた》わってきたもので、床屋《とこや》さんのお店《みせ》だということをあらわす目印《めじるし》なのです。日《に》本《ほん》だけでなく、世界中《せかいじゅう》のいろいろな国《くに》で、同《おな》じ色《いろ》をしたサインポールが使《つか》われています。

むかしのヨーロッパでは、床屋《とこや》さんは、お医者《いしゃ》さんのように人《ひと》の病気《びょうき》やケガをなおす仕事《しごと》もしていました。

そのころは病気《びょうき》をなおすために、わざとからだから血《ち》を出《だ》すということがおこなわれていました。この「瀉血《しゃけつ》」と呼《よ》ばれる治療《ちりょう》を床屋《とこや》さんがやっていたために、看板《かんばん》にも血《ち》の色《いろ》である赤《あか》が使《つか》われたといわれています。

そのうちに床屋《とこや》さんはお医者《いしゃ》さんのようなことをしなくなりましたが、看《かん》板《ばん》は変《か》わらず赤《あか》が使《つか》われ続《つづ》けたというわけです。

なお、残《のこ》りの青《あお》と白《しろ》がなにをあらわすのか、まだよくわかっていません。青《あお》が静脈《じょうみゃく》という血管《けっかん》の色《いろ》で白《しろ》が包帯《ほうたい》の色《いろ》だという説《せつ》もあるようです。また、最初《さいしょ》は赤《あか》と白《しろ》のしま模様《もよう》だったのに、あとで青色《あおいろ》をつけ加《くわ》えたのだという説《せつ》もあります。

模様《もよう》が上《うえ》にのぼる理由《りゆう》

サインポールを見《み》ていると、しま模《も》様《よう》はどんどん上《うえ》へ上《うえ》へとのぼっていくように見《み》えます。ホントはしま模様《もよう》はグルグル回《まわ》っているだけなのに、ふしぎですね。

これを、目《め》の錯覚《さっかく》といいます（２４５ページ）。ややこしい動《うご》きなので、単《たん》純《じゅん》に見《み》えるように脳《のう》がだまされてしまうわけです。

看板《かんばん》にはいろいろ面白《おもしろ》いものがあります。みなさんもお買《か》い物《もの》に行《い》ったときには、お店屋《みせや》さんのいろいろな看板《かんばん》をさがしてみると楽《たの》しいですよ。

まめちしき

▶床屋《とこや》さんは理容師《りようし》の資格《しかく》をもった人《ひと》が髪《かみ》を切《き》っている。お母《かあ》さんたちが行《い》く美容室《びようしつ》の人《ひと》は、美容《びよう》師《し》の資格《しかく》をもっている。床屋《とこや》さんと美容室《びようしつ》の違《ちが》いには、顔《かお》をそるかどうかなどがあるよ。

自然《しぜん》のふしぎ

どうして海《うみ》の水《みず》は塩辛《しおから》いの？

塩《しお》やいろいろな成分《せいぶん》を含《ふく》む

あなたは海《うみ》の水《みず》をなめてみたことはありますか？　なめてみるとわかりますが、とても塩辛《しおから》い味《あじ》がしますね。

また、海《うみ》の中《なか》であそんでから、浜《はま》にあがってしばらくすると、乾《かわ》いたからだに白《しろ》いつぶがたくさんついています。これをなめてみても、やっぱり塩《しお》辛《から》いことでしょう。

どうしてこんなことになるかというと、海《うみ》の水《みず》には、塩《しお》の成分《せいぶん》が溶《と》けているからです。

でも、塩《しお》を入《い》れたコップの水《みず》と海《うみ》の水《みず》は、ちょっと味《あじ》が違《ちが》うぞ、と気《き》づいた人《ひと》はいませんか？　それもそのはず、塩辛《しおから》さは同《おな》じなのですが、海《うみ》の水《みず》には、他《ほか》にもいろいろな成分《せいぶん》が溶《と》けてまざっているからなのです。

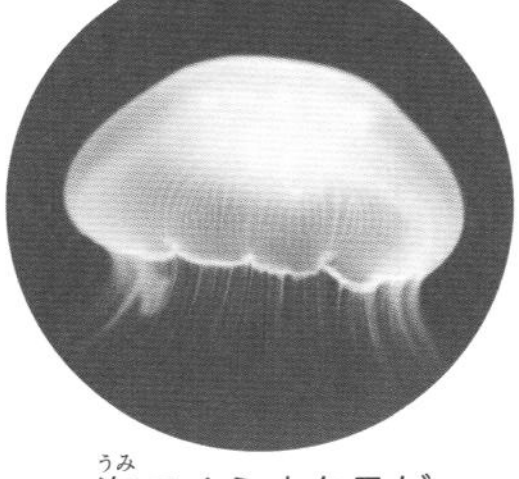

海《うみ》でくらすクラゲ

ではどうして、海《うみ》の水《みず》に塩《しお》が入《はい》っているのでしょうか。ひょっとしたらだれかが間違《まちが》えて、たくさん塩《しお》を入《い》れてしまったからでしょうか？　もちろんそんなことはありません。

長《なが》い時間《じかん》をかけて塩辛《しおから》くなった

大《おお》むかしに地球《ちきゅう》ができたころ、地球《ちきゅう》の岩《いわ》や石《いし》の中《なか》には、ナトリウムという成分《せいぶん》が入《はい》っていました。

そして、まだ塩辛《しおから》くなかったころの海《うみ》の水《みず》の中《なか》には、塩素《えんそ》という成分《せいぶん》が入《はい》っていました。

このナトリウムと塩素《えんそ》が一緒《いっしょ》になると、塩《しお》ができるのです。岩石《がんせき》から出《で》てくるナトリウムが、塩素《えんそ》とまざり合《あ》いながら、とても長《なが》い時間《じかん》をかけて少《すこ》しずつ、海《うみ》の水《みず》が塩辛《しおから》くなっていったというわけです。

今日《きょう》は「世界海洋《せかいかいよう》デー」です。世界《せかい》の海《うみ》や、海《うみ》の生《い》きものたちのことを考《かんが》えたり、感謝《かんしゃ》したりする日《ひ》です。いつまでも、きれいな海《うみ》を守《まも》っていくために、わたしたちになにができるのか、考《かんが》えてみましょう。

むかしの海《うみ》

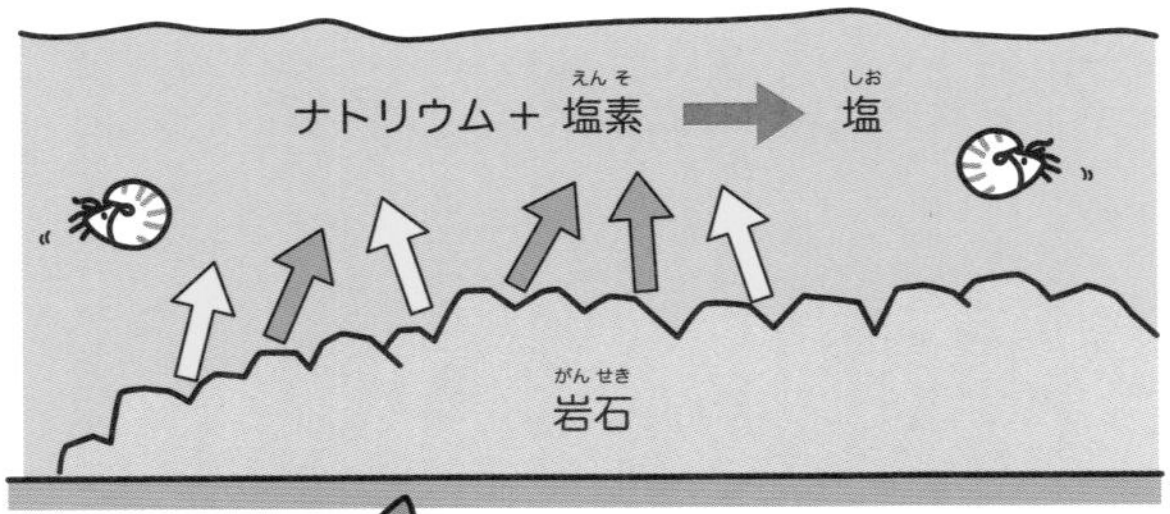

まめちしき ▶海《うみ》の水《みず》は塩《しお》をつくるのにも、もちろん利用《りよう》されている。水《みず》を蒸発《じょうはつ》させて、塩《しお》だけを取《と》り出《だ》すという方法《ほうほう》で、日本《にほん》の塩《しお》はこのやりかたでつくられているのがほとんどだ。

カギのギザギザってなんのためにあるの？

みのまわりのふしぎ

生活《せいかつ》を守《まも》るカギ

今日《きょう》6（ロッ）月《がつ》9（ク）日《にち》は「カギの日《ひ》」です。カギのことを英語《えいご》で、「ロック」と呼《よ》ぶからです。

もし、わたしたちのおうちにカギがなかったら、どうなるでしょう？ いつ泥棒《どろぼう》に入《はい》られるかわかりませんし、もしかしたら、もっとこわいものが家《いえ》の中《なか》に入《はい》ってくるかもしれません。わたしたちが安心《あんしん》して生活《せいかつ》できるのも、カギがあるからなのです。

でも、むかしはそんなに複雑《ふくざつ》なカギはありませんでした。とびらに「かんぬき」と呼《よ》ばれる棒《ぼう》をはめて開《ひら》かないようにしたり、つっかえ棒《ぼう》をしたりして、人《ひと》が入《はい》ってこられないように工夫《くふう》していたのです。

いまでも、わたしたちの周《まわ》りには、かんたんな仕組《しく》みのカギがたくさんあります。例《たと》えば学校《がっこう》のトイレについているカギは、とびらの端《はし》についた棒《ぼう》が、横《よこ》にずれるようになっていませんか？ 壁《かべ》には金具《かなぐ》がとりつけられていて、とびらからのびてきた棒《ぼう》が、スッとここにはまります。これでとびらが開《あ》かなくなるわけです。

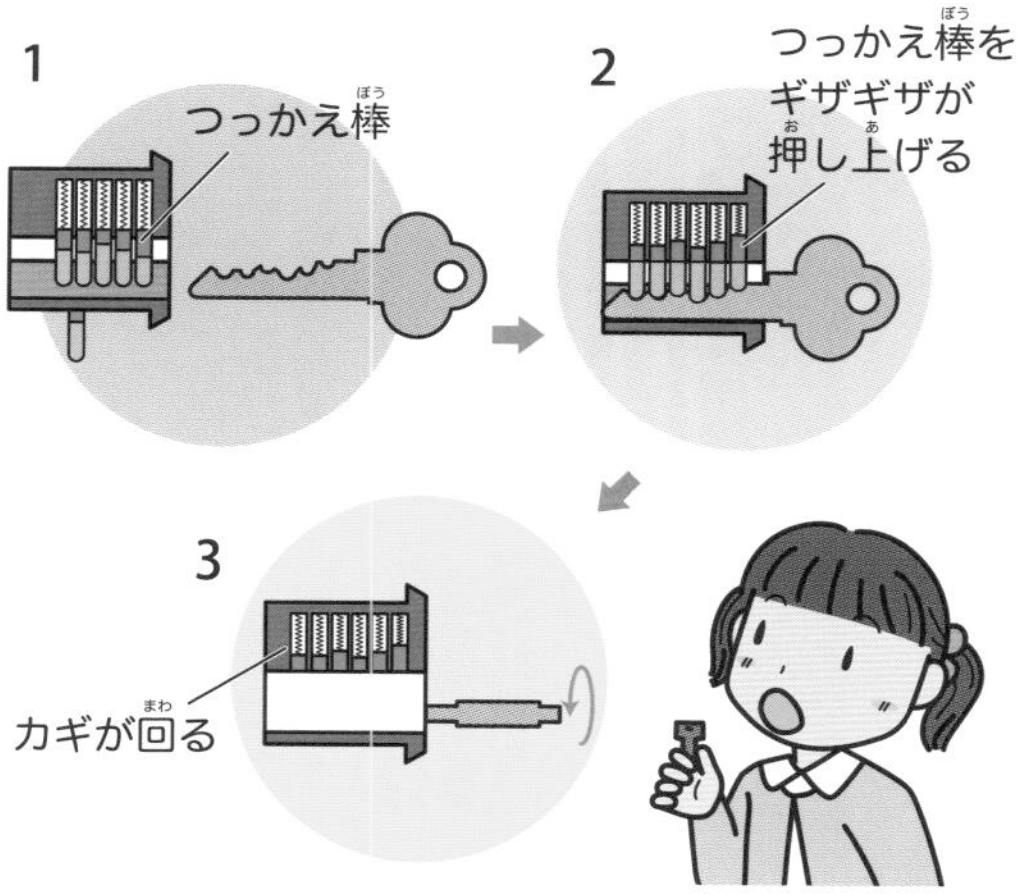

シリンダー錠《じょう》の仕組《しく》み

でも、おうちの玄関《げんかん》などについているカギは、もっと複雑《ふくざつ》。穴《あな》にカギを入《い》れて回《まわ》すと、閉《し》まったり開《ひら》いたりするものが多《おお》く使《つか》われていて、このようなカギを「シリンダー錠《じょう》」と呼《よ》びます。

中《なか》の仕組《しく》みは図《ず》のようになっています。カギをさし込《こ》むと、カギにつけられたギザギザが、中《なか》のつっかえ棒《ぼう》をうまくおし上《あ》げて、カギが回《まわ》るようになっているのです。

穴《あな》とギザギザがぴったり合《あ》わないと、つっかえ棒《ぼう》がひっかかってカギが回《まわ》らず、とびらも開《ひら》かないようになっているわけですね。

また、最近《さいきん》ではカギの形《かたち》はまっすぐで、横《よこ》に模様《もよう》が入《はい》っているものも増《ふ》えてきました。このタイプのものでは、カギ穴《あな》の模様《もよう》とカギの模様《もよう》がぴったり合《あ》うと、とびらが開《ひら》くようになっているのです。面白《おもしろ》い仕掛《しか》けですね。

まめちしき
▶最近《さいきん》は「スマートエントリーキー」というカギが使《つか》われている車《くるま》も多《おお》いよ。カギを穴《あな》にさし込《こ》まなくても、ドアを開《あ》けたり、エンジンをかけたりできるんだ。

生《い》きもののふしぎ

一番《いちばん》寿命《じゅみょう》の長《なが》い動物《どうぶつ》ってなあに？

動物《どうぶつ》の寿命《じゅみょう》

いま、人間《にんげん》の寿命《じゅみょう》は70～80歳《さい》ぐらいですが、500年《ねん》ほど前《まえ》には「人間《にんげん》50年《ねん》」などといわれていました。

よいお薬《くすり》が発明《はつめい》され、医療《いりょう》も進歩《しんぽ》したから長《なが》生《い》きできるようになったのですが、この先《さき》、人間《にんげん》が空気《くうき》や水《みず》をよごし続《つづ》ければ、寿命《じゅみょう》はまた短《みじか》くなっていくかもしれません。寿命《じゅみょう》とは、時代《じだい》とともに変《か》わるものなのです。

ところで動物《どうぶつ》の中《なか》で一番《いちばん》長《なが》生《い》きなのはなにか、あなたは知《し》っていますか？

わたしたちがペットとして飼《か》っているイヌやネコなら、大体《だいたい》が10年《ねん》から15年《ねん》くらいといったところでしょう。それでは、からだの大《おお》きなゾウかな？　それとも強《つよ》くてかっこいいライオンかな？　いえいえ違《ちが》います。

いまのところ、記録《きろく》に残《のこ》っている中《なか》で一番《いちばん》長《なが》生《い》きしたものは、カメの仲間《なかま》であるゾウガメです。なんと170歳《さい》まで生《い》きたらしいですよ。

ゾウガメ

ちなみにゾウの寿命《じゅみょう》は60歳《さい》ぐらいですから、人間《にんげん》のほうが長《なが》生《い》きです。

ライオンも、とくに野生《やせい》のオスなら10歳《さい》くらいしか生《い》きられないそうです。海《うみ》の中《なか》では一番《いちばん》強《つよ》いシャチも、50年《ねん》ほどしか生《い》きられません。

植物《しょくぶつ》は動物《どうぶつ》より長《なが》生《い》き？

では、植物《しょくぶつ》の寿命《じゅみょう》はどうでしょうか？　例《たと》えば、屋久島《やくしま》にある縄文杉《じょうもんすぎ》は、3000年以上《ねんいじょう》生《い》きているものもあるといわれています。世界中《せかいじゅう》に目《め》を向《む》けてみると、もうすぐ1万歳《まんさい》になるという木《き》もあるそうです。

このように、植物《しょくぶつ》には動物《どうぶつ》よりもずっと長《なが》生《い》きな仲間《なかま》がいます。でも、植《しょく》物《ぶつ》だってやがてかれてしまいます。

今日《きょう》は「時《とき》の記念日《きねんび》」です。生《い》きものは、いつか必《かなら》ず死《し》んでしまうもの。だからこそ、わたしたちが生《い》きられる非常《ひじょう》に限《かぎ》られた時間《じかん》を、大《たい》切《せつ》に使《つか》っていきたいものですね。

縄文杉《じょうもんすぎ》

まめちしき ▶からだの大《おお》きさが1ミリより小《ちい》さい「クマムシ」という動物《どうぶつ》は、なんと100年以上《ねんいじょう》も生《い》きられるんだって。生《い》きる力《ちから》が強《つよ》い動物《どうぶつ》として、最近注目《さいきんちゅうもく》されているんだ。

どうして梅雨《つゆ》になると雨《あめ》がよく降《ふ》るの？

自然《しぜん》のふしぎ

空《そら》の上《うえ》にある気団《きだん》

日本《にほん》では、6月《がつ》の中《なか》ごろから7月《がつ》の終《お》わりまでの、40日間《にちかん》くらいの時期《じき》を梅雨《つゆ》といいます。雨《あめ》が長《なが》く降《ふ》って、ジトジトとしめった空気《くうき》になり、あまり気持《きも》ちのいいものではありませんね。

ではどうして、梅雨《つゆ》の時期《じき》には雨《あめ》がよく降《ふ》るのでしょうか。

まず、日本《にほん》の空《そら》の上《うえ》には「気団《きだん》」という、空気《くうき》のかたまりがいくつかあります。それぞれの気団《きだん》には、空気《くうき》が冷《つめ》たかったり、あたたかだったり、あるいは乾《かわ》いていたり、しめっていたりといった特徴《とくちょう》があります。

そして季節《きせつ》によって、日本《にほん》の空《そら》の上《うえ》に居座《いすわ》る気団《きだん》が変《か》わるのです。

居座《いすわ》る気団《きだん》によって、春《はる》ならポカポカあたたかく、夏《なつ》ならギラギラとあつく、といったように、その季節《きせつ》の天気《てんき》が決《き》まるわけなのです。

梅雨《つゆ》のころには、ふたつの気団《きだん》が空《そら》に居座《いすわ》ろうとします。ひとつは、冷《つめ》たくてしめり気《け》が多《おお》く、北東《ほくとう》のほうにある「オホーツク海気団《かいきだん》」。もうひとつは、あつくてしめり気《け》が多《おお》い、南東《なんとう》のほうにある「小笠原気団《おがさわらきだん》」です。

このふたつが、グイグイとおし合《あ》いをするのが、梅雨《つゆ》の時期《じき》なのです。

しめり気《け》どうしの押《お》し合《あ》い

さて、オホーツク海気団《かいきだん》も小笠原気《おがさわらき》団《だん》も、しめり気《け》が多《おお》い気団《きだん》です。

このふたつがおし合《あ》うと、ぶつかり合《あ》ったしめり気《け》は、やがて雨《あめ》になって落《お》ちてきます。ですから、梅雨《つゆ》の時期《じき》には雨《あめ》がよく降《ふ》るのです。

ところで、オホーツク海気団《かいきだん》と小笠《おがさ》原気団《わらきだん》がおし合《あ》っているところを、「梅雨前線《ばいうぜんせん》」といいます。

ふつうは梅雨《つゆ》の時期《じき》がすぎていくにつれて、オホーツク海気団《かいきだん》の力《ちから》が弱《よわ》くなっていきます。そのため、梅雨前線《ばいうぜんせん》はどんどん日本《にほん》の北《きた》のほうへ上《あ》がっていきます。

そして、小笠原気団《おがさわらきだん》がおし合《あ》いに勝《か》ち、日本《にほん》の空《そら》の上《うえ》に居座《いすわ》るようになると、ようやく梅雨《つゆ》が明《あ》けてあつい夏《なつ》になるのです。

まめちしき ▶梅雨《つゆ》が明《あ》けると、天気予報《てんきよほう》で「梅雨明《つゆあ》け宣言《せんげん》」というのがおこなわれるんだ。でも、梅雨《つゆ》が長引《ながび》いたときには、その宣言《せんげん》がおこなわれないこともあるんだよ。

どうして魚《さかな》は水《みず》の中《なか》を自由《じゆう》に泳《およ》げるの？

生《い》きもののふしぎ

水《みず》の中《なか》を自由《じゆう》に動《うご》くには

きれいな川《かわ》や池《いけ》や湖《みずうみ》、そして広々《ひろびろ》とした海《うみ》の中《なか》を、スイスイと自由《じゆう》に泳《およ》ぎ回《まわ》る魚《さかな》。なんだかとても気持《きも》ちよさそうですね。わたしたち人間《にんげん》には、とてもあんなふうに自由《じゆう》に泳《およ》ぎ回《まわ》ることなんてできません。

でもどうして魚《さかな》は、水《みず》の中《なか》を自由《じゆう》に泳《およ》げるのでしょう。また、それにはなにが必要《ひつよう》なのでしょうか。

まず、水《みず》の中《なか》を自由《じゆう》に浮《う》いたり沈《しず》んだりできなければなりません。そうでなければ、水《みず》の上《うえ》に浮《う》かんだままになったり、沈《しず》んだままになったりしてしまいますからね。

そして、スイスイと好《す》きな方向《ほうこう》に動《うご》き回《まわ》れなければいけません。そうでなければ、水《みず》の流《なが》れにさからえずに、流《なが》されてしまいます。

水《みず》に浮《う》いたり沈《しず》んだり、スイスイと自由《じゆう》に動《うご》き回《まわ》ったりできる魚《さかな》のひみつ。それは魚《さかな》のからだのつくりにあるのです。

浮《う》き袋《ぶくろ》とヒレのはたらき

まず、魚《さかな》には浮《う》き袋《ぶくろ》という器官《きかん》があります。浮《う》き袋《ぶくろ》を使《つか》うことで、水《みず》の中《なか》でからだを浮《う》かせる力《ちから》を自由《じゆう》に変《か》えているのです。

浮《う》き袋《ぶくろ》の中《なか》にガスを出《だ》したり入《い》れたりすることで、魚《さかな》は水《みず》の中《なか》で自由《じゆう》に浮《う》きあがったり、もぐったりしているのです。

そして、魚《さかな》にはヒレがあります。ヒレは水《みず》の中《なか》で、わたしたちの手足《てあし》のような役割《やくわり》をします。ヒレを動《うご》かすことで、わたしたちが土《つち》の上《うえ》を足《あし》で自由《じゆう》に歩《ある》くように、水《みず》の中《なか》を自由《じゆう》に泳《およ》ぎ回《まわ》れるのです。

ちなみに多《おお》くの魚《さかな》では、前《まえ》に進《すす》むときは尾《お》ビレを左右《さゆう》にふって泳《およ》ぎます。他《ほか》のヒレは、からだのつりあいを取《と》ったり、進《すす》む方向《ほうこう》を変《か》えたりするときに使《つか》います。

こうやって、魚《さかな》は水《みず》の中《なか》を自由《じゆう》に泳《およ》ぎ回《まわ》ることができるのです。

ま上《うえ》から見《み》た魚《さかな》

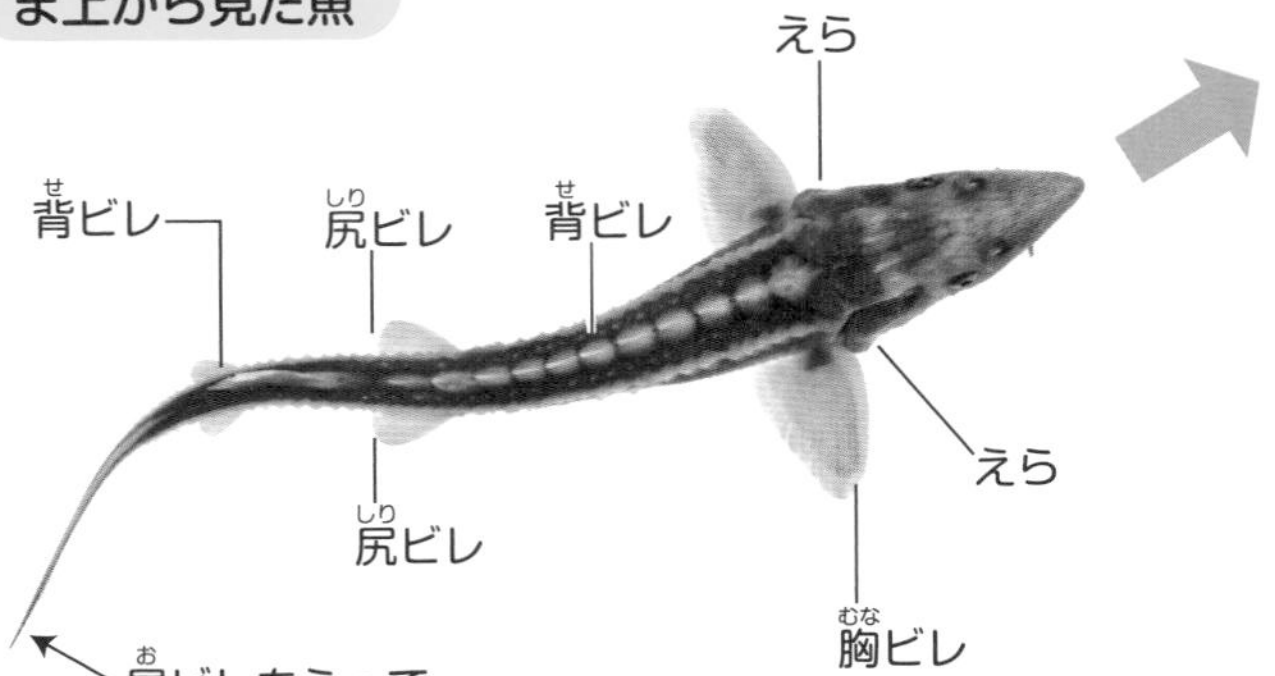
尾《お》ビレをふって
前《まえ》に進《すす》む

まめちしき
▶ヒラメなどの平《ひら》たい魚《さかな》はからだを波打《なみう》たせて泳《およ》ぐよ。そしてアナゴやウツボなどの細長《ほそなが》い魚《さかな》は、からだをくねらせて泳《およ》ぐんだ。

宇宙《うちゅう》のふしぎ

ロケットはどれぐらいの速《はや》さで飛《と》んでいるの？

ガスのいきおいで飛《と》ぶ

あなたは風船《ふうせん》をふくらませて飛《と》ばしたことはありますか。

そのようすを見《み》てみると、風船《ふうせん》を投《な》げたわけでもないのに、自分《じぶん》が出《だ》した空《くう》気《き》の力《ちから》で勝手《かって》に飛《と》んでいきますよね。

ロケットが飛《と》ぶ仕組《しく》みもこれと同《おな》じです。ロケットは自分《じぶん》の持《も》っている酸素《さんそ》で燃料《ねんりょう》を燃《も》やし、これによって出《で》るガスのいきおいを使《つか》って飛《と》んでいきます。ただ、このようにガスを出《だ》すためには、たくさんの酸素《さんそ》と燃料《ねんりょう》が必要《ひつよう》です。

地球《ちきゅう》の空《そら》を飛《と》ぶジェット機《き》なら、空《くう》気中《きちゅう》の酸素《さんそ》をとり込《こ》みながら燃料《ねんりょう》を燃《も》やすことができますが、ロケットが飛《と》ぶ宇宙空間《うちゅうくうかん》は、ほとんどが真空《しんくう》と呼《よ》ばれる空気《くうき》のない状態《じょうたい》です。つまり、燃《ねん》料《りょう》を燃《も》やすために必要《ひつよう》な酸素《さんそ》がありません。

そのため、ロケットには酸素《さんそ》をつくり出《だ》す「酸化剤《さんかざい》」が積《つ》まれています。なんでも、ロケットの重《おも》さのおよそ90%《パーセント》は、この酸化剤《さんかざい》と燃料《ねんりょう》で占《し》められているそうです。

スペースシャトルの打《う》ち上《あ》げ

目的《もくてき》によって違《ちが》う速《はや》さ

では、ロケットはどれぐらいのスピードを出《だ》して飛《と》んでいるのでしょうか。じつはこれは、ロケットの目的《もくてき》によって違《ちが》います。

例《たと》えばロケットを人工衛星《じんこうえいせい》が回《まわ》る「軌道《きどう》」に乗《の》せたい場合《ばあい》には、秒《びょう》速《そく》7・9キロメートル、つまり1秒《びょう》で7・9キロメートル進《すす》む速《はや》さが必要《ひつよう》です。これは時速《じそく》300キロで走《はし》る、新幹線《しんかんせん》のぞみ号《ごう》の90倍《ばい》以上《いじょう》！　すごい速《はや》さですね。

また、地球《ちきゅう》の引力《いんりょく》を抜《ぬ》けだして、他《ほか》の惑星《わくせい》などに行《い》きたいときには、秒速《びょうそく》11・2キロメートルの速《はや》さが必要《ひつよう》になります。

秒速約《びょうそくやく》17キロメートルを超《こ》えるところまで速度《そくど》をあげると、地球《ちきゅう》の引《いん》力《りょく》だけでなく、太陽《たいよう》の引力《いんりょく》もふりきり、太陽系《たいようけい》の外《そと》まで飛《と》び出《だ》していくことができるのですよ。

まめちしき ▶秒速《びょうそく》11.2キロメートルのロケットで、そのまままっすぐ飛《と》んでいったとしても、月《つき》には約《やく》9.5時《じ》間《かん》で、太陽《たいよう》には約《やく》155日間《にちかん》でたどり着《つ》く計算《けいさん》になるよ。ずいぶん遠《とお》いんだね。

どうして石《せっ》けんを使《つか》うとよごれが落《お》ちるの？

科学《かがく》のふしぎ

ひみつはふたつの成分《せいぶん》

仲《なか》がわるい人《ひと》どうしを「水《みず》と油《あぶら》のようだ」といったりします。水《みず》と油《あぶら》は仲《なか》がわるい人《ひと》どうしのように、まざることがないからです（337ページ）。ためしに、水《みず》と油《あぶら》をビンなどに入《い》れて「まざれ、まざれ！」とよくふってみてください。

どれだけがんばってビンをふっても、しばらくすると、下《した》のほうに水《みず》、上《うえ》には油《あぶら》というように、くっきりとわかれてしまうことでしょう。

さて、あなたが外《そと》でおもいっきりあそんで帰《かえ》ってくると、手《て》にはたくさんのよごれがついていると思《おも》います。そのよごれは、水《みず》に溶《と》けやすいよごれと、油《あぶら》に溶《と》けやすいよごれとが、まざり合《あ》ってできています。

さて、石《せっ》けんは水《みず》に溶《と》けやすい成分《せいぶん》と、油《あぶら》に溶《と》けやすい成分《せいぶん》からつくられています。では、あなたが石《せっ》けんを使《つか》ってよごれた手《て》を洗《あら》うと、いったいどうなるのでしょう。

まず石《せっ》けんはよごれを包《つつ》んで、ググッと浮《う》き上《あ》がらせます。こうして、よごれがスルリとすべり落《お》ちやすくするのです。

そのあと、水《みず》に溶《と》けやすいよごれは、石《せっ》けんの水《みず》に溶《と》けやすい成分《せいぶん》とくっつき、油《あぶら》に溶《と》けやすいよごれは、油《あぶら》に溶《と》けやすい成分《せいぶん》とくっつきます。

そして最後《さいご》に手《て》をすすぐと、ぜんぶのよごれが水《みず》で洗《あら》い流《なが》される、というわけなのです。

どちらの成分《せいぶん》ももっている石《せっ》けんだから、手《て》がピカピカになるというわけですね。

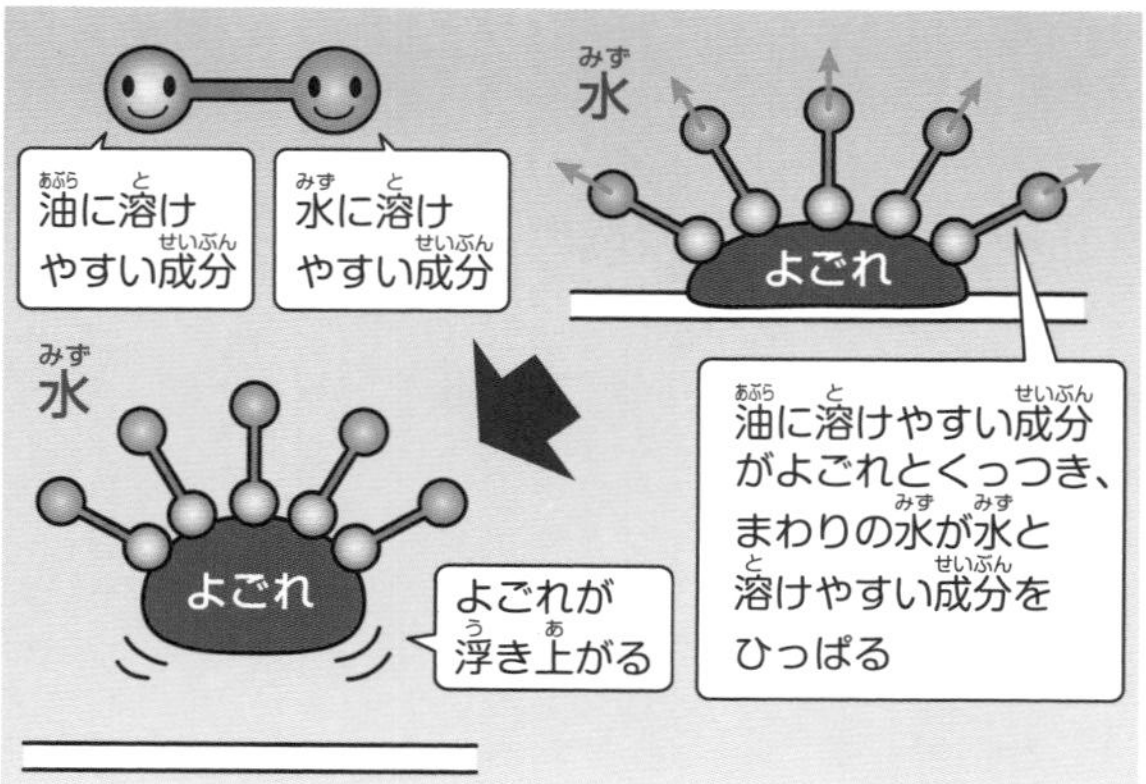

手《て》をきれいに洗《あら》おう

6月《がつ》はジメジメして、病気《びょうき》のもとになる菌《きん》も多《おお》い時期《じき》です。外《そと》から帰《かえ》った手《て》には、目《め》に見《み》えるよごれだけではなくて、目《め》に見《み》えない菌《きん》もついていますから、必《かなら》ず手《て》を洗《あら》いましょう。

手《て》のひらの細《こま》かいところまで、ゴシゴシとよくこすり、最後《さいご》はしっかりと水《みず》で洗《あら》い流《なが》すようにしましょう。きれいに洗《あら》えたら、おうちの人《ひと》にも見《み》てもらいましょうね。

まめちしき ▶石《せっ》けんがなかったころは、植物《しょくぶつ》を燃《も》やしてできた灰《はい》を水《みず》に溶《と》かして、そのあとで上《うえ》の方《ほう》に浮《う》かんできた、「灰汁《あく》」を使《つか》っていたんだって。

どうしてオウムやインコは人間《にんげん》の言葉《ことば》をしゃべるの？

生《い》きもののふしぎ

人間《にんげん》とよく似《に》た声《こえ》が出《だ》せる

スズメはチュンチュン、ウグイスはホーホケキョなど、鳥《とり》の鳴《な》き声《ごえ》は種類《しゅるい》によってだいたい決《き》まっています。これは、ひなのときに親鳥《おやどり》の鳴《な》き方《かた》をまねることで、身《み》につけていくものです。

人間《にんげん》に飼《か》われていて、親鳥《おやどり》がそばにいない場合《ばあい》は、身近《みぢか》にいる人間《にんげん》の声《こえ》をまねしようとします。しかしそれはなかなかうまくいきません。のどの仕組《しく》みがまったく人間《にんげん》と違《ちが》うので、人間《にんげん》とよく似《に》た声《こえ》が出《だ》せないからです。

音《おと》の高《たか》さをあらわす周波数《しゅうはすう》というもので比《くら》べてみると、人間《にんげん》の声《こえ》が1000ヘルツ以下《いか》であるのに対《たい》し、鳥《とり》の声《こえ》は2000ヘルツ以上《いじょう》。ですから、鳥《とり》と人間《にんげん》とでは声《こえ》の高《たか》さも質《しつ》も、まったくといっていいほど違《ちが》っているのです。

ところが、オウムやインコは、舌《した》やのどの仕組《しく》みが人間《にんげん》と少《すこ》し似《に》ているばかりか、300～7000ヘルツという広《ひろ》い範囲《はんい》の声《こえ》を出《だ》す力《ちから》を持《も》っているので、人間《にんげん》の声《こえ》をまねることができるのです。

また、他《ほか》の鳥《とり》より脳《のう》が発達《はったつ》しているため、人間《にんげん》の言葉《ことば》のような難《むずか》しい音《おと》もおぼえてしまいます。

さらに、耳《みみ》から聞《き》いた音《おと》を声《こえ》として出《だ》すという能力《のうりょく》も発達《はったつ》しているので、どんどん練習《れんしゅう》をかさねて、やがては「コンニチハ」などの言葉《ことば》もしゃべれるようになってしまうのです。

人間《にんげん》を仲間《なかま》と思《おも》う

野生《やせい》のオウムは集団《しゅうだん》でくらしています。そして、おたがいにあいさつの声《こえ》などをまねしあうという習性《しゅうせい》を持《も》っています。つまり、人間《にんげん》に飼《か》われているオウムやインコは、人間《にんげん》を同《おな》じ集団《しゅうだん》の仲間《なかま》だと思《おも》って、人間《にんげん》の言葉《ことば》をまねて、気持《きも》ちを伝《つた》えようとしているのです。

オウムやインコたちは、人間《にんげん》の言葉《ことば》の意味《いみ》までわかっているわけではありません。しかし、言葉《ことば》をまねすることによって、飼《か》い主《ぬし》と深《ふか》いきずなでむすばれることがわかっています。

まめちしき

▶オウムやインコはものまねじょうず。人間《にんげん》の言葉《ことば》だけでなく、車《くるま》のクラクションなんかもまねしちゃうんだ。そんなにじょうずではないけど、言葉《ことば》をまねてしゃべるカラスもたまにいるらしいよ。

6月《がつ》16日《にち》

あんこってなにからできているの？

和菓子《わがし》といえばあんこ

今日《きょう》は和菓子《わがし》の日《ひ》です。和菓子《わがし》といえば、おはぎやおまんじゅうに使《つか》われているあんこは欠《か》かせません。ほんのり甘《あま》くておいしくって、きっと大好《だいす》きな人《ひと》も多《おお》いのではないでしょうか。

あんこは、小豆《あずき》と砂糖《さとう》でつくられています。あんこには、「つぶあん」と「こしあん」があって、つぶあんのつぶつぶが好《す》きだという人《ひと》もいれば、なめらかなこしあんが好《す》きだという人《ひと》もいるでしょう。

ところで、つぶあんとこしあんって、どうやってつくっているのか知《し》っていますか？

まず、小豆《あずき》と砂糖《さとう》を水《みず》に入《い》れ、じっくり煮《に》ると、やがて小豆《あずき》の形《かたち》がくずれて、つぶあんができます。

こげないように煮《に》るだけでも大変《たいへん》なのですが、こしあんにはもうひと手間《てま》が必要《ひつよう》です。小豆《あずき》と砂糖《さとう》を煮《に》るまでは同《おな》じですが、小豆《あずき》がやわらかくなったら、目《め》のあらい布《ぬの》や、ふるいを使《つか》ってこし、小豆《あずき》の皮《かわ》をとりのぞきます。

そして、残《のこ》った汁《しる》をまた煮《に》つめていくことで、ようやくこしあんになるのです。あんこをつくるのは、時間《じかん》がかかってとても大変《たいへん》なのですね。

神《かみ》さまもあんこが好《す》き

では、日本《にほん》であんこがつくられだしたのはいつごろでしょうか？　いろいろな説《せつ》がありますが、弘法大師《こうぼうだいし》さまというお坊《ぼう》さんが、中国《ちゅうごく》から小豆《あずき》を持《も》ち帰《かえ》り、京都《きょうと》のお菓子屋《かしや》さんが、それに砂糖《さとう》をまぜてあんこをつくったのがはじまりだといわれています。

あんこが好《す》きなのは人間《にんげん》だけではありません。神《かみ》さまも好《す》きだと考《かんが》えられていました。

平安時代《へいあんじだい》のころ、こわい病気《びょうき》がはやったときには、天皇《てんのう》は神《かみ》さまにあんこを使《つか》ったお菓子《かし》などをそなえ、病気《びょうき》がおさまるようにと祈《いの》りました。

それが848年《ねん》の6月《がつ》16日《にち》のことでした。そこから、今日《きょう》が和菓子《わがし》の日《ひ》になったのですよ。

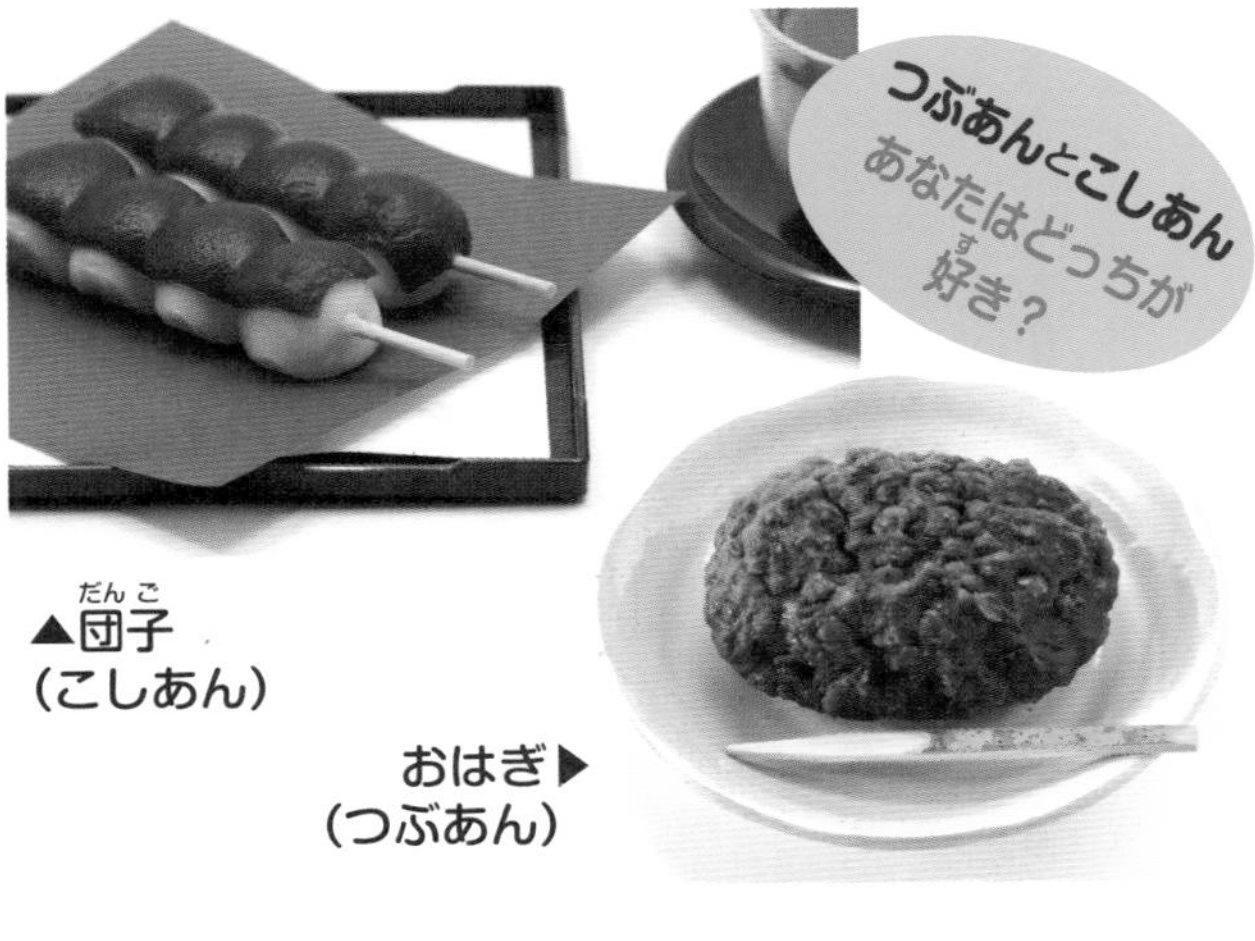
つぶあんとこしあん
あなたはどっちが好《す》き？

▲団子《だんご》（こしあん）

おはぎ▶（つぶあん）

まめちしき ▶京都《きょうと》で6月《がつ》になると食《た》べる和菓子《わがし》「水無月《みなづき》」は、氷《こおり》に似《に》せた三角形《さんかっけい》の白《しろ》いういろうの上《うえ》にあずきをのせたもの。あずきは魔《ま》よけ、白《しろ》い三角形《さんかっけい》は氷《こおり》であつさをしのぐという意味《いみ》があるよ。

録《ろく》音《おん》した自《じ》分《ぶん》の声《こえ》が違《ちが》って聞《き》こえるのはなぜ？

空《くう》気《き》を通《とお》して聞《き》こえる音《おと》

あなたは、自《じ》分《ぶん》の声《こえ》を録《ろく》音《おん》して、聞《き》いてみたことはありますか。

「こんなの自《じ》分《ぶん》の声《こえ》じゃない！」

そう思《おも》ったのではありませんか。

でも、周《まわ》りの人《ひと》やお友《とも》だちは、

「いいや、おんなじだよ」

というはずです。たしかに、録《ろく》音《おん》したお友《とも》だちの声《こえ》は、いつものお友《とも》だちの声《こえ》と同《おな》じに聞《き》こえますものね。でも、お友《とも》だちもこういうはずです。

「こんなの自《じ》分《ぶん》の声《こえ》じゃない！」

これって、どうしてなのでしょうね。じつは、わたしたちがふだん聞《き》いている他《ほか》の人《ひと》の声《こえ》やいろいろな音《おと》は、空《くう》気《き》を通《とお》して伝《つた》わってきます。

それらは外《そと》から耳《みみ》の穴《あな》に入《はい》ってきて、耳《みみ》の奥《おく》の「内《ない》耳《じ》」という場《ば》所《しょ》に届《とど》きます。そこでわたしたちは、音《おと》を聞《き》きとっているのです。

骨《ほね》を通《とお》して聞《き》こえる音《おと》

ところが自《じ》分《ぶん》で出《だ》した声《こえ》は、外《そと》から耳《みみ》の穴《あな》に入《はい》ってくるだけではありません。自《じ》分《ぶん》のからだの中《なか》を通《とお》って、直《ちょく》接《せつ》内《ない》耳《じ》に届《とど》いてくる音《おと》もあるのです。

これを、口《くち》の中《なか》から頭《あたま》の骨《ほね》を伝《つた》わって、内《ない》耳《じ》に届《とど》くことから、「骨《こつ》伝《でん》導《どう》音《おん》」といいます。

その音《おと》は、他《ほか》の人《ひと》には聞《き》こえません。

あなたの声《こえ》は、他《ほか》の人《ひと》には空《くう》気《き》を通《とお》した音《おと》しか伝《つた》わらないからです。ですから、他《ほか》の人《ひと》にはあなたの声《こえ》は、あなたがふだん聞《き》いている自《じ》分《ぶん》の声《こえ》とは違《ちが》って聞《き》こえるわけですね。

さらに空《くう》気《き》中《ちゅう》では、高《たか》い音《おと》と低《ひく》い音《おと》では伝《つた》わり方《かた》が違《ちが》います。低《ひく》い音《おと》は、高《たか》い音《おと》よりも弱《よわ》くなるのです。

ところが、骨《ほね》を通《とお》して聞《き》く場《ば》合《あい》、低《ひく》い音《おと》も弱《よわ》まらずに伝《つた》わります。ですから、録《ろく》音《おん》した自《じ》分《ぶん》の声《こえ》を聞《き》くと、自《じ》分《ぶん》が思《おも》っているより、高《たか》い音《おと》に聞《き》こえるというわけです。

まめちしき ▶他《ほか》の人《ひと》に聞《き》き取《と》りやすい話《はな》し方《かた》をするには、はっきりと口《くち》を開《あ》けて、言《こと》葉《ば》を正《せい》確《かく》に発《はつ》音《おん》するよう心《こころ》がけるといいよ。

生《い》きもののふしぎ

どうしてヤギは紙《かみ》を食《た》べるの？

大好《だいす》きなのは木《き》の葉《は》っぱ

白《しろ》ヤギさんと黒《くろ》ヤギさんが登場《とうじょう》する『やぎさんゆうびん』の歌《うた》にもありますが、ヤギはホントに紙《かみ》を食《た》べてしまいます。ただ、ヤギもふだんから紙《かみ》を食《た》べているわけではありません。大好《だいす》きなのは「木《き》の葉《は》っぱ」です。

実際《じっさい》に葉《は》っぱをさわってみるとよくわかりますが、葉《は》っぱの中《なか》には繊維《せんい》というかたい筋《すじ》がたくさん入《はい》っています。これがあると、とても食《た》べにくいことでしょう。

ですがヤギは、4つの胃袋《いぶくろ》と、胃袋《いぶくろ》の中《なか》にいるバクテリアという菌《きん》のはたらきによって、葉《は》っぱの繊維《せんい》を溶《と》かすようにして食《た》べてしまうのです。

あなたがよく目《め》にする紙《かみ》にも、じつは葉《は》っぱと似《に》た植物《しょくぶつ》の繊維《せんい》がたくさん使《つか》われています。見《み》た目《め》はまったく違《ちが》う紙《かみ》と葉《は》っぱですが、ヤギは、紙《かみ》に使《つか》われている繊維《せんい》のにおいをかぐと、エサとかんちがいしてしまいます。もともとヤギはかたい繊維《せんい》が大好《だいす》きですから、そのまま紙《かみ》を食《た》べてしまうというわけです。

ホントに紙《かみ》をあげちゃダメ

ですが、牧場《ぼくじょう》などでヤギがふだん食《た》べるエサは、木《き》の葉《は》っぱなどです。こちらから近《ちか》づけないかぎり、自分《じぶん》から紙《かみ》を食《た》べることはまずありません。

「ヤギが手紙《てがみ》を食《た》べてしまった」などといわれるのは、むかしは紙《かみ》が植物《しょくぶつ》だけでできていたからです。

最近《さいきん》の新聞紙《しんぶんし》やトイレットペーパーなどには、特殊《とくしゅ》なインクや薬品《やくひん》が使《つか》われているため、ヤギの健康《けんこう》にもよくありません。ヤギを見《み》つけても、紙《かみ》は近《ちか》づけないようにしましょうね。

ちなみに、ヤギによく似《に》たヒツジも紙《かみ》を食《た》べそうですが、ヒツジはヤギよりもおとなしく、なんでも好《す》き放題《ほうだい》に食《た》べるようなことはありません。

似《に》たものどうしのヤギとヒツジではありますが、食《た》べものについては、ヒツジのほうがちょっとお行儀《ぎょうぎ》がいいみたいですね。

ボクたちよく似《に》ているけど結構違《けっこうちが》うんだメェ！

まめちしき ▶ヤギの乳《ちち》は、牛乳《ぎゅうにゅう》と同《おな》じように飲《の》めるし、チーズにしても食《た》べられるよ。シェーブルチーズといい、白《しろ》くて少《すこ》しすっぱい味《あじ》がするんだって。焼《や》いて溶《と》かすとおいしいそうだよ。

読《よ》んだ日《ひ》　　月《がつ》　　日《にち》

6月《がつ》19日《にち》

みのまわりのふしぎ

「元号《げんごう》」と「西暦《せいれき》」ってなあに？

元号《げんごう》が通《つう》じるのは日本《にほん》だけ

あなたは「今年《ことし》は何年《なんねん》ですか？」と聞《き》かれたら、なんとこたえますか？「平成《へいせい》○○年《ねん》です」とこたえる人《ひと》もいれば、「20○○年《ねん》です」とこたえる人《ひと》もいると思《おも》います。そしてもちろん、どちらも正解《せいかい》です。

日本《にほん》では、年《とし》をあらわす方法《ほうほう》に、日《に》本独特《ほんどくとく》の「元号《げんごう》」と、外国《がいこく》でも使《つか》われる「西暦《せいれき》」のふたつがあるからです。

例《たと》えば、「平成《へいせい》」や「昭和《しょうわ》」が「元号《げんごう》」です。これは、ある年代《ねんだい》をあらわす名前《なまえ》のようなもので、いまでは、天皇《てんのう》が変《か》わるたびに、元号《げんごう》も変《か》わっています。

「西暦《せいれき》」は、「西《せい》(洋《よう》)の暦《れき》(カレンダー)」と書《か》くように、もともとは西洋《せいよう》の年《とし》のかぞえ方《かた》です。キリスト教《きょう》をつくった、イエス・キリストが生《う》まれた年《とし》を西暦《せいれき》1年《ねん》としてかぞえます。

元号《げんごう》を使《つか》いはじめたのは？

それでは元号《げんごう》はいつから使《つか》われるようになったのでしょうか？　あなたも小学校《しょうがっこう》で、中大兄皇子《なかのおおえのおうじ》と中臣鎌足《なかとみのかまたり》という人《ひと》たちが、蘇我入鹿《そがのいるか》を殺《ころ》した「大化《たいか》の改新《かいしん》」について、いずれ勉強《べんきょう》することでしょう。この年《とし》を「大化元年《たいかがんねん》」と呼《よ》んだことが、元号《げんごう》のはじまりだとされています。

大化《たいか》の改新《かいしん》が起《お》きたのは、西暦《せいれき》645年《ねん》の6月《がつ》19日《にち》。ですから、今日《きょう》は「元号《げんごう》の日《ひ》」と決《き》められています。

では、それ以前《いぜん》の日本《にほん》では、どうやって年《とし》をかぞえていたのでしょうか？

神話《しんわ》では、日本最初《にほんさいしょ》の天皇《てんのう》は、神武《じんむ》天皇《てんのう》だといわれています(60ページ)。神武天皇《じんむてんのう》が天皇《てんのう》になった年《とし》を、日本《にほん》では「神武《じんむ》1年《ねん》」と呼《よ》び、それからしばらくは、天皇《てんのう》の名前《なまえ》が元号《げんごう》のように使《つか》われていたとされています。

元号《げんごう》には、おめでたい意味《いみ》のある漢《かん》字《じ》が選《えら》ばれてつけられます。例《たと》えば「平成《へいせい》」は、中国《ちゅうごく》の古《ふる》い本《ほん》に書《か》かれた「地平天成《ちへいてんせい》」という言葉《ことば》から決《き》められました。これは、天地《てんち》ともに平和《へいわ》になるという意味《いみ》の言葉《ことば》。

この言葉《ことば》の通《とお》り、世界中《せかいじゅう》が平和《へいわ》になるといいですね。

まめちしき

▶元号《げんごう》か西暦《せいれき》の一方《いっぽう》を覚《おぼ》えておけば、もう一方《いっぽう》を忘《わす》れても計算《けいさん》するとわかるよ。平成《へいせい》は、元号《げんごう》＋1988が西暦《せいれき》。西暦《せいれき》ー1988が元号《げんごう》。昭和《しょうわ》は、西暦《せいれき》ー1925が元号《げんごう》。元号《げんごう》＋1925が西暦《せいれき》。

どうして風《かぜ》が吹《ふ》くとすずしくなるの？

熱《あつ》い空気《くうき》を吹《ふ》き飛《と》ばす

あつい日《ひ》にスーッと風《かぜ》が吹《ふ》くと、すずしくなって、なんだかホッとしますね。さて、あなたのおうちでは、家《いえ》の中《なか》をすずしくするために、どんなものを使《つか》っていますか？　クーラーだったり、扇風機《せんぷうき》だったり、ときにはうちわでパタパタあおいだり。

ところで、クーラーの風《かぜ》は電気《でんき》で冷《ひ》やしているので、すずしいということはわかります。ですが、扇風機《せんぷうき》やうちわの風《かぜ》、そして自然《しぜん》に吹《ふ》く風《かぜ》がすずしく感《かん》じられるというのは、考《かんが》えてみるとふしぎですね。

なぜなら、これらの風《かぜ》は周《まわ》りの空気《くうき》と冷《つめ》たさは同《おな》じはずです。なのにどうして、風《かぜ》になって吹《ふ》いたときにはすずしく感《かん》じられるのでしょう。

それは、風《かぜ》がわたしたちのはだの周《まわ》りにある熱《あつ》い空気《くうき》を吹《ふ》き飛《と》ばして、冷《つめ》たい空気《くうき》と入《い》れ替《か》えてくれるからなのです。あつくなると、わたしたちのはだにふれている空気《くうき》は、気《き》づかないうちに少《すこ》しずつからだの熱《ねつ》をうばっていきます。

風《かぜ》が吹《ふ》いていないときには、その周《まわ》りよりあたたまった空気《くうき》が、はだの周《まわ》りにずっとまとわりついていることになります。

しかし風《かぜ》が吹《ふ》くと、はだの周《まわ》りの熱《あつ》い空気《くうき》が、からだの熱《ねつ》であたためられる前《まえ》の、少《すこ》しは冷《つめ》たい空気《くうき》と入《い》れ替《か》わるわけです。ですから、「あっ、すずしいな」と感《かん》じるのですね。

強《つよ》い風《かぜ》ならよりすずしく

強《つよ》い風《かぜ》が吹《ふ》くと、はだの熱《ねつ》をどんどんうばっていってくれますから、よりすずしく感《かん》じられます。ですから、同《おな》じ冷《つめ》たさの風《かぜ》でも、扇風機《せんぷうき》の「弱《じゃく》」よりは「中《ちゅう》」のほうが、「中《ちゅう》」よりは「強《きょう》」のほうが冷《つめ》たい風《かぜ》のように思《おも》ってしまうわけですね。

長《なが》そでより半《はん》そでのほうがすずしいのも、半《はん》そでのほうが、はだがたくさん風《かぜ》にあたるので、風《かぜ》が熱《ねつ》をうばっていきやすくなるからなのです。

まめちしき ▶扇風機《せんぷうき》やクーラーの風《かぜ》にあたるのを長時間続《ちょうじかんつづ》けると、血《ち》のめぐりが悪《わる》くなり、頭痛《ずつう》になったりかぜをひくこともある。ある程度《ていど》すずしくなったら、直接風《ちょくせつかぜ》にあたるのはやめようね。

6月《がつ》21日《にち》

夏至《げし》ってなあに？

自然《しぜん》のふしぎ

一年《いちねん》で昼《ひる》が一番《いちばん》長《なが》くなる

夏至《げし》は、中国《ちゅうごく》から伝《つた》わってきた季節《きせつ》のわけ方《かた》である、「二十四節気《にじゅうしせっき》」というもののひとつです。

二十四節気《にじゅうしせっき》では、一年《いちねん》を15日《にち》ごとに24にわけています。それによると日本《にほん》の夏至《げし》の日《ひ》は、毎年《まいとし》6月《がつ》20日《はつか》から22日《にち》ごろにあたります。

夏至《げし》の日《ひ》には、北半球《きたはんきゅう》(地球《ちきゅう》の北半《きたはん》分《ぶん》)の場合《ばあい》、一年《いちねん》の中《なか》で太陽《たいよう》の高《たか》さが一番高《いちばんたか》くなります。

つまり、太陽《たいよう》が長《なが》い間《あいだ》出《で》ていることになるので、一年《いちねん》で昼《ひる》が一番長《いちばんなが》くなり、夜《よる》が一番短《いちばんみじか》くなるのです。

どれくらい違《ちが》うのかというと、一年《いちねん》で昼《ひる》が一番短《いちばんみじか》くなる「冬至《とうじ》」と比《くら》べると、夏至《げし》のときは、昼《ひる》が4時間以上《じかんいじょう》も長《なが》くなります。

なお、日本《にほん》が夏至《げし》のときには、南半《みなみはん》球《きゅう》(地球《ちきゅう》の南半分《みなみはんぶん》)は冬至《とうじ》になっています。北半球《きたはんきゅう》と南半球《みなみはんきゅう》では、季節《きせつ》が逆《ぎゃく》になっているのです。

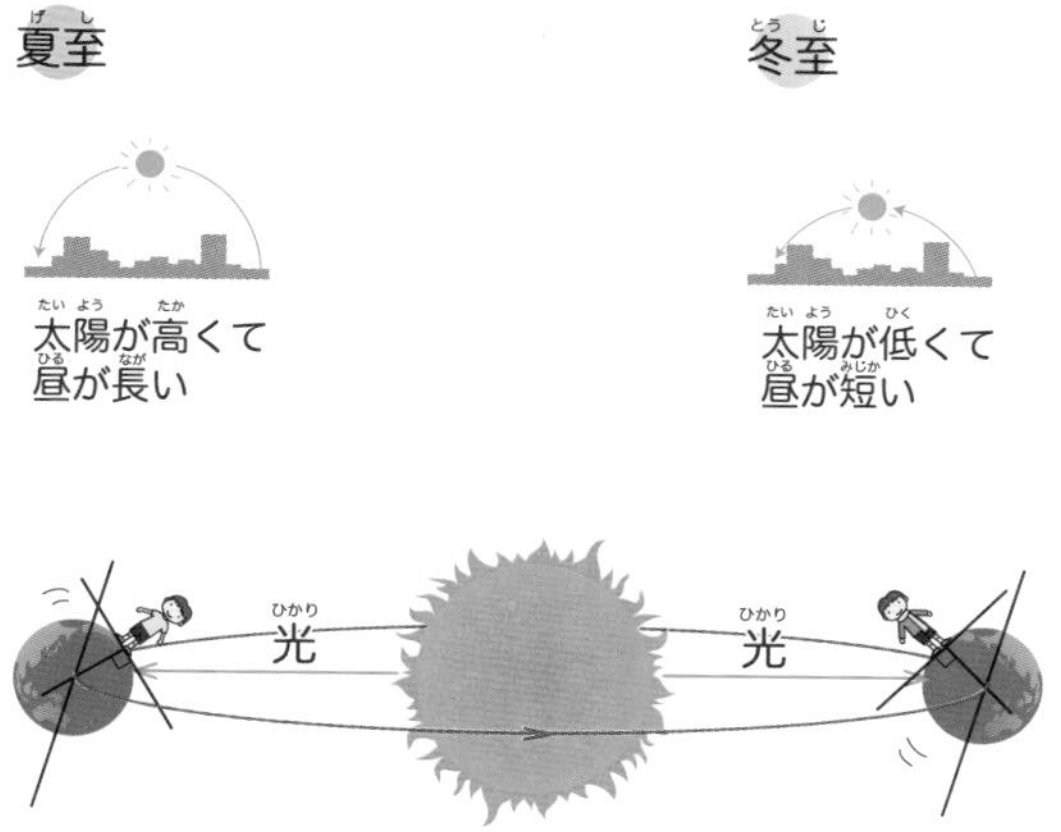

夏至《げし》をすぎたら夏《なつ》がくる

ではどうして夏至《げし》の日《ひ》に、太陽《たいよう》の高《たか》さが一番高《いちばんたか》くなるのでしょうか？　それは、太陽《たいよう》の通《とお》り道《みち》が季節《きせつ》によって変《か》わるからです。

地球《ちきゅう》は少《すこ》しかたむいた状態《じょうたい》で、太陽《たいよう》の周《まわ》りをグルグルと回《まわ》っています。このかたむきによって、夏《なつ》と冬《ふゆ》では、太《たい》陽《よう》の高《たか》さが変《か》わってしまうのです(37ページ)。

また、太陽《たいよう》が高《たか》くて昼《ひる》が長《なが》くなるほど、日光《にっこう》はたくさん地面《じめん》にあたります。日光《にっこう》があたればあたるほど、地面《じめん》はよりあたためられ、気温《きおん》もドンドンあがっていきます。

そして、一度《いちど》あたためられた地面《じめん》は、なかなか冷《ひ》えにくいという性質《せいしつ》を持《も》っています。

夏至《げし》をすぎてからは、たしかに昼《ひる》の長《なが》さは短《みじか》くなりますが、地面《じめん》はなかなか冷《ひ》えないまま、ドンドンあたためられ続《つづ》けます。夏《なつ》があついのは、そういう理由《りゆう》からなのです。

まめちしき
▶関西地方《かんさいちほう》の農家《のうか》では、夏至《げし》から11日目《にちめ》の「半夏至《はんげし》」に、タコを食《た》べる習慣《しゅうかん》があるよ。田《た》んぼのイネが、タコの足《あし》のように、しっかり植《う》わることを願《ねが》っているからなんだ。

6月《がつ》22日《にち》

アマガエルが鳴《な》くと雨《あめ》が降《ふ》るってホント?

生《い》きもののふしぎ

雨《あめ》が降《ふ》るから、アマガエル

ケロケロケロッ。ゲコゲコゲコッ。夏《なつ》が近《ちか》づくと、公園《こうえん》や池《いけ》や田《た》んぼから、いろんなカエルの合唱《がっしょう》が聞《き》こえてくるようになります。

この合唱《がっしょう》は、夕方《ゆうがた》や夜《よる》に聞《き》こえてくることが多《おお》いです。でもときどき、昼間《ひるま》でも「クワックワックワッ」と聞《き》こえることがありませんか。

この鳴《な》き声《ごえ》の主《ぬし》が、小《ちい》さくてかわいらしいアマガエルです。大《おお》きさは3～4センチ、大人《おとな》の親指《おやゆび》くらいの大《おお》きさです。名前《なまえ》のとおり「アマ(雨《あめ》)」が降《ふ》る前《まえ》に鳴《な》くことで、むかしから知《し》られています。

でもどうして、アマガエルは雨《あめ》が降《ふ》る前《まえ》に鳴《な》くのでしょう。それは、アマガエルの皮《ひ》ふがとても薄《うす》くてびんかんだからです。

カエルの皮《ひ》ふは、ツルツルとした「粘膜《ねんまく》」でおおわれています。この粘膜《ねんまく》がつねにある程度《ていど》しめっていないと、カエルは生《い》きていけなくなります。だからカエルは、水《みず》の中《なか》や水《みず》の近《ちか》くが大好《だいす》きなのですね。

小《ちい》さいから皮《ひ》ふが敏感《びんかん》

からだが小《ちい》さい分《ぶん》、アマガエルの皮《ひ》ふは、他《ほか》のカエルと比《くら》べてとくに薄《うす》くなっています。だからちょっとしたしめりけの変化《へんか》を、敏感《びんかん》に感《かん》じとることができるのです。

雨《あめ》が降《ふ》る前《まえ》は、空気《くうき》が少《すこ》ししめってきます。他《ほか》のカエルにはわからないくらいのしめりけの変化《へんか》でも、アマガエルはすぐにそれを感《かん》じとって、クワックワッと鳴《な》くのです。

ところでアマガエルの皮《ひ》ふは、敵《てき》から身《み》を守《まも》るために、粘膜《ねんまく》は薄《うす》い毒《どく》でおおわれています。

かわいいからといって、けがをした手《て》でうっかりさわったりしないように気《き》をつけてね。

6月

まめちしき ▶カエルが鳴《な》くのはオスだけで、主《おも》に夕方《ゆうがた》から夜《よる》に鳴《な》くよ。また、アマガエルには周《まわ》りの色《いろ》に合《あ》わせて皮《ひ》ふの色《いろ》を変《か》えられるという能力《のうりょく》もあるよ。

どうしてオリンピックは4年《ねん》に一《いち》度《ど》なの？

大《おお》むかしのオリンピック

いまから2700年《ねん》以上《いじょう》もむかし、日本人《にほんじん》がやっとお米《こめ》を食《た》べるようになったころのことです。ギリシャという国《くに》で、いろいろな町《まち》からあつまった選手《せんしゅ》が、神《かみ》さまの前《まえ》でスポーツをするというお祭《まつ》りがありました。

このお祭《まつ》りは、オリュンピアという町《まち》で4年《ねん》に一度《いちど》おこなわれ、オリュンピア大祭《たいさい》と呼《よ》ばれました。これが大《おお》むかしのオリンピックです。

はじめは種目《しゅもく》が短距離走《たんきょりそう》しかありませんでしたが、だんだん円盤投《えんばんな》げやレスリング、馬《うま》がひく「戦車《せんしゃ》」のレースなど種目《しゅもく》が増《ふ》えていきました。

大《おお》むかしのオリンピックは、それから1000年《ねん》くらい続《つづ》いたのですが、そのあとはしばらく人々《ひとびと》に忘《わす》れられてしまいました。

1896年《ねん》のアテネオリンピックのようす

いまのオリンピック

大《おお》むかしのオリンピックのようなスポーツ大会《たいかい》を、もう一度《いちど》はじめようと考《かんが》えたのは、フランスのクーベルタンという人《ひと》です。いろいろな国《くに》の人《ひと》に呼《よ》びかけて、世界中《せかいじゅう》の人《ひと》が参加《さんか》する新《あたら》しいオリンピック（近代《きんだい》オリンピック）がはじまりました。

第一回目《だいいっかいめ》が開《ひら》かれたのは、1896年《ねん》のこと。ギリシャのアテネでおこなわれました。参加《さんか》した国《くに》の数《かず》は14だけで、日本《にほん》はまだ参加《さんか》しませんでした。

オリュンピア大祭《たいさい》が4年《ねん》に一度《いちど》開《ひら》かれていたのにならい、新《あたら》しいオリンピックも、4年《ねん》に一度《いちど》開《ひら》かれることになりました。のちには、夏《なつ》の大会《たいかい》と別《べつ》に、冬《ふゆ》の大会《たいかい》も開《ひら》かれるようになります。

そして1964年《ねん》には、はじめて日《に》本《ほん》の東京《とうきょう》でオリンピックが開《ひら》かれました。これは東海道新幹線《とうかいどうしんかんせん》ができた年《とし》でもあります。

オリンピックはいまではとても大《おお》きな大会《たいかい》になり、世界《せかい》の200以上《いじょう》の国《くに》から1万人《まんにん》以上《いじょう》の選手《せんしゅ》があつまります。

みなさんの中《なか》にも、将来《しょうらい》はオリンピック選手《せんしゅ》になるような人《ひと》が、きっといることでしょう。

まめちしき

▶五輪《ごりん》マークは、左《ひだり》から青《あお》、黄《き》、黒《くろ》、緑《みどり》、赤《あか》の5つの輪《わ》がつながれている。世界《せかい》の5大陸《たいりく》の結《むす》びつきと、たがいに協力《きょうりょく》し合《あ》うことをあらわしているよ。

ドレミファソラシドってなあに?

みのまわりのふしぎ

楽譜《がくふ》のふしぎ

わたしたちは、歌《うた》を歌《うた》ったり、楽器《がっき》を演奏《えんそう》するときには楽譜《がくふ》を見《み》ます。楽譜《がくふ》には音符《おんぷ》が書《か》かれていて、それを読《よ》むことでどう歌《うた》えばいいか、どう演奏《えんそう》したらいいかがわかるのです。

ところで、楽譜《がくふ》では音《おと》の高《たか》さは「ドレミファソラシド」であらわしていますよね。これはどうしてなのでしょうか。例《たと》えば、「あいうえおかき」ではいけないのでしょうか。

じつは日本《にほん》では、音程《おんてい》を「イロハ」であらわします。「ラ」の音《おと》を「イ」と呼《よ》ぶため「ドレミファソラシド」は「ハニホヘトイロハ」になります。

英語《えいご》の国《くに》では「ABCDEFG《えーびーしーでぃーいーえふじー》」であらわします。その場合《ばあい》は「ラ」の音《おと》を「A《えー》」と呼《よ》ぶため、「ドレミファソラシド」は、「CDEFGABC《しーでぃーいーえふじーえーびーしー》」です。

日本語《にほんご》の「イロハニホヘト」とは、むかしのひらがなの並《なら》び順《じゅん》です。英語《えいご》の「ABCDEFG《えーびーしーでぃーいーえふじー》」も、文字《もじ》の並《なら》び通《どお》りですから自然《しぜん》です。でも「ドレミファソラシド」は、文字《もじ》の並《なら》びとはまったく関係《かんけい》がありません。

ドやレではじまる言葉《ことば》と音《おと》

「ドレミファソラシド」が使《つか》われはじめたのは、西暦《せいれき》1000年《ねん》ごろのイタリアだといわれています。そのころのイタリアでは、キリスト教《きょう》という宗教《しゅうきょう》がさかんで、神《かみ》さまのための歌《うた》もたくさんつくられました。

そのころにつくられた歌《うた》の中《なか》に、音《おと》の高《たか》さが「ド」「レ」「ミ」「ファ」「ソ」「ラ」「シ」「ド」と、順番《じゅんばん》にあがっていくものがありました。

そしてその歌《うた》では、「ド」の音《おと》には「ド」ではじまる言葉《ことば》、「レ」の音《おと》には「レ」ではじまる言葉《ことば》といったぐあいに、歌詞《かし》がつけられていたのです。

それが、いまも使《つか》われている「ドレミ」のはじまりだというわけです。

ドレミといえば、「ドレミの歌《うた》」が有名《ゆうめい》ですね。「ドはドーナツのド、レはレモンのレ……」さあ、あなたも一緒《いっしょ》に歌《うた》ってみましょう!

まめちしき
▶音《おと》を高《たか》い順《じゅん》や低《ひく》い順《じゅん》に並《なら》べたものを「音階《おんかい》」というんだ。音楽《おんがく》の種類《しゅるい》や国《くに》によっていろいろな音階《おんかい》があるけど、ドレミはそれらの基本《きほん》になるものといってもいいよ。

たんこぶってどうしてできるの？

人体《じんたい》のふしぎ

内出血《ないしゅっけつ》が原因《げんいん》

テーブルの角《かど》やとびらなどにうっかり頭《あたま》をぶつけて、ポッコリとたんこぶになってしまったことは、だれもが一度《いちど》はあるかと思《おも》います。

でも、どうしてたんこぶができるのでしょう。それは、頭《あたま》を強《つよ》くぶつけたときに、ぶつけた部分《ぶぶん》の血管《けっかん》がやぶれてしまったからです。血管《けっかん》というのは血液《けつえき》が流《なが》れている管《くだ》のことです。

血管《けっかん》がやぶれてしまうと、中《なか》から血液《けつえき》が流《なが》れ出《で》ていきます。このとき皮《ひ》ふに傷《きず》がついていないと、流《なが》れ出《で》た血液《けつえき》はからだの中《なか》にたまってしまうわけです。これを内出血《ないしゅっけつ》といいます。

例《たと》えば指《ゆび》をはさんだり、ひざをぶつけたりして、青《あお》いあざができるのも内出血《ないしゅっけつ》によるものです。

ハサミで指《ゆび》を切《き》ってしまったときや、ころんでひざをすりむいてしまったときのように、皮《ひ》ふに傷《きず》ができれば血液《けつえき》はからだの外《そと》に流《なが》れ出《で》ます。

たんこぶは、外《そと》に流《なが》れ出《で》ることのできない血液《けつえき》がたまり、ポッコリとふくらんでしまったものなのです。

痛《いた》みや腫《は》れはやがてひく

ふくらんでしまったたんこぶは、しばらく痛《いた》いのをがまんしなければいけませんが、そのうちに腫《は》れがひき、痛《いた》みもなくなります。

人《ひと》のからだには、病気《びょうき》や傷《きず》を自分《じぶん》でなおそうとする力《ちから》があるからです。

その力《ちから》で、血管《けっかん》にできてしまった傷《きず》はしだいにふさがり、内出血《ないしゅっけつ》していた血液《けつえき》を、もう一度《いちど》血管《けっかん》の中《なか》に吸《す》いとってしまうのです。すると、少《すこ》しずつ腫《は》れがひいて、いつの間《ま》にかたんこぶはなおってしまうというわけです。

しかし、頭《あたま》はわたしたちにとって、とても大切《たいせつ》な場所《ばしょ》です。強《つよ》くぶつけてしまったときは、がまんしないで、きちんとお医者《いしゃ》さんにみてもらうようにしましょう。

まめちしき

▶頭《あたま》を打《う》った場所《ばしょ》を、しばらくの間《あいだ》少《すこ》し強《つよ》めに指《ゆび》でおさえてから冷《ひ》やすと、たんこぶが大《おお》きくならずにすむよ。おさえることで内出血《ないしゅっけつ》が早《はや》く止《と》まるからだよ。

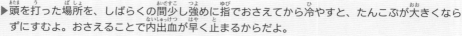

雷《かみなり》ってなあに？

自然《しぜん》のふしぎ

雲《くも》の中《なか》でつくられる電気《でんき》

ピカッ！　ゴロゴロ……雷《かみなり》が鳴《な》ると、とてもビックリしますね。中《なか》には「こわい」という人《ひと》もいるでしょう。ピカッと光《ひか》る雷《かみなり》の正体《しょうたい》は、電気《でんき》です。でも、どうしてあんなに大《おお》きな電気《でんき》が、外《そと》で光《ひか》るのでしょうね。

雷《かみなり》が鳴《な》っているとき、たいていは、空《そら》にまっ黒《くろ》な雲《くも》があるでしょう。雷《かみなり》のもとになる電気《でんき》は、その雲《くも》の中《なか》でつくられます。雲《くも》は、氷《こおり》のつぶなどがたくさんあつまってできています。氷《こおり》のつぶどうしがこすれ合《あ》うときに、電気《でんき》が起《お》きるのです。

氷《こおり》のつぶはたくさんあるため、電気《でんき》がどんどん、雲《くも》の中《なか》にたまっていきます。そして「もう、これ以上《いじょう》はたくわえられないよ！」というときに、雲《くも》の外《そと》に雷《かみなり》として放《ほう》り出《だ》されるのです。

雷《かみなり》が雲《くも》から出《で》るとき、地面《じめん》からも電気《でんき》が出《で》ます。こうして、地面《じめん》の電気《でんき》が、雲《くも》の電気《でんき》をひっぱって、雷《かみなり》が地面《じめん》に落《お》ちる、というわけです。

雷《かみなり》の正体《しょうたい》は電気《でんき》ですから、鉄《てつ》などの金属《きんぞく》に落《お》ちやすくなっています。ですから、雷《かみなり》が鳴《な》っているときは、おうちの中《なか》にいるのが一番《いちばん》安全《あんぜん》ですが、もし外《そと》にいるなら、時計《とけい》など金属《きんぞく》でできたものは外《はず》しておくようにしましょう。

また、雷《かみなり》は高《たか》いところにも落《お》ちやすいので、高《たか》い木《き》の下《した》などにいかないようにしましょう。

雷《かみなり》さまとおへそ

「雷《かみなり》が鳴《な》ったらおへそをかくせ」「雷《かみなり》さまが、おへそを取《と》りにくる」という話《はなし》を聞《き》いたことがありますか？

もちろん、ホントに雷《かみなり》がおへそを取《と》りにくる、なんてことはありません。雷《かみなり》が鳴《な》るときは、外《そと》が急《きゅう》に寒《さむ》くなりやすいため、お腹《なか》を出《だ》していると、お腹《なか》が冷《ひ》えてしまうかもしれないのです。

ですから、しっかりと服《ふく》を着《き》てお腹《なか》をかくすようにしましょうね、というためにできた話《はなし》だといわれています。

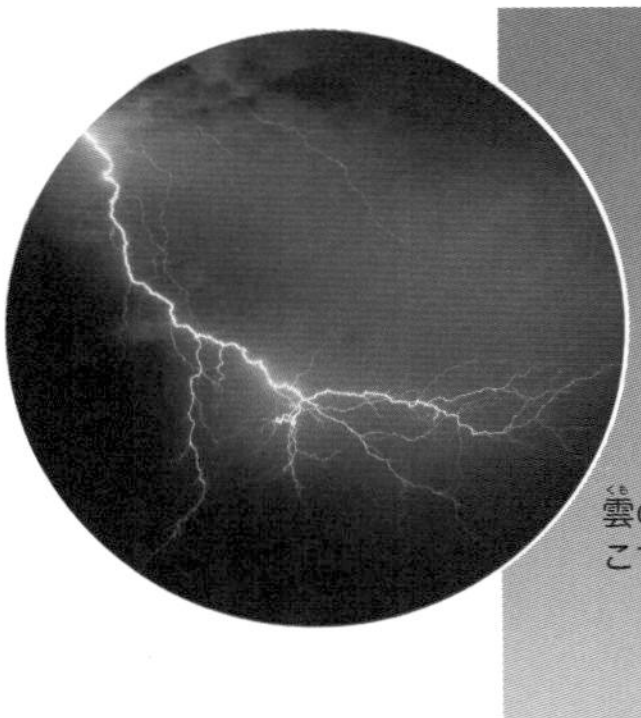

まめちしき　▶避雷針《ひらいしん》って知《し》ってる？　大《おお》きなたてもののてっぺんに金属《きんぞく》の棒《ぼう》がついているもので、もし雷《かみなり》が落《お》ちても、その棒《ぼう》に電気《でんき》が流《なが》れて地面《じめん》に吸収《きゅうしゅう》されるようになっているんだ

読《よ》んだ日《ひ》　　月《がつ》　　日《にち》

6月《がつ》27日《にち》

科学《かがく》のふしぎ

「コップが汗《あせ》をかく」ってどういうこと？

水《みず》のつぶは中《なか》の飲《の》みものとは別《べつ》

あつい日《ひ》に、冷《つめ》たい飲《の》みものをコップに注《そそ》ぐと、コップの外《そと》に水《みず》のつぶがいっぱいできますよね。

これを「コップが汗《あせ》をかく」などといったりします。もちろん、人《ひと》が汗《あせ》をかく仕組《しく》みとはまったく別《べつ》ものです。

「じゃあ、コップの中《なか》の飲《の》みものが外《そと》にしみ出《だ》してきたのかな？」という考《かんが》えも、やはり間違《まちが》いです。例《たと》えばコップの中《なか》に牛乳《ぎゅうにゅう》やオレンジジュースを入《い》れたとしても、水《みず》のつぶが白《しろ》くなったり、オレンジ色《いろ》になったりはしませんからね。

水分《すいぶん》は、いつも蒸発《じょうはつ》というものをしています。海《うみ》の水《みず》も川《かわ》の水《みず》も、コップの中《なか》の飲《の》みものも、少《すこ》しずつ水蒸気《すいじょうき》になっているのです。とくにあつい日《ひ》は、たくさんの水分《すいぶん》が水蒸気《すいじょうき》になります。

また、空気《くうき》の中《なか》にたくわえられる水《すい》蒸気《じょうき》の量《りょう》は、空気《くうき》の温度《おんど》によって変《か》わります。空気《くうき》の温度《おんど》が高《たか》いほど、空気《くうき》の中《なか》に水蒸気《すいじょうき》をたくさんたくわえられるようになっているのです。

水蒸気《すいじょうき》が水《みず》のつぶに戻《もど》る

では、空気《くうき》の温度《おんど》が高《たか》いときにたくわえられていた水蒸気《すいじょうき》は、その空気《くうき》の温度《おんど》が低《ひく》くなってしまったらどうなるのでしょうか？

そう、一度《いちど》水蒸気《すいじょうき》になった水分《すいぶん》が、水《みず》のつぶに戻《もど》ってしまうのです。

さて、コップに冷《つめ》たい飲《の》みものを入《い》れると、コップの周《まわ》りの空気《くうき》の温度《おんど》は急《きゅう》に低《ひく》くなります。すると、もともと高《たか》い温度《おんど》のときには水蒸気《すいじょうき》だった水分《すいぶん》の一部《いちぶ》が、水蒸気《すいじょうき》から水《みず》のつぶに戻《もど》ってしまうのです。

そうやってできた水《みず》のつぶが、近《ちか》くにあったコップの外《そと》にピタッとくっつくわけです。ですから、汗《あせ》をかいたように見《み》えるのですね。

ジュースの汗《あせ》は、
中《なか》の飲《の》みものとは別《べつ》もの！

まめちしき
▶冬《ふゆ》に窓《まど》についた水《みず》も同《おな》じ理由《りゆう》でできる。外《そと》の冷《つめ》たい空気《くうき》で冷《ひ》やされた窓《まど》に、あたたかい部屋《へや》の空《くう》気《き》の水蒸気《すいじょうき》がふれると、水《みず》に戻《もど》ってしまうから。昼《ひる》になってあたたかくなると消《き》えるよ。

どうしてホタルは光《ひか》るの？

生《い》きもののふしぎ

オスとメスが出会《であ》うため

あなたは「ホタル」を見《み》たことがありますか？　ライトがついたり消《き》えたりするように、おしりがピカピカきれいに光《ひか》るのが、ホタルの一番《いちばん》の特長《とくちょう》です。でもどうして、ホタルはおしりを光《ひか》らせるのでしょうか。

それは、オスとメスが出会《であ》い、交尾《こうび》をして、子《こ》どもをつくるためです。まず、オスが光《ひかり》を出《だ》して、メスがどこにいるのかさがします。光《ひかり》を見《み》たメスは、「ここにいるよ」とオスに教《おし》えるために、自分《じぶん》も光《ひかり》を出《だ》します。その光《ひかり》を見《み》たオスは、メスのところに飛《と》んでいき、出会《であ》って、交尾《こうび》をするわけです。

ホタルは、正《ただ》しくは、おしりではなく、お腹《なか》の後《うし》ろのほうに光《ひかり》を出《だ》す仕組《しく》みを持《も》っています。からだの中《なか》の物質《ぶっしつ》をはたらかせて光《ひかり》を出《だ》すのですが、さわってもまったく熱《あつ》くありません。

赤《あか》ちゃんや子《こ》どものときは、エサをたくさん食《た》べるホタルですが、大人《おとな》になるとエサを食《た》べず、水《みず》を飲《の》むだけになり、2週間《しゅうかん》くらいしか生《い》きません。とても短《みじか》い一生《いっしょう》なのですね。ですから、急《いそ》いで交尾《こうび》をして、子《こ》どもをつくらなければならないのです。

ホタルはきれいな水《みず》が好《す》き

日本《にほん》には、40種類《しゅるい》以上《いじょう》のホタルがいるとされていますが、ほとんどは「ゲンジボタル」か「ヘイケボタル」だといわれています。ゲンジボタルのほうがからだが少《すこ》し大《おお》きくて、光《ひかり》をより強《つよ》く出《だ》します。ホタルによって、出《だ》す光《ひかり》の強《つよ》さや、光《ひかり》がついたり消《き》えたりする速《はや》さが違《ちが》います。

ホタルは川《かわ》や田《た》んぼなど、きれいな水《みず》のあるところに住《す》む生《い》きものですが、そのようなところがどんどん少《すく》なくなってきています。

ホタルのきれいな光《ひかり》をずっと残《のこ》していくためにも、みんなで協力《きょうりょく》して、きれいな水《みず》のある環境《かんきょう》を大切《たいせつ》にしていきたいですね。

まめちしき　▶ホタルの幼虫《ようちゅう》は、カワニナという川《かわ》にすむ貝《かい》の仲間《なかま》を食《た》べるので、川《かわ》にカワニナがいれば、ホタルがその川《かわ》の周辺《しゅうへん》にいる可能性《かのうせい》が高《たか》いよ。

宇《う》宙《ちゅう》の果《は》てってどのくらい遠《とお》いの？

宇《う》宙《ちゅう》のふしぎ

「光年《こうねん》」ってなんだろう？

宇宙《うちゅう》はどれくらい広《ひろ》いのでしょうか。そして、宇宙《うちゅう》に果《は》てはあるのでしょうか。

先《さき》にこたえをいうと、宇宙《うちゅう》のはっきりとした広《ひろ》さは、まだわかっていません。だれも、宇宙《うちゅう》の果《は》てに行《い》ったことなんてないからです。

「それならどうして、人《ひと》が行《い》ったことがないような、遠《とお》くの星《ほし》までの距離《きょり》がわかるの？」と、思《おも》う人《ひと》がいるかもしれませんね。

じつは、実際《じっさい》に人《ひと》が行《い》かなくても、ある程度《ていど》は、遠《とお》くの星《ほし》までの距離《きょり》がわかる方法《ほうほう》があるのです。

それは、「星《ほし》から届《とど》く光《ひかり》」を観測《かんそく》して、その色《いろ》や成分《せいぶん》で、距離《きょり》をはかるというものです。

すると、一番《いちばん》遠《とお》い星《ほし》の光《ひかり》は、地球《ちきゅう》から137億光年《おくこうねん》も離《はな》れたところから、届《とど》いているということがわかりました。なお、「光年《こうねん》」とは、光《ひかり》が1年間《ねんかん》ずっと飛《と》び続《つづ》けたときに進《すす》む距離《きょり》のことをいいます。

想像《そうぞう》するのも大変《たいへん》！

あなたは、光《ひかり》にも速《はや》さがあるのを知《し》っていますか？　ものすごいスピードで、1秒間《びょうかん》におよそ30万《まん》キロメートルの距離《きょり》を進《すす》むといわれています。時速《じそく》300キロメートルで走《はし》る新幹線《しんかんせん》のぞみ号《ごう》の、およそ360万倍《まんばい》の速《はや》さで、地球《ちきゅう》の周《まわ》りを1秒間《びょうかん》でおよそ7周半《しゅうはん》できる速《はや》さです。

そんなにすごいスピードで進《すす》む光《ひかり》でも、137億年《おくねん》もかかるということなのです。1億《おく》というのは、1万《まん》が1万《まん》個《こ》あつまった数《かず》です。なんだか、想像《そうぞう》するのも大変《たいへん》な数《かず》ですね。

また、137億光年《おくこうねん》より遠《とお》くの星《ほし》から届《とど》いている光《ひかり》は、まだ観測《かんそく》できていません。そして、宇宙《うちゅう》はどんどん広《ひろ》がり続《つづ》けていると考《かんが》えられています。

わたしたちの町《まち》は日本《にほん》にあって、日《に》本《ほん》は地球《ちきゅう》のほんの一部《いちぶ》で、地球《ちきゅう》は宇宙《うちゅう》のごくごく一部《いちぶ》で……宇宙《うちゅう》について考《かんが》えると、わたしたち人間《にんげん》がとても小《ちい》さな存在《そんざい》に思《おも》えてきちゃいますね。

まめちしき ▶地球《ちきゅう》に一番近《いちばんちか》い恒星《こうせい》（太陽《たいよう》のように自分《じぶん》で光《ひかり》を出《だ》す星《ほし》）は、地球《ちきゅう》からおよそ4.2光年《こうねん》の距離《きょり》。近《ちか》いように感《かん》じるけど、これだって気《き》の遠《とお》くなるような距離《きょり》なんだよ。

タイムトラベルってできるの？

時間《じかん》の流《なが》れ方《かた》が変《か》わる

タイムマシンを使《つか》って、過去《かこ》や未来《みらい》の世界《せかい》に時間旅行《じかんりょこう》をすることを、タイムトラベルといいます。タイムスリップ、タイムワープなどとも呼《よ》ばれていて、アニメやマンガ、映画《えいが》や物語《ものがたり》ではおなじみですね。

でも、タイムトラベルは実際《じっさい》にできるのでしょうか？　それを考《かんが》えるカギになるのが、1905年《ねん》の今日《きょう》発表《はっぴょう》された、アインシュタイン博士《はかせ》の「特殊《とくしゅ》相対性理論《そうたいせいりろん》」です。

時間《じかん》は、どこにいても同《おな》じように流《なが》れていると思《おも》いますよね。でも、アインシュタイン博士《はかせ》は、「時間《じかん》の流《なが》れ方《かた》は、見《み》ている人《ひと》によって違《ちが》う」といった考《かんが》え方《かた》を発表《はっぴょう》したのです。

くわしい説明《せつめい》はとても難《むずか》しいのではぶきますが、その考《かんが》え方《かた》を使《つか》うことで、「ものすごい速《はや》さでものが移動《いどう》するときは、その移動《いどう》しているものの中《なか》では時間《じかん》の流《なが》れ方《かた》がゆっくりになる」ということがいえるのです。

例《たと》えば、光《ひかり》の速《はや》さで宇宙《うちゅう》を飛《と》ぶロケットがあるとしましょう。ロケットの中《なか》にいる人《ひと》にとっては、時間《じかん》はふつうにすぎていきます。

しかし、ロケットの外《そと》にいる人《ひと》から見《み》ると、ふしぎなことに、ロケットの中《なか》で時間《じかん》がとてもゆっくり進《すす》んでいるように見《み》えるのです。

ですから、そのロケットで宇宙《うちゅう》を1時間飛《じかんと》んでから地球《ちきゅう》に戻《もど》ってみると、地球《ちきゅう》では未来《みらい》まで一気《いっき》に時間《じかん》が進《すす》んでいる、ということになるのです。

こうすれば、少《すく》なくとも未来《みらい》へのタイムトラベルはできる、ということがいえそうですね。

今《いま》は無理《むり》だけど……

残念《ざんねん》ながら今《いま》の科学技術《かがくぎじゅつ》では、光《ひかり》の速《はや》さで宇宙《うちゅう》を飛《と》ぶロケットなんてつくれませんから、タイムトラベルはできないと考《かんが》えられています。

ですが、科学《かがく》は日々進歩《ひびしんぽ》しています。ずっと未来《みらい》には、わたしたちは宇宙《うちゅう》だけでなく、時間旅行《じかんりょこう》もできるようになっているかもしれませんね。

まめちしき ▶アインシュタインの考《かんが》え方《かた》の基本《きほん》になるのは、「光《ひかり》があらゆるものの中《なか》で一番速《いちばんはや》い」ということ。でも最近《さいきん》、光《ひかり》より速《はや》いものがあるかもしれないと話題《わだい》になっているんだ。

おうちで手軽《てがる》にできる! 親子《おやこ》で楽《たの》しむ実験《じっけん》❷

◉音《おと》を奏《かな》でるワイングラス

【用意《ようい》するもの】…ワイングラス・水《みず》

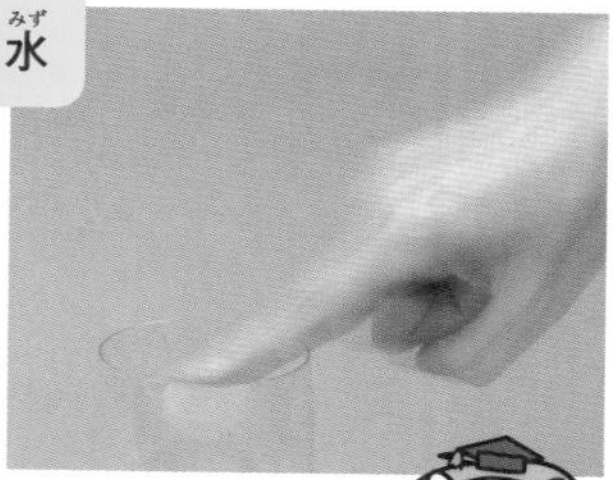

手順《てじゅん》 ❶手《て》とワイングラスをきれいに洗《あら》っておきましょう。

❷ワイングラスに水《みず》を入《い》れ、人差《ひとさ》し指《ゆび》も水《みず》にぬらしましょう。

❸ワイングラスのふちを人差《ひとさ》し指《ゆび》でなぞって(こすって)みましょう。そのとき、もう片方《かたほう》の手《て》でしっかりワイングラスの下《した》をおさえておきましょう。

ためしてみよう▶ワイングラスの大《おお》きさや水《みず》の量《りょう》をいろいろ変《か》えてみよう。

ワイングラスは薄《うす》いほうが、鳴《な》りやすいのじゃ。

◉水《みず》にぬれない紙《かみ》をつくろう

【用意《ようい》するもの】…紙《かみ》・油《あぶら》(サラダ油《あぶら》)・筆《ふで》・水《みず》・容器《ようき》(洗面器《せんめんき》やボウル)

手順《てじゅん》 ❶容器《ようき》に水《みず》を入《い》れておきます。

❷筆《ふで》に油《あぶら》をつけて紙《かみ》の一部《いちぶ》をぬりましょう。

❸すばやく2の紙《かみ》を1の容器《ようき》に入《い》れます。

❹取《と》り出《だ》して、水《みず》でふやけた部分《ぶぶん》をちぎってみると、油《あぶら》をぬった部分《ぶぶん》だけが残《のこ》ります。

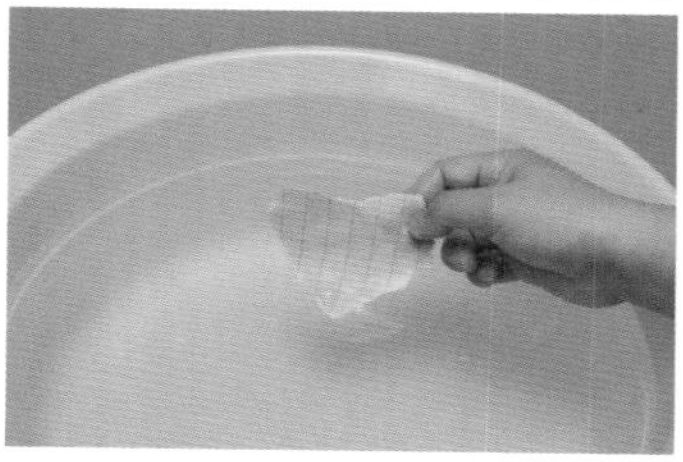

ためしてみよう▶新聞紙《しんぶんし》やチラシ紙《がみ》……いろいろな紙《かみ》でためしてみよう。

◉油《あぶら》のサンドイッチ

【用意《ようい》するもの】…ごま油《あぶら》・オリーブオイル・サラダ油《あぶら》

手順《てじゅん》 ❶きれいに洗《あら》ったコップに、ごま油《あぶら》を1センチくらい入《い》れます。

❷つぎにサラダ油《あぶら》を1センチくらい入《い》れます。はしなどを使《つか》って、コップの内側《うちがわ》に油《あぶら》が伝《つた》うように静《しず》かに入《い》れましょう。

❸2と同《おな》じように、オリーブオイルを入《い》れると、油《あぶら》がきれいに3つにわかれます。

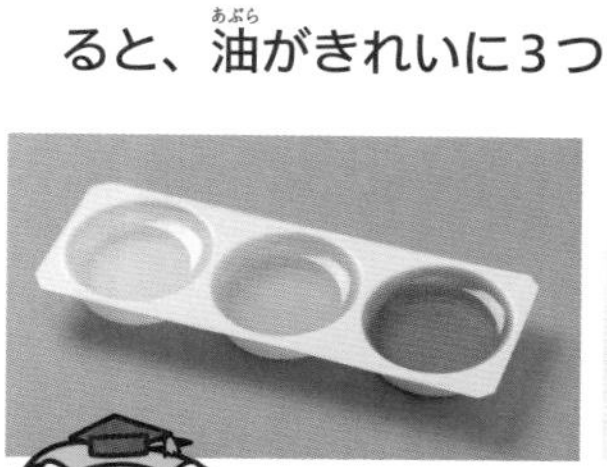

実験《じっけん》に使《つか》ったあとの油《あぶら》は、もちろん料理《りょうり》に使《つか》えるぞよ。

◉メビウスの輪《わ》

【用意《ようい》するもの】…紙《かみ》・ハサミ・のり

手順《てじゅん》 ❶紙《かみ》を太《ふと》めに切《き》って帯《おび》をつくります。

❷帯《おび》のはしとはしを持《も》ち、片方《かたほう》のはしだけクルッとひっくり返《かえ》して、そのままはしどうしをのりでくっつけて輪《わ》っかにしましょう。

❸ハサミで帯《おび》のまん中《なか》をチョキチョキ切《き》ってみると、ふたつの輪《わ》でなく、大《おお》きなひとつの輪《わ》ができます。

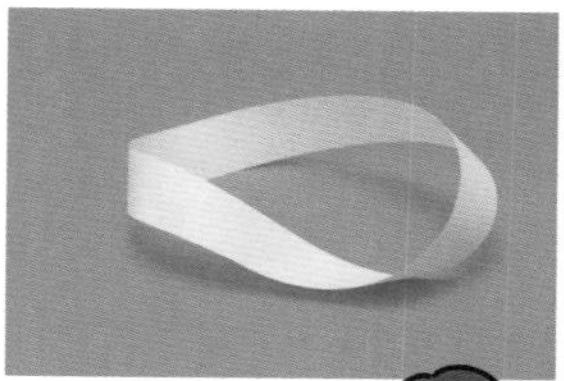

こんなドーナツあればいいのに!
つくるのが大変《たいへん》じゃろうな。

ためしてみよう▶できたものを、同《おな》じようにハサミで切《き》ってみるとどうなるかな?

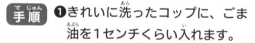

JULY
7月
café

7月《がつ》1日《にち》

湖《みずうみ》や池《いけ》ってどうやってできたの？

自然《しぜん》のふしぎ

水《みず》たまりとの違《ちが》いは？

山《やま》や森《もり》のそば、町《まち》の中《なか》、海《うみ》の近《ちか》くなど、日本《にほん》ではいろいろな場所《ばしょ》に湖《みずうみ》や池《いけ》があります。でも、これらはどうやってできたのでしょう。

雨上《あめあ》がりの公園《こうえん》を歩《ある》くと、水《みず》たまりができていますね。少《すこ》しくぼんだところに雨水《あまみず》がたまっているのです。でも水《みず》たまりの場合《ばあい》は、しばらくの間《あいだ》雨《あめ》が降《ふ》らないと、水《みず》が蒸発《じょうはつ》して消《き》えてしまいます。

湖《みずうみ》や池《いけ》の中《なか》には、水《みず》たまりと同《おな》じように、雨水《あまみず》がたまってできたものもあります。でも、水《みず》たまりのように消《き》えることはあまりありません。

なぜなら湖《みずうみ》や池《いけ》は水《みず》たまりよりずっと大《おお》きいので、水《みず》が蒸発《じょうはつ》する前《まえ》にまた雨《あめ》が降《ふ》って、水《みず》がたまることがほとんどだからです。

また、川《かわ》の水《みず》が流《なが》れ込《こ》んでできた湖《みずうみ》や池《いけ》の場合《ばあい》なら、川《かわ》を通《とお》って他《ほか》の場所《ばしょ》からいつも水《みず》が運《はこ》ばれてきます。

人《ひと》がつくった湖《みずうみ》や池《いけ》

自然《しぜん》にできた多《おお》くの湖《みずうみ》や池《いけ》の多《おお》くは、海水《かいすい》のように塩分《えんぶん》をふくんでいないため、お米《こめ》や野菜《やさい》を育《そだ》てる水《みず》や、人間《にんげん》の飲《の》み水《みず》に使《つか》われてきました。

また、湖《みずうみ》や池《いけ》がなく、川《かわ》も流《なが》れていない場所《ばしょ》ではため池《いけ》がつくられ、ためた水《みず》は大切《たいせつ》に使《つか》われていました。

雨《あめ》が少《すく》ない四国《しこく》や中国地方《ちゅうごくちほう》にため池《いけ》が多《おお》くつくられ、全国《ぜんこく》では21万《まん》ヶ所《しょ》あるといわれています。

また、大《おお》きな川《かわ》の近《ちか》くや、町《まち》の中《なか》にある大《おお》きな公園《こうえん》などには、台風《たいふう》や大雨《おおあめ》による洪水《こうずい》を防《ふせ》ぐためにつくられた、ダム湖《こ》や調整池《ちょうせいいけ》というものもつくられています。

ですが、こうした湖《みずうみ》や池《いけ》のなかには、泳《およ》いだり、あそんではいけない場所《ばしょ》もたくさんあります。落《お》ちてしまうととてもあぶないので、近寄《ちかよ》らないようにしましょうね。

▲日本最大《にほんさいだい》の湖《みずうみ》である琵琶湖《びわこ》は滋賀県《しがけん》の６分《ぶん》の１を占《し》める大《おお》きさだ　写真提供《しゃしんていきょう》：JAXA

まめちしき ▶日本《にほん》で一番大《いちばんおお》きな池《いけ》は、秋田県《あきたけん》にある八郎潟調整池《はちろうがたちょうせいいけ》というところなんだ。そして日本一広《にほんいちひろ》い湖《みずうみ》が、上《うえ》の写真《しゃしん》の、滋賀県《しがけん》にある琵琶湖《びわこ》だよ。

氷《こおり》はどうして水《みず》に浮《う》くの？

科学《かがく》のふしぎ

氷《こおり》になると水《みず》はふくらむ

レストランに行《い》くと、コップに入《はい》ったお水《みず》が運《はこ》ばれてくると思《おも》いますが、このコップの中《なか》には、かたくていかにも重《おも》そうな氷《こおり》がプカプカと浮《う》かんでいます。ところで、もともと水《みず》をこおらせただけのはずなのに、どうして氷《こおり》は水《みず》に浮《う》くのでしょうか。

氷《こおり》が水《みず》に浮《う》くのは、水《みず》から氷《こおり》へと変《へん》化《か》すると、水《みず》のときよりもふくらんで、大《おお》きくなるからです。

実際《じっさい》に冷凍庫《れいとうこ》で水《みず》をこおらせて、実《じっ》験《けん》してみましょう。コップにいっぱいまで水《みず》を注《そそ》いで冷凍庫《れいとうこ》に入《い》れてみます。しばらくして、できた氷《こおり》を見《み》てみると、コップのふちから氷《こおり》がはみ出《で》たような状態《じょうたい》になっているはずです。

すると、同《おな》じ大《おお》きさの氷《こおり》と水《みず》を比《くら》べるとするなら、氷《こおり》のほうは先《さき》ほどのはみ出《で》た部分《ぶぶん》を取《と》らなければいけませんね。つまり、同《おな》じ大《おお》きさなら、はみ出《で》た部分《ぶぶん》の重《おも》さだけ、氷《こおり》のほうが水《みず》より軽《かる》くなるということなのです。

実際《じっさい》には、例《たと》えばコップ一杯《いっぱい》の水《みず》の重《おも》さが100グラムだったとすると、同《おな》じ大《おお》きさの氷《こおり》の重《おも》さは、コップからはみ出《で》た部分《ぶぶん》を切《き》り取《と》るので、90グラムぐらいになります。

同《おな》じ大《おお》きさで比《くら》べると、水《みず》よりも氷《こおり》のほうが軽《かる》くなるため、氷《こおり》は水《みず》に浮《う》くことができるのです。

水《みず》と温度《おんど》の関係《かんけい》

ところで、ほとんどのものは、温度《おんど》が高《たか》くなるほど軽《かる》くなり、低《ひく》くなるほど重《おも》くなりますが、水《みず》の場合《ばあい》はこれとは異《こと》なります。水《みず》がもっとも重《おも》くなるのは約《やく》4℃《ど》。それよりも冷《ひ》やしていくと、逆《ぎゃく》に軽《かる》くなっていくという性質《せいしつ》を持《も》っています。

ちなみに、北極《ほっきょく》や南極《なんきょく》の海《うみ》に浮《う》かぶ氷山《ひょうざん》も、コップの中《なか》の氷《こおり》と同《おな》じ仕組《しく》みで浮《う》かんでいます。でも、海《うみ》の上《うえ》に見《み》えている氷《こおり》はほんの一部《いちぶ》で、ほとんどが海《うみ》の中《なか》に沈《しず》んでいるのです。

北極《ほっきょく》の氷《こおり》の下《した》はこうなっているかも？

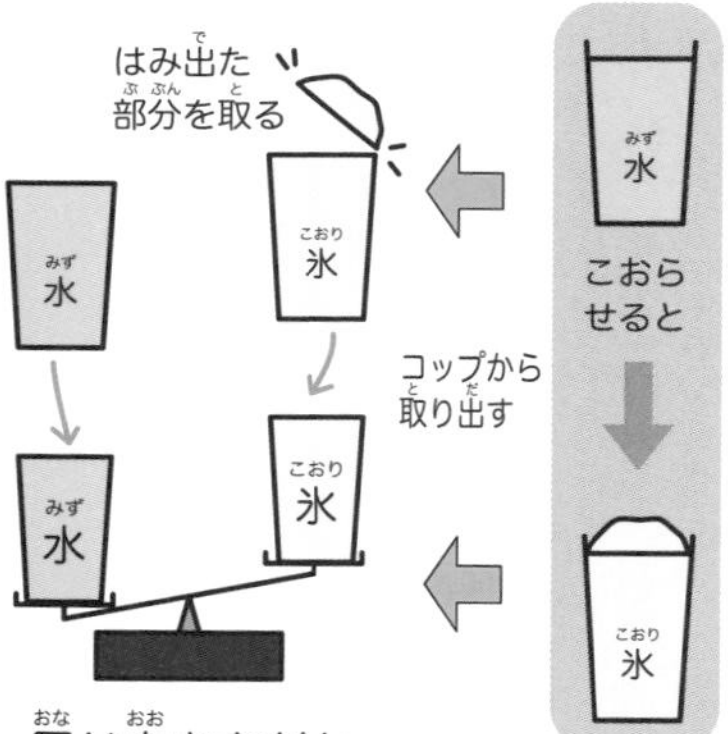

同《おな》じ大《おお》きさだと氷《こおり》の方《ほう》が軽《かる》くなる

まめちしき ▶氷《こおり》は溶《と》けると水《みず》になるけど、ドライアイスをふつうにあたためても、水《みず》のような液体《えきたい》にはならなくて、けむりが出《で》るだけなんだよ。

7月《がつ》3日《にち》

アイスクリームのコーンはなんのためにあるの？

みのまわりのふしぎ

ただの入《い》れものではない

大《おお》むかしの中《ちゅう》国《ごく》では、牛乳《ぎゅうにゅう》を煮《に》てから雪《ゆき》で冷《ひ》やしてつくった、トロリとした冷《つめ》たいデザートを食《た》べていました。そのデザートがヨーロッパに伝《つた》わり、少《すこ》しずつ広《ひろ》まっていき、やがてアイスクリームが誕生《たんじょう》しました。

1904年《ねん》に開《ひら》かれたアメリカ・セントルイス万国博覧会《ばんこくはくらんかい》でのことです。会場《かいじょう》でアイスクリームをつくって売《う》っていた店《みせ》で、アイスクリームを入《い》れる紙皿《かみざら》がきれてしまいました。

そこで、隣《となり》でワッフルを売《う》っていた店《みせ》に焼《や》いてもらった、円《えん》すいの形《かたち》をしたワッフルにアイスクリームを入《い》れて売《う》ってみたところ、大人気《だいにんき》となりました。これがコーンのはじまりです。

なお、コーンは「円《えん》すい」という意味《いみ》で、「とうもろこし」ではありません。コーンの材料《ざいりょう》は小麦粉《こむぎこ》です。

アイスクリームを食《た》べていると、そのうち舌《した》が冷《つめ》たくなって、味《あじ》を感《かん》じにくくなりませんか。そんなときにコーンを食《た》べると、冷《つめ》たくなった舌《した》をもとの状態《じょうたい》に戻《もど》してくれるのです。コーンにはこんな役割《やくわり》もあるのですね。

ソフトクリームのつくり方《かた》

ところで、あなたはソフトクリームは好《す》きですか？　牛乳《ぎゅうにゅう》に砂糖《さとう》などを入《い》れて、冷《ひ》やしながらまぜていくと、空気《くうき》を含《ふく》んだやわらかい状態《じょうたい》になります。これがソフトクリームで、なめらかで口当《くちあ》たりがよいのが特長《とくちょう》です。

これを容器《ようき》につめて、マイナス30℃《ど》以下《いか》で急速《きゅうそく》に冷《ひ》やしてかためると、アイスクリームになるのです。

ただし、ソフトクリームとアイスクリームでは食《た》べるときの温度《おんど》が違《ちが》うため、よりおいしく食《た》べられるように材料《ざいりょう》の配合《はいごう》を変《か》えています。

最近《さいきん》では、おいもやメロンなど、その土地《とち》の名産品《めいさんひん》を使《つか》ってつくられた「ご当地《とうち》ソフト」と呼《よ》ばれるソフトクリームも人気《にんき》をあつめています。

まめちしき　▶とうもろこしは英語《えいご》で「corn（コーン）」。アイスクリームのコーンは、「cone」、正《ただ》しくは「コウン」と発音《はつおん》するんだ。工事現場《こうじげんば》などにある赤《あか》い円《えん》すいのものも「コウン」なんだよ。

アマガエルはどうして壁《かべ》にはりつけるの？

生《い》きもののふしぎ

ひみつは吸盤《きゅうばん》にあり

緑色《みどりいろ》の小《ちい》さなからだと、ゲコゲコ……という鳴《な》き声《ごえ》でおなじみのアマガエル。あなたもいろいろなところで見《み》かけたことがあると思《おも》いますが、壁《かべ》やガラスにペタリとはりついていた、なんてことはありませんか。

アマガエルは、ふつうならすべってしまいそうな場所《ばしょ》でも、平気《へいき》ではりついています。これはどうしてなのでしょうか。そのひみつは、アマガエルのからだのつくりにあります。

あなたがよく目《め》にするニホンアマガエルは、体長《たいちょう》3～4センチ程度《ていど》。オスよりもメスのほうが大《おお》きいからだをしています。このからだをくわしく見《み》てみると、前足《まえあし》に4本《ほん》、後《うし》ろ足《あし》に5本《ほん》の指《ゆび》があり、しかもこの指先《ゆびさき》には、すべてにまるい吸盤《きゅうばん》がついているのです。

あなたは、おもちゃについた吸盤《きゅうばん》であそんだことがありますか？　吸《きゅう》盤《ばん》はガラスなどにくっつくと、なかなかかんたんにははがれませんよね。

ニホンアマガエルの指《ゆび》には、ぜんぶにこの吸盤《きゅうばん》がついていますから、ガラスなどのすべりやすい場所《ばしょ》でも、吸盤《きゅうばん》を使《つか》うことで、うまくはりつくことができるわけです。

木《き》の上《うえ》でくらすのに便利《べんり》

ところで、カエルは水辺《みずべ》だけに住《す》んでいると思《おも》われがちですが、ニホンアマガエルは水辺《みずべ》の近《ちか》くの木《き》の上《うえ》でくらしています。そのため、えだからえだへと飛《と》びうつったりするときには、指《ゆび》先《さき》についた吸盤《きゅうばん》がとても役《やく》に立《た》っているのです。

ちなみに、すべてのカエルがアマガエルのように吸盤《きゅうばん》を持《も》っているわけではありません。トノサマガエルやヒキガエルなどの仲間《なかま》は、陸《りく》で生活《せいかつ》することが多《おお》いので、えだを飛《と》びうつるために必要《ひつよう》な吸盤《きゅうばん》がついていません。

同《おな》じカエルどうしでも、住《す》む場所《ばしょ》によってからだのつくりは少《すこ》しずつ違《ちが》っているようです。

まめちしき ▶カエルの指《ゆび》の大《おお》きな特長《とくちょう》は、水《みず》の中《なか》でもスイスイ泳《およ》げる水《みず》かきがついていることだね。後《うし》ろ足《あし》だけにある種類《しゅるい》と、前後両方《ぜんごりょうほう》の足《あし》にある種類《しゅるい》がいるみたい。

天《あま》の川《がわ》ってなあに？

宇宙《うちゅう》のふしぎ

川《かわ》のような星《ほし》たちのあつまり

夜空《よぞら》の星《ほし》を見上《みあ》げてみると、夜空《よぞら》を大《おお》きく横切《よこぎ》る光《ひかり》の帯《おび》が見《み》えることがあります。

明《あ》かりが多《おお》い町《まち》の中《なか》ではなかなか見《み》られませんが、外《そと》の明《あ》かりが少《すく》なく、空気《くうき》がきれいな田舎《いなか》に行《い》くと、はっきりとその姿《すがた》を見《み》ることができます。

その光《ひかり》の帯《おび》が、「天《あま》の川《がわ》」です。まるで川《かわ》のように見《み》えることから、天《あま》の川《がわ》と呼《よ》ばれるようになりました。

でも、天《あま》の川《がわ》っていったいなんなのでしょうか。それを知《し》るためには、まず宇宙《うちゅう》がどのようにできているかを考《かんが》えてみる必要《ひつよう》があります。宇宙《うちゅう》には、大小《だいしょう》さまざまな星《ほし》たちが光《ひか》っていますが、宇宙《うちゅう》をもっと広《ひろ》くながめてみると、こうした星《ほし》たちがあつまってできた「銀河《ぎんが》」というものがあるのです。

星《ほし》たちは宇宙《うちゅう》の中《なか》でバラバラに散《ち》らばっているのではなく、たくさんの星《ほし》たちがあつまって銀河《ぎんが》というグループをつくっています。ひとつの銀河《ぎんが》には、太陽《たいよう》のように自分《じぶん》で光《ひか》る「恒星《こうせい》」と呼《よ》ばれる星《ほし》が、1000億個《おくこ》ほどあつまっているといわれています。

これは恒星《こうせい》だけの数《かず》ですから、わたしたちが住《す》む地球《ちきゅう》のような星《ほし》は含《ふく》まれていません。そう考《かんが》えると、ひとつの銀河《ぎんが》には、とんでもない数《かず》の星《ほし》があつまっているわけです。

地球《ちきゅう》も銀河《ぎんが》の一員《いちいん》

わたしたちが住《す》む地球《ちきゅう》も、この銀河《ぎんが》という星《ほし》のあつまりの中《なか》に入《はい》っています。そして、光《ひかり》の帯《おび》のように見《み》える天《あま》の川《がわ》は、じつは星《ほし》がたくさんあつまった銀河《ぎんが》を、地球《ちきゅう》からながめたときの姿《すがた》なのです。

ところで銀河《ぎんが》は、外側《そとがわ》よりも中心《ちゅうしん》に多《おお》く星《ほし》があつまった円盤《えんばん》のような形《かたち》をしています。夏《なつ》に日本《にほん》から銀河《ぎんが》を見《み》ると、多《おお》くの星《ほし》があつまっている、銀河《ぎんが》の中心《ちゅうしん》のほうを見《み》ることになります。ですから、夏《なつ》のほうが冬《ふゆ》よりもはっきり、天《あま》の川《がわ》が見《み》えるのです。

まめちしき

▶中国《ちゅうごく》や日本《にほん》では、一年《いちねん》に一度《いちど》、7月7日《がつなのか》の夜《よる》にだけ、橋《はし》がかかると信《しん》じられている天《あま》の川《がわ》。英語《えいご》ではミルキーウェイ、つまり乳《ちち》でできた川《かわ》だと考《かんが》えられているんだ。

みのまわりのふしぎ

ピアノはどうやって音《おと》を出《だ》しているの？

空気《くうき》がふるえて音《おと》が出《で》る

どうして楽器《がっき》は、高《たか》い音《おと》や低《ひく》い音《おと》を出《だ》すことができるのでしょうか？

そこで、かんたんな実験《じっけん》をしてみましょう。輪《わ》ゴムを指《ゆび》で強《つよ》くひっぱって、別《べつ》の指《ゆび》で軽《かる》くはじいてみてください。ビヨンビヨン、と音《おと》がしましたね。

今度《こんど》は、輪《わ》ゴムを先《さき》ほどより弱《よわ》くひっぱって、同《おな》じように軽《かる》くはじいてみてください。先《さき》ほどより低《ひく》い音《おと》がしたでしょう？

輪《わ》ゴムをはじくと空気《くうき》がふるえます。ですから音《おと》が出《で》るのです。そして、ふるえかたがおそければ低《ひく》い音《おと》が、速《はや》ければ高《たか》い音《おと》が出《で》ます。

じつは楽器《がっき》も、これと同《おな》じ原理《げんり》で音《おと》の高《たか》さを変《か》えているのです。

楽器《がっき》には、管楽器《かんがっき》と弦楽器《げんがっき》、打楽器《だがっき》があります。管楽器《かんがっき》は管《くだ》の中《なか》で空気《くうき》がふるえることにより音《おと》を出《だ》すものです。笛《ふえ》などがこれにあたります。

弦楽器《げんがっき》は弦《げん》と呼《よ》ばれる糸《いと》がふるえることにより音《おと》を出《だ》すものです。ギターやバイオリンなどです。

打楽器《だがっき》は、たたくことによって音《おと》を出《だ》すものです。太鼓《たいこ》を想像《そうぞう》すればわかりやすいですね。

ピアノの中《なか》にはなにがある？

ピアノは、この中《なか》のどの種類《しゅるい》になると思《おも》いますか？　じつは、弦楽器《げんがっき》でもあり、打楽器《だがっき》でもあるのです。

ピアノの中《なか》には長《なが》さの違《ちが》う弦《げん》がはってあります。けんばんを押《お》すと、奥《おく》につながっている棒《ぼう》のようなものが、その下《した》にある弦《げん》をたたいて、音《おと》を出《だ》しているのです。

ところで、日本《にほん》にピアノがやってきたのは、1823年《ねん》の7月《がつ》6日《むいか》のことです。ドイツ人《じん》のシーボルト博士《はかせ》が持《も》ってきたといわれており、そのことから、今日《きょう》はピアノの日《ひ》と定《さだ》められています。

ピアノの内部《ないぶ》

まめちしき ▶ピアノの正式名《せいしきめい》は「クラヴィチェンバロ・コル・ピアノ・エ・フォルテ」で、小《ちい》さな音《おと》も大《おお》きな音《おと》も出《で》るチェンバロという意味《いみ》。チェンバロはピアノを小《ちい》さくしたような楽器《がっき》だよ。

7月《がつ》7日《にち》

七夕《たなばた》の短冊《たんざく》ってどんな意味《いみ》があるの？

みのまわりのふしぎ

織姫《おりひめ》と彦星《ひこぼし》

7月7日《がつなのか》は七夕《たなばた》です。七夕《たなばた》といえば、きっとだれもが知《し》っている有名《ゆうめい》な伝説《でんせつ》がありますね。

——むかしむかし、はたおりの上手《じょうず》な織姫《おりひめ》と、牛飼《うしか》いの彦星《ひこぼし》が結婚《けっこん》しました。もともと働《はたら》き者《もの》だった二人《ふたり》でしたが、仕事《しごと》をせずあそんでばかりいるようになりました。すると、天《てん》の神《かみ》さまは怒《おこ》って、二人《ふたり》を天《あま》の川《がわ》の西《にし》と東《ひがし》に引《ひ》き離《はな》してしまったのです。こうして一《いち》年《ねん》に一度《いちど》、7月7日《がつなのか》だけ二人《ふたり》は会《あ》うことが許《ゆる》されるようになったのです——

この伝説《でんせつ》がもととなり、中国《ちゅうごく》では、はたおりの上手《じょうず》な織姫星《おりひめぼし》にあやかり、女性《じょせい》がはたおりや裁縫《さいほう》が上手《じょうず》になるよう、五色《ごしき》の布《ぬの》でつくった短冊《たんざく》を織姫星《おりひめぼし》にささげるようになりました。

仙台《せんだい》の七夕祭《たなばたまつ》り

それが平安時代《へいあんじだい》に日本《にほん》に伝《つた》わると、サトイモの葉《は》にたまった夜《よ》つゆを「天《あま》の川《がわ》のしずく」としてあつめ、すずりですみをすり、カジという植物《しょくぶつ》の葉《は》に文字《もじ》を書《か》くという行事《ぎょうじ》になりました。

そして江戸時代《えどじだい》には、裁縫《さいほう》や習字《しゅうじ》など、手先《てさき》を使《つか》うことが上手《じょうず》になるように願《ねが》う日《ひ》となり、さらに形《かたち》を変《か》え、現在《げんざい》では、いろいろな願《ねが》いごとを短冊《たんざく》に書《か》くようになったのです。

竹《たけ》や笹《ささ》は生命力《せいめいりょく》が強《つよ》く、神《かみ》さまがやどる木《き》とされています。そこで願《ねが》いがかなうよう、神《かみ》さまが宿《やど》る竹《たけ》や笹《ささ》に短冊《たんざく》をつるすようになったのです。

七夕《たなばた》の雨《あめ》は二人《ふたり》の涙《なみだ》

夜空《よぞら》に浮《う》かぶ星座《せいざ》では、織姫星《おりひめぼし》はこと座《ざ》のベガ。彦星《ひこぼし》はわし座《ざ》のアルタイルを指《さ》します。

天《あま》の川《がわ》をはさんで輝《かがや》く星《ほし》ですが、七《たな》夕《ばた》の日《ひ》に雨《あめ》が降《ふ》ると、二人《ふたり》は会《あ》うことができず、この日《ひ》に降《ふ》る雨《あめ》は二人《ふたり》の涙《なみだ》といわれます。

現在《げんざい》では、7月7日《がつなのか》は梅雨《つゆ》の最中《さいちゅう》となるため、雨《あめ》が降《ふ》ることが多《おお》いのですが、むかしの暦《こよみ》では、七夕《たなばた》は8月7日《がつなのか》ごろでしたので、晴《は》れることが多《おお》かったようです。

今年《ことし》の七夕《たなばた》、二人《ふたり》はちゃんと会《あ》えたかな？

まめちしき

▶7月7日《がつなのか》に雨《あめ》が降《ふ》ると「涙雨《なみだあめ》」と呼《よ》ばれるけど、7月6日《がつむいか》に降《ふ》る雨《あめ》は「洗車雨《せんしゃう》」というんだ。デートのために彦星《ひこぼし》が車《くるま》を洗《あら》うので、そのときの水《みず》が落《お》ちてくるって考《かんが》えたわけだね。

どうしてカブトムシのメスにはツノがないの？

生《い》きもののふしぎ

ツノはたたかいの武器《ぶき》

カブトムシは、山《やま》の中《なか》やたくさんの木《き》が生《は》えている雑木林《ぞうきばやし》などに住《す》んでいます。林《はやし》の中《なか》でなにを食《た》べているのかというと、クヌギやコナラなどの木《き》の幹《みき》からしみ出《で》ている、樹液《じゅえき》という甘《あま》いミツをなめて生《い》きているのです。

甘《あま》い樹液《じゅえき》は、ハチやカナブンやクワガタムシなども大好《だいす》き。おいしそうなにおいにみんながあつまってきます。

しかし、樹液《じゅえき》のたっぷり出《で》ている場所《ばしょ》に、からだの大《おお》きいカブトムシがいるときは、小《ちい》さな虫《むし》たちはその場所《ばしょ》をカブトムシにゆずってしまいます。

ところが、同《おな》じくらいの大《おお》きさのクワガタムシや、他《ほか》のカブトムシが、ひとつの場所《ばしょ》に数多《かずおお》くあつまってしまうこともあります。そんなときは、たたかわなければなりません。カブトムシのりっぱなツノは、そのたたかいのときに役立《やくだ》つのです。

カブトムシは、自分《じぶん》のツノを低《ひく》くして相手《あいて》のからだの下《した》にもぐり込《こ》ませます。そしてツノをぐいっと持《も》ち上《あ》げ、一気《いっき》に相手《あいて》をはね上《あ》げてしまうのです。はね上《あ》げられた相手《あいて》は、木《き》の幹《みき》から追《お》い出《だ》されてしまい、残《のこ》ったほうだけが、おいしい樹液《じゅえき》をいただけるということになります。

メスはたたかう必要《ひつよう》がない

ところで、樹液《じゅえき》の出《で》る場所《ばしょ》には、カブトムシのメスもやってきます。ところが、オスはメスを追《お》いはらおうとはしません。それどころか、結婚相手《けっこんあいて》として自分《じぶん》の子《こ》どもを産《う》んでもらおうと大歓迎《だいかんげい》します。そのメスを取《と》り合《あ》い、カブトムシのオスどうしがけんかをすることもあります。

つまり、カブトムシのメスは、けんかをしないのでツノが必要《ひつよう》ないのです。少《すこ》しでも大《おお》きくて強《つよ》いオスと出会《であ》い、りっぱな子孫《しそん》を残《のこ》すことが、メスにとっての一番大切《いちばんたいせつ》な仕事《しごと》なのです。

カブトムシのオスは、ツノを使《つか》って他《ほか》のカブトムシやクワガタムシなどとけんかをする

まめちしき

▶世界《せかい》で一番大《いちばんおお》きくて一番強《いちばんつよ》いカブトムシが「ヘラクレスオオカブト」。大《おお》きなものは16センチぐらいあって、日本《にほん》のカブトムシはこの半分《はんぶん》にもならない大《おお》きさなんだよ。

7月《がつ》9日《にち》

科学《かがく》のふしぎ

ジェットコースターはなぜ落《お》っこちないの？

レールにそって宙返《ちゅうがえ》り

あなたがふつうにボールを投《な》げたときは、ボールはまっすぐ飛《と》んでいきますね。動《うご》いているものには、そのまままっすぐ進《すす》もうとする性質《せいしつ》があるのです。ですから、カーブやフォークはまだしも、クルリと宙返《ちゅうがえ》りをするようなボールを投《な》げることはできません。

いきおいよく走《はし》るジェットコースターも、宙返《ちゅうがえ》りする「ループ」の手前《てまえ》までやってきたときには、そのまままっすぐに進《すす》もうとしています。

なのに、コースターがそのままクルリと宙返《ちゅうがえ》りできるのは、レールがあるからです。

レールがまっすぐ進《すす》もうとするコースターを押《お》さえつけることによって、コースターは少《すこ》しずつ進《すす》む向《む》きを変《か》えて、うまく一回転《いっかいてん》できるのです。

もしも途中《とちゅう》で突然《とつぜん》レールが消《き》えてしまったら、コースターは一回転《いっかいてん》できずに、空《そら》に放《ほう》り出《だ》されてしまいます。

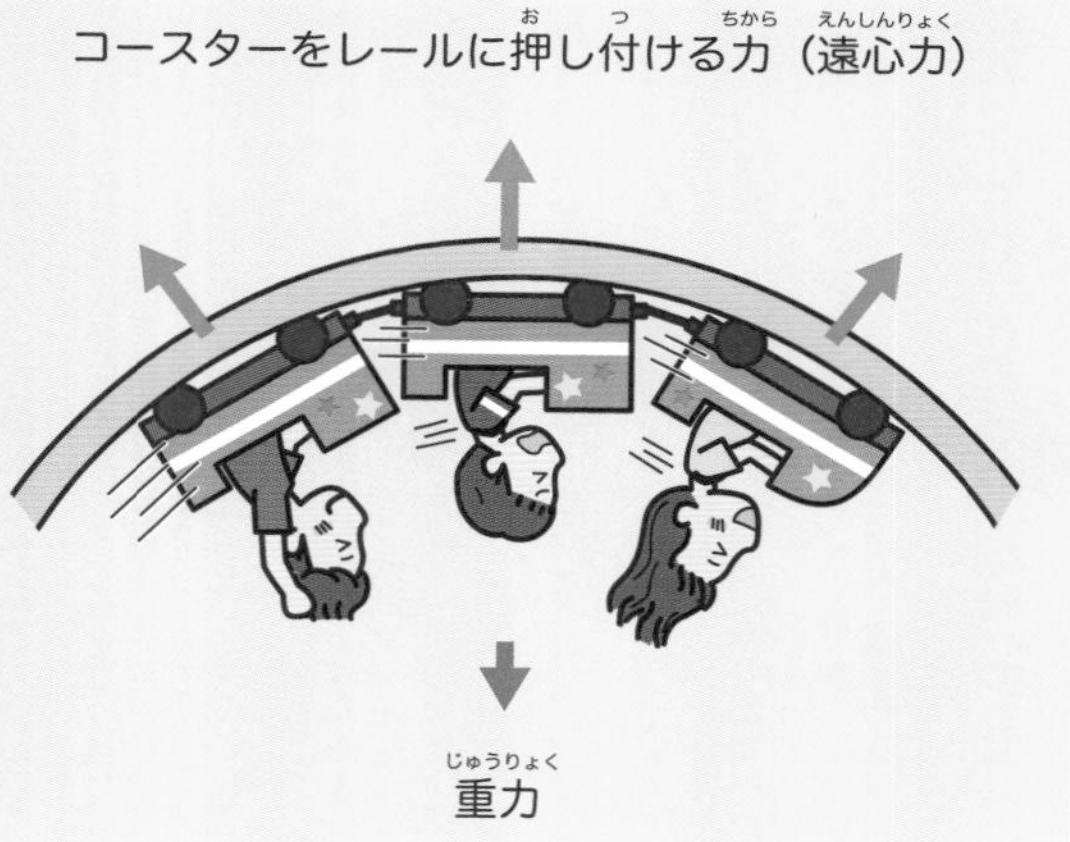

落《お》ちない理由《りゆう》とは

どんなものでも地球《ちきゅう》からひっぱられています。この力《ちから》を重力《じゅうりょく》といいます。では、重力《じゅうりょく》にひっぱられてコースターが下《した》に落《お》ちることはないのでしょうか。これは、ジェットコースターのレールに直接《ちょくせつ》聞《き》いてみましょう。

「やあ、ぼくはジェットコースターのレールだよ。走《はし》ってくるコースターの向《む》きを変《か》えるのが役目《やくめ》さ。だってほうっておいたら、コースターはまっすぐどこかに飛《と》んでいってしまうからね。たしかに重力《じゅうりょく》さんはコースターを下《した》に落《お》とそうとするよ。でも重力《じゅうりょく》さんの力《ちから》よりも、コースターが外《そと》に飛《と》び出《だ》そうとする力《ちから》のほうが、ずっと大《おお》きいんだよ。だからコースターが落《お》っこちることもないのさ」

そういうわけで、安心《あんしん》してジェットコースターに乗《の》ってくださいね。

まめちしき ▶ものがものをひっぱる力《ちから》を「引力《いんりょく》」というんだ。引力《いんりょく》を発見《はっけん》したのはイギリスのニュートンという科学者《かがくしゃ》。リンゴが落《お》ちるのを見《み》て引力《いんりょく》に気《き》づいたといわれているよ。

みのまわりのふしぎ

どうして納豆《なっとう》はネバネバしているの？

日本人《にほんじん》におなじみの食《た》べもの

納豆《なっとう》はからだにいい食《た》べものとして、日本《にほん》ではむかしから食《た》べられてきたものです。

どれくらいむかしかというと、いまから1200年《ねん》ほど前《まえ》の奈良時代《ならじだい》のころには、もう食《た》べられていたといわれています。ちなみにむかしの納豆《なっとう》は、いまの納豆《なっとう》と違《ちが》って、乾《かわ》かしてから食《た》べていたそうです。

このように、わたしたちのくらしになじみのある納豆《なっとう》ですが、やはり「納豆《なっとう》はネバネバしているからいや！」という人《ひと》も多《おお》いことでしょう。

あのネバネバは、どうしてできるのでしょうね。

ネバネバのひみつ

納豆《なっとう》は、大豆《だいず》を発酵《はっこう》（※）させることでつくります。そのときに、大豆《だいず》にかけて使《つか》う「納豆菌《なっとうきん》」というものが、ネバネバのもとになる「ムチン」という成分《せいぶん》をつくり出《だ》しているのです。

ムチンは、例《たと》えばトロロイモや卵《たまご》の白身《しろみ》など、ネバネバした食《た》べものの中《なか》に含《ふく》まれている成分《せいぶん》で、納豆《なっとう》にはとくにたくさん含《ふく》まれています。

ですから、納豆《なっとう》はあんなにネバネバしているというわけです。納豆《なっとう》ならではの味《あじ》も、このネバネバがつくり出《だ》しているものなのです。

納豆《なっとう》を食《た》べると、カルシウムの吸収《きゅうしゅう》がよくなるために、骨《ほね》が強《つよ》くなるといわれています。また、からだを流《なが》れる血《ち》がきれいになる効果《こうか》もあるとされています。これが、からだにいいといわれる理由《りゆう》です。

さらに栄養《えいよう》バランスもよくて、ごはんと一緒《いっしょ》に手軽《てがる》に食《た》べられて、値段《ねだん》も安《やす》くて……と、なんだかいいことばかりのように思《おも》えてきます。

今日《きょう》7（なっ）月《がつ》10（とう）日《か》は、納豆《なっとう》の日《ひ》です。納豆《なっとう》が苦手《にがて》なあなたも、これを機会《きかい》に食《た》べてみてはどうでしょう。あんがい、好《す》きになるかもしれませんよ。

まめちしき
▶大豆《だいず》はとうふの原料《げんりょう》にも使《つか》われているよ（305ページ）。
▶※発酵《はっこう》……小《ちい》さい生物《せいぶつ》のはたらきにより、ある物質《ぶっしつ》が、別《べつ》の物質《ぶっしつ》につくり変《か》えられること。

読《よ》んだ日《ひ》　月《がつ》　日《にち》

7月《がつ》11日《にち》

世《せ》界《かい》にはどれくらいの数《かず》の人《ひと》がいるの？

みのまわりのふしぎ

70億《おく》人《にん》以《い》上《じょう》の人《にん》間《げん》

今日《きょう》は世《せ》界《かい》人《じん》口《こう》デーです。1987年《ねん》7月《がつ》11日《にち》に、世《せ》界《かい》の人《じん》口《こう》が50億《おく》人《にん》を超《こ》えたことから、世《せ》界《かい》の人《じん》口《こう》問《もん》題《だい》への関《かん》心《しん》を深《ふか》めるために、1989年《ねん》に定《さだ》められました。

国《こく》際《さい》連《れん》合《ごう》によると、世《せ》界《かい》の人《じん》口《こう》は1950年《ねん》には約《やく》25億《おく》人《にん》でした。それが1970年《ねん》には約《やく》36億《おく》人《にん》、1990年《ねん》には約《やく》52億《おく》人《にん》、そして2010年《ねん》には約《やく》69億《おく》人《にん》と増《ふ》え続《つづ》けていき、2011年《ねん》10月《がつ》31日《にち》には、ついに70億《おく》人《にん》を超《こ》えました。

2010年《ねん》のデータによると、世《せ》界《かい》中《じゅう》で1年《ねん》に1億《おく》3千《ぜん》万《まん》人《にん》が生《う》まれ、6000万《まん》人《にん》が亡《な》くなっています。生《う》まれる数《かず》のほうが多《おお》いので人《じん》口《こう》が増《ふ》えていくのですね。

では、人《じん》口《こう》がどんどん増《ふ》えていくとどんな問《もん》題《だい》があるのでしょうか？

まず、食《た》べものや水《みず》が足《た》りなくなるかもしれません。また、住《す》む場《ば》所《しょ》や、紙《かみ》などのいろいろなものをつくるために森《しん》林《りん》を切《き》っていくため、地《ち》球《きゅう》の緑《みどり》も減《へ》っていくことでしょう。

これらは、地《ち》球《きゅう》に生《い》きるみんなが協《きょう》力《りょく》して、取《と》り組《く》んでいかなければいけない問《もん》題《だい》だといえます。

日《に》本《ほん》の人《じん》口《こう》は減《へ》っている

ところで、世《せ》界《かい》で一《いち》番《ばん》人《じん》口《こう》の多《おお》い国《くに》はどこでしょうか？

2010年《ねん》の調《しら》べでは、1位《い》は中《ちゅう》華《か》人《じん》民《みん》共《きょう》和《わ》国《こく》(中《ちゅう》国《ごく》)で約《やく》13億《おく》人《にん》、2位《い》はインドで約《やく》12億《おく》人《にん》、3位《い》はアメリカで約《やく》3億《おく》人《にん》です。ちなみに日《に》本《ほん》は10位《い》で、約《やく》1億《おく》3000万《まん》人《にん》です。

2010年《ねん》のデータによれば、日《に》本《ほん》では1日《にち》に2935人《にん》が生《う》まれ、3279人《にん》が亡《な》くなっていることになります。日《に》本《ほん》では生《う》まれる人《ひと》のほうが少《すく》ないので、人《じん》口《こう》がだんだん減《へ》っていっているのがわかりますね。

そのため現《げん》在《ざい》の日《に》本《ほん》では、「少《しょう》子《し》化《か》問《もん》題《だい》」や「高《こう》齢《れい》化《か》社《しゃ》会《かい》」といった、人《じん》口《こう》に関《かん》係《けい》するさまざまな問《もん》題《だい》が心《しん》配《ぱい》されています。これらは将《しょう》来《らい》のわたしたちにとって、とても大《おお》きな問《もん》題《だい》なのです。

まめちしき

▶人口《じんこう》はどうやって調《しら》べるか知《し》ってる？　日本《にほん》では家《いえ》ごとに「家族《かぞく》は何人《なんにん》ですか？」と確認《かくにん》して人口《じんこう》を数《かぞ》えているんだ。これを「国勢調査《こくせいちょうさ》」というんだよ。

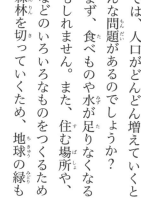

人間《にんげん》ドックってなあに？

みのまわりのふしぎ

ドックってなんだろう

船《ふね》は長《なが》い間航海《あいだこうかい》していると、船底《ふなぞこ》に貝《かい》ガラなどがついたり、ペンキがはがれたりします。そこで、ときどき貝《かい》ガラをはがしたり、ペンキを塗《ぬ》り替《か》えたりしなくてはなりません。

また、エンジンを分解《ぶんかい》して点検《てんけん》する必要《ひつよう》もあります。そのために、船《ふね》を点《てん》検《けん》したり修理《しゅうり》したりする、船《ふね》の修理屋《しゅうりや》さんがいるのです。

車《くるま》の修理屋《しゅうりや》さんには修理《しゅうり》する車《くるま》を停《と》めておくところがありますね。これと同《おな》じで、船《ふね》の修理屋《しゅうりや》さんにはドックと呼《よ》ばれる場所《ばしょ》があります。

ドックとは、船《ふね》がまるごと入《はい》る大《おお》きな水《すい》そうのようなものです。まず、船《ふね》は海《うみ》から入口《いりぐち》を開《あ》けたドックに入《はい》ってきます。それから入口《いりぐち》を閉《し》めて、支《ささ》えとなる木《き》や金属《きんぞく》などを船《ふね》の下《した》に置《お》いてから、ドックの中《なか》の水《みず》をぬきます。こうすることで、水《みず》にもぐらなくても、船全体《ふねぜんたい》を点検《てんけん》したり、修理《しゅうり》したりできるようになるのです。

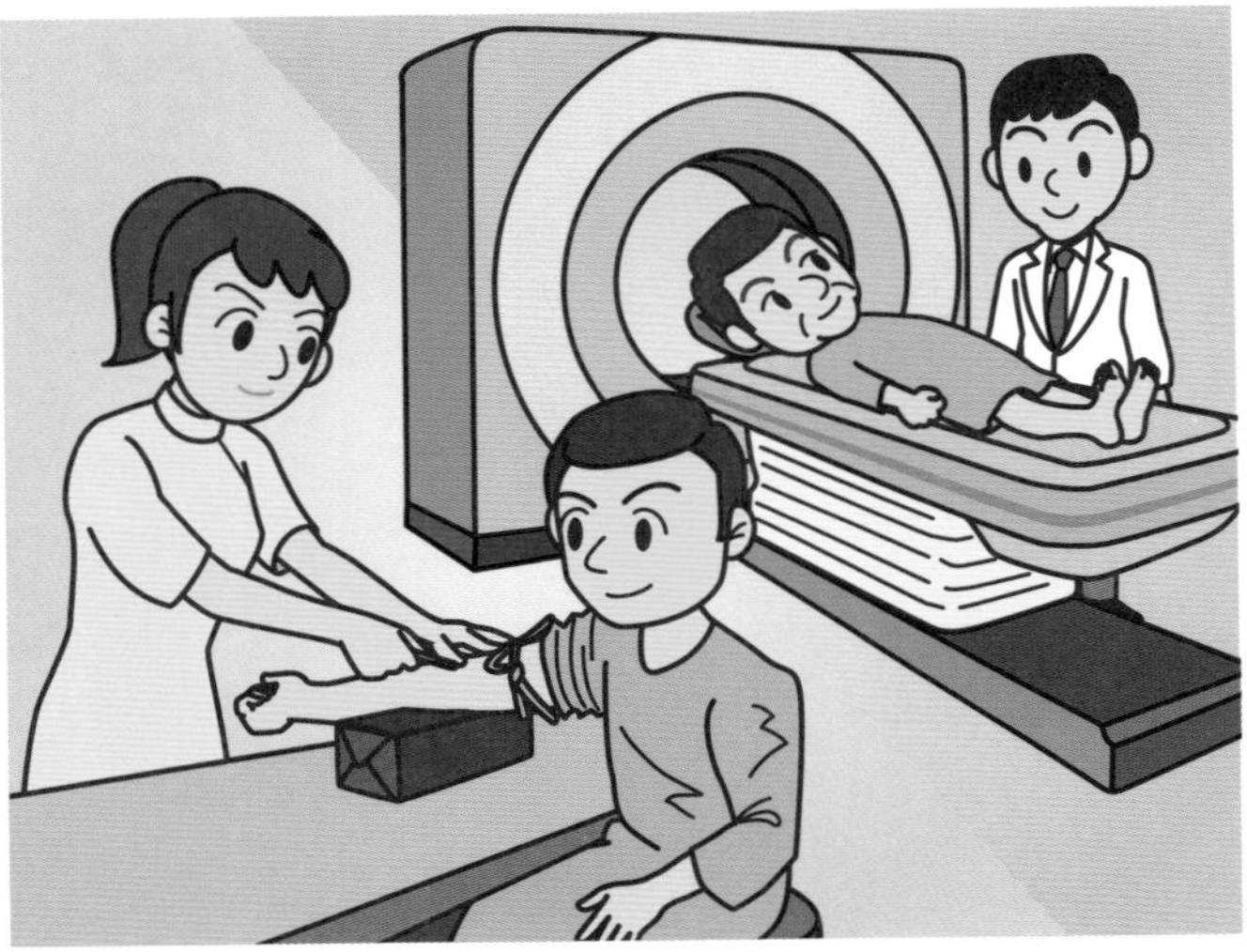

人間《にんげん》のためのドック

人間《にんげん》の場合《ばあい》は、貝《かい》ガラがついたりペンキがはがれたりはしませんが、気《き》づかないうちに病気《びょうき》になっていることがあります。

そこで、自分《じぶん》では元気《げんき》だと思《おも》っていても、ときどきお医者《いしゃ》さんにみてもらうことが大切《たいせつ》なのです。そのために健《けん》康診断《こうしんだん》があるのです。

ただ、健康診断《けんこうしんだん》は時間《じかん》が短《みじか》いので、あまり細《こま》かいことは調《しら》べられません。しっかり調《しら》べてもらうためには、病院《びょういん》に入院《にゅういん》して、時間《じかん》をかけて検査《けんさ》してもらう必要《ひつよう》があります。

こういう検査《けんさ》のことを、船《ふね》がドックに入《はい》って点検《てんけん》してもらうのに似《に》ていることから、人間《にんげん》ドックというのです。

この本《ほん》を読《よ》んでいるあなたはまだ子《こ》どもでしょうから、人間《にんげん》ドックに行《い》くことはまずないでしょう。ですが、健康《けんこう》にはふだんから気《き》をつかいたいものですね。

まめちしき

▶日本《にほん》で人間《にんげん》ドックが最初《さいしょ》におこなわれたのは、1954年《ねん》7月《がつ》12日《にち》のこと。実験《じっけん》のために、お医者《いしゃ》さん3人《にん》が検査《けんさ》を受《う》け、そのようすを見《み》ながら改良《かいりょう》し、今《いま》の形《かたち》になったんだって。

科学《かがく》のふしぎ

どうして太陽《たいよう》の光《ひかり》はあたたかいの？

赤外線《せきがいせん》のあたためる力《ちから》

朝太陽《あさたいよう》がのぼると、なんとなくあたたかく感《かん》じませんか。太陽《たいよう》がのぼっている昼《ひる》は気温《きおん》が上《あ》がり、やがて夕方《ゆうがた》になって太陽《たいよう》が沈《しず》むと、気温《きおん》は少《すこ》しずつ下《さ》がっていきます。

そうやって、太陽《たいよう》は毎日《まいにち》のように地球《ちきゅう》をあたためているのです。

でも、これは太陽《たいよう》が熱《あつ》いからでしょうか。たしかに太陽《たいよう》の表面《ひょうめん》は6000℃《ど》もあります。ですが、太陽《たいよう》と地球《ちきゅう》の間《あいだ》には空気《くうき》がないので、太陽《たいよう》の表面《ひょうめん》の熱《ねつ》が伝《つた》わることはありません。

じつは地球《ちきゅう》をあたためているのは、太陽《たいよう》の光《ひかり》なのです。

太陽《たいよう》の光《ひかり》の中《なか》には、赤外線《せきがいせん》という光線《こうせん》が含《ふく》まれています。目《め》には見《み》えませんが、ものをあたためる性質《せいしつ》があって、地球《ちきゅう》の空気《くうき》や地面《じめん》、海《うみ》の水《みず》などをあたためているのです。

冬《ふゆ》に比《くら》べて夏《なつ》の気温《きおん》が高《たか》いのも、昼《ひる》の時間《じかん》が長《なが》くなるために、赤外線《せきがいせん》が長《なが》い時間当《じかんあ》たるようになるからです。

リモコン

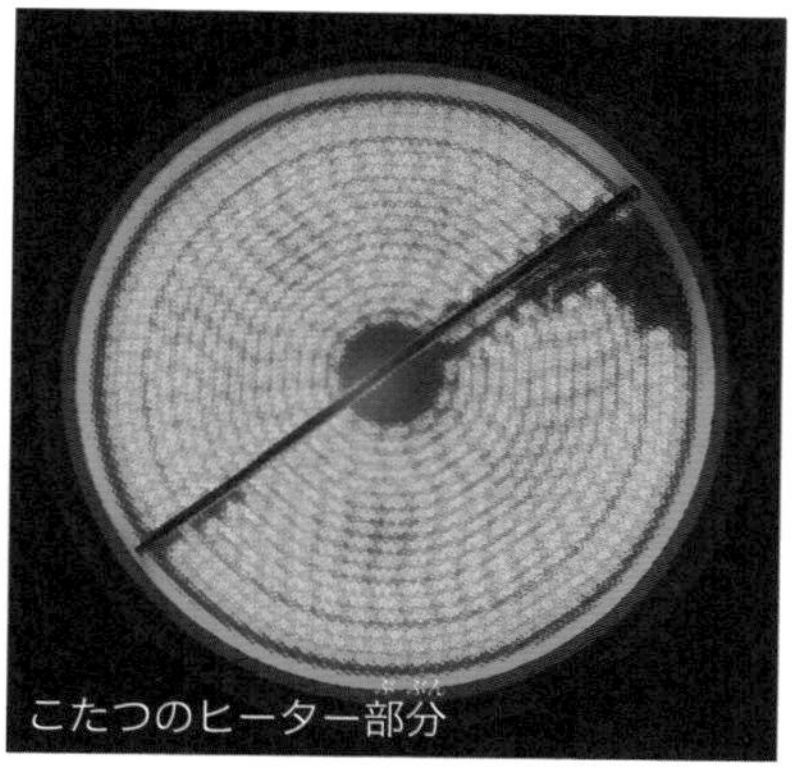
こたつのヒーター部分《ぶぶん》

オーブントースター

赤外線《せきがいせん》が使《つか》われているもの

みのまわりでも使《つか》われる

赤外線《せきがいせん》は、太陽《たいよう》の光《ひかり》の中《なか》にあるだけではなく、わたしたちのみのまわりにあるものにも使《つか》われています。例《たと》えば電気《でんき》ストーブやオーブントースターなどでは、赤外線《せきがいせん》のものをあたためる性質《せいしつ》が利用《りよう》されています。

また、赤外線《せきがいせん》には他《ほか》にもさまざまな性質《せいしつ》があり、いろいろなところで利用《りよう》されています。例《たと》えばテレビやエアコンのリモコンや携帯電話《けいたいでんわ》などでは、信号《しんごう》やデータを送《おく》るために赤外線《せきがいせん》が使《つか》われています。また、暗《くら》い場所《ばしょ》でも撮影《さつえい》できるカメラや、地球《ちきゅう》から遠《とお》く離《はな》れた星《ほし》を観測《かんそく》する望遠鏡《ぼうえんきょう》などでも、赤外線《せきがいせん》が大活躍《だいかつやく》しています。

なお、太陽《たいよう》の光《ひかり》には「紫外線《しがいせん》」というものも含《ふく》まれています。これは、食《た》べものを消毒《しょうどく》したり、からだの中《なか》でビタミンD《でぃー》をつくるなどのはたらきをします。ですがたくさん浴《あ》びると、ひどい日《ひ》やけや病気《びょうき》の原因《げんいん》になることがあるので注意《ちゅうい》しましょう。

まめちしき　▶赤外線《せきがいせん》は色《いろ》なんて見《み》えないはずなのに、コタツやストーブには色《いろ》がついているよね。電源《でんげん》が入《はい》っているか確認《かくにん》ができるのと、見《み》た目《め》にあたたかそうだから色《いろ》をつけているんだって。

自然《しぜん》のふしぎ

天気《てんき》予報《よほう》ってどうやってしているの？

データから天気《てんき》を予想《よそう》

わたしたちは、毎日《まいにち》のようにテレビや新聞《しんぶん》で天気予報《てんきよほう》を見《み》ることができます。「明日《あした》は雨《あめ》です」と予報《よほう》されれば、かさを持《も》って出《で》かけたり、「寒《さむ》くなる」と聞《き》けば、あたたかい服《ふく》を着《き》ていったりしますよね。

ところで、どうして天気予報《てんきよほう》ができるのでしょうね。それは、山《やま》や海《うみ》、空《そら》、宇宙《うちゅう》など、たくさんの場所《ばしょ》から送《おく》られてきたデータをあつめることで、このあとの天気《てんき》を計算《けいさん》し、予想《よそう》しているからです。

現在《げんざい》では、いつでもかんたんに天気《てんき》予報《よほう》を知《し》ることができるようになったおかげで、台風《たいふう》や大雨《おおあめ》、雪《ゆき》などの気象《きしょう》災害《さいがい》にそなえることができるようになりました。

気象衛星《きしょうえいせい》ひまわりって？

日本《にほん》の天気予報《てんきよほう》を支《ささ》えているのは気《き》象衛星《しょうえいせい》「ひまわり」です。今日《きょう》7月14日《がつじゅうよっか》は、ひまわりの1号機《ごうき》が宇宙《うちゅう》へ発射《はっしゃ》された日《ひ》であることから、「ひまわりの日《ひ》」と決《き》められています。

地上《ちじょう》から約《やく》3万《まん》6000キロメートルのところにあるひまわりは、いつも地球《ちきゅう》のほうを向《む》きながら、地球《ちきゅう》と同《おな》じ速《はや》さで飛《と》んでいます。そして、宇宙《うちゅう》から見《み》た写真《しゃしん》やデータ、空《そら》を飛《と》ぶ飛行機《ひこうき》などから受《う》け取《と》ったデータなどを、地《ち》球《きゅう》へ送《おく》り続《つづ》けているのです。

ひまわりという名前《なまえ》は、植物《しょくぶつ》のひまわりからつけられています。ひまわりは、いつも太陽《たいよう》のほうを向《む》くといわれています。気象衛星《きしょうえいせい》のひまわりも、同《おな》じようにいつも地球《ちきゅう》のほうを向《む》いていることから、ひまわりとつけられているわけなのです。

ひまわりは日本《にほん》の他《ほか》、アジアなどのいろいろな地域《ちいき》を観測《かんそく》しており、そのデータは、日本《にほん》だけでなく世界中《せかいじゅう》の天《てん》気予報《きよほう》でも使《つか》われています。

2012年《ねん》の時点《じてん》で使《つか》われているひまわりは、6号機《ごうき》と7号機《ごうき》です。新《あたら》しいものが打《う》ち上《あ》げられるたびに、性能《せいのう》が上《あ》がり、よりくわしく天気予報《てんきよほう》ができるようになっています。

まめちしき
▶最初《さいしょ》の「ひまわり」が打《う》ち上《あ》げられたのは、アメリカのケネディ宇宙《うちゅう》センターというところ。今《いま》は日本《にほん》のロケットの多《おお》くが、種子島宇宙《たねがしまうちゅう》センターで打《う》ち上《あ》げられているよ。

どうしてクモは自分《じぶん》の巣《す》にひっかからないの？

生《い》きもののふしぎ

たてと横《よこ》で違《ちが》う糸《いと》を使《つか》う

クモは世界中《せかいじゅう》に約《やく》4万《まん》種類《しゅるい》もいます。日本《にほん》にいるのは約《やく》1200種類《しゅるい》で、そのうちの半分《はんぶん》はアミのような巣《す》をはって、エサとなる他《ほか》のこん虫《ちゅう》が引《ひ》っかかるのを待《ま》ってくらしています。

クモの巣《す》は、おしりから出《だ》す糸《いと》でつくられています。1種類《しゅるい》の糸《いと》でできているように見《み》えますが、じつはそうではありません。クモが生活《せいかつ》するアミの中心部分《ちゅうしんぶぶん》と、たてにはられている糸《いと》は、ネバネバしない糸《いと》でできています。そして横《よこ》にはられている糸《いと》は、ねんちゃく球《だま》という、ネバネバした球《たま》がついた糸《いと》でできているのです。

巣《す》に飛《と》び込《こ》んできた虫《むし》は、この横糸《よこいと》にとらえられてしまうのです。横糸《よこいと》はネバネバしているだけではなく、ゴムのようにのびるので、逃《に》げようとあばれてもなかなか切《き》れません。そうしてえものがつかれたころに、クモはネバネバしないたて糸《いと》を伝《つた》って、近《ちか》づいていくわけです。

クモの巣《す》のアミはこのように2種類《しゅるい》の糸《いと》でできていますが、クモの糸《いと》は全部《ぜんぶ》で7種類《しゅるい》あります。

糸《いと》のもとになるものはクモのお腹《なか》の中《なか》でつくられています。そして目的《もくてき》に合《あ》わせて、違《ちが》う糸《いと》をおしりから出《だ》して使《つか》いわけているのです。

狩《か》りの方法《ほうほう》もいろいろ

クモによって、狩《か》りの方法《ほうほう》はいろいろ異《こと》なります。例《たと》えばナゲナワグモはネバネバする糸《いと》を、カウボーイのように振《ふ》り回《まわ》してえものをとらえます。また、えだの上《うえ》で待《ま》ち伏《ぶ》せをして、上《うえ》からえものにアミをおいかぶせる種類《しゅるい》のクモもいます。

ところで、こんなふうに狩《か》りをして、一度《いちど》に食《た》べきれないくらいたくさんのえものが取《と》れたときクモはどうすると思《おも》いますか？

そんなときは、毒《どく》などで相手《あいて》を動《うご》けないようにしてから、糸《いと》で封《ふう》じ込《こ》めて巣《す》にぶら下《さ》げておくのです。クモの糸《いと》はえものを保存《ほぞん》するのにも使《つか》われているというわけです。

まめちしき ▶人間《にんげん》だと、男《おとこ》の人《ひと》のほうが大《おお》きい夫婦《ふうふ》が多《おお》いけど、クモの夫婦《ふうふ》はメスのほうがずっと大《おお》きいんだよ。カマキリなんかもそうだよね。

海《うみ》ってどれくらい広《ひろ》いの？

自然《しぜん》のふしぎ

海《うみ》の広《ひろ》さは陸地《りくち》の倍《ばい》以上《いじょう》

地球上《ちきゅうじょう》の海《うみ》は、日本《にほん》が960個《こ》入《はい》るくらいの大《おお》きさがあります。これは、陸地《りくち》の倍《ばい》以上《いじょう》の広《ひろ》さになります。

海《うみ》の広《ひろ》さはいろいろな理由《りゆう》から、少《すこ》しずつ変《か》わります。例《たと》えば、地球全体《ちきゅうぜんたい》が寒《さむ》くなる時期《じき》には海《うみ》がせまくなり、陸地《りくち》が広《ひろ》くなります。

それは、こういう仕組《しく》みなのです。ふだんなら陸地《りくち》に降《ふ》った雪《ゆき》は、春《はる》になると溶《と》けて川《かわ》から海《うみ》に戻《もど》っていくことでしょう。

しかし地球全体《ちきゅうぜんたい》が寒《さむ》い時期《じき》には、雪《ゆき》や氷《こおり》が溶《と》けずに、そのまま陸地《りくち》に残《のこ》ります。すると海《うみ》の水《みず》が減《へ》ってしまうので、陸地《りくち》が広《ひろ》くなるわけです。

実際《じっさい》大《おお》むかしには、海《うみ》がもっとせまくて、陸地《りくち》が広《ひろ》かったころもあります。

そのころには、日本《にほん》はいまの中国《ちゅうごく》やロシアなどがある、ユーラシア大陸《たいりく》とつながっていました。

いまでは海《うみ》を越《こ》えて行《い》かなければならない大陸《たいりく》に、歩《ある》いてわたることができたのです。

日本《にほん》では現在《げんざい》、野生《やせい》のゾウはくらしていません。ですが、日本《にほん》でもなぜかゾウの化石《かせき》が見《み》つかることがあります。それはそのころに、つながっていた大陸《たいりく》から歩《ある》いてきたゾウがいたからなのです。

海《うみ》も陸地《りくち》も常《つね》に形《かたち》を変《か》える

陸地《りくち》もじっとしているわけではありません。陸地《りくち》は長《なが》い年月《ねんげつ》をかけて、雨《あめ》や風《かぜ》や波《なみ》によってけずられます。そして、けずられた陸地《りくち》は、小石《こいし》や土《つち》になって海《うみ》に流《なが》れ込《こ》みます。

だからといって、陸地《りくち》がすり切《き》れてなくなってしまう心配《しんぱい》はありません。地球《ちきゅう》の表面《ひょうめん》は、ほんの少《すこ》しずつ動《うご》いています。

この動《うご》く力《ちから》によって、長《なが》い年月《ねんげつ》をかけて新《あたら》しい山《やま》ができ、陸地《りくち》が新《あたら》しく盛《も》り上《あ》がってくるからです。

海《うみ》も陸地《りくち》も、長《なが》い長《なが》い時間《じかん》をかけて形《かたち》を変《か》え、まるで生《い》きているように広《ひろ》くなったりせまくなったりしているのです。なんだかふしぎですね。

まめちしき ▶海《うみ》の水《みず》は塩辛《しおから》くて、池《いけ》や湖《みずうみ》の水《みず》は味《あじ》がしない。でも塩辛《しおから》い湖《みずうみ》もあるんだ。アラビア半島《はんとう》にある「死海《しかい》」は海《うみ》の水《みず》よりずっと辛《から》くて、人間《にんげん》が浮《う》かびやすいことで有名《ゆうめい》だよ。

どうして花火《はなび》は夏《なつ》にやることが多《おお》いの？

みのまわりのふしぎ

川開《かわびら》きと花火《はなび》

花火《はなび》には、花火大会《はなびたいかい》で上《あ》げるような打《う》ち上《あ》げ花火《はなび》と、手《て》に持《も》ってあそぶおもちゃ花火《はなび》があります。日本《にほん》ではどちらの花火《はなび》もほとんど夏《なつ》にやりますね。それはなぜでしょうか。

これからどんどんあつくなってくるという7月《がつ》ごろ、日本《にほん》のあちこちの大《おお》きな川《かわ》では川開《かわびら》きという行事《ぎょうじ》がおこなわれます。

川開《かわびら》きとは、そろそろあつくなったので、すずしむために川《かわ》であそびはじめましょう！　ということを知《し》らせるお祭《まつ》りのようなものです。これには、川《かわ》で事故《じこ》が起《お》きないようにと願《ねが》う意味《いみ》もあります。

東京《とうきょう》に、隅田川《すみだがわ》という川《かわ》があります。この川《かわ》の川開《かわびら》きのときに、打《う》ち上《あ》げ花火《はなび》をおこなったのが、これまでで一番《いちばん》古《ふる》い花火大会《はなびたいかい》ではないかといわれています。いまから250年以上前《ねんいじょうまえ》の、江戸時代《えどじだい》のことです。

やがて川開《かわびら》きの花火《はなび》は、隅田川《すみだがわ》だけでなく、日本《にほん》のあちこちの川《かわ》でやるようになりました。花火《はなび》を夏《なつ》にやることが多《おお》いのは、そのためだと考《かんが》えられています。

「たまやー」「かぎやー」

江戸時代《えどじだい》、隅田川《すみだがわ》の花火大会《はなびたいかい》では、玉屋《たまや》と鍵屋《かぎや》というふたつの花火屋《はなびや》さんが花火《はなび》を上《あ》げていました。

花火大会《はなびたいかい》を見《み》ていたお客《きゃく》さんは花火《はなび》が上《あ》がると、「たまやー」「かぎやー」というふうにかけ声《ごえ》をかけて、花火《はなび》をほめていたのです。

もっとも、そのころの打《う》ち上《あ》げ花火《はなび》は、まだいまの打《う》ち上《あ》げ花火《はなび》ほどいろいろな色《いろ》はありませんでした。

いまのような色《いろ》になったのは、明治時代《めいじじだい》になって、花火《はなび》にまぜるときれいな色《いろ》が出《で》るまぜものが、外国《がいこく》から新《あたら》しく入《はい》ってきてからです。

打《う》ち上《あ》げ花火《はなび》は、花火屋《はなびや》さんが一《ひと》つひとつ、手《て》づくりでつくっています。花火大会《はなびたいかい》できれいな打《う》ち上《あ》げ花火《はなび》が上《あ》がったときには、あなたも「たまやー！」「かぎやー！」と元気《げんき》よくおうえんしましょうね。

まめちしき
▶おもちゃ花火《はなび》をするときには、絶対《ぜったい》に子《こ》どもだけでしちゃダメだよ。大人《おとな》がいても、きちんと水《みず》を用意《ようい》して、火《ひ》は大人《おとな》につけてもらうようにね。

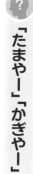

どうしてあつい日《ひ》に水《みず》をまくとすずしくなるの？

科学《かがく》のふしぎ

水《みず》がバラバラになる？

お皿《さら》に水《みず》を入《い》れて、何日《なんにち》かほうっておくと、いつのまにか水《みず》がなくなっていますね。でも、水《みず》はどこに行《い》ったのでしょう？

みなさんの知《し》っている水《みず》は、とても小《ちい》さなつぶが、たくさんあつまってできています。この目《め》に見《み》えないくらいの、一《ひと》つひとつの小《ちい》さなつぶを、水《みず》の分子《ぶんし》といいます。

お皿《さら》の水《みず》は、長《なが》い時間《じかん》をかけてバラバラの水《みず》の分子《ぶんし》になって、空気《くうき》の中《なか》にまざってしまったのです。これを水《みず》が蒸発《じょうはつ》した、といいます。

ところで、やかんに水《みず》を入《い》れて火《ひ》にかけると、お皿《さら》に入《い》れてほうっておくよりも、ずっと早《はや》く水《みず》が蒸発《じょうはつ》します。

これは、火《ひ》であたためられて温度《おんど》が上《あ》がると、水《みず》の分子《ぶんし》がバラバラになって、空気《くうき》の中《なか》によりまざりやすくなるからです。

水《みず》が地面《じめん》の熱《ねつ》をうばう

では、太陽《たいよう》から熱《ねつ》をもらって熱《あつ》くなった地面《じめん》に、水《みず》をまいてみましょう。地面《じめん》の熱《ねつ》によって、あたためられた水《みず》の分子《ぶんし》はバラバラになり、シュッと蒸発《じょうはつ》していきます。

このとき、地面《じめん》からもらった熱《ねつ》をうばうことで、水《みず》の分子《ぶんし》はバラバラになっているのです。

すると、熱《ねつ》をうばわれた地面《じめん》は、水《みず》をまく前《まえ》より冷《つめ》たくなってしまいます。

冷《つめ》たくなった地面《じめん》の上《うえ》を吹《ふ》く風《かぜ》も、以前《いぜん》よりもすずしくなります。これが、あつい日《ひ》に水《みず》をまくと、すずしくなる仕組《しく》みです。

あつくなるとあなたは汗《あせ》をかきますね。汗《あせ》が蒸発《じょうはつ》するときにも、やっぱり同《おな》じ仕組《しく》みで熱《ねつ》をもっていってしまいます。それで、汗《あせ》をかくとすずしくなるのです。つまり人間《にんげん》は、自分《じぶん》のはだに水《みず》をまいて冷《ひ》やしているともいえるのです（230ページ）。

こうやって地面《じめん》に水《みず》をまくことを、打《う》ち水《みず》といいます。あなたもあつい日《ひ》には、外《そと》で打《う》ち水《みず》をしてみてはどうでしょう。

まめちしき
▶水《みず》をまくだけですずしいのだから、川《かわ》の上《うえ》はもっとすずしいはず。夏《なつ》になると京都《きょうと》などでは、川《かわ》の上《うえ》に「川床《かわどこ》」というものがつくられて、たくさんの人《ひと》がすずみにくるんだよ。

どうしてカにさされるとかゆくなるの？

生《い》きもののふしぎ

唾液《だえき》がかゆみのもと

カはふだん、花《はな》のみつや果物《くだもの》の汁《しる》、木《き》の幹《みき》から出《で》る樹液《じゅえき》などを吸《す》って生《い》きていますが、卵《たまご》を産《う》む時期《じき》は、卵《たまご》のもととなるタンパク質《しつ》がたくさん必要《ひつよう》になります。

そこで、人間《にんげん》や動物《どうぶつ》の血《ち》を吸《す》うのです。ですから、わたしたちをさすのは、メスのカだけです。

カが人間《にんげん》や動物《どうぶつ》をさすときは、口《くち》についている針《はり》を皮《ひ》ふにつきさします。そして血《ち》を吸《す》う前《まえ》に、唾液《だえき》（つば）を皮《ひ》ふに注入《ちゅうにゅう》します。

この唾液《だえき》には、針《はり》でさしたときの痛《いた》みを感《かん》じさせなくするはたらきがあります。人間《にんげん》が痛《いた》みでカに気《き》づいてしまうと、血《ち》を吸《す》っている間《あいだ》に追《お》いはらわれたり、殺《ころ》されてしまうので、それを防《ふせ》ぐためです。

また、血《ち》は空気《くうき》にふれるとかたまる性質《せいしつ》を持《も》っています。かたまってしまった血《ち》は吸《す》い込《こ》むことができません。そこで、カの唾液《だえき》には、血《ち》がかたまるのを防《ふせ》ぐ成分《せいぶん》も入《はい》っているのです。

こうやって唾液《だえき》を注入《ちゅうにゅう》したあとで、カは血《ち》を吸《す》います。血《ち》を吸《す》い終《お》えてカがにげたあと、唾液《だえき》の成分《せいぶん》に対《たい》して、人間《にんげん》のからだが反応《はんのう》を起《お》こします。それが、かゆくなる原因《げんいん》なのです。

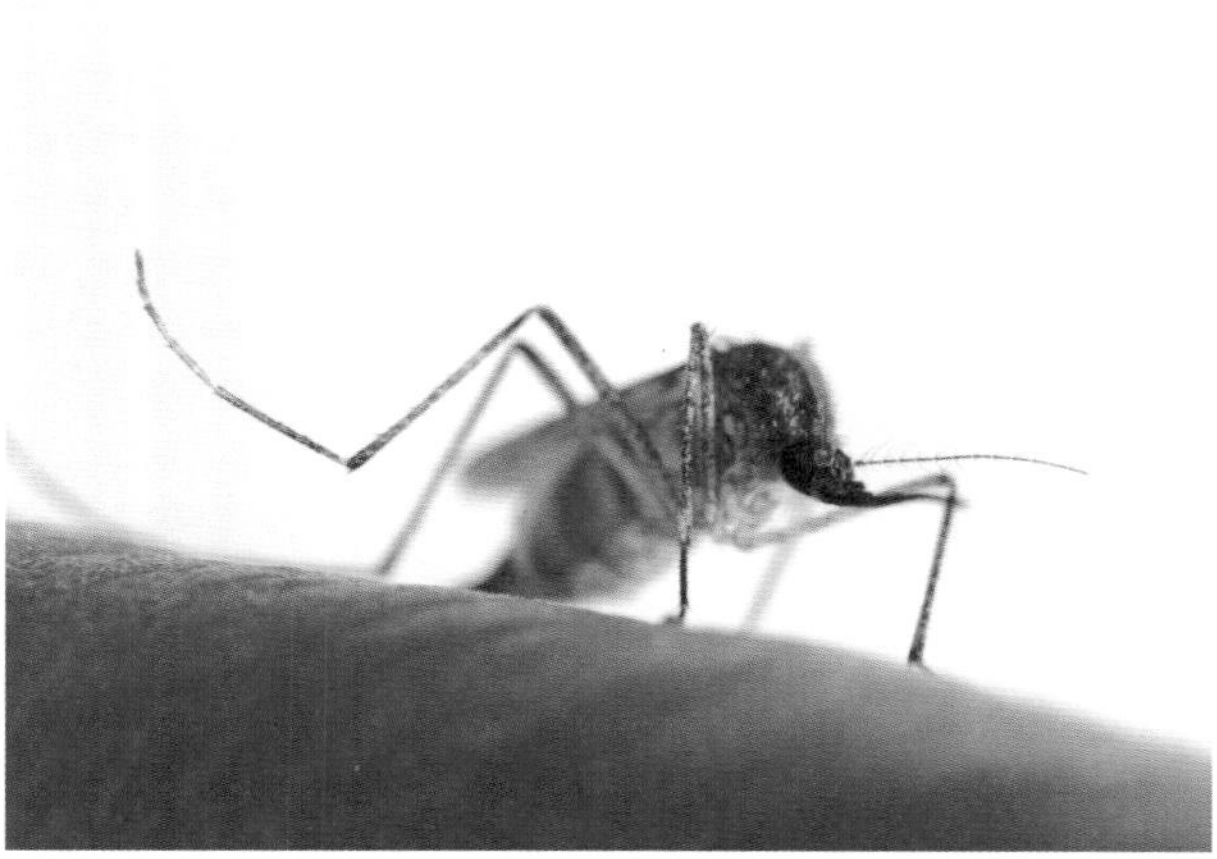

カにさされやすい人《ひと》は？

カにさされたところをかくと、カの唾液《だえき》の成分《せいぶん》が皮《ひ》ふの中《なか》に広《ひろ》がってしまうので、よけいにかゆくなります。こういうときには、かくのをがまんして、石《せっ》けんをつけて洗《あら》うようにしましょう。

カは人間《にんげん》や動物《どうぶつ》が息《いき》をしたときに出《だ》す二酸化炭素《にさんかたんそ》や、体温《たいおん》、汗《あせ》のにおいなどを手《て》がかりにして、血《ち》を吸《す》う相手《あいて》をさがしているといわれています。ですから、体温《たいおん》の高《たか》い人《ひと》や汗《あせ》かきな人《ひと》などが、カにさされやすいようです。

まめちしき　▶川《かわ》のそばなどを歩《ある》いていると、たくさんのカがあつまっていることがあるよね。でも、ここにいるのはほとんどがオスだから、さされることはあまりないよ。

7月《がつ》20日《にち》

虫《むし》には骨《ほね》がないってホント？

生《い》きもののふしぎ

背骨《せぼね》があるかないかの違《ちが》い

わたしたち人間《にんげん》のからだの中《なか》には「骨《ほね》」があります。骨《ほね》は、からだを支《ささ》えたり、動《うご》かしたりするのに、大切《たいせつ》な役《やく》割《わり》をしています。ですが、わたしたちの身近《みぢか》にいる虫《むし》たちには、からだに骨《ほね》がありません。

人間《にんげん》はもちろん、ウシやウマのようにお乳《ちち》で子《こ》どもを育《そだ》てる仲間《なかま》たち、さらには、鳥《とり》やヘビ、カエルなどの小《ちい》さな動物《どうぶつ》たちも、みんな骨《ほね》を持《も》っています。こうした骨《ほね》がある生《い》きもののことを「脊椎動物《せきついどうぶつ》」といいます。

一方《いっぽう》、ハチやチョウ、カブトムシなどのこん虫《ちゅう》や、エビやカニ、ダンゴムシ、ムカデなどは骨《ほね》を持《も》っていません。これらの仲間《なかま》たちは「無脊椎動物《むせきついどうぶつ》」と呼《よ》ばれています。「脊椎《せきつい》」というのは背中《せなか》にある骨《ほね》「背骨《せぼね》」をあらわす言葉《ことば》です。かんたんにいうと、「脊椎動物《せきついどうぶつ》」は「背《せ》骨《ぼね》がある仲間《なかま》」、「無脊椎動物《むせきついどうぶつ》」は「背骨《せぼね》がない仲間《なかま》」ということになります。

骨《ほね》のかわりになる外骨格《がいこっかく》

虫《むし》たちは、骨《ほね》がなくてもちゃんとくらしていけます。それは、からだの中《なか》にある骨《ほね》のかわりに、からだの表面《ひょうめん》に「外骨格《がいこっかく》」と呼《よ》ばれるかたい皮《ひ》ふがあるからです。虫《むし》たちは、この外骨格《がいこっかく》を使《つか》ってからだを支《ささ》えたり、守《まも》ったりしているのです。

背骨《せぼね》のない無脊椎動物《むせきついどうぶつ》のうち、ハチやチョウ、カブトムシ、ムカデなどのように、足《あし》に節《ふし》がついているものを「節足動物《せっそくどうぶつ》」といい、これらの虫《むし》たちが、外骨格《がいこっかく》を持《も》っています。

外骨格《がいこっかく》のある生《い》きものは、かたい入《い》れものの中《なか》にからだがすっぽりと入《はい》ったような状態《じょうたい》になっているため、外敵《がいてき》などから自分《じぶん》のからだを守《まも》ることができます。

しかしからだを大《おお》きく成長《せいちょう》させていくためには、外骨格《がいこっかく》を変《か》えていかなければいけません。虫《むし》の幼虫《ようちゅう》が大《おお》きくなるために脱皮《だっぴ》をするのは、このためなのです。

虫《むし》はかたい皮《ひ》ふ（外骨格《がいこっかく》）がからだの周《まわ》りをおおっている

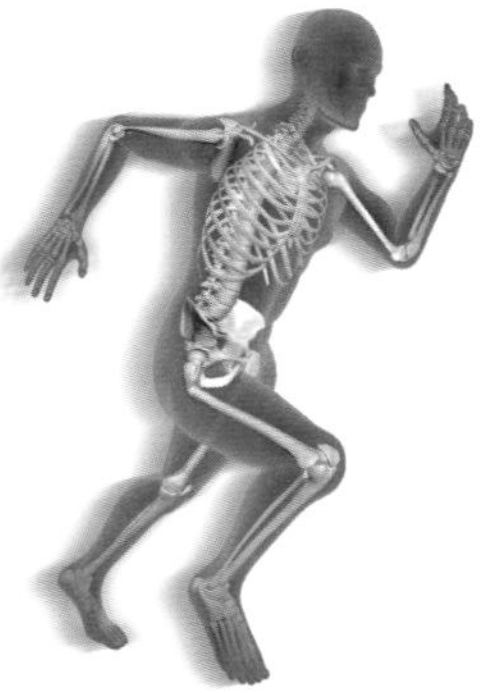

人間《にんげん》は、かたい骨《ほね》でからだを支《ささ》えている

まめちしき ▶カタツムリやナメクジ、貝《かい》、タコなども骨《ほね》がないんだ。こういう動物《どうぶつ》を「軟体動物《なんたいどうぶつ》」といって、からだをくねらせたり、水《みず》を噴《ふ》き出《だ》したりすることで地面《じめん》や水《みず》の中《なか》を移動《いどう》するんだよ。

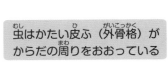

宇宙《うちゅう》のふしぎ

月《つき》ってどれくらい遠《とお》くにあるの？

月《つき》に置《お》かれた鏡《かがみ》

1969年《ねん》、アメリカがつくったアポロ11号《ごう》というロケットに乗《の》って、人間《にんげん》ははじめて月《つき》に降《お》り立《た》ちました。

そのときに持《も》ち帰《かえ》った石《いし》は、1970年《ねん》に日本《にほん》でおこなわれた大阪《おおさか》万博《ばんぱく》でも展示《てんじ》され、「月《つき》の石《いし》」として話題《わだい》になりました。

その後《ご》もアポロは、何度《なんど》か月面着陸《げつめんちゃくりく》を成功《せいこう》させました。最後《さいご》に打《う》ち上《あ》げられた1972年《ねん》のアポロ17号《ごう》までで、月《つき》に降《お》り立《た》つことができた人《ひと》は、全部《ぜんぶ》で12人《にん》にもなりました。

ところで、アポロに乗《の》って月《つき》に行《い》った人《ひと》たちは、その距離《きょり》をはかるためにとても役立《やくだ》つものを月《つき》に置《お》いてきました。それは、「リトロリフレクター」という鏡《かがみ》です。この鏡《かがみ》に向《む》けて、地球上《ちきゅうじょう》にある望遠鏡《ぼうえんきょう》からレーザーの光《ひかり》を発射《はっしゃ》します。すると光《ひかり》は反射《はんしゃ》し、望遠鏡《ぼうえんきょう》まで戻《もど》ってきます。

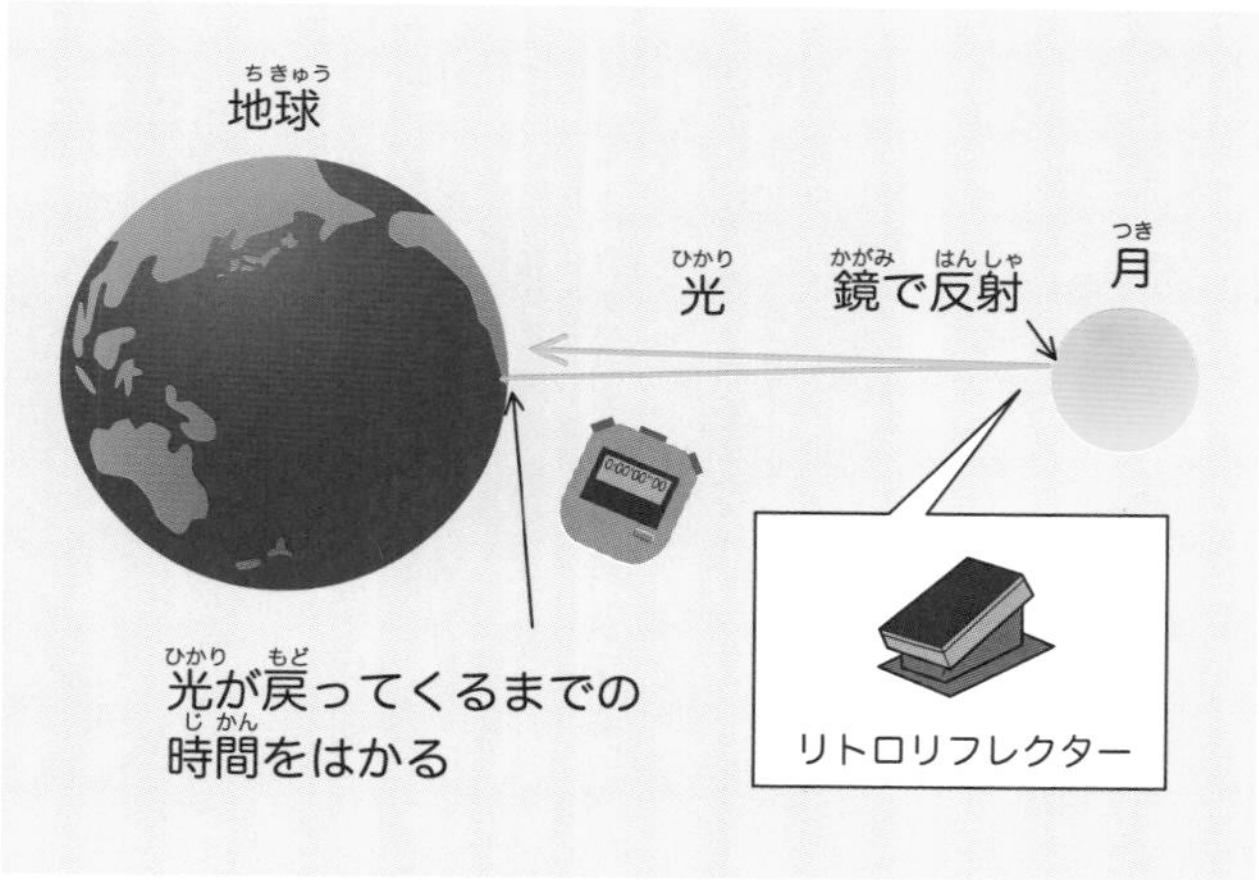

戻《もど》ってくる光《ひかり》をとらえて、その時間《じかん》を正《ただ》しくはかることで、望遠鏡《ぼうえんきょう》から月《つき》にある鏡《かがみ》までの距離《きょり》がわかるのです。

また、月《つき》に着陸《ちゃくりく》したアポロが置《お》いてきた鏡《かがみ》は、何枚《なんまい》かあり、それぞれ違《ちが》う場所《ばしょ》にあります。

いろいろな鏡《かがみ》を使《つか》って、長《なが》い間《あいだ》、月《つき》の動《うご》きや距離《きょり》をはかることで、地球《ちきゅう》の周《まわ》りを回《まわ》っている月《つき》の軌道《きどう》（通《とお》り道《みち》）が、まん丸《まる》ではなく、少《すこ》しつぶれた形《かたち》をしていることもわかりました。

おうちから徒歩《とほ》11年《ねん》！

このようにして、月《つき》が一番《いちばん》地球《ちきゅう》に近《ちか》づいているときの距離《きょり》は約《やく》36万《まん》キロで、一番《いちばん》遠《とお》ざかるときは40万《まん》キロ以上《いじょう》にもなることがわかったのです。

どれくらい遠《とお》いのかというと、例《たと》えば、時速《じそく》300キロの新幹線《しんかんせん》のぞみ号《ごう》で行《い》ったとすると、53日《にち》かかることになります。あるいは、わたしたちが時《じ》速《そく》4キロで休《やす》むことなく歩《ある》いたとすれば、約《やく》11年《ねん》かかることになります。

地球《ちきゅう》から一番《いちばん》近《ちか》い星《ほし》である月《つき》でも、こんなに遠《とお》いのです。宇宙《うちゅう》って想像《そうぞう》もつかないくらい広《ひろ》いのですね。

まめちしき　▶月《つき》のもようは、ウサギがもちつきをしているように見《み》えるよね。でもヨーロッパの人《ひと》たちには、はさみがひとつしかない大《おお》きなカニに見《み》えるんだって。

みのまわりのふしぎ

どうして夏休《なつやす》みの朝《あさ》にラジオ体操《たいそう》をするの？

朝《あさ》の体操《たいそう》で規則正《きそくただ》しい生活《せいかつ》を

ラジオ体操《たいそう》が日本《にほん》で誕生《たんじょう》したのは、1928（昭和《しょうわ》3）年《ねん》のことです。

はじめは「国民保険体操《こくみんほけんたいそう》」という名前《なまえ》で、日本《にほん》でくらす人々《ひとびと》の健康《けんこう》を保《たも》つために、ラジオで放送《ほうそう》されるようになりました。

そして、体操《たいそう》が放送《ほうそう》される時間《じかん》になると、学校《がっこう》や会社《かいしゃ》や町内会《ちょうないかい》など、いろいろな場所《ばしょ》で多《おお》くの人《ひと》たちが体操《たいそう》をするようになったのです。

そのころ、東京《とうきょう》の神田《かんだ》という町《まち》のおまわりさんが、あることを思《おも》いつきます。そのおまわりさんは、万世橋署《まんせいばししょ》という警察署《けいさつしょ》で児童係《じどうがかり》をしている人《ひと》でした。あることというのは、長《なが》い夏休《なつやす》みをすごしている子《こ》どもたちと一緒《いっしょ》に、早起《はやお》きをしてみんなでラジオ体操《たいそう》をするというものでした。休《やす》みの間《あいだ》も子《こ》どもたちに規則正《きそくただ》しい生活《せいかつ》を忘《わす》れてほしくないという、おまわりさんの真剣《しんけん》な気持《きも》ちからはじまったことだったのです。

それをきっかけに、夏休《なつやす》みのラジオ体操《たいそう》が全国《ぜんこく》に広《ひろ》がり、さかんにおこなわれるようになりました。

ラジオ体操《たいそう》は、それぞれの地域《ちいき》にある幼稚園《ようちえん》の庭《にわ》や神社《じんじゃ》の境内《けいだい》などで、地域《ちいき》の『子《こ》ども会《かい》』というグループを中心《ちゅうしん》に進《すす》められました。

毎日《まいにち》元気《げんき》に続《つづ》けよう

むかしの子《こ》どもたちは、早起《はやお》きをして体操《たいそう》してからゆっくりと朝《あさ》ごはんを食《た》べたり、朝《あさ》ごはんの時間《じかん》まであそんだりと、学校《がっこう》がある期間《きかん》ではなかなかできないような時間《じかん》の使《つか》い方《かた》をしていたようです。

ところが、いまではむかしの約半分《やくはんぶん》ほどの人《ひと》たちしか、ラジオ体操《たいそう》に参加《さんか》しなくなってしまいました。

子《こ》どもの数《かず》が少《すく》なくなってしまったことや、子《こ》ども会《かい》の活動《かつどう》が、むかしほどさかんではなくなってしまったことが理由《りゆう》だといわれています。

ですが、朝《あさ》にみんなでするラジオ体《たい》操《そう》は、気分《きぶん》すっきり！　毎日続《まいにちつづ》けて、元気《げんき》に夏休《なつやす》みをすごしましょうね。

まめちしき ▶体育《たいいく》の授業《じゅぎょう》や夏休《なつやす》みの朝《あさ》にするのは、ラジオ体操《たいそう》「第《だい》1」といって、だれでも気軽《きがる》にできるものなんだ。ラジオ体操《たいそう》には他《ほか》に「第《だい》2」というのもあるんだよ。

どうしてあついときには汗《あせ》をかくの？

人体《じんたい》のふしぎ

一年中《いちねんじゅう》同《おな》じ体温《たいおん》を保《たも》つには

人間《にんげん》のからだは、あつい日《ひ》でも寒《さむ》い日《ひ》でも、体温《たいおん》そのものはあまり変《か》わりませんね。人間《にんげん》など、ほ乳類《にゅうるい》の仲間《なかま》は、一年中《いちねんじゅう》ほぼ同《おな》じ体温《たいおん》です。

ほ乳類《にゅうるい》がからだをうまく動《うご》かすためには、いつも同《おな》じくらいの体温《たいおん》にしておかないといけないからです。

でも、一年《いちねん》の中《なか》には寒《さむ》い季節《きせつ》もあるし、あつい季節《きせつ》もありますね。ほうっておいたら、夏《なつ》は体温《たいおん》が高《たか》くなりますし、冬《ふゆ》は体温《たいおん》が低《ひく》くなってしまいます。

そこで、人間《にんげん》や他《ほか》のほ乳類《にゅうるい》の多《おお》くは、寒《さむ》い季節《きせつ》には自分《じぶん》の力《ちから》でからだをあたため、あつい季節《きせつ》には、自分《じぶん》の力《ちから》でからだを冷《ひ》やすようにしなくてはならないのです。それには、いろいろな方法《ほうほう》があります。

汗《あせ》はからだを冷《ひ》やす仕組《しく》み

あなたは、あつい日《ひ》にイヌが口《くち》を開《あ》けて舌《した》をつき出《だ》して、ハーハーいっているのを見《み》たことはありますか。これは、つばを蒸発《じょうはつ》させてからだを冷《ひ》やしているのです(250ページ)。

つばはほとんどが水《みず》ですから、これが乾《かわ》くときに熱《ねつ》をうばっていってくれるのです。これは、夏《なつ》に水《みず》をまくとすずしくなるのと同《おな》じ仕組《しく》みです(225ページ)。

人間《にんげん》やウマは、イヌと違《ちが》って、たくさん汗《あせ》をかくことができます。汗《あせ》はほとんど水《みず》でできていますから、かいた汗《あせ》が乾《かわ》くときにからだの熱《あつ》さをうばっていってくれます。こうやってからだを冷《ひ》やすのです。

ところで、人間《にんげん》が汗《あせ》をつくるのに使《つか》う水《みず》は、口《くち》から飲《の》んだり、食《た》べたものから吸収《きゅうしゅう》したものです。だから水《みず》を飲《の》まないと、汗《あせ》をかくことができなくて、体温《たいおん》がどんどん高《たか》くなってしまうので、非常《ひじょう》に危険《きけん》です。

夏《なつ》に外《そと》であそぶときは、たくさん水《みず》を飲《の》むようにしましょうね。

まめちしき ▶けがをしたとき、傷口《きずぐち》をなめてみると、血《ち》も塩辛《しおから》いことがわかるよね。これは、生《い》きものの先祖《せんぞ》が海《うみ》から生《う》まれたからだといわれているんだ。

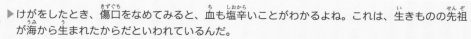

生《い》きもののふしぎ

セミがじつは長《なが》生《い》きなのってホント？

大人《おとな》でいる期間《きかん》は短《みじか》い

夏《なつ》の間《あいだ》、朝早《あさはや》くからにぎやかな声《こえ》で鳴《な》いていたセミたちも、夏《なつ》が終《お》わるころにはみんな死《し》んでしまいます。

それは、セミが卵《たまご》から生《う》まれて子《こ》ども(幼虫《ようちゅう》)になり、やがて大人《おとな》(成虫《せいちゅう》)になって死《し》んでいくまでのすごし方《かた》が、人間《にんげん》とは大《おお》きく違《ちが》うからです。

その違《ちが》いというのは、例《たと》えば日本《にほん》では20歳《さい》になると、子《こ》どもから大人《おとな》になったと周《まわ》りの人《ひと》に考《かんが》えられるようになりますね。日本人《にほんじん》は大体《だいたい》80年《ねん》くらいは生《い》きますから、大人《おとな》になってからのほうが、子《こ》どもの時期《じき》よりもずっと長《なが》いわけです。

ところがセミは、子《こ》どもでいる年月《ねんげつ》のほうが長《なが》く、大人《おとな》になってからの時間《じかん》はとても短《みじか》いのです。

子《こ》どもの間《あいだ》は土《つち》の中《なか》

夏《なつ》の間《あいだ》に、木《き》のかれえだや皮《かわ》などに産《う》みつけられた卵《たまご》は、その年《とし》の秋《あき》から、翌年《よくとし》の夏《なつ》のはじめに孵化《ふか》します。孵化《ふか》というのは、卵《たまご》から幼虫《ようちゅう》が生《う》まれることです。

幼虫《ようちゅう》は土《つち》の中《なか》にもぐり、何年《なんねん》もそこですごします。幼虫《ようちゅう》は、針《はり》のような口《くち》を木《き》の根《ね》っこにさし込《こ》んで、樹液《じゅえき》という甘《あま》いみつを吸《す》って生《い》きています。

土《つち》の中《なか》ですごしている期間《きかん》は、アブラゼミで3～6年《ねん》くらい、ツクツクボウシで1～2年《ねん》くらいといわれています。

やがて幼虫《ようちゅう》は、長《なが》い子《こ》どもの時期《じき》を終《お》え、土《つち》の中《なか》から出《で》てきます。木《き》に登《のぼ》り、幼虫《ようちゅう》のときのカラを脱《ぬ》いで、大人《おとな》になるのです。これを脱皮《だっぴ》といいます。

大人《おとな》になったセミのオスは、結婚相手《けっこんあいて》をさがすために、木《き》にとまって鳴《な》き続《つづ》けます。やがて、結婚《けっこん》して子《こ》どもをつくる役割《やくわり》を終《お》えると、オスもメスも死《し》んでしまうのです。セミが大人《おとな》でいる期間《きかん》は、2週間《しゅうかん》～約《やく》1ヶ月《げつ》です。

トンボの一生《いっしょう》が約《やく》1年《ねん》、カブトムシは2年《ねん》といわれていますから、こん虫《ちゅう》の中《なか》では、じつはセミは長《なが》生《い》きなほうなのです。

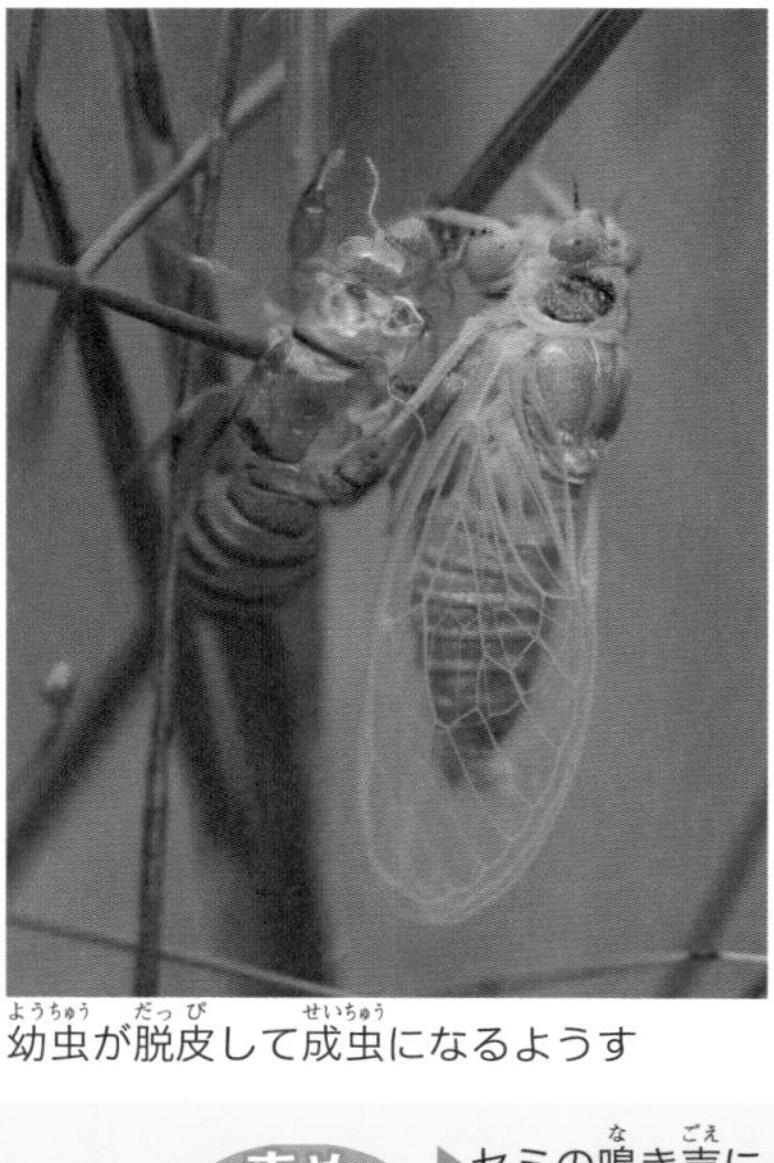
幼虫《ようちゅう》が脱皮《だっぴ》して成虫《せいちゅう》になるようす

セミの幼虫《ようちゅう》

まめちしき
▶セミの鳴《な》き声《ごえ》によって季節《きせつ》がわかるんだよ。夏《なつ》のはじめに鳴《な》くのは、ミンミンゼミやアブラゼミ、クマゼミなど。夏《なつ》の終《お》わりになると、ツクツクボウシの鳴《な》き声《ごえ》が聞《き》こえるね。

急《いそ》いでかき氷《ごおり》を食《た》べると頭《あたま》が痛《いた》くなるのはなぜ？

人体《じんたい》のふしぎ

冷《つめ》たさを痛《いた》さとかんちがい

あつい夏《なつ》に食《た》べるかき氷《ごおり》。メロンにイチゴ、カルピス味《あじ》やソーダ味《あじ》。ひんやり甘《あま》くてとってもおいしいですね。

でも、あわてて食《た》べると大変《たいへん》なことになります。おでこや、こめかみという耳《みみ》の上《うえ》のあたりが、キーンと痛《いた》くなりませんか？

痛《いた》みが出《で》るのは、脳《のう》がかんちがいをしているのが原因《げんいん》だといわれています。

冷《つめ》たいものを口《くち》に入《い》れると、のどの奥《おく》が刺激《しげき》を受《う》けます。のどの奥《おく》には、冷《つめ》たさを感《かん》じる神経《しんけい》があり、その近《ちか》くには、痛《いた》みを感《かん》じる神経《しんけい》もあります。

ジュースぐらいの冷《つめ》たさならば、痛《いた》みを感《かん》じることはありません。ところがかき氷《ごおり》のように、とても冷《つめ》たいものが一気《いっき》に口《くち》の中《なか》に入《はい》ってくると、痛《いた》みを感《かん》じる神経《しんけい》まで刺激《しげき》され、脳《のう》へ痛《いた》みの信号《しんごう》を送《おく》ろうとしてしまうのです。

そして、その刺激《しげき》がどこで起《お》きたのかわからないまま、おでこやこめかみから起《お》きた痛《いた》みだとかんちがいをして、痛《いた》みを脳《のう》へ伝《つた》えてしまうのです。

このようにして起《お》こる頭痛《ずつう》は、熱《ねつ》を出《だ》したときに頭《あたま》が痛《いた》くなるような頭痛《ずつう》とはまったく違《ちが》い、アイスクリーム頭痛《ずつう》と呼《よ》ばれています。

ですから、かき氷《ごおり》やアイスクリームを食《た》べるときは、あわてずにゆっくり食《た》べるようにしましょうね。

食《た》べすぎには注意《ちゅうい》！

また、冷《つめ》たいものをたくさん食《た》べすぎたとき、チクチクとお腹《なか》が痛《いた》くなることもありますね。

これは、胃《い》や腸《ちょう》を動《うご》かす神経《しんけい》や筋肉《きんにく》が、冷《つめ》たさで弱《よわ》ってしまうために、正《ただ》しくはたらくことができずに起《お》こってしまう痛《いた》みです。

お腹《なか》をこわしてしまうと、何回《なんかい》もトイレにかけ込《こ》まないといけなくなります。あついからといって、冷《つめ》たいものばかりをたくさん食《た》べないように注意《ちゅうい》をしましょうね。

まめちしき ▶天気《てんき》のわるい日《ひ》などに、はっきりとした理由《りゆう》がわからないのに起《お》きる、偏頭痛《へんずつう》。むかし、ローマのジュリアス・シーザーも偏頭痛《へんずつう》に悩《なや》まされたらしいよ。

みのまわりのふしぎ

ゆうれいってホントにいるの？

証拠《しょうこ》はどちらもあげにくい

あなたは「ゆうれい」を見《み》たことはありますか？

「おばけ屋敷《やしき》で見《み》たことあるよ！」

なんていうのはダメですよ。

ゆうれいとは、死《し》んだ人《ひと》のたましいが、わたしたちが生《い》きている世界《せかい》に戻《もど》ってきたものだとされています。

たましいというのは人《ひと》の心《こころ》ですから、形《かたち》はありません。ふつうは見《み》たりさわったりはできないはずです。

にもかかわらず、ゆうれいがいると信《しん》じている人《ひと》は結構《けっこう》いるものです。

信《しん》じていない人《ひと》にしてみれば、

「じゃあいるという証拠《しょうこ》はあるの？」

と思《おも》いたくもなりますが、

「じゃあいないという証拠《しょうこ》だってあるの？」

と返《かえ》されたら、なんともこたえようがありません。

なにせ形《かたち》のないものですから、いるという証拠《しょうこ》をあげるのも、いないという証拠《しょうこ》をあげるのも、どちらもとても難《むずか》しいことなのです。

科学《かがく》が進歩《しんぽ》したらわかる？

ただし、ゆうれいなどが起《お》こしているとされる「心霊現象《しんれいげんしょう》」の中《なか》には、きちんと説明《せつめい》できるものもあるようです。

例《たと》えば、おうちの中《なか》であやしげな音《おと》がしたり、自然《しぜん》にガチャガチャものが動《うご》き出《だ》したりする「ポルターガイスト現象《げんしょう》」というものがあります。

音《おと》がしていた理由《りゆう》は、じつはおうちの中《なか》の一部《いちぶ》がこわれていただけで、そこをなおせばまったく音《おと》がしなくなった、なんてことも実際《じっさい》にありました。

また、人《ひと》のたましいが光《ひか》りながら空《くう》中《ちゅう》をただよう「ひとだま」も、物質《ぶっしつ》が空《くう》気中《きちゅう》で光《ひかり》を出《だ》すという「プラズマ現象《げんしょう》」というもので説明《せつめい》できる、という意見《いけん》もあります。

とはいえ今《いま》はまだ、いるかいないか、はっきりとしたこたえを出《だ》すには、わからないことが多《おお》すぎます。

科学《かがく》が進歩《しんぽ》して、ゆうれいについてすべてのことをきちんと説明《せつめい》できるようになれば「ゆうれいなんていないよ！」と大《おお》きな声《こえ》でいえるようになるかもしれませんね。

ずいぶん あつそうな かっこうね
いやぁ これしか もってないからさ

まめちしき

▶日本《にほん》のゆうれいの絵《え》は足《あし》がないものが多《おお》いよね。江戸時代《えどじだい》に円山応挙《まるやまおうきょ》という人《ひと》がかいた足《あし》のない絵《え》がとてもこわかったので、それから足《あし》がかかれないことが多《おお》くなったみたい。

どうしてスイカに塩《しお》をかけるの？

スイカがしょっぱくなる？

あなたはスイカは好《す》きですか？　夏《なつ》のあつい日に、よく冷《ひ》えたスイカをシャクシャクと食《た》べると、甘《あま》くって、とってもおいしいですよね。

でも、そんな甘《あま》いスイカに、わざわざ塩《しお》をかけて食《た》べている人《ひと》を見《み》たことはありませんか？

「なんで塩《しお》をかけちゃうの？　甘《あま》いスイカに塩《しお》をかけたら、せっかくのスイカがしょっぱくなっちゃうよ」

ですが、塩《しお》をかけて食《た》べている人《ひと》にとっては、スイカに塩《しお》をかけたほうが、よりおいしく感《かん》じることがあるのです。

わたしたちの舌《した》は、甘《あま》さ、辛《から》さ、しょっぱさなど、いろいろな味《あじ》を感《かん》じわけることができます。

そして味《あじ》の感《かん》じ方《かた》は、味《あじ》の種類《しゅるい》で違《ちが》います。わたしたちの舌《した》は、甘《あま》さより先《さき》に、しょっぱさを感《かん》じるようになっているのです。

塩《しお》で甘《あま》さがひきたつ

すると、塩《しお》をかけたスイカを食《た》べると、どのように味《あじ》を感《かん》じるのでしょう。

まず、塩《しお》のしょっぱさを感《かん》じます。そのあと少《すこ》しおくれて、スイカの甘《あま》さを感《かん》じます。そうすると、しょっぱさを感《かん》じたあとなので、スイカの甘《あま》さがひきたって、より甘《あま》く感《かん》じるというわけです。

実際《じっさい》にスイカの甘《あま》みが増《ま》しているわけではありません。塩《しお》のために、わたしたちの甘《あま》みの感《かん》じ方《かた》が変《か》わるだけなのです。これを味《あじ》の「対比効果《たいひこうか》」といいます。

もちろん、スイカはそのまま食《た》べたほうがおいしいという人《ひと》は、わざわざ塩《しお》をかけなくてもいいですよ。

また、塩《しお》をかける場合《ばあい》でも、かけすぎたらただのしょっぱいスイカになってしまいますから、注意《ちゅうい》しましょうね。

まめちしき ▶日本《にほん》では木《き》になる実《み》は果物《くだもの》、草《くさ》になる実《み》は野菜《やさい》と呼《よ》ぶことになっているんだ。つまり、スイカは果物《くだもの》ではなく野菜《やさい》なんだね。イチゴもメロンも野菜《やさい》なんだ。

7月《がつ》28日《にち》

とうめいな氷《こおり》はどうやってつくるの？

みのまわりのふしぎ

よけいなものを取《と》りのぞく

レストランなどのお店《みせ》で冷《つめ》たいジュースなどを注文《ちゅうもん》すると、グラスにはとうめいな氷《こおり》が浮《う》かんでいます。家《いえ》でつくった氷《こおり》は白《しろ》いのに、どうしてお店《みせ》の氷《こおり》はとうめいなのでしょうか。

とうめいな氷《こおり》をつくるには、ふたつのことを守《まも》らなければなりません。

ひとつは、きれいな水《みず》を使《つか》うこと。水道《すいどう》の水《みず》には、細《こま》かい空気《くうき》のつぶや、消毒《しょうどく》のための塩素《えんそ》が入《はい》っています。これらを取《と》りのぞくために、フィルターを使《つか》ったり、ふっとうさせたりしなければならないのです。

そしてもうひとつが、ゆっくりと冷《ひ》やすことです。空気《くうき》のつぶをにがしながら時間《じかん》をかけてこおらせ、さらに少《すこ》しゆらしたりもします。

こうしてつくられたとうめいな氷《こおり》は、水《みず》だけがしっかりこおっているので、なかなか溶《と》けないという特長《とくちょう》もあります。

とうめいな氷《こおり》を家《いえ》でつくるときには、冷凍室《れいとうしつ》の温度《おんど》を上《あ》げてゆっくり冷《ひ》やすようにします。さらに製氷皿《せいひょうざら》をときどき軽《かる》くゆらすようにしましょう。

むかしの氷《こおり》のつくりかた

いまでは少《すく》なくなりましたが、電気《でんき》で動《うご》く冷蔵庫《れいぞうこ》がなかった時代《じだい》には、どの町《まち》にも氷屋《こおりや》さんがありました。むかしの冷蔵庫《れいぞうこ》は、大《おお》きな氷《こおり》を使《つか》って冷《ひ》やしていました。その冷蔵庫《れいぞうこ》で使《つか》うための氷《こおり》を、人々《ひとびと》に売《う》っていたのです。

むかしは、一年中雪《いちねんじゅうゆき》が残《のこ》るような山《やま》で、氷《こおり》をつくって運《はこ》んでいました。寒《さむ》い冬《ふゆ》にじっくりとつくった氷《こおり》は、とうめいで、とてもかたくこおっていたそうです。

１０００年以上《ねんいじょう》むかしでも、ごく一部《いちぶ》の身分《みぶん》の高《たか》い人《ひと》は、そうやって冬《ふゆ》の間《あいだ》につくった氷《こおり》をかき氷《ごおり》にして、夏《なつ》に食《た》べていたそうです。どんな味《あじ》がしたのでしょうね。

まめちしき ▶むかしの人《ひと》たちは夏《なつ》にも氷《こおり》を食《た》べるために、もみがらや、わらで氷《こおり》をつつみ、土《つち》の中《なか》にうめていたんだ。これを「氷室《ひむろ》」というんだけど、つくるのが大変《たいへん》だったんだよ。

生《い》きもののふしぎ

カタツムリのカラをとるとナメクジになるの？

カラはからだの一部《いちぶ》

カタツムリとナメクジって、よく似《に》ていますよね。どちらもまき貝《がい》の仲間《なかま》ですが、種類《しゅるい》は違《ちが》います。でもたしかに、カラがついているかどうかだけの違《ちが》いに思《おも》えます。

例《たと》えばヤドカリは、貝《かい》ガラをせおっていますが、貝《かい》ガラはからだの入《い》れものにすぎません。貝《かい》ガラが小《ちい》さくなったら、他《ほか》の大《おお》きな貝《かい》ガラに移《うつ》りながらくらしています。

しかし、カタツムリのカラは、からだから出《で》た石灰分《せっかいぶん》でできており、からだとくっついているのです。

からだの一部《いちぶ》ですから、カラにできた小《ちい》さな傷《きず》や穴《あな》は、そっとしておけば2、3日《にち》でなおってしまいます。反対《はんたい》に、カラがひどくこわれたりすると、からだが弱《よわ》ってしまいます。

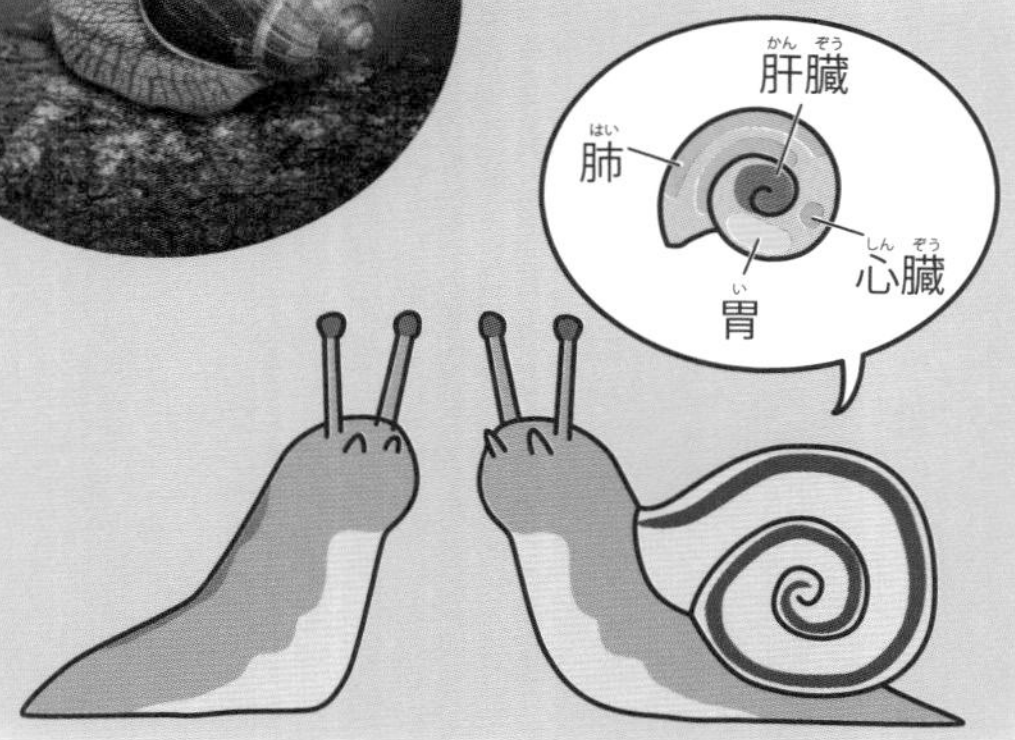

また、カラの中《なか》には内臓《ないぞう》が入《はい》っています。ですから、カタツムリのカラをとってしまうと、ナメクジになるどころか、死《し》んでしまうわけです。これは、サザエなどの他《ほか》のまき貝《がい》も同《おな》じです。

ナメクジは、カタツムリのカラがなくなったものです。内臓《ないぞう》はからだの中《なか》に入《はい》っています。

また、カタツムリだったころのなごりとして、背中《せなか》に平《ひら》たく薄《うす》いカラをもった種類《しゅるい》もいます。

どちらも塩《しお》が苦手《にがて》

カタツムリもナメクジも、植物《しょくぶつ》の新《あたら》しい芽《め》を食《た》べてしまうので、農家《のうか》の人《ひと》や、庭《にわ》で植物《しょくぶつ》を育《そだ》てている人《ひと》には嫌《きら》われています。

ナメクジに塩《しお》をかけると、からだが溶《と》けるように見《み》えますが、これは塩《しお》のはたらきで、からだの中《なか》の水分《すいぶん》が外《そと》に流《なが》れ出《で》てしまうためです。カタツムリも、塩《しお》をかけると同《おな》じ状態《じょうたい》になってしまいます（161ページ）。

塩《しお》をかけると最後《さいご》は死《し》んでしまいますから、面白《おもしろ》がってむやみに塩《しお》をかけないようにしましょうね。

まめちしき ▶フランス料理《りょうり》のメニュー「エスカルゴ」に使《つか》われているのはなんとカタツムリ！　もちろん、ちゃんと食用《しょくよう》のカタツムリが使《つか》われているんだよ。

どうして山《やま》の天《てん》気《き》は変《か》わりやすいの？

自然《しぜん》のふしぎ

しめった風《かぜ》が雲《くも》をつくる

山《やま》ってとても大《おお》きいですね。でも、遠《とお》くからながめてみると、人間《にんげん》の鼻《はな》のように、地面《じめん》から出《で》っぱったところだといえます。

出《で》っぱっているから、風《かぜ》が吹《ふ》いてくるとそこにぶつかります。では、その風《かぜ》がしめっていたらどうなるでしょう。

しめった風《かぜ》は、たくさんの水《みず》を含《ふく》んでいます。この水《みず》は、ふだんは水蒸気《すいじょうき》という目《め》に見《み》えない形《かたち》になって、空気《くうき》の中《なか》にまざっています。しめった風《かぜ》は山《やま》に横《よこ》からぶつかると、山《やま》の上《うえ》に向《む》かって吹《ふ》くようになります。

山《やま》の上《うえ》は高《たか》いところにありますから、風《かぜ》の中《なか》の空気《くうき》は冷《つめ》たくなっていきます。空気《くうき》は冷《つめ》たくなると、あまりたくさんの水蒸気《すいじょうき》をたくわえておくことができません。

それで、あまった水蒸気《すいじょうき》が水《みず》のつぶになります。これが雲《くも》です。この雲《くも》は、山《やま》に雨《あめ》を降《ふ》らせます。

このようなときには、平地《へいち》では晴《は》れているのに、山《やま》の上《うえ》には雲《くも》があることになるため、雨《あめ》が降《ふ》っているという天《てん》気《き》になります。

あたたまりやすく冷《さ》めやすい

また、山《やま》は出《で》っぱりなので、平地《へいち》や海《うみ》よりも、あたたまりやすく冷《さ》めやすい性質《せいしつ》をもっています。

朝《あさ》になって太陽《たいよう》がのぼっても、平地《へいち》や海《うみ》はすぐにはあたたまりませんが、山《やま》はすぐにあたたまります。

あたたまった空気《くうき》は軽《かる》くなるという性質《せいしつ》をもっているので、山《やま》の近《ちか》くにある空気《くうき》は上《うえ》にのぼっていき、平地《へいち》や海《うみ》からも、山《やま》に向《む》かって風《かぜ》が吹《ふ》き込《こ》むようになります。

ですが、山《やま》をのぼった空気《くうき》は、上《うえ》のほうにいくと冷《ひ》えてしまいます。すると、先《さき》ほどと同《おな》じように、あまった水《すい》蒸気《じょうき》が水《みず》のつぶになって霧《きり》をつくったり、雲《くも》をつくったり、雨《あめ》を降《ふ》らせたりするのです。

このように、山《やま》では平地《へいち》と異《こと》なる仕《し》組《く》みで雲《くも》ができ、雨《あめ》が降《ふ》ることがあります。あなたも、山《やま》に行《い》くときには、雨具《あまぐ》を忘《わす》れないようにしましょう。

まめちしき　▶ま冬《ふゆ》、山《やま》の上《うえ》から冷《つめ》たくて強《つよ》い風《かぜ》が吹《ふ》いてくることがある。これも「おろし」というんだ。神戸《こうべ》の六甲山《ろっこうさん》に吹《ふ》く「六甲《ろっこう》おろし」あたりが有名《ゆうめい》だね。

夏《なつ》の服《ふく》が白《しろ》いのはなぜ？

みのまわりのふしぎ

色《いろ》によってあたたかさが違《ちが》う

服屋《ふくや》さんには、おしゃれな服《ふく》や、かわいい服《ふく》がいっぱいあります。でもよく見《み》ると、季節《きせつ》によってそでの長《なが》さだけでなく、服《ふく》の色《いろ》も違《ちが》っていることに気《き》づきませんか？

夏《なつ》は全体的《ぜんたいてき》に白《しろ》っぽい色《いろ》が多《おお》く、冬《ふゆ》は黒《くろ》っぽい色《いろ》が多《おお》くなっています。

それは、色《いろ》によって熱《ねつ》を吸収《きゅうしゅう》する量《りょう》が違《ちが》うからです。

そこで、このような実験《じっけん》があります。白《しろ》、黒《くろ》、赤《あか》、青《あお》の4色《しょく》の布《ぬの》きれを、日《ひ》なたにしばらく置《お》いておきます。布《ぬの》きれには、太陽《たいよう》の光《ひかり》があたっていて、温《おん》度《ど》がそれぞれ変《か》わっていきます。

すると、温度《おんど》が一番上《いちばんあ》がったのは、黒《くろ》い布《ぬの》きれでした。二番目《にばんめ》が青《あお》の布《ぬの》きれ、三番目《さんばんめ》が赤《あか》の布《ぬの》きれ、そして、一《いち》番温度《ばんおんど》が上《あ》がらなかったのが、白《しろ》の布《ぬの》きれでした。

この実験《じっけん》によって、太陽《たいよう》の光《ひかり》から熱《ねつ》を吸収《きゅうしゅう》する量《りょう》が、色《いろ》によって違《ちが》うことがわかります。

白《しろ》と黒《くろ》を比《くら》べると、黒《くろ》いほうはよく熱《ねつ》を吸収《きゅうしゅう》してあたたかくなるのですが、白《しろ》いほうは熱《ねつ》を吸収《きゅうしゅう》する量《りょう》が少《すく》ないため、温度《おんど》も上《あ》がらないということになります。

白《しろ》い服《ふく》だとすずしい

つまり、夏《なつ》に白《しろ》っぽい色《いろ》の服《ふく》が多《おお》いのは、太陽《たいよう》の光《ひかり》から熱《ねつ》を吸収《きゅうしゅう》する量《りょう》が少《すく》ないため、すずしくすごすことができるからです。スポーツをするときの体育着《たいいくぎ》やユニフォームに白《しろ》が多《おお》いのも、そのためです。

反対《はんたい》に、冬《ふゆ》は寒《さむ》いので、熱《ねつ》をたくさん吸収《きゅうしゅう》できる黒《くろ》っぽい色《いろ》の服《ふく》を着《き》るわけですね。

ところで、夏《なつ》に自動車《じどうしゃ》の中《なか》が熱《あつ》くなってしまうのを防《ふせ》ぐために、運転席《うんてんせき》の前《まえ》に置《お》いて使《つか》う反射《はんしゃ》シートや、アイスクリームなど、冷《つめ》たいものを持《も》ち歩《ある》くときに使《つか》う保冷《ほれい》バッグなどには、銀色《ぎんいろ》の素材《そざい》が使《つか》われています。

銀色《ぎんいろ》は、白《しろ》よりたくさんの光《ひかり》を反射《はんしゃ》するので、さらにあたたまりにくくなるからです。

まめちしき

▶太陽《たいよう》の出《で》ている日《ひ》に虫《むし》めがねを使《つか》うと、光《ひかり》があつまって点《てん》になるんだ。それを黒《くろ》い紙《かみ》にあてて注《ちゅう》意《い》しながら見《み》ていると、けむりが出《で》てくる。黒《くろ》が熱《ねつ》を吸収《きゅうしゅう》するからなんだ。

AUGUST
8月
café

どうしてお母《かあ》さんはおっぱいが出《で》るの？

赤《あか》ちゃんを産《う》む準備《じゅんび》

生《う》まれたばかりの赤《あか》ちゃんは、まだ歯《は》が生《は》えていないので、食《た》べものを食《た》べることはできません。

そのかわり、栄養《えいよう》をとるためにお母《かあ》さんのおっぱいを飲《の》むのです。

お母《かあ》さんのお腹《なか》の中《なか》で赤《あか》ちゃんの命《いのち》が誕生《たんじょう》したときから、お母《かあ》さんのからだには、子宮《しきゅう》という赤《あか》ちゃんのいる部屋《へや》を大《おお》きくしたり、おっぱいを飲《の》ませる準備《じゅんび》をしたりする仕組《しく》みがはたらきはじめます。

お母《かあ》さんのおっぱいは、赤《あか》ちゃんがお腹《なか》の中《なか》にいるときから、おっぱいを出《だ》す準備《じゅんび》をはじめるのです。

やがて赤《あか》ちゃんが生《う》まれると、はじめは少《すこ》しずつ出《で》ていたおっぱいも、赤《あか》ちゃんが吸《す》うことで刺激《しげき》を受《う》けて、たくさん出《で》るようになります。

赤《あか》ちゃんは、おっぱいを一《いち》日《にち》に何回《なんかい》ももらい、残《のこ》りの時間《じかん》はほとんど寝《ね》てすごします。それをしばらくくり返《かえ》しながら、だんだんと大《おお》きくなるのです。

おっぱいは栄養《えいよう》たくさん

赤《あか》ちゃんがおっぱいだけで大《おお》きくなれる理由《りゆう》は、そこにはたくさんの栄養《えいよう》が含《ふく》まれているからです。

ウシの赤《あか》ちゃんにはウシのおっぱい、クジラの赤《あか》ちゃんにはクジラのおっぱい、人間《にんげん》の赤《あか》ちゃんには人間《にんげん》のおっぱいというように、それぞれの赤《あか》ちゃんの成長《せいちょう》に合《あ》った成分《せいぶん》が入《はい》っています。

また、わるい菌《きん》を退治《たいじ》したり、病気《びょうき》とたたかう力《ちから》もつけてくれます。赤《あか》ちゃんにとっておっぱいは、とても大切《たいせつ》なものなのです。

やがて赤《あか》ちゃんが育《そだ》っていくと、食《た》べものを食《た》べられるようになります。お母《かあ》さんのおっぱいも、赤《あか》ちゃんを大《おお》きくするという大仕事《おおしごと》を終《お》えて、安心《あんしん》するのでしょう、少《すこ》しずつ出《で》なくなっていくわけです。

まめちしき ▶人間《にんげん》のおっぱいは2つだけど、イヌは8つ、ネコは8から10、ブタは14もあるんだよ。そしてウシのおっぱいは4つ。牛乳《ぎゅうにゅう》しぼりの体験《たいけん》をすることがあれば、かぞえてみよう。

8月《がつ》 2日《にち》

生《い》きもののふしぎ

どうしてアサガオは朝《あさ》に咲《さ》くの？

花粉《かふん》を運《はこ》んでもらうには

どんな花《はな》でも、めしべに花粉《かふん》がつかないと実《み》をつくることができません。実《み》ができなければ種《たね》もできませんから、植物《しょくぶつ》は、なんとかして花粉《かふん》がめしべにつくよう工夫《くふう》します。

例《たと》えば、風《かぜ》に吹《ふ》かれて花粉《かふん》を飛《と》ばすことで、花粉《かふん》をめしべにつかせようとする植物《しょくぶつ》は、小《ちい》さな花《はな》をたくさんつけます。こうして花粉《かふん》の数《かず》もめしべの数《かず》も増《ふ》やすことで、花粉《かふん》がめしべにつきやすくするのです。みかんの花《はな》などがこれにあたるでしょう。

虫《むし》の足《あし》に花粉《かふん》をつけ、その後《ご》めしべに止《と》まらせることで、花粉《かふん》を運《はこ》んでもらう植物《しょくぶつ》は、たくさんの虫《むし》をおびきよせなくてはいけません。そのため甘《あま》いみつをたっぷり用意《ようい》して、よいかおりをただよわせるものが多《おお》いのです。また、夜《よる》に花《はな》を咲《さ》かせても虫《むし》は寝《ね》てしまっていますから、昼間《ひるま》に花《はな》を咲《さ》かせなくてはいけません。

アサガオは時間《じかん》がわかる

アサガオの場合《ばあい》は、朝早《あさはや》くから活動《かつどう》するこん虫《ちゅう》に花粉《かふん》を運《はこ》んでもらうため、朝《あさ》に花《はな》を咲《さ》かせているのだといわれています。

でも、どうやって朝《あさ》が来《き》たことを知《し》るのでしょうか？

アサガオを観察《かんさつ》したことがある人《ひと》は、じつはアサガオは、太陽《たいよう》が出《で》る少《すこ》し前《まえ》から咲《さ》いていることに気《き》づいているかもしれません。つまりアサガオは、太陽《たいよう》の光《ひかり》とは関係《かんけい》なく咲《さ》くということですね。

アサガオには、夜《よる》が9時間《じかん》以上《いじょう》続《つづ》くと、「そろそろ花《はな》を咲《さ》かせる時間《じかん》だな」と気《き》づくことができるのです。植物《しょくぶつ》なのに時間《じかん》をはかることができるなんて、すごいですね。

アサガオは、1400年《ねん》ぐらい前《まえ》、中国《ちゅうごく》に行《い》った人《ひと》が日本《にほん》へ持《も》ち帰《かえ》ったといわれています。でも、「きれいな花《はな》」としてではありません。アサガオの種《たね》が薬《くすり》になるので、持《も》ち帰《かえ》ったのです。

その後《ご》、花《はな》もきれいだということに気《き》づいた人《ひと》たちが、育《そだ》て方《かた》を工夫《くふう》しましたから、いまではとてもたくさんの種類《しゅるい》が生《う》み出《だ》されています。

まめちしき　▶アサガオが日本《にほん》にやってくる前《まえ》は、現在《げんざい》「キキョウ」と呼《よ》ばれている紫色《むらさきいろ》の花《はな》を「アサガオ」と呼《よ》んでいたんだって。時代《じだい》によって花《はな》の名前《なまえ》も変《か》わるんだね。

8月《がつ》3日《にち》

どうして風《かぜ》が吹《ふ》くの？

自然《しぜん》のふしぎ

空気《くうき》が動《うご》くと風《かぜ》になる

あつい夏《なつ》はまだまだ続《つづ》きます。でも、たまに風《かぜ》がスーッと吹《ふ》いてくるのは、なかなか気《き》持《も》ちがいいものですよね。ところでこの風《かぜ》は、どうやって吹《ふ》いているのでしょう。

まず、地上《ちじょう》の近《ちか》くにある空気《くうき》は、太《たい》陽《よう》の光《ひかり》であたためられた地面《じめん》の熱《ねつ》によって、どんどんあたたかくなっていきます。

すると、空気《くうき》にはあたたまると上《うえ》にいこうとし、冷《つめ》たくなると下《した》にいこうとする性質《せいしつ》がありますから、あたたかくなった空気《くうき》は、空《そら》の上《うえ》のほうへと上《のぼ》っていくのです。

あたたかくなった空気《くうき》が上《うえ》にいくと、今度《こんど》は開《あ》いた場所《ばしょ》に、周《まわ》りから別《べつ》の冷《つめ》たい空気《くうき》が流《なが》れ込《こ》んできます。かんたんにいうと、この空気《くうき》の流《なが》れこそが、風《かぜ》なのです。

対流《たいりゅう》が起《お》こす風《かぜ》

さて、あたたかくなって上《うえ》にいった空気《くうき》は、今度《こんど》は空《そら》の上《うえ》のほうを吹《ふ》く風《かぜ》の力《ちから》によって、さらに別《べつ》のところに流《なが》れていきます。

空《そら》の上《うえ》のほうは気温《きおん》が低《ひく》いので、やがて空気《くうき》は冷《つめ》たくなって、下《した》におりていきます。そして下《した》におりてきた空気《くうき》は、またあたためられて上《うえ》にいこうとします。

このようにして、空気《くうき》はつねにグルグルと、いろいろなところで上下《じょうげ》に回《まわ》るように動《うご》いているのです。これを「対流《たいりゅう》」といいます。

もちろん実際《じっさい》の風《かぜ》は、もっと複雑《ふくざつ》な動《うご》きをしながら吹《ふ》いているのですが、基本《きほん》はこういうものだと考《かんが》えていいでしょう。

ところで、風《かぜ》がいつ、どこから吹《ふ》くかなどを正確《せいかく》に予測《よそく》するのは難《むずか》しいことだといわれています。

しかし対流《たいりゅう》によって吹《ふ》く風《かぜ》は、季節《きせつ》ごとに決《き》まった吹《ふ》き方《かた》をする「季節《きせつ》風《ふう》」、海《うみ》から陸《りく》に向《む》かって吹《ふ》く「海風《うみかぜ》」、陸《りく》から海《うみ》へ吹《ふ》く「陸風《りくかぜ》」など、予測《よそく》しやすいものが多《おお》いようです。

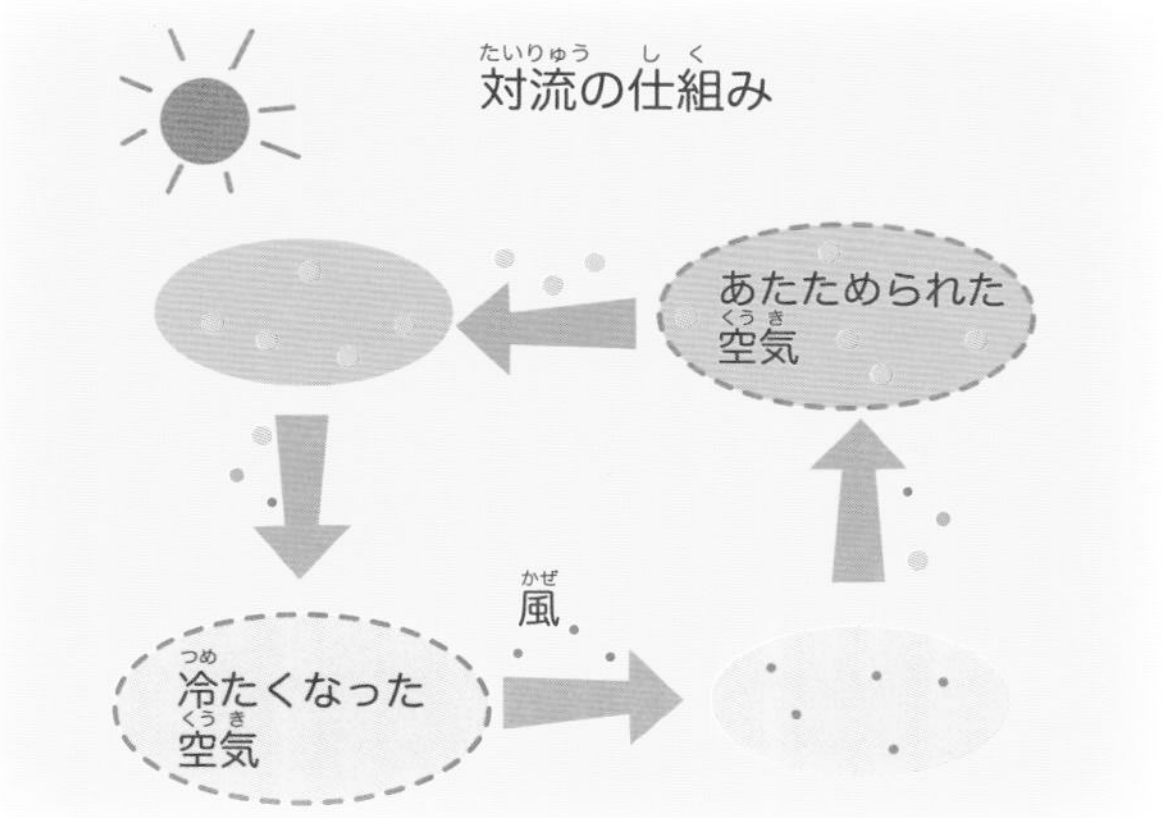

まめちしき
▶息《いき》をフーッと吐《は》いたときと、ハーッと吐《は》いたときでは、あたたかさが違《ちが》うよね。同《おな》じ温度《おんど》の空気《くうき》なら、しめっているほうがあたたかく感《かん》じるというのが原因《げんいん》なんだよ。

日本《にほん》でおはしを使《つか》うようになったのはいつ？

？ 3000年《ねん》以上前《いじょうまえ》からある

おはしが発明《はつめい》されたのは、いまから3000年以上前《ねんいじょうまえ》の中国《ちゅうごく》だと考《かんが》えられています。

いまから3000年以上前《ねんいじょうまえ》に町《まち》があった場所《ばしょ》から、金属《きんぞく》でつくられたおはしが見《み》つかったことから、それよりも前《まえ》からおはしが使《つか》われていたことがわかったのです。

おそらく、それ以前《いぜん》にも木《き》でつくられたおはしが使《つか》われていたはずですが、木《き》のおはしはくさりやすいため、遺跡《いせき》などから見《み》つかりにくいのです。

日本《にほん》でおはしを使《つか》うようになったのは、西暦《せいれき》600年《ねん》ごろのことです。中《ちゅう》国《ごく》に新《あたら》しい文化《ぶんか》を勉強《べんきょう》しにいった、遣《けん》唐使《とうし》という人《ひと》たちが持《も》ち帰《かえ》ったからだといわれています。

その前《まえ》からおはしが使《つか》われていた、と考《かんが》える人《ひと》もいますが、その場合《ばあい》でも、おはしを使《つか》っていたのはごく一部《いちぶ》のえらい人《ひと》たちだけで、ふつうの人《ひと》たちは、手《て》でごはんを食《た》べていたようです。

ただ、食《た》べものを入《い》れものから移《うつ》すための道具《どうぐ》として、おはしのようなものが使《つか》われはじめたのは、もっとむかしのことで、西暦《せいれき》200～300年《ねん》ごろではないかといわれています。

？ 正《ただ》しくおはしを使《つか》おう

一本《いっぽん》を親指《おやゆび》とひとさし指《ゆび》と中指《なかゆび》ではさみ、もう一本《いっぽん》を親指《おやゆび》とくすり指《ゆび》で支《ささ》えるようにして持《も》つのが、正《ただ》しいおはしの使《つか》い方《かた》。

二本一緒《にほんいっしょ》に、ぐっとにぎるようにして持《も》つのは「にぎりばし」といって、おぎょうぎがわるいことなので気《き》をつけましょうね。

おはしを正《ただ》しく持《も》つのは少《すこ》し難《むずか》しいと感《かん》じるかもしれません。でも、宇宙《うちゅう》では、おはしが活躍《かつやく》しているんですよ。フワフワ浮《う》かぶ無重力《むじゅうりょく》の状態《じょうたい》では、フォークでつきさすよりも、おはしではさむほうがかんたんで、しっかり持《も》てるからだそうです。

いつか宇宙旅行《うちゅうりょこう》をしてみたいと思《おも》っている人《ひと》は、がんばって練習《れんしゅう》をしておかないとね。

まめちしき ▶は(8)し(4)の日《ひ》には、日本《にほん》のあちらこちらの神社《じんじゃ》やお寺《てら》で、食事《しょくじ》のたびに役立《やくだ》ってくれたおはしに感謝《かんしゃ》するお祭《まつ》りがおこなわれるよ。みんなもおはしは大事《だいじ》にしようね。

8月《がつ》 5日《にち》

コーラやビールのあわってなあに？

科学《かがく》のふしぎ

あわの正体《しょうたい》は炭酸《たんさん》ガス

コーラのペットボトルを開《あ》けると、シュワシュワとあわが出《で》てきますね。このあわの正体《しょうたい》は、炭酸《たんさん》ガスというものです。二酸化炭素《にさんかたんそ》ともいいます。

炭酸《たんさん》ガスは、工場《こうじょう》でコーラに溶《と》かし込《こ》まれます。ギュウッと圧力《あつりょく》をかけると、炭酸《たんさん》ガスはコーラによく溶《と》けます。完全《かんぜん》に溶《と》けてしまっているので、目《め》に見《み》えることはありません。それをペットボトルなどに詰《つ》めて、お店《みせ》や自動販売機《じどうはんばいき》まで運《はこ》ぶのです。

あなたがペットボトルのフタをとると、中身《なかみ》をおさえつけていた力《ちから》がゆるんで、溶《と》けていた炭酸《たんさん》ガスが飛《と》び出《だ》し、あわになって出《で》てくるのです。

あわはコーラをコップに注《そそ》いでも、まだ出続《でつづ》けます。でも溶《と》けている炭酸《たんさん》ガスが、ぜんぶあわになってしまうというわけではありません。そのため飲《の》んだときに、ちょっと舌《した》がピリッとするのです。

サイダーも同《おな》じように工場《こうじょう》で炭酸《たんさん》ガスを溶《と》かし込《こ》んでつくります。ちなみに、炭酸《たんさん》ガスが溶《と》けた水《みず》が、自然《しぜん》にわいている場所《ばしょ》もあります。日本《にほん》で最初《さいしょ》にサイダーがつくられたころは、こうした水《みず》を使《つか》ったサイダーがあったそうです。

ビールのあわも同《おな》じ

大人《おとな》が飲《の》むビールも、あわが出《で》ます。ビールは、麦《むぎ》の芽《め》に入《はい》っている栄養《えいよう》を、酵母《こうぼ》という菌《きん》でアルコールに変《か》えた飲《の》みものです。この菌《きん》が、アルコールをつくり出《だ》すときに、自然《しぜん》に炭酸《たんさん》ガスを出《だ》します。ビールのあわは、このときに出《で》た炭酸《たんさん》ガスです。

ビールは、いまから４０００年《ねん》以上《いじょう》前《まえ》の古代《こだい》エジプトで、すでにつくられていたといわれる、歴史《れきし》ある飲《の》みものです。

あつい夏《なつ》には、コーラやサイダーがおいしいですね。でもこうした飲《の》みものはとても甘《あま》いので、飲《の》みすぎると栄《えい》養《よう》のバランスをくずしたり、虫歯《むしば》になったりするので、気《き》をつけましょう。

まめちしき
▶8月《がつ》5日《いつか》はビールの日《ひ》。仕事《しごと》でつかれて帰《かえ》ってきたお父《とう》さんに、感謝《かんしゃ》の気持《きも》ちを込《こ》めてビールをついであげようね。

8月《がつ》6日《にち》

目《め》の錯《さっ》覚《かく》ってなあに？

人《じん》体《たい》のふしぎ

同《おな》じ長《なが》さなのに？

あなたはいままでに、こんな経《けい》験《けん》をしたことはありませんか。例《たと》えば、ものの長《なが》さが実《じっ》際《さい》よりも長《なが》く見《み》えたり、まっすぐのはずのものが、グニャリと曲《ま》がって見《み》えたり。そんなときには、あなたの目《め》に「錯《さっ》覚《かく》」が起《お》こっているのかもしれません。

錯《さっ》覚《かく》というのは、人《ひと》が見《み》たり聞《き》いたりしたものが、実《じっ》際《さい》とは違《ちが》って感《かん》じられることをいいます。とくに、目《め》で見《み》たときの錯《さっ》覚《かく》のことは、「目《め》の錯《さっ》覚《かく》」とか、「錯《さく》視《し》」と呼《よ》ばれています。

ここでかんたんな例《れい》として、「錯《さく》視《し》」の中《なか》でも有《ゆう》名《めい》な「ミュラー・リヤー錯《さく》視《し》」を実《じっ》際《さい》に体《たい》験《けん》してみましょう。

まず、紙《かみ》とペンを用《よう》意《い》し、同《おな》じ長《なが》さの横《よこ》線《せん》を上《じょう》下《げ》に2本《ほん》ひいてみてください。そして、上《うえ》の線《せん》の両《りょう》端《はし》を、「＜」のようにしてください。さらに、下《した》の線《せん》の両《りょう》端《はし》も、先《さき》ほどとは逆《ぎゃく》に「＞」のようにしてみてください。

おや、なんだかふしぎなことが起《お》きていませんか。2本《ほん》の線《せん》を同《おな》じ長《なが》さでひいたはずなのに、上《うえ》のほうが短《みじか》く、下《した》のほうが長《なが》く見《み》えてきましたよね。

これが「目《め》の錯《さっ》覚《かく》」です。

ものを見《み》る仕《し》組《く》みのふしぎ

こうした「目《め》の錯《さっ》覚《かく》」は、長《なが》さが違《ちが》って見《み》えるだけでなく、形《かたち》や色《いろ》、明《あか》るさ、動《うご》きなど、いろんなものに対《たい》して起《お》こります。

目《め》の錯《さっ》覚《かく》が起《お》こる理《り》由《ゆう》については、いまだにはっきりとした原《げん》因《いん》がわかっていません。わたしたちの脳《のう》が「かんちがい」をしているからともいわれています。

人《ひと》がものを見《み》るためには、目《め》で見《み》るだけでなく、脳《のう》がとても大《おお》きなはたらきをしています。目《め》の錯《さっ》覚《かく》は、こうした目《め》と脳《のう》が一《いっ》緒《しょ》になってものを見《み》る仕《し》組《く》みのミスから生《う》まれたものといえるかもしれません。

いつもは気《き》づかない「ものを見《み》る仕《し》組《く》み」。とってもふしぎですね。

顔《かお》に見《み》えたり、グラスに見《み》えたり

グルグル目《め》が回《まわ》りそう！

まめちしき ▶明《あか》るい部《へ》屋《や》で、赤《あか》い折《お》り紙《がみ》をまばたきせずに1分《ぷん》ぐらい見《み》つめ、目《め》をつぶってみよう。緑《みどり》色《いろ》の四《し》角《かく》が見《み》えるよね？　これは残《ざん》像《ぞう》といって、錯《さっ》覚《かく》をおこす原《げん》因《いん》のひとつなんだよ。

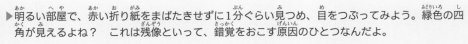

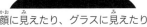

8月《がつ》7日《にち》

どうして鼻《はな》水《みず》が出《で》るの？

人体《じんたい》のふしぎ

鼻毛《はなげ》と鼻水《はなみず》のはたらき

「あなたは毎日《まいにち》、鼻水《はなみず》を1リットル近《ちか》く飲《の》んでいます」

ゲゲー、信《しん》じられないっ！　あまり知《し》られていませんが、鼻《はな》からのどに流《なが》れる鼻水《はなみず》を、だれもがみんな飲《の》んでいるのです。バッチイからいや？　そうはいっても、鼻水《はなみず》がなくなると大変《たいへん》なのですよ。

鼻水《はなみず》には、ばい菌《きん》やウイルスを殺《ころ》す成分《せいぶん》が入《はい》っています。わたしたちが息《いき》を吸《す》うと、空気《くうき》と一緒《いっしょ》に、ばい菌《きん》やウイルスも鼻《はな》から入《はい》ってきます。ここで頼《たよ》りになるのが鼻毛《はなげ》と鼻水《はなみず》。からだにわるいものが奥《おく》にいかないように、鼻《はな》毛《げ》でつかまえて鼻水《はなみず》でからめます。

こうしてできたお団子《だんご》が、鼻《はな》くそです。鼻《はな》くそは、よごれもののかたまり、けっして食《た》べたり、この本《ほん》にくっつけたりしてはいけませんよ。

マヌケな
かおですが
はなの中では
すごい
たたかいを
しています

鼻水《はなみず》とウイルスのバトル

ところで、かぜをひくと鼻水《はなみず》がズルズル出《で》てくるのはなぜでしょう。からだの調子《ちょうし》がわるくなると、鼻《はな》に入《はい》ったウイルスは、どんどん増《ふ》えていきます。これが「かぜをひいた」状態《じょうたい》です。

増《ふ》えたウイルスが、鼻《はな》の奥《おく》を刺激《しげき》すると、「これ以上《いじょう》の乱暴《らんぼう》はゆるさない！」とばかりに、たくさんの鼻水《はなみず》が出《で》て、ウイルスを、からだの外《そと》へ押《お》し流《なが》そうとします。鼻水《はなみず》がたくさん出《で》てくるときは、鼻《はな》の中《なか》で、あつぃバトルがくり広《ひろ》げられているのです。

鼻水《はなみず》は、力《ちから》いっぱいかんだり、両方《りょうほう》の鼻《はな》をいっぺんにかんだりしないようにしましょう。耳《みみ》をいためたり、ウイルスがからだの奥《おく》へいってしまうことがあります。片方《かたほう》の鼻《はな》ずつ、ゆっくりかむのが、正《ただ》しいかみ方《かた》。反対側《はんたいがわ》の鼻《はな》をおさえて、少《すこ》しずつかみましょう。

鼻《はな》の中《なか》はきたないと思《おも》われがちですが、ばい菌《きん》を鼻水《はなみず》で流《なが》し、鼻《はな》くそで外《そと》に出《だ》す、からだの中《なか》でトップクラスの清潔《せいけつ》な場所《ばしょ》。

そんな優秀《ゆうしゅう》な鼻《はな》を、もっと自慢《じまん》してもいいくらいです。これがホントの鼻《はな》たかだか！　なんちゃって。

まめちしき
▶泣《な》くと鼻水《はなみず》がでるのはなぜだろう？　じつは目《め》と鼻《はな》、口《くち》はつながっているんだよね。目薬《めぐすり》をさすと苦《にが》さを感《かん》じるのも同《おな》じ理由《りゆう》。目薬《めぐすり》をさしてすぐに目頭《めがしら》を押《お》さえると、苦《にが》くならないよ。

読《よ》んだ日《ひ》　　月《がつ》　　日《にち》

8月《がつ》8日《にち》

どうして大人《おとな》の男《おとこ》の人《ひと》にはヒゲが生《は》えているの?

人体《じんたい》のふしぎ

からだの毛《け》とヒゲ

イヌやネコやサルといったほ乳類《にゅうるい》の多《おお》くは、からだのほとんどが毛《け》でおおわれています。じつは人間《にんげん》も、からだのほとんどの場所《ばしょ》に毛《け》が生《は》えています。ただ、とても細《ほそ》くて短《みじか》いので、あまり目立《めだ》たないのです。こういう毛《け》を、うぶ毛《げ》といいます。

人間《にんげん》はサルの仲間《なかま》から進化《しんか》したのに、どうしてからだの毛《け》がこんなに目《め》立《だ》たなくなったのかは、まだよくわかっていません。

ですが、人間《にんげん》にもはっきりとした毛《け》がたくさん生《は》えているところが、いくつかあります。そのひとつは、頭《あたま》です。また、男《おとこ》の人《ひと》は大人《おとな》になると、顔《かお》の一《いち》部《ぶ》にヒゲが生《は》えてきます。

男《おとこ》の人《ひと》は、高校生《こうこうせい》くらいになると男《だん》性《せい》ホルモンと呼《よ》ばれる物質《ぶっしつ》が、からだの中《なか》でたくさんつくられるようになります。これが増《ふ》えてくると、ヒゲが生《は》えてくるのです。

中学生《ちゅうがくせい》くらいになると、男《おとこ》の子《こ》は急《きゅう》に声《こえ》が低《ひく》くなりますが、これも男性《だんせい》ホルモンが増《ふ》えるために起《お》きることです(300ページ)。

便利《べんり》なネコのヒゲ

ネコのような動物《どうぶつ》にも「ヒゲ」と呼《よ》ばれるものがあります。口《くち》の近《ちか》くから生《は》えている、白《しろ》くて長《なが》い毛《け》がそれです。これは、ネコのからだ全体《ぜんたい》

をおおっている他《ほか》の毛《け》とは、違《ちが》った種《しゅ》類《るい》のものです。

この「ヒゲ」の根元《ねもと》には、からだに生《は》えている他《ほか》の毛《け》と比《くら》べて、神経《しんけい》がたくさん通《とお》っています。そのためとても敏《びん》感《かん》になっており、せまいところを通《とお》れるかどうか判断《はんだん》するときなどに役《やく》に立《た》ちます。チンパンジーやゴリラ、そして、人間《にんげん》のヒゲにはこういう機能《きのう》はありません。

ところで、今日《きょう》はヒゲの日《ひ》です。八《はち》月八日《がつようか》の「八《はち》」という字《じ》が、ヒゲの形《かたち》に似《に》ているからです。あなたのおうちの男《おとこ》の人《ひと》は、どんなヒゲを生《は》やしていますか?

まめちしき ▶「髭《ひげ》」「髯《ひげ》」「鬚《ひげ》」すべて「ひげ」と読《よ》み、それぞれ口《くち》、頬《ほお》、あごのひげをあらわすんだ。英語《えいご》でもmustache《マスタッシュ》・whiskers《ウィスカーズ》・beard《ビアード》とそれぞれ名前《なまえ》が違《ちが》うんだよ。

読《よ》んだ日《ひ》　月《がつ》　日《にち》

8月《がつ》 9日《にち》

科学《かがく》のふしぎ

カーブやシュートはどうして曲《ま》がるの？

ひみつはボールの回転《かいてん》

野球《やきゅう》のピッチャーが投《な》げる変化球《へんかきゅう》には、左《ひだり》に曲《ま》がったり右《みぎ》に曲《ま》がったりするものがあります。

例《たと》えばカーブは、投《な》げた手《て》と反対側《はんたいがわ》に曲《ま》がる変化球《へんかきゅう》です。右手《みぎて》で投《な》げると、左手《ひだりて》のほうに曲《ま》がり、左手《ひだりて》で投《な》げると右手《みぎて》のほうに曲《ま》がるボールのことです。シュートはその反対《はんたい》で、投《な》げた手《て》のほうに曲《ま》がるボールです。

ではどうして、変化球《へんかきゅう》は曲《ま》がりながら進《すす》むのでしょうか。そのひみつは、ピッチャーがボールをコマのように回《まわ》しながら投《な》げているからです。

回転《かいてん》が空気《くうき》の流《なが》れを変《か》える

コマのように回《まわ》っているボールと、そうでないボールでは、ボールの周《まわ》りの空気《くうき》の流《なが》れに違《ちが》いができます。この空気《くうき》の流《なが》れ方《かた》の違《ちが》いが、ボールを横《よこ》に押《お》す力《ちから》をつくり出《だ》すのです。

上《うえ》から見《み》て、時計《とけい》の針《はり》と同《おな》じ向《む》きにボールを回《まわ》しながら投《な》げると、投《な》げた人《ひと》にとって右向《みぎむ》きにボールがおされます。これは、右利《みぎき》きのピッチャーだとシュートで、左利《ひだりき》きのピッチャーだとカーブです。

上《うえ》から見《み》て、時計《とけい》の針《はり》の逆向《ぎゃくむ》きに回《まわ》しながら投《な》げると、ボールは投《な》げた人《ひと》にとって左向《ひだりむ》きにおされます。右利《みぎき》きのピッチャーではカーブ、左利《ひだりき》きのピッチャーではシュートです。

実際《じっさい》にプロのピッチャーが投《な》げるボールは、少《すこ》し傾《かたむ》いたコマのように回《まわ》ったりしながら飛《と》んでいくので、とても複雑《ふくざつ》な動《うご》き方《かた》をします。

サッカーボールが曲《ま》がりながら飛《と》んでいくのも、野球《やきゅう》の変化球《へんかきゅう》と同《おな》じ理由《りゆう》です。けるときの回転《かいてん》によって曲《ま》がる向《む》きが変《か》わるのです。

もし、このようにボールが曲《ま》がる仕組《しく》みを自分《じぶん》で確《たし》かめてみたいなら、ピンポン球《だま》をいろいろ回転《かいてん》させながら投《な》げてみると、よくわかりますよ。

まめちしき

▶日本人《にほんじん》が野球《やきゅう》をはじめたばかりのころ、カーブやシュートは「魔球《まきゅう》」と呼《よ》ばれていたんだ。アウトは「死《し》」、エラーは「失策《しっさく》」、フライは「飛球《ひきゅう》」などすべて日本語《にほんご》だったんだよ。

みのまわりのふしぎ

道路標識《どうろひょうしき》ってなんのためにあるの？

ルールを伝《つた》えるはたらき

道路《どうろ》には、いろいろなものが通《とお》ります。歩《ある》いている人《ひと》、自転車《じてんしゃ》に自動車《じどうしゃ》、そして大《おお》きなトラックなど。でもみんなが自分勝手《じぶんかって》にしていたら、すぐに事《じ》故《こ》が起《お》きてしまいますよね。

そうならないためにあるのが、道路《どうろ》標識《ひょうしき》なのです。車《くるま》などの乗《の》りものを運《うん》転《てん》する人《ひと》は、標識《ひょうしき》をみて、通《とお》ってもいい道《みち》なのかどうか、速度《そくど》はどれくらい出《だ》してよいかなどを知《し》るのです。

代表的《だいひょうてき》な道路標識《どうろひょうしき》

●案内標識《あんないひょうしき》…その土地《とち》の名前《なまえ》や高速道路《こうそくどうろ》などの入口《いりぐち》の場所《ばしょ》、駐車場《ちゅうしゃじょう》の場所《ばしょ》など、人《ひと》を「案内《あんない》」するための標識《ひょうしき》です。

●警戒標識《けいかいひょうしき》…ふみきりがあることや、小《ちい》さな子《こ》どもが通《かよ》う幼稚園《ようちえん》や保育園《ほいくえん》、学校《がっこう》が近《ちか》くにあること、この先《さき》で工事《こうじ》をしていることなど、人《ひと》に注意《ちゅうい》を呼《よ》びかけるための標識《ひょうしき》です。

●規制標識《きせいひょうしき》…例《たと》えば、青地《あおじ》に白《しろ》で車《くるま》がかかれたものは「自動車《じどうしゃ》だけが通《とお》ってもいい道《みち》です」という意味《いみ》になります。

また、青地《あおじ》に白《しろ》で自転車《じてんしゃ》と親子《おやこ》がかかれたものは、「自転車《じてんしゃ》と歩《ある》く人《ひと》だけが通《とお》ってもいい道《みち》です」という意味《いみ》になります。

このように、人《ひと》に対《たい》して、ある行動《こうどう》が禁止《きんし》されていることを伝《つた》えるための標識《ひょうしき》です。丸《まる》い形《かたち》のものが多《おお》いです。

●指示標識《しじひょうしき》…例《たと》えば、ぼうしをかぶって歩《ある》く人《ひと》がかかれたものは、「ここに横断歩道《おうだんほどう》がありますよ」という意味《いみ》になります。

また、青地《あおじ》に白《しろ》でP《ぴー》の文字《もじ》がかかれたものは「ここに車《くるま》をとめてもいいですよ」という意味《いみ》になります。

このように、道《みち》の上《うえ》にある施設《しせつ》の位置《いち》などを伝《つた》えるための標識《ひょうしき》です。四角《しかく》い形《かたち》のものが多《おお》いです。

わたしたちが特《とく》に注意《ちゅうい》しなければいけないのは、規制標識《きせいひょうしき》と指示標識《しじひょうしき》です。交通安全《こうつうあんぜん》のためにも、ルールをきちんと守《まも》りましょうね。

案内標識《あんないひょうしき》

規制標識《きせいひょうしき》

警戒標識《けいかいひょうしき》

指示標識《しじひょうしき》

まめちしき　▶ドライブに出《で》かけたときにタヌキやシカがかかれた標識《ひょうしき》を見《み》たことはあるかな？　これは「野生《やせい》動物《どうぶつ》に注意《ちゅうい》」という意味《いみ》で、その土地《とち》によっていろいろな種類《しゅるい》があるんだよ。

8月《がつ》11日《にち》

生《い》きもののふしぎ

どうしてイヌはあついと舌《した》をハァハァするの？

イヌは汗《あせ》をかけない

あつい夏《なつ》や、運動《うんどう》したあと、人間《にんげん》は汗《あせ》をかきますね。人間《にんげん》やイヌを含《ふく》めたほ乳類《にゅうるい》では、からだの温度《おんど》は一定《いってい》に保《たも》たれています。それより高《たか》すぎたり低《ひく》すぎたりすると、からだのいろいろなはたらきがうまくいかなくなってしまうからです。

汗《あせ》をかくと、汗《あせ》が蒸発《じょうはつ》するときに熱《ねつ》がうばわれます。このため、人間《にんげん》などは上《あ》がった体温《たいおん》を下《さ》げられるのです（230ページ）。

ところがイヌは、足《あし》の裏《うら》の肉《にく》球《きゅう》という場所《ばしょ》にしか、汗《あせ》の出《で》る穴《あな》（汗腺《かんせん》）がありません。

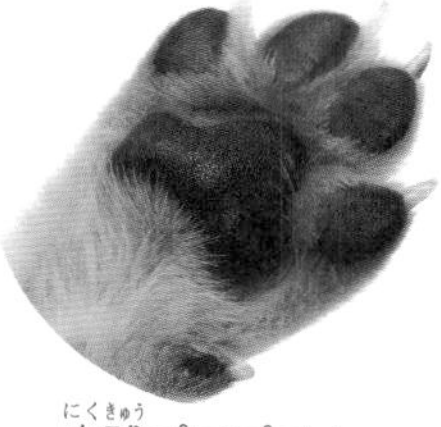
肉球《にくきゅう》プニプニ！

つまり人間《にんげん》のように、全身《ぜんしん》で汗《あせ》をかくことができないのです。

舌《した》を出《だ》して体温《たいおん》を下《さ》げる

そこで、イヌはあついときや運動《うんどう》したあとは、口《くち》を開《あ》けてハァハァと激《はげ》しく呼吸《こきゅう》をします。呼吸《こきゅう》の回数《かいすう》を増《ふ》やして、からだの中《なか》の熱《ねつ》を含《ふく》んだ空気《くうき》を外《そと》に出《だ》すことで、からだの温度《おんど》を下《さ》げているわけです。

あついのイヤ！　水《みず》あそび大好《だいす》きだワン！

ふだん、イヌは一分間《いっぷんかん》に20数回《すうかい》の呼《こ》吸《きゅう》をしますが、ハァハァとしているときは、一分間《いっぷんかん》に300回以上《かいいじょう》呼吸《こきゅう》することもあります。この激《はげ》しい呼吸《こきゅう》を「浅速呼吸《せんそくこきゅう》」といいます。

さらに舌《した》を出《だ》すことで、唾液《だえき》（つば）が蒸発《じょうはつ》するために熱《ねつ》がうばわれます。人間《にんげん》の汗《あせ》が蒸発《じょうはつ》するときと同《おな》じように、体温《たいおん》を下《さ》げる効果《こうか》があるのです。

人間《にんげん》はあつくなると、服《ふく》をぬいで体《たい》温《おん》を調節《ちょうせつ》しますが、イヌは全身《ぜんしん》が毛皮《けがわ》でおおわれています。ですから、体温《たいおん》が上《あ》がってしまうとなかなか下《さ》げることができません。

また、イヌはもともと寒《さむ》い地方《ちほう》に住《す》んでいた動物《どうぶつ》ですから、寒《さむ》さには強《つよ》くても、あつさは苦手《にがて》という種類《しゅるい》が多《おお》いようです。夏《なつ》の間《あいだ》は特《とく》にイヌが快適《かいてき》にすごせるよう、気《き》をくばってあげましょう。

まめちしき ▶大《おお》むかしの人《ひと》たちがオオカミをペットにしたものがイヌだといわれているよ。日本《にほん》では、9000年以上前《ねんいじょうまえ》のお墓《はか》からイヌの骨《ほね》がでてきたこともある。人間《にんげん》とイヌはなかよしなんだね。

どうして台風《たいふう》ができるの？

自然《しぜん》のふしぎ

あたたかい海《うみ》で生《う》まれる

強《つよ》い風《かぜ》を吹《ふ》かせ、たくさんの雨《あめ》を降《ふ》らせる台風《たいふう》。ときには大《おお》きな被害《ひがい》が出《で》ることもあり、自然《しぜん》のおそろしさを感《かん》じる人《ひと》もいるのではないでしょうか。

台風《たいふう》は日本《にほん》のずっと南《みなみ》にある、熱帯《ねったい》地方《ちほう》の海《うみ》の上《うえ》で生《う》まれます。熱帯《ねったい》地方《ちほう》はあつく、太陽《たいよう》の強《つよ》い日《ひ》ざしがてりつけています。

海《うみ》の水《みず》はその強《つよ》い日《ひ》ざしであたためられ、どんどん蒸発《じょうはつ》して水蒸気《すいじょうき》となって、周《まわ》りのあたたかい空気《くうき》と一緒《いっしょ》に空《そら》に上《あ》がっていきます。

空《そら》は高《たか》いところほど気温《きおん》が低《ひく》くなります。水《すい》蒸気《じょうき》は空《そら》で冷《ひ》やされ、水《みず》のつぶになり、あつまって雲《くも》になります（95ページ）。

雲《くも》の下《した》では、空気《くうき》が上《うえ》に上《あ》がってしまったので、空気《くうき》が少《すく》なくなっています。すると、周《まわ》りの空気《くうき》の多《おお》いところから、空気《くうき》が吹《ふ》き込《こ》んできます。

さらに海《うみ》の水《みず》が蒸発《じょうはつ》し、雲《くも》はどんどん増《ふ》えて大《おお》きくなっていきます。空気《くうき》もどんどん吹《ふ》き込《こ》み、強《つよ》い風《かぜ》になっていきます。

この風《かぜ》は時計《とけい》と反対《はんたい》向《む》きに回《まわ》っており、全体《ぜんたい》がうずをまいた風《かぜ》のかたまりとなっていきます。

この風《かぜ》によって雲《くも》が外側《そとがわ》によせられ、中心《ちゅうしん》に雲《くも》のない「目《め》」ができると、やがて台風《たいふう》と呼《よ》ばれるようになります。

風《かぜ》によって方向《ほうこう》が決《き》まる

台風《たいふう》は自分《じぶん》で動《うご》くことはできません。風《かぜ》に乗《の》って、行《い》く方向《ほうこう》が決《き》まるのです。風《かぜ》は季節《きせつ》によって吹《ふ》く方角《ほうがく》が変《か》わります。そのため、台風《たいふう》は一年中《いちねんじゅう》生《う》まれていますが、日本《にほん》にやってくるのは6月《がつ》から10月《がつ》にかけてです。また、台風《たいふう》は場所《ばしょ》によって、ハリケーン、サイクロンと名前《なまえ》が変《か》わります。

台風《たいふう》の力《ちから》のもとは、水蒸気《すいじょうき》を含《ふく》むあたたかい空気《くうき》なので、海《うみ》の上《うえ》にいた台《たい》風《ふう》が、陸地《りくち》の上《うえ》や気温《きおん》の低《ひく》いところに行《い》くと、力《ちから》が弱《よわ》まってしだいに小《ちい》さくなり、最後《さいご》は消《き》えてしまいます。

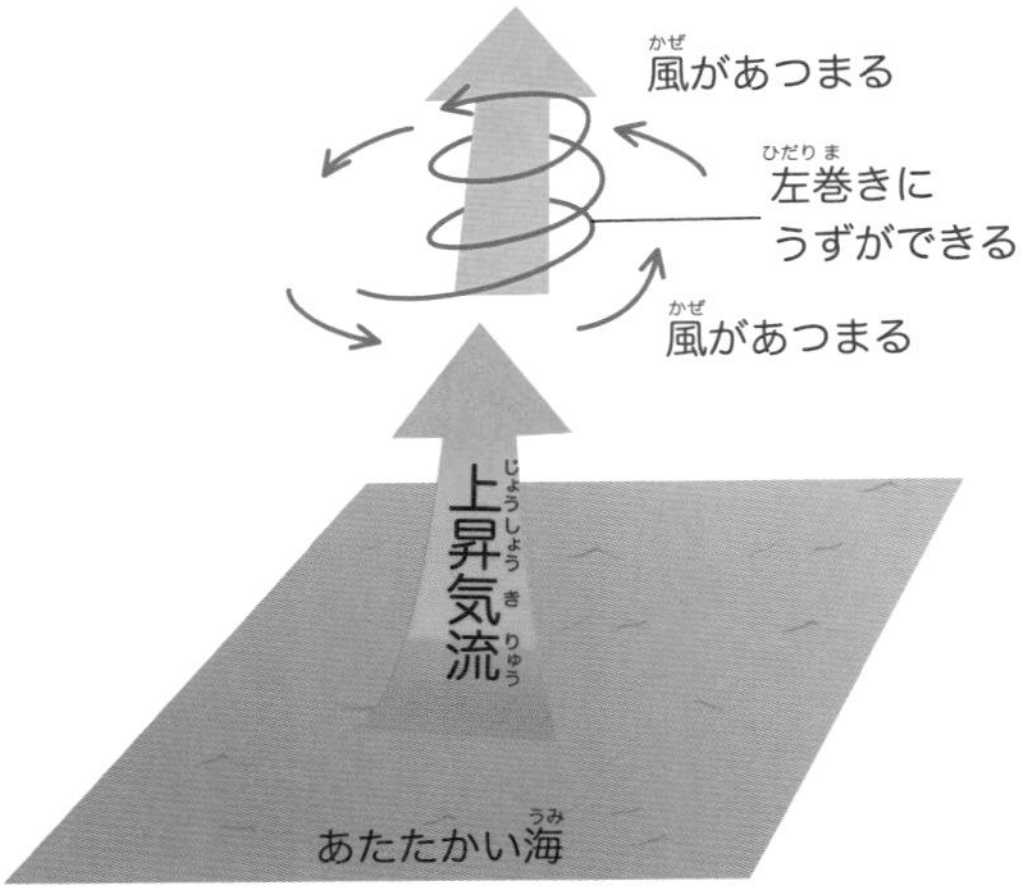

まめちしき

▶家《いえ》をこわしたり、洪水《こうずい》を起《お》こしたりする大《おお》きな台風《たいふう》は、「伊勢湾台風《いせわんたいふう》」「室戸台風《むろとたいふう》」などと名前《なまえ》で呼《よ》ばれるよ。アメリカでは「ジェーン」や「サラ」など、女性《じょせい》の名前《なまえ》が多《おお》いみたい。

8月《がつ》13日《にち》

人体《じんたい》のふしぎ

どうして右利《みぎき》きの人《ひと》と左利《ひだりき》きの人《ひと》がいるの？

右脳《うのう》と左脳《さのう》のはたらき

あなたは自然《しぜん》にうでを組《く》んだとき、右《みぎ》と左《ひだり》、どちらのうでが上《うえ》になっていますか？

上《うえ》になっているうでが右《みぎ》うでの人《ひと》には「右利《みぎき》き」が多《おお》く、左《ひだり》うでの人《ひと》には「左利《ひだりき》き」が多《おお》いそうですよ。おうちの人《ひと》にも、同《おな》じようにやってもらいましょう。

頭《あたま》の中《なか》にある脳《のう》は、物《もの》ごとを考《かんが》えたり、からだを動《うご》かす命令《めいれい》を出《だ》したりする大切《たいせつ》な場所《ばしょ》です。脳《のう》は、人間《にんげん》の目《め》や耳《みみ》や手足《てあし》と同《おな》じように、やはり右《みぎ》と左《ひだり》にわかれています。それぞれを右脳《うのう》と左脳《さのう》といいます。

右脳《うのう》も左脳《さのう》も、どちらもそれぞれに役割《やくわり》があります。それぞれを比《くら》べてみたときに、どちらの脳《のう》がよくはたらいているかによって「右利《みぎき》き」か「左利《ひだりき》き」かが決《き》まってくるのです。

右脳《うのう》が左《ひだり》、左脳《さのう》が右《みぎ》を動《うご》かす

脳《のう》から出《で》た命令《めいれい》は、延髄《えんずい》という場所《ばしょ》を通《とお》って、からだを動《うご》かします。延髄《えんずい》というのは、頭《あたま》の後《うし》ろから首《くび》のつけ根《ね》あたりにあり、命令《めいれい》を伝《つた》えるための大事《だいじ》な仕事《しごと》をする場所《ばしょ》です。

それぞれの脳《のう》から出《で》た命令《めいれい》は、その延髄《えんずい》を通《とお》るときに、たがい違《ちが》いに進《すす》みながら、からだの反対側《はんたいがわ》を動《うご》かしています。

つまり、右脳《うのう》から出《で》た命令《めいれい》で左手《ひだりて》や左足《ひだりあし》が動《うご》かされ、左脳《さのう》から出《で》た命令《めいれい》で右手《みぎて》や右足《みぎあし》が動《うご》かされているということになるのです。

ただし、生《う》まれたときには、まだどちらの脳《のう》がよりよくはたらき、多《おお》くの命令《めいれい》を出《だ》すことになるのかは、決《き》まっていないといわれています。

人間《にんげん》に右利《みぎき》きが多《おお》い理由《りゆう》には、まず、右手《みぎて》を使《つか》っているお父《とう》さんやお母《かあ》さんを見《み》てまねをしていくうちに、いつの間《ま》にか右利《みぎき》きになっていくということが多《おお》いようです。

そして、左側《ひだりがわ》にある心臓《しんぞう》を、右手《みぎて》で守《まも》りながらくらしていた、原始時代《げんしじだい》のなごりだともいわれています。

まめちしき

▶指《ゆび》で輪《わ》っかをつくり、遠《とお》くのものが輪《わ》っかの中《なか》に入《はい》るよう両目《りょうめ》で見《み》てみよう。片目《かため》を交互《こうご》につぶってみて、ものがずれずに見《み》えたほうの目《め》が「利《き》き目《め》」だよ。

お盆《ぼん》ってなあに？

ご先祖《せんぞ》さまをおもてなし

お盆《ぼん》は、ご先祖《せんぞ》さまをおむかえする期間《きかん》のことです。ふだんはあの世《よ》にいるご先祖《せんぞ》さまが、一年《いちねん》に一度《いちど》帰《かえ》ってくるのがお盆《ぼん》。ご先祖《せんぞ》さまをもてなすために、親《しん》せきがあつまりにぎやかにすごすのです。

むかしの人《ひと》が、ご先祖《せんぞ》さまをどんなに大切《たいせつ》に思《おも》っていたか、わかりますね。

お盆《ぼん》の行事《ぎょうじ》、どれだけ知《し》ってる？

お盆《ぼん》には、家《いえ》でも地域《ちいき》でも、たくさんの行事《ぎょうじ》がおこなわれます。みんなは、いくつ知《し》っているかな？

●**お墓《はか》まいり**…みんなでお墓《はか》まいりをして、ご先祖《せんぞ》さまの供養《くよう》をします。

●**むかえ火《び》**…わらなどを燃《も》やして、家《いえ》の前《まえ》に置《お》きます。あの世《よ》から帰《かえ》ってくるご先祖《せんぞ》さまが、迷《まよ》わないための目印《めじるし》になります。

●**盆《ぼん》おどり**…ご先祖《せんぞ》さまに楽《たの》しんでもらうため、にぎやかにおこなわれます。人間《にんげん》にまざって、こっそりご先祖《せんぞ》さまもおどっているかも？

●**精霊馬《しょうりょううま》**…ナスやキュウリに、マッチ棒《ぼう》やわりばしを4本《ほん》さしたかざりを見《み》たことはありますか。ナスはウシを、キュウリはウマをあらわします。

ご先祖《せんぞ》さまは、行《い》きはキュウリのウマに乗《の》り、帰《かえ》りはナスのウシに乗《の》っていくわけです。

行《い》きは足《あし》の速《はや》いウマに乗《の》って、ご先祖《せんぞ》さまに急《いそ》いで来《き》てもらい、帰《かえ》りは歩《あゆ》みのおそいウシに乗《の》って、できるだけゆっくり帰《かえ》ってもらうのです。ウシだと、おみやげだってたくさん、持《も》って帰《かえ》れますからね。

●**送《おく》り火《び》**…お盆《ぼん》の最後《さいご》の日《ひ》に、ご先祖《せんぞ》さまが無事《ぶじ》にあの世《よ》に帰《かえ》れるように火《ひ》をたきます。

大《おお》きなものでは京都《きょうと》の「五山送《ござんのおく》り火《び》」が有名《ゆうめい》で、5つの山《やま》に大《おお》きな字《じ》や絵《え》をあらわした火《ひ》が燃《も》やされます。

●**灯《とう》ろう流《なが》し**…地域《ちいき》によっては送《おく》り火《び》のかわりに、火《ひ》をともした小《ちい》さな舟《ふね》を川《かわ》に流《なが》します。

むかしの人《ひと》は、死《し》んだ人《ひと》がいく世界《せかい》が川《かわ》の向《む》こう側《がわ》にあると考《かんが》えていたからです。

お墓《はか》まいり

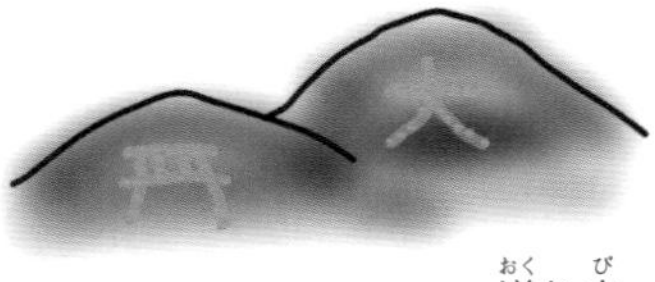

送《おく》り火《び》

むかえ火《び》

精霊馬《しょうりょううま》

まめちしき

▶お盆《ぼん》の正式《せいしき》な名《な》は「盂蘭盆会《うらぼんえ》」。むかしのインドの「逆《さか》さにかけられる」という意味《いみ》の「ウランバーナ」がもとの言葉《ことば》だとか。亡《な》くなった人《ひと》のたましいは逆《さか》さになっていると考《かんが》えられたからみたい。

どうして人間《にんげん》は戦争《せんそう》をするの？

みのまわりのふしぎ

国《くに》どうしのけんか

世界中《せかいじゅう》にはたくさんの国《くに》があり、いろいろな人々《ひとびと》がくらしています。そんな国《くに》の中《なか》には、他《ほか》の国《くに》の持《も》っている資源《しげん》やお金《かね》をほしいと思《おも》う国《くに》が出《で》てくることがあります。

また、考《かんが》え方《かた》の違《ちが》いからくる話《はな》し合《あ》いが、いいあらそいだけではすまないでけんかになるときがあります。そんなときに、国《くに》どうしのけんか、つまり「戦争《せんそう》」がはじまるのです。

1945年《ねん》8月《がつ》、日本《にほん》は第二次世界大戦《だいにじせかいたいせん》という戦争《せんそう》を、他《ほか》の国《くに》としていました。そして8月6日《がつむいか》。広島《ひろしま》に世界《せかい》ではじめて、原子爆弾《げんしばくだん》（原爆《げんばく》）が落《お》とされました。この原爆《げんばく》で一瞬《いっしゅん》にして都市《とし》は焼《や》きはらわれ、何万人《なんまんにん》もの人間《にんげん》の命《いのち》も失《うしな》われました。

そして、同《おな》じ年《とし》の8月9日《がつここのか》、さらにもう一発《いっぱつ》の原爆《げんばく》が長崎《ながさき》に落《お》とされ、また多《おお》くの命《いのち》がぎせいとなりました。

8月《がつ》15日《にち》。ついに日本《にほん》はアメリカなど戦争《せんそう》の相手《あいて》に降伏《こうふく》し、昭和天皇《しょうわてんのう》が、全国民《ぜんこくみん》に向《む》けて、ラジオで降伏《こうふく》したことを報告《ほうこく》する玉音放送《ぎょくおんほうそう》をおこないました。そして、第二次世界大戦《だいにじせかいたいせん》が終《お》わったのです。

長崎《ながさき》の平和祈念像《へいわきねんぞう》（上《うえ》）と広島《ひろしま》の原爆《げんばく》ドーム（下《した》）

平和《へいわ》が続《つづ》きますように

その後《ご》、8月《がつ》15日《にち》は「戦没者《せんぼつしゃ》を追悼《ついとう》し平和《へいわ》を祈念《きねん》する日《ひ》」となり、過去《かこ》のあやまちを反省《はんせい》して、平和《へいわ》が続《つづ》くように祈《いの》る日《ひ》となりました。

日本《にほん》は世界《せかい》の中《なか》でただひとつの、原子爆弾《げんしばくだん》で被害《ひがい》を受《う》けた国《くに》です。たくさんの人《ひと》が亡《な》くなっただけでなく、いまだにその後遺症《こういしょう》に苦《くる》しんでいる人《ひと》もたくさんいます。

戦争《せんそう》を知《し》っている人《ひと》がいなくなったら、また同《おな》じあやまちをくり返《かえ》すことになってしまいます。戦争《せんそう》や原子爆弾《げんしばくだん》の恐《おそ》ろしさについて、未来《みらい》に向《む》けていつまでもかたりついでいかなくてはいけませんね。

まめちしき

▶日本《にほん》の憲法《けんぽう》には、「戦争《せんそう》の放棄《ほうき》」という言葉《ことば》が書《か》かれているよ。これは、「日本《にほん》はもうけっして戦争《せん》をしません」という意味《いみ》で、「平和主義《へいわしゅぎ》」とも呼《よ》ばれているんだ（146ページ）。

8月《がつ》16日《にち》

生《い》きもののふしぎ

クジラは魚《さかな》じゃないってホント？

クジラは肺《はい》で息《いき》をしている

魚《さかな》はエラを使《つか》って息《いき》をします（357ページ）が、クジラは魚《さかな》ではないため、エラがありません。クジラはわたしたち人間《にんげん》と同《おな》じほ乳類《にゅうるい》なので、肺《はい》を使《つか》って息《いき》をしているのです。

テレビなどでクジラがしおを噴《ふ》くところを見《み》たことがありますか？　あれは、頭《あたま》の上《うえ》にある鼻《はな》の穴《あな》を、海《うみ》から出《だ》して息《いき》をしているところなのです。噴《ふ》き上《あ》げているものは海《うみ》の水《みず》ではなく、クジラが吐《は》き出《だ》している空気《くうき》です。

クジラだけでなく、イルカやシャチ、ジュゴン、マナティー、アザラシ、オットセイ、ラッコなどもほ乳類《にゅうるい》です。ほ乳類《にゅうるい》は同《おな》じ特長《とくちょう》をもっています。

●肺《はい》で息《いき》をする
●体温《たいおん》が一定《いってい》に保《たも》たれている
●卵《たまご》ではなく、赤《あか》ちゃんを生《う》み、お母《かあ》さんのおちちで育《そだ》てる
●耳《みみ》の中《なか》に音《おと》を伝《つた》えるための3つの骨《ほね》がある

などです。クジラはもちろんすべてに当《あ》てはまります。

水《みず》の中《なか》でくらすための変化《へんか》

水《みず》の中《なか》でくらすためには、陸上《りくじょう》とは違《ちが》った、さまざまなことに対応《たいおう》しなくてはなりません。

例《たと》えば、水《みず》の中《なか》を泳《およ》いだり歩《ある》いたりすると、動《うご》きにくくて速《はや》く進《すす》むことができませんね。水《みず》の中《なか》では、水の抵抗《ていこう》をうまく散《ち》らせるような、なめらかなからだつきでないと、前《まえ》に進《すす》みにくいのです。

そこで海《うみ》でくらすほ乳類《にゅうるい》は、でっぱりの少《すく》ないからだつきになり、4本《ほん》の足《あし》もひれのような形《かたち》になりました。魚《さかな》とよく似《に》た姿《すがた》になったおかげで、速《はや》く泳《およ》ぐことができるのです。

また、ほ乳類《にゅうるい》の場合《ばあい》は、体温《たいおん》を一定《いってい》に保《たも》ち、からだの熱《ねつ》が水《みず》の冷《つめ》たさにうばわれないようにしなければ生《い》きていけません。

そこで、クジラなどはからだを大《おお》きくし、さらにあつい脂肪《しぼう》をつけることで、からだからにげる熱《ねつ》を少《すく》なくし、体温《たいおん》を下《さ》げないようにしているのです。

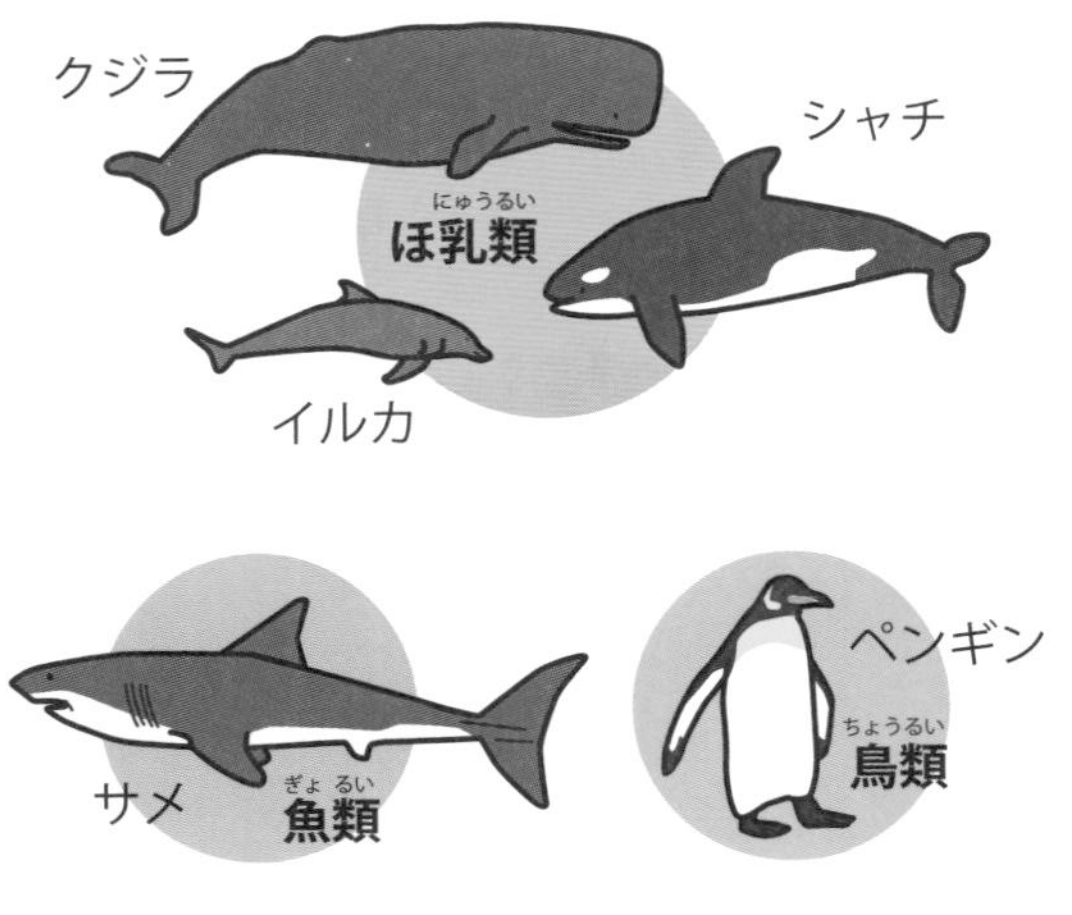

まめちしき ▶クジラの中《なか》で、5メートルより小《ちい》さなものはイルカと呼《よ》ばれる。つまりイルカもほ乳類《にゅうるい》なんだね。その他《ほか》ラッコやシャチ、アザラシなど、海《うみ》に住《す》むほ乳類《にゅうるい》は少《すく》なくないんだよ。

8月《がつ》17日《にち》

どうして冷《れい》蔵《ぞう》庫《こ》でものが冷《ひ》えるの？

科《か》学《がく》のふしぎ

熱《ねつ》をうばう気《き》化《か》熱《ねつ》

あなたは、予《よ》防《ぼう》注《ちゅう》射《しゃ》を受《う》けたことがありますか？

痛《いた》いからイヤ！　と思《おも》うかもしれないけど、がまんがまん。注《ちゅう》射《しゃ》をする前《まえ》には、アルコールでうでをふいてもらいますよね。そのとき、スーッとするでしょう。

それは、液《えき》体《たい》のアルコールが気《き》体《たい》に変《か》わるときに、皮《ひ》ふの熱《ねつ》をうばうからです。これを、気《き》化《か》熱《ねつ》といいます。

あつい日《ひ》に、家《いえ》の前《まえ》の道《みち》に水《みず》をまくとすずしく感《かん》じるのと、同《おな》じですね（225ページ）。水《みず》が水《すい》蒸《じょう》気《き》に変《か》わるときに、熱《ねつ》をうばうわけです。わたしたちが汗《あせ》をかくのも同《おな》じです（230ページ）。汗《あせ》が蒸《じょう》発《はつ》するときに体《たい》温《おん》が下《さ》がるのです。

冷《れい》蔵《ぞう》庫《こ》がものを冷《ひ》やす仕《し》組《く》みも、この気《き》化《か》熱《ねつ》を利《り》用《よう》しているのです。冷《れい》蔵《ぞう》庫《こ》の中《なか》の熱《ねつ》を、気《き》化《か》熱《ねつ》でうばって冷《ひ》やし、その熱《ねつ》を外《そと》へ出《だ》しているというわけです。

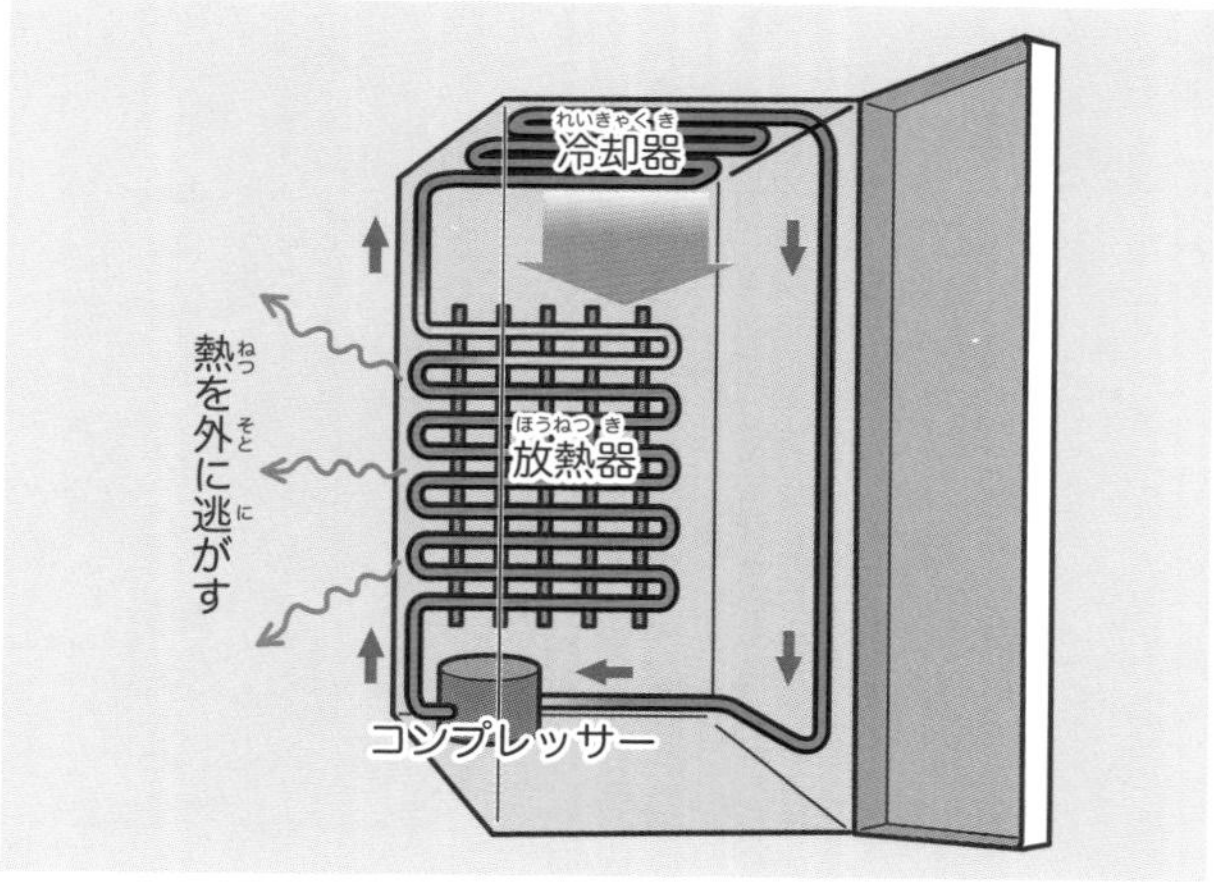

気《き》化《か》熱《ねつ》をくり返《かえ》し利《り》用《よう》する

では、冷《れい》蔵《ぞう》庫《こ》の仕《し》組《く》みをもう少《すこ》しくわしく見《み》ていきましょう。冷《れい》蔵《ぞう》庫《こ》の仕《し》組《く》みにとって、一《いち》番《ばん》大《だい》事《じ》なものが、「冷《れい》媒《ばい》」というガスです。

冷《れい》媒《ばい》に使《つか》われているガスは、冷《れい》蔵《ぞう》庫《こ》の中《なか》のパイプに入《はい》っています。ガスはパイプを通《とお》って、まず、「コンプレッサー」という装《そう》置《ち》の中《なか》に送《おく》られます。ここで、ガスはキュッとおしちぢめられます。これを圧《あっ》縮《しゅく》といい、圧《あっ》縮《しゅく》されたガスは、液《えき》体《たい》になります。

液《えき》体《たい》になったガスは、「放《ほう》熱《ねつ》器《き》」で冷《ひ》やされてから、「冷《れい》却《きゃく》器《き》」に送《おく》られます。ここで、液《えき》体《たい》を蒸《じょう》発《はつ》させ、気《き》体《たい》のガスに戻《もど》します。このときの気《き》化《か》熱《ねつ》が、周《まわ》りの熱《ねつ》をうばって、冷《れい》蔵《ぞう》庫《こ》の中《なか》の温《おん》度《ど》を下《さ》げていくのです。

ガスに戻《もど》った冷《れい》媒《ばい》は、またコンプレッサーに送《おく》られます。このくり返《かえ》しで、冷《れい》蔵《ぞう》庫《こ》の中《なか》は冷《ひ》えていくわけです。

ちなみにクーラーにも、冷《れい》蔵《ぞう》庫《こ》を冷《ひ》やすのと同《おな》じような仕《し》組《く》みが使《つか》われていますよ。

まめちしき ▶冷《れい》蔵《ぞう》庫《こ》と洗《せん》濯《たく》機《き》、それから白《しろ》黒《くろ》テレビを「昭《しょう》和《わ》の三《さん》種《しゅ》の神《じん》器《ぎ》」と呼《よ》ぶんだよ。わたしたちの生《せい》活《かつ》をグッと便《べん》利《り》にしてくれたものだから、そう呼《よ》んでいたんだね。

読《よ》んだ日《ひ》　月《がつ》　日《にち》

8月《がつ》18日《にち》

人間《にんげん》はいつからお米《こめ》を食《た》べるようになったの？

みのまわりのふしぎ

お米《こめ》は大切《たいせつ》な栄養《えいよう》

わたしたちが毎日《まいにち》食《た》べているごはんは、お米《こめ》を炊《た》いたものです。でも、アメリカ人《じん》はごはんではなく主《おも》にパンを食《た》べますし、イタリア人《じん》は主《おも》にパスタを食《た》べています。日本人《にほんじん》でも、ごはんよりうどんのほうが好《す》きだという人《ひと》もいるかもしれません。

パンやパスタやうどんをつくるための小麦粉《こむぎこ》は、小麦《こむぎ》からできています。東南《とうなん》アジアやアフリカには、お米《こめ》でも小麦《こむぎ》でもなく、おいもを食《た》べる国《くに》もあります。お米《こめ》や小麦《こむぎ》、おいもは、どれも、「炭水化物《たんすいかぶつ》」がたくさん入《はい》った食《た》べもの。炭水化物《たんすいかぶつ》は、からだや頭《あたま》を動《うご》かすエネルギーになる、大切《たいせつ》な栄養素《えいようそ》です。

おいもは乾《かわ》いたところでも育《そだ》ちやすく、土《つち》の中《なか》に埋《う》めておけば、どんどん大《おお》きくなります。ですから、おいもをよく食《た》べているのは、雨《あめ》が少《すく》ない国《くに》や、あつい国《くに》が多《おお》いです。

小麦《こむぎ》は台風《たいふう》や日《ひ》でりに強《つよ》い植物《しょくぶつ》です。小麦《こむぎ》は粉《こな》にしたり、その粉《こな》をねったりしないと、パサパサして食《た》べにくいので、食《た》べるために手間《てま》がかかります。

1万《まん》年《ねん》以上《いじょう》前《まえ》からある

お米《こめ》がつくられはじめたのはいつごろかは、はっきりとわかっていません。ですが、中国《ちゅうごく》では1万年以上前《まんねんいじょうまえ》の米《こめ》のもみがらが見《み》つかっていますから、お米《こめ》を食《た》べるようになったのも、1万年《まんねん》以上前《いじょうまえ》であることがわかります。

日本《にほん》でお米《こめ》づくりがさかんになったのは、2500年前《ねんまえ》ごろの弥生時代《やよいじだい》だといわれています。

でも、縄文時代《じょうもんじだい》の人《ひと》たちも、お米《こめ》をつくっていたことがわかってきましたから、もっとむかしからお米《こめ》が食《た》べられていたのかもしれません。

ところで、「米《こめ》」という文字《もじ》は、「八《はち》」「十《じゅう》」「八《はち》」に分解《ぶんかい》することができます。だから8（八《はち》）月《がつ》18（十八《じゅうはち》）日《にち》はお米《こめ》の日《ひ》なのですよ。

お米《こめ》はわたしたちの主食《しゅしょく》。ありがたくいただこう

田植《たう》えをしているところ

まめちしき ▶お米《こめ》は稲《いね》の実《み》だよね。黒《くろ》っぽいものや緑色《みどりいろ》っぽいものなど、いろいろな色《いろ》の稲《いね》があるんだよ。これらを使《つか》って、田《た》んぼに絵《え》をかくこともあるんだって。

どうしてバイクや自転車《じてんしゃ》は倒《たお》れないの？

科学《かがく》のふしぎ

バランスをとる仕組《しく》み

あなたはもう自転車《じてんしゃ》には乗《の》れますか？　まだ補助輪《ほじょりん》つきかな？

でもどうして、車輪《しゃりん》がふたつしかないのに、自転車《じてんしゃ》は倒《たお》れないで走《はし》ることができるのでしょうね。

わたしたちは、自転車《じてんしゃ》が右《みぎ》に倒《たお》れそうになると、自然《しぜん》に右《みぎ》にハンドルを切《き》り、左《ひだり》に倒《たお》れそうになると左《ひだり》にハンドルを切《き》ります。ハンドルを切《き》ると、その向《む》きに倒《たお》れるのを防《ふせ》ぐことができるからです。

また、倒《たお》れそうになった方向《ほうこう》と逆向《ぎゃくむ》きにからだを倒《たお》しますが、これも自転車《じてんしゃ》が倒《たお》れるのを防《ふせ》ぎます。

自転車《じてんしゃ》には、乗《の》っている人《ひと》がバランスをとるのを助《たす》ける仕組《しく》みがいくつもあります。

例《たと》えば、前《まえ》の車輪《しゃりん》を支《ささ》えているタテの棒《ぼう》は、少《すこ》し傾《かたむ》いています。このおかげで、倒《たお》れそうになると、自然《しぜん》にそちらにハンドルが切《き》られることになり、倒《たお》れるのを防《ふせ》ぐのです。

また、前《まえ》の車輪《しゃりん》を支《ささ》えている棒《ぼう》が、先《さき》のほうで少《すこ》し曲《ま》がっていることが多《おお》いのですが、これもまっすぐ走《はし》りやすくするのを手《て》伝《つだ》います。

自転車《じてんしゃ》にもいろいろな形《かたち》があるよ

こんなに傾《かたむ》くんだよ！

回《まわ》っていると倒《たお》れにくい

十円玉《じゅうえんだま》を床《ゆか》に転《ころ》がしてみましょう。うまくやると、倒《たお》れないでそのまま転《ころ》がっていきますね。回《まわ》っているものは、同《おな》じ姿勢《しせい》をとり続《つづ》ける性質《せいしつ》があります。コマが回《まわ》り続《つづ》けるのも、この原理《げんり》によるものです。

走《はし》っているときの自転車《じてんしゃ》の車輪《しゃりん》も、このような性質《せいしつ》を持《も》っています。このため、小《ちい》さなでこぼこで、自転車《じてんしゃ》がいきなり倒《たお》れるようなことが起《お》こりにくくなっているのです。バイクが倒《たお》れない原理《げんり》も、自転車《じてんしゃ》とほぼ同《おな》じです。

自転車《じてんしゃ》には倒《たお》れにくい仕組《しく》みはありますが、ぶつからないための仕組《しく》みはありません。周《まわ》りに気《き》をつけて、安全《あんぜん》運転《うんてん》を心《こころ》がけましょうね。

まめちしき ▶やじろべえは横《よこ》に棒《ぼう》がついている。つなわたりも、長《なが》い棒《ぼう》を持《も》って練習《れんしゅう》すると、バランスをとりやすいらしい。自転車《じてんしゃ》のハンドルが横《よこ》についているのも同《おな》じ理由《りゆう》なんだね。

8月《がつ》 20日《にち》

どうして信《しん》号《ごう》機《き》の色《いろ》は赤《あか》黄《き》青《あお》なの？

みのまわりのふしぎ

むかしは赤《あか》と白《しろ》だった

今日《きょう》は交《こう》通《つう》信《しん》号《ごう》の日《ひ》です。1931年《ねん》のこの日《ひ》、東《とう》京《きょう》銀《ぎん》座《ざ》にある尾《お》張《わり》町《ちょう》交《こう》差《さ》点《てん》(現《げん》在《ざい》の銀《ぎん》座《ざ》4丁《ちょう》目《め》交《こう》差《さ》点《てん》)や京《きょう》橋《ばし》交《こう》差《さ》点《てん》など、34ケ所《しょ》の交《こう》差《さ》点《てん》に、日《に》本《ほん》ではじめて、赤《あか》黄《き》青《あお》の三《さん》色《しょく》からなる自《じ》動《どう》信《しん》号《ごう》機《き》が設《せっ》置《ち》されたことから定《さだ》められました。

世《せ》界《かい》ではじめて信《しん》号《ごう》が生《う》まれたのはヨーロッパです。自《じ》動《どう》車《しゃ》が発《はつ》明《めい》されて、自《じ》転《てん》車《しゃ》や馬《ば》車《しゃ》、そして人《ひと》との交《こう》通《つう》事《じ》故《こ》が増《ふ》えたため、考《かんが》え出《だ》されました。

最《さい》初《しょ》は交《こう》差《さ》点《てん》で、人《にん》間《げん》が身《み》ぶり手《て》ぶりの手《て》信《しん》号《ごう》で合《あい》図《ず》していたのですよ。1868年《ねん》にはイギリスの首《しゅ》都《と》ロンドンで、世《せ》界《かい》ではじめての信《しん》号《ごう》灯《とう》がついた交《こう》通《つう》信《しん》号《ごう》機《き》が設《せっ》置《ち》されました。このときに、信《しん》号《ごう》機《き》にはどの色《いろ》が見《み》やすいかの実《じっ》験《けん》がおこなわれ、白《しろ》と赤《あか》が見《み》やすいという結《けっ》果《か》が出《で》たため、はじめは赤《あか》が「止《と》まれ」、白《しろ》が「進《すす》め」という2色《しょく》の信《しん》号《ごう》になりました。

でもしばらくして、夜《よる》になると白《しろ》色《いろ》の外《がい》灯《とう》がつけられるようになりました。信《しん》号《ごう》と外《がい》灯《とう》の両《りょう》方《ほう》が白《しろ》色《いろ》だと間《ま》違《ちが》えやすくなってしまいますよね。そこで、三《さん》色《しょく》に変《へん》更《こう》になったのです。

赤《あか》黄《き》青《あお》は見《み》間《ま》違《ちが》えにくい

でもどうして、赤《あか》黄《き》青《あお》なのでしょうね。それはこれらの色《いろ》が、遠《とお》くから見《み》てもわかりやすい色《いろ》だからです。

例《たと》えば薄《うす》いピンク色《いろ》ですと、遠《とお》くから見《み》ると白《しろ》く見《み》えてしまいます。このような見《み》間《ま》違《ちが》えやすい色《いろ》は信《しん》号《ごう》に向《む》きません。

その点《てん》、赤《あか》黄《き》青《あお》なら、遠《とお》くから見《み》ても見《み》間《ま》違《ちが》えにくいのです。とくに赤《あか》色《いろ》は、目《め》から一《いち》番《ばん》早《はや》く脳《のう》に伝《つた》わる色《いろ》なので、交《こう》通《つう》安《あん》全《ぜん》には一《いち》番《ばん》大《たい》切《せつ》な「止《と》まれ」の色《いろ》になっています。

信《しん》号《ごう》機《き》は国《くに》によって形《かたち》が違《ちが》うことがあります。日《に》本《ほん》では歩《ある》く人《ひと》と止《と》まる人《ひと》であらわされる歩《ほ》行《こう》者《しゃ》用《よう》信《しん》号《ごう》ですが、グー(進《すす》め)チョキ(注《ちゅう》意《い》)パー(止《と》まれ)であらわされる国《くに》もあるようです。

交《こう》通《つう》信《しん》号《ごう》を守《まも》って、交《こう》通《つう》安《あん》全《ぜん》を心《こころ》がけましょうね。

こんな信《しん》号《ごう》機《き》もあるんだよ

まめちしき ▶「青《あお》信《しん》号《ごう》」というけれど、あれは青《あお》じゃなくて緑《みどり》色《いろ》だよね。むかしの日《に》本《ほん》人《じん》は緑《みどり》色《いろ》を「青《あお》」と呼《よ》んだんだ。今《いま》でも、緑《みどり》色《いろ》のリンゴを「青《あお》リンゴ」って呼《よ》ぶのはそのなごりだよ。

読《よ》んだ日《ひ》　　月《がつ》　日《にち》

8月《がつ》21日《にち》

どうして血《ち》は赤《あか》いの？

人体《じんたい》のふしぎ

酸素《さんそ》を運《はこ》ぶヘモグロビン

人間《にんげん》は呼吸《こきゅう》をしないと生《い》きていけません。プールにもぐっても、すぐに息《いき》が苦《くる》しくなってしまいます。このことからも、呼吸《こきゅう》がいかに大切《たいせつ》かよくわかりますね。

血《ち》が赤《あか》いことは、呼吸《こきゅう》と深《ふか》い関係《かんけい》があるのです。

吸《す》い込《こ》まれた空気《くうき》は、のどから気管《きかん》という管《くだ》を通《とお》って肺《はい》に行《い》き、そこで酸素《さんそ》だけが取《と》り出《だ》されます。酸素《さんそ》以外《いがい》のちっ素《そ》や二酸化炭素は、からだの外《そと》に吐《は》き出《だ》されます。

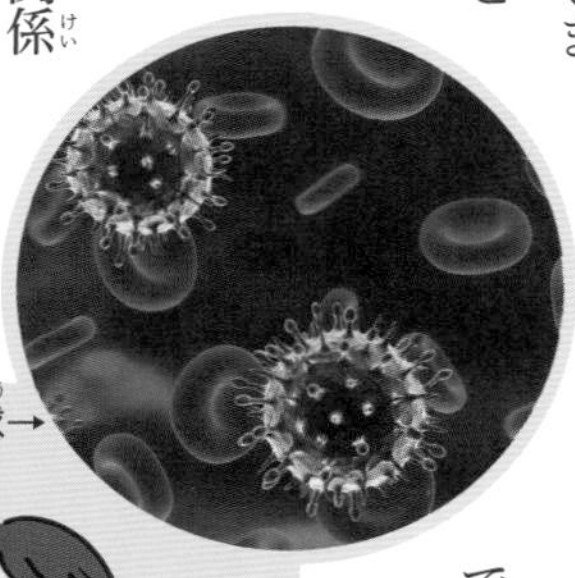
ヘモグロビンと白血球《はっけっきゅう》→

肺《はい》で取《と》り出《だ》された酸素《さんそ》は、からだのすみずみに行《い》きわたらせないといけません。なぜなら、からだ中《じゅう》の細胞《さいぼう》が、栄養《えいよう》を燃《も》やして生《い》きるための力《ちから》をつくるのに、酸素《さんそ》が必要《ひつよう》だからです。酸素《さんそ》を運《はこ》ぶのにうってつけなのが血《ち》です。なにしろ血管《けっかん》は、人間《にんげん》のからだ中《じゅう》にはりめぐらされた川《かわ》のようなものですからね。

さて、血《ち》の中《なか》にはヘモグロビンという成分《せいぶん》が含《ふく》まれています。ヘモグロビンは酸素《さんそ》とくっついて、からだのいろいろな場所《ばしょ》に酸素《さんそ》を運《はこ》ぶはたらきをしているものです。

そして、酸素《さんそ》を細胞《さいぼう》にわたしたら、それとひきかえに、細胞《さいぼう》でいらなくなった二酸化炭素《にさんかたんそ》をもらって、肺《はい》へと戻《もど》っていくのです。

ところで、ヘモグロビンは「ヘム」という、鉄《てつ》を含《ふく》む成分《せいぶん》からできています。このヘムには、酸素《さんそ》とくっつくと赤《あか》くなり、二酸化炭素《にさんかたんそ》とくっつくと赤黒《あかぐろ》くなるという性質《せいしつ》があります。ですから、血《ち》は赤《あか》く見《み》えるのです。

青《あお》い血《ち》の生《い》きもの

生《い》きものの中《なか》には、青《あお》い血《ち》をしているものもいます。エビやカニ、イカやタコ、貝《かい》、こん虫《ちゅう》などです。

これらの生《い》きものの血《ち》には、ヘモグロビンのかわりに、ヘモシアニンという成分《せいぶん》が含《ふく》まれています。ヘモシアニンには鉄《てつ》ではなく、銅《どう》が含《ふく》まれています。ふだんはとうめいで色《いろ》がありませんが、酸素《さんそ》とくっつくと青《あお》くなる性質《せいしつ》があるため、血《ち》が青《あお》く見《み》えるのです。

まめちしき
▶からだの中《なか》の鉄《てつ》が減《へ》ってしまうと、ヘモグロビンが足《た》りなくなり、貧血《ひんけつ》になりやすくなる。鉄《てつ》を多《おお》く含《ふく》むレバーやアサリ、納豆《なっとう》などをしっかり食《た》べよう。

トカゲのしっぽはどうして切《き》れやすいの?

生《い》きもののふしぎ

しっぽを切《き》って敵《てき》からにげる

トカゲはいろいろな動物《どうぶつ》にねらわれています。ネズミ、イタチ、ヘビ、トリなど、トカゲを食《た》べようとする動物《どうぶつ》がたくさんいます。

トカゲは、それらの動物《どうぶつ》にしっぽをつかまれるとしっぽだけ切《き》り離《はな》してにげてしまうのです。

切《き》れたしっぽは、しばらくの間《あいだ》ピクピクと動《うご》いて敵《てき》の注意《ちゅうい》を引《ひ》きつけます。その間《あいだ》にトカゲはにげて助《たす》かることができるのです。攻撃力《こうげきりょく》や毒《どく》を持《も》たないトカゲは、しっぽを切《き》り離《はな》すことで、身《み》を守《まも》っているのです。

トカゲのしっぽには、特別《とくべつ》な切《き》れ目《め》がついていて、いつも同《おな》じところから切《き》れるようになっています。敵《てき》にしっぽをつかまえられると、神経《しんけい》が刺激《しげき》を感《かん》じ、トカゲ自身《じしん》が意識《いしき》しなくても、勝手《かって》に切《き》れ目《め》からしっぽがとれるようになっているのです。

ですから、トカゲに麻酔《ますい》をかけると、神経《しんけい》が眠《ねむ》ってしまうため、しっぽをつかんでも切《き》れることはありません。

また、骨《ほね》をはずし、筋肉《きんにく》をキュッとちぢめてからしっぽをとるため、切《き》れ目《め》から血《ち》が出《で》ることもないのです。

もと通《どお》りには再生《さいせい》しない

間《ま》もなく「再生尾《さいせいび》」という新《あたら》しいしっぽが生《は》えてきますが、なかなかもと通《どお》りにはなりません。たいてい、前《まえ》のしっぽより小《ちい》さかったり、形《かたち》や色《いろ》がわるかったりして、ひとめで再生尾《さいせいび》だとわかってしまうほどです。

再生尾《さいせいび》には特別《とくべつ》な切《き》れ目《め》は入《はい》っていないので、しっぽを切《き》り離《はな》してにげることはもうできません。

さらに、トカゲのしっぽには栄養《えいよう》をたくわえるはたらきがあるため、しっぽを切《き》り離《はな》したことで、からだが弱《よわ》ってしまう場合《ばあい》もあるのです。

ですから、トカゲを見《み》つけても、むやみにしっぽをつかまえないようにしてあげましょうね。

まめちしき ▶トカゲとよく似《に》た動物《どうぶつ》に、イモリとヤモリがいる。ヤモリはトカゲと同《おな》じは虫類《ちゅうるい》だけど、イモリは両生類《りょうせいるい》。種類《しゅるい》が違《ちが》うんだ。ヤモリは家《いえ》を守《まも》ってくれるといわれているよ。

川《かわ》の水《みず》はどこから流《なが》れはじめるの？

水《みず》はめぐっている

川《かわ》を上流《じょうりゅう》へ上流《じょうりゅう》へとたどっていくと、たいていは山《やま》の中《なか》にある、小《ちい》さな流《なが》れへとたどりつきます。

この場所《ばしょ》を「源流《げんりゅう》」といいます。では、この源流《げんりゅう》の水《みず》はいったいどこからきたのでしょうか？

海《うみ》の水《みず》は太陽《たいよう》の熱《ねつ》を受《う》けて、少《すこ》しずつ蒸発《じょうはつ》しています。少《すこ》しずつといっても、海《うみ》はとても広《ひろ》いので、蒸発《じょうはつ》した水分《すいぶん》は大変《たいへん》な量《りょう》になります(66ページ)。

水分《すいぶん》は水蒸気《すいじょうき》となって空《そら》に上《あ》がっていき、雲《くも》をつくります。雲《くも》はいろいろなところで雨《あめ》を降《ふ》らせ、雨《あめ》はやがて川《かわ》に流《なが》れ込《こ》みます。ですが、雨《あめ》が降《ふ》らない日《ひ》が続《つづ》いても、川《かわ》の水《みず》はかれずに流《なが》れています。

そのことからもわかるように、川《かわ》の水《みず》のもとは、雨水《あまみず》だけではないのです。

森《もり》や林《はやし》がたくわえた水《みず》

例《たと》えば、山《やま》には木《き》がたくさん生《は》えていて、森《もり》や林《はやし》になっていますね。森《もり》や林《はやし》の土《つち》は、かれ木《き》や葉《は》っぱがくさってできたもので、とてもやわらかくなっています。ですから、スポンジのように、どんどん雨水《あまみず》を吸《す》い込《こ》みます。

吸《す》い込《こ》まれた雨水《あまみず》は、ゆっくりと地中深《ちちゅうふか》くにしみ込《こ》んでいきます。これが地下水《ちかすい》です。地下水《ちかすい》は、しみ込《こ》む間《あいだ》にゴミやよごれが取《と》りのぞかれるため、とてもきれいな水《みず》になっています。

地下水《ちかすい》は長《なが》い時間《じかん》をかけて、少《すこ》しずつ川《かわ》へ流《なが》れ出《で》てきます。川《かわ》の水《みず》は下流《かりゅう》へと流《なが》れ、やがて海《うみ》に注《そそ》ぎ込《こ》みます。

このようにして、水《みず》は再《ふたた》び海《うみ》へ戻《もど》ってくるのです。

地球上《ちきゅうじょう》では、多《おお》くの人《ひと》が地下水《ちかすい》を生活《せいかつ》のために利用《りよう》しています。しかし最近《さいきん》、地下水《ちかすい》を汲《く》み上《あ》げる量《りょう》が多《おお》くなりすぎたため、地下水《ちかすい》がかれてしまったところもあります。

また、工場《こうじょう》の廃水《はいすい》や、化学肥料《かがくひりょう》や農薬《のうやく》などの影響《えいきょう》により、地下水《ちかすい》がよごれてきているのも問題《もんだい》です。

わたしたちの大切《たいせつ》な水《みず》を守《まも》るため、将来《しょうらい》に向《む》けてみんなで考《かんが》えていかないといけませんね。

地下水《ちかすい》がたまる仕組《しく》み

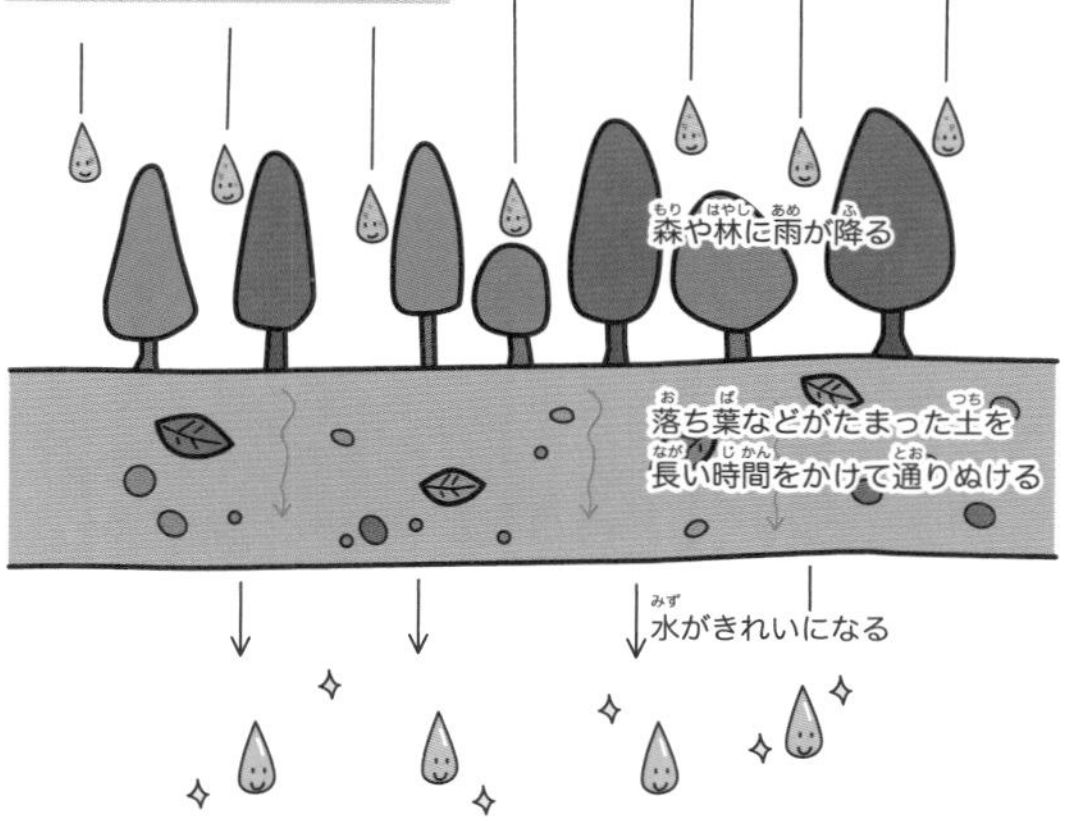

まめちしき ▶森《もり》や林《はやし》には雨水《あまみず》をたくわえるはたらきがあることから「緑《みどり》のダム」とも呼《よ》ばれている。洪水《こうずい》を防《ふせ》いでくれたりもするんだよ。

みのまわりのふしぎ

紙《かみ》ってなにからできているの？

木《き》からつくったパルプ

わたしたちの周《まわ》りには、たくさんの紙製品《かみせいひん》があふれています。トイレットペーパーやティッシュペーパー、本《ほん》や新聞《しんぶん》、教科書《きょうかしょ》やノート、テスト用紙《ようし》や、包《つつ》み紙《がみ》や、段《だん》ボール箱《ばこ》など、まだまだたくさんあります。

紙《かみ》は、いまから1900年《ねん》くらい前《まえ》に、中国《ちゅうごく》で発明《はつめい》されたといわれています。そのころの紙《かみ》は、ボロ布《ぬの》からつくられていたそうです。

むかしのヨーロッパでは「羊皮紙《ようひし》」が使《つか》われていました。羊皮紙《ようひし》というのは、ヒツジの皮《かわ》を乾《かわ》かして、薄《うす》くけずってつくった紙《かみ》です。そしていまから170年《ねん》ほど前《まえ》に、ドイツで木《き》を原料《げんりょう》とした紙《かみ》が発明《はつめい》されたのです。

製紙工場《せいしこうじょう》のようす

いまの紙《かみ》は、パルプからつくられます。パルプというのは、木《き》などの原料《げんりょう》から、紙《かみ》をつくるために必要《ひつよう》な繊維《せんい》を取《と》り出《だ》した、液体状《えきたいじょう》の物質《ぶっしつ》です。現在《げんざい》では、ほとんどの紙《かみ》が木《き》を原料《げんりょう》とした「木材《もくざい》パルプ」からできています。

古紙《こし》を再利用《さいりよう》する

たくさんの紙《かみ》をつくり続《つづ》けるために、毎日毎日《まいにちまいにち》、たくさんの木《き》が切《き》りたおされています。このことから、最近《さいきん》大《おお》きな問題《もんだい》が起《お》きてきました。世界中《せかいじゅう》の森《もり》が減《へ》ってきているのです。

森《もり》を増《ふ》やすために、新《あたら》しく木《き》を植《う》える「植林《しょくりん》」もおこなわれてはいます。ですが、大《おお》きな木《き》が育《そだ》つまでには、何十年《なんじゅうねん》もかかります。植林《しょくりん》だけでは、森《もり》の減少《げんしょう》を止《と》められません。

そこで考《かんが》えられたのが、古新聞《ふるしんぶん》や古雑誌《ふるざっし》などの古紙《こし》を溶《と》かして、もう一度《いちど》パルプにした「古紙《こし》パルプ」です。

そうやってつくった紙《かみ》のことを「再生紙《さいせいし》」といいます。

いまでは、日本《にほん》でつくられる紙《かみ》の半分《はんぶん》以上《いじょう》は、古紙《こし》を再利用《さいりよう》した再生紙《さいせいし》です。使《つか》い終《お》わった紙《かみ》も大切《たいせつ》な資源《しげん》なのです。ごみとして捨《す》てずに、再利用《さいりよう》に取《と》り組《く》みましょう。

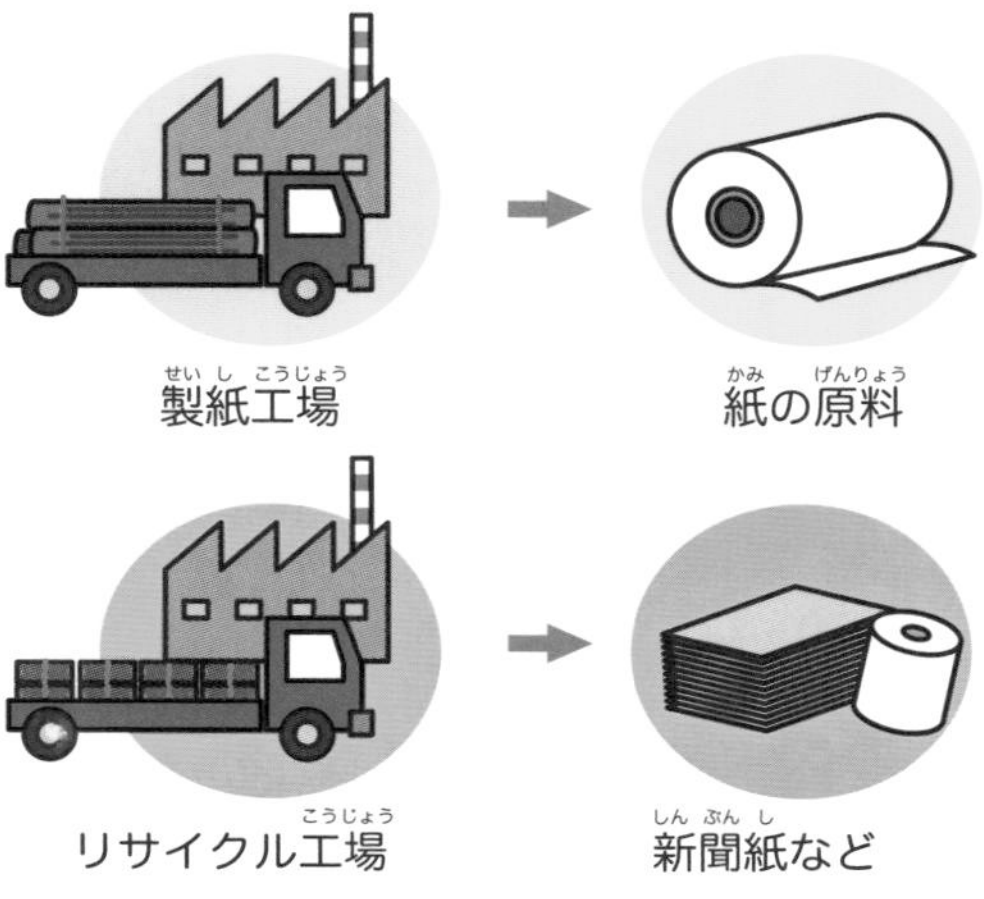

まめちしき
▶紙《かみ》を古紙《こし》として再利用《さいりよう》するというのは、発明《はつめい》されてまもないころからおこなわれていたことなんだって。むかしの紙《かみ》は、とても貴重《きちょう》なものだったからね。

カップめんがお湯《ゆ》を入《い》れるだけでできるのはなぜ？

小《ちい》さな穴《あな》にひみつがある

熱《あつ》いお湯《ゆ》を注《そそ》いで、しばらく待《ま》てばアツアツのラーメンができあがり。

もちろん、毎日《まいにち》カップめんばかり食《た》べていたら、お父《とう》さんやお母《かあ》さんにしかられてしまうかもしれませんが、ときどき食《た》べるとおいしいものですよね。それにめんが乾《かわ》いていますから、生《なま》めんよりもずっとくさりにくくて、長持《ながも》ちします。

ところで、カップめんはどうしてこんなにかんたんにできるのでしょうか？

それは、めんの中《なか》に小《ちい》さな穴《あな》がいっぱい開《あ》いているからです。その穴《あな》からどんどんお湯《ゆ》を吸《す》い込《こ》んで、もっちりとやわらかくなるのです。そして、味《あじ》のついた粉《こな》がお湯《ゆ》に溶《と》けて、おいしいスープもできます。

でも、どうやってそんな小《ちい》さな穴《あな》を開《あ》けるのでしょうね？

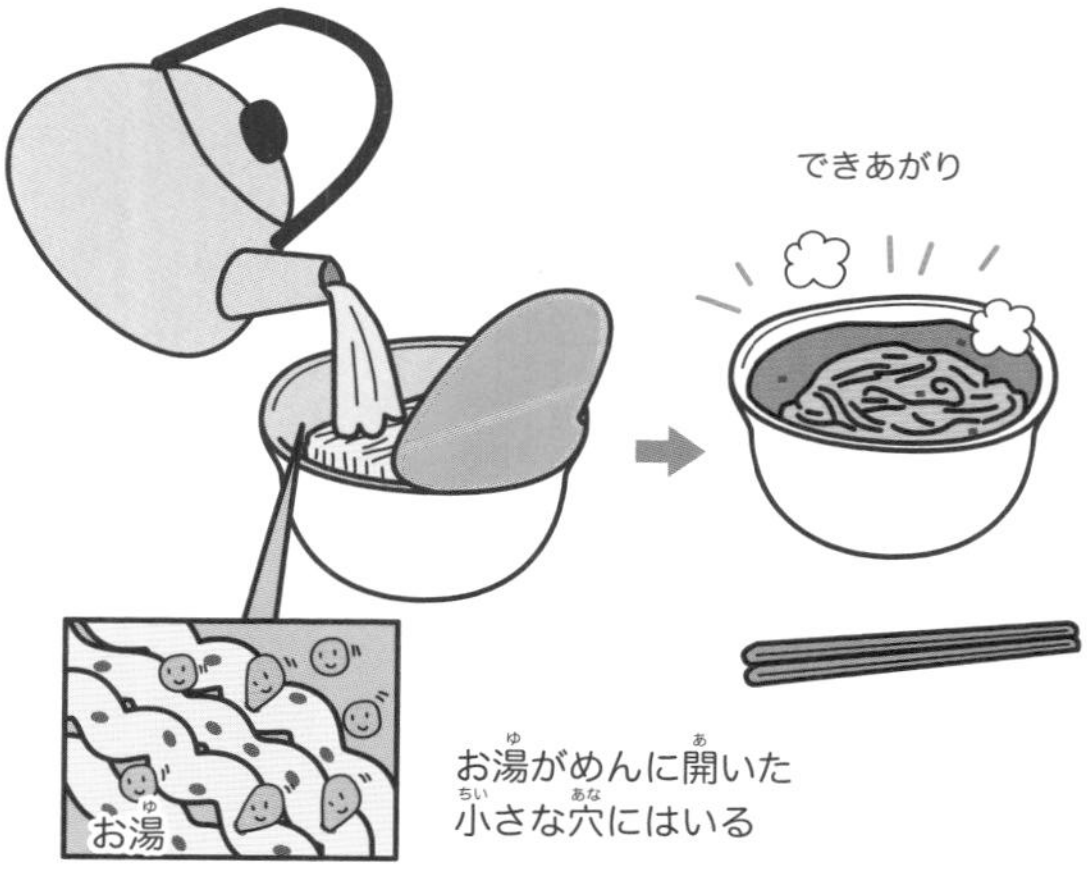

日本《にほん》で発明《はつめい》された

カップめんを考《かんが》え出《だ》したのは、日本《にほん》人《じん》の安藤百福《あんどうももふく》という人《ひと》です。彼《かれ》はてんぷらに開《あ》いた小《ちい》さな穴《あな》を見《み》て、「めんを油《あぶら》であげれば、お湯《ゆ》をかけたらかんたんに戻《もど》るめん（即席《そくせき》めん）をつくれるのではないか」と思《おも》いつきました。

そして1958年《ねん》8月《がつ》25日《にち》、即席《そくせき》めんをつくることに成功《せいこう》すると、今度《こんど》は「どこでも食《た》べられるように」と、入《い》れものに入《はい》ったカップめんを考《かんが》え出《だ》したのです。

いまでは、どんぶりのような形《かたち》をしたカップめんなど、入《い》れものにもいろいろな形《かたち》がありますが、最初《さいしょ》につくられたのは、コップの形《かたち》をしたカップめんでした。

その後《ご》、いろいろなカップめんが考《かんが》え出《だ》されています。めんをあっという間《ま》にこおらせて、それから乾《かわ》かす方法《ほうほう》など、さまざまな方法《ほうほう》が生《う》み出《だ》されているので、「カップめんは油《あぶら》が多《おお》くてからだによくない」という考《かんが》え方《かた》はむかしのものになってきています。

でも、栄養《えいよう》がかたよらないように、カップめんばかりを食《た》べないようにしましょうね。

まめちしき

▶カップめんはお湯以外《ゆいがい》でもつくることができる。あたためた牛乳《ぎゅうにゅう》でつくると栄養《えいよう》たっぷりになるうえに、コクが出《で》ておいしくなるみたい。一度《いちど》やってみてはどうかな？

人体《じんたい》のふしぎ

どうして日焼《ひや》けするとはだが黒《くろ》くなるの？

原因《げんいん》は紫外線《しがいせん》

日焼《ひや》けには二種類《にしゅるい》あります。ひとつは、太陽《たいよう》にあたってからすぐにはだがまっ赤《か》になる日焼《ひや》けで、ひりひりと痛《いた》みます。もうひとつは一日以上《いちにちいじょう》たってからはだが黒《くろ》くなってくる日焼《ひや》けです。

どちらの日焼《ひや》けも、太陽光線《たいようこうせん》の中《なか》に含《ふく》まれている、紫外線《しがいせん》という目《め》に見《み》えない光《ひかり》によって起《お》こります。

光《ひかり》というのは、虹《にじ》と同《おな》じように、赤《あか》、だいだい、黄《き》、緑《みどり》、青《あお》、あい、紫《むらさき》の7色《しょく》からできています。これは、目《め》に見《み》える光《ひかり》の色《いろ》が、ある順番《じゅんばん》にしたがって並《なら》んでいるものですが、じつは人《にん》間《げん》には見《み》えないだけで、赤《あか》と紫《むらさき》の外《そと》にもまだ光《ひかり》があるのです。

この光《ひかり》は、赤《あか》と紫《むらさき》の外《そと》にあるという意味《いみ》から、それぞれ赤外線《せきがいせん》、紫外線《しがいせん》と呼《よ》ばれています。

紫外線《しがいせん》は、目《め》に見《み》える光《ひかり》と比《くら》べると、散《ち》らばりやすい性質《せいしつ》を持《も》っています。そのため、目《め》に見《み》える光《ひかり》があまり届《とど》かない日《ひ》かげにもさし込《こ》んでくるので、日焼《ひや》けの原因《げんいん》になります。

はだが黒《くろ》くなる仕組《しく》み

では、日焼《ひや》けではだが黒《くろ》くなるのはなぜでしょう。

人間《にんげん》のはだは、いくつもの小《ちい》さな細胞《さいぼう》からできています。皮《ひ》ふが太陽《たいよう》に長《なが》い時間当《じかんあ》たると、紫外線《しがいせん》がこの細胞《さいぼう》の一部分《いちぶぶん》をこわします。

わたしたちのからだは、このこわれた細胞《さいぼう》を自動的《じどうてき》に修理《しゅうり》しますが、このときメラニンという色《いろ》のついた物質《ぶっしつ》が増《ふ》えます。このメラニンが黒《くろ》っぽい色《いろ》をしているので、日焼《ひや》けしたところは、はだの色《いろ》が黒《くろ》く見《み》えるのです。

黒《くろ》く焼《や》けたはだは、メラニンが紫外《しがい》線《せん》を吸収《きゅうしゅう》するため、白《しろ》いはだよりも紫《し》外線《がいせん》に強《つよ》くなります。そのため、まっ黒《くろ》に日焼《ひや》けした人《ひと》は、ひりひりとする赤《あか》い日焼《ひや》けをしにくくなります。

でも、日焼《ひや》けのしすぎはからだにあまりよくありません。日焼《ひや》けをしたくない人《ひと》は、帽子《ぼうし》をかぶり、服《ふく》をしっかり着《き》るようにしましょうね。

まめちしき　▶皮《ひ》ふの細胞《さいぼう》をこわす紫外線《しがいせん》。太陽《たいよう》を直接見《ちょくせつみ》たら目《め》の細胞《さいぼう》をこわすともいわれている。でも、紫外《しがい》線《せん》を当《あ》てたときだけ光《ひか》るインクなどもあり、使《つか》いようによっては便利《べんり》なんだよ。

生《い》きもののふしぎ

どうして毒《どく》ヘビは自分《じぶん》の毒《どく》で死《し》なないの？

毒《どく》を出《だ》す仕組《しく》み

毒《どく》ヘビのキバは、トンネルのように中《なか》ががらんどうになっていたり、タテにみぞがついていたりします。毒《どく》ヘビがこのキバでかみつくと、キバが注射器《ちゅうしゃき》の針《はり》のようなはたらきをして、相手《あいて》の血《ち》の中《なか》に毒《どく》が入《はい》るのです。

ヘビの毒《どく》は、唾液《だえき》(つば)が変化《へんか》したものです。人間《にんげん》につばをつくる場所《ばしょ》があるように、ヘビにも毒《どく》をつくるための場所《ばしょ》があります。

つまり、人《ひと》が自分《じぶん》でつばをつくっても、それが自分《じぶん》の血《ち》の中《なか》にまざることはないのと同《おな》じことなのです。毒《どく》ヘビは自分《じぶん》で毒《どく》をつくってはいますが、それが自分《じぶん》の血《ち》の中《なか》にまざることはありません。

では、毒《どく》ヘビが自分《じぶん》のキバで自分《じぶん》をかんだらどうなるでしょうか？　残念《ざんねん》ながら、これについては、まだはっきりしたことがわかっていません。

ちなみにヘビの毒《どく》には、相手《あいて》の神経《しんけい》をだめにするものと、相手《あいて》に血《ち》を出《だ》させるものがあります。神経《しんけい》をだめにする毒《どく》は、動物《どうぶつ》のからだを動《うご》けないようにしてしまいます。血《ち》を出《だ》させる毒《どく》は血管《けっかん》の壁《かべ》をもろくしたり、血《ち》を止《と》まりにくくしたりします。

日本《にほん》の毒《どく》ヘビ

日本《にほん》にも毒《どく》ヘビがいます。中《なか》でも有名《ゆうめい》なのはマムシとハブです。

マムシは比較的《ひかくてき》小《ちい》さなヘビで、長《なが》いものでも1メートル以下《いか》の大《おお》きさです。北海道《ほっかいどう》から九州《きゅうしゅう》まであちこちの、森《もり》や田《た》んぼ、川《かわ》べりといった、いろいろな場所《ばしょ》に住《す》んでいます。毒《どく》は、血《ち》を出《だ》させる種類《しゅるい》の毒《どく》です。

ハブは1メートル以上《いじょう》ある大《おお》きめなヘビで、長《なが》いものでは2メートルを超《こ》えることもあります。日本《にほん》で一番《いちばん》大《おお》きな毒《どく》ヘビで、沖縄《おきなわ》や奄美大島《あまみおおしま》の、森《もり》や草原《そうげん》、田畑《たはた》や水辺《みずべ》などいろいろなところに住《す》んでいます。毒《どく》は、こちらも血《ち》を出《だ》させる毒《どく》です。

ヘビにかまれたら、ときには死《し》んでしまうこともあります。みつけてもつかまえようとしないで、そっとしておきましょうね。

キバはこんな風《ふう》になっている

まめちしき

▶本州《ほんしゅう》にたくさんいる毒《どく》ヘビは、マムシとヤマカガシだろう。マムシは紫色《むらさきいろ》っぽくて、ヤマカガシは緑《みどり》っぽい。毒《どく》を持《も》った動物《どうぶつ》ははでな色《いろ》のものが多《おお》いんだよ。

8月《がつ》28日《にち》

運動《うんどう》の前《まえ》に準備《じゅんび》運動《うんどう》をするのはなぜ？

心臓《しんぞう》や肺《はい》の準備《じゅんび》をする

サッカーや野球《やきゅう》、水泳《すいえい》などをする前《まえ》には、準備運動《じゅんびうんどう》をしますね。

準備運動《じゅんびうんどう》は、あなたのからだに「さあ、これから激《はげ》しい運動《うんどう》をしますよ」と教《おし》えて、準備《じゅんび》をさせるための運動《うんどう》なのです。

準備運動《じゅんびうんどう》をすると、心臓《しんぞう》のドキドキという鼓動《こどう》が少《すこ》し速《はや》くなります。ドキドキが速《はや》くなると、短《みじか》い時間《じかん》のうちにたくさんの血《ち》がからだをめぐるようになります。

すると、たくさんの酸素《さんそ》をからだの中《なか》に取《と》り入《い》れる用意《ようい》ができて、からだを楽《らく》に動《うご》かすことができるようになるのです。

もし準備運動《じゅんびうんどう》をしないと、心臓《しんぞう》や肺《はい》は急《きゅう》にがんばらなければならなくなるため、からだの調子《ちょうし》がわるくなることもあります。

筋肉《きんにく》や関節《かんせつ》の準備《じゅんび》をする

準備運動《じゅんびうんどう》をすることで、筋肉《きんにく》もあたたまってきます。筋肉《きんにく》はある程度《ていど》あたたまっていないと、十分力《じゅうぶんちから》を出《だ》すことができません。

また、準備運動《じゅんびうんどう》にはからだの筋肉《きんにく》をのばす運動《うんどう》が含《ふく》まれています。これは、ストレッチと呼《よ》ばれています。

ストレッチをすることで、運動《うんどう》していないときにちぢこまった筋肉《きんにく》がのび、よりすばやく筋肉《きんにく》を動《うご》かせるようになります。足《あし》がつったりしないためにも、ストレッチは欠《か》かせません。

ところで、みなさんの手足《てあし》が曲《ま》がるのは、関節《かんせつ》と呼《よ》ばれる部分《ぶぶん》が曲《ま》がるからです。

足《あし》の根《ね》もとや、ひざ、足首《あしくび》、ひじなど、からだのあちこちに関節《かんせつ》があります。ストレッチで筋肉《きんにく》をのびるようにしておくと、関節《かんせつ》も大《おお》きく動《うご》くようになります。

準備運動《じゅんびうんどう》は、スポーツでよい動《うご》きをするためだけでなく、ケガをしたり、具合《ぐあい》がわるくならないためにも必要《ひつよう》なものです。

あなたも、スポーツの前《まえ》にはじっくり準備運動《じゅんびうんどう》をしておきましょうね。

まめちしき ▶準備運動《じゅんびうんどう》が必要《ひつよう》なのは、体《からだ》を動《うご》かすスポーツばかりじゃない。歌《うた》を歌《うた》う前《まえ》の発声練習《はっせいれんしゅう》は、のどの準備運動《じゅんびうんどう》なんだ。勉強《べんきょう》する前《まえ》にかんたんな計算《けいさん》をすると頭《あたま》の準備運動《じゅんびうんどう》になるかもね？

どうしてお肉《にく》がこげると黒《くろ》くなるの？

科学《かがく》のふしぎ

焼《や》くとお肉《にく》はうまくなる

今日《きょう》8（やき）月《がつ》29（にく）日《にち》は、「焼《や》き肉《にく》の日《ひ》」とされています。

新鮮《しんせん》なお肉《にく》を自分《じぶん》で焼《や》いて、野菜《やさい》やごはんと一緒《いっしょ》に食《た》べる焼《や》き肉《にく》は、きっとあなたも大好《だいす》きなメニューでしょう。焼《や》き肉店《にくてん》やキャンプ場《じょう》、家《いえ》でもよく食《た》べられています。

ところで、お肉《にく》を焼《や》いていると、どうしてもこげてしまうことがあります。こげた場所《ばしょ》はまっ黒《くろ》け。でも、どうして色《いろ》が変《か》わるのでしょう。

それは、お肉《にく》のタンパク質《しつ》が、焼《や》きすぎたことで、炭《すみ》という違《ちが》う物質《ぶっしつ》に変《か》わってしまうからです。

もともとお肉《にく》は、熱《ねつ》を加《くわ》えるとうまみが増《ふ》える性質《せいしつ》があります。焼《や》き肉《にく》はタレをつけなくても、あぶるだけで味《あじ》が変《か》わります。

でも、焼《や》きすぎてこげた場所《ばしょ》が多《おお》くなると、苦《にが》みが増《ふ》えてしまい、せっかくのおいしさが失《うしな》われてしまうのです。

こげを食《た》べるとガンになる？

お肉《にく》だけでなく、魚《さかな》や野菜《やさい》も焼《や》きすぎるとこげます。これも、魚《さかな》のからだや野菜《やさい》をつくる成分《せいぶん》が、炭《すみ》にかわってしまうことが原因《げんいん》です。

少《すこ》し前《まえ》までは、こげは「からだによくない」とされ、食《た》べるとガンになるといわれていました。

でも、最近《さいきん》の研究《けんきゅう》では、食《た》べたとしても、こげの量《りょう》がとても少《すく》ないので、あまり心配《しんぱい》ないことがわかりました。

逆《ぎゃく》に火《ひ》を通《とお》さないと、食中毒《しょくちゅうどく》の原因《げんいん》になることもあります。お肉《にく》はこげすぎに注意《ちゅうい》しながら、しっかり焼《や》いて食《た》べるほうがいいのです。

焼《や》き肉《にく》の主役《しゅやく》は、やっぱりおいしいお肉《にく》です。でも、お肉《にく》ばかり食《た》べていると栄養《えいよう》のバランスがくずれてしまいます。お肉《にく》のおいしさをひきたてる野菜《やさい》やごはんも、一緒《いっしょ》に食《た》べるようにしましょうね。

まめちしき ▶ウシやブタは、「モツ」といわれる内臓《ないぞう》までおいしく食《た》べられる。大阪《おおさか》では「ホルモン」などと呼《よ》ばれているよ。大阪弁《おおさかべん》で「ほる」は「捨《す》てる」という意味《いみ》。むかしは内臓《ないぞう》を捨《す》てていたんだね。

冷《つめ》たい温泉《おんせん》があるってホント？

自然《しぜん》のふしぎ

温泉《おんせん》のいろいろな成分《せいぶん》

わたしたちは、毎日《まいにち》のようにお風呂《ふろ》に入《はい》っています。「もっとあたたまりたいな」というときには、おうちの人《ひと》が「温泉《おんせん》のもと」を入《い》れることもあるのではないでしょうか。

でもどうして「温泉《おんせん》のもと」を入《い》れると、ふつうのお湯《ゆ》に入《はい》るよりもあたたかく感《かん》じるのでしょうか？

それは、温泉《おんせん》のお湯《ゆ》には、からだをあたためるいろいろな成分《せいぶん》が入《はい》っているからです。

おはだをつるつるにしたり、けががなおりやすくなったりする成分《せいぶん》も含《ふく》まれているので、温泉《おんせん》に入《はい》ると気持《きも》ちよくなるのです。

例《たと》えば、卵《たまご》のくさったようなにおいがする温泉《おんせん》は、硫黄《いおう》という成分《せいぶん》が含《ふく》まれています。硫黄《いおう》ははだの病気《びょうき》や傷《きず》を、早《はや》くなおす効果《こうか》があるとされています。

また、赤《あか》っぽい色《いろ》の温泉《おんせん》には、鉄《てつ》が含《ふく》まれています。鉄《てつ》は貧血《ひんけつ》に効《き》くといわれています。

その他《ほか》にも、はだがきれいになる重曹《じゅうそう》など、いろいろな成分《せいぶん》が温泉《おんせん》のお湯《ゆ》に入《はい》っているのです。

冷《つめ》たくても「温泉《おんせん》」

日本《にほん》では、自然《しぜん》にわき出《で》た水《みず》に、これらの成分《せいぶん》が決《き》められた量以上《りょういじょう》入《はい》っていれば、あたたかくなくても「温泉《おんせん》」と呼《よ》ぶことにしています。

ですから、冷《つめ》たい温泉《おんせん》もあるのです。

でも、それではからだが冷《ひ》えてしまいますから、火《ひ》などを使《つか》いあたためて、「あたたかい温泉《おんせん》」にしているところがほとんどです。

ところで、温泉《おんせん》の多《おお》くは、火山《かざん》のそばにあることを知《し》っていますか？

地球《ちきゅう》の中心《ちゅうしん》では、熱《あつ》いマグマというものが煮《に》えたぎっています。マグマが地上近《ちじょうちか》くにある場所《ばしょ》では、地面《じめん》から空《くう》気中《きちゅう》にマグマが噴《ふ》き出《だ》して、火山《かざん》になるのです。

ですから、火山《かざん》の地下《ちか》はとても熱《あつ》くなっています。その近《ちか》くを水《みず》が通《とお》ればお湯《ゆ》になり、マグマに含《ふく》まれる成分《せいぶん》がまざります。温泉《おんせん》は、それがわき出《で》たものなのです。

火山《かざん》と温泉《おんせん》

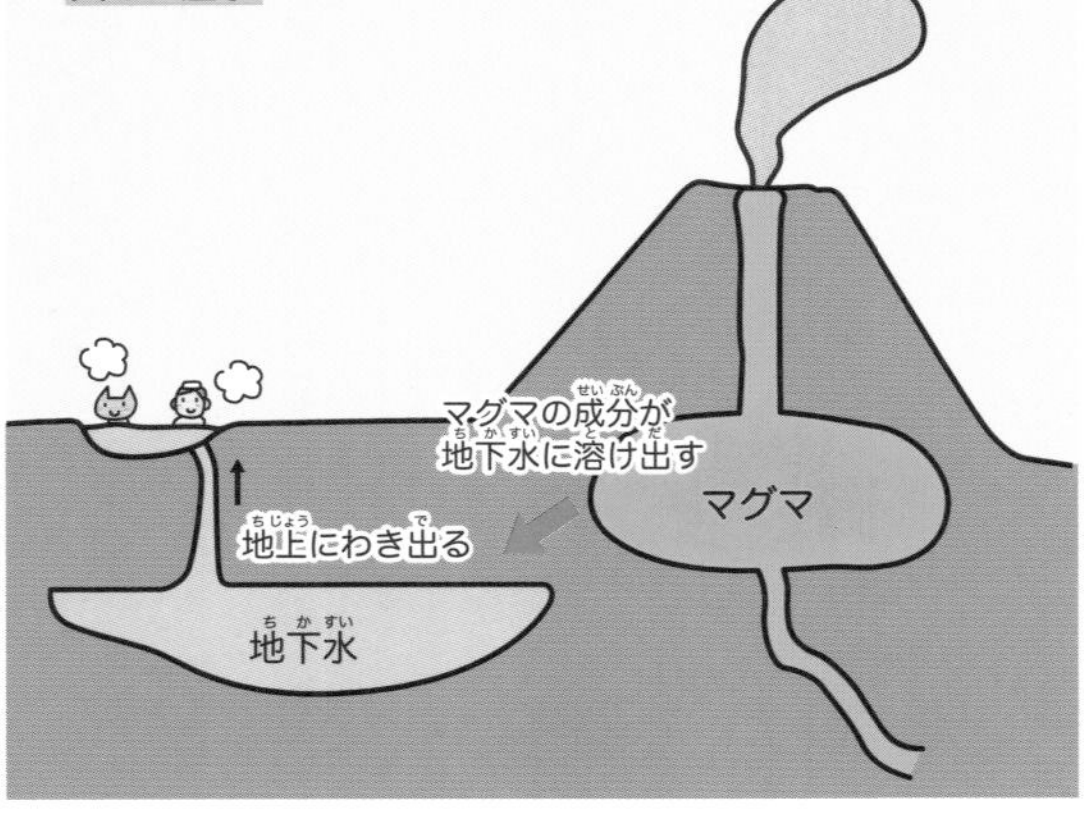

まめちしき ▶温泉《おんせん》にはきれいになる「美人《びじん》の湯《ゆ》」や、子《こ》どもができやすくなる「子宝《こだから》の湯《ゆ》」などいろいろな別名《べつめい》がある。中《なか》には「血《ち》の池地獄《いけじごく》」なんていうこわい名前《なまえ》の温泉《おんせん》も……。

どうして野菜《やさい》を食《た》べないとダメなの？

人体《じんたい》のふしぎ

お肉《にく》と野菜《やさい》をバランスよく

わたしたち人間《にんげん》は、食《た》べものを食《た》べて生《い》きています。食《た》べものから、からだに必要《ひつよう》な「栄養素《えいようそ》」を取《と》り入《い》れているのです。お肉《にく》には、わたしたちのからだをつくり、力《ちから》のもとになるタンパク質《しつ》や脂質《ししつ》が、たくさん入《はい》っています。

そして野菜《やさい》には、わたしたちのからだの調子《ちょうし》を整《ととの》える、ビタミンやミネラルがたくさん入《はい》っています。

お肉《にく》に入《はい》っている栄養素《えいようそ》は、野菜《やさい》には少《すこ》ししか入《はい》っていません。反対《はんたい》に、野菜《やさい》に入《はい》っている栄養素《えいようそ》は、お肉《にく》には少《すこ》ししか入《はい》っていません。

だから、好《す》きなお肉《にく》ばかりを食《た》べて、嫌《きら》いな野菜《やさい》を食《た》べないと、ビタミンやミネラルが不足《ふそく》します。すると、からだの調子《ちょうし》がわるくなってしまいます。健康《けんこう》で元気《げんき》なからだをつくるには、お肉《にく》と野菜《やさい》をバランスよく食《た》べることがとても大切《たいせつ》なのです。

動物《どうぶつ》の場合《ばあい》は少《すこ》し違《ちが》う

それでは動物《どうぶつ》の場合《ばあい》はどうでしょう。動物《どうぶつ》の中《なか》には「草食動物《そうしょくどうぶつ》」や「肉食《にくしょく》動物《どうぶつ》」がいます。

ウシやウマなどの草食動物《そうしょくどうぶつ》は、野菜《やさい》や草《くさ》（植物《しょくぶつ》）を食《た》べます。ライオンやチーターなどの肉食動物《にくしょくどうぶつ》は、草食動物《そうしょくどうぶつ》の肉《にく》を食《た》べます。それなのに、栄養《えいよう》がかたよることなく、平気《へいき》で生《い》きていけるのです。

これは、どうしてでしょうか？

草食動物《そうしょくどうぶつ》は、からだの中《なか》にいる微生《びせい》物《ぶつ》のはたらきで、植物《しょくぶつ》からタンパク質《しつ》をとることができます。だから草《くさ》だけを食《た》べていても平気《へいき》なのです。

肉食動物《にくしょくどうぶつ》は、えものをしとめると、最初《さいしょ》に草食動物《そうしょくどうぶつ》の内臓《ないぞう》の中味《なかみ》を食《た》べます。内臓《ないぞう》の中《なか》に残《のこ》っている消化《しょうか》されていない植物《しょくぶつ》から、ビタミンやミネラルをとっているわけです。

わたしたちは、動物《どうぶつ》と同《おな》じ方法《ほうほう》で栄《えい》養《よう》をとることはできません。ごはんを食《た》べるときは好《す》き嫌《きら》いをしないで、なんでもきちんと食《た》べましょうね。

ボクは肉《にく》だけでも平気《へいき》かも！

まめちしき

▶糖質《とうしつ》（炭水化物《たんすいかぶつ》）、脂質《ししつ》、タンパク質《しつ》、ビタミン、ミネラルの5つを、「5大栄養素《だいえいようそ》」というんだよ。どれもからだに必要《ひつよう》なものばかりなんだ。

SEPTEMBER
9月
café

9月《がつ》1日《にち》

どうして地震《じしん》が起《お》こるの？

自然《しぜん》のふしぎ

地球《ちきゅう》を包《つつ》むプレート

地震《じしん》が起《お》こると、地面《じめん》やたてものがグラグラグラ……！　立《た》っていられなくなったり、ものが落《お》ちてきたり、タンスがたおれたり、ガラスがわれたりして、とても危《あぶ》ないですね。

できれば地震《じしん》は起《お》きてほしくないものですが、残念《ざんねん》ながら、日本《にほん》は地震《じしん》がとても起《お》こりやすい場所《ばしょ》なのです。

地震《じしん》を起《お》こす大《おお》きな原因《げんいん》のひとつに、「プレート」の活動《かつどう》があります。

地球《ちきゅう》はよく、ゆで卵《たまご》にたとえられます。ゆで卵《たまご》の表面《ひょうめん》にカラがあるのと同《おな》じように、地球《ちきゅう》の表面《ひょうめん》も「プレート」という大《おお》きな岩《いわ》のカラにつつまれているのです。

ただし、ゆでたまごのカラは一枚《いちまい》でできていますが、地球《ちきゅう》のプレートは十《じゅう》数枚《すうまい》にわかれています。

プレートは少《すこ》しずついろいろな方向《ほうこう》に動《うご》いていて、何年《なんねん》もかけて重《かさ》なったり、ひっぱりあったりしています。そうしているうちにプレートはだんだん大《おお》きくゆがんできます。そしてついに耐《た》えきれなくなったら、もとに戻《もど》ろうとして大《おお》きくはねかえります。

このときにはたらく大《おお》きな力《ちから》が、地《じ》震《しん》なのです。

日本《にほん》には、プレートどうしが重《かさ》なりあっている場所《ばしょ》が多《おお》いため、地震《じしん》が起《お》こりやすいのです。

他《ほか》にも火山活動《かざんかつどう》など、地球《ちきゅう》の内部《ないぶ》で起《お》こるさまざまな現象《げんしょう》が、地震《じしん》を引《ひ》き起《お》こす原因《げんいん》になっています。

プレートによる地震《じしん》の起《お》こりかた

今日《きょう》は防災《ぼうさい》の日《ひ》

ところで、毎年《まいとし》9月《がつ》1日《ついたち》は防災《ぼうさい》の日《ひ》です。1923（大正《たいしょう》12）年《ねん》に関東地方《かんとうちほう》で関東大震災《かんとうだいしんさい》が起《お》こり、大《おお》きな被害《ひがい》を受《う》けました。

そのときのことを忘《わす》れないように、地震《じしん》や台風《たいふう》や津波《つなみ》などの災害《さいがい》から身《み》を守《まも》るために、みんなでできることをしようということで、防災《ぼうさい》の日《ひ》がつくられました。

防災《ぼうさい》の日《ひ》には、各地《かくち》で防災訓練《ぼうさいくんれん》がおこなわれます。いざというときにあわてないよう、しっかりと準備《じゅんび》をしておきましょうね。

まめちしき ▶むかしの人《ひと》は、地面《じめん》の下《した》にいる大《おお》なまずが暴《あば》れると、地震《じしん》が起《お》こると考《かんが》えていた。茨城県《いばらきけん》の鹿島《かしま》神宮《じんぐう》にある「要石《かなめいし》」は、大《おお》なまずをおさえているといわれているよ。

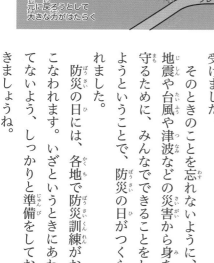

宝《たから》くじで一《いっ》等《とう》を引《ひ》くのはどれくらい難《むずか》しいの？

みのまわりのふしぎ

宝《たから》くじで「夢《ゆめ》を買《か》う」

宝《たから》くじの仕《し》組《く》みは、たくさんの人《ひと》からお金《かね》をあつめて、くじがあたった人《ひと》にだけ賞《しょう》金《きん》を配《くば》るというものです。

例《たと》えば1枚《まい》300円《えん》の宝《たから》くじを一人《ひとり》一《いち》枚《まい》ずつ買《か》うとして、1万《まん》人《にん》が買《か》ったら、300万《まん》円《えん》があつまります。そしてその賞《しょう》金《きん》を、一《いっ》等《とう》150万《まん》円《えん》、二《に》等《とう》100万《まん》円《えん》、三《さん》等《とう》50万《まん》円《えん》にすると、ちょうど300万《まん》円《えん》になりますね。

はずれた人《ひと》は300円《えん》の損《そん》ですが、一《いっ》等《とう》にあたった人《ひと》は、149万《まん》9700円《えん》も得《とく》をします。

実《じっ》際《さい》に宝《たから》くじを売《う》るときは、くじを印《いん》刷《さつ》するお金《かね》や、お店《みせ》の人《ひと》のお給《きゅう》料《りょう》などが必《ひつ》要《よう》なので、あつまったお金《かね》すべてが配《くば》られるわけではありませんが、一《いっ》等《とう》にあたれば大《おお》金《がね》持《も》ちになれます。

もちろん、まじめに働《はたら》いてお金《かね》をもらうのがふつうのことなのですが、「大《おお》金《がね》持《も》ちになれるかも？」と考《かんが》えるとワクワクしますよね。

ですから宝《たから》くじを買《か》うことを、「夢《ゆめ》を買《か》う」ともいったりするのです。

中《なか》でも年《ねん》に三《さん》回《かい》売《う》られる「ジャンボ宝《たから》くじ」では、一《いっ》等《とう》の賞《しょう》金《きん》が2億《おく》円《えん》！ですから、たくさんの人《ひと》がジャンボ宝《たから》くじを買《か》うのです。

1000万《まん》分《ぶん》の1

ところで、一《いっ》等《とう》があたるのはとても難《むずか》しいことです。ジャンボ宝《たから》くじのあたりくじは、1000万《まん》枚《まい》にたった1枚《まい》しかないのです。

日《に》本《ほん》の人《じん》口《こう》はだいたい1億《おく》2800万《まん》人《にん》ですから、日《に》本《ほん》人《じん》全《ぜん》員《いん》が1枚《まい》ずつ買《か》ったとしても、あたるのはたったの12人《にん》。ホントに「夢《ゆめ》を買《か》う」ようなものなのです。

むかしの宝《たから》くじは、「富《とみ》くじ」と呼《よ》ばれていました。だれでもくじをつくることができ、お祭《まつ》りなどで売《う》り出《だ》されていたのです。

でも、みんなが富《とみ》くじを売《う》るようになったら、まじめに働《はたら》かない人《ひと》が増《ふ》えてしまうかもしれません。そこで、国《くに》が選《えら》んだ会《かい》社《しゃ》だけが富《とみ》くじを売《う》ってもいいことになり、それを「宝《たから》くじ」と呼《よ》ぶようになったのです。

まめちしき
▶富《とみ》くじをテーマにした落《らく》語《ご》もたくさんある。その中《なか》のひとつ「高《たか》津《つ》の富《とみ》」の舞《ぶ》台《たい》になった大《おお》阪《さか》の高《たか》津《つ》神《じん》社《じゃ》では、いまでもお祭《まつ》りの日《ひ》に富《とみ》くじが売《う》られているよ。

9月《がつ》3日《にち》

生《い》きもののふしぎ

どうしてレンコンには穴《あな》が開《あ》いているの？

空気《くうき》の通《とお》り道《みち》になる

ダイコンやニンジンは、土《つち》の中《なか》で育《そだ》った根《ね》っこの部分《ぶぶん》を食《た》べる野菜《やさい》です。レンコンは、漢字《かんじ》では蓮根《はすね》（ハスの根《ね》）と書《か》きます。ですから、わたしたちがいつも食《た》べているのは、根《ね》っこの部分《ぶぶん》と思《おも》うかもしれませんが、ホントはくきが成長《せいちょう》したものです。

同《おな》じように地下《ちか》のくきに栄養《えいよう》をたくわえる野菜《やさい》の仲間《なかま》には、ジャガイモなどがあります。

レンコンは、池《いけ》や水辺《みずべ》で育《そだ》ちます。葉《は》っぱや花《はな》は水《みず》の上《うえ》に、レンコンになるくきや根《ね》っこは、深《ふか》いどろの中《なか》にあります。ですからずっと空気《くうき》にふれることができない部分《ぶぶん》があるのです。

そこでレンコンに開《あ》いている穴《あな》が、葉《は》っぱや花《はな》とつながった空気《くうき》の通《とお》り道《みち》になり、どろの中《なか》にある部分《ぶぶん》に空気《くうき》を運《はこ》ぶはたらきをしているのです。

ハスの花《はな》

穴《あな》は空気《くうき》の通《とお》り道《みち》

縁起《えんぎ》がよく健康《けんこう》にもいい

レンコンの穴《あな》の数《かず》は、成長《せいちょう》ぐあいにもよりますが、だいたいはまん中《なか》に1個《こ》、その周《まわ》りに10個《こ》開《あ》いています。今《こん》度《ど》食《た》べるときに数《かぞ》えてみましょう。

日本《にほん》では、この穴《あな》からむこうをのぞけることから、「先《さき》が見通《みとお》せる」つまり、「縁起《えんぎ》がよい」と考《かんが》えました。ですからいまでも、お正月《しょうがつ》に食《た》べるおせち料理《りょうり》やお祝《いわ》いごとには欠《か》かせない食《た》べものになっているのです。

なお、レンコンを食用《しょくよう》にしている国《くに》は日本《にほん》や中国《ちゅうごく》などあまり多《おお》くはありませんが、レンコンにはビタミンC《しー》など、たくさんの栄養《えいよう》が含《ふく》まれていて、かぜの予防《よぼう》や病気《びょうき》をなおりやすくするなどの効果《こうか》があります。

レンコンは7月《がつ》の下旬《げじゅん》ごろからとれはじめ、これから12月《がつ》にかけて一番《いちばん》多《おお》くとれる時期《じき》となります。冷《つめ》たいどろをかきわけて、うまったレンコンをほりおこしていくことは、とても大変《たいへん》な作業《さぎょう》です。そんなことも思《おも》いながら、おいしく食《た》べましょうね。

まめちしき ▶ハスの花《はな》とスイレンの花《はな》を見《み》わけられるかな？　ハスの花《はな》はおしべのある場所《ばしょ》に「花托《かたく》」と呼《よ》ばれるものがある。これがハチの巣《す》に似《に》ているから「ハ（チ）ス」というんだね。

9月《がつ》4日《にち》

人体《じんたい》のふしぎ

どうしてふけが出《で》るの？

古《ふる》い細胞《さいぼう》はどうなるの？

9(く)月《がつ》4(し)日《にち》はくしの日《ひ》です。日本《にほん》では、いまから1300年《ねん》以上前《いじょうまえ》の飛鳥時代《あすかじだい》にはくしが使《つか》われていたことがわかっています。

あなたはふだん、おうちで髪《かみ》をとかすとき、なにを使《つか》っていますか？

ツゲやツバキなどのかたい木《き》でつくられたくしは、プラスチック製《せい》のくしとは違《ちが》って、静電気《せいでんき》(43ページ)が起《お》こりにくく、髪《かみ》の毛《け》につやを出《だ》したり、頭《あたま》の皮《ひ》ふの血《ち》のめぐりをよくするはたらきがあるのですよ。

ところで、髪《かみ》の毛《け》をくしですいたり、ブラシでとかしたりすると、ポロポロと「ふけ」が出《で》ることがあるでしょう。これは、古《ふる》くなったはだの細胞《さいぼう》がはがれ落《お》ちたものなのですよ。

人間《にんげん》のからだの表面《ひょうめん》は皮《ひ》ふでおおわれています。皮《ひ》ふはあつさや冷《つめ》たさを感《かん》じるだけではなく、からだによくない物質《ぶっしつ》がからだの中《なか》に入《はい》り込《こ》むのを防《ふせ》ぐはたらきもしています。

皮《ひ》ふの外側《そとがわ》の表皮《ひょうひ》という部分《ぶぶん》では、つねに新《あたら》しい細胞《さいぼう》がつくられています。すると古《ふる》い細胞《さいぼう》は、だんだん表面《ひょうめん》におし上《あ》げられて、角質層《かくしつそう》という部分《ぶぶん》になります。

新《あたら》しい細胞《さいぼう》はそれからもドンドンつくられていきますから、最後《さいご》は角質層《かくしつそう》からもおし上《あ》げられ、皮《ひ》ふからはがれ落《お》ちるわけです。これがふけやあかになるわけです。

洗《あら》いすぎとすすぎ不足《ぶそく》に注意《ちゅうい》

新《あたら》しい細胞《さいぼう》が角質層《かくしつそう》になるまでには約《やく》2週間《しゅうかん》かかり、それがあかやふけとしてはがれ落《お》ちるまでには、さらに約《やく》2週間《しゅうかん》かかります。

つまり人間《にんげん》の皮《ひ》ふは、ほぼ4週間《しゅうかん》かけて新《あたら》しく生《う》まれ変《か》わっているのです。これを難《むずか》しい言葉《ことば》では「新陳代謝《しんちんたいしゃ》」といいます。

新陳代謝《しんちんたいしゃ》によるふけは問題《もんだい》ありませんが、シャンプーのしすぎで頭皮《とうひ》が乾《かん》燥《そう》しすぎたり、シャンプーやリンスのすすぎが足《た》りないときにもふけが出《で》てくるので、気《き》をつけましょう。

まめちしき ▶ふけを漢字《かんじ》で書《か》くと、「雲脂《ふけ》」。くものあぶらという意味《いみ》だ。たしかに真《ま》っ白《しろ》なふけは雲《くも》のように見《み》えないこともない？　でも汗《あせ》をかくシーズンはマメに頭《あたま》を洗《あら》うようにしようね。

9月《がつ》5日《にち》

人体《じんたい》のふしぎ

どうしてお腹《なか》がへるの？

脳《のう》が命令《めいれい》を出《だ》す

食《た》べるということは、人間《にんげん》だけではなく、すべての動物《どうぶつ》が生《い》きていくうえで一番大切《いちばんたいせつ》なことです。

まずわたしたちが食《た》べたものは、お腹《なか》の中《なか》の胃《い》という場所《ばしょ》に入《はい》ります。そこで、食《た》べものの中《なか》の栄養《えいよう》の一部《いちぶ》が取《と》り出《だ》され、からだを動《うご》かすエネルギーに変《か》えられていくのです。

ですから、胃《い》が空《から》っぽになってしまうと、エネルギーが足《た》りなくなってしまうのです。

それでは困《こま》りますから、「お腹《なか》がすいた」「なにか食《た》べたいな」と感《かん》じるように、脳《のう》が命令《めいれい》を出《だ》すのです。

お腹《なか》がすいたときに、その命令《めいれい》を出《だ》すのは、「摂食中枢《せっしょくちゅうすう》」という場所《ばしょ》のはたらきです。

反対《はんたい》に「満腹中枢《まんぷくちゅうすう》」という場所《ばしょ》もあります。ここは、お腹《なか》がいっぱいになったことをからだに知《し》らせ、食《た》べるのをやめるように命令《めいれい》するはたらきをしています。

そうしないと、いつまでたってもお腹《なか》がすきっぱなしなので、ずっと食《た》べ続《つづ》けなければいけない、ということになってしまいますからね。

見《み》たりかいだりしても……

人間《にんげん》の摂食中枢《せっしょくちゅうすう》がはたらき、「なにか食《た》べたい！」と思《おも》うのは、胃《い》が空《から》っぽのときだけとは限《かぎ》りません。

例《たと》えばおいしそうなアイスクリームやケーキを見《み》たときや、カレーライスやバーベキューの、おいしそうなにおいをかいだときのことを思《おも》い出《だ》してみましょう。そんなにお腹《なか》がすいていないときでも、なんだかお腹《なか》がすいてきませんか？

摂食中枢《せっしょくちゅうすう》はこのように、見《み》たりかいだりしたものにも刺激《しげき》を受《う》けて、はたらき出《だ》すことがあるのです。

子《こ》どものころは、たくさん食《た》べて、からだをドンドン大《おお》きくしていかなければいけません。でも、食《た》べすぎたり、好《す》き嫌《きら》いが多《おお》いのはダメですからね。

まめちしき
▶お腹《なか》がすくとイライラして怒《おこ》りっぽくなるのは、脳《のう》もお腹《なか》をすかせているから。脳《のう》も栄養《えいよう》が必要《ひつよう》なんだ。だから、勉強《べんきょう》をするときにはごはんをちゃんと食《た》べたほうがいいんだよ。

読《よ》んだ日《ひ》　　月《がつ》　　日《にち》

9月《がつ》6日《にち》

みのまわりのふしぎ

チョコレートってなにからできているの?

むかしは甘《あま》くなかった

甘《あま》くておいしいチョコレート。では、チョコレートはなにからできているのか知《し》っていますか?

こたえは、「カカオ豆《まめ》」と「砂糖《さとう》」です。カカオ豆《まめ》というのはあつい国《くに》でしか育《そだ》たない植物《しょくぶつ》なので、実際《じっさい》にはどんなものか、見《み》たことがある人《ひと》はきっと少《すく》ないことでしょう。

むかし、いまのメキシコあたりに、アステカとマヤという、とても栄《さか》えていた国《くに》がありました。いまあるチョコレートの原型《げんけい》は、それらの国《くに》に住《す》んでいた人《ひと》たちがつくったものだと考《かんが》えられています。

カカオ豆《まめ》

そのころのチョコレートは、カカオ豆《まめ》を火《ひ》であぶり、水気《みずけ》をとばして粉《こな》にしたものを、お湯《ゆ》に溶《と》かして飲《の》んでいたようです。つまり、ココアのような茶色《ちゃいろ》い飲《の》みものだったわけですね。

砂糖《さとう》が入《はい》っていなかったため、とても苦《にが》いものだったそうですが、飲《の》めばからだが元気《げんき》になる! と評判《ひょうばん》はよかったようですよ。

砂糖《さとう》と牛乳《ぎゅうにゅう》でおいしく

砂糖《さとう》と牛乳《ぎゅうにゅう》を入《い》れた、いまのものと近《ちか》いチョコレートは、1600年《ねん》ごろにヨーロッパの人《ひと》たちがつくったといわれています。

砂糖《さとう》の甘《あま》さと牛乳《ぎゅうにゅう》のまろやかさがカカオ豆《まめ》の苦《にが》みを打《う》ち消《け》して、とてもおいしい飲《の》みものになったそうです。

その後《ご》、カカオからとれる「カカオバター」というバターが使《つか》われるようになり、いまのようにかためたチョコレートがつくられるようになりました。

ちなみにチョコレートが日本《にほん》に伝《つた》わったのは江戸時代《えどじだい》のころ。当時《とうじ》の資料《しりょう》には、オランダの人《ひと》が日本《にほん》に来《く》るときに持《も》ち込《こ》んでいたと書《か》かれています。

もっともそのころは薬《くすり》として知《し》られていたようで、甘《あま》くておいしいものとして知《し》られるようになったのは、明治時代《めいじじだい》に入《はい》ってからのことです。

まめちしき ▶チョコレートみたいな甘《あま》い飲《の》みものを「ココア」っていうよね。カカオ豆《まめ》の脂分《あぶらぶん》をとりのぞくとカカオの粉《こな》になる。「ココア」は「カカオ」がなまったものなんだ。

読《よ》んだ日《ひ》　　月《がつ》　日《にち》

9月《がつ》7日《にち》

火《か》山《ざん》はどうして噴《ふん》火《か》するの？

自然《しぜん》のふしぎ

火《か》山《ざん》から飛《と》び出《だ》すマグマ

世界《せかい》にはいろいろな山《やま》があります。その中《なか》に、「火山《かざん》」と呼《よ》ばれるものがあることを、あなたは知《し》っていますか？

地球《ちきゅう》の中《なか》には、岩《いわ》や石《いし》がドロドロに溶《と》けた「マグマ」という熱《あつ》い液体《えきたい》があります。そして、マグマが地面近《じめんちか》くの地下《ちか》にたまった場所《ばしょ》を、「マグマだまり」といいます。

そのマグマだまりにたまったマグマがいっぱいになり、いきおいよく噴《ふ》き出《だ》してくることを噴火《ふんか》といいます。

火山《かざん》とは、その噴火《ふんか》したときに出《で》てきたマグマが冷《ひ》えてかたまり、つみ重《かさ》なってできた山《やま》のことなのです（306ページ）。

噴火《ふんか》したマグマは溶岩《ようがん》と呼《よ》ばれ、マグマが噴《ふ》き出《だ》す「火口《かこう》」から、ドロドロと流《なが》れ出《で》ていきます。溶岩《ようがん》は800℃《ど》以上《いじょう》もある液体《えきたい》なので、飲《の》みこまれた木《き》や草《くさ》、岩《いわ》など、あらゆるものが溶《と》かされ、焼《や》けていきます。

溶岩《ようがん》は、流《なが》れ出《で》た場所《ばしょ》や量《りょう》によって、そのあとの流《なが》れ方《かた》やスピードが変《か》わってきます。もし人《ひと》が住《す》んでいる方向《ほうこう》へ流《なが》れていったら、大変危険《たいへんきけん》です。そのため、被害《ひがい》がおこる前《まえ》に安全《あんぜん》な場所《ばしょ》に避難《ひなん》することが大切《たいせつ》なのです。

火山《かざん》の仕組《しく》み

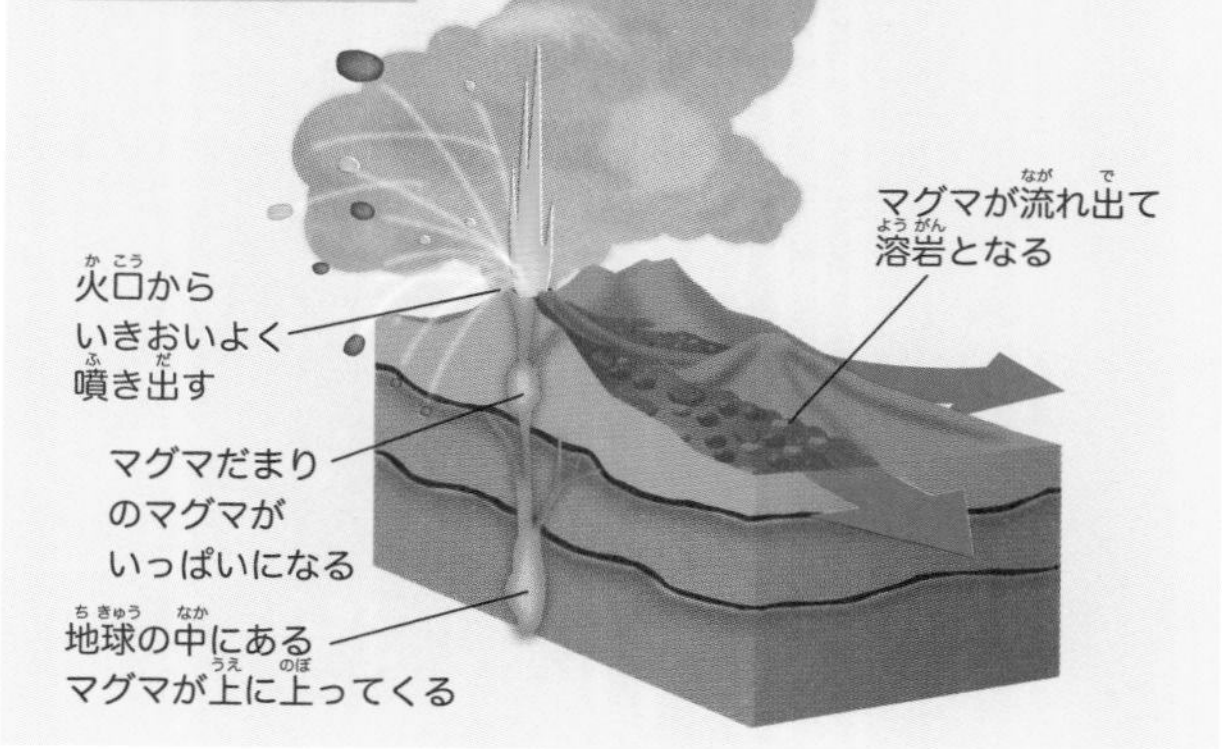

富《ふ》士《じ》山《さん》も噴《ふん》火《か》する

日本《にほん》にも火山《かざん》はたくさんあります。鹿児島県《かごしまけん》の「桜島《さくらじま》」、長崎県《ながさきけん》の「雲仙岳《うんぜんだけ》」、群馬県《ぐんまけん》と長野県《ながのけん》に広《ひろ》がる「浅間山《あさまやま》」などが有名《ゆうめい》です。

これらの火山《かざん》は、いまもひんぱんに噴火活動《ふんかかつどう》をくり返《かえ》しています。

それ以外《いがい》に、いまは噴火《ふんか》をしていないものの、むかしは噴火《ふんか》をしていた火山《かざん》があります。それらはむかしは「休《きゅう》火山《かざん》」「死火山《しかざん》」などと呼《よ》ばれていましたが、いまはそれらの言葉《ことば》は使《つか》われていません。

中《なか》でもよく知《し》られているのは、日本《にほん》一高《いちたか》い富士山《ふじさん》です。

最後《さいご》に大《おお》きく噴火《ふんか》したのは、およそ300年前《ねんまえ》。このときは、100キロ離《はな》れた江戸《えど》（いまの東京《とうきょう》）まで火山《かざん》から出《で》てきた灰《はい》が降《ふ》ったそうですよ。

まめちしき

▶マグマはもともと、地球《ちきゅう》の中心《ちゅうしん》にある「マントル」が液体《えきたい》になったもの。大陸《たいりく》の移動《いどう》でマントルが地表《ちひょう》に近《ちか》づくと、気圧《きあつ》が下《さ》がってマグマになるんだよ。

どうしてサルは木《き》登《のぼ》りが上手《じょうず》なの？

木《き》の上《うえ》での快適《かいてき》な生活《せいかつ》

わたしたちの祖先《そせん》であるほ乳類《にゅうるい》は、大《おお》むかし、恐竜《きょうりゅう》と同《おな》じころに誕生《たんじょう》したと考《かんが》えられています。

そのころの恐竜《きょうりゅう》は、地球上《ちきゅうじょう》で一番強《いちばんつよ》い生《い》きものとして、とても長《なが》い期間活動《きかんかつどう》していました。

ほ乳類《にゅうるい》は、大《おお》きくておそろしい恐竜《きょうりゅう》に見《み》つからないように、ひっそりとくらすしかなかったのです。

その後《ご》、さまざまな理由《りゆう》で恐竜《きょうりゅう》はほろんでしまいますが（128ページ）、ほ乳類《にゅうるい》は生《い》き残《のこ》ります。そして、恐竜《きょうりゅう》のかわりに力《ちから》をつけ、やがて地球上《ちきゅうじょう》のいろいろな場所《ばしょ》に広《ひろ》がってくらすようになりました。

そのころ、あるほ乳類《にゅうるい》が、いまでいう熱帯地方《ねったいちほう》の林《はやし》で暮《く》らすようになりました。食《た》べものがたくさんある、とてもくらしやすい場所《ばしょ》だったからです。

しかし、うっそうとおいしげる熱帯《ねったい》地方《ちほう》の林《はやし》では、太陽《たいよう》の光《ひかり》は地面《じめん》まであまり届《とど》きません。食《た》べものになる木《き》の実《み》も、木《き》の上《うえ》のほうにいかないと取《と》ることができません。

そこで彼《かれ》らは、木《き》の上《うえ》に登《のぼ》ってくらすようになりました。するとそこは、敵《てき》におそわれる心配《しんぱい》の少《すく》ない、とても快適《かいてき》な場所《ばしょ》だったのです。そして彼《かれ》らは、しだいに木《き》の上《うえ》で生活《せいかつ》をするようになったのでした。

もうわかりましたね。そのほ乳類《にゅうるい》たちがサルの先祖《せんぞ》なのです。

木《き》登《のぼ》り上手《じょうず》に進化《しんか》した

長《なが》い年月《ねんげつ》をかけて、サルは木《き》の上《うえ》でくらすために都合《つごう》のよいからだになりました。

例《たと》えば足《あし》の裏《うら》がやわらかく、すべりにくくなっているうえに、親指《おやゆび》と他《ほか》の4本《ほん》の指《ゆび》が向《む》かい合《あ》って、ものをつかみやすくなっているため、木《き》のえだやいろいろなものをしっかりつかむことができます。

また、木《き》から木《き》へと飛《と》びうつるときに距離《きょり》が正確《せいかく》にわかるよう、ものを見《み》る力《ちから》も発達《はったつ》しました。

これらの変化《へんか》は、のちにわたしたち人間《にんげん》に進化《しんか》するときにも影響《えいきょう》を与《あた》えているのですよ。

まめちしき ▶サルの先祖《せんぞ》は、木《き》の実《み》を取《と》るために前足《まえあし》が器用《きよう》になり、色《いろ》もわかるようになったと考《かんが》えられているんだよ。

救《きゅう》急《きゅう》車《しゃ》っていつからあるの？

みのまわりのふしぎ

むかしは人力車《じんりきしゃ》

大《おお》きなケガや病気《びょうき》をしたときに、とても頼《たよ》りになる救急車《きゅうきゅうしゃ》は、あなたの安《あん》全《ぜん》な生活《せいかつ》を守《まも》る心強《こころづよ》い味方《みかた》です。ところでこの救急車《きゅうきゅうしゃ》、いつごろから使《つか》われるようになったのでしょうね。

救急車《きゅうきゅうしゃ》の歴史《れきし》を見《み》てみると、誕生《たんじょう》したのは19世紀《せいき》はじめのヨーロッパでした。フランスの、ナポレオン軍《ぐん》で医師《いし》をしていた、ドミニク・ジャン・ラーレーという人《ひと》が開発《かいはつ》したといわれています。

当時《とうじ》はいまのような自動車《じどうしゃ》は走《はし》っていませんから、最初《さいしょ》の救急車《きゅうきゅうしゃ》は人《ひと》の手《て》で患者《かんじゃ》さんを運《はこ》ぶ人力車《じんりきしゃ》でした。

ラーレーは、戦《たたか》いでケガをした人《ひと》たちをできるだけ早《はや》く病院《びょういん》に連《つ》れていける方法《ほうほう》はないかと考《かんが》え、ケガをした人《ひと》を乗《の》せるための人力車《じんりきしゃ》を考《かんが》え出《だ》したのです。これが世界初《せかいはつ》の救急車《きゅうきゅうしゃ》だといわれています。

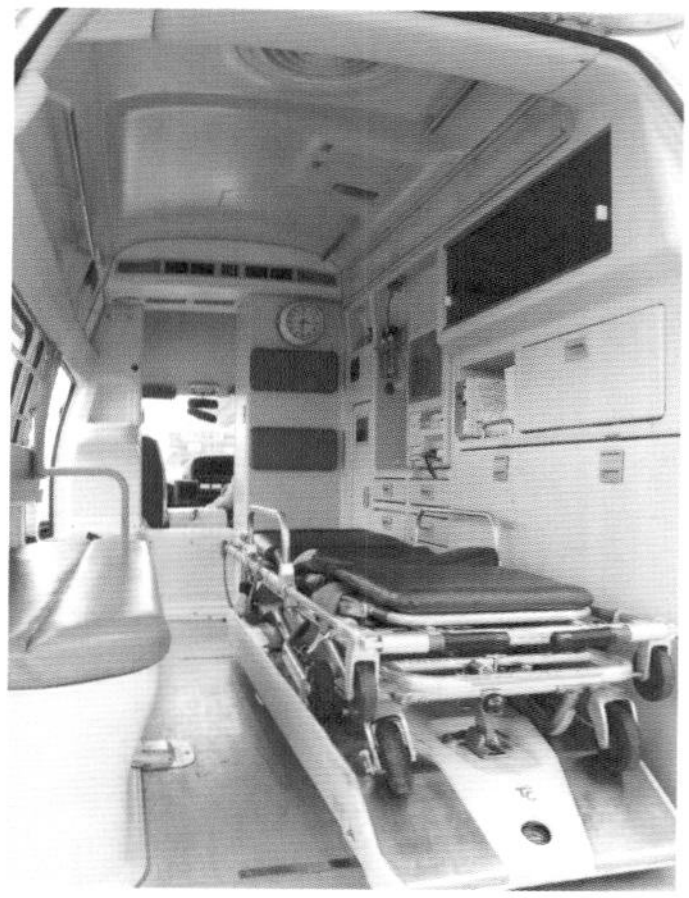

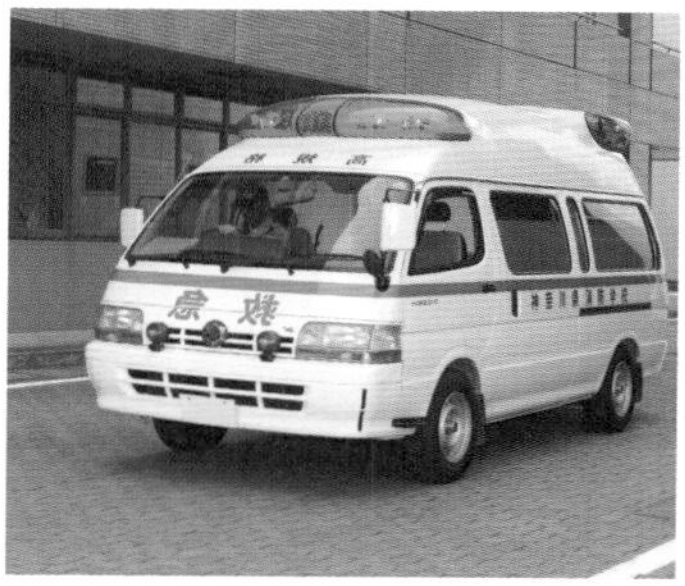

また、「救《きゅう》急車《しゃ》」という名前《なまえ》が生《う》まれたのは、いまから１５０年《ねん》ほど前《まえ》、当時《とうじ》は馬車《ばしゃ》が救急《きゅうきゅう》車《しゃ》として使《つか》われていました。そして20世紀《せいき》になり、だんだん自動車《じどうしゃ》が普及《ふきゅう》するようになると、いまのような自動車《じどうしゃ》の救急車《きゅうきゅうしゃ》が世《せ》界中《かいじゅう》に広《ひろ》まりました。

今日《きょう》は救急《きゅうきゅう》の日《ひ》

日本《にほん》ではじめて救急車《きゅうきゅうしゃ》が登場《とうじょう》したのは１９３１年《ねん》。大阪府《おおさかふ》大阪市《おおさかし》にある、日本赤十字社《にほんせきじゅうじしゃ》大阪支部《おおさかしぶ》に配備《はいび》されたのが第《だい》1号《ごう》だといわれています。

日本《にほん》の「救急車《きゅうきゅうしゃ》」の正式名称《せいしきめいしょう》は「救急《きゅうきゅう》自動車《じどうしゃ》」です。

車内《しゃない》には、聴診器《ちょうしんき》や血圧計《けつあつけい》、人工呼《じんこうこ》吸器《きゅうき》、自動体外式除細動器《じどうたいがいしきじょさいどうき》（ＡＥＤ《えーいーでぃー》）といった医療器具《いりょうきぐ》が積《つ》み込《こ》まれ、人々《ひとびと》の命《いのち》を救《すく》うための活動《かつどう》を日々《ひび》おこなっています。

ちなみに9（きゅう）月《がつ》9（きゅう）日《にち》は、「救急《きゅうきゅう》の日《ひ》」。救急活動《きゅうきゅうかつどう》について広《ひろ》く知《し》ってもらうために、昭和《しょうわ》57年《ねん》に定《さだ》められました。

毎年《まいとし》9月《がつ》9日《か》を含《ふく》む1週間《しゅうかん》は「救急《きゅうきゅう》医療週間《いりょうしゅうかん》」となっていて、全国各地《ぜんこくかくち》で救急《きゅうきゅう》に関《かん》するさまざまな行事《ぎょうじ》がおこなわれているのですよ。

まめちしき
▶救急車《きゅうきゅうしゃ》を呼《よ》ぶときの電話番号《でんわばんごう》は119番《ばん》だが、これは台湾《たいわん》や韓国《かんこく》でも同《おな》じ。中国《ちゅうごく》では消防車《しょうぼうしゃ》を呼《よ》ぶときだけ119番《ばん》にかける。アメリカでは911番《ばん》、イギリスでは999番《ばん》だよ。

どうしておそばは音《おと》をたてて食《た》べてもいいの？

みのまわりのふしぎ

いろんな食事《しょくじ》のマナー

食事《しょくじ》のマナーとは、食《た》べるときの行儀《ぎょうぎ》作法《さほう》のことです。おはしや茶《ちゃ》わんの持《も》ち方《かた》や姿勢《しせい》なども大事《だいじ》ですが、なにより大切《たいせつ》なのは、周《まわ》りにいる人《ひと》を気《き》づかう気持《きも》ちで、行儀《ぎょうぎ》よく食《た》べるということです。

食事《しょくじ》のマナーは、それぞれの国《くに》によって違《ちが》いがあります。

例《たと》えば、日本《にほん》ではごはんや味噌汁《みそしる》をいただくときには、茶《ちゃ》わんを手《て》で持《も》ちあげて食《た》べますが、お隣《となり》の韓国《かんこく》では、すべての器《うつわ》をテーブルに置《お》いたままで食《た》べます。

また、日本《にほん》や韓国《かんこく》、中国《ちゅうごく》などではおはしを使《つか》って食事《しょくじ》をしますが、ヨーロッパやアメリカなどではナイフとフォーク、そして、アフリカや東南《とうなん》アジアなどでは手《て》づかみで食事《しょくじ》をします。

しかし、どこの国《くに》でも同《おな》じようにいやがられるマナーもあります。それは、食器《しょっき》をカチャカチャ、お口《くち》をクチャクチャさせるなど、音《おと》をたてて食《た》べてしまうことです。

食《た》べ方《かた》が国《くに》によって違《ちが》っていても、静《しず》かに食事《しょくじ》をするというマナーは同《おな》じようです。

音《おと》をたてて食《た》べてもいいもの

日本《にほん》の食事《しょくじ》マナーは、いまから750年《ねん》ほど前《まえ》、鎌倉時代《かまくらじだい》に道元《どうげん》というえらいお坊《ぼう》さんが書《か》き残《のこ》した作法《さほう》が、もとになっているといわれています。その作法《さほう》には、ひじをついてはならない、音《おと》をたててはならないなどと、くわしく書《か》かれています。

ところが、その中《なか》に「音《おと》をたてて食《た》べてもよい」と書《か》かれているものがありました。それが、うどんやおそばなどのめん類《るい》だったのです。

お寺《てら》で修行《しゅぎょう》をするお坊《ぼう》さんたちは、たくわんもなるべく音《おと》をたてないように、歯《は》と歯《は》の間《あいだ》でこするようにして食《た》べていたのですが、めん類《るい》を食《た》べるときだけは、音《おと》をたてて食《た》べることが許《ゆる》されていました。

そのなごりで、日本《にほん》ではいまでも、めん類《るい》だけは音《おと》をたててもマナーがわるいとは思《おも》われなくなったようです。

まめちしき ▶そばの花《はな》はまっ白《しろ》でとてもかわいらしいけれど、根《ね》っこはまっ赤《か》だ。むかしの人《ひと》たちは、やまんばという化《ば》けものが、そば畑《ばたけ》で退治《たいじ》されたから血《ち》にそまったと考《かんが》えたんだって。

9月《がつ》11日《にち》

まゆ毛《げ》はなんのためにあるの？

人体《じんたい》のふしぎ

汗《あせ》や日《ひ》ざしから目《め》を守《まも》る

ポタポタと頭《あたま》にかいた汗《あせ》。おでこをつたって、このままだと目《め》に入《はい》りそう……。でもご安心《あんしん》。まゆ毛《げ》までできたら、ほらね、ツツーっと外側《そとがわ》に落《お》ちていきましたよ。

え、なぜかって？　それはまゆ毛《げ》の生《は》えかたを、よーく見《み》るとわかります。上《うえ》の毛《け》は上向《うわむ》きに、中《なか》の毛《け》は外向《そとむ》きに、下《した》の毛《け》はななめ下向《したむ》きの外側《そとがわ》に向《む》かって生《は》えていますね。この毛《け》の流《なが》れにそって、汗《あせ》は目《め》をよけていくのです。

さらにまゆ毛《げ》には、日《ひ》ざしから目《め》を守《まも》るという、大切《たいせつ》なはたらきがあります。人間《にんげん》に近《ちか》いおサルさんは、まゆ毛《げ》がありません。目《め》の上《うえ》がポコっと出《で》ていて、ここがひさしの役割《やくわり》をします。

人間《にんげん》の場合《ばあい》はどうでしょう。まぶしい顔《かお》をしてみてね。するとほら、まゆ毛《げ》がぎゅっと目《め》によってきたでしょう。

このとき、まゆ毛《げ》は6ミリほど前《まえ》に出《で》て、目《め》に日《ひ》かげをつくります。手《て》でさわると、わかりやすいですよ。

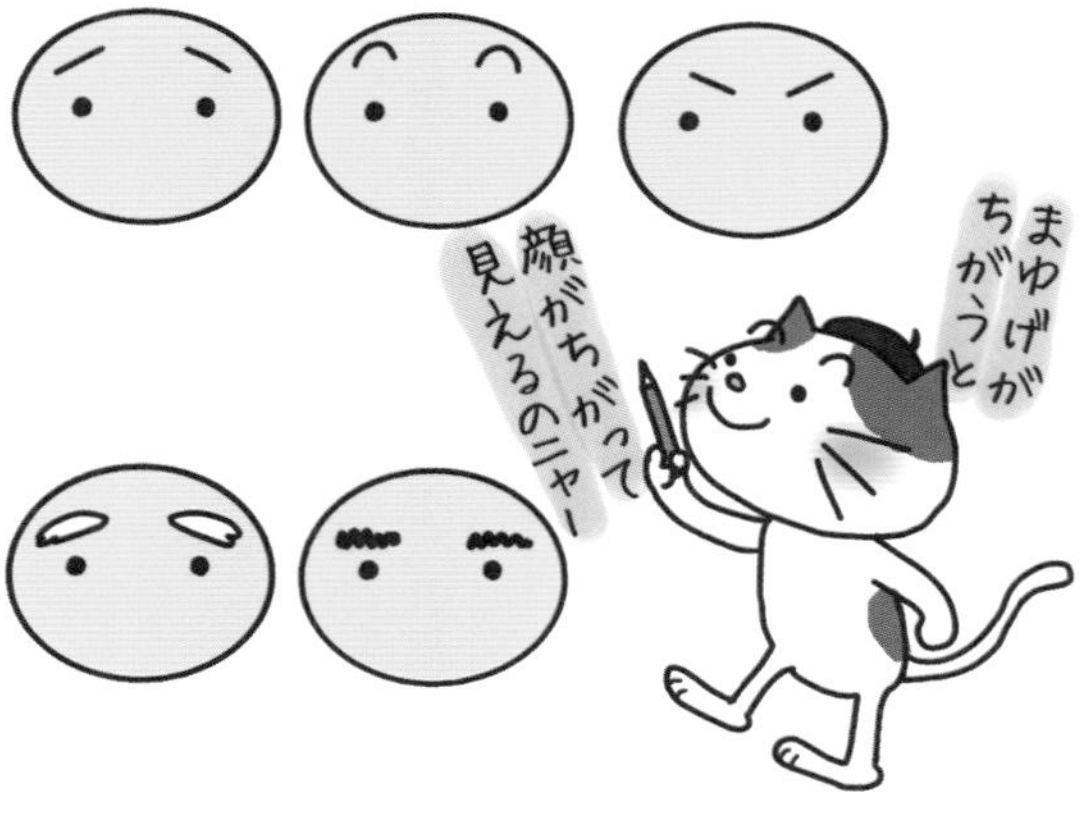
まゆげがちがうと
顔がちがって見えるのニャー

顔《かお》を美《うつく》しく見《み》せる

まゆ毛《げ》がのびるスピードは、月《つき》に5、6ミリで、3ヶ月《げつ》くらいでぬけてしまいます。このため、髪《かみ》の毛《け》のように長《なが》くはなりません。

それでも女《おんな》の人《ひと》の中《なか》には、まゆ毛《げ》を切《き》ったりぬいたりする人《ひと》がいます。顔《かお》を美《うつく》しく見《み》せるため、まゆ毛《げ》の形《かたち》をきれいにするのです。

むかしは、まゆ毛《げ》を全部《ぜんぶ》そり落《お》として、小《ちい》さくて丸《まる》いまゆ毛《げ》をかいていました。また外国《がいこく》には、右《みぎ》と左《ひだり》のまゆ毛《げ》がつながっている女《おんな》の人《ひと》が美人《びじん》とされる国《くに》があります。その国《くに》の女性《じょせい》たちは、まゆ毛《げ》をかき足《た》して、1本《ぽん》のまゆにしているそうです。

女《おんな》の人《ひと》にとっては、美人《びじん》に見《み》せることもまゆ毛《げ》の大切《たいせつ》な役割《やくわり》といえるかもしれません。

男《おとこ》の人《ひと》と女《おんな》の人《ひと》、おじいさんやおばあさん、みんなまゆ毛《げ》は違《ちが》います。いろんな人《ひと》のまゆ毛《げ》を見《み》てみると、面白《おもしろ》いですよ。

まめちしき ▶いまの人《ひと》たちは結婚《けっこん》したら左手《ひだりて》の薬指《くすりゆび》に指輪《ゆびわ》をするよね。江戸時代《えどじだい》の女《おんな》の人《ひと》は、まゆ毛《げ》をそり落《お》として、歯《は》をまっ黒《くろ》にそめることで「結婚《けっこん》しました」と知《し》らせたんだよ。

9月《がつ》12日《にち》

宇宙《うちゅう》はどうやってできたの？

宇宙《うちゅう》のふしぎ

はじまりはビッグバン

わたしたちが住《す》む地球《ちきゅう》は、宇宙《うちゅう》の中《なか》にあるひとつの星《ほし》にすぎません。例《たと》えば太陽《たいよう》の周《まわ》りには、地球《ちきゅう》を含《ふく》めて8個《こ》の惑星《わくせい》、5個《こ》の準惑星《じゅんわくせい》、さらにはたくさんのすい星《せい》や小天体《しょうてんたい》といったものがあります。

そして、太陽《たいよう》のように自分《じぶん》で光《ひかり》を放《はな》つ恒星《こうせい》たちが2000億個《おくこ》ほどあつまり、銀河《ぎんが》と呼《よ》ばれる星《ほし》たちのグループをつくっています。宇宙《うちゅう》の中《なか》にはこの銀河《ぎんが》が数千億個《すうせんおくこ》もあると考《かんが》えられているのです。

なんだかとてもスケールの大《おお》きなお話《はなし》ですが、そもそも宇宙《うちゅう》はどうやってできたのでしょうか。

現在《げんざい》では、宇宙《うちゅう》のはじまりは「ビッグバン」という大爆発《だいばくはつ》から起《お》こったと考《かんが》えられています。

1929年《ねん》に、アメリカのハッブル博士《はかせ》という人《ひと》が、銀河《ぎんが》のような星《ほし》のグループを研究《けんきゅう》し、宇宙《うちゅう》が風船《ふうせん》のようにだんだんとふくらんでいることを突《つ》き止《と》めたのです。

わからないことがいっぱい

その研究結果《けんきゅうけっか》をもとにして計算《けいさん》してみると、宇宙《うちゅう》のはじまりはおよそ150億年《おくねん》から200億年《おくねん》ぐらい前《まえ》だとわかりました。

そして、宇宙《うちゅう》は「ビッグバン」という大爆発《だいばくはつ》をきっかけに、ものすごいスピードでふくらみはじめたと推測《すいそく》されるようになったのです。

ただ、この「ビッグバン理論《りろん》」という考《かんが》え方《かた》を使《つか》っても、宇宙《うちゅう》の誕生《たんじょう》についてはまだまだわからないことがたくさんあります。

ところで今日《きょう》9月《がつ》12日《にち》は、1992年《ねん》に毛利衛《もうりまもる》宇宙飛行士《うちゅうひこうし》が、日本人《にほんじん》としてアメリカのスペースシャトルではじめて宇宙《うちゅう》に飛《と》び立《た》った日《ひ》です。そのことから日本《にほん》では「宇宙《うちゅう》の日《ひ》」に定《さだ》められています。

宇宙《うちゅう》の日《ひ》にちなんで、まだまだわからないことだらけの宇宙《うちゅう》のひみつについて、自分《じぶん》なりに想像《そうぞう》してみるのも面白《おもしろ》いかもしれませんね。

宇宙《うちゅう》の誕生《たんじょう》

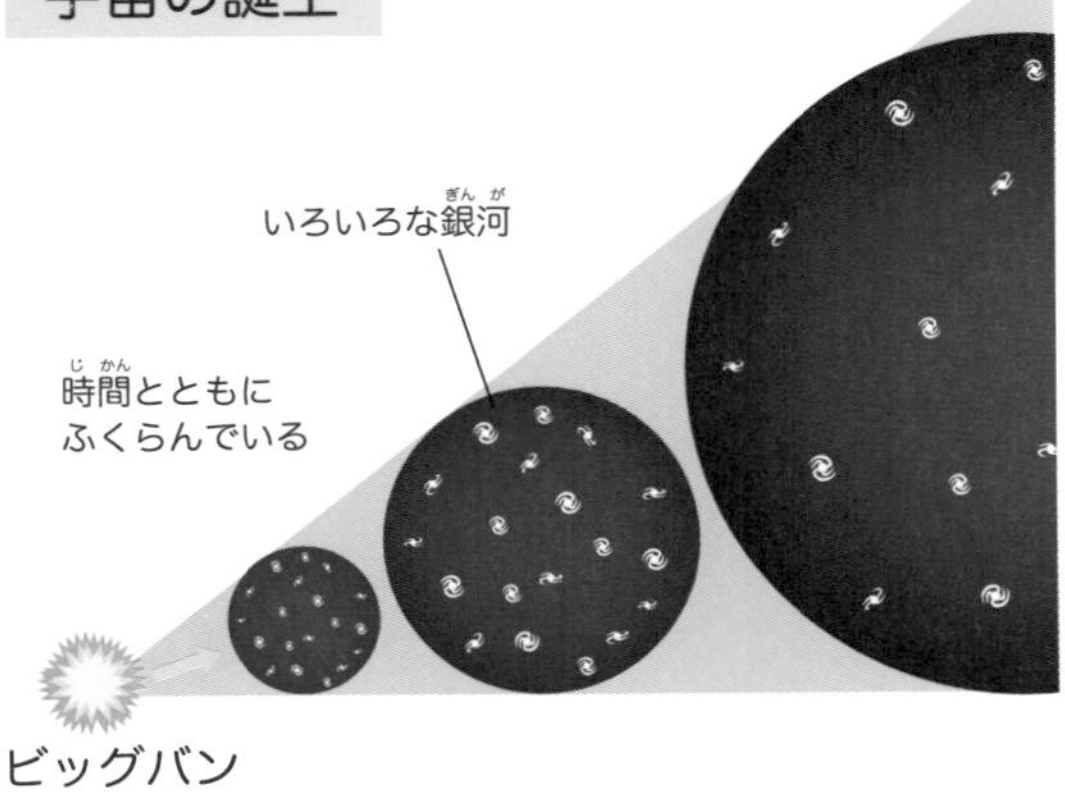

まめちしき ▶宇宙《うちゅう》にもゴミ問題《もんだい》が起《お》きているんだよ。こわれた人工衛星《じんこうえいせい》のかけらや宇宙飛行士《うちゅうひこうし》が落《お》とした道具《どうぐ》などが宇宙空間《うちゅうくうかん》をただよってるんだって。これを「宇宙《うちゅう》ゴミ」と呼《よ》ぶんだよ。

9月《がつ》13日《にち》

雲《くも》がいろいろと形《かたち》を変《か》えるのはなぜ？

自然《しぜん》のふしぎ

空《そら》を上下左右《じょうげさゆう》に吹《ふ》く風《かぜ》

空《そら》をながめていると、雲《くも》が形《かたち》を変《か》えながらゆっくり動《うご》いていることがあります。なぜ雲《くも》は、いろいろ形《かたち》を変《か》えるのでしょう。

そのひみつは、風《かぜ》にあります。わたしたちがいる地上《ちじょう》では、横《よこ》からしか風《かぜ》は吹《ふ》きません。でも雲《くも》の周《まわ》りの空《そら》では、上下左右《じょうげさゆう》にいつもいろいろな風《かぜ》が吹《ふ》いているのです。

雲《くも》が大《おお》きく成長《せいちょう》するときは、水蒸気《すいじょうき》をたくさん含《ふく》んだ風《かぜ》が、上《うえ》に向《む》かって吹《ふ》いています。この水蒸気《すいじょうき》は空《そら》で冷《ひ》やされて雲《くも》になり、他《ほか》の雲《くも》と一緒《いっしょ》になって、大《おお》きな雲《くも》のかたまりになっていくのです。

逆《ぎゃく》に、下向《したむ》きに風《かぜ》が吹《ふ》く場所《ばしょ》ではどんどん雲《くも》が消《き》えていきます。

秋《あき》によく見《み》るうろこ雲《ぐも》

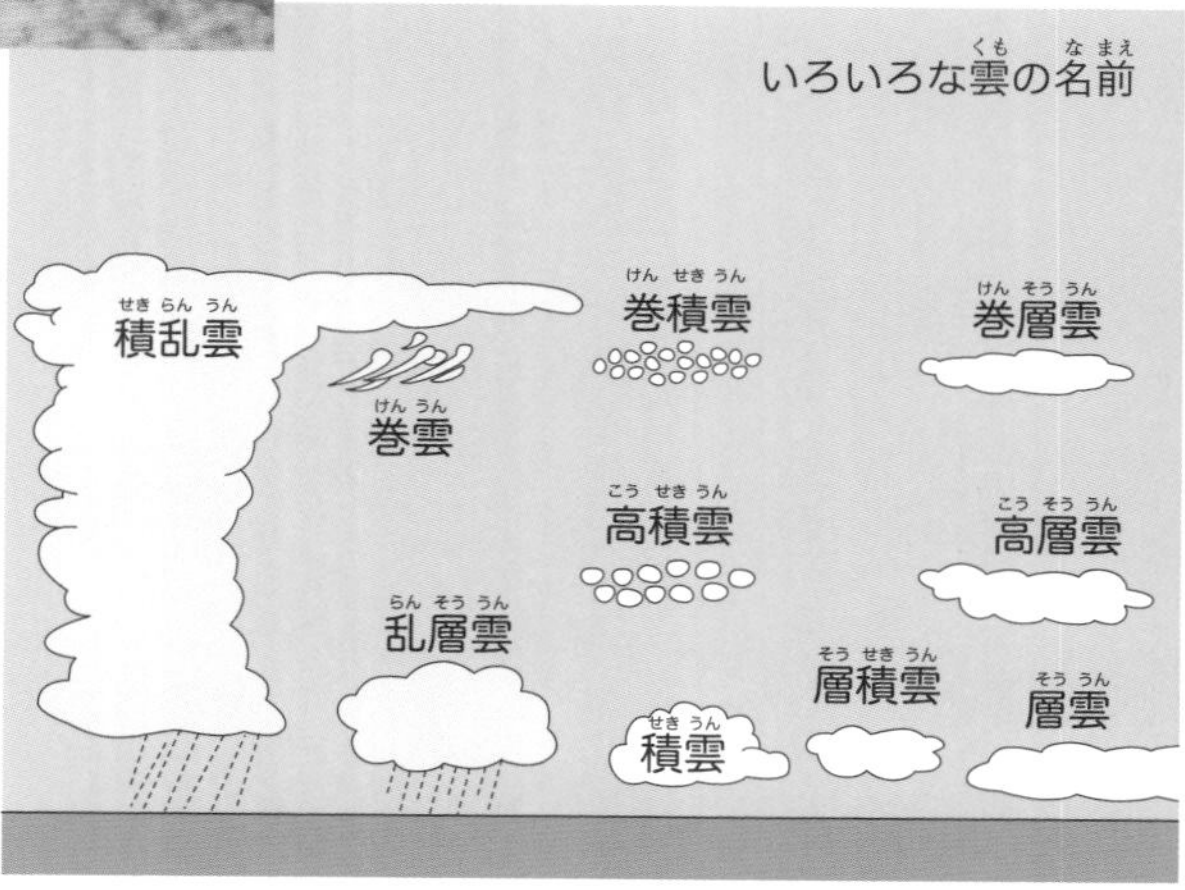

いろいろな雲《くも》の名前《なまえ》

これを遠《とお》くからながめると、形《かたち》が変《か》わったように見《み》えるわけです。

積乱雲《せきらんうん》は大雨《おおあめ》に注意《ちゅうい》

いろいろな形《かたち》に変《か》わる雲《くも》は、その高《たか》さや特徴《とくちょう》で、10種類《しゅるい》にわけることができます。

その中《なか》でも、雨《あめ》を降《ふ》らせる雲《くも》として知《し》られるのが、乱層雲《らんそううん》と積乱雲《せきらんうん》です。乱層雲《らんそううん》とは、わたしたちがよく見《み》る雨雲《あまぐも》のことです。この雲《くも》は雨《あま》つぶをたくさん含《ふく》むため、空《そら》の低《ひく》いところを動《うご》き、やがて雨《あめ》を降《ふ》らせるのです。

また、最近《さいきん》はゲリラ豪雨《ごうう》とも呼《よ》ばれる、激《はげ》しい雨《あめ》や夏《なつ》の夕立《ゆうだち》を降《ふ》らせるのが、積乱雲《せきらんうん》です。積乱雲《せきらんうん》は、せまい範囲《はんい》に雲《くも》が高《たか》く積《つ》み上《あ》がっているので、短《みじか》い時間《じかん》しか雨《あめ》は降《ふ》りません。でも、雨《あめ》のいきおいが強《つよ》く、雷《かみなり》や突風《とっぷう》も起《お》こります。

積乱雲《せきらんうん》は、日本列島《にほんれっとう》の日本海側《にほんかいがわ》で、秋《あき》から冬《ふゆ》にかけて雷《かみなり》やひょうを降《ふ》らせることもあります。空《そら》をながめていて積乱雲《せきらんうん》を見《み》つけたときには、天気《てんき》に注意《ちゅうい》しましょうね。

まめちしき　▶雲《くも》は色《いろ》も変《か》える。夕焼《ゆうや》けでまっ赤《か》に染《そ》まることもあるし、虹《にじ》のように赤《あか》や青《あお》、黄色《きいろ》などいろいろな色《いろ》がついていることも。これを「彩雲《さいうん》」といって、とても縁起《えんぎ》がいいといわれているよ。

宇宙《うちゅう》のふしぎ

どうして月《つき》はいろいろ形《かたち》を変《か》えるの？

月《つき》と太陽《たいよう》と地球《ちきゅう》の位置《いち》による

まん丸《まる》の満月《まんげつ》と細長《ほそなが》い三日月《みかづき》、ずいぶん形《かたち》が違《ちが》いますが、どちらも同《おな》じ月《つき》です。月はボールのような形《かたち》をしていますから、三日月《みかづき》をよく見《み》てみると、うっすらと丸《まる》い形《かたち》が見《み》えるでしょう。

月《つき》は自分《じぶん》で光《ひかり》を出《だ》しているわけではなく、太陽《たいよう》の光《ひかり》にてらされて光《ひか》って見《み》えます。つまり、月《つき》にも地球《ちきゅう》と同《おな》じように、昼《ひる》と夜《よる》があり、月《つき》の昼《ひる》の部分《ぶぶん》が明《あか》るく見《み》えるというわけです。

月《つき》は地球《ちきゅう》の周《まわ》りを回《まわ》っています。地球《ちきゅう》から月《つき》を見《み》るとき、月《つき》が太陽《たいよう》に対《たい》してどの方向《ほうこう》にあるのかで、月《つき》の昼《ひる》の場所《ばしょ》が変《か》わります。

満月《まんげつ》は昼《ひる》の部分《ぶぶん》がぜんぶ見《み》えている状態《じょうたい》で、三日月《みかづき》は昼《ひる》の部分《ぶぶん》が少《すこ》しだけ見《み》えている状態《じょうたい》です。

月《つき》の形《かたち》で日《ひ》にちを決《き》めていた

むかしは、月《つき》の満《み》ち欠《か》けを使《つか》って暦《こよみ》(カレンダー)をつくっていました。新月《しんげつ》が1日《ついたち》で、月《つき》がだんだん太《ふと》くなり、満月《まんげつ》はおよそ15日《にち》(十五夜《じゅうごや》)。

その後《ご》、だんだん細《ほそ》くなって、月末《げつまつ》が三十日月《みそかづき》、というように、月《つき》のようすと生活《せいかつ》が深《ふか》くかかわっていました。

●**新月《しんげつ》…1日《ついたち》**
月《つき》が太陽《たいよう》と地球《ちきゅう》の間《あいだ》にあって、まったく見《み》えない。

●**三日月《みかづき》…3日《みっか》**
三日《みっか》に見《み》える月《つき》であることから「三日月《みかづき》」と呼《よ》ばれる。

●**上弦《じょうげん》の月《つき》…7日《なのか》**
月《つき》が満《み》ちていく途中《とちゅう》の半月《はんつき》。

●**十三夜月《じゅうさんやづき》…13日《にち》**
満月《まんげつ》の次《つぎ》に美《うつく》しいといわれ、これから満月《まんげつ》になる縁起《えんぎ》のよい月《つき》。

●**満月《まんげつ》、十五夜《じゅうごや》…15日《にち》**
月《つき》と太陽《たいよう》が地球《ちきゅう》をはさんで反対側《はんたいがわ》にあるため、月《つき》がまん丸《まる》に見《み》える。

●**下弦《かげん》の月《つき》…23日《にち》**
月《つき》が欠《か》けていく途中《とちゅう》の半月《はんつき》。

●**三十日月《みそかづき》…30日《にち》**
月末《げつまつ》の月《つき》。月末《げつまつ》を「みそか」、年末《ねんまつ》を「おおみそか」というのはこのため。

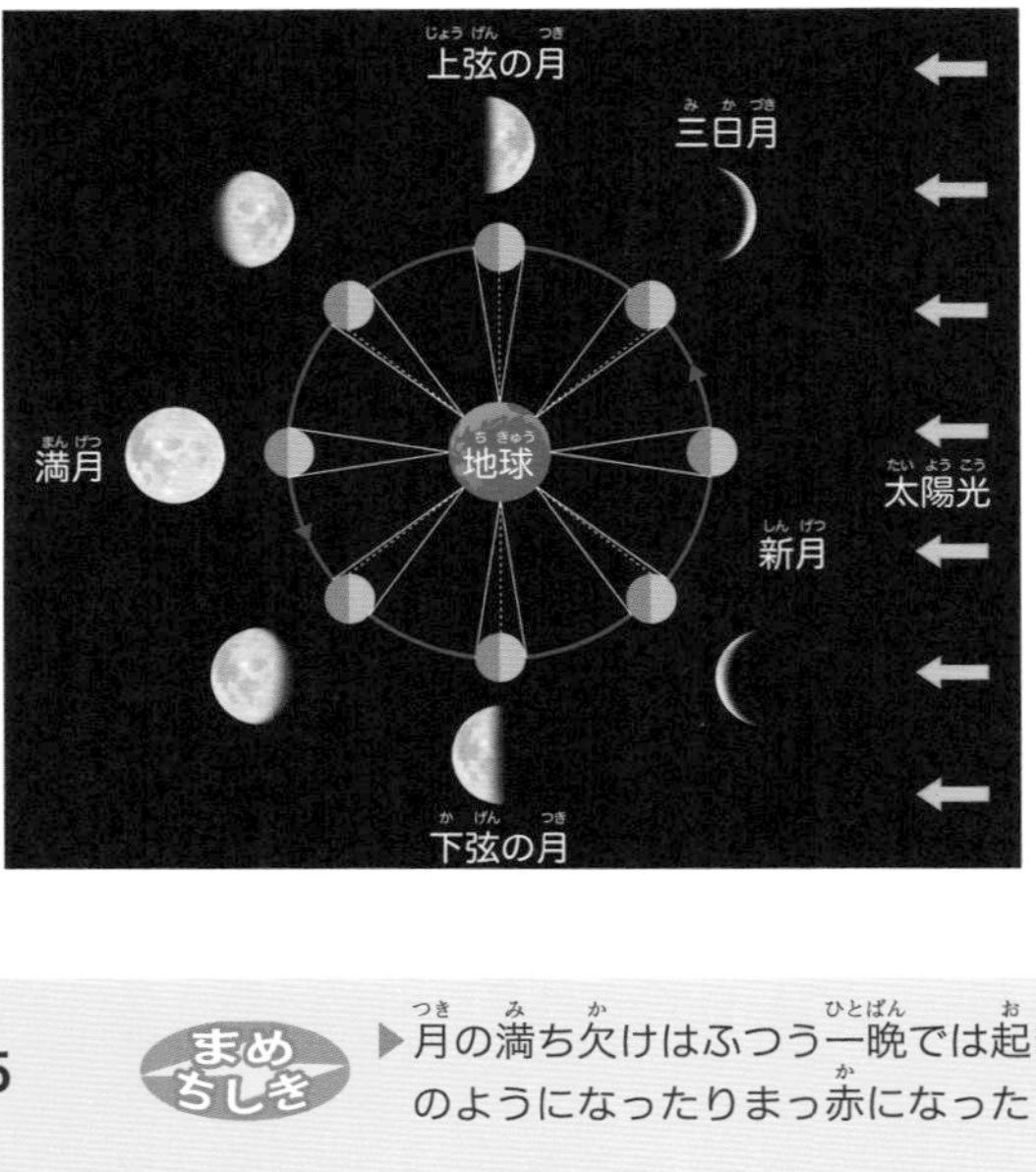

まめちしき ▶月《つき》の満《み》ち欠《か》けはふつう一晩《ひとばん》では起《お》きない。でもまん丸《まる》だったはずの月《つき》が、2時間《じかん》ぐらいで三日月《みかづき》のようになったりまっ赤《か》になったりすることがある。これが「月食《げっしょく》」なんだ。

読《よ》んだ日《ひ》　月《がつ》　日《にち》

9月《がつ》15日《にち》

みのまわりのふしぎ

十五夜《じゅうごや》のお月見《つきみ》ってなにをするの?

太陰暦《たいいんれき》と太陽暦《たいようれき》

お月《つき》さまは、細《ほそ》い糸《いと》のような三日月《みかづき》から少《すこ》しずつ半月《はんげつ》になり、やがて29日《にち》と半分《はんぶん》で満月《まんげつ》になっていきます。その規則正《きそくただ》しい月《つき》の満《み》ち欠《か》けをもとにつくった暦《こよみ》を「太陰暦《たいいんれき》」といいます。

太陰暦《たいいんれき》では一年《いちねん》が354日《にち》と、いまより少《すこ》し短《みじか》くなります。日本《にほん》では江戸《えど》時代《じだい》まで使《つか》われていました。

ところが、四季《しき》の移《うつ》り変《か》わりがある日本《にほん》のような国《くに》では、一年《いちねん》に11日《にち》(365−354=11)もずれていってしまうと、十数年《じゅうすうねん》もすれば夏《なつ》が冬《ふゆ》になり、冬《ふゆ》が夏《なつ》になってしまうのです。

そこで明治時代《めいじじだい》からは、季節《きせつ》がずれてしまわないように、太陽《たいよう》の動《うご》きをもとにつくった、一年《いちねん》が365日《にち》の「太陽暦《たいようれき》」を、用《もち》いるようになりました。

月《つき》の神《かみ》さまと自然《しぜん》にお祈《いの》り

十五夜《じゅうごや》のお月見《つきみ》は、平安時代《へいあんじだい》に中国《ちゅうごく》から伝《つた》わってきたものといわれ、当時《とうじ》の暦《こよみ》であった太陰暦《たいいんれき》での8月《がつ》15日《にち》(いまの9月中《がつなか》ごろ)におこなわれます。太陰暦《たいいんれき》では毎月十五日《まいつきじゅうごにち》が満月《まんげつ》になるからです。

日本《にほん》でも古《ふる》くから、月《つき》の光《ひかり》には神《かみ》さまが宿《やど》っていると信《しん》じられており、満月《まんげつ》をおがむ習慣《しゅうかん》がありました。

満月《まんげつ》の中《なか》でも月《つき》の出《で》が早《はや》く、ほどよく夜空《よぞら》に美《うつく》しくかかるお月《つき》さまは、ちょうど秋《あき》のまん中《なか》で見《み》られます。そのため、秋《あき》はお月見《つきみ》に適《てき》した季節《きせつ》だと考《かんが》えられてきました。

十五夜《じゅうごや》には美《うつく》しい月《つき》を見《み》ながら、稲《いね》にみたてたススキをかざり、おそなえものをしておがみます。

十五夜《じゅうごや》の他《ほか》に、9月《がつ》13日《にち》(太陰暦《たいいんれき》)におこなう十三夜《じゅうさんや》もあります。十三夜《じゅうさんや》は日本独自《にほんどくじ》の習慣《しゅうかん》で、その時期《じき》に食《た》べごろのマメやクリをおそなえすることから、「まめ名月《めいげつ》」や「くり名月《めいげつ》」とも呼《よ》ばれています。

こうして人々《ひとびと》は、土地《とち》が肥《こ》えて作物《さくもつ》がよく実《みの》ることを神《かみ》さまに祈《いの》り、また、四季《しき》の美《うつく》しさを感《かん》じながら自然《しぜん》への感《かん》謝《しゃ》をしてきたのです。

まめちしき
▶お月見《つきみ》の日《ひ》にかざる団子《だんご》には、団子《だんご》を月《つき》に、あんこを雲《くも》にみたてた「きぬかつぎ」や、13個《こ》のお団《だん》子《ご》をピラミッドのように重《かさ》ねたものもある。中国《ちゅうごく》では月餅《げっぺい》というおまんじゅうを食《た》べるよ。

読《よ》んだ日《ひ》　月《がつ》　日《にち》

9月《がつ》16日《にち》

年《とし》をとるとどうして髪《かみ》の毛《け》が白《しろ》くなるの？

人体《じんたい》のふしぎ

色《いろ》をつける物質《ぶっしつ》がなくなる

髪《かみ》の毛《け》に色《いろ》がついているのは、メラニンという、色《いろ》をつける物質《ぶっしつ》が、髪《かみ》の毛《け》の中《なか》に入《はい》っているからです(356ページ)。

髪《かみ》の毛《け》は毎日《まいにち》のびています。新《あたら》しく髪《かみ》の毛《け》がのびるときには、メラニンも新《あたら》しくつくられるので、髪《かみ》の毛《け》は色《いろ》をつけられながらのびていくのです。

しかし年《とし》をとると、メラニンをつくる細胞《さいぼう》が死《し》んでしまいます。すると、髪《かみ》の毛《け》は色《いろ》がないままのびていくことになります。これが、白髪《しらが》です。

メラニンをつくる細胞《さいぼう》は生《い》き返《かえ》ることがありませんから、その場所《ばしょ》から新《あたら》しく生《は》えてきた髪《かみ》の毛《け》は、それからはずっと白髪《しらが》です。

髪《かみ》の毛《け》にはいろいろな色《いろ》があります。薄《うす》い茶色《ちゃいろ》、赤《あか》っぽい茶色《ちゃいろ》、また、金髪《きんぱつ》といわれる色《いろ》もあります。生《う》まれたときから髪《かみ》が白《しろ》い人《ひと》もいます。

日本人《にほんじん》はほとんどが、黒《くろ》い髪《かみ》に見《み》えますが、よく見《み》ると、まっ黒《くろ》な人《ひと》から、茶色《ちゃいろ》っぽい人《ひと》までさまざまです。

髪《かみ》の毛《け》に色《いろ》をつける物質《ぶっしつ》は、二種類《にしゅるい》あります。ひとつは、色《いろ》を濃《こ》くするもので、もうひとつは赤《あか》っぽい色《いろ》をつけます。この二種類《にしゅるい》の物質《ぶっしつ》によって、さまざまな髪《かみ》の色《いろ》ができるのです(356ページ)。

髪《かみ》を染《そ》める風習《ふうしゅう》

髪《かみ》の毛《け》の色《いろ》を染《そ》める風習《ふうしゅう》は、むかしからあったことのようです。

いまから800年以上《ねんいじょう》もむかし、日本《にほん》では侍《さむらい》たちが源氏《げんじ》と平氏《へいし》にわかれてたたかっていました。

このとき、平氏《へいし》の味方《みかた》になって戦《たたか》った武将《ぶしょう》に斎藤実盛《さいとうさねもり》という人《ひと》がいます。この人《ひと》は、年《とし》をとってから、勝《か》つ見込《みこ》みのない戦《たたか》いに出《で》ることになりました。しかし、せめて最後《さいご》は若々《わかわか》しくたたかいたいといって、白髪《しらが》を黒《くろ》く染《そ》めてたたかいに向《む》かったそうです。

9月《がつ》の第三月曜日《だいさんげつようび》は敬老《けいろう》の日《ひ》です。髪《かみ》の毛《け》が白《しろ》くなるまでがんばってきたお年《とし》よりの人《ひと》たちに、感謝《かんしゃ》をしたいものですね。

年《とし》をとると髪《かみ》の毛《け》に色《いろ》がつかなくなっていく

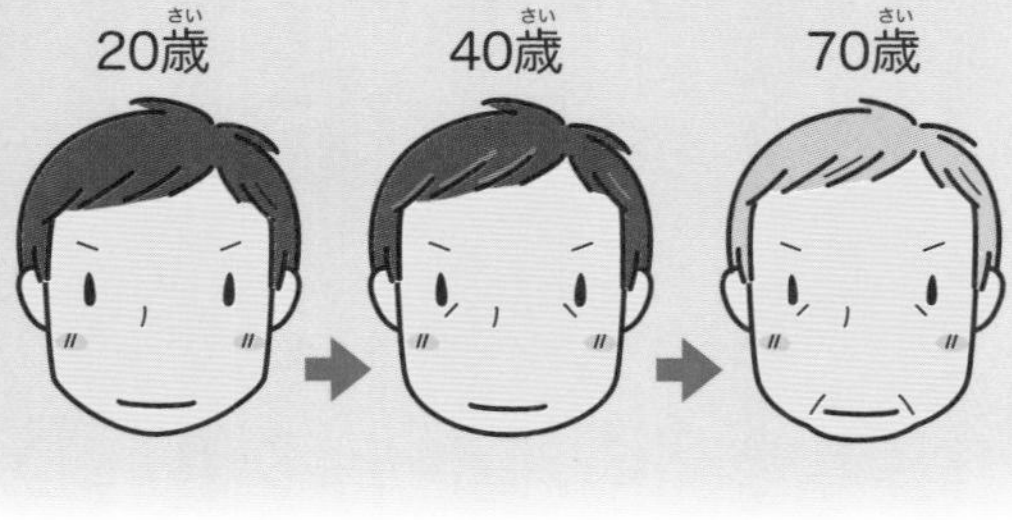

まめちしき
▶白髪《しらが》を「九十九《つくも》(つくも)髪《がみ》」ともいうけどなぜかな？　百《ひゃく》から一《いち》を引《ひ》くと九十九《きゅうじゅうきゅう》になり、漢字《かんじ》の「百《ひゃく》」から「一《いち》」をとると「白《しろ》」になるからなんだ。面白《おもしろ》いシャレだね。

9月《がつ》17日《にち》

植物《しょくぶつ》はなにも食《た》べなくても平気《へいき》なの？

生《い》きもののふしぎ

植物《しょくぶつ》も栄養《えいよう》が必要《ひつよう》

いろいろなものを食《た》べて元気《げんき》になり、大《おお》きくなっていくのは、人間《にんげん》も動《どう》物《ぶつ》も植物《しょくぶつ》もみんな同《おな》じです。でもあなたは、植物《しょくぶつ》がごはんを食《た》べている姿《すがた》なんて、見《み》たことはありませんよね。

すると植物《しょくぶつ》は、いったいなにを食《た》べて大《おお》きくなっているのでしょう。

わたしたち人間《にんげん》が、健康《けんこう》なからだをつくるためにとらなければいけない栄《えい》養成分《ようせいぶん》は、大《おお》きくわけて5つあります。タンパク質《しつ》、脂質《ししつ》、炭水化物《たんすいかぶつ》、ビタミン、ミネラルです。

わたしたちは、毎日《まいにち》食《た》べているいろいろなものの中《なか》から、これらの栄養《えいよう》を吸収《きゅうしゅう》しているのです。

植物《しょくぶつ》も人間《にんげん》と同《おな》じように、大《おお》きくなるためには、たくさんの栄養《えいよう》をとらなければなりません。

そのため、からだの外《そと》からなにかをとり入《い》れ、栄養分《えいようぶん》を吸収《きゅうしゅう》したり、栄養《えいよう》分《ぶん》に変《か》えていったりする力《ちから》は、植物《しょくぶつ》にもそなわっているのです。

光合成《こうごうせい》の仕組《しく》み

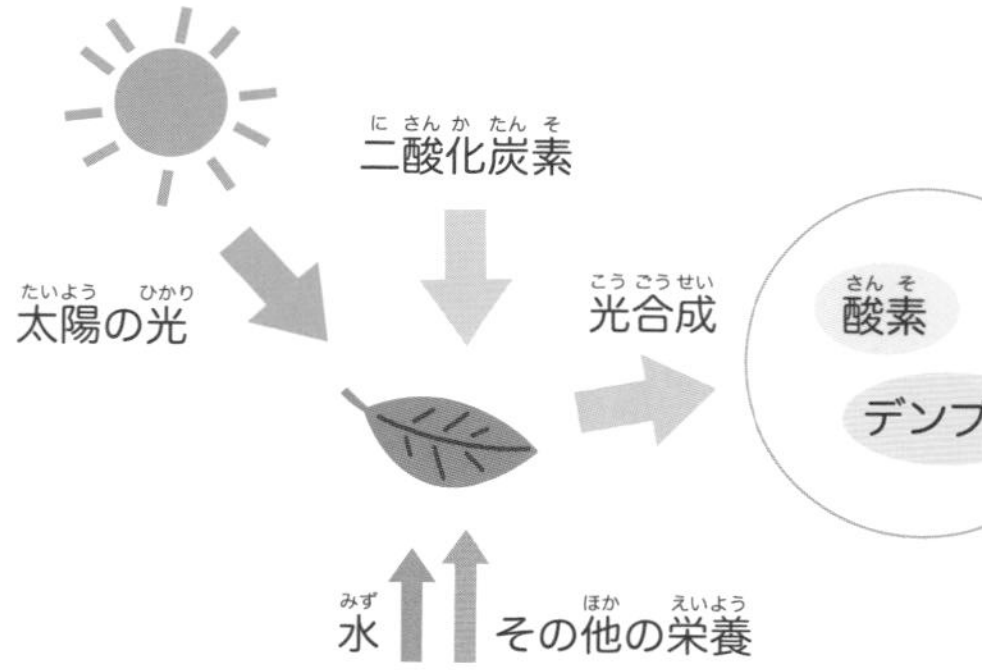

光合成《こうごうせい》で栄養《えいよう》づくり

植物《しょくぶつ》が人間《にんげん》の食《た》べものと同《おな》じように、栄養分《えいようぶん》としてからだにとり入《い》れているものというのは、太陽《たいよう》の光《ひかり》、水《みず》、空気《くうき》の中《なか》にある二酸化炭素《にさんかたんそ》、さらに土《つち》の中《なか》からも、酸素《さんそ》やカルシウムなどを吸収《きゅうしゅう》しています。

太陽《たいよう》の光《ひかり》をエネルギーに変《か》えながら、根《ね》から吸《す》い上《あ》げた水《みず》と二酸化炭素《にさんかたんそ》を使《つか》って、栄養《えいよう》となるデンプンや酸素《さんそ》をつくります。

そして、土《つち》から吸《す》い上《あ》げた栄養分《えいようぶん》を合《あ》わせて、タンパク質《しつ》などもつくりだすのです。

このような光《ひかり》を使《つか》った栄養《えいよう》づくりのことを「光合成《こうごうせい》」といいます。光合成《こうごうせい》によって栄養《えいよう》がつくりだせるのは、植物《しょくぶつ》だけです。

酸素《さんそ》は、すべての生《い》きものにとってなくてはならないものです。光合成《こうごうせい》によって二酸化炭素《にさんかたんそ》を吸《す》い、酸素《さんそ》を吐《は》き出《だ》してくれている植物《しょくぶつ》は、すべての生《い》きものにとても大《おお》きな役割《やくわり》を果《は》たしてくれている、大切《たいせつ》な存在《そんざい》なのです。

まめちしき
▶地球《ちきゅう》に植物《しょくぶつ》しかいなければ、二酸化炭素《にさんかたんそ》が減《へ》って酸素《さんそ》が増《ふ》えるばかり。でも、動物《どうぶつ》は酸素《さんそ》を減《へ》らして二酸化炭素《にさんかたんそ》をつくる。植物《しょくぶつ》と動物《どうぶつ》はバランスを保《たも》ちながら助《たす》けあっているんだね。

どうしてうんちやおならはくさいの？

食《た》べもののゆくえ

わたしたちが食《た》べものを食《た》べると、まずは胸《むね》の下《した》あたりにある胃《い》という袋《ふくろ》で、食《た》べものが細《こま》かくなり、ドロドロに溶《と》かされます。

次《つぎ》に、小腸《しょうちょう》や大腸《だいちょう》という、とても長《なが》い管《くだ》を通《とお》ります。このとき、腸《ちょう》に住《す》んでいる細菌《さいきん》というとても小《ちい》さな生《い》きものが、ドロドロになった食《た》べものをもっとバラバラにします。これを、分解《ぶんかい》といいます。

そして、からだに必要《ひつよう》な栄養分《えいようぶん》や水分《すいぶん》だけが、管《くだ》の壁《かべ》からどんどん吸《す》いとられて、はじめは食《た》べものだったドロドロは、ついに残《のこ》りカスだけになってしまいます。

そして最後《さいご》に、お尻《しり》の穴《あな》からうんちになって出《で》てくるのです。

食《た》べものでくささが変《か》わる

うんちやおならがくさいのは、腸《ちょう》で細菌《さいきん》が食《た》べものをもっとバラバラにするときにできる、インドールやスカトールというガスのせいです。

タンパク質《しつ》がたくさんある食《た》べものを食《た》べると、インドールやスカトールのにおいが強《つよ》くなります。

では、タンパク質《しつ》はどんな食《た》べものにたくさんあると思《おも》いますか？　あなたが、くさいうんちやおならを出《だ》したとき、その前《まえ》に食《た》べたものを思《おも》い出《だ》すと、わかるかもしれません。

こたえは、肉《にく》や魚《さかな》です。肉《にく》や魚《さかな》を食《た》べると、ガスがうんちの中《なか》に閉《と》じ込《こ》められるので、うんちやおならはくさくなり、そのかわり、おならの音《おと》は小《ちい》さくなります。

反対《はんたい》に野菜《やさい》をたくさん食《た》べると、うんちやおならはあまりくさくなくなります。そのかわり、おならの音《おと》は大《おお》きくなるのです（316ページ）。

ちなみに、うんちが茶色《ちゃいろ》いのは、「胆汁《たんじゅう》」という、内臓《ないぞう》から出《で》る黄色《きいろ》い汁《しる》と腸《ちょう》の細菌《さいきん》の色《いろ》がまざるために、そう見《み》えるからです。

あなたの今日《きょう》のうんちとおならは、どんなようすでしたか？

まめちしき ▶人間《にんげん》のうんちは、ばい菌《きん》がまざっているので食《た》べるなんてできない。でも、ウサギは自分《じぶん》のうんちを食《た》べる習性《しゅうせい》があるんだ。もし食《た》べなければ栄養《えいよう》が足《た》りなくて死《し》んでしまうこともあるんだよ。

日本《にほん》で一番《いちばん》多《おお》い苗字《みょうじ》ってなあに?

藤原《ふじわら》さんの子孫《しそん》たち

日本《にほん》に一番《いちばん》多《おお》い苗字《みょうじ》は佐藤《さとう》さんで、200万人《まんにん》近《ちか》くいるといわれています。二番目《にばんめ》が鈴木《すずき》さん、三番目《さんばんめ》は高橋《たかはし》さん。その他《ほか》、田中《たなか》、渡辺《わたなべ》、伊藤《いとう》、山本《やまもと》、中村《なかむら》、小林《こばやし》、斎藤《さいとう》などが、日本《にほん》に多《おお》い苗字《みょうじ》です。

ところで、佐藤《さとう》・伊藤《いとう》・斎藤《さいとう》という苗字《みょうじ》には、いずれも「藤《ふじ》」という文字《もじ》が入《はい》っていますね。これは偶然《ぐうぜん》でしょうか? じつはみな、もともとは同《おな》じ「藤原《ふじわら》」という苗字《みょうじ》だったそうです。

1400年《ねん》ほど前《まえ》、日本《にほん》には、蘇我《そがの》入鹿《いるか》という人《ひと》がいて、天皇《てんのう》よりもいばっていました。これではいけないと思《おも》った中大兄皇子《なかのおおえのおうじ》と中臣鎌足《なかとみのかまたり》は、入鹿《いるか》を殺《ころ》します。このあと、中大兄皇子《なかのおおえのおうじ》は天皇《てんのう》となり、「天智天皇《てんじてんのう》」と名乗《なの》りました。そして中臣鎌足《なかとみのかまたり》は、「藤原鎌足《ふじわらのかまたり》」という名前《なまえ》をもらったのです。

このあと、藤原鎌足《ふじわらのかまたり》はどんどん出世《しゅっせ》し、その子孫《しそん》にあたる藤原《ふじわら》さんも、増《ふ》えました。あまりにも増《ふ》えすぎたので、佐渡《さど》にいる藤原《ふじわら》さんは「佐藤《さとう》」、伊勢《いせ》にいる藤原《ふじわら》さんは「伊藤《いとう》」というように区《く》別《べつ》をするようになったのです。

住《す》んでいる地域《ちいき》で名前《なまえ》を区別《くべつ》するだけでなく、例《たと》えば、「左衛門尉《さえもんのじょう》」という役目《やくめ》についていた藤原《ふじわら》さんも「佐藤《さとう》」という苗字《みょうじ》になったといわれますし、伊《い》勢神宮《せじんぐう》の「斎宮寮《さいぐうりょう》」というところで一番《いちばん》えらかった藤原《ふじわら》さんは「斎《さい》(斉《さい》)藤《とう》」となりました。

外国《がいこく》で多《おお》い苗字《みょうじ》

ところで、外国《がいこく》で多《おお》い苗字《みょうじ》には、どんなものがあるでしょうか?

イギリスに行《い》くと、「マクドナルド」のように、「マック」という文字《もじ》からはじまる苗字《みょうじ》がたくさんあります。「マック」には、「～の息子《むすこ》」という意味《いみ》があり、「マクドナルド」は、「ドナルドさんの息子《むすこ》」という意味《いみ》なのです。

また、ロシアなどでは、最後《さいご》に「スキー」という言葉《ことば》のついた苗字《みょうじ》がたくさんあります。「スキー」は、「～で生《う》まれた人《ひと》」をあらわす言葉《ことば》で、有名《ゆうめい》な作家《さっか》「ドストエフスキー」は、「ドストエヴォ村《むら》に生《う》まれた人《ひと》」という意味《いみ》なのです。

まめちしき ▶江戸時代《えどじだい》まで、武士以外《ぶしいがい》の人《ひと》たちは、いまのような苗字《みょうじ》がなかった。そのかわり、「○○村《むら》の太郎《たろう》」と村《むら》の名前《なまえ》で区別《くべつ》をしたり、「○○屋《や》の花子《はなこ》」と店《みせ》の名前《なまえ》をつけたりしていたよ。

読《よ》んだ日《ひ》　月《がつ》　日《にち》

9月《がつ》20日《にち》

世《せ》界《かい》で一《いち》番《ばん》大《おお》きな動《どう》物《ぶつ》ってなあに？

生《い》きもののふしぎ

人間《にんげん》の20倍《ばい》！

からだの大《おお》きな動《どう》物《ぶつ》と聞《き》いて、あなたがまず思《おも》い浮《う》かべるものはなんですか？　動《どう》物《ぶつ》園《えん》でよく見《み》かけるゾウやキリンなどもたしかに大《おお》きいですが、じつは、世《せ》界《かい》一《いち》大《おお》きな動《どう》物《ぶつ》は、海《うみ》の中《なか》に住《す》んでいる「クジラ」です。

クジラの仲《なか》間《ま》の中《なか》でも、とりわけ大《おお》きなからだを持《も》っているのが、「シロナガスクジラ」という名《な》前《まえ》のクジラです。

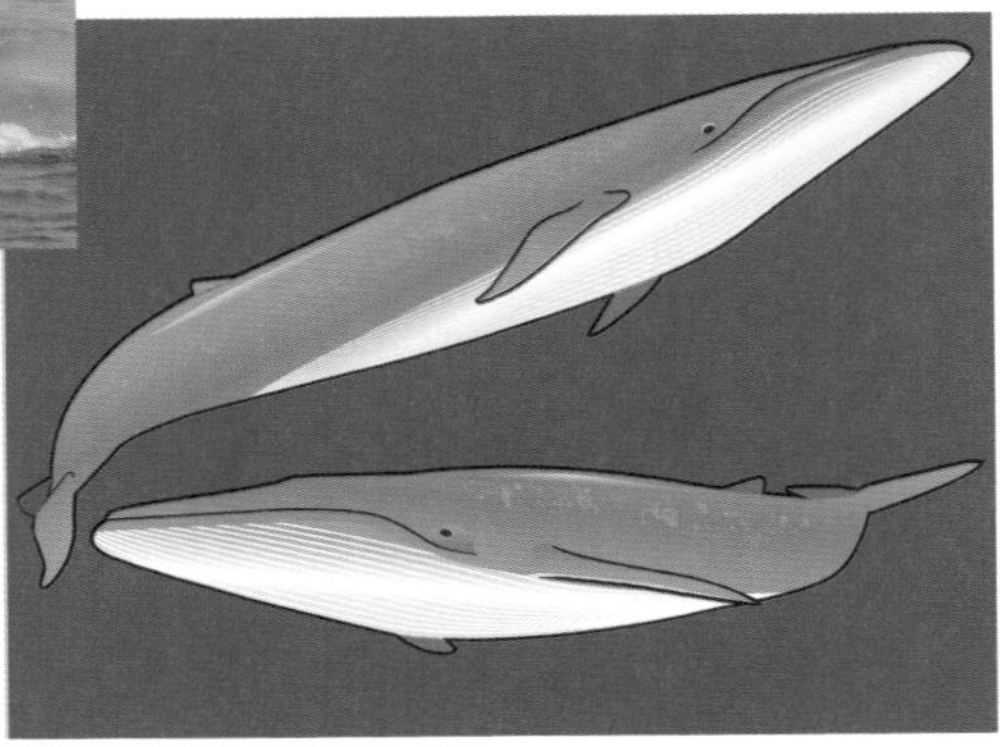

いま地《ち》球《きゅう》上《じょう》にくらしている動《どう》物《ぶつ》たちだけでなく、恐《きょう》竜《りゅう》などのむかしの生《い》きものたち全《ぜん》部《ぶ》を含《ふく》めてみても、確《かく》認《にん》されたものの中《なか》では一《いち》番《ばん》大《おお》きな動《どう》物《ぶつ》だといわれています。

このシロナガスクジラの体《たい》長《ちょう》はおよそ20〜30メートル。体《たい》重《じゅう》は150トンにもなります。これまでの記《き》録《ろく》をたどってみると、一《いち》番《ばん》大《おお》きかったシロナガスクジラの体《たい》長《ちょう》はなんと34メートル。これは、11階《かい》建《だ》てのビルの高《たか》さとほぼ同《おな》じくらいです。

かりに人《ひと》の身《しん》長《ちょう》を170センチだとすると、シロナガスクジラは人《にん》間《げん》の20倍《ばい》ほどの大《おお》きさになるということになります。

今日《きょう》から動《どう》物《ぶつ》愛《あい》護《ご》週《しゅう》間《かん》

19世《せい》紀《き》以《い》降《こう》、クジラをつかまえるための大《おお》型《がた》船《せん》がつくられたことで、シロナガスクジラは世《せ》界《かい》のいろんな国《くに》でつかまえられるようになりました。いまでは絶《ぜつ》滅《めつ》するかもしれないといわれています。

そのため現《げん》在《ざい》では、全《ぜん》世《せ》界《かい》でシロナガスクジラをつかまえることが禁《きん》止《し》されており、絶《ぜつ》滅《めつ》しないように保《ほ》護《ご》されています。

日《に》本《ほん》では9月《がつ》20日《はつか》から26日《にち》の1週《しゅう》間《かん》を「動《どう》物《ぶつ》愛《あい》護《ご》週《しゅう》間《かん》」と定《さだ》めています。動《どう》物《ぶつ》はわたしたちの大《たい》切《せつ》な仲《なか》間《ま》。そのことをしっかり考《かんが》えるようにしたいものですね。

ところで、世《せ》界《かい》一《いち》大《おお》きな「植《しょく》物《ぶつ》」はなんだと思《おも》いますか。こたえは、アメリカにある「セコイア」という木《き》。高《たか》さは80メートル、樹《じゅ》齢《れい》400〜1300年《ねん》と長《なが》生《い》きで、2000年《ねん》をこえるものまであります。

まめちしき ▶微《び》生《せい》物《ぶつ》はとても小《ちい》さな動《どう》物《ぶつ》。ものを考《かんが》えることができる動《どう》物《ぶつ》の中《なか》で一《いち》番《ばん》小《ちい》さなものは、1ミリメートルほどの線《せん》虫《ちゅう》だといわれている。シロナガスクジラはその3万《まん》倍《ばい》以《い》上《じょう》だ。

9月《がつ》21日《にち》

どうして季節《きせつ》が変《か》わるの？

自然《しぜん》のふしぎ

太陽《たいよう》のてりかたの違《ちが》い

わたしたちがくらす日本《にほん》には、いろんな季節《きせつ》がありますよね。太陽《たいよう》がジリジリとてりつける夏《なつ》もあれば、すぐに日《ひ》が暮《く》れてしまう寒《さむ》い冬《ふゆ》もあります。

でも、どうしていろんな季節《きせつ》があるのでしょうか。それは、時期《じき》によって太陽《たいよう》のてりかたに違《ちが》いがあるからなのです。

地球《ちきゅう》にとって太陽《たいよう》は、みんなのおうちにあるストーブのような役目《やくめ》をしています。太陽《たいよう》から届《とど》く熱《ねつ》を受《う》けることで、地球《ちきゅう》はあたたかくなっています。

そのため、太陽《たいよう》の熱《ねつ》をたくさん受《う》けるとあつくなり、逆《ぎゃく》に少《すく》ないと寒《さむ》くなります。季節《きせつ》の移《うつ》り変《か》わりには、太陽《たいよう》のてりかたの変化《へんか》がとても大《おお》きく関係《かんけい》しているのです。

地球《ちきゅう》の傾《かたむ》きが原因《げんいん》

ところで、みなさんは、地球儀《ちきゅうぎ》を見《み》たことがありますか。地球儀《ちきゅうぎ》を見《み》てみると、少《すこ》しだけ傾《かたむ》いているのがわかります。

地球《ちきゅう》は、太陽《たいよう》の周《まわ》りを1年《ねん》かけてぐるりと回《まわ》っていますが、地球儀《ちきゅうぎ》が傾《かたむ》いているのと同《おな》じように、実際《じっさい》の地球《ちきゅう》も少《すこ》し傾《かたむ》いた状態《じょうたい》で太陽《たいよう》の周《まわ》りをぐるりと回《まわ》っています。この傾《かたむ》きの分《ぶん》だけ、太陽《たいよう》のてりかたに違《ちが》いが出《で》てくるのです（196ページ）。

例《たと》えば、太陽《たいよう》の方向《ほうこう》に軸《じく》が傾《かたむ》いているときには、太陽《たいよう》がたくさんてりつけるためあつい夏《なつ》になります。一方《いっぽう》、太陽《たいよう》の逆方向《ぎゃくほうこう》に軸《じく》が傾《かたむ》いているときには、太陽《たいよう》がてりつける量《りょう》が少《すく》なくなるため寒《さむ》い冬《ふゆ》になります。

また、地球《ちきゅう》の北側《きたがわ》のことを北半球《きたはんきゅう》、南側《みなみがわ》のことを南半球《みなみはんきゅう》と呼《よ》びますが、地球《ちきゅう》が傾《かたむ》いているため、北半球《きたはんきゅう》と南半球《みなみはんきゅう》とではまったく逆《ぎゃく》の季節《きせつ》になります。

北半球《きたはんきゅう》が太陽《たいよう》の光《ひかり》をたくさん受《う》けているときには、南半球《みなみはんきゅう》は逆《ぎゃく》に太陽《たいよう》の光《ひかり》をあまり受《う》けられません。北半球《きたはんきゅう》にある日本《にほん》が夏《なつ》のとき、南半球《みなみはんきゅう》にあるオーストラリアが冬《ふゆ》になっているのは、こうした理由《りゆう》からなのです。

まめちしき ▶日本《にほん》は季節《きせつ》がはっきりした国《くに》だけど、夏《なつ》ばかり続《つづ》く国《くに》や、反対《はんたい》に冬《ふゆ》ばかり続《つづ》く国《くに》もある。北極《ほっきょく》と南極《なんきょく》の近《ちか》くでは、夏《なつ》は寒《さむ》いけど太陽《たいよう》が沈《しず》まなくなる。これを「白夜《びゃくや》」というんだよ。

読《よ》んだ日《ひ》　月《がつ》　日《にち》

9月《がつ》22日《にち》

どうしてボールははずむの？

科学《かがく》のふしぎ

もとに戻《もど》ろうとする力《ちから》

野球《やきゅう》やサッカー、ドッジボールなど、わたしたちはあそぶときにボールをよく使《つか》います。それぞれにルールがありますが、ボールを壁《かべ》やゆか、また道具《どうぐ》にあてて、はね返《かえ》ってくる性質《せいしつ》も利用《りよう》して楽《たの》しめるようになっています。

でも、どうしてボールは壁《かべ》やゆかにあてるとはずむのでしょう。それは、壁《かべ》やゆかにあたった瞬間《しゅんかん》に、へこんだボールが、もとに戻《もど》ろうとするからです。これを「弾性《だんせい》」といいます。

ボールを指《ゆび》でギュッと押《お》すと、はね返《かえ》してくる力《ちから》がありますよね。これが弾性《だんせい》です。

この力《ちから》によって、ボールははね返《かえ》ってくるのです。

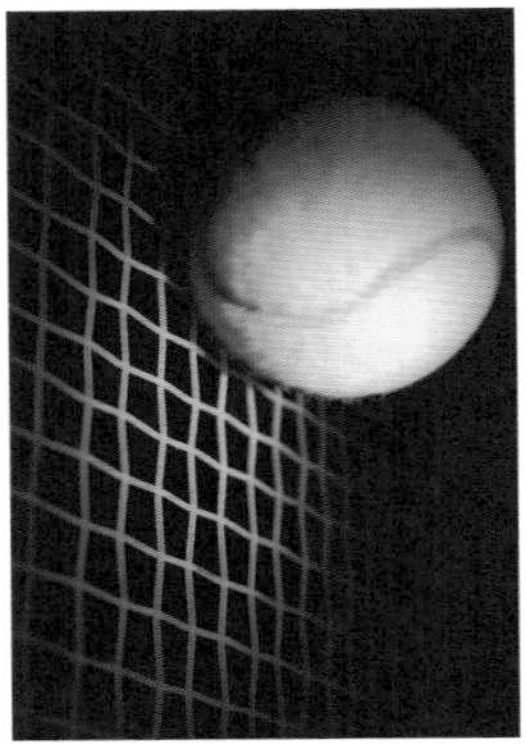

また、はね返《かえ》させる壁《かべ》やゆかが、力《ちから》を吸収《きゅうしゅう》してしまうようなものだと、はね返《かえ》りにくくなります。スポンジなどのやわらかいもの、砂《すな》や粉《こな》のようなものもはね返《かえ》りません。

ボールの中《なか》の空気《くうき》

野球《やきゅう》のボールやスーパーボールは別《べつ》ですが、わたしたちの周《まわ》りにある多《おお》くのボールは、中《なか》に空気《くうき》を入《い》れています。空気《くうき》がパンパンに入《はい》ったボールはよくはね、あまり入《はい》っていないボールははねません。じつは、これも弾性《だんせい》が関係《かんけい》しています。

空気《くうき》を入《い》れるために、ボールの中《なか》は空《くう》どうになっています。そのため、壁《かべ》やゆかにあたると、空気《くうき》が縮《ちぢ》んで大《おお》きくへこみます。すると空気《くうき》に、へこんだ分《ぶん》だけもとに戻《もど》ろうとする力《ちから》が生《う》まれ、ボールがはずむのです。

このため、スポーツの試合《しあい》で使《つか》うボールは、大《おお》きさや重《おも》さとともに空気《くうき》を入《い》れる量《りょう》が決《き》められています。また、はずむ力《ちから》をさらに強《つよ》めるため、空気《くうき》のかわりにちっ素《そ》ガスを入《い》れたテニスボールなども使《つか》われています。

まめちしき ▶スーパーボールをふたつ重《かさ》ねて落《お》とすと、上《うえ》のほうのスーパーボールがおどろくほどはね上《あ》がるんだよ。ためしてみよう。

読《よ》んだ日《ひ》　　月《がつ》　日《にち》

9月《がつ》23日《にち》

宇宙《うちゅう》のふしぎ

月《つき》はどうしてデコボコしているの？

数《すう》万《まん》個《こ》のデコボコ

夜空《よぞら》に浮《う》かぶ月《つき》は、とてもきれいですね。とくにいまの時期《じき》は「中秋《ちゅうしゅう》の名《めい》月《げつ》」といって、1年《ねん》で一番《いちばん》月《つき》が美《うつく》しいといわれています。

望遠鏡《ぼうえんきょう》などを使《つか》って月《つき》をじっくりと見《み》てみましょう。月《つき》の表面《ひょうめん》が、とてもデコボコしていることがわかりますね。このデコボコを「クレーター」といいます。

月《つき》は、地球《ちきゅう》と同《おな》じ約《やく》46億《おく》年《ねん》前《まえ》に、小《ちい》さな星《ほし》があつまってできたといわれています。はじめは白《しろ》くて丸《まる》い形《かたち》でしたが、やがてたくさんのいん石《せき》がぶつかったために、デコボコになってしまいました。

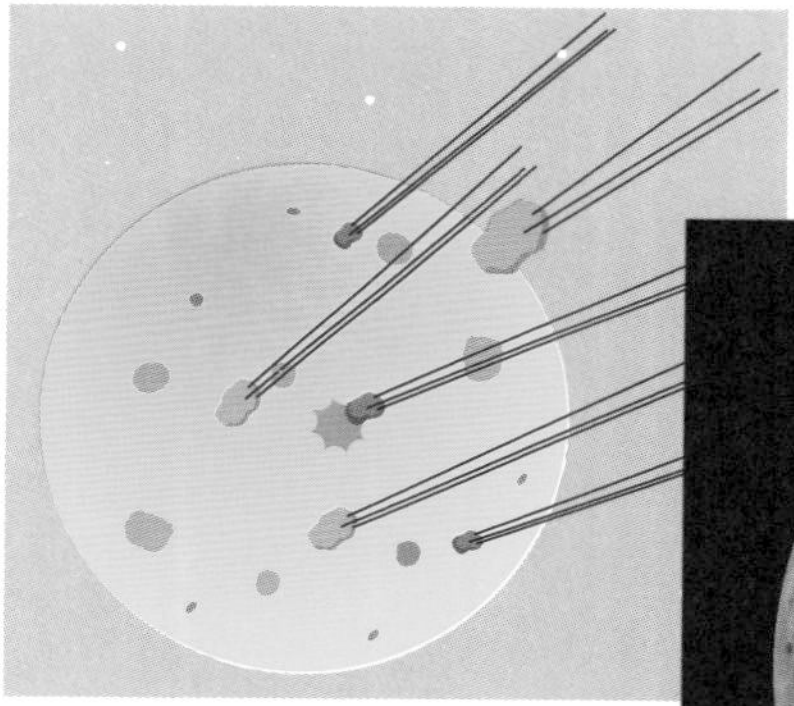

これが空気《くうき》のある地球《ちきゅう》であれば、小《ちい》さいいん石《せき》ぐらいなら、地上《ちじょう》に落《お》ちてくる前《まえ》に燃《も》えつきてしまうでしょう。

しかし月《つき》には空気《くうき》がないため、落《お》ちてきたいん石《せき》は、すべて月《つき》の表面《ひょうめん》にぶつかってしまったのです。さらに月面《げつめん》では風《かぜ》も吹《ふ》きません。ですから、ぶつかったときのままの状態《じょうたい》で、そのまま残《のこ》っているのです。

水《みず》のない「月《つき》の海《うみ》」

ところであなたは、「月《つき》ではウサギがもちをついている」という話《はなし》を聞《き》いたことはありますか？　これは、クレーターのつくる色合《いろあ》いや形《かたち》がそう見《み》えたから、というのが理由《りゆう》です。

むかしの日本人《にほんじん》には、きっとそのように見《み》えたのでしょうね。あなたにはどう見《み》えますか？　ちなみにアメリカだと女《おんな》の人《ひと》の横顔《よこがお》に、ドイツでは男《おとこ》の人《ひと》に見《み》えるらしいですよ。

そのウサギの黒《くろ》く見《み》える部分《ぶぶん》のことを「月《つき》の海《うみ》」といいます。

月《つき》には空気《くうき》がありませんから水《みず》もありません。それなのに海《うみ》だなんて、なんだかふしぎな名前《なまえ》ですが、これもいん石《せき》がぶつかってできたものです。ぜんぶ合《あ》わせると、月全体《つきぜんたい》のおよそ6分《ぶ》の1を占《し》めるほどの広《ひろ》さなのですよ。

まめちしき ▶地球《ちきゅう》にも、燃《も》えつきないで落《お》ちてきたいん石《せき》が残《のこ》したクレーターはあちこちにあるよ。でも、長《なが》い間《あいだ》に風《かぜ》によってけずれたりするので、なかなか残《のこ》りにくいんだけどね。

9月《がつ》24日《にち》

みのまわりのふしぎ

リサイクルってなにをすること？

ゴミを減《へ》らす工夫《くふう》

おどろくかもしれませんが、わたしたち日本人《にほんじん》は、東京《とうきょう》ドーム124杯分《はいぶん》（4625万《まん》トン）のゴミを1年間《ねんかん》で出《だ》しています。

東京《とうきょう》ドームがゴミ箱《ばこ》だとしたら、三日《みっか》でいっぱいになる感《かん》じ。ゾ〜っとしますね。

たくさんゴミを出《だ》し続《つづ》ければ、地球《ちきゅう》はゴミだらけになり、環境《かんきょう》もわるくなります。そこで最近《さいきん》は、ゴミを減《へ》らす工夫《くふう》がさかんにおこなわれるようになりました。

いらなくなったものを捨《す》てずに、資源《しげん》としてもう一度利用《いちどりよう》することを、リサイクルといいます。例《たと》えば、牛乳《ぎゅうにゅう》パックからトイレットペーパーが、ペットボトルから服《ふく》がつくられます。

このように、わたしたちの周《まわ》りでは、たくさんのリサイクル品《ひん》が使《つか》われているのですよ。

3R《すりーあーる》をはじめよう

リサイクルの他《ほか》に、リユース、リデュースという取《と》り組《く》みもあります。3つをあわせて3R《すりーあーる》といいます。リユースは、ビンやカンを回収《かいしゅう》して、もう一度使《いちどつか》ったり、古《ふる》い自転車《じてんしゃ》を修理《しゅうり》して使《つか》ったりすること。リデュースは、使《つか》い捨《す》ての商品《しょうひん》や、ゴミがたくさん出《で》そうなものを買《か》わないことです。

みなさんのおうちで取《と》り組《く》んでいる3R《すりーあーる》はなんですか？　古《ふる》いカレンダーの裏《うら》をメモ用紙《ようし》にする、スーパーに買《か》い物袋《ものぶくろ》を持《も》って行《い》く、友《とも》だちといらなくなったおもちゃを交換《こうかん》するなんてことも、りっぱな3R《すりーあーる》です。

ところで、何百年《なんびゃくねん》も前《まえ》に3R《すりーあーる》がとてもさかんな国《くに》がありました。それはどこでしょう？

こたえは日本《にほん》。江戸時代《えどじだい》は、ものをそまつにしませんでした。着物《きもの》は古《ふる》くなれば子《こ》ども用《よう》になおし、ボロボロになればぞうきんにしました。欠《か》けた茶《ちゃ》わんなど、たいていのものは修理屋《しゅうりや》さんでなおしました。

人間《にんげん》のおしっこやうんちまで、畑《はたけ》にまく肥料《ひりょう》として売《う》り買《か》いをしていたそうですよ。これぞ、究極《きゅうきょく》の3R《すりーあーる》ワードですね。

かんたんにできる3R《すりー あーる》

エコバッグを使《つか》う

ぬいぐるみをなおす

チラシのうらをメモに

まめちしき ▶古新聞《ふるしんぶん》や段《だん》ボールは、リサイクルするとまた新《あたら》しい新聞《しんぶん》や段《だん》ボールになる。紙《かみ》のリサイクルは、森林《しんりん》の減少《げんしょう》を止《と》めるのにとても効果《こうか》が高《たか》いんだ。

9月《がつ》25日《にち》

虫《むし》が力《ちから》もちってホント？

生《い》きもののふしぎ

力《ちから》じまんの虫《むし》たち

虫《むし》は小《ちい》さいので、「力《ちから》もち」といわれてもあまりピンとこないかもしれませんね。

あなたもアリの行列《ぎょうれつ》を見《み》たことがあるでしょう。アリは、自分《じぶん》のからだの何倍《なんばい》もの大《おお》きさのエサを軽々《かるがる》と運《はこ》んでいます。自分《じぶん》のからだの重《おも》さと比《くら》べて考《かんが》えてみると、アリは大変《たいへん》な力もちといえるでしょう。

虫《むし》のからだに糸《いと》で重《おも》りをつけ、どれくらいの重《おも》さまでひっぱれるのかという実験《じっけん》をしたところ、ほとんどの虫《むし》は、自分《じぶん》のからだの重《おも》さの20倍《ばい》もの重《おも》さをひっぱることができました。

この力《ちから》のまま、虫《むし》を体重《たいじゅう》50キログラムの人間《にんげん》ほどの大《おお》きさにしたとすれば、約《やく》1トン（１０００キログラム）の重《おも》さをひっぱれるということになります。いくら力《ちから》じまんの大人《おとな》でも、1トンの荷物《にもつ》をひっぱるなんてできませんよね。

また、虫《むし》には骨《ほね》がなく、かわりにからだの外側《そとがわ》をかたいカラでおおっています。このカラは、弾力性《だんりょくせい》もあるので、虫《むし》は高《たか》い所《ところ》から落《お》ちてもからだが折《お》れたり割《わ》れたりせず平気《へいき》なのです。

虫《むし》は小《ちい》さくても、すごい力《ちから》をもっているのですね。

虫《むし》はこんなに力《ちから》もち

次《つぎ》に、虫《むし》の中《なか》でも力《ちから》もちの虫《むし》をあげてみました（カッコ内《ない》は体重《たいじゅう》50キロの人間《にんげん》だった場合《ばあい》）。

- ●アリ…体重《たいじゅう》の50倍《ばい》（２・５トンの重《おも》さ）
- ●カブトムシ…体重《たいじゅう》の１００倍《ばい》（５トンの重《おも》さ）
- ●クワガタ（ミヤマクワガタ）…体《たい》重《じゅう》の１５０倍《ばい》（７・５トンの重《おも》さ）
- ●ミツバチ…体重《たいじゅう》の３００倍《ばい》（15トンの重《おも》さ）
- ●サイコガネ（熱帯地方《ねったいちほう》に住《す》む大《おお》きなコガネムシ）…体重《たいじゅう》の８５０倍《ばい》（42・５トンの重《おも》さ）

ちなみにサイコガネは、ギネスブックに「世界《せかい》で一番強《いちばんつよ》い動物《どうぶつ》」として登録《とうろく》されています。

まめちしき ▶虫《むし》を大《おお》きくした場合《ばあい》、あごの力《ちから》の強《つよ》さはワニと同《おな》じくらいになるといわれている。人間《にんげん》が同《おな》じ大《おお》きさになったら、勝《か》てそうにないね。

どうしてまばたきをするの？

目《め》をぬらしてばい菌《きん》を殺《ころ》す

わたしたちは、いつもまばたきをしていますね。人《ひと》によってその回数《かいすう》は違《ちが》いますが、だいたい一分間《いっぷんかん》に10回《かい》から20回《かい》ぐらい、まばたきをします。

わたしたちが、まばたきをすることには、とても大事《だいじ》な理由《りゆう》があるのです。

その理由《りゆう》のひとつは、目《め》をいつも涙《なみだ》でぬらしておくことです。

ためしに少《すこ》しの間《あいだ》だけ、まばたきをがまんして、目《め》を開《あ》け続《つづ》けてみてください。すると、目《め》がヒリヒリしてくるでしょう。

それは、目《め》に涙《なみだ》がいきわたらず、目《め》の表面《ひょうめん》が、乾《かわ》いてくるからです。目《め》が乾《かわ》くと、目《め》がショボショボしたり、充《じゅう》血《けつ》して赤《あか》くなったりします。

目《め》の表面《ひょうめん》は、乾《かわ》くと傷《きず》がつきやすくなります。そのため、いつもぬれていなければなりません。まばたきは、目《め》の表面《ひょうめん》に涙《なみだ》をいきわたらせ、目《め》が乾《かわ》くのを防《ふせ》いでいるのです。

また、涙《なみだ》には、ばい菌《きん》を殺《ころ》す成分《せいぶん》も含《ふく》まれています。ですから、まばたきは、目《め》の中《なか》にばい菌《きん》が増《ふ》えることも防《ふせ》いでいるのです。

目《め》のゴミをぬぐいとる

まばたきのもうひとつの大切《たいせつ》なはたらきは、目《め》の表面《ひょうめん》についたゴミを、ぬぐいとることです。

空気《くうき》の中《なか》には、目《め》に見《み》えないくらい小《ちい》さなゴミが、たくさん浮《う》かんでいます。そしてその小《ちい》さなゴミは、目《め》の表《ひょう》面《めん》にくっついてきます。

わたしたちはまばたきをすることで、目《め》の表面《ひょうめん》のゴミをぬぐいとっているのですね。

ところでまぶたには、まばたき以外《いがい》にも、目《め》を危険《きけん》から守《まも》るというとても大事《だいじ》なはたらきがあります。

あなたの目《め》の前《まえ》に突然《とつぜん》、虫《むし》やボールが飛《と》んできたら、どうしますか。思《おも》わず、目《め》を閉《と》じてしまうことでしょう。

これは、頭《あたま》で考《かんが》えるよりも先《さき》に起《お》こるからだの反応《はんのう》です。まぶたを閉《と》じて、危険《きけん》から目《め》を守《まも》ろうとしているのです。

どれだけ
まばたきを
ガマン
できるか
イテテ
やめなさい

まめちしき ▶自然《しぜん》にするまばたきを、「周期的《しゅうきてき》まばたき」といい、目《め》を危険《きけん》から防《ふせ》ぐときにするまばたきを、「反射性《はんしゃせい》まばたき」というんだって。

読《よ》んだ日《ひ》　月《がつ》　日《にち》

9月《がつ》27日《にち》

科学《かがく》のふしぎ

電車《でんしゃ》の中《なか》でジャンプするとどうなるの？

同《おな》じところにおりる

電車《でんしゃ》に乗《の》ったとき、周《まわ》りの人《ひと》たちはどんなことをしているでしょう？ おしゃべりをしたり、本《ほん》を読《よ》んだり、みんないろいろなことをしていますね。

では、ちょっと考《かんが》えてみてください。もし、走《はし》っている電車《でんしゃ》の中《なか》で人《ひと》がジャンプをしたら、どうなるでしょう？

じつは、ジャンプしたところと同《おな》じところにおりるのです。

実際《じっさい》に、走《はし》っている電車《でんしゃ》の中《なか》で実験《じっけん》すると少《すこ》しあぶないですから、例《たと》えば電車《でんしゃ》に乗《の》っているときに、ものを落《お》としたときのことを思《おも》い出《だ》してみてください。

ものは電車《でんしゃ》のずーっと後《うし》ろのほうに飛《と》んでいったりはしませんよね。そうなるのは、電車《でんしゃ》の中《なか》にいる人《ひと》もものも、電車《でんしゃ》と同《おな》じスピードで動《うご》いているからなのです。

電車《でんしゃ》と一緒《いっしょ》に動《うご》いている

電車《でんしゃ》に乗《の》っていると、動《うご》いているのは電車《でんしゃ》だけで自分《じぶん》は止《と》まっているように感《かん》じます。でも、走《はし》っている電車《でんしゃ》の中《なか》にいるときは、わたしたちも電車《でんしゃ》と同《おな》じスピードで動《うご》いています。

つまり、電車《でんしゃ》の中《なか》でものを落《お》とすと、ものが手《て》から離《はな》れた瞬間《しゅんかん》も、落《お》ちている間《あいだ》も、ゆかに落《お》ちたときも、いつも電車《でんしゃ》と一緒《いっしょ》に動《うご》いているということになるのです。

人《ひと》がジャンプしたときも同《おな》じです。ジャンプした瞬間《しゅんかん》も、ジャンプしている間《あいだ》も、ゆかに足《あし》がついたときも、電《でん》車《しゃ》と同《おな》じスピードで動《うご》いているからジャンプしたところと同《おな》じところにおりるのですね。

それではもし、人《ひと》がジャンプしているときに電車《でんしゃ》が突然《とつぜん》止《と》まったら、どうなるでしょう。

そのときは、ジャンプしている人《ひと》だけが動《うご》いていることになるので、人《ひと》はすごいいきおいで電車《でんしゃ》の前《まえ》のほうにぶつかってしまうのです。

あぶないですから、電車《でんしゃ》の中《なか》では静《しず》かに座《すわ》るか立《た》つかしておきましょうね。

まめちしき
▶地球《ちきゅう》はいつも新幹線《しんかんせん》より速《はや》いスピードで動《うご》いていて、わたしたちも地球《ちきゅう》と同《おな》じ速《はや》さで動《うご》いているんだよ。でも、想像《そうぞう》するとちょっとこわいね。

霧《きり》ってなあに？

自然《しぜん》のふしぎ

霧《きり》の正体《しょうたい》

朝《あさ》や夕方《ゆうがた》に、空気《くうき》がぼうっと白《しろ》くなって、前《まえ》が見《み》えにくくなるということがありますね。

このように、空気《くうき》の中《なか》に小《ちい》さな小《ちい》さな水《みず》のつぶがたくさん浮《う》かんでいることを、霧《きり》が出《で》たといいます。水《みず》のつぶが浮《う》かんでいるので、それに邪魔《じゃま》されてしまって周《まわ》りの景色《けしき》が見《み》にくくなるのです。

やかんでお湯《ゆ》をわかしたときに、白《しろ》い湯気《ゆげ》がやかんの口《くち》から出《で》てきますね。あのけむりは、水《みず》が小《ちい》さなつぶになって空気《くうき》の中《なか》に浮《う》かんでいるものです。霧《きり》は、やかんの湯気《ゆげ》と違《ちが》って熱《あつ》くはありませんが、同《おな》じような水《みず》のつぶでできています。

では、霧《きり》が水《みず》だとすると、その水《みず》はどこからやってきたのでしょう。

ふだんから空気《くうき》の中《なか》には目《め》に見《み》えない形《かたち》で水《みず》が溶《と》け込《こ》んでいます。この目《め》に見《み》えないガスになった水《みず》を水蒸気《すいじょうき》といいます。

空気《くうき》が冷《つめ》たくなると、水蒸気《すいじょうき》は空気《くうき》から追《お》い出《だ》されて、目《め》に見《み》える水《みず》の形《かたち》になります。これが小《ちい》さなつぶになって、空気《くうき》の中《なか》に浮《う》かんでいるのが霧《きり》です。ですから霧《きり》は朝《あさ》や夕方《ゆうがた》、空気《くうき》が冷《つめ》たくなったときによく出《で》ます。

霧《きり》は雲《くも》と同《おな》じようなもの

空《そら》に浮《う》かんでいる雲《くも》も、霧《きり》と同《おな》じで小《ちい》さな水《みず》のつぶが浮《う》かんでいるものです。遠《とお》くから見《み》るとふわふわしたものに見《み》えますが、中《なか》に入《はい》ると霧《きり》と変《か》わりません。空《そら》に浮《う》かんでいるものを雲《くも》といい、地面《じめん》のあたりをただよっているものを霧《きり》というだけの違《ちが》いです。

霧《きり》に似《に》たものに「もや」というものがあります。1キロ先《さき》のものが見《み》えないときを霧《きり》といい、1キロ先《さき》は見《み》えるけれども10キロ先《さき》は見《み》えないときをもやといいます。

霧《きり》が出《で》ると前《まえ》が見《み》えにくくなります。お父《とう》さんとドライブに行《い》って霧《きり》が出《で》てきたら、気《き》をつけて運転《うんてん》してね、と声《こえ》をかけてあげましょう。

霧《きり》のドライブは運転《うんてん》に注意《ちゅうい》！

まめちしき ▶南極《なんきょく》や北極《ほっきょく》など、とても寒《さむ》くなる場所《ばしょ》では、霧《きり》がこおってキラキラと輝《かがや》いて見《み》えることがある。これを「ダイヤモンドダスト」というんだよ。きれいだろうね。

どうして大人《おとな》の男《おとこ》の人《ひと》は声《こえ》が低《ひく》いの？

声《こえ》を出《だ》す仕組《しく》み

のどにはふたつの管《くだ》が通《とお》っています。ひとつは食《た》べものが通《とお》る「食道《しょくどう》」という管《くだ》で、もうひとつは空気《くうき》が通《とお》る「気管《きかん》」という管《くだ》です。

わたしたちは、ごはんを食《た》べるときは食道《しょくどう》を使《つか》い、息《いき》をするときには気管《きかん》を使《つか》います。

声《こえ》を出《だ》しているのは、気管《きかん》の一番上《いちばんうえ》についている声帯《せいたい》というところです。声帯《せいたい》は、右《みぎ》と左《ひだり》にわかれるカーテンのような形《かたち》で、ふつうに息《いき》をするときは、このカーテンの間《あいだ》を息《いき》が素通《すどお》りしていきます。

声《こえ》を出《だ》すときは、吐《は》き出《だ》す息《いき》でこのカーテンをふるわせます。カーテンのふるえが、吐《は》き出《だ》される空気《くうき》に伝《つた》わり、これが声《こえ》になるのです。

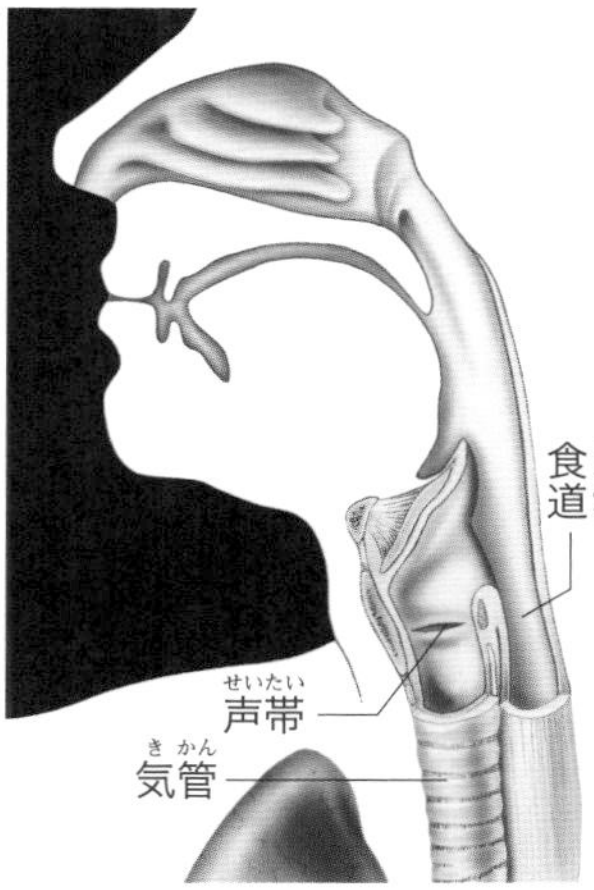

声帯《せいたい》やのどの形《かたち》の違《ちが》い

大《おお》きな太鼓《たいこ》は低《ひく》い音《おと》が出《で》ます。これはゆっくりしたふるえが空気《くうき》に伝《つた》わると、低《ひく》い音《おと》になるからです。これと同《おな》じで、大人《おとな》の声帯《せいたい》は長《なが》いのでゆっくりふるえるため、低《ひく》い音《おと》を出《だ》せるのです。

ただし、声《こえ》の高《たか》さは声帯《せいたい》の大《おお》きさだけで決《き》まるわけではありません。声帯《せいたい》から出《で》たばかりの声《こえ》は、いろいろな音《おと》がまざった、あまりきれいではない音《おと》です。これがのどを通《とお》り、口《くち》から出《で》るまでの間《あいだ》に、整《ととの》えられていくのです。

男《おとこ》の人《ひと》は、女《おんな》の人《ひと》に比《くら》べると、低《ひく》い音《おと》をつくりやすいようなのどの形《かたち》をしています。ですから、同《おな》じくらいのからだの大《おお》きさをした人《ひと》どうしでも、男《おとこ》の人《ひと》のほうが女《おんな》の人《ひと》よりも声《こえ》が低《ひく》くなることが多《おお》いのです。

とくに男《おとこ》の人《ひと》は、中学生《ちゅうがくせい》くらいになるとのどにある筋肉《きんにく》のつき方《かた》が変《か》わってきて、急《きゅう》に低《ひく》い声《こえ》になります。これを声変《こえが》わりといいます。

みなさんは大《おお》きくなったらどんな声《こえ》になるでしょう。楽《たの》しみですね。

まめちしき
▶合唱団《がっしょうだん》の女性《じょせい》で、一番高《いちばんたか》い声《こえ》を出《だ》せる人《ひと》たちはソプラノ、次《つぎ》がメゾソプラノ、一番低《いちばんひく》い声《こえ》はアルト。男性《だんせい》の場合《ばあい》は、高《たか》いほうからテノール、バス、バリトンと呼《よ》ぶよ。

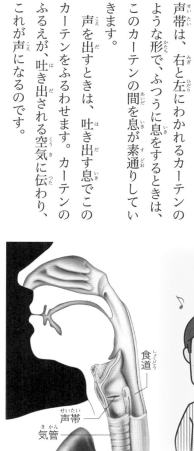

読《よ》んだ日《ひ》　　月《がつ》　日《にち》

9月《がつ》30日《にち》

ビルのクレーンは最後《さいご》どうやって下《お》ろすの？

みのまわりのふしぎ

エレベーターじゃ下《お》ろせない

ビルをたてているのを見《み》ると、てっぺんに大《おお》きなクレーンが置《お》いてあることがあります。

これは「タワークレーン」と呼《よ》ばれるもので、とくに超高層《ちょうこうそう》のビルをたてるときによく見《み》かけます。このタワークレーンを下《お》ろすために必要《ひつよう》になるのが、タワークレーンよりもひと回《まわ》り小《ちい》さなクレーンです。

まず、タワークレーンを使《つか》って、ひと回《まわ》り小《ちい》さなクレーンの部品《ぶひん》を屋上《おくじょう》へとつり上《あ》げます。

この部品《ぶひん》を組《く》み立《た》ててタワークレーンの隣《となり》に小《ちい》さなクレーンを設置《せっち》。その後《ご》、タワークレーンを解体《かいたい》して、隣《となり》の小《ちい》さなクレーンで部品《ぶひん》を地上《ちじょう》に下《お》ろしていきます。

だんだんクレーンを小《ちい》さく

ただ、これでは、ビルの屋上《おくじょう》に小《ちい》さなクレーンが残《のこ》されてしまいますよね。そこで、今度《こんど》は、さらに小《ちい》さなサイズのクレーンを隣《となり》に組《く》み立《た》て、このひと回《まわ》り小《ちい》さなクレーンを下《お》ろしていくのです。

こうした作業《さぎょう》を何度《なんど》もくり返《かえ》しながら、だんだんクレーンのサイズを小《ちい》さくしていき、最後《さいご》はエレベータを使《つか》って人《ひと》の手《て》でビルから運《はこ》び出《だ》します。

巨大《きょだい》なタワークレーンをビルの屋上《おくじょう》から下《お》ろすためには、こうした組《く》み立《た》てと分解《ぶんかい》の作業《さぎょう》を何度《なんど》もくり返《かえ》さないといけません。

そのため、すべての作業《さぎょう》が終《お》わるまでには、2ヶ月《げつ》ぐらいの期間《きかん》がかかることもあるそうです。

ちなみに今日《きょう》は、「クレーンの日《ひ》」。1980年《ねん》、日本《にほん》クレーン協会《きょうかい》とボイラ・クレーン協会《きょうかい》により、安全《あんぜん》に作業《さぎょう》することを改《あらた》めて考《かんが》えていこう、という目的《もくてき》で定《さだ》められました。

クレーンの日《ひ》は、作業《さぎょう》にあたる人《ひと》たちが、事故《じこ》を起《お》こさないようていねいな作業《さぎょう》を心《こころ》がけるきっかけにもなっています。

まめちしき
▶クレーンとは鳥《とり》のツルのこと。クレーン車《しゃ》の長《なが》いアームがツルの首《くび》のように見《み》えるからなんだね。でもなぜキリンじゃないんだろう？　キリンを知《し》らない人《ひと》がつけた名前《なまえ》なのかも。

おうちで手軽《てがる》にできる! 親子《おやこ》で楽《たの》しむ実験《じっけん》❸

◉水中《すいちゅう》で見《み》えたり消《き》えたり?

【用意《ようい》するもの】…ペットボトル・ペットボトルの中《なか》に入《い》れる人形《にんぎょう》など(水《みず》にぬれてもいいもの)・たらいなど・水《みず》

手順《てじゅん》 ❶ペットボトルの底《そこ》に5、6ヶ所《しょ》、フタの中《ちゅう》央《おう》に1ヶ所《しょ》、キリで穴《あな》を開《あ》けます。

❷ペットボトルの中《なか》に人形《にんぎょう》を入《い》れてみましょう。入《はい》らない場合《ばあい》はペットボトルを切《き》ってから入《い》れましょう。切《き》った部分《ぶぶん》は再《ふたた》びくっつけて、セロハンテープなどで水《みず》が入《はい》らないようにしっかりはり合《あ》わせます。

❸ペットボトルのフタの穴《あな》を指《ゆび》で押《お》さえたまま、水《みず》を入《い》れた水槽《すいそう》にペットボトルを入《い》れます。

❹ななめ上《うえ》から見《み》ると……あれ？　消《き》えちゃった！

❺フタの穴《あな》を押《お》さえていた指《ゆび》を離《はな》して、ペットボトルの中《なか》に水《みず》を入《い》れると、また見《み》えてくるよ。

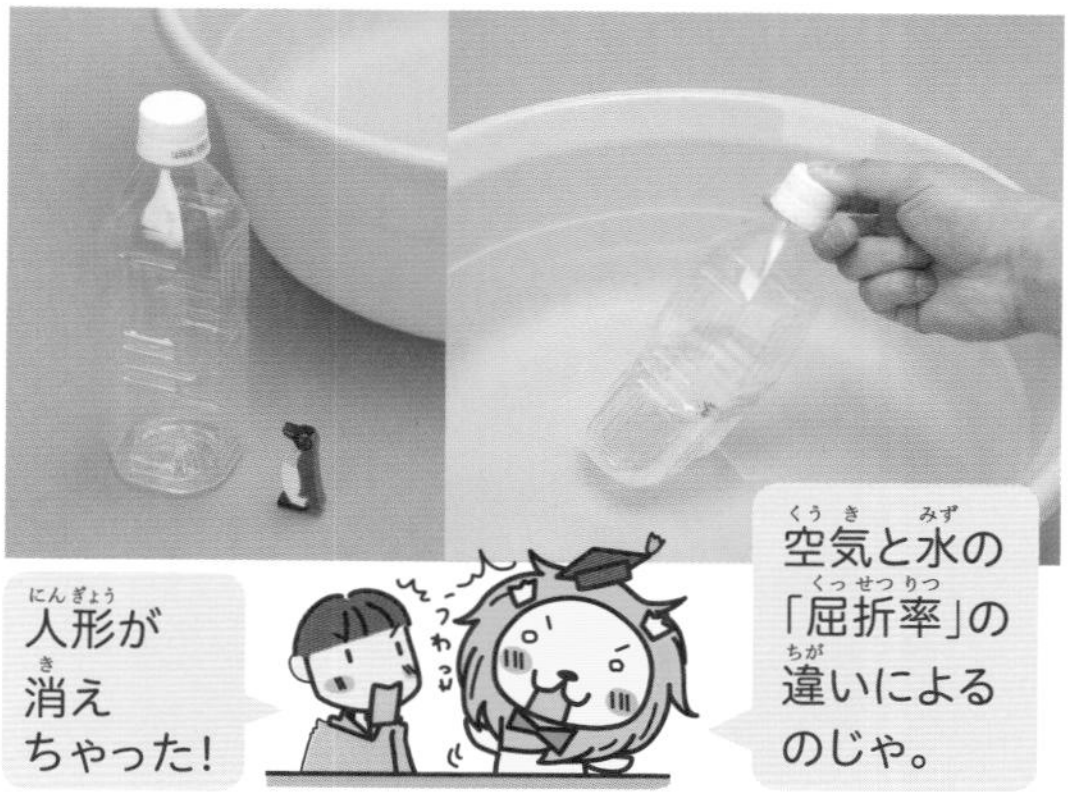

ためしてみよう▶どの角度《かくど》だと、人形《にんぎょう》が消《き》えたり見《み》えたりするかな。よく観察《かんさつ》してみよう。

◉バターをつくろう

【用意《ようい》するもの】…ペットボトル・牛乳《ぎゅうにゅう》・生《なま》クリーム

手順《てじゅん》 ❶生《なま》クリームはよ〜く冷《ひ》やしておきましょう。

❷ペットボトルに生《なま》クリームと牛乳《ぎゅうにゅう》を少《すこ》しだけ入《い》れて、ペットボトルのフタをしっかり閉《し》めます。

❸ペットボトルをとにかくふってふってふり続《つづ》けましょう。

❹やがて液体《えきたい》と固体《こたい》に分離《ぶんり》してきたら、液体《えきたい》のほうだけ出《だ》します。

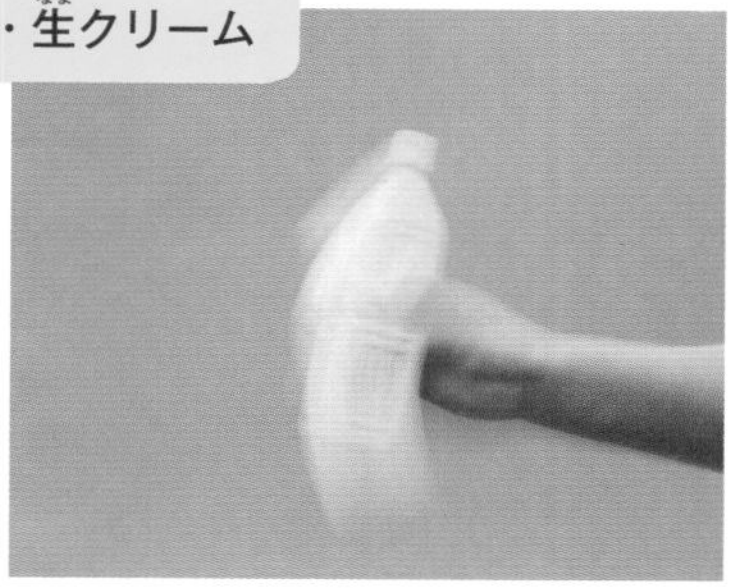

❺中《なか》に残《のこ》った固体《こたい》のほうは、なんとバターなんです。ペットボトルを切《き》って、ためしに食《た》べてみましょう。

ためしてみよう▶分離《ぶんり》してできた液体《えきたい》のほうはホエイといいます。高《こう》タンパクで低脂肪《ていしぼう》で栄養《えいよう》があります。料理《りょうり》に使《つか》ったり、そのまま飲《の》めるので、捨《す》てずに使《つか》ってね。

◉うず巻《ま》きをつくろう

【用意《ようい》するもの】…ペットボトル・ぬるま湯《ゆ》・入浴剤《にゅうよくざい》(炭酸《たんさん》ガス入《い》りのもの)

手順《てじゅん》 ❶ペットボトルにぬるま湯《ゆ》を4分《ぶん》の3ほど入《い》れましょう。

❷木《き》づちなどで小《ちい》さくわった入浴剤《にゅうよくざい》をペットボトルにひとかけら、入《い》れます。

❸すぐにペットボトルを数回《すうかい》、グルグル回《まわ》しましょう。

❹お湯《ゆ》がグルグル回《まわ》ったら、平《たい》らなところに置《お》いて、お湯《ゆ》をよく見《み》てみて！　うず巻《ま》きができているかな？

ためしてみよう▶ただのお湯《ゆ》をグルグル回《まわ》したときとの違《ちが》いを考《かんが》えてみよう。

OCTOBER
10月
café

10月《がつ》 1日《にち》

どうして大人《おとな》はコーヒーを飲《の》むの？

みのまわりのふしぎ

はじめは薬《くすり》だった

コーヒーは、「コーヒーノキ」という植物《しょくぶつ》の実《み》の種《たね》からつくられています。この種《たね》がコーヒー豆《まめ》と呼《よ》ばれるもので、生《なま》では薄《うす》い緑色《みどりいろ》をしていますが、いる（火《ひ》をかけて水分《すいぶん》をとばす）と茶色《ちゃいろ》になります。いった豆《まめ》を細《こま》かくくだき、お湯《ゆ》を注《そそ》いでこしたものを飲《の》みます。

コーヒーの発見《はっけん》には、こんなお話《はなし》があります。

――むかし、エチオピアという国《くに》でヤギ飼《か》いが、ヤギたちがひどく興奮《こうふん》しているのを見《み》ました。ふしぎに思《おも》い、調《しら》べてみると、丘《おか》に生《は》えた木《き》の赤《あか》い実《み》を食《た》べていたのでした。

ためしにヤギ飼《か》いもこの実《み》を食《た》べると、気分《きぶん》がすっきりして、からだが元気《げんき》になったのでした――。

その後《ご》、コーヒーは、実《み》をくだいたものが病気《びょうき》をなおす薬《くすり》として使《つか》われていましたが、いまのように飲《の》まれるようになると、そのおいしさから、世界《せかい》中《じゅう》に広《ひろ》まっていきました。

コーヒーのはたらき

でも、コーヒーって、苦《にが》くてわたしたちには少《すこ》しもおいしくないですよね。どうして大人《おとな》はコーヒーを飲《の》むのでしょうか？　それにはいくつかの理由《りゆう》があります。

まず、コーヒーに含《ふく》まれるカフェインという成分《せいぶん》には、眠気《ねむけ》をさまして、頭《あたま》をすっきりさせたり、つかれを軽《かる》くするはたらきがあります。そのため、朝《あさ》や仕事《しごと》の合間《あいま》に飲《の》んで元気《げんき》になりたいと考《かんが》える大人《おとな》が多《おお》いのです。

また、コーヒーは独特《どくとく》のいいかおりがします。コーヒーは苦《にが》くて飲《の》めないけれど、かおりは大好《だいす》きという人《ひと》もいます。コーヒーのかおりには、気持《きも》ちを落《お》ち着《つ》かせたり、ストレスを解消《かいしょう》させる効果《こうか》があるといわれています。

さらに、ほどほどの苦《にが》さは味《あじ》にしまりをあたえ、おいしさを引《ひ》き立《た》たせるというはたらきがあります。

みなさんも大人《おとな》になるにつれて、強《つよ》い苦《にが》みもおいしく感《かん》じられるようになっていくことでしょう。

まめちしき

▶今日《きょう》は「コーヒーの日《ひ》」だよ。カフェインは、緑茶《りょくちゃ》や紅茶《こうちゃ》、ウーロン茶《ちゃ》にも含《ふく》まれているから、これらの飲《の》みものは、夜《よる》はあまり飲《の》まないほうがいいよ。

とうふはなにからできているの?

みのまわりのふしぎ

豆《まめ》がくさる?

10(とう)月《がつ》2(ふつ)日《か》は、とうふの日《ひ》です。

でも、あんな野菜《やさい》はないし、動物《どうぶつ》の肉《にく》でもありません。なにからできているのかふしぎですよね。

とうふは、じつは大豆《だいず》からつくられています。大豆《だいず》をつぶして汁《しる》をしぼり、海《うみ》の水《みず》に含《ふく》まれる「にがり」というものを加《くわ》えると、かたまって、とうふになります。

とうふは漢字《かんじ》にすると「豆腐《とうふ》」と書《か》きます。「豆《まめ》」が「くさる」ということになりますが、けっしてくさっているわけではありません。中国語《ちゅうごくご》で「腐《ふ》」は「やわらかくてプニプニ」という意味《いみ》があるのです。

それでは、とうふがつくられたのはいつごろでしょうか? はっきりしたことはわかっていないのですが、2000年《ねん》以上前《いじょうまえ》の中国《ちゅうごく》でつくられはじめたといわれています。

日本《にほん》の料理《りょうり》に欠《か》かせない

日本《にほん》でとうふが食《た》べられるようになったのは、1300年《ねん》ほど前《まえ》です。そのころの中国《ちゅうごく》は「唐《とう》」と呼《よ》ばれていて、新《あたら》しい文化《ぶんか》がつぎつぎと生《う》まれ、すばらしい技術《ぎじゅつ》もたくさん考《かんが》え出《だ》されていました。

日本《にほん》にもその文化《ぶんか》や技術《ぎじゅつ》をとりいれようと、才能《さいのう》のある日本人《にほんじん》が中国《ちゅうごく》へ勉《べん》強《きょう》しに行《い》ったのです。そして彼《かれ》らが中《ちゅう》国《ごく》から持《も》ち帰《かえ》ったものの中《なか》に、とうふがあったと考《かんが》えられています。

とうふは植物《しょくぶつ》の大豆《だいず》からつくられていますが、お肉《にく》に含《ふく》まれるタンパク質《しつ》もたっぷり。栄養《えいよう》のバランスがとてもよいのです。日本《にほん》では、お肉《にく》やお魚《さかな》を食《た》べられないお坊《ぼう》さんたちによって、おいしく食《た》べられるよう、料理方法《りょうりほうほう》などの工夫《くふう》がされてきました。

冷《ひ》やしたとうふに、おしょうゆをかけて食《た》べてもおいしいですし、おなべに入《い》れるとからだがあたたまります。からだによくておいしいなんて、うれしい食《た》べものですね。

みそ、納豆《なっとう》、とうふ、豆乳《とうにゅう》。豆製品《まめせいひん》は栄養《えいよう》たっぷり!

まめちしき
▶とうふを油《あぶら》であげると何《なに》になるか知《し》ってるかな? あぶらあげになるんだよ。とうふをつくる前《まえ》の汁《しる》は豆乳《とうにゅう》。さっぱりしてておいしいよね。大豆《だいず》はいろんな食《た》べ方《かた》ができるんだ。

自然《しぜん》のふしぎ

山《やま》はどうやってできたの？

地面《じめん》がもり上《あ》がってできる

今日《きょう》10月《がつ》3日《みっか》は、と(10)ざん(3)の日《ひ》です。最近《さいきん》は登山《とざん》ブームですから、家族《かぞく》で山《やま》に登《のぼ》る人《ひと》も多《おお》いようです。

さて、日本《にほん》ではどこに行《い》っても目《め》にする山《やま》ですが、いったいどうやって山《やま》はできたのでしょう。じつは、山《やま》のでき方《かた》はふたつあります。

ひとつは、地面《じめん》が動《うご》いてもり上《あ》がることでできるというものです。わたしたちが住《す》んでいる地球《ちきゅう》は、年間《ねんかん》何《なん》センチという単位《たんい》で、少《すこ》しずつ大陸《たいりく》が動《うご》いています。

長《なが》い年月《ねんげつ》をかけてこの大陸《たいりく》どうしがぶつかり、地面《じめん》がもり上《あ》がって山《やま》ができるのです。

例《たと》えば、世界一《せかいいち》高《たか》いエベレストがあるヒマラヤ山脈《さんみゃく》は、インド大陸《たいりく》とユーラシア大陸《たいりく》がぶつかってできたといわれ、いまでも成長《せいちょう》し続《つづ》けています。

ヒマラヤ山脈《さんみゃく》の山《やま》では、高《たか》いところから貝《かい》がらが出《で》てきたこともあり、大《おお》むかしには海《うみ》の底《そこ》だったことがわかっています。

山《やま》のできかた

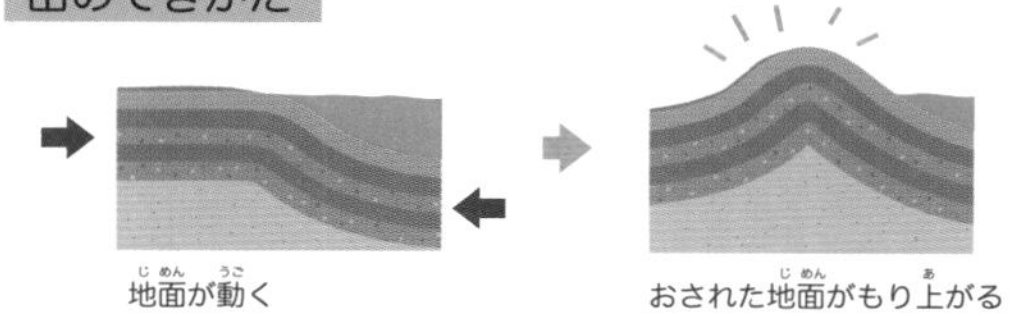

火山《かざん》のできかた

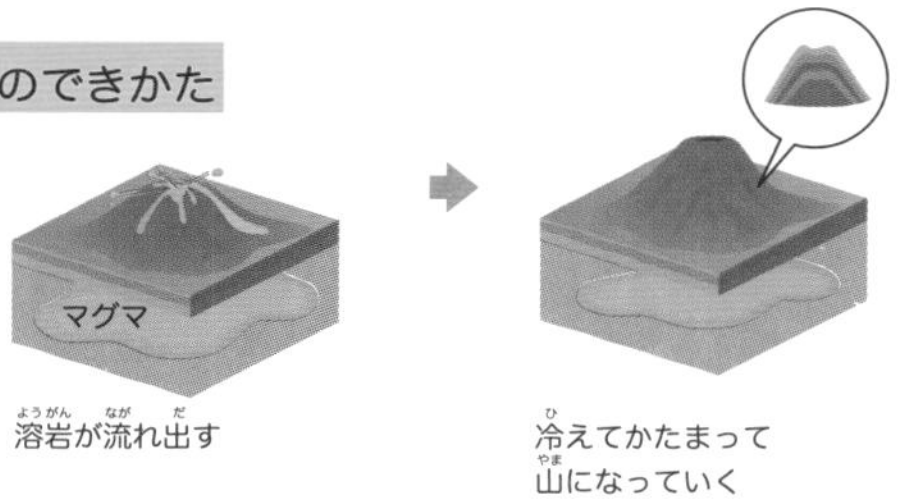

火山《かざん》の噴火《ふんか》でできる

そしてもうひとつが、火山《かざん》の噴火《ふんか》でできるというものです。火口《かこう》から流《なが》れ出《だ》した溶岩《ようがん》が冷《ひ》えてかたまると、岩石《がんせき》となってその場所《ばしょ》にどんどん積《つ》み重《かさ》なっていきます。そのため、火口《かこう》を中心《ちゅうしん》にだんだんと高《たか》くなっていくのです。

そうやって大《おお》きくなった山《やま》の中《なか》では、日本一《にほんいち》高《たか》い富士山《ふじさん》が有名《ゆうめい》です。富《ふ》士山《じさん》はこれまで3回《かい》あった大噴火《だいふんか》により、いまのような形《かたち》になったといわれています。

火山《かざん》が噴火《ふんか》してできた山《やま》は、山脈《さんみゃく》のように山《やま》がつらなっていません。周《まわ》りには森《もり》や草原、火山《かざん》でできた湖《みずうみ》などがあり、山《やま》が生《う》まれてから長《なが》い時間《じかん》をかけて、独特《どくとく》の自然環境《しぜんかんきょう》をつくっていくのです。

富士山《ふじさん》も火山《かざん》のひとつ

まめちしき ▶今《いま》でも噴火《ふんか》する「活火山《かつかざん》」と、もう噴火《ふんか》しない「死火山《しかざん》」、しばらく噴火《ふんか》していない「休火山《きゅうかざん》」という呼《よ》び方《かた》があった。でも死火山《しかざん》が噴火《ふんか》することもあって、今《いま》は使《つか》われてないよ。

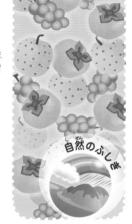

動《どう》物《ぶつ》どうしでおしゃべりってするの？

生《い》きもののふしぎ

さまざまな方法《ほうほう》がある

わたしたちは、いろいろな言葉《ことば》を使《つか》って自分《じぶん》の気持《きも》ちを人《ひと》に伝《つた》えることができます。でも、「ワンワン」「ニャンニャン」といった鳴《な》き声《ごえ》を使《つか》っても、動物《どうぶつ》たちとおしゃべりはできません。

では、動物《どうぶつ》どうしならおしゃべりはできるのでしょうか。最近《さいきん》の研究《けんきゅう》では、人間《にんげん》と同《おな》じように、動物《どうぶつ》たちもさまざまな方法《ほうほう》を使《つか》いながら、仲間《なかま》たちとコミュニケーションをとっていることがわかっています。

例《たと》えば海《うみ》でくらすイルカたちは、超《ちょう》音波《おんぱ》という音《おと》のようなものを発《はっ》することで、目《め》が見《み》えにくい水中《すいちゅう》でも周《まわ》りのものの位置《いち》や大《おお》きさなどを感《かん》じる力《ちから》を持《も》っています。

そして、このイルカの超音波《ちょうおんぱ》は、仲《なか》間《ま》たちとのコミュニケーションにも使《つか》われているといわれています。笛《ふえ》のようなピーピーという音《おと》、カリカリ、ギリギリといった音《おと》など、イルカは水中《すいちゅう》でいろんな音《おと》を発《はっ》しますが、これらを使《つか》いわけることで、仲間《なかま》たちとのおしゃべりをしているらしいのです。

また、イルカたちは、人間《にんげん》にはわからない傷《きず》ついた心《こころ》を感《かん》じる力《ちから》を持《も》っているともいわれ、自分《じぶん》たちの仲間《なかま》や弱《よわ》っている生《い》きものを助《たす》けたりするだけでなく、人間《にんげん》たちの心《こころ》をいやしてくれることでも知《し》られています。

イヌはにおいであいさつ

イヌたちは、クンクンとおしりのにおいをかぐことで、おたがいの気持《きも》ちを理解《りかい》するようにしています。おしりの周辺《しゅうへん》にある「肛門腺《こうもんせん》」という場所《ばしょ》から、そのイヌ特有《とくゆう》のにおいが出《で》ているといわれています。はじめて出会《であ》った相手《あいて》とは、まずこのにおいをかぐことから仲《なか》よくなっていきます（76ページ）。

散歩《さんぽ》の途中《とちゅう》でイヌどうしが出会《であ》ったときには、必《かなら》ずおしりのにおいをかぐ姿《すがた》が見《み》られます。これは、わたしたちの「こんにちは」「はじめまして」と同《おな》じような、イヌ流《りゅう》のあいさつなのです。

言葉《ことば》はなくてもおしゃべりできるよ！

まめちしき　虫《むし》だっておしゃべりをする。アリさんどうしが頭《あたま》をぶつけあっているのは、「あそこにおいしいごはんがあるよ」と教《おし》えあってるんだ。ハチは飛《と》びかたを変《か》えて話《はな》しをするよ。

化《か》石《せき》ってどうやってできたの？

自然《しぜん》のふしぎ

長《なが》い時《じ》間《かん》をかけて石《いし》になる

化《か》石《せき》とは、何《なん》千《ぜん》万《まん》年《ねん》、何《なん》億《おく》年《ねん》前《まえ》といった大《おお》むかしに、地《ち》球《きゅう》上《じょう》に住《す》んでいた恐《きょう》竜《りゅう》たちの死《し》がいや生《い》きものの形《かたち》がかたまって、地《じ》面《めん》の中《なか》に残《のこ》されたもののことをいいます。

では、この化《か》石《せき》はどのようにしてできていくのでしょうか。

例《たと》えば、1頭《とう》の恐《きょう》竜《りゅう》が川《かわ》や海《うみ》などで死《し》んだとしましょう。しばらくすると恐《きょう》竜《りゅう》のからだは川《かわ》や海《うみ》の底《そこ》に沈《しず》んでいき、その上《うえ》に、どろや砂《すな》がかぶさっていきます。

からだのやわらかい部《ぶ》分《ぶん》は、やがてバクテリアなどの菌《きん》によって分《ぶん》解《かい》されてなくなっていきますが、骨《ほね》などのかたい部《ぶ》分《ぶん》はそのまま残《のこ》り、土《つち》の中《なか》にうまっていきます。

その後《ご》、長《なが》い年《ねん》月《げつ》をかけて、骨《ほね》のカルシウムなどの成《せい》分《ぶん》が石《いし》の成《せい》分《ぶん》へと変《か》わり、だんだんと化《か》石《せき》ができあがっていくのです。

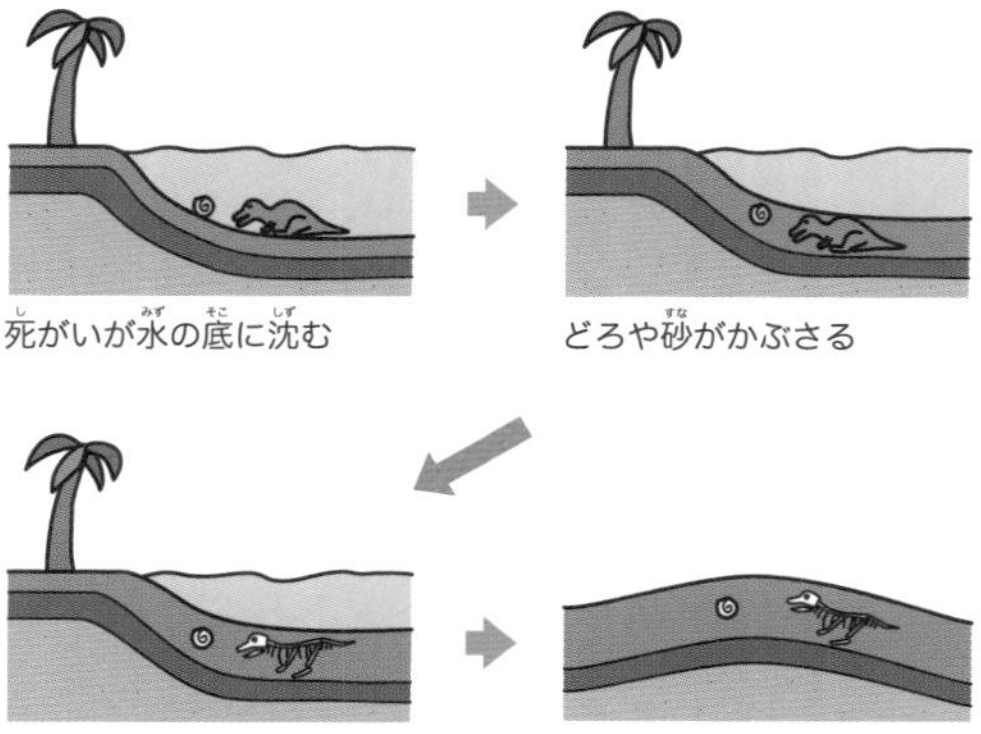

死《し》がいが水《みず》の底《そこ》に沈《しず》む → どろや砂《すな》がかぶさる → 長《なが》い年《ねん》月《げつ》をかけて骨《ほね》になり、石《いし》になる → 水《みず》の底《そこ》が陸《りく》地《ち》になる

偶《ぐう》然《ぜん》が重《かさ》ならないとできない

ただ、死《し》んだ恐《きょう》竜《りゅう》や植《しょく》物《ぶつ》の中《なか》でも、うまく化《か》石《せき》となって残《のこ》るものはほんの少《すこ》しだけ。化《か》石《せき》ができるまでにはとても長《なが》い時《じ》間《かん》がかかるだけでなく、化《か》石《せき》ができやすい条《じょう》件《けん》などがうまく重《かさ》ならないといけないからです。

また、恐《きょう》竜《りゅう》などの化《か》石《せき》は、川《かわ》や海《うみ》の底《そこ》でできることが多《おお》いため、その場《ば》所《しょ》が陸《りく》地《ち》にならないと、なかなか見《み》つけることができません。長《なが》い年《ねん》月《げつ》のなかで地《じ》面《めん》が動《うご》いたり盛《も》り上《あ》がったりしながら、もともと川《かわ》や海《うみ》の底《そこ》だった場《ば》所《しょ》が陸《りく》地《ち》になることで、地《じ》面《めん》の中《なか》にうまっていた恐《きょう》竜《りゅう》の化《か》石《せき》がはじめて発《はっ》見《けん》されるのです。

このように、恐《きょう》竜《りゅう》の化《か》石《せき》はいろんな条《じょう》件《けん》が重《かさ》なりあうことでやっと見《み》つかるものなのです。でも、それだけ発《はっ》見《けん》が難《むずか》しいということは、わたしたちの知《し》らない恐《きょう》竜《りゅう》や生《い》きものの化《か》石《せき》が、地《じ》面《めん》の中《なか》にはまだたくさん眠《ねむ》っているともいえます。

今《こん》後《ご》もさらに研《けん》究《きゅう》が進《すす》んでいけば、もっと面《おも》白《しろ》い生《い》きものたちが発《はっ》見《けん》されるかもしれませんね。

まめちしき ▶大《おお》むかしからずっと生《い》き続《つづ》けている動《どう》物《ぶつ》を「生《い》きた化《か》石《せき》」と呼《よ》ぶ。例《たと》えば魚《さかな》なのに肺《はい》があるハイギョやシーラカンス、オウムガイなど。ゴキブリやカブトエビも生《い》きた化《か》石《せき》だよ。

人間《にんげん》の赤《あか》ちゃんはどこから産《う》まれるの？

人体《じんたい》のふしぎ

卵《たまご》から産《う》まれる生《い》きもの

地球《ちきゅう》に生《い》きものが生《う》まれたのは、とても大《おお》むかしのことです。でもそのころは、海《うみ》の中《なか》をプカプカただようようなかんたんなつくりのものしかいませんでした。

それらはやがて、卵《たまご》を産《う》んで子《こ》どもを残《のこ》す生《い》きものへと変《か》わりました。くらす場所《ばしょ》もはじめは水中《すいちゅう》だけでしたが、しだいに陸《りく》の上《うえ》で生活《せいかつ》する生《い》きものもあらわれるようになりました。

そしてその中《なか》に、卵《たまご》を産《う》むだけではなく、産《う》んでからも子育《こそだ》てをしていく「鳥類《ちょうるい》」「ほ乳類《にゅうるい》」という種類《しゅるい》があらわれたのです。

カエルや魚《さかな》のように、水《みず》の中《なか》に卵《たまご》を産《う》んでも子育《こそだ》てをしない生《い》きものの場合《ばあい》は、せっかく子《こ》どもができても、成《せい》長《ちょう》する途中《とちゅう》で死《し》んでしまうことがほとんどです。

そのため、少《すこ》しでも多《おお》く生《い》きのびていけるように、とてもたくさんの卵《たまご》を産《う》んでいます。

陸上《りくじょう》でくらす生《い》きものは、産《う》んだあとでも卵《たまご》が乾燥《かんそう》しないように、卵《たまご》はカラでおおわれています。

鳥《とり》などは、卵《たまご》からかえったあとも親《おや》鳥《どり》が世話《せわ》をするので、成長《せいちょう》する途中《とちゅう》で死《し》ぬことは少《すく》なくなります。ですから、数個《すうこ》しか卵《たまご》を産《う》みません。

お腹《なか》の中《なか》で大《おお》きくなる

では、人間《にんげん》などのほ乳類《にゅうるい》はどうでしょうか。女《おんな》の人《ひと》のからだの中《なか》には、赤《あか》ちゃんになるまで、卵《たまご》を育《そだ》てる部屋《へや》があります。これを子宮《しきゅう》といいます。

赤《あか》ちゃんの卵《たまご》は、人間《にんげん》の姿《すがた》になるまで約《やく》10ヶ月《げつ》の間《あいだ》、子宮《しきゅう》の中《なか》でゆっくりと成長《せいちょう》を続《つづ》けます。

そして、生《う》まれても大丈夫《だいじょうぶ》な大《おお》きさに成長《せいちょう》したときに、お腹《なか》の中《なか》から外《そと》の世界《せかい》に出《で》てきて、生《う》まれてはじめて空気《くうき》を吸《す》って、オギャー！　と泣《な》き声《ごえ》をあげるのです。

このように、大《おお》きなお腹《なか》をかかえたお母《かあ》さんは、卵《たまご》だった赤《あか》ちゃんを、きちんと大《おお》きくしてから産《う》んでくれるのですね。

まめちしき ▶赤《あか》ちゃんはお母《かあ》さんのお腹《なか》の中《なか》で、いろいろな音《おと》を聞《き》いている。とくに大《おお》きく聞《き》こえるのはお母《かあ》さんの心臓《しんぞう》の音《おと》。「トントン」と胸《むね》や背中《せなか》をたたかれると安心《あんしん》するのはそのせいかもしれないね。

科学《かがく》のふしぎ

切《き》ったリンゴを塩《しお》水《みず》につけるのはなぜ？

リンゴの苦《にが》味《み》成《せい》分《ぶん》が変《へん》色《しょく》

甘《あま》くておいしいリンゴ。でも、よく味《あじ》わってみると少《すこ》しだけ苦《にが》みがあります。この苦《にが》みはポリフェノールと呼《よ》ばれる物《ぶっ》質《しつ》によるもので、ポリフェノールはどんなリンゴにも入《はい》っています。

皮《かわ》をむいておいたリンゴの色《いろ》が変《か》わるのは、空《くう》気《き》の中《なか》に入《はい》っている酸《さん》素《そ》が、このポリフェノールにくっついて、茶《ちゃ》色《いろ》に変《か》えてしまうからです。

ところで、あなたは、おうちの人《ひと》がリンゴの色《いろ》が茶《ちゃ》色《いろ》くならないようにと、切《き》ったリンゴを塩《しお》水《みず》につけているのを見《み》たことがありますか？

水《みず》に溶《と》けた塩《しお》には、ポリフェノールが酸《さん》素《そ》とくっつく仕《し》組《く》みの邪《じゃ》魔《ま》をするはたらきがあります。

そのため、塩《しお》水《みず》につけてからあなたのお弁《べん》当《とう》に入《い》れたリンゴは、茶《ちゃ》色《いろ》くなりにくいのです。

変《へん》色《しょく》を防《ふせ》ぐ他《ほか》の方《ほう》法《ほう》

リンゴが茶《ちゃ》色《いろ》くならないようにするには、他《ほか》の方《ほう》法《ほう》もあります。

例《たと》えばリンゴを一《いち》度《ど》熱《ねっ》湯《とう》に通《とお》すと、酸《さん》素《そ》が色《いろ》を変《か》えるのを助《たす》ける物《ぶっ》質《しつ》がこわれるので、リンゴの色《いろ》が変《か》わりにくくなります。

また、リンゴをレモン汁《じる》に浸《ひた》すと、レモン汁《じる》が酸《さん》素《そ》をうばってしまうため、リンゴがあまり茶《ちゃ》色《いろ》くなりません。

切《き》れ味《あじ》のよい包《ほう》丁《ちょう》を使《つか》うのもよいでしょう。切《き》り口《くち》がでこぼこしないので、リンゴにふれる空《くう》気《き》を少《すく》なくでき、色《いろ》の変《か》わりかたを小《ちい》さくできます。

その他《ほか》、リンゴの種《しゅ》類《るい》によっては、色《いろ》の変《か》わるもとになる成《せい》分《ぶん》が多《おお》いものと少《すく》ないものがあります。はじめから茶《ちゃ》色《いろ》くなりにくいリンゴの種《しゅ》類《るい》を選《えら》べば、色《いろ》も変《か》わりにくくなります。

秋《あき》は、ピクニックやハイキングがとても楽《たの》しい季《き》節《せつ》ですね。リンゴの色《いろ》が変《か》わらないようにするやり方《かた》を、おうちの人《ひと》にも教《おし》えてあげましょう。

まめちしき ▶リンゴは皮《かわ》のすぐ下《した》あたりに栄《えい》養《よう》がたくさんあるといわれている。だから少《すこ》しでも薄《うす》く皮《かわ》をむいたほうがいい。反《はん》対《たい》にスイカだと、皮《かわ》の部《ぶ》分《ぶん》に栄《えい》養《よう》は少《すく》ないから食《た》べなくてもいいよ。

生《い》きもののふしぎ

どうしてダックスフントは足《あし》が短《みじか》いの？

ドイツの狩猟犬《しゅりょうけん》

どうたいが長《なが》くて足《あし》が短《みじか》いダックスフント。ちょこちょこと歩《ある》く愛《あい》らしい姿《すがた》をした、人気《にんき》のあるイヌです。

ダックスフントのふるさとはドイツ。ドイツ語《ご》で「ダックス」はアナグマ、「フント」はイヌという意味《いみ》です。畑《はたけ》の作物《さくもつ》を荒《あ》らすアナグマをつかまえるための狩猟犬《しゅりょうけん》なのです。

アナグマはその名前《なまえ》の通《とお》り、穴《あな》をほって、巣《す》にしています。昼《ひる》は作物《さくもつ》を食《く》い荒《あ》らし、夜《よる》は巣《す》の中《なか》にもぐっているアナグマをつかまえるために、穴《あな》にもぐりやすい、どう長《なが》のからだつきに、長《なが》い年月《ねんげつ》をかけて改良《かいりょう》されました。

こう見《み》えてもゆうかんだワン！

また、短《みじか》い足《あし》は穴《あな》の中《なか》を進《すす》むのにつごうがよく、たれた耳《みみ》は、耳《みみ》の中《なか》に土《つち》が入《はい》るのを防《ふせ》ぎます。

とがった長《なが》いあごは、えものを強《つよ》い力《ちから》でかむことができます。

そして、からだが小《ちい》さいわりにほえる声《こえ》が大《おお》きいので、えものの存在《そんざい》を飼《か》い主《ぬし》に知《し》らせるのに向《む》いています。

アナグマはとてもどうもうな動物《どうぶつ》です。そのどうもうなアナグマに立《た》ち向《む》かい、追《お》いつめてつかまえるダックスフントは、とてもゆうかんで気《き》の強《つよ》い狩猟犬《しゅりょうけん》だったのです。かわいらしい外《がい》見《けん》からは想像《そうぞう》がつきませんね。

その後《ご》、アナグマ以外《いがい》にも、ネズミやアナウサギ、テンなどといった、畑《はたけ》を荒《あ》らす動物《どうぶつ》を退治《たいじ》するため、ミニチユアダックスフント、カニンヘンダックスフントなどが生《う》み出《だ》されています。

明《あか》るく活発《かっぱつ》な人気者《にんきもの》

ダックスフントは、現在《げんざい》ではほとんどがペットとして飼《か》われていますが、もともと狩猟犬《しゅりょうけん》だったので、かしこくて活発《かっぱつ》で、好奇心《こうきしん》いっぱいな性格《せいかく》をしています。

人《ひと》なつこくて、動《うご》くものが大好《だいす》きなので、ボールあそびなどは大得意《だいとくい》。飼《か》っている人《ひと》は、公園《こうえん》などでたっぷりあそんであげましょうね。

10月

まめちしき

▶イヌはとても長《なが》い間《あいだ》、ペットとして、仕事《しごと》に役立《やくだ》つ動物《どうぶつ》として飼《か》われてきた。山《やま》で遭難《そうなん》した人《ひと》を助《たす》けたり、目《め》の見《み》えない人《ひと》を助《たす》けたり、警察《けいさつ》の役《やく》に立《た》ったり、とてもかしこい動物《どうぶつ》なんだ。

神社《じんじゃ》とお寺《てら》はなにが違《ちが》うの？

みのまわりのふしぎ

お寺《てら》は修行《しゅぎょう》の場所《ばしょ》

飛鳥時代《あすかじだい》に日本《にほん》に伝《つた》わった仏《ほとけ》さまの教《おし》えを、仏教《ぶっきょう》といいます。

その後《ご》、日本全国《にほんぜんこく》にたくさんの仏像《ぶつぞう》が置《お》かれるようになり、お寺《てら》もたくさんできました。お寺《てら》には、仏《ほとけ》さまの教《おし》えを学《まな》ぶために修行《しゅぎょう》をする、多《おお》くのお坊《ぼう》さんがいます。

ちなみに修行《しゅぎょう》とは、心《こころ》やからだをきたえながら、人間《にんげん》が生《い》きていくのにとても大切《たいせつ》なことをたくさん学《まな》んでいくことです。

厳《きび》しい修行《しゅぎょう》をするお坊《ぼう》さんたちは、むかしは家《いえ》を出《で》て外《そと》で寝泊《ねと》まりをするのがあたりまえでした。

ところが、日本《にほん》の梅雨《つゆ》と同《おな》じように、インドにも長《なが》い雨季《うき》があります。この時期《じき》に外《そと》を歩《ある》くと、うっかり小《ちい》さな虫《むし》などを踏《ふ》みつぶして、殺《ころ》してしまうかもしれません。

そこでお坊《ぼう》さんたちが、小《ちい》さな命《いのち》をうばわないように、雨季《うき》の修行場所《しゅぎょうばしょ》としてたてられたのが、お寺《てら》のはじまりといわれています。

神《かみ》さまをまつる神社《じんじゃ》

仏教《ぶっきょう》が日本《にほん》に伝《つた》わってきたころ、日本《にほん》にはすでに神道《しんとう》という信仰《しんこう》があり、神社《じんじゃ》がありました。信仰《しんこう》とは、大切《たいせつ》にして信《しん》じる気持《きも》ちのことです。

神道《しんとう》は外国《がいこく》から伝《つた》えられた考《かんが》え方《かた》ではなく、日本《にほん》ではじまった日本《にほん》ならではの信仰《しんこう》です。外国《がいこく》で信仰《しんこう》されているキリスト教《きょう》やイスラム教《きょう》などでは、一人《ひとり》の神《かみ》さまを信《しん》じます。

ですが、日本《にほん》で信《しん》じられている神《かみ》さまは八百万《やおよろず》の神《かみ》さまといって、すべての自然《しぜん》の中《なか》にそれぞれの神《かみ》さまが宿《やど》っているという考《かんが》え方《かた》なのです。

山《やま》が多《おお》く、水《みず》と緑《みどり》に恵《めぐ》まれた日本《にほん》でくらす人々《ひとびと》は、いつしか木《き》や森《もり》や山《やま》そのものを神《かみ》さまと信《しん》じて感謝《かんしゃ》するようになり、それぞれの神《かみ》さまをまつる神社《じんじゃ》をたてて、お祈《いの》りをするようになったのです。

また、人《ひと》は死《し》ぬと神《かみ》さまになるという日本《にほん》ならではの考《かんが》え方《かた》もあるため、亡《な》くなった人《ひと》を神《かみ》さまとしてまつっている神社《じんじゃ》も多《おお》くあります。

まめちしき ▶日本《にほん》の神《かみ》さまはとても心《こころ》が広《ひろ》いので、仏教《ぶっきょう》もキリスト教《きょう》も受《う》け入《い》れてきたといわれている。例《たと》えばご先祖《せんぞ》さまを祭《まつ》るのは神道《しんとう》の考《かんが》え方《かた》。お盆《ぼん》はもともと神道《しんとう》の行事《ぎょうじ》だったんだ。

10月《がつ》10日《にち》

ふたつの目《め》で見《み》たものがひとつになるのはなぜ？

人体《じんたい》のふしぎ

ものを見《み》る仕組《しく》み

今日《きょう》は目《め》の愛護《あいご》デーです。一《いち》〇という文字《もじ》をよく見《み》ると、一がまゆ毛《げ》で〇《ぜろ》が目《め》に見《み》えるでしょう。そのことから定《さだ》められています。

ところで外《そと》の景色《けしき》を見《み》るとき、人間《にんげん》の目《め》はなにをするでしょう。まず外《そと》の景色《けしき》から届《とど》いた光《ひかり》は、わたしたちの目《め》の中《なか》に入《はい》りますね。

すると目《め》に入《はい》ってきた光《ひかり》は、水晶体《すいしょうたい》と呼《よ》ばれるとうめいなレンズのようなものに届《とど》きます。水晶体《すいしょうたい》とは、目玉《めだま》の一番浅《いちばんあさ》いところに埋《う》め込《こ》まれているものです。水晶体《すいしょうたい》は、カメラのレンズと同《おな》じように、外《そと》から入《はい》ってきた光《ひかり》をあつめて、目玉《めだま》の奥《おく》に像《ぞう》をつくるはたらきをします。

つまり、見《み》た景色《けしき》を、目《め》の奥《おく》にうつし出《だ》すのです。

目玉《めだま》の奥《おく》には網膜《もうまく》という膜《まく》があり、景色《けしき》は、この膜《まく》の上《うえ》にうつし出《だ》されます。目《め》はふたつありますから、この像《ぞう》はふたつの目玉《めだま》の奥《おく》にひとつずつできるのです。

像《ぞう》がうつると、網膜《もうまく》はうつったものを信号《しんごう》に変《か》えて、神経《しんけい》を通《とお》して脳《のう》に送《おく》ります。

このとき、ふたつの目《め》から送《おく》られてきたふたつの景色《けしき》が、脳《のう》の中《なか》でひとつの景色《けしき》に組《く》み立《た》てなおされるのです。ここではじめて、わたしたちは景色《けしき》を見《み》たと感《かん》じるのです。

立体感《りったいかん》を生《う》む

ふたつの目《め》から送《おく》られてくる景色《けしき》は、ほとんど同《おな》じですが、少《すこ》しだけ違《ちが》います。それは、目《め》が右《みぎ》と左《ひだり》に少《すこ》しだけ離《はな》れてついているからです。右目《みぎめ》は少《すこ》し右《みぎ》から見《み》た景色《けしき》を、左目《ひだりめ》は少《すこ》し左《ひだり》から見《み》た景色《けしき》を脳《のう》に送《おく》るようになっています。

脳《のう》がこれらの景色《けしき》をひとつの景色《けしき》にまとめることで、立体感《りったいかん》が生《う》まれます。人間《にんげん》が前《まえ》にあるものと、後《うし》ろにあるものを区別《くべつ》できるのは、こういう仕組《しく》みです。

なお、3D《すりーでぃー》の映画《えいが》では、右目《みぎめ》と左目《ひだりめ》に違《ちが》う絵《え》を見《み》せる工夫《くふう》をして、立体的《りったいてき》に見《み》せているのです。

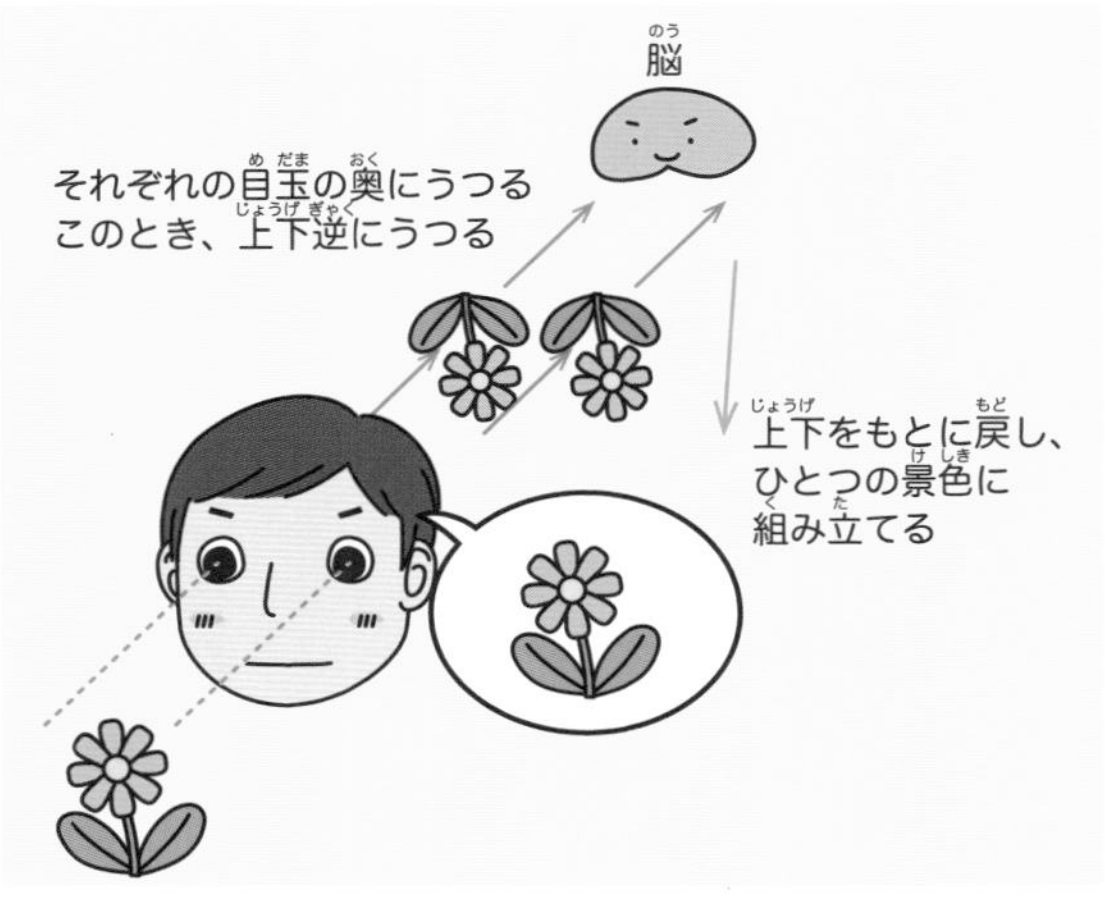

まめちしき ▶こん虫《ちゅう》は「複眼《ふくがん》」という、何千個《なんぜんこ》もあるたくさんの目《め》がひとつにあつまった目《め》をもっている。複眼《ふくがん》でも、見《み》たものはひとつに見《み》えるようになっているみたいだよ。

どうして運動《うんどう》したあと筋肉《きんにく》が痛《いた》くなるの？

人体《じんたい》のふしぎ

体育《たいいく》の日《ひ》は運動《うんどう》しよう

10月《がつ》の第《だい》2月曜日《げつようび》は体育《たいいく》の日《ひ》です。体育《たいいく》の日《ひ》は、健康《けんこう》な心《こころ》とからだをつくるために、みんなで運動《うんどう》しようという意味《いみ》の日《ひ》です。

1964年《ねん》に、日本《にほん》を含《ふく》むアジアではじめてのオリンピックである「東京《とうきょう》オリンピック」がおこなわれました。それを記念《きねん》して、1966年《ねん》から、東《とう》京《きょう》オリンピックの開会式《かいかいしき》の日《ひ》だった10月《がつ》10日《とおか》が「体育《たいいく》の日《ひ》」として祝日《しゅくじつ》に定《さだ》められたのです。

なお、2000年《ねん》からはハッピーマンデーという法律《ほうりつ》のため、10月《がつ》の第《だい》2月曜日《げつようび》が体育《たいいく》の日《ひ》に変《か》わりました。

筋肉痛《きんにくつう》とその原因《げんいん》

激《はげ》しい運動《うんどう》をしたあとに、手《て》や足《あし》の筋肉《きんにく》がとても痛《いた》くなることを筋肉痛《きんにくつう》といいます。

筋肉痛《きんにくつう》は筋肉《きんにく》の中《なか》でつくられる「乳《にゅう》酸《さん》」というものが原因《げんいん》で起《お》こるとされています。

乳酸《にゅうさん》はからだを動《うご》かしてエネルギーを使《つか》うとできる物質《ぶっしつ》ですが、ふつうに動《うご》いているときには、乳酸《にゅうさん》ができてもすぐに別《べつ》の物質《ぶっしつ》につくりかえられるので筋肉痛《きんにくつう》は起《お》こりません。

ところが激《はげ》しい運動《うんどう》をすると、たくさんの乳酸《にゅうさん》ができるようになるため、別《べつ》の物質《ぶっしつ》につくりかえるのが間《ま》に合《あ》わなくなります。

そうなると乳酸《にゅうさん》は、筋肉《きんにく》の間《あいだ》にたまって細胞《さいぼう》をかたくしてしまい、筋肉《きんにく》をつかれさせてしまうのです。これが筋《きん》肉《にく》痛《つう》の原因《げんいん》です。

ただし、激《はげ》しい運動《うんどう》をしても、日《ひ》ごろからからだを動《うご》かしている人《ひと》であれば、乳酸《にゅうさん》を他《ほか》の物質《ぶっしつ》につくりかえるスピードが速《はや》いため、乳酸《にゅうさん》がたまりにくくなっています。つまり、筋肉痛《きんにくつう》になりにくいのです。

反対《はんたい》に運動不足《うんどうぶそく》の人《ひと》は少《すこ》しの運動《うんどう》でも筋肉痛《きんにくつう》になることがあります。

体育《たいいく》の日《ひ》にだけ運動《うんどう》するのではなく、日《ひ》ごろからからだを動《うご》かしておくようにしましょうね。

まめちしき
▶乳酸《にゅうさん》は筋肉痛《きんにくつう》を起《お》こすものだけれど、食《た》べるとすっぱくておいしいんだ。ヨーグルトやお漬物《つけもの》などに入《はい》っているよ。乳酸《にゅうさん》をつくり出《だ》す乳酸菌《にゅうさんきん》はお腹《なか》にもいいんだよ！

生《い》きもののふしぎ

どうして秋《あき》に鳴《な》く虫《むし》が多《おお》いの？

鳴《な》き声《ごえ》はプロポーズの歌《うた》

あなたのお父《とう》さんとお母《かあ》さんが結婚《けっこん》したとき、どちらから「結婚《けっこん》してください」といったのか知《し》っていますか？　ためしに聞《き》いてみましょう。

「お父《とう》さんがお母《かあ》さんにお願《ねが》いしたんだよ」というおうちもあれば、「お母《かあ》さんからお願《ねが》いしたのよ」というおうちもあるでしょう。

でも、虫《むし》の世界《せかい》では、プロポーズはオスがするものと決《き》まっています。あのきれいな鳴《な》き声《ごえ》は、プロポーズの歌《うた》なのです。

メスは、オスのきれいな鳴《な》き声《ごえ》を聞《き》いて、オスのところに近寄《ちかよ》ってきます。そしてメスがオスのことを好《す》きになれば、この二匹《にひき》はめでたく結婚《けっこん》するわけなのです。

秋《あき》に結婚《けっこん》するのがいい

どうして秋《あき》に鳴《な》く虫《むし》が多《おお》いのでしょうか？　それは、虫《むし》が結婚《けっこん》をするのは秋《あき》が多《おお》いからです。虫《むし》たちは結婚《けっこん》をするとすぐに卵《たまご》を産《う》みます。

卵《たまご》は冬《ふゆ》の間《あいだ》じっと眠《ねむ》っていて、春《はる》になると幼虫《ようちゅう》が生《う》まれてきます。冬《ふゆ》の間《あいだ》、かたい卵《たまご》のカラが、寒《さむ》さを防《ふせ》いでくれるので、幼虫《ようちゅう》たちは元気《げんき》に出《で》てくることができるのです。

もし、春《はる》に結婚《けっこん》をして卵《たまご》を産《う》み、夏《なつ》の間《あいだ》に卵《たまご》の中《なか》で幼虫《ようちゅう》が育《そだ》ち、秋《あき》に生《う》まれるのだとしたらどうでしょう？

夏《なつ》にはたくさんの虫《むし》がいますから、卵《たまご》を見《み》つけたら食《た》べられてしまうかもしれません。それに、地面《じめん》が熱《あつ》くなりすぎて、卵《たまご》が死《し》んでしまうかもしれません。ですから虫《むし》たちは秋《あき》に結婚《けっこん》をするのです。

きれいな声《こえ》で鳴《な》く虫《むし》をかごにいれて飼《か》っている人《ひと》もいるでしょう。リーンリーンとすんだ声《こえ》で鳴《な》くスズムシは、とくに好《す》かれています。その他《ほか》、チンチロリンと鳴《な》くマツムシや、ギッチョンと鳴《な》くキリギリスも人気《にんき》です。

コロコロ、リーと鳴《な》くコオロギは、公園《こうえん》などにもたくさんいますから、秋《あき》の夕方《ゆうがた》、外《そと》を歩《ある》くことがあれば、耳《みみ》をすませてみてください。

スズムシ

マツムシ

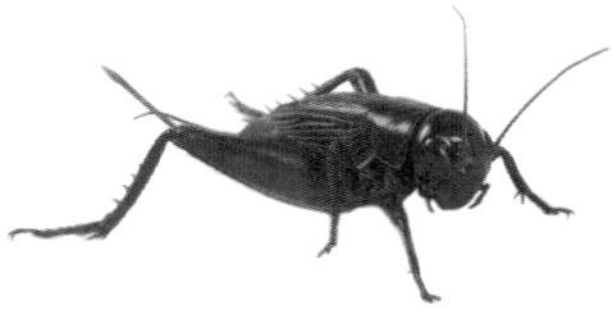
コオロギ

キリギリス

まめちしき　▶オスからプロポーズをするのは鳥《とり》も同《おな》じ。オスの羽根《はね》の色《いろ》のほうがきれいなんだ。例《たと》えば「ルリビタキ」という鳥《とり》のオスはまっ青《さお》だけど、メスは灰色《はいいろ》なんだよ。

どうしておいもを食《た》べるとおならが出《で》るの？

人体《じんたい》のふしぎ

おいもは消化《しょうか》されにくい

ブッ、プゥ、ププゥー！

がまんしても、つい出《で》てしまうおならのほとんどは、わたしたちが息《いき》を吸《す》ったり、食《た》べものを口《くち》に入《い》れたときに、入《はい》ってくる空気《くうき》です。この空気《くうき》が胃《い》から腸《ちょう》にいき、おしりから出《で》ていくというわけですが、これ自体《じたい》にはにおいはありません。

空気以外《くうきいがい》のおならは、食《た》べものと関係《かんけい》があります。肉《にく》を食《た》べると、音《おと》は小《ちい》さいけれど、くさいおならが出《で》ます。肉《にく》そのものは、腸《ちょう》の中《なか》でバラバラにされますが、のこったかすからくさいガスが出《で》るのです。ライオンのような肉食動物《にくしょくどうぶつ》のおならは、とてもくさいそうですよ。

逆《ぎゃく》に、ゾウのような草食動物《そうしょくどうぶつ》のおならは、くさくありません。おいもなどの野菜《やさい》は、においのもとになる成分《せいぶん》が少《すく》ないからです。ただ、腸《ちょう》の中《なか》で消化《しょうか》されにくいので、大《おお》きなおならが何度《なんど》も出《で》ます。ちなみに、お母《かあ》さんのお乳《ちち》を飲《の》んでいる赤《あか》ちゃんのおならは、甘《あま》ずっぱいにおいなんですって。

宇宙《うちゅう》でおならは危険《きけん》？

そんなおならをまじめに研究《けんきゅう》したのが、ＮＡＳＡ（アメリカ航空宇宙局《こうくううちゅうきょく》）。せまい宇宙船《うちゅうせん》の中《なか》でおならが爆発《ばくはつ》しないか、ガス中毒《ちゅうどく》は大丈夫《だいじょうぶ》かとまじめに心配《しんぱい》したわけです。

おならのガスには４００以上《いじょう》の成分《せいぶん》があり、その中《なか》には火《ひ》がつくものもあることがわかっています。ですから宇宙食《うちゅうしょく》は、おならがあまり出《で》ないよう工夫《くふう》された食《た》べものなんですよ。

これでは、宇宙《うちゅう》でおいもを食《た》べるなんてできそうにありませんね。

宇宙船《うちゅうせん》じゃなくても、いやがられるおなら。でもおならの音《おと》を聞《き》いて、大《おお》よろこびする人《ひと》だっています。

お腹《なか》を手術《しゅじゅつ》した人《ひと》にとって、おならの音《おと》は病気《びょうき》がなおってきたしるし。また、むかしはおならで曲《きょく》を演奏《えんそう》したり、ものまねをする名人《めいじん》もいました。たくさんのお客《きゃく》さんが、おならの曲芸《きょくげい》を楽《たの》しんだそうですよ。

まめちしき

▶日本《にほん》のむかし話《ばなし》には、おならの風《かぜ》で家《いえ》をこわした女《おんな》の人《ひと》の話《はなし》が出《で》てくる。むかしのフランスには、おならでいろんな音楽《おんがく》を演奏《えんそう》した人《ひと》がいたらしいよ。ホントかな？

どうして新《しん》幹《かん》線《せん》は他《ほか》の電《でん》車《しゃ》よりずっと速《はや》いの？

みのまわりのふしぎ

速《はや》く走《はし》るための工《く》夫《ふう》

今日《きょう》は鉄《てつ》道《どう》の日《ひ》です。明《めい》治《じ》五《ご》年《ねん》の今日《きょう》、はじめて日《に》本《ほん》で鉄《てつ》道《どう》が通《とお》ったことを記《き》念《ねん》して定《さだ》められました。

いろいろな鉄《てつ》道《どう》車《しゃ》両《りょう》の中《なか》でも、やっぱり一《いち》番《ばん》人《にん》気《き》なのは新《しん》幹《かん》線《せん》。きっとあなたも大《だい》好《す》きでしょう。

新《しん》幹《かん》線《せん》には、他《ほか》の電《でん》車《しゃ》と違《ちが》った、速《はや》く走《はし》れるための工《く》夫《ふう》がたくさんあるのですよ。

例《たと》えば電《でん》車《しゃ》は何《なん》両《りょう》もつなげて走《はし》るとき、車《しゃ》輪《りん》を回《まわ》すためのモーターがついている車《しゃ》両《りょう》と、ただひっぱられているだけの車《しゃ》両《りょう》をまぜてつないでいます。

新《しん》幹《かん》線《せん》は大《おお》きな力《ちから》が出《で》るモーターを使《つか》うだけでなく、モーターがついている車《しゃ》両《りょう》の数《かず》を増《ふ》やしてスピードが出《で》るように工《く》夫《ふう》しています。

また、速《はや》く走《はし》ろうとすると、空《くう》気《き》の抵《てい》抗《こう》が大《おお》きくなるため、これを少《すく》なくする工《く》夫《ふう》もしています。車《しゃ》両《りょう》のでこぼこを減《へ》らして空《くう》気《き》抵《てい》抗《こう》を減《へ》らしているのもそのひとつです。屋《や》根《ね》の上《うえ》や車《しゃ》両《りょう》の下《した》につけられたカバーも、そのための工《く》夫《ふう》なのです。

工《く》夫《ふう》は車《しゃ》両《りょう》だけじゃない

新《しん》幹《かん》線《せん》が走《はし》る線《せん》路《ろ》には、急《きゅう》なカーブがありません。速《はや》いスピードで急《きゅう》カーブを曲《ま》がろうとすると、列《れっ》車《しゃ》がカーブを飛《と》び出《だ》してしまうからです。

できるだけカーブをつくらないようにするため、どうしてもトンネルの数《かず》が増《ふ》えてしまいます。山《やま》があっても、まわり道《みち》できないからです。

でも、速《はや》いスピードでトンネルに入《はい》ると、トンネルに入《はい》ったときのショックで、ドンというすごい音《おと》が出《で》ます。新《あたら》しい新《しん》幹《かん》線《せん》ではこれを防《ふせ》ぐために、先《せん》頭《とう》の車《しゃ》両《りょう》が、とてもとんがった形《かたち》になっています。

もちろん、事《じ》故《こ》を起《お》こさないための工《く》夫《ふう》も大《だい》事《じ》です。新《しん》幹《かん》線《せん》の指《し》令《れい》室《しつ》では、どこをどの列《れっ》車《しゃ》が走《はし》っているかがすべてわかるようになっています。

日《に》本《ほん》の新《しん》幹《かん》線《せん》がとても速《はや》くて安《あん》全《ぜん》なのには、このようなひみつがあったのですね。

N700《えぬ》系《けい》のすれちがい

まめちしき

▶新《しん》幹《かん》線《せん》の形《かたち》を決《き》める人《ひと》たちは、少《すこ》しでも速《はや》く走《はし》るために、自《し》然《ぜん》の中《なか》にあるものの形《かたち》を真《ま》似《ね》することを考《かん》えた。例《たと》えば500系新幹線《けいしんかんせん》はカワセミなどの鳥《とり》の形《かたち》を参《さん》考《こう》にしていたんだよ。

キノコってどこに生《は》えているの？

キノコはカビの仲間《なかま》

あなたはキノコは好《す》きですか？　シイタケやシメジ、エノキダケなどは、おなべに入《い》れるととくにおいしくなりますよね。マツタケだったら、かおりだけでもごちそうです。

でも、キノコっていったいなんなのでしょう？　植物《しょくぶつ》だとは思《おも》うけれど、葉《は》っぱもないし、花《はな》らしいものも咲《さ》きません。種《たね》も見《み》たことがないし、どうなっているのでしょう？

じつは、キノコはカビと同《おな》じ「菌類《きんるい》」なのです。種《たね》のかわりに、細《こま》かい粉《こな》のような「胞子《ほうし》」というものを飛《と》ばして増《ふ》えます。キノコが育《そだ》ちやすいのは、しめった暗《くら》い場所《ばしょ》なので、林《はやし》の中《なか》などをさがしてみると、見《み》つかることが多《おお》いでしょう。

毒《どく》キノコに気《き》をつけて！

秋《あき》に落《お》ち葉《ば》の下《した》などをさがすと、いろいろなキノコが生《は》えています。でも気《き》をつけて。もしかしたら毒《どく》キノコかもしれませんからね。

毒《どく》キノコを食《た》べると、お腹《なか》をこわしたり、はだにぶつぶつができたりして、ひどいときには死《し》んでしまうかもしれないのです。

例《たと》えば、赤《あか》くて炎《ほのお》のような形《かたち》をしている「カエンタケ」というキノコは、さわっただけで、はだがただれてしまうこともあります。

赤《あか》や黄色《きいろ》のきれいなキノコを見《み》たときには要注意《ようちゅうい》！　さわらないように気《き》をつけましょう。

もちろん、茶色《ちゃいろ》や白《しろ》のキノコだからといって安心《あんしん》なわけではありません。シメジによく似《に》た「ドクササコ」というキノコを食《た》べると、手《て》や足《あし》などがはれあがり、とても痛《いた》くなります。

シイタケと似《に》た「テングタケ」も、食《た》べるとお腹《なか》をこわしてしまい、ひどい場合《ばあい》には気《き》を失《うしな》ってしまうとか。

でも、お店《みせ》で売《う》っているキノコなら安心《あんしん》です。キノコは食物《しょくもつ》せんいという成分《せいぶん》がたくさん入《はい》っている、からだにいい食《た》べものです。これから寒《さむ》くなる季節《きせつ》、なべ料理《りょうり》などに入《い》れてたくさん食《た》べましょうね。

まめちしき　▶虫《むし》のからだから生《は》えるキノコがある。例《たと》えば、冬虫夏草《とうちゅうかそう》と呼《よ》ばれるキノコは、冬《ふゆ》は虫《むし》の姿《すがた》で、夏《なつ》になるとキノコになると考《かんが》えられていた。気持《きも》ちわるいけど食《た》べるとからだにいいんだって。

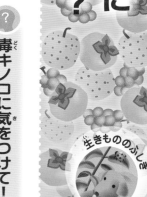

どうして天気《てんき》のいい日《ひ》はふとんを干《ほ》すの？

みのまわりのふしぎ

寝《ね》ている間《あいだ》も汗《あせ》をかく

「天気《てんき》がいいからふとんを干《ほ》そう」お母《かあ》さんやお父《とう》さんが、そんな風《ふう》にいうのを聞《き》いたことがありませんか。お天気《てんき》のいい日《ひ》に干《ほ》したふとんは、なぜだかふかふかになりますものね。

ふとんの中《なか》には、わたや鳥《とり》の羽毛《うもう》、化学《かがく》せんいなどが入《はい》っています。ふとんがふんわりしているのは、中《なか》のわたや羽毛《うもう》がゆるやかに重《かさ》なって、間《あいだ》に空《くう》気《き》がたくさん入《はい》っているからです。

気持《きも》ちいいふんわり感《かん》が、ずっと続《つづ》いてくれるといいのですが、残念《ざんねん》ながらそうはいきません。

わたしたちは、寝《ね》ている間《あいだ》でも汗《あせ》をかきます。パジャマやふとんが文句《もんく》もいわず、汗《あせ》を吸《す》いとってくれるおかげで、わたしたちは朝《あさ》まで気持《きも》ちよく眠《ねむ》れるのです。

ところが、水分《すいぶん》を毎日《まいにち》とり続《つづ》けたふとんは、だんだん重《おも》くなり、だんだんぺたんこになってきます。

そこで、お日《ひ》さまの登場《とうじょう》です！　お日《ひ》さまに干《ほ》すと、ふとんの中《なか》の水分《すいぶん》が乾《かわ》き、ふかふかのふとんに戻《もど》るのです。

また、しめったにおいもなくなるので、いいにおいになります。今度《こんど》、ふとんを干《ほ》した日《ひ》に、ぜひにおいをかいでみてね。

水分《すいぶん》を乾《かわ》かすのが大事《だいじ》

最近《さいきん》では花粉症《かふんしょう》やアレルギーのため、外《そと》にふとんを干《ほ》すのをいやがる人《ひと》もいます。

そんなときにはふとん乾燥機《かんそうき》を使《つか》います。また、ふとんを袋《ふくろ》に入《い》れ、花粉《かふん》やゴミがつかないようにカバーをして、外《そと》に干《ほ》す方法《ほうほう》もあります。

どんな方法《ほうほう》にせよ、水分《すいぶん》を乾《かわ》かすことは、とても大切《たいせつ》です。

ふとんが気持《きも》ちいい理由《りゆう》は、もうひとつあります。おうちの人《ひと》が、あなたがぐっすり眠《ねむ》れるように、せっせとふとんを干《ほ》してくれているからです。

ふとんの中《なか》には、愛情《あいじょう》もたっぷり。今度《こんど》ふとんを干《ほ》すときには、あなたもお手伝《てつだ》いしましょうね。

まめちしき　▶お日《ひ》さまに干《ほ》したばかりのふとんは、なんだかいいにおいがするよね。あれは酸素《さんそ》が分解《ぶんかい》されてできるオゾンのにおいなんだ。オゾンは地球《ちきゅう》を紫外線《しがいせん》から守《まも》ってくれるものでもあるよ。

同《おな》じ指《し》紋《もん》をもつ人《ひと》はいないってホント？

人体《じんたい》のふしぎ

万《ばん》人《にん》不《ふ》同《どう》、終《しゅう》生《せい》不《ふ》変《へん》

あなたの指《ゆび》にえがかれている指紋《しもん》。じつは指紋《しもん》は、それぞれの人《ひと》によって違《ちが》うことを知《し》っていますか？　親子《おやこ》や顔《かお》がそっくりなふたごの指紋《しもん》を比《くら》べても、やはり違《ちが》っているのです。

同《おな》じ指紋《しもん》をもつ人《ひと》はどこにもいないのです。これを、指紋《しもん》の「万人不同《ばんにんふどう》」といいます。

それだけではありません。同《おな》じ人《ひと》でも、指《ゆび》ごとに指紋《しもん》はぜんぶ違《ちが》うのです。つまり、どこをさがしても、同《おな》じ指紋《しもん》はひとつもない、ということです。

指紋《しもん》は、赤《あか》ちゃんがお母《かあ》さんのお腹《なか》の中《なか》にいるときには、もうできています。そして、生《う》まれたときから死《し》ぬまで、一生変《いっしょうか》わりません。これを、指紋《しもん》の「終生不変《しゅうせいふへん》」といいます。

では、指紋《しもん》を消《け》すことはできるのでしょうか。指先《ゆびさき》をけずったり焼《や》いたりしたら、いったんは指紋《しもん》は消《き》えます。でも、その傷《きず》がなおると、もとの指紋《しもん》がまた出《で》てくるのです。

犯罪捜査《はんざいそうさ》に役立《やくだ》つ

指紋《しもん》が一人《ひとり》ひとり違《ちが》っていることは、警察《けいさつ》の犯罪捜査《はんざいそうさ》に役立《やくだ》っています。指紋《しもん》のあとを調《しら》べることは、警察《けいさつ》にとって、とても大事《だいじ》なことです。その指《し》紋《もん》のあととピッタリ重《かさ》なる指紋《しもん》を持《も》つ人《ひと》が、犯人《はんにん》かもしれないからです。

でもどうして、すべての人《ひと》の指紋《しもん》が違《ちが》うのでしょう。じつはその理由《りゆう》は、まだわかっていません。ですが、同《おな》じ指紋《しもん》を持《も》つ人《ひと》は、これまで、一人《ひとり》も見《み》つかっていないのです。

ところで、すべての人《ひと》の指紋《しもん》が違《ちが》うといっても、大《おお》まかにわけると、指紋《しもん》には、いくつかの形《かたち》があります。弓《ゆみ》のような形《かたち》の「弓状紋《きゅうじょうもん》」、馬《うま》のひづめのような形《かたち》の「蹄状紋《ていじょうもん》」、うず巻《ま》きのような形《かたち》の「渦状紋《かじょうもん》」などです。

日本人《にほんじん》に多《おお》い指紋《しもん》の形《かたち》は、蹄状紋《ていじょうもん》と渦状紋《かじょうもん》だといわれています。あなたの指紋《しもん》はどんな形《かたち》をしていますか？

まめちしき

▶牛《うし》にも人間《にんげん》の指紋《しもん》と同《おな》じようなものがある。それが鼻紋《びもん》。鼻《はな》のところに細《こま》かいしわが寄《よ》っていて、そのしわの形《かたち》は同《おな》じものが決《けっ》してないといわれてるんだ。面白《おもしろ》いね。

10月《がつ》18日《にち》

どうして月《つき》はどこまでもついてくるの？

宇宙《うちゅう》のふしぎ

遠《とお》くのものは動《うご》かない？

夜《よる》に外《そと》を歩《ある》いていると、ずっと月《つき》がついてくるように思《おも》えることがありませんか？　これはホントに追《お》いかけてくるのではなく、月《つき》がとても遠《とお》くにあるから起《お》こるかんちがいなのです。

例《たと》えばドライブをしているとき、窓《まど》の外《そと》の景色《けしき》を見《み》てみましょう。車《くるま》から近《ちか》い場所《ばしょ》にあるたてものは、車《くるま》のスピードが上《あ》がるとすごいいきおいですぎ去《さ》っていってしまいますが、遠《とお》くにある山《やま》や空《そら》に浮《う》かぶ雲《くも》などは、同《おな》じ場所《ばしょ》からなかなか動《うご》きません。しばらく車《くるま》で走《はし》ったあとでも、同《おな》じ大《おお》きさや形《かたち》に見《み》えることもあります。

つまり、自分《じぶん》に近《ちか》いものほど速《はや》く動《うご》き、遠《とお》くにあるものはなかなか動《うご》かないように見《み》えるのです。

少《すこ》し動《うご》いても変《か》わらない

月《つき》はとても遠《とお》くにあります。そのため、わたしたちがしばらく歩《ある》いても、ずっと同《おな》じ場所《ばしょ》にあるように見《み》えます。手前《てまえ》に見《み》える景色《けしき》はどんどんとすぎ去《さ》っていくのに、月《つき》だけがずっと同《おな》じ場所《ばしょ》にあるように見《み》えます。

ですから、わたしたちは「月《つき》が自分《じぶん》についてきた」と思《おも》い込《こ》んでしまうのです。

これは例《たと》えば、新幹線《しんかんせん》に乗《の》って東京《とうきょう》から大阪《おおさか》まで移動《いどう》したとしても同《おな》じことです。東京《とうきょう》から大阪《おおさか》までは直線《ちょくせん》で約《やく》400キロありますが、月《つき》と地球《ちきゅう》の距離《きょり》は約《やく》38万《まん》キロ。およそ1000倍《ばい》にもなります。

月《つき》と地球《ちきゅう》の距離《きょり》に比《くら》べると、東京《とうきょう》と大阪《おおさか》の距離《きょり》なんてたいしたことはありませんから、月《つき》の見《み》え方《かた》にもほとんど違《ちが》いが出《で》ないのです。

また、月《つき》と同《おな》じように、星《ほし》や太陽《たいよう》もわたしたちについてくるように見《み》えることがあります。

ただし月《つき》は、夜空《よぞら》で明《あか》るく光《ひか》っていてとてもよく目立《めだ》つ存在《そんざい》ですから、昼《ひる》間《ま》の太陽《たいよう》よりも気《き》になってしまうので、よけいに自分《じぶん》についてくるような気分《きぶん》になるのかもしれませんね。

まめちしき　月《つき》に追《お》いかけられてこわい気持《きも》ちになった人《ひと》は、反対《はんたい》に月《つき》を追《お》いかけてみよう。ほらね、月《つき》はどんどんにげていくよ。月《つき》も人間《にんげん》をこわがっているのかもしれないよ？

イヌはなぜ電柱《でんちゅう》におしっこをするの？

なわばりのしるし

イヌを飼《か》っているおうちでは、散歩《さんぽ》は毎日欠《まいにちか》かせませんね。イヌを飼《か》っていない人《ひと》も、散歩中《さんぽちゅう》のイヌが電柱《でんちゅう》におしっこをしているところを見《み》たことがあるでしょう。

イヌは、野生動物《やせいどうぶつ》だった大《おお》むかし、群《む》れをつくってくらしていました。群《む》れには、エサとなる動物《どうぶつ》を狩《か》るための「なわばり」と呼《よ》ばれる生活《せいかつ》の場所《ばしょ》があります。

「なわばり」は群《む》れが生《い》きていくための大切《たいせつ》な場所《ばしょ》ですから、他《ほか》の群《む》れのイヌなど、自分《じぶん》たちの敵《てき》に入《はい》ってこられるのはとても困《こま》るのです。

そこで、「ここは自分《じぶん》たちのなわばりだから入《はい》ってくるな」と知《し》らせるために、なわばりのしるしをつけることにしました。そのしるしとなるのがおしっこです。

おしっこでいろいろわかる

人間《にんげん》に飼《か》われるようになってからも、イヌにはこの習性《しゅうせい》が残《のこ》っていて、散歩中《さんぽちゅう》、自分《じぶん》がよく通《とお》る道《みち》におしっこをします。このような習性《しゅうせい》を「マーキング」といいます。

おしっこのにおいには、そのイヌの年齢《ねんれい》、オスかメスか、からだはどれくらい大《おお》きいのか、といった情報《じょうほう》が含《ふく》まれています。

イヌはおしっこのにおいをもとに、どんなイヌがそこを通《とお》ったのかを知《し》ることができるのです(76ページ)。

また、他《ほか》のイヌに自分《じぶん》のおしっこのにおいを気《き》づかれやすくするため、イヌの鼻《はな》がくる位置《いち》におしっこをする必《ひつ》要《よう》があります。

そこで、地面《じめん》ではなく、電柱《でんちゅう》などの高《たか》さのあるものにおしっこをするようになったのです。

また、オスは、片足《かたあし》を上《あ》げることで、より高《たか》い位置《いち》におしっこをかけることができます。高《たか》い位置《いち》にしるしを残《のこ》せば、あとから来《き》た他《ほか》のイヌのおしっこに消《け》されてしまう心配《しんぱい》も減《へ》るし、なにより、からだが大《おお》きいイヌである証明《しょうめい》にもなりますからね。

まめちしき ▶オスのマーキングには、発情期《はつじょうき》のメスに自分《じぶん》のことを知《し》ってもらう意味《いみ》もある。

科学《かがく》のふしぎ

どうして鉄《てつ》は磁《じ》石《しゃく》にくっつくの？

鉄《てつ》は磁石《じしゃく》になりやすい

磁石《じしゃく》にくっつくものといえば、もっとも知《し》られているのが「鉄《てつ》」ですよね。小学校《しょうがっこう》では、鉄《てつ》でできたクギやクリップなどを使《つか》いながら、磁石《じしゃく》にくっつくかどうかの実験《じっけん》もします。

じつは、この「鉄《てつ》」以外《いがい》にも、「コバルト」、「ニッケル」といった金属《きんぞく》が磁石《じしゃく》にくっつきますが、こうした磁石《じしゃく》にくっつく金属《きんぞく》は、難《むずか》しい言葉《ことば》で「強磁性体《きょうじせいたい》」と呼《よ》ばれています。

ここからは鉄《てつ》について考《かんが》えていきましょう。鉄《てつ》をどんどん細《こま》かくしていき、顕微鏡《けんびきょう》でも見《み》えないぐらいに小《ちい》さくしていくと、最後《さいご》に「原子《げんし》」という小《ちい》さなつぶになります。磁石《じしゃく》にくっつく性質《せいしつ》を持《も》つ「強磁性体《きょうじせいたい》」の金属《きんぞく》は、この原子《げんし》そのものが磁石《じしゃく》になるのです。

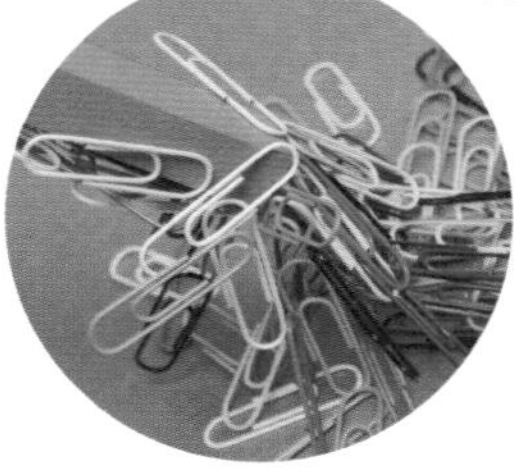

磁力《じりょく》が鉄《てつ》を磁石《じしゃく》にする

ただ、その状態《じょうたい》では原子《げんし》の集団《しゅうだん》はバラバラになっていて、磁石《じしゃく》のように、N極《えぬきょく》S極《えすきょく》とわかれた状態《じょうたい》にはなっていないのです。

ここに磁石《じしゃく》を近《ちか》づけると、磁石《じしゃく》から発生《はっせい》する力《ちから》「磁力《じりょく》」によって、原子《げんし》の集《しゅう》団《だん》が同《おな》じ方向《ほうこう》を向《む》くようになります。すると、磁石《じしゃく》のようにN極《えぬきょく》S極《えすきょく》とわかれた状態《じょうたい》になるため、鉄全体《てつぜんたい》が磁石《じしゃく》になるのです。

例《たと》えば、学校《がっこう》のクラスを想像《そうぞう》してみてください。みんながバラバラにあそんでいた教室《きょうしつ》に、先生《せんせい》が入《はい》って来《く》ると、全員《ぜんいん》がいっせいに黒板《こくばん》のほうを見《み》るようになりますよね。鉄《てつ》と磁石《じしゃく》の関係《かんけい》は、そんな感《かん》じに似《に》ているかも？

つまり、鉄《てつ》が磁石《じしゃく》にくっつくのは、磁石《じしゃく》の磁力《じりょく》によって、鉄全体《てつぜんたい》も磁石《じしゃく》になっているからです。磁石《じしゃく》にくっついた鉄製《てつせい》のクリップをその他《ほか》のクリップに近《ちか》づけると、どんどんと引《ひ》きよせられてきますが、これもクリップ自体《じたい》が磁石《じしゃく》に変化《へんか》しているからなのです。

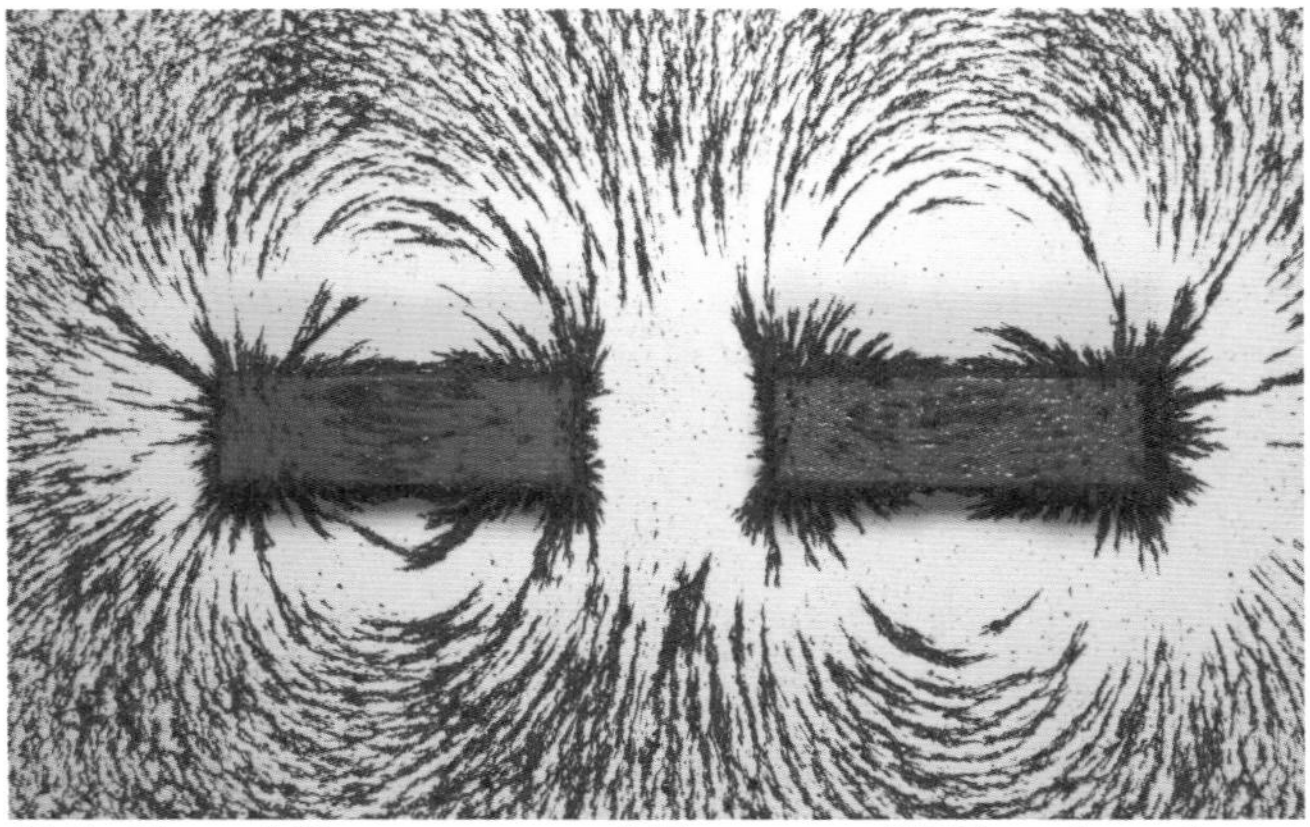

磁石《じしゃく》の周《まわ》りに砂鉄《さてつ》をばらまくと、磁力《じりょく》がえがく「磁力線《じりょくせん》」が浮《う》かび上《あ》がる

まめちしき

▶地球《ちきゅう》も大《おお》きな磁石《じしゃく》で、北極《ほっきょく》がS極《えすきょく》、南極《なんきょく》がN極《えぬきょく》になる。N《えぬ》は北《きた》を意味《いみ》するNorth《のーす》の略《りゃく》、S《えす》は南《みなみ》を意味《いみ》するSouth《さうす》の略《りゃく》なんだよ。磁石《じしゃく》のN極《えぬきょく》は北極《ほっきょく》にひきよせられるから、北極《ほっきょく》がS極《えすきょく》なんだ。

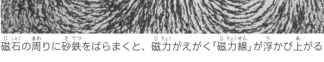

どうして大人《おとな》は肩《かた》がこるの？

筋肉《きんにく》がかたくなると……

「肩《かた》をトントンしてくれない？」

あなたはおうちの人《ひと》に、このようにお願《ねが》いされたことはありませんか？　そんなときの肩《かた》は、きっとカチカチにかたくなっているはず。優《やさ》しく、トントンとたたいてあげてくださいね。

　このような肩《かた》こりは、からだの筋肉《きんにく》がかたくなることで起《お》こります。

　筋肉《きんにく》には、からだを動《うご》かすだけでなく、血液《けつえき》をリズムよくおし出《だ》し、からだのすみずみまで流《なが》すポンプの役割《やくわり》もあります。ですが、休《やす》むことなくはたらき続《つづ》けていると、やがて筋肉《きんにく》もつかれてしまいます。

　筋肉《きんにく》がつかれてしまえば、ポンプとしての役割《やくわり》も弱《よわ》くなってしまいます。すると、血液《けつえき》の流《なが》れがどんどんわるくなるわけです。

　人間《にんげん》のからだの中《なか》を流《なが》れる血液《けつえき》には、酸素《さんそ》を全身《ぜんしん》に送《おく》り続《つづ》け、いらないものをからだの外《そと》に運《はこ》び出《だ》してくれる力《ちから》があります。

　筋肉《きんにく》がつかれると、こうした大切《たいせつ》なはたらきもわるくなるため、筋肉《きんにく》がだんだんとかたくなって、肩《かた》こりが起《お》きてしまうのです。

肩《かた》や首《くび》は頭《あたま》を支《ささ》える

　とくに、肩《かた》や首《くび》の周《まわ》りの筋肉《きんにく》は頭《あたま》を支《ささ》えています。

　いろいろなものを見《み》たり、考《かんが》えたりする重《おも》い頭《あたま》をいつも支《ささ》えているので、どうしてもつかれはたまりやすくなってしまうのです。

　さらに、大人《おとな》は子《こ》どもに比《くら》べて運動《うんどう》をする時間《じかん》がとても少《すく》ないことも、肩《かた》こりの大《おお》きな原因《げんいん》になっています。肩《かた》こりにならないためには、できるだけ運動《うんどう》をして、血液《けつえき》の流《なが》れをよくすることが大切《たいせつ》なのです。

　しかし、近《ちか》ごろでは子《こ》どもにも肩《かた》こりがあるようです。勉強《べんきょう》やゲームのやりすぎで、運動《うんどう》が足《た》りない子《こ》どもが増《ふ》えたからだといわれています。

　毎日《まいにち》しっかりと、からだを元気《げんき》に動《うご》かすようにしましょうね。

まめちしき　▶肩《かた》こりの「こり」ってなんだろう？　「こる」というのは、いろいろなものがあつまってくること。たくさんのものがあつまってくるからかたくなると考《かんが》えたんだね。

星座《せいざ》ってだれが決《き》めたの？

空《そら》の上《うえ》には神《かみ》さまがいる？

夜《よる》、空《そら》を見上《みあ》げると、たくさんの星《ほし》が見《み》えますね。これらの星《ほし》がえがく形《かたち》を「星座《せいざ》」といいます。

いまの時期《じき》、北《きた》の空《そら》を見《み》ると「W《だぶりゅー》」をタテにしたような形《かたち》に星《ほし》がならんでいるのが見《み》えます。これは「カシオペア座《ざ》」。また、冬《ふゆ》になれば、明《あか》るい3つの星《ほし》が横《よこ》にならんでいるのが見《み》えるでしょう。この星《ほし》たちは、「オリオン座《ざ》」の一部《いちぶ》です。

カシオペアやオリオンというのは、じつは大《おお》むかしのギリシャの人《ひと》や神《かみ》さまの名前《なまえ》なのです。

むかしのギリシャの人《ひと》たちは、空《そら》の上《うえ》にはたくさんの神《かみ》さまがいて、人間《にんげん》と同《おな》じように、笑《わら》ったり怒《おこ》ったりしながら生活《せいかつ》をしていると考《かんが》えました。

カシオペアは、エチオピアという国《くに》の女王《じょおう》でしたが、自分《じぶん》は女神《めがみ》たちよりもきれいだといったので、神《かみ》さまにばつをあたえられたといわれています。ギリシャの人《ひと》たちの目《め》には、あの「W《だぶりゅー》」の形《かたち》が、カシオペアがいすに座《すわ》ったところに見《み》えたようです。

また、オリオンは勇《ゆう》かんな男《おとこ》の人《ひと》でした。3つの星《ほし》は、オリオンが腰《こし》に巻《ま》いていたベルトだといわれています。

国《くに》によって見方《みかた》も違《ちが》う

このように、わたしたちが知《し》っている星座《せいざ》をむかし考《かんが》え出《だ》したのは、ギリシャの人《ひと》たちでしたが、世界中《せかいじゅう》にそれを知《し》らせたのは、「国際天文学連合《こくさいてんもんがくれんごう》」という、宇宙《うちゅう》を研究《けんきゅう》する学者《がくしゃ》たちのあつまりでした。

また、他《ほか》の国《くに》でも、星《ほし》をつなげて、なにかを連想《れんそう》する人《ひと》たちがいました。例《たと》えば、北《きた》の空《そら》に水《みず》をすくう「ひしゃく」のような形《かたち》の星座《せいざ》があるのを知《し》っていますか？　あれは、「おおぐま座《ざ》」の一部《いちぶ》ですが、中国《ちゅうごく》では「北斗七星《ほくとしちせい》」と呼《よ》びました。七《なな》つの星《ほし》が見《み》えるからですね。

日本《にほん》では「ひしゃく星《ぼし》」とか、「四三《しそう》の星《ほし》」と呼《よ》んでいたようです。国《くに》によっていろいろ違《ちが》って、面白《おもしろ》いものですね。

星座《せいざ》の例《れい》(実際《じっさい》の見《み》えかたとは異《こと》なります)

まめちしき
▶星《ほし》にはいろいろな明《あか》るさがある。動《うご》かない星《ほし》の中《なか》で、一番明《いちばんあか》るいのはおおいぬ座《ざ》のシリウスだといわれている。でも、明《あ》け方《がた》や夕方《ゆうがた》に大《おお》きく光《ひか》る星《ほし》があったら、それは金星《きんせい》だよ。

10月《がつ》23日《にち》

生《い》きもののふしぎ

ハムスターがエサをほっぺにつめるのはなぜ？

エサを持《も》って帰《かえ》るため

ハムスターにエサをあげると、両手《りょうて》で持《も》って、とてもかわいらしくかじります。でもときどき、かじらずに丸《まる》ごとほっぺに入《い》れてしまうことがありませんか？　そうすると、ほっぺがプクンとふくらみますね。

わたしたちも、たくさんの食《た》べものを一度《いちど》に口《くち》に入《い》れたら、ほっぺがふくらみますが、ハムスターのように大《おお》きくはふくらみませんね。

ハムスターのほっぺには「ほおぶくろ」と呼《よ》ばれるふくろがあります。ですからよくのびて、大《おお》きくなるのです。

もともとハムスターは、砂漠《さばく》に住《す》むネズミでした。ですから、エサをさがすのは大変《たいへん》なことでした。もし、エサをたくさん見《み》つけたら、家《いえ》に持《も》って帰《かえ》って、ためておかなくてはいけませんよね。

四本足《よんほんあし》で歩《ある》くハムスターは、手《て》で持《も》って運《はこ》ぶことができないので、ほっぺに入《い》れるのです。そして、なるべくたくさん運《はこ》べるように、ほっぺがあんなに大《おお》きくふくらむのですね。

走《はし》るの大好《だいす》き！

ハムスターが、回《まわ》し車《ぐるま》の上《うえ》を走《はし》っている姿《すがた》もかわいらしいものです。昼間《ひるま》は寝《ね》ていますが、夜《よる》になると活発《かっぱつ》になり、回《まわ》し車《ぐるま》をクルクル回《まわ》しはじめます。広《ひろ》い砂漠《さばく》に住《す》んでいるハムスターは、走《はし》るのが大好《だいす》きなのです。

ハムスターは夜《よる》の間《あいだ》に、何十《なんじゅっ》キロも走《はし》るといわれています。わたしたち人《にん》間《げん》でも、そんな距離《きょり》を走《はし》るのは大変《たいへん》なのに、あんな小《ちい》さなからだでそんなに走《はし》るなんて、すごいですね。

ところで、ハムスターは一匹《いっぴき》だけで生活《せいかつ》する動物《どうぶつ》ですから、二匹以上《にひきいじょう》をひとつのかごに入《い》れると、大《おお》げんかをすることがあります。

また、オスとメスを一緒《いっしょ》にすると、子《こ》どもをたくさん産《う》んで、どんどん増《ふ》えてしまうこともあります。

ハムスターを飼《か》うときは、一匹《いっぴき》にひとつ、かごを用意《ようい》してあげましょうね。

まめちしき
▶人間《にんげん》が大好《だいす》きなチョコレート。でもハムスターのからだにはよくないからあげないようにしよう。タマネギやネギなどは、ハムスターだけじゃなくイヌやネコにもあげちゃだめだよ。

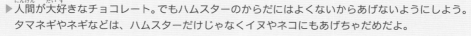

みのまわりのふしぎ

お金《かね》はどこでつくっているの？

お札《さつ》にはしかけがいっぱい

わたしたちはお店《みせ》で買《か》いものをするとき、レジでお金《かね》をはらいますね。お金《かね》には、紙《かみ》でできたお札《さつ》もあれば、金《きん》属《ぞく》でできたコインもあります。

わたしたちが使《つか》っているお札《さつ》やコインは、いったいどこでつくっているのでしょうか。

紙《かみ》でできたお金《かね》を紙幣《しへい》といいます。千円札《せんえんさつ》や5千円札《せんえんさつ》や1万円札《まんえんさつ》など、日《に》本《ほん》の紙幣《しへい》は「国立印刷局《こくりついんさつきょく》」というところでつくっています。

お札《さつ》をよく見《み》てみると、下《した》のほうに小《ちい》さな文字《もじ》で「国立印刷局製造《こくりついんさつきょくせいぞう》」と書《か》いてありますよ。

表面《ひょうめん》がザラッとしていたり、キラキラしている部分《ぶぶん》があったり、光《ひかり》にすかすと人《ひと》の顔《かお》が浮《う》かんだりと、お札《さつ》には面白《おもしろ》いしかけがいっぱいあります。これは、にせもののお札《さつ》をつくられないためのしかけなのですよ。

10円《えん》玉《だま》は20枚《まい》まで？

さて、金属《きんぞく》でできたお金《かね》を硬貨《こうか》といいます。日本《にほん》の硬貨《こうか》は「造幣局《ぞうへいきょく》」というところでつくっています。

硬貨《こうか》を見《み》ると、周《まわ》りにギザギザがあったり、50円玉《えんだま》のように穴《あな》があったりします。それは硬貨《こうか》の種類《しゅるい》をわかりやすくするためと、にせものの硬貨《こうか》をつくられないようにするためです。

ところでみなさんの中《なか》には、貯金箱《ちょきんばこ》におこづかいの硬貨《こうか》をためている人《ひと》もいるでしょう。

でも気《き》をつけて。たくさんたまった10円玉《えんだま》を30枚《まい》持《も》って、３００円《えん》のお菓《か》子《し》を買《か》いに行《い》くと、お店《みせ》の人《ひと》にことわられるかもしれないのです。

これは、お客《きゃく》さんが同《おな》じ種類《しゅるい》の硬貨《こうか》を一度《いちど》に20枚《まい》はらったときは、お店《みせ》の人《ひと》はことわらずに受《う》けとらなければいけませんが、同《おな》じ種類《しゅるい》の硬貨《こうか》を21枚《まい》以《い》上《じょう》はらわれたときは、お店《みせ》の人《ひと》は受《う》けとらなくてもいいよ、という法律《ほうりつ》があるからです。

硬貨《こうか》がたくさんたまったら、銀行《ぎんこう》などに「貯金《ちょきん》」として持《も》っていくといいですよ。

お金《かね》のいろいろなしかけ

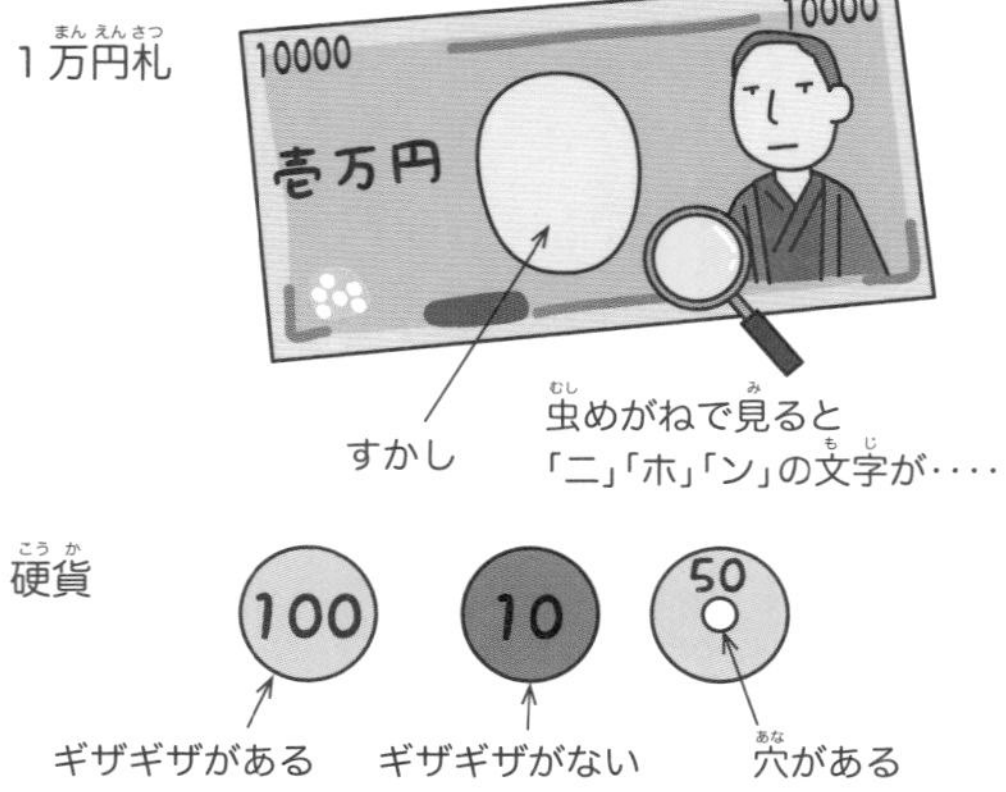

まめちしき ▶日本《にほん》のお札《さつ》をよく見《み》ると、とても小《ちい》さなローマ字《じ》で「NIPPON GINKO（日本銀行《にっぽんぎんこう》）」とたくさん書《か》かれている。千円札《せんえんさつ》にはいくつあるかな？ 数《かぞ》えてみよう！

山《やま》の高《たか》さはどうやってはかったの？

わたしたちの身長《しんちょう》や体重《たいじゅう》は、身長計《しんちょうけい》や体重計《たいじゅうけい》に乗《の》ればはかることができます。ですが、身長計《しんちょうけい》や体重計《たいじゅうけい》に乗《の》せられないようなものは、世《よ》の中《なか》にたくさんあります。

なのに、例《たと》えば「富士山《ふじさん》の高《たか》さは3776メートル！」や、「世界《せかい》の海《うみ》で一番深《いちばんふか》いところは10920メートル！」「地球《ちきゅう》の重《おも》さは597兆《ちょう》4000億《おく》トン！」（こんなことを覚《おぼ》えている人《ひと》はあまりいないでしょうが）のように、山《やま》の高《たか》さや海《うみ》の深《ふか》さ、地球《ちきゅう》の重《おも》さなどはすでにわかっているものが多《おお》いのです。

「とんでもなく大《おお》きな身長計《しんちょうけい》や体重計《たいじゅうけい》ではかったのかな？」

そんなことはありません。じつは、すべていろいろな計算《けいさん》を使《つか》えばわかることなのです。

山《やま》の高《たか》さは三角形《さんかっけい》を使《つか》う

山《やま》の高《たか》さを知《し》るには、三角形《さんかっけい》の一《ひと》つひとつの「辺《へん》」の長《なが》さを出《だ》す方法《ほうほう》を使《つか》います。

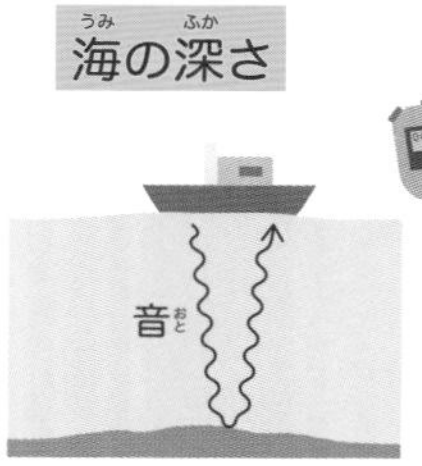

図《ず》のような三角形《さんかっけい》ですと、ヨコの辺《へん》の長《なが》さと、ナナメの辺《へん》の長《なが》さがわかれば、タテの辺《へん》の長《なが》さを計算《けいさん》で出《だ》すことができてしまうのです。

これは中学校《ちゅうがっこう》に行《い》ったら勉強《べんきょう》する「三平方《さんへいほう》の定理《ていり》」というものを使《つか》っているのですよ。

海《うみ》の深《ふか》さは音《おと》の速《はや》さではかる

音《おと》は、水《みず》の中《なか》だと1秒間《びょうかん》に約《やく》1500メートル進《すす》みます。

そこで、船《ふね》から音波《おんぱ》（音《おと》のことです）を海《うみ》の底《そこ》に向《む》かって飛《と》ばして、それが戻《もど》ってくるまでの時間《じかん》から、深《ふか》さがわかるのです。例《たと》えばちょうど1秒《びょう》で戻《もど》ってきたら、1500メートルの半分《はんぶん》の750メートル、2秒《びょう》で戻《もど》ってきたら、1500メートルとなるわけです。

地球《ちきゅう》の重《おも》さは引力《いんりょく》から計算《けいさん》

地球《ちきゅう》の重《おも》さについては、かなり難《むずか》しい計算《けいさん》になりますが、ものとものとの間《あいだ》にはたらく、おたがいを引《ひ》き合《あ》う力《ちから》「万有引力《ばんゆういんりょく》」の計算《けいさん》をすることで、わかるのです。

まめちしき
▶ゾウの体重《たいじゅう》はどうやってはかるのか知《し》ってる？　なんと、ゾウも乗《の》れちゃうような大《おお》きな体重計《たいじゅうけい》が、きちんとあるんだって。

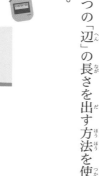

おへそってなんのためにあるの？

人体《じんたい》のふしぎ

お母《かあ》さんと赤《あか》ちゃんをつなぐ

お腹《なか》のまん中《なか》にあるおへそ。さわるとくすぐったい感《かん》じがしたり、お腹《なか》が痛《いた》くなったりしますよね。

でも、おへそってなんのためにあるのでしょう。大《おお》きくなってもからだについているだけですし、使《つか》いかただってわかりません。

じつはおへそは、お母《かあ》さんのお腹《なか》の中《なか》にいたときに、とても大切《たいせつ》な役目《やくめ》をしていたものなのです。

お母《かあ》さんと赤《あか》ちゃんは、お腹《なか》の中《なか》では「へそのお」でつながっています。赤《あか》ちゃんはおへそについていたへそのおを通《とお》して、お母《かあ》さんから酸素《さんそ》や栄養《えいよう》をわけてもらって大《おお》きくなっていきます。

さらに、赤《あか》ちゃんのからだでできた二酸化炭素《にさんかたんそ》、栄養《えいよう》をとったあとのうんちといった不要《ふよう》なものも、へそのおから外《そと》に出《で》ていきます。

やがて、赤《あか》ちゃんがお母《かあ》さんのお腹《なか》から出《で》てきたら、つながっていたへそのおは切《き》られます。そうするとすぐに、赤《あか》ちゃんは「オギャー、オギャー」と元《げん》気《き》な泣《な》き声《ごえ》をあげるわけです。

つまりおへそとは、へそのおの跡《あと》なのです。わたしたちがお腹《なか》の中《なか》で、お母《かあ》さんとつながっていたことのしるしなのですね。

おへそのごまって？

おへそをじっと見《み》てみると、黒《くろ》いごまのようなものがありませんか。これは、あなたが汗《あせ》をかいたりしているうちに少《すこ》しずつたまった、からだのあかです。

でも、おへその表面《ひょうめん》はとても薄《うす》い皮《ひ》ふしかありません。無理《むり》に取《と》ろうとすると傷《きず》がついてしまいますから、やめましょう。

また、内臓《ないぞう》にとても近《ちか》いところにあるため、あまりさわるとお腹《なか》が痛《いた》くなってしまいます。

どうしても気《き》になるときは、オリーブオイルや消毒用《しょうどくよう》の薬《くすり》でそっと取《と》ると傷《きず》がつかず安心《あんしん》ですよ。

まめちしき　▶お母《かあ》さんから栄養《えいよう》をもらうためにあるおへそ。だから卵《たまご》で生《う》まれる動物《どうぶつ》にはおへそがない。イヌやネコにはあるけれど、鳥《とり》やヘビ、魚《さかな》などにはおへそがないよ。確《たし》かめてみよう。

10月《がつ》27日《にち》

みのまわりのふしぎ

粘土《ねんど》はどうしてネバネバしているの？

お皿《さら》にも使《つか》われている？

あなたが工作《こうさく》などで使《つか》う粘土《ねんど》。あるときは動物《どうぶつ》をつくってみたり、またあるときは食《た》べものの形《かたち》にしてみたり。自由自在《じゆうじざい》に形《かたち》を変《か》えてあそべるので、とても楽《たの》しいですね。

でもあらためて考《かんが》えてみると、さわるとなんだかネバネバしているし、何《なん》度《ど》も自由《じゆう》に形《かたち》を変《か》えられるなんてふしぎですよね。粘土《ねんど》ってどういうものなのでしょうか。

もともとは、漢字《かんじ》で「粘土《ねんど》」と書《か》くように、土《つち》の種類《しゅるい》のひとつです。あなたもごはんを食《た》べるときに、お茶《ちゃ》わんやお皿《さら》を使《つか》うと思《おも》いますが、陶器《とうき》でできたこうした食器《しょっき》は、すべて粘土《ねんど》という土《つち》で形《かたち》をつくり、かまで焼《や》いてつくられています。本来《ほんらい》、粘土《ねんど》というのは、こうした陶器《とうき》などの原料《げんりょう》になる土《つち》のことをいうのです。

ネバネバは油《あぶら》がつくる

一方《いっぽう》、あなたがあそんだりする「油《あぶら》粘土《ねんど》」は、陶器《とうき》などの原料《げんりょう》になる「粘土《ねんど》」とはまったく違《ちが》うものです。油粘土《あぶらねんど》は、主《おも》に土《つち》を原料《げんりょう》にしていますが、その名《な》のとおり、ここに油《あぶら》がまぜてあります。つまりネバネバとした手《て》ざわりは、この油《あぶら》によるものなのです。

これが土《つち》の「粘土《ねんど》」

土《つち》に油《あぶら》をまぜるのは、乾燥《かんそう》を防《ふせ》いで土《つち》がカチンカチンにかたまらないようにするためです。油粘土《あぶらねんど》が何度《なんど》も自由《じゆう》に形《かたち》を変《か》えられるのは、油《あぶら》が使《つか》われているため、あまり乾《かわ》かず、かたまらないからなのです。

ところで最近《さいきん》では、小麦粉《こむぎこ》に油《あぶら》をまぜてつくる「小麦粉粘土《こむぎこねんど》」というものを見《み》かけることがあります。ちなみにこれは、家庭《かてい》でもかんたんにつくることができるのですよ。

まずは小麦粉《こむぎこ》を用意《ようい》し、そこにサラダ油《あぶら》をちょっとずつ入《い》れながらこねていけば完成《かんせい》です。ぜひあなたも、一度《いちど》つくってあそんでみてくださいね。

まめちしき ▶粘土《ねんど》には油粘土《あぶらねんど》の他《ほか》に紙粘土《かみねんど》や石粉粘土《せきふんねんど》などがあるよ。土《つち》の「粘土《ねんど》」を原料《げんりょう》にしていないので、こういう名前《なまえ》がつけられているんだ。

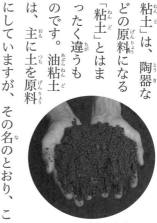

どうしてカメレオンはからだの色《いろ》を変《か》えるの？

生《い》きもののふしぎ

色《いろ》を変《か》えて身《み》を守《まも》る

カメレオンはトカゲの仲間《なかま》です。カメレオンがくらしているのは、アフリカなどの森《もり》の中《なか》。

ここには、ネコの仲間《なかま》やハリネズミ、フクロウなどがいて、カメレオンを食《た》べてしまおうといつもねらっています。ですからカメレオンは、ねらわれやすい地面《じめん》の上《うえ》ではなく、より安全《あんぜん》な木《き》の上《うえ》で身《み》をかくすようにくらしているのです。

そんなカメレオンの一番《いちばん》の特徴《とくちょう》は、からだの色《いろ》を変《か》えること。これは森《もり》の中《なか》に住《す》む外敵《がいてき》から身《み》を守《まも》るために、とても役《やく》に立《た》っています。

カメレオンのように、周《まわ》りの環境《かんきょう》にあわせて変《か》えられたからだの色《いろ》を「保《ほ》護色《ごしょく》」といいますが、森《もり》の中《なか》では緑《みどり》になり、砂漠《さばく》の赤土《あかつち》の上《うえ》ではオレンジ色《いろ》になり……と、からだの色《いろ》を周《まわ》りと似《に》た色《いろ》にすることで、敵《てき》の目《め》をくらますことができるのです。

保護色《ほごしょく》のひみつ

それにしても、まるで忍者《にんじゃ》のようにからだの色《いろ》を変《か》えられるなんてふしぎですよね。こんなことがどうしてできるのでしょうか。

そのひみつは、カメレオンの皮《ひ》ふの構造《こうぞう》にあります。カメレオンの皮《ひ》ふの中《なか》には、白《しろ》、赤《あか》、黄《き》、黒《くろ》などの色《いろ》のつぶがあり、外《そと》からの光《ひかり》を受《う》けると大《おお》きさが変《か》わるようになっています。

そのため、周《まわ》りの環境《かんきょう》が変《か》わると、この色《いろ》のつぶの大《おお》きさが変化《へんか》し、自然《しぜん》とからだ全体《ぜんたい》の色《いろ》が変《か》わるのです。ちなみに、あなたの身近《みぢか》にいるカエルやバッタなども、カメレオンと同《おな》じようにからだの色《いろ》を変《か》えることができます。

またカメレオンは、周《まわ》りの環境《かんきょう》の変化《へんか》だけでなく、敵《てき》をおどかしたり、メスにプロポーズするときにも皮《ひ》ふの色《いろ》を変《か》えます。わたしたち人間《にんげん》も怒《おこ》ると顔《かお》が赤《あか》くなったりしますが、カメレオンはからだの色《いろ》を使《つか》って自分《じぶん》の気持《きも》ちを周《まわ》りに伝《つた》えているようですね。

まめちしき
▶周《まわ》りに合《あ》わせて色《いろ》を変《か》えるのは、カメレオンだけじゃない。アマガエルやバッタには緑色《みどりいろ》のものと茶色《ちゃいろ》のものがいるけれど、じつは同《おな》じもの。草《くさ》の上《うえ》では緑《みどり》、土《つち》の上《うえ》では茶色《ちゃいろ》になるんだ。

どうして火《ひ》は熱《あつ》いの？

高温《こうおん》でないと火《ひ》はつかない

火《ひ》のそばに手《て》をかざすと、火《ひ》のあたたかさが伝《つた》わってきますね。でも、赤々《あかあか》と燃《も》える火《ひ》は、とても高温《こうおん》です。そのままさわるとやけどをしてしまうので、注意《ちゅうい》しましょう。

ところで、火《ひ》はどうして熱《あつ》いのでしょう。それは、燃《も》やしているものの原子《げんし》と、酸素原子《さんそげんし》が反応《はんのう》し、激《はげ》しく動《うご》き回《まわ》って熱《ねつ》を出《だ》しているからです。

原子《げんし》とは、あらゆるものをつくる、一番小《いちばんちい》さなつぶのことです。水《みず》にも、空気《くうき》にも、人《ひと》にも、みんな原子《げんし》があり、原子《げんし》どうしがくっつくことでできているのです。

ものに火《ひ》がついて燃《も》えるためには、3つのことがそろわなければいけません。ひとつは酸素《さんそ》があること。もうひとつは燃《も》えるものがあること。そして最後《さいご》のひとつが、高温《こうおん》であるということです。

ですから、高《こう》温《おん》になっていなければ火《ひ》はつきません。例《たと》えばロウソクの炎《ほのお》なら、しんの部分《ぶぶん》で800℃《ど》、一番高《いちばんたか》いのは炎《ほのお》の先《さき》の部分《ぶぶん》で、1200℃《ど》にもなります。

宇宙《うちゅう》でマッチをすると？

では、酸素《さんそ》のない宇宙《うちゅう》では火《ひ》をつけることはできないのでしょうか。じつはマッチをすると、一瞬《いっしゅん》だけ火《ひ》をつけることができるのです。

そのひみつは、マッチの先《さき》にあります。先《さき》には、少《すこ》しこすっただけでも火《ひ》がつく赤《せき》リンという成分《せいぶん》や硫黄《いおう》、塩素《えんそ》酸《さん》カリウムが含《ふく》まれています。マッチをこすると、塩素酸《えんそさん》カリウムから酸素《さんそ》が発生《はっせい》し、硫黄《いおう》と反応《はんのう》して一瞬《いっしゅん》だけ燃《も》えるのです。

こうした実験《じっけん》では、よく火《ひ》を使《つか》いますが、使《つか》い方《かた》をまちがえるとやけどをしたり、火事《かじ》になったりします。気《き》をつけて実験《じっけん》しましょうね。

まめちしき
▶火《ひ》を上下《じょうげ》にふたつ重《かさ》ねると「炎《ほのお》」という文字《もじ》になる。これは大《おお》きな火《ひ》のことなんだ。火《ひ》がふたつ合《あ》わさって大《おお》きな火《ひ》になるというわけ。漢字《かんじ》は面白《おもしろ》いね。

10月《がつ》30日《にち》

人体《じんたい》のふしぎ

どうしてグルグル回《まわ》ると目《め》が回《まわ》るの？

人《ひと》がまっすぐ立《た》てるわけ

人《ひと》は目《め》をつぶっていても、まっすぐ立《た》っていることができます。これは、景色《けしき》が見《み》えなくても、からだがまっすぐになっているかどうかがわかる仕組《しく》みを人間《にんげん》が持《も》っているからです。

耳《みみ》の奥《おく》には、グルグル丸《まる》まった管《くだ》のような「三半規管《さんはんきかん》」と呼《よ》ばれるものがあります。これは、中《なか》に液体《えきたい》が入《はい》ったチューブのようなものです。からだがかたむくと、このチューブの中《なか》の液体《えきたい》が動《うご》いて、人間《にんげん》に知《し》らせてくれるのです。

また、からだがグルグルと回《まわ》っているかどうかも、この三半規管《さんはんきかん》を使《つか》って知《し》ることができます。

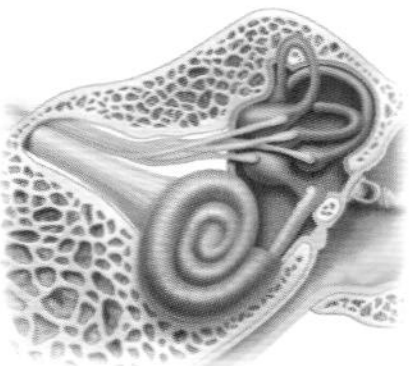

耳《みみ》の中《なか》にある三半規管《さんはんきかん》

どうして目《め》が回《まわ》るの？

からだをしばらく回転《かいてん》させたあとに止《と》まると、三半規管《さんはんきかん》からくる信号《しんごう》に脳《のう》がだまされて、まだからだが回《まわ》っているのだとかんちがいします。そして、回《まわ》っているつもりでからだのバランスを取《と》ろうとするので、かえってフラフラしてしまうのです。

このとき、目《め》も回転《かいてん》に合《あ》わせて動《うご》こうとしますから、目玉《めだま》がキョロキョロと動《うご》いてしまいます。目《め》が回《まわ》るという言葉《ことば》は、実際《じっさい》の動《うご》きからきたものです。

バレエでは、クルクルと回《まわ》って踊《おど》ることがよくあります。そのときに踊《おど》っている人《ひと》は、目《め》が回《まわ》らないような工夫《くふう》をしているのですよ。

ぎりぎりまで一点《いってん》を見《み》ていて、それからすばやく顔《かお》を回転《かいてん》させて、またもとの点《てん》を見《み》るようにするのです。

フィギュア・スケートの回転《かいてん》はバレエよりも速《はや》いので、こうしたテクニックは使《つか》えません。選手《せんしゅ》は練習《れんしゅう》を重《かさ》ねることによって、三半規管《さんはんきかん》からくる信号《しんごう》に脳《のう》がだまされないようにします。はじめてスピンの練習《れんしゅう》をした人《ひと》はもちろん、練習《れんしゅう》を長《なが》い間休《あいだやす》んでいた人《ひと》も、やっぱり目《め》が回《まわ》ってしまうそうです。

なにをするにも、練習《れんしゅう》というのは大切《たいせつ》なものなのですね。

まめちしき　赤《あか》トンボの前《まえ》で指《ゆび》をぐるぐる回《まわ》すと、目《め》を回《まわ》してしまうのを知《し》ってるかな？　トンボは「複眼《ふくがん》」というたくさんの目《め》を持《も》っているので、目《め》の前《まえ》でなにかが早《はや》く動《うご》くと混乱《こんらん》するんだ。

読《よ》んだ日《ひ》　　月《がつ》　　日《にち》

10月《がつ》31日《にち》

みのまわりのふしぎ

ハロウィンってなにをする日《ひ》なの？

お祭《まつ》りの前夜祭《ぜんやさい》

「トリック・オア・トリート（お菓子《かし》をくれなきゃいたずらしちゃうぞ）！」

子《こ》どもたちが、おばけなどの楽《たの》しそうな仮装《かそう》をして、近所《きんじょ》のおうちをこういいながら回《まわ》っています。

「わあ、こわいこわい！」

でもきっと近所《きんじょ》の人《ひと》たちは、お菓子《かし》や果物《くだもの》をたくさん用意《ようい》して、かわいい子《こ》どもたちを待《ま》ってくれていることでしょう。

なぜなら今日《きょう》10月《がつ》31日《にち》は、「ハロウイン」だから。

毎年《まいとし》11月《がつ》1日《ついたち》は、「万聖節《ばんせいせつ》」というキリスト教《きょう》の大切《たいせつ》な記念日《きねんび》です。ハロウインとはその万聖節《ばんせいせつ》の前日《ぜんじつ》におこなわれるお祭《まつ》りなのです。

万聖節《ばんせいせつ》では、生《い》きているすべての人《ひと》たちと、すでに亡《な》くなってしまった人《ひと》たちが一緒《いっしょ》にお祝《いわ》いをします。

でも、亡《な》くなった人《ひと》たちがよみがえる日《ひ》ということは、その人《ひと》たちと一緒《いっしょ》に、わるいおばけまでやって来《く》るかもしれません。

さあどうしよう。そこで人々《ひとびと》は、わるいおばけにとりつかれないようにするために、同《おな》じようにおばけの楽《たの》しい仮装《かそう》をして、お祭《まつ》りをするようになったのです。

カボチャのひみつ

ところで、毎年《まいとし》この時期《じき》になると、ちょっぴりこわい目《め》つきをした、オレンジ色《いろ》のカボチャを見《み》かけませんか？

その名《な》も「ジャック・オー・ランタン」。中《なか》にろうそくを入《い》れて、あかりに使《つか》えるようになっています。

わるいおばけを追《お》い払《はら》うために、ハロウィンの夜《よる》にかざられるようになったものなのですよ。

もともと外国《がいこく》では大盛《おおも》り上《あ》がりのハロウィンですが、最近《さいきん》になって日本《にほん》でも、ハロウィンを楽《たの》しもうという動《うご》きがでてきました。

仮装《かそう》をしていくとプレゼントがもらえる、なんてお店《みせ》も増《ふ》えています。せっかくだから、あなたも一緒《いっしょ》に楽《たの》しんじゃいましょう。

「トリック・オア・トリート！」

まめちしき　▶ハロウィンで使《つか》うオレンジのカボチャは、日本《にほん》のカボチャと違《ちが》って、苦《にが》くて食《た》べられないみたい。おうちでつくるカボチャのお菓子《かし》とは違《ちが》うカボチャを使《つか》っているんだって。

NOVEMBER
11月
café

11月《がつ》1日《にち》

どうしてイヌは地面《じめん》をひっかくのが好《す》きなの？

生《い》きもののふしぎ

穴《あな》の中《なか》は快適《かいてき》だワン！

11月《がつ》1日《ついたち》はイヌの日《ひ》です。英語《えいご》で1はOne(ワン)。イヌの鳴《な》き声《ごえ》もワン！　ということで、1987年《ねん》に一般社《いっぱんしゃ》団法人《だんほうじん》ペットフード協会《きょうかい》が1(ワン)1(ワン)1(ワン)にちなんで今日《きょう》をイヌの日《ひ》と定《さだ》めました。イヌについてよく知《し》って、イヌをかわいがりましょう、という意味《いみ》の日《ひ》です。

ところで、イヌは地面《じめん》をひっかいたり、土《つち》に穴《あな》を開《あ》けるのが好《す》きです。それはなぜでしょうか？

理由《りゆう》はいくつかあります。まずは、巣穴《すあな》でくらしていたころの習性《しゅうせい》があるためです。

イヌの祖先《そせん》は、穴《あな》をほって住《す》んでいました。土《つち》を深《ふか》くほった場所《ばしょ》は、夏《なつ》でも冬《ふゆ》でもあまり温度《おんど》が変《か》わらず快適《かいてき》で、穴《あな》の中《なか》はイヌにとってとても安心《あんしん》できる場所《ばしょ》だったのです。

その習性《しゅうせい》が残《のこ》っているため、いままでも寝《ね》る前《まえ》になると地面《じめん》をほったり、家《いえ》の中《なか》でも床《ゆか》やカーペットをほろうとするのです。

あなたは、イヌが夏《なつ》のあつい日《ひ》に、土《つち》をほってできた穴《あな》にお腹《なか》をつけているのを見《み》たことはありませんか？　そんなときイヌは、表面《ひょうめん》の熱《あつ》い土《つち》をどけて出《で》てきた、ひんやりとした土《つち》の上《うえ》ですずんでいるのです。

食《た》べものを保存《ほぞん》するため

そして、食《た》べきれないほどの食《た》べものをもらったときにも、イヌは土《つち》をほることがあります。イヌの祖先《そせん》はいつでも食《た》べものにありつけるような生活《せいかつ》をしていませんでした。

ですから食《た》べものがあまったら、土《つち》にうめて保存《ほぞん》していました。その習性《しゅうせい》が残《のこ》っているため、おやつやおもちゃを土《つち》にうめようとすることがあるのです。家《いえ》の中《なか》であれば、おやつを土《つち》のかわりに布団《ふとん》やタオルでかくすこともあります。

このように、イヌが穴《あな》をほりたがるのはだれかに教《おし》えてもらったわけではなく、遠《とお》い祖先《そせん》から受《う》けついだ、むかしからの習性《しゅうせい》なのです。

まめちしき
▶ネコがせまいところに入《はい》りたがるのも、安心《あんしん》できるからなんだ。小《ちい》さな箱《はこ》の中《なか》や、紙袋《かみぶくろ》の中《なか》などに入《はい》ってきゅうくつではないのかとふしぎだけど、ネコには気持《きも》ちのいい場所《ばしょ》なんだね。

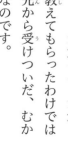

どうして水《みず》と油《あぶら》はまざらないの？

科学《かがく》のふしぎ

おたがいがはじき合《あ》う

水《みず》と油《あぶら》をコップに入《い》れてかきまわしてみたことはありますか。そのときはまざったように見《み》えても、しばらく時《じ》間《かん》がたつと、油《あぶら》が水《みず》の上《うえ》に浮《う》いて分《ぶん》離《り》してしまいます。これはどうして起《お》こるのでしょうか。

まずひとつの理《り》由《ゆう》は、水《みず》は水《みず》どうし、油《あぶら》は油《あぶら》どうしでくっつき合《あ》おうとする力《ちから》が強《つよ》いからです。

がんばってかきまぜても、水《みず》は水《みず》どうしでくっつこうとし、油《あぶら》は油《あぶら》どうしでくっつこうとするのです。やがておたがいがはじき合《あ》って、コップにはきれいな境《きょう》界《かい》線《せん》ができていることでしょう。ちなみに、この境《きょう》界《かい》線《せん》を「界《かい》面《めん》」といいます。

そしてもうひとつの理《り》由《ゆう》が、水《みず》と油《あぶら》の重《おも》さが、同《おな》じ液《えき》体《たい》どうしでもかなり違《ちが》うということです。油《あぶら》は水《みず》よりもかなり軽《かる》いため、水《みず》の上《うえ》に浮《う》いてきてしまうわけですね。

水《みず》と油《あぶら》をつなぐもの

でも、そんな水《みず》と油《あぶら》をうまくまぜる方《ほう》法《ほう》があります。例《たと》えば「石《せっ》けん」を使《つか》うのです（189ページ）。

石《せっ》けんには、水《みず》に溶《と》けやすい成《せい》分《ぶん》と、油《あぶら》に溶《と》けやすい成《せい》分《ぶん》が含《ふく》まれています。この成《せい》分《ぶん》が、水《みず》と油《あぶら》がわかれたときにできる界《かい》面《めん》にそれぞれはたらくことで、水《みず》と油《あぶら》の間《あいだ》をつないでくれるというわけです。

ところであなたのおうちには、サラダにかけるドレッシングはありますか？　ドレッシングは、じつは油《あぶら》と水《みず》（お酢《す》）をまぜてつくられています。もしおうちにある人《ひと》は、横《よこ》のラベルを見《み》てみましょう。しっかりと材《ざい》料《りょう》名《めい》に「油《あぶら》」とかかれているはずですよ。

「油《あぶら》と水《みず》がまざっているってことは石《せっ》けんが入《はい》っているってこと？　それって大《だい》丈《じょう》夫《ぶ》なの？」

大《だい》丈《じょう》夫《ぶ》、石《せっ》けんのように、水《みず》に溶《と》けやすい成《せい》分《ぶん》と、油《あぶら》に溶《と》けやすい成《せい》分《ぶん》が含《ふく》まれた物《ぶっ》質《しつ》のことを「界《かい》面《めん》活《かっ》性《せい》剤《ざい》」というのです。入《はい》っているのは例《たと》えば卵《たまご》の黄《き》身《み》など、石《せっ》けんとは別《べつ》のものですからね。

ドレッシングは水《みず》と油《あぶら》がまざっている

まめちしき ▶牛乳《ぎゅうにゅう》とオレンジジュースをまぜてみたことはある？　オレンジジュースに含《ふく》まれているすっぱい酸《さん》が、牛乳《ぎゅうにゅう》のタンパク質《しつ》と結《むす》びついてかたまってしまうんだよ。

読《よ》んだ日《ひ》　月《がつ》　日《にち》

11月《がつ》3日《にち》

どうして本《ほん》を読《よ》んだほうがいいの？

みのまわりのふしぎ

？ 本《ほん》はあなたのお友《とも》だち

今日《きょう》は文化《ぶんか》の日《ひ》です。いまの日本《にほん》の憲法《けんぽう》である日本国憲法《にほんこくけんぽう》が、この日《ひ》に「公布《こうふ》」されたのを記念《きねん》して、自由《じゆう》と平和《へいわ》を愛《あい》し、文化《ぶんか》を大切《たいせつ》にするための祝日《しゅくじつ》として、１９４８年《ねん》に定《さだ》められました。

秋《あき》といえば「食欲《しょくよく》の秋《あき》」、「スポーツの秋《あき》」、そして「読書《どくしょ》の秋《あき》」です。

これからの人生《じんせい》で、どれくらいたくさんの本《ほん》に出会《であ》えるのか、それは、たくさんのお友《とも》だちに出会《であ》えるのと同《おな》じくらいすばらしいことです。

本《ほん》の中《なか》には、多《おお》くの人《ひと》たちが登場《とうじょう》しますね。その人《ひと》たちは冒険《ぼうけん》をしたり、ときには難《むずか》しい問題《もんだい》を、いろいろな方法《ほうほう》で解決《かいけつ》したりしています。

そのお話《はなし》の中《なか》で起《お》きている出来事《できごと》を考《かんが》えていると、いつしか、自分《じぶん》も登場《とうじょう》人物《じんぶつ》になった気《き》になるでしょう。

日本《にほん》や世界《せかい》の歴史《れきし》を学《まな》ぶときも同《おな》じです。その時代《じだい》に生《い》きていた人《ひと》たちは、どんな生活《せいかつ》をしていたのか。みんなが知《し》っている有名《ゆうめい》な人《ひと》たちが、どんなことを考《かんが》えていたのか。

それらを、タイムマシンに乗《の》った気《き》分《ぶん》で考《かんが》えてみると、きっと楽《たの》しいことでしょう。

？ 読書《どくしょ》はこころをつくる

人《ひと》はたくさんのことを体験《たいけん》しながら成長《せいちょう》していくものです。しかし、ときには思《おも》うようにいかないこともあったり、自分《じぶん》や自分《じぶん》の大切《たいせつ》な人《ひと》に、なにか大《おお》きな問題《もんだい》が起《お》きるようなこともあるでしょう。

そのようなときは、だれもがいままで自分《じぶん》で体験《たいけん》したことの中《なか》から考《かんが》え、どのように解決《かいけつ》すればよいのかを決《き》めていかなければなりません。

本《ほん》の中《なか》からより多《おお》くのことを知《し》れば知《し》るほど、あなたがなにかを決《き》めるときの心《こころ》の強《つよ》さや、自信《じしん》につながっていくはずです。

ごはんは健康《けんこう》なからだをつくりますが、読書《どくしょ》は健康《けんこう》な心《こころ》をつくります。あなたもたくさんの本《ほん》を読《よ》むようにしましょうね。

まめちしき
▶紙《かみ》のない時代《じだい》には石《いし》や木《き》に物語《ものがたり》や絵《え》をかいていた。2000年以上前《ねんいじょうまえ》のエジプトでは「パピルス」という草《くさ》でつくった紙《かみ》のようなものに物語《ものがたり》をかいていたんだよ。

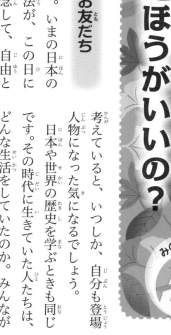

11月《がつ》4日《にち》

目《め》くそや耳《みみ》くそ、鼻《はな》くそってなあに？

涙《なみだ》のかすが目《め》くそ

朝起《あさお》きたとき、目《め》に変《へん》なかすのようなものがついていることがあるでしょう。これが目《め》くそとか、目《め》やにとかいわれるものです。

人間《にんげん》は目《め》が乾《かわ》かないように、いつでも涙《なみだ》を少《すこ》しずつ出《だ》しています。起《お》きている間《あいだ》は、この涙《なみだ》は目《め》の表面《ひょうめん》を通《とお》って、鼻《はな》の近《ちか》くから吸《す》い込《こ》まれます。

ところが眠《ねむ》っているときには、これが吸《す》い込《こ》まれなくなってしまいます。すると涙《なみだ》が乾《かわ》いて、目《め》やにと呼《よ》ばれるものになるのです。中《なか》には目《め》から出《で》たほこりなどが含《ふく》まれています。

目《め》の病気《びょうき》になると、起《お》きているときでも目《め》やにが出《で》ますから、そういうときはお医者《いしゃ》さんにみてもらうようにしましょう。

皮《ひ》ふや脂《あぶら》のかすが耳《みみ》くそ

からだの皮《ひ》ふは、毎日《まいにち》少《すこ》しずつ新《あたら》しくなっています。古《ふる》くなった皮《ひ》ふはあかになって、お風呂《ふろ》に入《はい》ったときに洗《あら》い落《お》とされます。

でも、ふつうは耳《みみ》の中《なか》までは、洗《あら》いません。そこで、古《ふる》くなった耳《みみ》の皮《ひ》ふは、耳《みみ》くそとか耳《みみ》あかとかいわれるものになって、たまります。

耳《みみ》あかには、古《ふる》くなった皮《ひ》ふの他《ほか》に、耳《みみ》の中《なか》に出《で》てきた脂《あぶら》やほこりなどもまざっています。

耳《みみ》あかを取《と》るのには耳《みみ》かきを使《つか》うことが多《おお》いですが、耳《みみ》の中《なか》を傷《きず》つけないように気《き》をつけて使《つか》いましょう。

鼻《はな》水《みず》とほこりのかすが鼻《はな》くそ

鼻《はな》くそは、鼻《はな》水《みず》が乾《かわ》いてほこりと一緒《いっしょ》にかたまったものです。

鼻水《はなみず》は、かぜを引《ひ》いたときだけでなく、元気《げんき》なときも少《すこ》しずつ出《で》ています。鼻水《はなみず》には、鼻《はな》の中《なか》をわるい菌《きん》から守《まも》るはたらきがあります。

これが乾《かわ》くと、鼻《はな》くそになります。鼻《はな》くそは黒《くろ》っぽいことがありますが、これはほこりの色《いろ》です。

鼻《はな》くそを指《ゆび》でほじるのは、お行儀《ぎょうぎ》がわるいことですから、気《き》をつけましょうね。

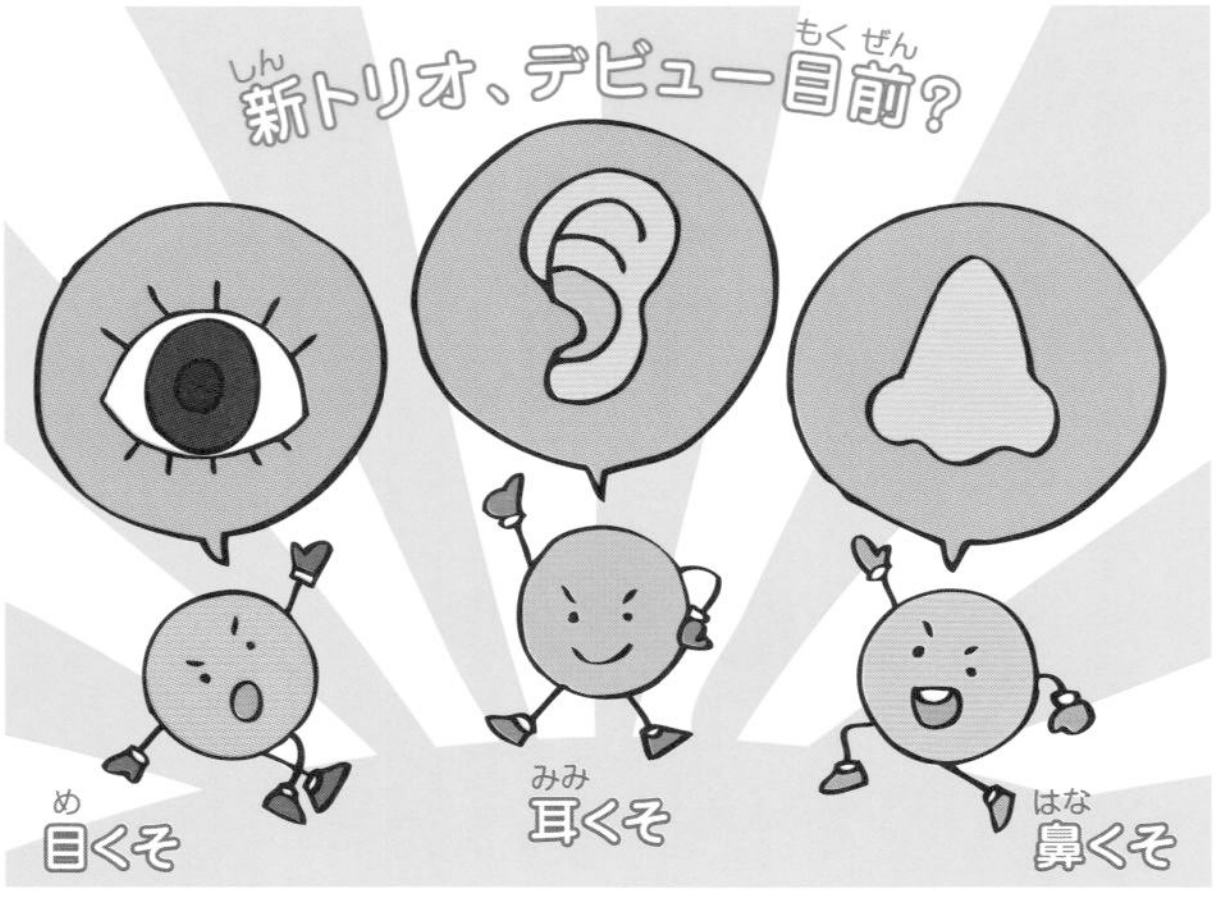

まめちしき ▶「くそ」という言葉《ことば》には「いらないもの」「とるにたらないもの」という意味《いみ》がある。うまくできないことを「下手《へた》くそ」というのは、下手《へた》を強調《きょうちょう》してるんだね。

どうしてパンダはササを食《た》べているの？

生《い》きもののふしぎ

中国《ちゅうごく》から来《き》たパンダ

パンダが日本《にほん》にはじめてやって来《き》たのは、1972年《ねん》のことでした。

パンダのふるさとは中国《ちゅうごく》です。日本《にほん》と中国《ちゅうごく》は戦争《せんそう》のあと、国《くに》と国《くに》のお付《つ》き合《あ》いをしていませんでしたが、1972年《ねん》に日中国交正常化《にっちゅうこっこうせいじょうか》をはたしたことで、再《ふたた》び国《くに》どうしのお付《つ》き合《あ》いをすることになりました。

その記念《きねん》として、パンダが中国《ちゅうごく》から日本《にほん》におくられたのです。

そして1972年《ねん》の11月《がつ》5日《いつか》に、上《うえ》野《の》動物園《どうぶつえん》ではじめてパンダの公開《こうかい》がはじまりました。

生《い》きるためにササを食《た》べる

ところで、パンダの食《た》べものがササだということはよく知《し》られていますが、ササだけを食《た》べているわけではありません。

タケノコやキウイなどの果物《くだもの》も食《た》べます。また、パンダの祖先《そせん》は肉食《にくしょく》だったので、ネズミなどの小《ちい》さな動物《どうぶつ》も食《た》べることがあります。

しかし、主《おも》に食《た》べるのはやっぱりササです。ではどうして、もともと肉食《にくしょく》だったパンダがササを食《た》べるようになったのでしょう。

動物《どうぶつ》が、相手《あいて》を食《た》べるためにおそったり、エサの取《と》り合《あ》いをすることを生存競争《せいぞんきょうそう》といいます。パンダの祖先《そせん》は生存競争《せいぞんきょうそう》をさけて、中国《ちゅうごく》の山《やま》の奥《おく》でくらすようになりました。

山《やま》にたくさん生《は》えていた竹《たけ》は1年中《ねんじゅう》かれることがないので、ササを食《た》べていれば食《た》べものに困《こま》ることはありません。そのためパンダの祖先《そせん》はササを食《た》べるようになったのでしょう。そして1年中《ねんじゅう》食《た》べものがあるので、パンダはクマと違《ちが》って冬眠《とうみん》しません。

なお、パンダの赤《あか》ちゃんはとても小《ちい》さくて、体重《たいじゅう》がおよそ100グラムぐらい、からだの長《なが》さもおよそ10センチぐらいで手《て》のひらに乗《の》せられるほどの大《おお》きさです。

子《こ》どものパンダがササを食《た》べられるようになるのは生《う》まれてから6ヶ月《げつ》くらいたってからのことです。

まめちしき

▶パンダはクマの一種《いっしゅ》だって知《し》っているよね。だから、あんなにかわいくても、慣《な》れていない人《ひと》が近《ちか》づくのは危険《きけん》なこともあるよ。どんなにかわいい動物《どうぶつ》もさわるときは注意《ちゅうい》しよう。

読《よ》んだ日《ひ》　月《がつ》　日《にち》

11月《がつ》6日《にち》

どうして天気《てんき》のいい夜《よる》は急《きゅう》に寒《さむ》くなるの？

自然《しぜん》のふしぎ

夜《よる》は晴《は》れると寒《さむ》くなる？

晴《は》れた日《ひ》の昼間《ひるま》は、太陽《たいよう》の光《ひかり》があたってとてもあたたかいですね。でも、晴《は》れたまま太陽《たいよう》が沈《しず》んで夜《よる》になると、とても寒《さむ》くなることがあります。

こうした現象《げんしょう》を、「放射冷却《ほうしゃれいきゃく》」といいます。これは、あたたかい地面《じめん》から熱《ねつ》がうばわれてしまい、気温《きおん》が下《さ》がっていくことをいいます。

放射冷却《ほうしゃれいきゃく》は秋《あき》から冬《ふゆ》に起《お》こることが多《おお》く、とくに風《かぜ》が弱《よわ》い日《ひ》には冷《ひ》え込《こ》みが強《つよ》くなります。

気温《きおん》が0℃《ど》以下《いか》になってしまうこともあり、農作物《のうさくもつ》をからせてしまったり、道路《どうろ》がこおって事故《じこ》が起《お》こることもあるのです。

それでは、天気《てんき》と放射冷却《ほうしゃれいきゃく》の関係《かんけい》を考《かんが》えてみましょう。もともと熱《ねつ》は、高《たか》い場所《ばしょ》から低《ひく》い場所《ばしょ》へ動《うご》こうとする力《ちから》があります。これを「放射《ほうしゃ》」といいます。

夜《よる》晴《は》れているときには、まったく熱《ねつ》をもたない宇宙《うちゅう》に向《む》かって熱《ねつ》が放射《ほうしゃ》され、昼間《ひるま》にあたたまった地面《じめん》の熱《ねつ》はうばわれてしまうのです。

放射冷却《ほうしゃれいきゃく》が強《つよ》まる夜《よる》は、だんだん熱《ねつ》がうばわれていくので、一番《いちばん》寒《さむ》くなるのは明《あ》け方《がた》ごろになります。

雲《くも》や風《かぜ》が放射《ほうしゃ》を弱《よわ》める

そのときに雲《くも》があると、熱《ねつ》は雲《くも》にいったん吸収《きゅうしゅう》され、また地上《ちじょう》へ放射《ほうしゃ》されて戻《もど》っていきます。そのため、冷《ひ》え込《こ》みはゆるくなります。

また、風《かぜ》が強《つよ》く吹《ふ》いているときは、地面《じめん》から放射《ほうしゃ》された熱《ねつ》がかきまぜられてしまうため、いつまでも熱《ねつ》が地上近《ちじょうちか》くにとどまります。このため、地上《ちじょう》の気温《きおん》はそれほど下《さ》がらないのです。

放射冷却《ほうしゃれいきゃく》が起《お》こるのは、日本《にほん》だけではありません。昼《ひる》に50℃《ど》近《ちか》くまで気温《きおん》が上《あ》がる砂漠地域《さばくちいき》では、夜《よる》になると一気《いっき》に気温《きおん》が下《さ》がり、マイナス20℃《ど》になってしまう場所《ばしょ》もあります。こうしたきびしい気温《きおん》の変化《へんか》も、放射冷却《ほうしゃれいきゃく》によるものといわれています。

これからの季節《きせつ》、天気《てんき》のいい夜《よる》は放射冷却《ほうしゃれいきゃく》でどんどん寒《さむ》くなっていきます。あたたかくしておふとんに入《はい》りましょうね。

まめちしき
▶放射冷却《ほうしゃれいきゃく》を利用《りよう》した電気《でんき》を使《つか》わない冷蔵庫《れいぞうこ》が、最近開発《さいきんかいはつ》されているんだよ。空気《くうき》のきれいなモンゴルなどの国《くに》であれば、十分使《じゅうぶんつか》えるくらい冷《ひ》やせるんだって。

生《い》きもののふしぎ

どうして秋《あき》になると紅葉《こうよう》するの?

木《き》も冬《ふゆ》じたくをする

冬《ふゆ》の間《あいだ》は、葉《は》っぱがない木《き》が多《おお》くなります。木《き》が眠《ねむ》り込《こ》んだようになって冬《ふゆ》がすぎるのを待《ま》っているからです。

かれているように見《み》えますが、木《き》はちゃんと生《い》きていて、春《はる》になると新《あたら》しい葉《は》っぱが生《は》えてきますからね。

木《き》は秋《あき》になると、葉《は》っぱを落《お》とす準《じゅん》備《び》をはじめます。木《き》のえだと、葉《は》っぱの間《あいだ》に薄《うす》い壁《かべ》のようなものをつくるのです。

こうした壁《かべ》をつくっておけば、葉《は》っぱが落《お》ちたあとの傷口《きずぐち》から、樹液《じゅえき》が流《なが》れません。人間《にんげん》が血《ち》を流《なが》したくないのと同《おな》じで、木《き》だって樹液《じゅえき》を流《なが》したくないわけです。

ところが、この壁《かべ》ができてからも、葉《は》っぱはしばらく生《い》きているため、太《たい》陽《よう》の光《ひかり》から光合成《こうごうせい》で栄養《えいよう》をつくります(288ページ)。ですが壁《かべ》があるため、つくった栄養《えいよう》を木《き》のえだに送《おく》れないのです。

行《ゆ》き場《ば》がなくなった栄養《えいよう》は葉《は》っぱの中《なか》にたまり、これが赤《あか》や紫《むらさき》というきれいな色《いろ》をつけるもとになります。

葉《は》が落《お》ちない木《き》もある

寒《さむ》さに耐《た》えるために葉《は》を落《お》とすのが紅葉《こうよう》の理由《りゆう》ですから、寒《さむ》い地方《ちほう》や山《やま》の上《うえ》のほうでは、早目《はやめ》に紅葉《こうよう》します。もっとも、すべての紅葉《こうよう》がこのような仕《し》組《く》みで起《お》こるわけではありません。

葉《は》っぱが黄色《きいろ》く紅葉《こうよう》することがありますが、これは緑色《みどりいろ》が薄《うす》くなって、もとからあった黄色《きいろ》い物質《ぶっしつ》が、目立《めだ》ってきたものです。

また、木《き》の中《なか》には常緑樹《じょうりょくじゅ》といって、冬《ふゆ》の間《あいだ》も葉《は》っぱを落《お》とさない木《き》があります(385ページ)。常緑樹《じょうりょくじゅ》は、葉《は》っぱを長持《ながも》ちさせて使《つか》うので、厚《あつ》い丈夫《じょうぶ》な葉《は》っぱをつけています。

この常緑樹《じょうりょくじゅ》にも落《お》ちる前《まえ》の葉《は》っぱが紅葉《こうよう》するものがあります。ただ、秋《あき》にいっせいに紅葉《こうよう》するわけではないので、あまり目立《めだ》ちません。

あなたの住《す》んでいるところは、もう紅葉《こうよう》しましたか? じっくり観察《かんさつ》してみると、きっと面白《おもしろ》いですよ。

まめちしき ▶紅葉《こうよう》する植物《しょくぶつ》には、さわるとかぶれるものもある。ウルシやハゼは、まっ赤《か》に色《いろ》づいてきれいだけれど、さわるとかゆくなるかもしれないから気《き》をつけようね。

読《よ》んだ日《ひ》　月《がつ》　日《にち》

11月《がつ》 8日《にち》

人《にん》間《げん》と他《ほか》の動《どう》物《ぶつ》の手《て》が違《ちが》うのはどうして？

生《い》きもののふしぎ

長《なが》い年《ねん》月《げつ》をかけて進《しん》化《か》

人間《にんげん》と動物《どうぶつ》たちを比《くら》べてみたときに一番違《いちばんちが》うのは、人間《にんげん》は二本《にほん》の足《あし》で立《た》って歩《ある》くということです。

サルなどの一部《いちぶ》の動物《どうぶつ》の中《なか》には、人間《にんげん》のように二本足《にほんあし》で歩《ある》くものもいますが、それでも、人間《にんげん》のように動物《どうぶつ》の前足《まえあし》にあたる手《て》を、自由自在《じゆうじざい》に使《つか》えるような動物《どうぶつ》はいません。

例《たと》えば木《き》の上《うえ》でくらす動物《どうぶつ》たちの中《なか》には、枝《えだ》をつかまえやすいように発達《はったつ》した特殊《とくしゅ》な手足《てあし》を持《も》っているものがいます。このように地球上《ちきゅうじょう》の生《い》きものたちは、自分《じぶん》が生活《せいかつ》する場所《ばしょ》でより便利《べんり》にくらしていけるように、長《なが》い年月《ねんげつ》をかけてからだのつくりを少《すこ》しずつ変《か》えてきました。

これを「進化《しんか》」といいますが、人間《にんげん》もこうした動物《どうぶつ》たちと同《おな》じように、もともと前足《まえあし》だった手《て》を自由《じゆう》に使《つか》えるようにするため、からだのつくりを少《すこ》しずつ変化《へんか》させてきたのです。ですから人間《にんげん》の手《て》は、道具《どうぐ》を使《つか》いやすいようなつくりになっています。

二《に》本《ほん》足《あし》で歩《ある》き、道《どう》具《ぐ》を使《つか》う

また、他《ほか》の動物《どうぶつ》たちと比《くら》べて、腰《こし》の部分《ぶぶん》にある骨盤《こつばん》という部分《ぶぶん》が大《おお》きくなっています。これによって、二本足《にほんあし》で歩《ある》いたときにも、上半身《じょうはんしん》や内臓《ないぞう》などの重《おも》みを支《ささ》えることができます。さらに足《あし》の裏《うら》やかかとも、二本足《にほんあし》で歩《ある》いてもたおれないように、とてもがっしりとしたつくりになっているのです。

こうしてからだのつくりが変化《へんか》していくにつれて、人間《にんげん》は二本足《にほんあし》で歩《ある》きながらでも、自由《じゆう》に道具《どうぐ》が使《つか》えるようになっていきました。そして、手《て》で道具《どうぐ》を使《つか》うことで以前《いぜん》よりも脳《のう》が発達《はったつ》していき、どんどんと新《あたら》しい道具《どうぐ》をつくり出《だ》したり、それらを使《つか》いこなせるようになっていったのです。

いまのようなくらしがあるのは、わたしたちの遠《とお》いむかしの祖先《そせん》が二本足《にほんあし》で立《た》ちあがってくれたから、といえるかもしれませんね。

イヌの手《て》とあく手《しゅ》！

サルの手《て》とあく手《しゅ》！

11月

まめちしき ▶11月7日《がつなのか》か8日《ようか》を、「立冬《りっとう》」という。これは、この日《ひ》から冬《ふゆ》がはじまりますよという意味《いみ》なんだ。みんなもかぜをひかないよう、うがいや手洗《てあら》いの習慣《しゅうかん》をはじめようね。

読《よ》んだ日《ひ》　月《がつ》　日《にち》

11月《がつ》9日《にち》

消《しょう》防《ぼう》車《しゃ》はどうして赤《あか》いの？

みのまわりのふしぎ

みんなで火事《かじ》を防《ふせ》ごう

火事《かじ》というのは、大切《たいせつ》なものが燃《も》えてしまったり、人《ひと》がケガをしたりときには死《し》んでしまったりと、とてもおそろしいものです。一人《ひとり》ひとりが火事《かじ》についてよく理解《りかい》して、火事《かじ》を防《ふせ》ぐために、毎年《まいとし》春《はる》と秋《あき》に全国《ぜんこく》火災《かさい》予防《よぼう》運動《うんどう》がおこなわれます。

とくに秋《あき》から冬《ふゆ》にかけては空気《くうき》が乾《かわ》いていて火事《かじ》が発生《はっせい》しやすいので、今日《きょう》から15日《にち》までは「秋《あき》の全国《ぜんこく》火災《かさい》予防運動期間《ぼううんどうきかん》」と定《さだ》められています。

もし火事《かじ》が起《お》きてしまったときには、消防車《しょうぼうしゃ》の出番《でばん》です。サイレンを鳴《な》らしながらかけつけて、がんばって火《ひ》を消《け》してくれます。

他《ほか》の車《くるま》を運転《うんてん》している人《ひと》は、消防車《しょうぼうしゃ》が近《ちか》づいてきたら、周《まわ》りの安全《あんぜん》を確《たし》かめながら、道路《どうろ》のはしによって、消防車《しょうぼうしゃ》を先《さき》に通《とお》してあげなければいけません。これはパトカーや救急車《きゅうきゅうしゃ》の場合《ばあい》も同《おな》じです。

自転車《じてんしゃ》の人《ひと》や歩《ある》いている人《ひと》も、できるだけ消防車《しょうぼうしゃ》が急《いそ》げるように協力《きょうりょく》しましょう。そうすることが、火《ひ》を早《はや》く消《け》すことにつながりますからね。

赤色《あかいろ》じゃない国《くに》もある

ところで、どうして消防車《しょうぼうしゃ》は赤《あか》いのでしょうか。それは1951年《ねん》の運輸《うんゆ》省令《しょうれい》で、消防車《しょうぼうしゃ》は朱色《しゅいろ》(赤色《あかいろ》)、その他《ほか》の緊急自動車《きんきゅうじどうしゃ》は白色《しろいろ》にするように決《き》められたからです。

消防車《しょうぼうしゃ》を赤色《あかいろ》に決《き》めた理由《りゆう》はよくわかっていませんが、最初《さいしょ》に外国《がいこく》から輸入《ゆにゅう》した消防車《しょうぼうしゃ》が赤《あか》だったことと、赤色《あかいろ》は遠《とお》くからも見《み》えやすく、周《まわ》りの人《ひと》の注意《ちゅうい》をひく色《いろ》であること、また炎《ほのお》の色《いろ》を連想《れんそう》させることなどが理由《りゆう》と考《かんが》えられています。

日本《にほん》と同《おな》じように消防車《しょうぼうしゃ》が赤色《あかいろ》なのは、フランス、イギリス、スイス、オーストリアなどで、ドイツでは赤《あか》または紫色《むらさきいろ》、アメリカでは赤《あか》、白《しろ》、黄《き》、青《あお》、黒色《くろいろ》などになっています。

まめちしき
▶消防車《しょうぼうしゃ》の仕事《しごと》は、火事《かじ》を消《け》すためだけじゃない。災害《さいがい》にあった人《ひと》たちを助《たす》けるためにも使《つか》われるんだ。そういう消防車《しょうぼうしゃ》にはトイレや台所《だいどころ》、シャワーまでついてるんだよ。

11月《がつ》10日《にち》

どうしてトイレには和式《わしき》と洋式《ようしき》があるの？

みのまわりのふしぎ

日本《にほん》のトイレはまたぐ

むかしはトイレを「かわや」と呼《よ》んでいました。もともと川《かわ》の上《うえ》に小屋《こや》のようなものをたて、そこをトイレにしていたからです。

出《だ》したものは、そのまま川《かわ》へ。天然《てんねん》の水洗《すいせん》トイレですね。では、川《かわ》のないところではどうしていたんでしょう。

いまから1000年《ねん》くらい前《まえ》の平安《へいあん》時代《じだい》、貴族《きぞく》の家《いえ》にトイレはなく、持《も》ち運《はこ》べる「ひ箱《ばこ》」という箱《はこ》をトイレとして使《つか》っていました。

使《つか》い終《お》わったあとは、おつきの人《ひと》がきれいに洗《あら》って、しまっておきます。はじめは部屋《へや》のすみなどで使《つか》っていましたが、そのうちにトイレ専用《せんよう》の部屋《へや》ができました。

そのころから日本《にほん》のトイレは、便器《べんき》をまたぐ形《かたち》でした。着物《きもの》やはかまだったので、すそをあげてしゃがむのがやりやすかったのでしょう。また、ひとつのトイレをたくさんの人《ひと》が使《つか》ったので、おしりをつけるのがイヤだったのかもしれません。

座《すわ》って使《つか》うトイレ

あなたのおうちのトイレは座《すわ》って使《つか》う形《かたち》かもしれませんね。それは、むかしヨーロッパの貴族《きぞく》が使《つか》っていた、イス形《がた》トイレです。

お姫《ひめ》さまはふんわりとしたドレスを着《き》ていたので、部屋《へや》の中《なか》で用《よう》をたすときも、ドレスの下《した》に、トイレをかくせたのです。終《お》わってフタをしめたら、イスに早変《はやが》わり。これが本当《ほんとう》のベンリグッズ？

明治時代《めいじじだい》になって、日本《にほん》にたくさんの外国文化《がいこくぶんか》が入《はい》ってきたときに、このイス形《がた》トイレも入《はい》ってきました。それを外国《がいこく》から来《き》たので「洋式《ようしき》トイレ」と呼《よ》び、日本《にほん》の「和式《わしき》トイレ」と区別《くべつ》をしたのです。はじめは使《つか》い方《かた》がわからず、便座《べんざ》の上《うえ》にしゃがんで用《よう》をたした人《ひと》もいたそうです。いまでは多《おお》くのおうちで洋式《ようしき》トイレが使《つか》われています。

この他《ほか》にも、川《かわ》の中《なか》にあるロープトイレ、下《した》にブタがいてうんちを食《た》べるトイレなど、世界《せかい》にはビックリするようなトイレがたくさんあるのですよ。

まめちしき
▶洋式《ようしき》トイレの中《なか》には座《すわ》るとあたたかいものや、水《みず》が出《で》るものがある。これは日本《にほん》で生《う》まれたもので、外国《がいこく》の人《ひと》たちにはめずらしいものみたい。洋式《ようしき》のトイレも日本《にほん》で進化《しんか》してるんだね。

読《よ》んだ日《ひ》　月《がつ》　日《にち》

11月《がつ》11日《にち》

科学《かがく》のふしぎ

どうして鏡《かがみ》にものがうつるの？

鏡《かがみ》がうつす光《ひかり》

まるで、鏡《かがみ》の向《む》こうに同《おな》じ世界《せかい》があるように感《かん》じるくらい、ほぼすべてのものをうつし出《だ》す鏡《かがみ》。とてもふしぎですよね。でもどうして、鏡《かがみ》にはものがうつるのでしょう。

わたしたちの目《め》は、見《み》えているものがはね返《かえ》した光《ひかり》を見《み》ています。その光《ひかり》をもとに、形《かたち》や色《いろ》を頭《あたま》の中《なか》でイメージしています。光《ひかり》があたらなければ、目《め》の前《まえ》にあってもまっくらで見《み》えません。人間《にんげん》は光《ひかり》をたよりにものを見《み》ているのです。

そのようにして、見《み》えているものの光《ひかり》が鏡《かがみ》にはね返《かえ》ったときに、わたしたちには「鏡《かがみ》にうつっている」ように見《み》えるのです。

鏡《かがみ》はガラスでできていますが、裏《うら》に銀《ぎん》などの光《ひかり》をはね返《かえ》すものが入《はい》っているため、すべてをうつし出《だ》すことができるのです。

ものをうつすのは、鏡《かがみ》だけではありません。外《そと》が暗《くら》くなったとき、明《あか》るいたてものの中《なか》からガラスを見《み》ると、わたしたちの姿《すがた》がうつっています。また池《いけ》の水面《すいめん》も、明《あか》るい外《そと》の風景《ふうけい》をうつし出《だ》したりしています。

むかしからある鏡《かがみ》

鏡《かがみ》の歴史《れきし》はとても古《ふる》く、人類《じんるい》が生《う》まれたときには、水面《すいめん》に自分《じぶん》の姿《すがた》をうつすことで、自分《じぶん》がうつっているのを理《り》解《かい》していたといわれています。

エジプトが世界《せかい》の中心《ちゅうしん》だった、紀元《きげん》前《ぜん》2800年《ねん》ごろには、銅《どう》やすず、水《すい》銀《ぎん》などの金属《きんぞく》が入《はい》った鏡《かがみ》が使《つか》われていました。

鏡《かがみ》は自分《じぶん》の姿《すがた》をうつす道具《どうぐ》ではなく、鏡《かがみ》の中《なか》とわたしたちの世界《せかい》をつなぐレンズとして、神《かみ》さまにお祈《いの》りをするために使《つか》っていたのです。

現在《げんざい》のようなガラスの鏡《かがみ》は、1317年《ねん》にイタリアでつくられました。やがてたくさんつくられるようになり、鏡《かがみ》は身近《みぢか》なものになっていったのです。ちなみに鏡《かがみ》に銀《ぎん》が使《つか》われるようになったのは19世紀《せいき》のことでした。そのときの技術《ぎじゅつ》が、いまでも使《つか》われているのです。

まめちしき

▶日本《にほん》の神《かみ》さまで一番《いちばん》えらいのは、太陽《たいよう》の女神《めがみ》・天照大神《あまてらすおおみかみ》だ。天照大神《あまてらすおおみかみ》は大《おお》きな鏡《かがみ》を孫《まご》にわたし、「これをわたしだと思《おも》いなさい」といったという。鏡《かがみ》はとても大事《だいじ》なものだったんだね。

皮《かわ》がむけてもまた新《あたら》しくできるのはなぜ？

人体《じんたい》のふしぎ

皮《ひ》ふはからだを守《まも》る

11月《がつ》12日《にち》は「皮《ひ》ふの日《ひ》」です。11（いい）と12（ひふ）という数字《すうじ》にからめて、1989年《ねん》に日本臨床皮《にほんりんしょうひ》ふ科医会《かいかい》が定《さだ》めたのです。

皮《ひ》ふは頭《あたま》の先《さき》から足《あし》の先《さき》までつながっています。からだの中《なか》にある大切《たいせつ》な心臓《しんぞう》や胃《い》、血管《けっかん》や筋肉《きんにく》、その他《ほか》いろいろなものをつつんでいる、袋《ふくろ》のようなものです。

皮《ひ》ふはからだをつつんでいるだけではありません。外《そと》から入《はい》ってこようとするばい菌《きん》やほこりを、からだの中《なか》に入《い》れないはたらきもしています。

ところで、わたしたちがけがをすると、皮《かわ》がむけてしまうことがありますが、いつのまにか新《あたら》しい皮《かわ》ができるのはどうしてでしょう。

それはけがをすると、からだの中《なか》にいる目《め》に見《み》えないほど小《ちい》さなものが、傷《きず》をなおすためにはたらくからです。

からだを自然《しぜん》になおす力《ちから》

まず、人間《にんげん》の血液《けつえき》の中《なか》にある血小板《けっしょうばん》という成分《せいぶん》が、傷《きず》の表面《ひょうめん》の血《ち》をかたまらせて、傷口《きずぐち》からどんどん血《ち》が出《で》るのを防《ふせ》ぎます。

同《おな》じように血液《けつえき》の中《なか》にある白血球《はっけっきゅう》という成分《せいぶん》は、傷口《きずぐち》から入《はい》ってくる細菌《さいきん》などを殺《ころ》していきます。

こうして血小板《けっしょうばん》や白血球《はっけっきゅう》が傷《きず》が大《おお》きくなるのを防《ふせ》いだあと、からだの中《なか》にあるタンパク質《しつ》などがあつまって、新《あたら》しい皮《かわ》になっていくのです。

そのはたらきが間《ま》に合《あ》わないほど傷《きず》が大《おお》きい場合《ばあい》に、手術《しゅじゅつ》などをしてなおすのです。

またけがをしなくても、皮《ひ》ふは、約《やく》28日《にち》かけて新《あたら》しい皮《ひ》ふに生《う》まれ変《か》わります。古《ふる》くなった皮《かわ》は「あか」や「ふけ」になってからだからはがれおちていくのです。

皮《ひ》ふの状態《じょうたい》で、健康《けんこう》かどうかがわかることもありますから、からだをつつみ込《こ》んでいる皮《ひ》ふはとても大切《たいせつ》なものなのです。

傷《きず》がなおる仕組《しく》み

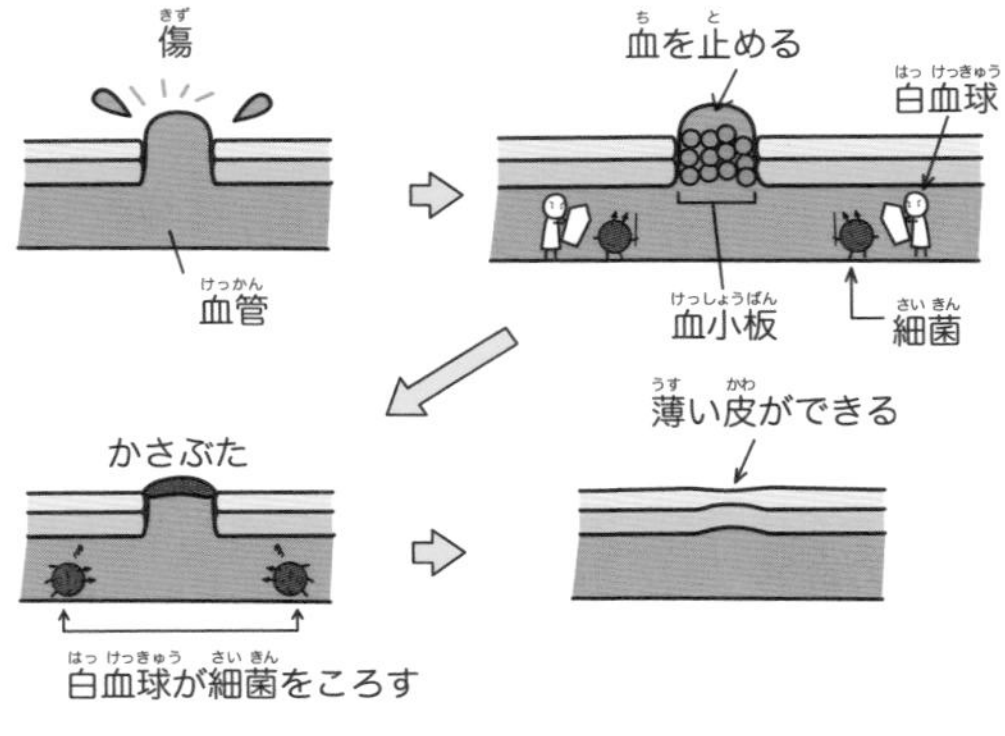

11月

まめちしき ▶果物《くだもの》の皮《かわ》に傷《きず》がついたらどうなる？　人間《にんげん》のように新《あたら》しい皮《かわ》ができることはない。でも、植物《しょくぶつ》も傷《きず》をなんとかなおそうとしてがんばるので、栄養《えいよう》が高《たか》くなったり甘《あま》くなったりするんだよ。

葉《は》っぱの筋《すじ》ってなあに？

葉《は》っぱに水《みず》を送《おく》る仕組《しく》み

草《くさ》や木《き》は、水《みず》をやらないとかれてしまいますね。わたしたち人間《にんげん》と同《おな》じように、草《くさ》や木《き》が生《い》きていくためには、水《みず》がどうしても必要《ひつよう》なのです。

ですから草《くさ》や木《き》は、水《みず》をからだ中《じゅう》に届《とど》ける仕組《しく》みを持《も》っています。水《みず》はまず根《ね》っこから吸《す》い上《あ》げられます。そして、くきの中《なか》にある管《くだ》を通《とお》って、上《うえ》のほうに上《のぼ》っていくのです。

最後《さいご》に葉《は》っぱの根元《ねもと》までいくと、葉《は》っぱについている筋《すじ》の中《なか》を通《とお》って、先《さき》のほうまでしっかり水《みず》が運《はこ》ばれていくのです。

この筋《すじ》は「葉脈《ようみゃく》」と呼《よ》ばれていて、中《なか》が管《くだ》のようになっています。この葉《よう》脈《みゃく》を通《とお》って、葉《は》っぱ全体《ぜんたい》に水《みず》がいきわたるのです。

葉脈《ようみゃく》は葉《は》っぱのすみずみまで広《ひろ》がっている

栄養《えいよう》を運《はこ》ぶ仕組《しく》み

葉脈《ようみゃく》には、もうひとつ大事《だいじ》な役目《やくめ》があります。葉《は》っぱは、草《くさ》や木《き》が生《い》きていくのに必要《ひつよう》な栄養《えいよう》をつくる場所《ばしょ》です。水《みず》や肥料《ひりょう》を使《つか》い、太陽光線《たいようこうせん》をあびて、栄養《えいよう》をつくります。植物《しょくぶつ》はものを食《た》べないので、こうして自分《じぶん》で栄養《えいよう》をつくるのです「光合成《こうごうせい》」をするのです（２８８ページ）。

葉《は》っぱで光合成《こうごうせい》をしてつくられた栄《えい》養《よう》は、葉脈《ようみゃく》を通《とお》って草《くさ》や木《き》のくきに入《はい》っていきます。これが、くきや根《ね》っこをのばしたり、新《あたら》しい葉《は》っぱをつくったり、実《み》や種《たね》をつくったりするのに使《つか》われるのです。

でも、水《みず》を運《はこ》ぶのも、つくった栄《えい》養《よう》を送《おく》り出《だ》すのも同《おな》じ葉脈《ようみゃく》だと、水《みず》と栄《えい》養《よう》がぶつかってしまうかも？　その心《しん》配《ぱい》はいりません。葉《は》っぱの筋《すじ》やくきの管《くだ》は、水《みず》が通《とお》るところと栄養《えいよう》が通《とお》るところがわかれているのです。

また、草《くさ》や木《き》の種類《しゅるい》によって、葉《は》っぱの筋《すじ》には二種類《にしゅるい》の形《かたち》があります。網《あみ》の目《め》のようになっているものと、同《おな》じ向《む》きに並《なら》んだ細《こま》かい筋《すじ》のようになっているものです。

どちらも同《おな》じように水《みず》を葉《は》っぱに届《とど》けたり、葉《は》っぱから栄養《えいよう》を運《はこ》び出《だ》したりします。

葉脈《ようみゃく》の形《かたち》をよく見《み》ておくと、草《くさ》や木《き》の名前《なまえ》をあてるのに役《やく》に立《た》ちますよ。

まめちしき ▶葉《は》っぱの筋《すじ》をよく見《み》るととてもきれいだね。薄《うす》い紙《かみ》を葉《は》っぱの上《うえ》にあて、えんぴつで軽《かる》くこすってみよう。葉《は》っぱの模様《もよう》を写《うつ》しとることができるよ。

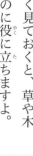

電気《でんき》っていったいなあに？

科学《かがく》のふしぎ

原子《げんし》の中《なか》にある電子《でんし》

わたしたちは、いろいろなところで電気《でんき》を使《つか》っています。

例《たと》えば、みんなが楽《たの》しんでいるテレビやゲームもそうですし、冷蔵庫《れいぞうこ》や洗《せん》たく機《き》、部屋《へや》の照明《しょうめい》などにも電気《でんき》がたくさん使《つか》われています。

わたしたちはいまや「電気《でんき》なしでは生活《せいかつ》できない」といってもいいすぎではないぐらいでしょう。

こんなに便利《べんり》な電気《でんき》ですが、コンセントから流《なが》れてくることは知《し》っていても、その姿《すがた》は目《め》に見《み》えませんし、音《おと》やにおいもありません。電気《でんき》って、いったいなんなのでしょうか？

電気《でんき》とは、ひとことでいうと「電子《でんし》の流《なが》れ」のことです。すべてのものは、「分子《ぶんし》」と呼《よ》ばれる小《ちい》さなつぶがあつまってできており、この「分子《ぶんし》」はさらに小《ちい》さな「原子《げんし》」というつぶが組《く》み合《あ》わさってできています。

この原子《げんし》をさらに細《こま》かく見《み》てみると、中心《ちゅうしん》にプラスの電気《でんき》を持《も》った「原《げん》子核《しかく》」というものがあり、その周《まわ》りをマイナスの電気《でんき》を持《も》った「電子《でんし》」が回《まわ》っています。ちょうど地球《ちきゅう》と月《つき》の関係《かんけい》に、よく似《に》ています。

この電子《でんし》の中《なか》には、原子核《げんしかく》を離《はな》れて飛《と》び回《まわ》ることができる「自由電子《じゆうでんし》」と呼《よ》ばれるものがあり、金属《きんぞく》などの電気《でんき》を通《とお》しやすい物質《ぶっしつ》の中《なか》を自由《じゆう》に動《うご》き回《まわ》っているのです。

正体《しょうたい》は電子《でんし》の流《なが》れ

この自由電子《じゆうでんし》は、ふだんはバラバラな動《うご》きをしていますが、これが決《き》まった方向《ほうこう》に流《なが》れるようになると電気《でんき》が生《う》まれるのです。

つまり、電気《でんき》の正体《しょうたい》は、金属《きんぞく》の中《なか》を動《うご》き回《まわ》る「自由電子《じゆうでんし》の流《なが》れ」ということになるわけです。

ちなみに、あなたもドアを開《あ》けようとしたときに、ドアノブでバチバチっと音《おと》がして、ビックリしたことがあるでしょう。これは「静電気《せいでんき》」という電《でん》気《き》の一種《いっしゅ》です(43ページ)。

これに対《たい》して、わたしたちがいつも使《つか》っている電気《でんき》は「動電気《どうでんき》」といわれています。

原子《げんし》の構造《こうぞう》

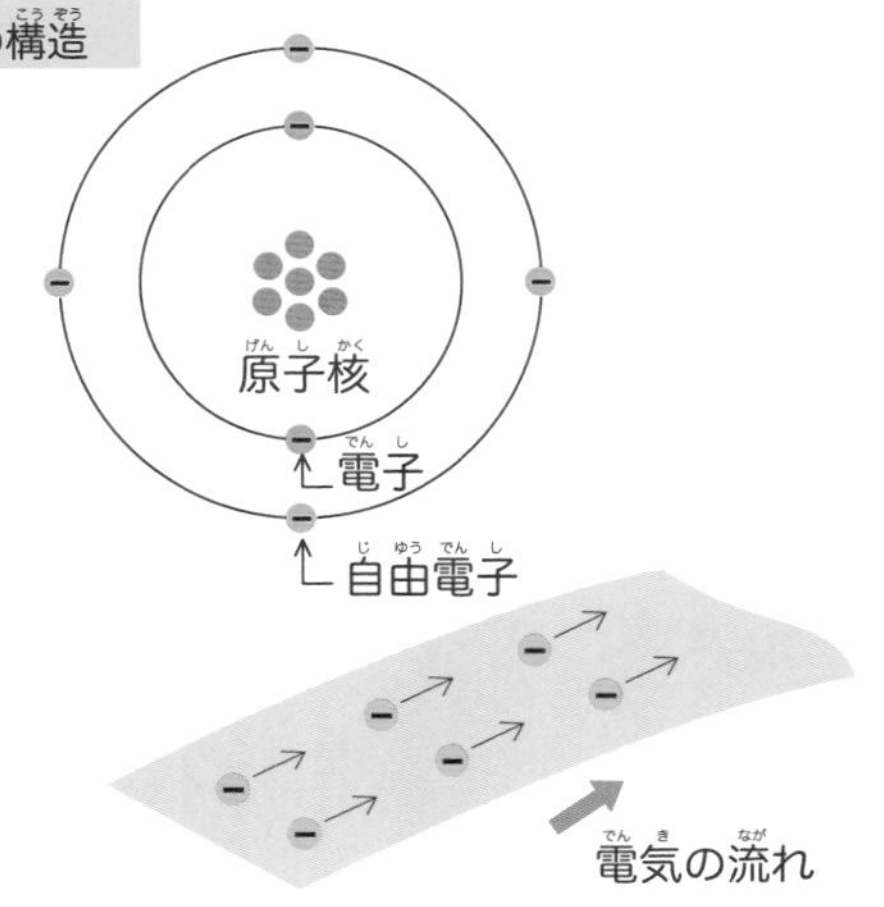

まめちしき ▶江戸時代《えどじだい》、平賀源内《ひらがげんない》という学者《がくしゃ》は、「エレキテル」というものをつくって、人々《ひとびと》をおどろかしたそうだ。これは静電気《せいでんき》を起《お》こす機械《きかい》で、病気《びょうき》にも効《き》くと考《かんが》えられてたんだって。

読《よ》んだ日《ひ》　　月《がつ》　日《にち》

みのまわりのふしぎ

どうして七五三《しちごさん》のお祝《いわ》いをするの？

江戸時代《えどじだい》にはじまった

今日《きょう》は七五三《しちごさん》です。三歳《さんさい》と五歳《ごさい》の男《おとこ》の子《こ》、三歳《さんさい》と七歳《ななさい》の女《おんな》の子《こ》は、着物《きもの》やはかまを着《き》て、近《ちか》くの神社《じんじゃ》やお寺《てら》へお参《まい》りに行《い》くことになっています。

それは、子《こ》どもが誕生《たんじょう》してからその年《とし》になるまで、元気《げんき》に成長《せいちょう》していることをお祝《いわ》いするものです。そして、これからも健康《けんこう》で長生《ながい》きができますようにとお願《ねが》いをするのです。

日本《にほん》でこのようなお祝《いわ》いをするようになったのは、いろいろな説《せつ》がありますが、江戸時代《えどじだい》の将軍《しょうぐん》であった、徳川《とくがわ》綱吉《つなよし》がおこなったのがはじまりだといわれています。ちなみに将軍《しょうぐん》とは、その時代《じだい》に日本《にほん》をまとめていた殿《との》さまのことです。

徳川綱吉《とくがわつなよし》は、からだが弱《よわ》かった長男《ちょうなん》の徳松《とくまつ》が、なんとか元気《げんき》に成長《せいちょう》して、自分《じぶん》のあとを受《う》けついでくれることを願《ねが》いながらお祝《いわ》いをしたといわれています。

元気《げんき》に成長《せいちょう》できたお祝《いわ》い

むかしは、いまのように食《た》べものが豊《ゆた》かではなく、子《こ》どもが生《う》まれてきても元気《げんき》に育《そだ》っていくことが、とても大《たい》変《へん》な時代《じだい》でした。

例《たと》えば、かぜをひいたときや熱《ねつ》が出《で》たときなどは、いまはよい薬《くすり》があるため、すぐにお医者《いしゃ》さんにみてもらえます。ところが、そのころの日本《にほん》は貧《まず》しく、薬《くすり》の数《かず》も少《すく》なかったこともあり、からだの小《ちい》さな子《こ》どもたちが元気《げんき》に成《せい》長《ちょう》して、大《おお》きくなっていくことは、とても難《むずか》しいことだったのです。

そのようなことから、子《こ》どもがその年《とし》まで元気《げんき》に成長《せいちょう》できたことを、七五三《しちごさん》の日《ひ》にお祝《いわ》いするようになったのです。

むかしは、三歳《さんさい》では『髪置《かみお》き』という、髪《かみ》の毛《け》をのばしはじめる儀式《ぎしき》、五歳《ごさい》の男《おとこ》の子《こ》は『はかま着《ぎ》』という、はじめてはかまを着《き》る儀式《ぎしき》、七歳《ななさい》の女《おんな》の子《こ》は『帯解《おびと》き』という、大人《おとな》の帯《おび》をしめるのが正式《せいしき》な儀式《ぎしき》でした。いまはまとめてやるようになっています。

あなたはもう七五三《しちごさん》のお祝《いわ》いはしてもらったかな？

まめちしき ▶七《なな》も五《ご》も三《さん》も奇数《きすう》だ。むかしの中国《ちゅうごく》では奇数《きすう》はおめでたい数字《すうじ》だと考《かんが》えられていたから、おめでたいお正月《しょうがつ》にかざるしめなわを「七五三《しめ》なわ」とも書《か》くんだよ。

11月《がつ》16日《にち》

どうしておしっこは黄色《きいろ》いの？

人体《じんたい》のふしぎ

黄色《きいろ》くする物質《ぶっしつ》がある

人間《にんげん》の皮《ひ》ふは古《ふる》くなるとあかになって、新《あたら》しい皮《ひ》ふと入《い》れかわります。血《ち》も同《おな》じで、古《ふる》くなった血《ち》は新《あたら》しくできた血《ち》と入《い》れかわります。

古《ふる》くなった血《ち》は、人間《にんげん》のからだの外《そと》に出《だ》さなくてはなりません。でもわたしたちは、古《ふる》い血《ち》をそのまま出《だ》すわけではありません。

血《ち》をつくっていたものは、からだの中《なか》で別《べつ》のものに変《か》えられて、おしっこやうんちの中《なか》にまざります。おしっこを黄《き》色《いろ》くしているものは、もともとはこうした物質《ぶっしつ》のひとつなのです。

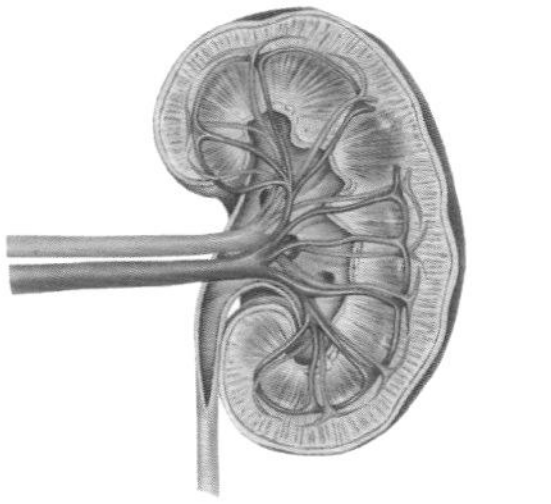
古《ふる》い血《ち》はじん臓《ぞう》で新《あたら》しい血《ち》になる

おしっこの色《いろ》のおおもとになる物質《ぶっしつ》のひとつは、肝臓《かんぞう》というところでつくられます。この物質《ぶっしつ》は、一部分《いちぶぶん》はうんちにまざって外《そと》に出《で》ますが、残《のこ》りは血《ち》の中《なか》にまた戻《もど》っていきます。

この物質《ぶっしつ》や、他《ほか》のいらないものがまざった血《ち》は、じん臓《ぞう》と呼《よ》ばれるところで、おしっこになります。つくられたおしっこは、ぼうこうという袋《ふくろ》のような場所《ばしょ》におりていきます。そしてぼうこうにおしっこがたまると、わたしたちはおしっこに行《い》きたくなるのです。

おしっこで病気《びょうき》が見《み》つかる

おしっこには、からだの中《なか》でいらなくなったものが入《はい》っていますが、そのほとんどは水《みず》でできています。水《みず》を飲《の》みすぎても、血《ち》が水《みず》っぽくならないのは、余分《よぶん》な水《みず》がおしっこになって出《で》ていくからです。ですから、水《みず》をたくさん飲《の》むとおしっこの色《いろ》が薄《うす》くなりますし、水《みず》が足《た》りないとおしっこの色《いろ》は濃《こ》くなります。

おしっこの中《なか》のものは、もとはみんな血《ち》の中《なか》に入《はい》っていたものですから、おしっこを調《しら》べることによって、病気《びょうき》を見《み》つけられることもあります。きっとあなたも、おしっこを調《しら》べてもらったことがあるのではないでしょうか。

おしっこをがまんしすぎると、からだによくありません。きちんとトイレに行《い》くようにしましょうね。

まめちしき ▶11月《がつ》16日《にち》は「いい色《いろ》の日《ひ》」。色《いろ》の名前《なまえ》には面白《おもしろ》いものがいっぱいあるので調《しら》べてみよう。例《たと》えば「納戸色《なんどいろ》」。納戸《なんど》は物置《ものおき》のこと。暗《くら》い物置《ものおき》の闇《やみ》のような深《ふか》い青色《あおいろ》のことをいうんだ。

11月《がつ》17日《にち》

生《い》きもののふしぎ

どうしてバラにはとげがあるの？

バラのとげのひみつ

あなたのおうちには、きれいなバラの花《はな》は咲《さ》いていますか？　バラの栽培《さいばい》は、いまから5000年《ねん》以上《いじょう》も前《まえ》にはじまったのですよ。

ところでバラには、うっかりさわるとチクリと痛《いた》いとげがありますよね。「バラにとげあり」ということわざまであるくらい、バラのとげはむかしから有名《ゆうめい》です。

でも、このとげはどうしてあるのでしょう。じつは、はっきりした理由《りゆう》はわかっていないのです。

バラを食《た》べる動物《どうぶつ》から身《み》を守《まも》るためという説《せつ》、他《ほか》の植物《しょくぶつ》にからみつきやすくするためという説《せつ》などもありますが、まだまだ謎《なぞ》も多《おお》く、研究《けんきゅう》が進《すす》められています。

バラのとげは、大《おお》きくなり出《だ》したときにはすでについています。このとげを取《と》りのぞくと、大《おお》きくなっても傷《きず》が残《のこ》ったままになり、くきも折《お》れやすくなるということがわかっています。とげの役割《やくわり》のひとつには、くきを守《まも》るというものがあるようです。

とげのおかげで大《おお》きく育《そだ》つ

生《は》えたばかりのとげは緑色《みどりいろ》で、大《おお》きくなるにつれてだんだんとかたくなり、やがてくきの一部《いちぶ》のように茶色《ちゃいろ》に変《か》わっていきます。

こうしてくきを倍近《ばいちか》くまで太《ふと》くしたバラは、天《てん》に向《む》かってまっすぐのびていきます。とげがあることでしっかり強《つよ》いくきとなり、大《おお》きく成長《せいちょう》していけるのです。

もっとも、すべてのバラにとげがあるというわけではありません。とげが少《すく》ない種類《しゅるい》や、まったくとげのない種《しゅ》類《るい》もあります。

おうちで園芸《えんげい》を楽《たの》しむ人《ひと》には、こうした種類《しゅるい》のバラが人気《にんき》ですが、「やっぱりとげがないとバラじゃない」という意見《いけん》も多《おお》いようです。

とげで指先《ゆびさき》をケガしてしまうと、そこからばい菌《きん》が入《はい》ることもあります。バラをつかむときは、とげがない場所《ばしょ》を持《も》つように気《き》をつけましょうね。

まめちしき ▶「チューリップ」や「コスモス」は外国《がいこく》でつけられた名前《なまえ》だよね。でも「バラ」は日本《にほん》でつけられた名《な》前《まえ》。とげを意味《いみ》する「いばら」がもとだといわれているよ。

科学《かがく》のふしぎ

飛《ひ》行《こう》機《き》雲《ぐも》ってどうしてできるの？

飛《ひ》行《こう》機《き》雲《ぐも》の正《しょう》体《たい》

あなたは、車《くるま》が走《はし》るときに排《はい》気《き》ガスを出《だ》しているのを知《し》っていますか？　排《はい》気《き》ガスとは、燃《ねん》料《りょう》にしたガソリンがエンジンの中《なか》で燃《も》えたあとに出《で》るガスです。排《はい》気《き》ガスは車《くるま》の後《うし》ろのほうについているパイプから出《で》てきます。

飛《ひ》行《こう》機《き》も車《くるま》と同《おな》じように、石《せき》油《ゆ》からつくった燃《ねん》料《りょう》を燃《も》やして飛《と》んでいます。燃《ねん》料《りょう》の中《なか》には水《みず》は入《はい》っていませんが、燃《も》えたあとに水《みず》ができます。石《せき》油《ゆ》の中《なか》に入《はい》っている水《すい》素《そ》という物《ぶっ》質《しつ》と、空《くう》気《き》の中《なか》に入《はい》っている酸《さん》素《そ》という物《ぶっ》質《しつ》がくっついて、水《みず》ができるのです。

でもこの水《みず》は目《め》に見《み》えません。エンジンの中《なか》は温《おん》度《ど》が高《たか》く、水《みず》は水《すい》蒸《じょう》気《き》と呼《よ》ばれるガスになっているからです。

飛《ひ》行《こう》機《き》が空《そら》の高《たか》いところを飛《と》んでいると、水《すい》蒸《じょう》気《き》はエンジンから出《で》たとたん、周《まわ》りの冷《つめ》たい空《くう》気《き》の中《なか》で冷《ひ》やされます。冷《ひ》やされた水《すい》蒸《じょう》気《き》は、目《め》に見《み》える水《みず》のつぶになります。冷《つめ》たい空《くう》気《き》はあまり多《おお》くの水《すい》蒸《じょう》気《き》を含《ふく》んでおくことができないからです。

この水《みず》のつぶがたくさん空《くう》気《き》の中《なか》に浮《う》かんで、雲《くも》になるというわけです（95ページ）。

低《ひく》いところではできにくい

ジェット機《き》が空《そら》高《たか》くを飛《と》んでいるようなときに、よく飛《ひ》行《こう》機《き》雲《ぐも》が出《で》ます。ちなみに飛《ひ》行《こう》機《き》雲《ぐも》は、ジェット機《き》だけでなく、どんな飛《ひ》行《こう》機《き》でもできます。プロペラ機《き》でも、石《せき》油《ゆ》からつくった燃《ねん》料《りょう》を燃《も》やして、エンジンでプロペラを回《まわ》しています。ですからやはり水《すい》蒸《じょう》気《き》を出《だ》して、飛《ひ》行《こう》機《き》雲《ぐも》をつくるのです。

ただ、飛《ひ》行《こう》機《き》が低《ひく》いところを飛《と》んでいるときには、飛《ひ》行《こう》機《き》雲《ぐも》ができません。空《そら》の低《ひく》いところはあまり寒《さむ》くないので、エンジンから出《で》た水《すい》蒸《じょう》気《き》は、水《すい》蒸《じょう》気《き》のまま空《くう》気《き》の中《なか》に散《ち》らばるからです。

秋《あき》晴《ば》れが気《き》持《も》ちよい季《き》節《せつ》ですね。晴《は》れた日《ひ》は空《そら》を見《み》上《あ》げてみましょう。ジェット機《き》がきれいな飛《ひ》行《こう》機《き》雲《ぐも》を残《のこ》して飛《と》んでいくのが見《み》えるかもしれませんよ。

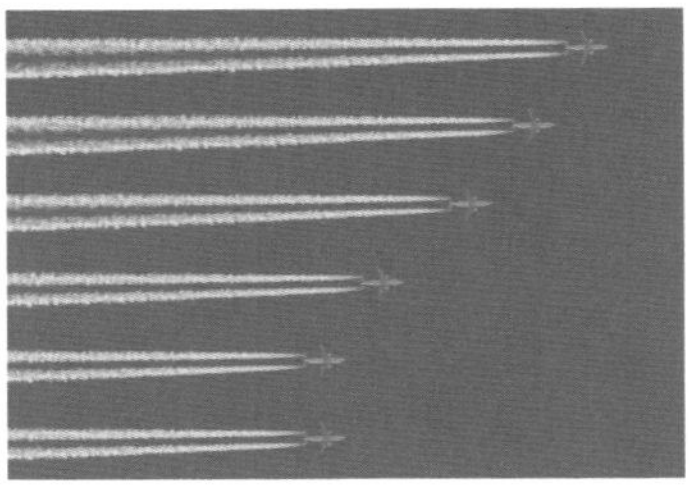

飛《ひ》行《こう》機《き》雲《ぐも》がいっぱい！

まめちしき

▶飛《ひ》行《こう》機《き》雲《ぐも》が見《み》えると雨《あめ》が近《ちか》いといわれる。その他《ほか》、ネコが顔《かお》を洗《あら》ったり、ツバメが低《ひく》いところを飛《と》ぶときも雨《あめ》が降《ふ》る前《まえ》だといわれているよ。

11月《がつ》19日《にち》

科学《かがく》のふしぎ

山《やま》びこはどうして起《お》きるの？

山《やま》はものまね名人《めいじん》

ヤッホー！　山《やま》に登《のぼ》ったときに、こうやってさけんでいる人《ひと》を見《み》たことはありませんか。

しばらくたつと、「ヤッホー！」という声《こえ》がどこからか聞《き》こえることがあります。これが山《やま》びこです。

山《やま》で大《おお》きな声《こえ》を出《だ》すと、そのあとで同《おな》じ声《こえ》がかえってくるというもので、まるでだれかがものまねをしているみたい。とても面白《おもしろ》いですよ。

では、どうして山《やま》びこが起《お》きるのでしょうか。むかしの人《ひと》はこれを山《やま》の神《かみ》さまや妖怪《ようかい》のしわざだと考《かんが》えていたそうです。

その声《こえ》の正体《しょうたい》は、じつは自分《じぶん》の声《こえ》なのです。さけんだ声《こえ》が他《ほか》の山《やま》などにぶつかって、そのままかえってきているのです。だから、だれかがものまねをしているように聞《き》こえるんですね。

そもそも、声《こえ》というのは音《おと》です。音《おと》は、空気中《くうきちゅう》を波《なみ》のようにふるえながら伝《つた》わっていきます。そのスピードはとても速《はや》くて、１秒間《びょうかん》におよそ３４０メートルも進《すす》むほどです。

新幹線《しんかんせん》よりも速《はや》いのですが、遠《とお》くの山《やま》にぶつかって声《こえ》がかえってくるまでには、やっぱり時間《じかん》がかかります。その分《ぶん》だけ、山《やま》びこはおくれて聞《き》こえるんですね。

山《やま》でなくても起《お》きる

それでは山《やま》びこは、山《やま》にいないと聞《き》こえないのでしょうか。

そんなことはありません。部屋《へや》の中《なか》でも山《やま》びこと同《おな》じように、声《こえ》は壁《かべ》にぶつかってかえってきます。

でも、自分《じぶん》と壁《かべ》との距離《きょり》が近《ちか》いので、声《こえ》が遅《おく》れて聞《き》こえることはありません。

では、トンネルの中《なか》ではどうでしょう。このときは、声《こえ》がぶつかる壁《かべ》が遠《とお》いので、少《すこ》しだけ声《こえ》が遅《おく》れてかえってくるのがわかりますね。

はねかえった声《こえ》が壁《かべ》にぶつかるということをくりかえすので、声《こえ》がひびいて聞《き》こえるわけです（１４４ページ）。

今度《こんど》山《やま》に登《のぼ》るときには、ぜひ山《やま》びこであそんでみましょう。あなたはどんな言葉《ことば》をさけびますか？

まめちしき

▶どうして「ヤッホー」っていうのかな。スイスのヨーデルという歌《うた》のかけ声《ごえ》だったとか、神《かみ》さまの名前《なまえ》がもとになっているだとか、いろいろな説《せつ》があるみたいだよ。

読《よ》んだ日《ひ》　月《がつ》　日《にち》

11月《がつ》20日《にち》

みのまわりのふしぎ

毎日《まいにち》どれくらいの赤《あか》ちゃんが生《う》まれているの？

元気《げんき》に成長《せいちょう》するのは大変《たいへん》

オギャー、オギャー！

日本《にほん》では毎日《まいにち》、約《やく》3000人《にん》の赤《あか》ちゃんが生《う》まれています。30人学級《にんがっきゅう》なら、毎日《まいにち》100個分《こぶん》の赤《あか》ちゃんクラスができることになりますね。

世界《せかい》で1日《にち》に生《う》まれる赤《あか》ちゃんは、約《やく》38万人《まんにん》です。

もしも赤《あか》ちゃんだけの町《まち》があったら……ウェーン、ホギャー、ワーン、ミャーン……なんて、すごいことになりそうですね。

ですが悲《かな》しいことに、生《う》まれてきた赤《あか》ちゃんのだれもが、元気《げんき》に成長《せいちょう》できるわけではありません。

いまも世界《せかい》では、多《おお》くの赤《あか》ちゃんが成長《せいちょう》する前《まえ》に、病気《びょうき》や事故《じこ》で亡《な》くなっているのです。

赤《あか》ちゃんを守《まも》るために

日本《にほん》でもむかしは、赤《あか》ちゃんが大《おお》きくなるのは、大変《たいへん》なことでした。お母《かあ》さんやお父《とう》さんは、赤《あか》ちゃんを守《まも》ってもらうために、神《かみ》さまにいろいろお願《ねが》いしました。お宮参《みやまい》りや七五三《しちごさん》、ひな祭《まつ》りに端午《たんご》の節句《せっく》、みんな子《こ》どもの成長《せいちょう》を、神《かみ》さまに感謝《かんしゃ》する行事《ぎょうじ》です。

また、いまではなくなりましたが、「すて＝捨《す》て」や「まる＝便器《べんき》」など、変《へん》な名前《なまえ》をつけることもありました。

むかしは、鬼《おに》が病気《びょうき》を起《お》こすと考《かんが》えられていました。そこで、子《こ》どもを捨《す》てたと鬼《おに》をだましたり、鬼《おに》のきらうきたない名前《なまえ》をつけていたわけです。もちろん、子《こ》どもが大《おお》きくなったら、新《あたら》しい名前《なまえ》をつけました。

ところで、赤《あか》ちゃんは「赤《あか》ん坊《ぼう》」や「赤子《あかご》」ともいいます。なぜ「赤《あか》」とつくのでしょう。

それは、生《う》まれたての赤《あか》ちゃんは、からだが赤《あか》いからです。むかしは「みどりこ(みどりご)」と呼《よ》ばれたこともありました。生《う》まれたばかりの子《こ》は、緑《みどり》の新芽《しんめ》や若葉《わかば》のように力強《ちからづよ》いところからつけられたのです。

わたしたちの大切《たいせつ》な赤《あか》ちゃん、いつかだれもがみんな、元気《げんき》に成長《せいちょう》できる世《よ》の中《なか》がくるといいですね。

まめちしき ▶わたしたちも、元気《げんき》なときはほっぺたがまっ赤《か》になり、元気《げんき》がないとあおざめるよね。少《すこ》しこわい話《はなし》だけど、むかしの人《ひと》は、あおざめて見《み》えることから死体《したい》のことを「あお」と呼《よ》んだんだよ。

どうして同《おな》じ人間《にんげん》でもはだや髪《かみ》の色《いろ》が違《ちが》うの？

人体《じんたい》のふしぎ

紫外線《しがいせん》の量《りょう》で変《か》わった

生《い》きものは、長《なが》い長《なが》い時間《じかん》をかけて、くらしている場所《ばしょ》の環境《かんきょう》にあわせて、からだを変化《へんか》させていきます。人間《にんげん》だって例外《れいがい》ではありません。

わたしたちのはだや髪《かみ》の色《いろ》は「メラニン」という色素《しきそ》で決《き》まります。

太陽《たいよう》の光《ひかり》には紫外線《しがいせん》という成分《せいぶん》が含《ふく》まれています。紫外線《しがいせん》はエネルギーが強《つよ》いので、皮《ひ》ふをつくる細胞《さいぼう》の一部《いちぶ》を傷《きず》つけてしまうはたらきがあります。

そこで、紫外線《しがいせん》が細胞《さいぼう》に届《とど》かないように吸収《きゅうしゅう》する役目《やくめ》をはたすのが、メラニンなのです。

大《おお》むかしに誕生《たんじょう》した最初《さいしょ》の人間《にんげん》は、メラニンが多《おお》い黒《くろ》いはだをしていました。そのため、とてもあつい場所《ばしょ》でも紫外線《しがいせん》から細胞《さいぼう》を守《まも》ることができたのです。

それから、人間《にんげん》は地球上《ちきゅうじょう》のさまざまな地域《ちいき》に広《ひろ》がっていきました。北《きた》の地《ち》方《ほう》では太陽《たいよう》の光《ひかり》は少《すく》ないので、紫外線《しがいせん》の害《がい》はあまりありません。

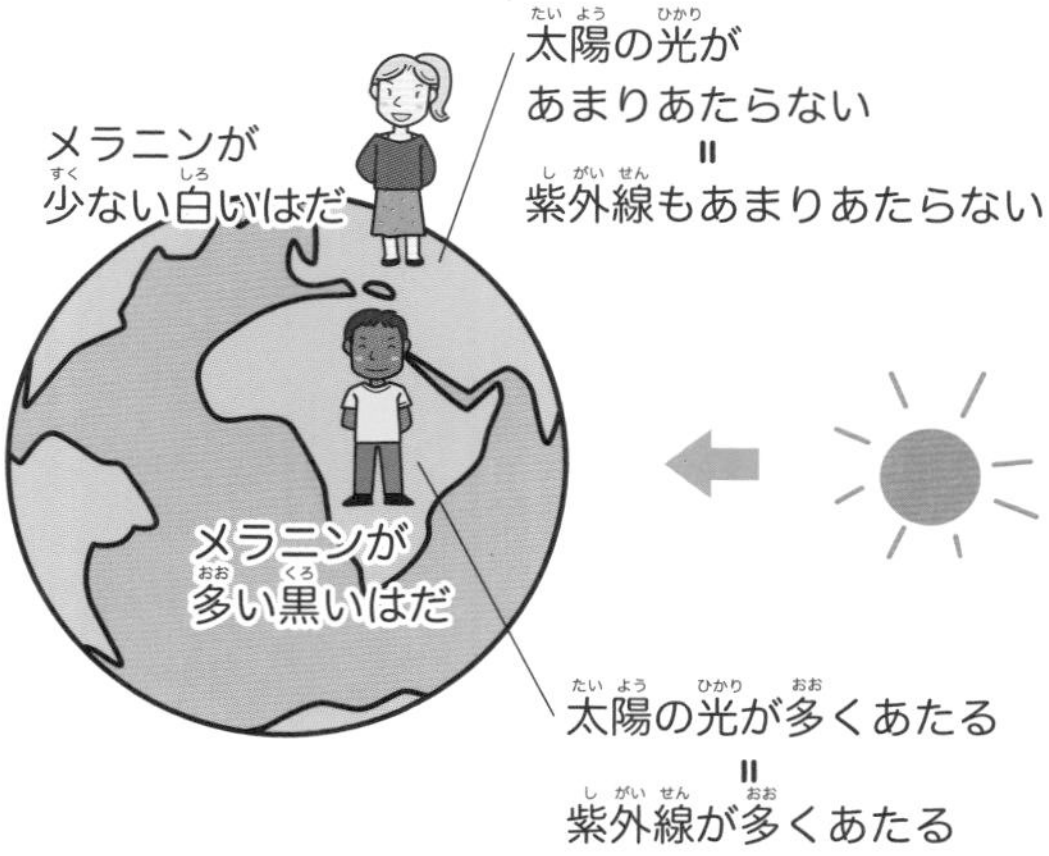

また紫外線《しがいせん》には、からだの中《なか》でビタミンD《でぃー》をつくるという、いいはたらきもあります。ビタミンD《でぃー》は骨《ほね》を丈夫《じょうぶ》にする栄養素《えいようそ》ですから、太陽《たいよう》の光《ひかり》の少《すく》ないところでは、メラニンが紫外線《しがいせん》を吸《きゅう》収《しゅう》してしまうと、骨《ほね》が弱《よわ》くなってしまいます。そこで、北《きた》に住《す》む人間《にんげん》は、メラニンの少《すく》ない、白《しろ》いはだに変化《へんか》したわけです。

髪《かみ》の毛《け》の色《いろ》もさまざま

メラニンには、黒色《くろいろ》または茶《ちゃ》かっ色《しょく》の「ユーメラニン」と、赤《あか》または黄色《きいろ》の「フェオメラニン」というものがあり、どちらをどれくらいの割合《わりあい》で含《ふく》んでいるかによって、髪《かみ》の毛《け》の色《いろ》はさまざまにわかれます。

例《たと》えばユーメラニンがたくさん含《ふく》まれていると、黒《くろ》い髪《かみ》になります。世界《せかい》中《じゅう》でもっとも多《おお》い髪《かみ》の色《いろ》で、日本人《にほんじん》のほとんどがこの色《いろ》です。

髪《かみ》の毛《け》の色《いろ》には他《ほか》にも栗色《くりいろ》や金色《きんいろ》、赤色《あかいろ》などがあります。あなたの周《まわ》りにいる外国《がいこく》の人《ひと》は、どんな髪《かみ》の毛《け》の色《いろ》をしていますか？

まめちしき ▶むかしアメリカでは、はだの黒《くろ》い人《ひと》たちは、はだの白《しろ》い人《ひと》にこき使《つか》われていた。「それはおかしい」といったのがリンカーンというアメリカの大統領《だいとうりょう》。はだの色《いろ》は関係《かんけい》なくみんな平等《びょうどう》なんだ。

どうして魚《さかな》は水《みず》の中《なか》でも息《いき》ができるの？

水《みず》の中《なか》の酸素《さんそ》を取《と》り込《こ》む

水《みず》の中《なか》にもぐると、わたしたちは息《いき》ができませんから、すぐに苦《くる》しくなってしまいますよね。

ところで、「息《いき》をする」というのは、どういう仕組《しく》みなのでしょうか？

多《おお》くの生《い》きものは、からだを動《うご》かす力《ちから》をつくるために酸素《さんそ》が必要《ひつよう》です。息《いき》を吸《す》い込《こ》むと、空気《くうき》が肺《はい》に入《はい》ります。肺《はい》の奥《おく》は、肺胞《はいほう》という小《ちい》さな部屋《へや》になっていて、ここで空気《くうき》から酸素《さんそ》が取《と》り出《だ》されます。つまり、「息《いき》をする」というのは、空気中《くうきちゅう》の酸素《さんそ》をからだに取《と》り入《い》れることなのです。

では、魚《さかな》はどのように酸素《さんそ》を取《と》り入《い》れているのでしょうか？

魚《さかな》は口《くち》からたくさんの水《みず》を飲《の》み込《こ》みます。この水《みず》は、「エラ」を通《とお》ってからだの外《そと》へ出《で》ていきます。エラとは、水《みず》の中《なか》に溶《と》けている酸素《さんそ》を取《と》り込《こ》むはたらきをしているのです。

わたしたちはエラがないので、水《みず》の中《なか》に溶《と》けている酸素《さんそ》を取《と》り込《こ》めませんから、水《みず》の中《なか》で息《いき》ができないのです。

エラの仕組《しく》み

魚《さかな》のエラぶたをもち上《あ》げると、髪《かみ》の毛《け》をとく、くしのような形《かたち》をしたエラが見《み》えるでしょう。このくしの一本一本《いっぽんいっぽん》を顕微鏡《けんびきょう》で見《み》てみると、さらに細《こま》かく、くしの歯《は》があつまったようなつくりになっています。

このくしの歯《は》をあつめて広《ひろ》げると、からだの表面《ひょうめん》よりもずっとずっと広《ひろ》くなっています。これは、水《みず》にたくさんふれることで、水《みず》の中《なか》に溶《と》けた少《すく》ない酸素《さんそ》を、なるべくたくさん取《と》り出《だ》すための工夫《くふう》なのです。

こうやって取《と》り出《だ》された酸素《さんそ》が、エラから血液《けつえき》に取《と》り込《こ》まれ、からだ中《じゅう》を回《まわ》っていくわけです。

ところで、人間《にんげん》が水《みず》の中《なか》では息《いき》ができないのと同《おな》じように、魚《さかな》は水《みず》から出《で》ると息《いき》ができません。エラでは、空気《くうき》中《ちゅう》の酸素《さんそ》をからだに取《と》り入《い》れることができないからです。

エラの仕組《しく》み

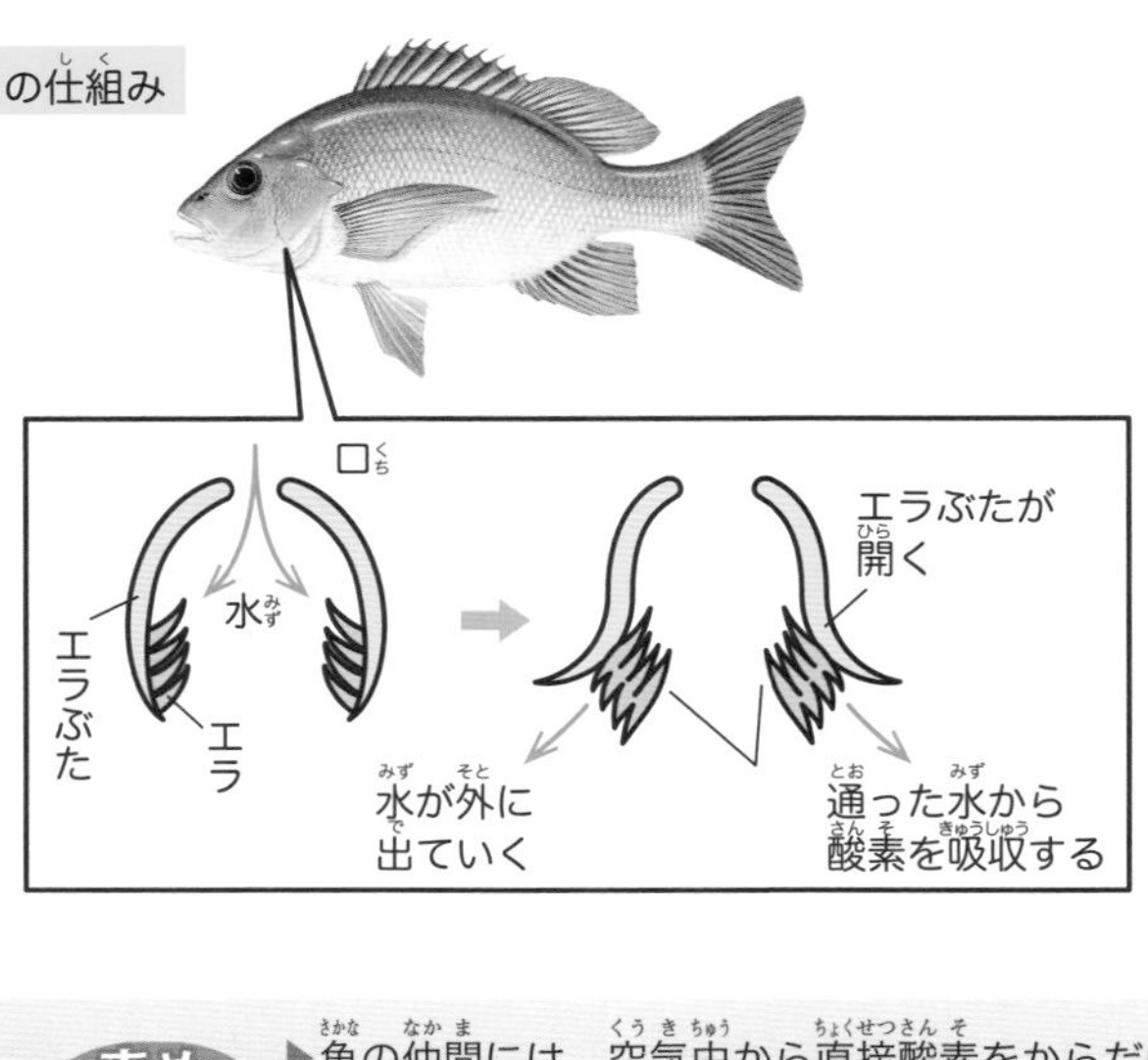

まめちしき
▶魚《さかな》の仲間《なかま》には、空気中《くうきちゅう》から直接酸素《ちょくせつさんそ》をからだに取《と》り込《こ》める種類《しゅるい》もいるんだよ。例《たと》えばウナギは皮《ひ》ふでも、ハイギョという魚《さかな》は肺《はい》でも呼吸《こきゅう》できるんだ。

読《よ》んだ日《ひ》　　月《がつ》　日《にち》

11月《がつ》23日《にち》

みのまわりのふしぎ

どうして大人《おとな》はお仕事《しごと》をするの？

お金《かね》のためだけではない

今日《きょう》は勤労感謝《きんろうかんしゃ》の日《ひ》です。大人《おとな》はいつも、一生懸命《いっしょうけんめい》働《はたら》いていますね。会社《かいしゃ》で働《はたら》く人《ひと》もいれば、そうじをしたり、洗《せん》たくをしたり、食事《しょくじ》をつくったりと、家《いえ》の中《なか》の大切《たいせつ》なお仕事《しごと》をする人《ひと》もいます。

では、大人《おとな》がお仕事《しごと》をする理由《りゆう》、あなたはわかりますか？

もちろん、お金《かね》をかせぐため、というのも理由《りゆう》のひとつです。お金《かね》がないとなにも買《か》うことができず、困《こま》ってしまいます。でも、お仕事《しごと》をするのは、お金《かね》のためだけではないのです。

お仕事《しごと》する大人《おとな》がいないと……

お金《かね》があっても、お店《みせ》や品物《しなもの》が世《よ》の中《なか》になかったらどうなりますか？

例《たと》えばお腹《なか》がすいたら、冷《つめ》たい海《うみ》にもぐって魚《さかな》をつかまえたり、山《やま》に行《い》って木《き》の実《み》をとってきたりしなくてはなりません。

寒《さむ》さをしのぐためのあたたかい服《ふく》がほしくなったら、羊《ひつじ》をさがして、毛《け》をかり取《と》って、糸《いと》をつむいで、セーターを編《あ》まなければなりません。

こうしていろいろな場合《ばあい》を考《かんが》えてみると、病気《びょうき》になったときにお医者《いしゃ》さんに治療《ちりょう》してもらえるのも、大工《だいく》さんがたててくれた家《いえ》に住《す》めるのも、水道《すいどう》の蛇口《じゃぐち》をひねればきれいな水《みず》が出《で》るのも、みんな、お仕事《しごと》をしている大人《おとな》がいるからです。

お仕事《しごと》をすることで、人《ひと》は他《ほか》の人《ひと》の役《やく》に立《た》つことができます。他《ほか》の人《ひと》の役《やく》に立《た》った結果《けっか》として、お金《かね》をかせぐことができて、日々生活《ひびせいかつ》していくことができるのです。

おたがいが助《たす》け合《あ》い、社会《しゃかい》の中《なか》で人《ひと》の役《やく》に立《た》つことができてはじめて、大人《おとな》としてみとめられるといえます。

また、お仕事《しごと》をすることを通《とお》して人《ひと》の役《やく》に立《た》ち、人《ひと》から必要《ひつよう》とされ、感謝《かんしゃ》されることは、自分自身《じぶんじしん》のしあわせにもつながるでしょう。

つまり大人《おとな》は、生《い》きるよろこびをえるためにお仕事《しごと》をしている、ともいえるわけです。

まめちしき ▶社会《しゃかい》の役《やく》に立《た》つ行動《こうどう》を「社会貢献《しゃかいこうけん》」というよ。道《みち》に落《お》ちているゴミを拾《ひろ》ったり、電車《でんしゃ》やバスでお年《とし》寄《よ》りに席《せき》をゆずったり、ちょっとしたことが「社会貢献《しゃかいこうけん》」になるんだ。

どうして冬《ふゆ》になると風《かぜ》が冷《つめ》たくなるの？

自然《しぜん》のふしぎ

季節風《きせつふう》が吹《ふ》く仕組《しく》み

もうすぐ秋《あき》も終《お》わり。いよいよ冬《ふゆ》が近《ちか》づいてきました。冬《ふゆ》に吹《ふ》く風《かぜ》はとても冷《つめ》たく感《かん》じますよね。これは、日本《にほん》海《かい》のさらに北《きた》にある、シベリア大陸《たいりく》から吹《ふ》く「季節風《きせつふう》」によるものです。

では、この季節風《きせつふう》はどうやって起《お》きるのでしょうか。

空気《くうき》は、あたたまると上《うえ》に上《あ》がる性《せい》質《しつ》を持《も》っています。そのため、あたたかい部分《ぶぶん》の空気《くうき》は上《うえ》にのぼり、開《あ》いたすきまに周《まわ》りの冷《つめ》たい空気《くうき》が流《なが》れ込《こ》んできます。この空気《くうき》の流《なが》れが風《かぜ》を起《お》こします（242ページ）。

太陽《たいよう》の熱《ねつ》があたると、陸地《りくち》はあたたまりやすいのですが、海《うみ》の水《みず》はなかなかあたたまりません。

ですが海《うみ》の水《みず》は、一度《いちど》あたたかくなるとなかなかさめにくいという性質《せいしつ》を持《も》っています。同《おな》じように太陽《たいよう》があたっていても、陸地《りくち》と海《うみ》とでは温度《おんど》に違《ちが》いができるのです。

そのため、陸地《りくち》があたたかいときには、海《うみ》の冷《つめ》たい空気《くうき》が陸地《りくち》に流《なが》れ、逆《ぎゃく》に海《うみ》があたたかいときには、陸地《りくち》の冷《つめ》たい空気《くうき》が海《うみ》に流《なが》れ込《こ》みます。こうした陸地《りくち》と海《うみ》の間《あいだ》の空気《くうき》の流《なが》れが、季節《きせつ》風《ふう》を生《う》み出《だ》しているのです。

陸地《りくち》の冷《つめ》たい空気《くうき》が吹《ふ》く

日本《にほん》がある北半球《きたはんきゅう》ですと、夏《なつ》は海《うみ》よりも陸地《りくち》のほうがあたたまりやすく、海《うみ》から陸地《りくち》に向《む》かって風《かぜ》が吹《ふ》きます。夏《なつ》には南《みなみ》からのあたたかい風《かぜ》を感《かん》じることがあると思《おも》いますが、これは、太《たい》平洋《へいよう》から陸地《りくち》のある北《きた》に向《む》けて、季節《きせつ》風《ふう》が吹《ふ》くからなのです。

一方《いっぽう》、冬《ふゆ》になると、日本《にほん》の北《きた》にある陸地《りくち》がぐっと冷《ひ》え込《こ》み、海《うみ》の上《うえ》にある空気《くうき》のほうがあたたかくなります。そのため、陸地《りくち》からの冷《つめ》たい空気《くうき》が太平《たいへい》洋《よう》に向《む》かって流《なが》れ込《こ》むのです。これが北風《きたかぜ》の原因《げんいん》なのです。

ちなみに、10月半《がつなか》ばから11月《がつ》にかけて吹《ふ》く北風《きたかぜ》は「木枯《こが》らし」と呼《よ》ばれます。冬《ふゆ》のはじまりを告《つ》げることから、その年《とし》の秋《あき》の最初《さいしょ》の木枯《こが》らしは、「木《こ》枯《が》らし一号《いちごう》」として発表《はっぴょう》されています。

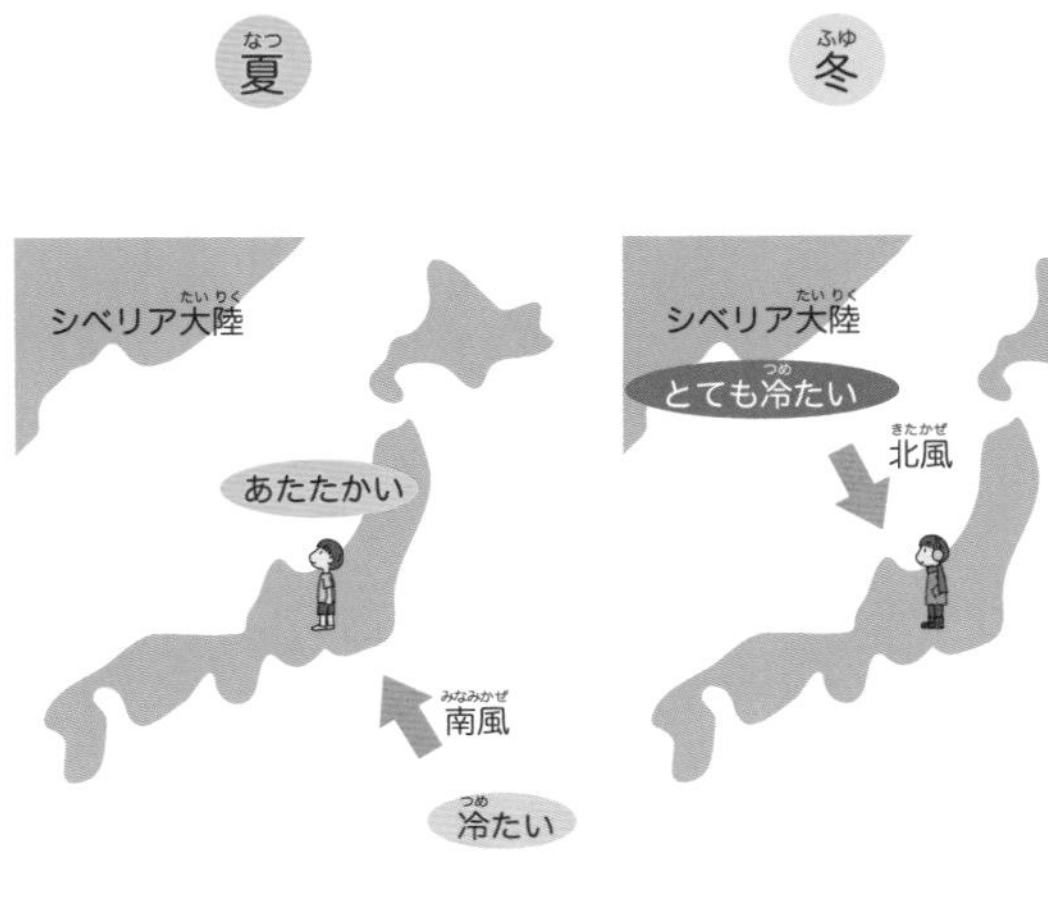

まめちしき
▶日本《にほん》では、冬《ふゆ》は北《きた》から風《かぜ》が吹《ふ》き、夏《なつ》には南《みなみ》から吹《ふ》いてくる。春《はる》には東《ひがし》からの風《かぜ》が吹《ふ》き、秋《あき》には西《にし》からの風《かぜ》が吹《ふ》くんだよ。季節《きせつ》によって風《かぜ》の向《む》きが違《ちが》うなんて、面白《おもしろ》いね。

読《よ》んだ日《ひ》　　月《がつ》　日《にち》

11月《がつ》25日《にち》

人体《じんたい》のふしぎ

朝《あさ》と夜《よる》で変《か》わるって身長《しんちょう》がホント？

背骨《せぼね》の間《あいだ》がちぢむ

　あなたは最近《さいきん》、身長《しんちょう》をはかったことがありますか？　身長《しんちょう》は、体重《たいじゅう》のように毎日《まいにち》はかる人《ひと》は少《すく》ないでしょうが、ためしに朝《あさ》、昼《ひる》、夜《よる》とはかってみてください。１日《にち》のうちで、身長《しんちょう》が変《か》わっているのがわかりますよ。

　なんと、一番背《いちばんせ》が高《たか》いのは朝《あさ》で、昼《ひる》、夜《よる》になるにつれて、だんだん低《ひく》くなっていくのです。

　わたしたちの首《くび》からおしりまで、からだの中心《ちゅうしん》にある骨《ほね》のあつまりを背骨《せぼね》といいます。骨《ほね》と骨《ほね》の間《あいだ》には、「椎間《ついかん》板《ばん》」というクッションがはさまれています。朝起《あさお》きて、活動《かつどう》をはじめると、頭《あたま》の重《おも》さや荷物《にもつ》の重《おも》さなどで、椎間板《ついかんばん》がだんだんちぢんでいくのです。

　大人《おとな》も子《こ》どもも、朝《あさ》に比《くら》べて身長《しんちょう》が１センチ以上低《いじょうひく》くなります。重《おも》い荷物《にもつ》をかつぐ仕事《しごと》の人《ひと》は、３センチもちぢむことがあるそうです。

　毎日《まいにち》、背《せ》が低《ひく》くなったら、そのうち豆《まめ》つぶくらいになっちゃうんじゃないかって？　心配《しんぱい》しなくて大丈夫《だいじょうぶ》。寝《ね》ている間《あいだ》に、椎間板《ついかんばん》はもとのようにふくらんできます。

　クッションを手《て》で押《お》さえて離《はな》すと、へこんでいたところがだんだんもとに戻《もど》るでしょう。同《おな》じことが、からだの中《なか》でもおこなわれているのです。

くつは夕方《ゆうがた》に買《か》おう

　逆《ぎゃく》に、夜《よる》になると、朝《あさ》より大《おお》きくなるところがあります。どこかわかるかな？　むかしから「くつは夕方《ゆうがた》に買《か》え」といわれます。そう、こたえは足《あし》。

　起《お》きて活動《かつどう》しているうちに、からだの水分《すいぶん》はだんだん下《した》のほうにたまってきます。このため、足《あし》がむくんで大《おお》きくなるのです。朝買《あさか》ったくつは、夕方《ゆうがた》にはきつくなってしまうというわけ。

　くつが夕方《ゆうがた》なら、身長《しんちょう》はいつはかるのがいいのかな？　こたえはもちろん朝《あさ》。前《まえ》の日《ひ》は、できるだけ早《はや》く寝《ね》て、朝《あさ》はぎりぎりまで横《よこ》になっているようにしましょう。でも「いつまで寝《ね》てるの！」なんて、お母《かあ》さんに怒《おこ》られても知《し》りませんよ。

まめちしき ▶朝《あさ》と夜《よる》で変《か》わるものは、身長《しんちょう》や足《あし》の大《おお》きさだけではない。人間《にんげん》にはリズムがあり、朝《あさ》はからだを動《うご》かそうとし、夜《よる》は休《やす》ませようとするんだ。だから早寝早起《はやねはやお》きをするとからだにいいんだね。

11月《がつ》26日《にち》

人体《じんたい》のふしぎ

いびきはどうして出《で》るの？

起《お》きているときには出《で》ない

あなたは、「グーグー」「ガーガー」という大《おお》きな音《おと》をたてて寝《ね》ている人《ひと》を見《み》たことはありますか。

寝《ね》ている人《ひと》が出《だ》す大《おお》きな音《おと》。これを「いびき」といいます。もしかしたら、あなたのおうちの人《ひと》も、いびきをかいていたりするかもしれませんね。

いびきは、寝《ね》ている本人《ほんにん》が知《し》らないうちに出《で》ていることも多《おお》いです。いびきをかく原因《げんいん》や音《おと》の大《おお》きさは、人《ひと》によっていろいろ違《ちが》うようですが、じつは、音《おと》が出《で》る仕組《しく》みはだれでも同《おな》じです。

いびきは、息《いき》を吸《す》ったり吐《は》いたりして空気《くうき》が通《とお》るときに、のどや鼻《はな》の中《なか》にある「粘膜《ねんまく》」がふるえることで出《で》る音《おと》です。

ですが、ふつうに起《お》きているときには、音《おと》が出《で》ることはなく、寝《ね》ているときにしか音《おと》は出《で》ません。これは、起《お》きているときよりも寝《ね》ているときのほうが、のどや鼻《はな》などの空気《くうき》の通《とお》り道《みち》がせまくなるからなのです。

のどや鼻《はな》などの空気《くうき》の通《とお》り道《みち》は、もともとそれほど大《おお》きくありません。それがなにかの原因《げんいん》でせまくなってしまうと、いつもよりも空気《くうき》がいきおいよく出入《でい》りすることになります。

これによってのどや鼻《はな》の粘膜《ねんまく》がいつも以上《いじょう》にふるえるので、とても大《おお》きな音《おと》が出《で》ることになります。

筋肉《きんにく》のゆるみが原因《げんいん》

寝《ね》ているときには、からだ全体《ぜんたい》の筋肉《きんにく》がゆるんでしまうため、のどや鼻《はな》を支《ささ》えている筋肉《きんにく》もゆるんでしまいます。そのため、空気《くうき》の通《とお》り道《みち》がせまくなり、大《おお》きないびきが鳴《な》るわけです。

この他《ほか》にも、お酒《さけ》を飲《の》んでいたり、つかれていたりすると、同《おな》じように空《くう》気《き》の通《とお》り道《みち》がせまくなります。そのため、より大《おお》きな音《おと》のいびきが出《で》ることになります。

いびきは大人《おとな》だけではなく、子《こ》どもがかくこともあります。でも、もともと子《こ》どもがいびきをかくことはほとんどありません。病気《びょうき》が原因《げんいん》になっていることも考《かんが》えられますので、早《はや》めに病《びょう》院《いん》に相談《そうだん》にいきましょう。

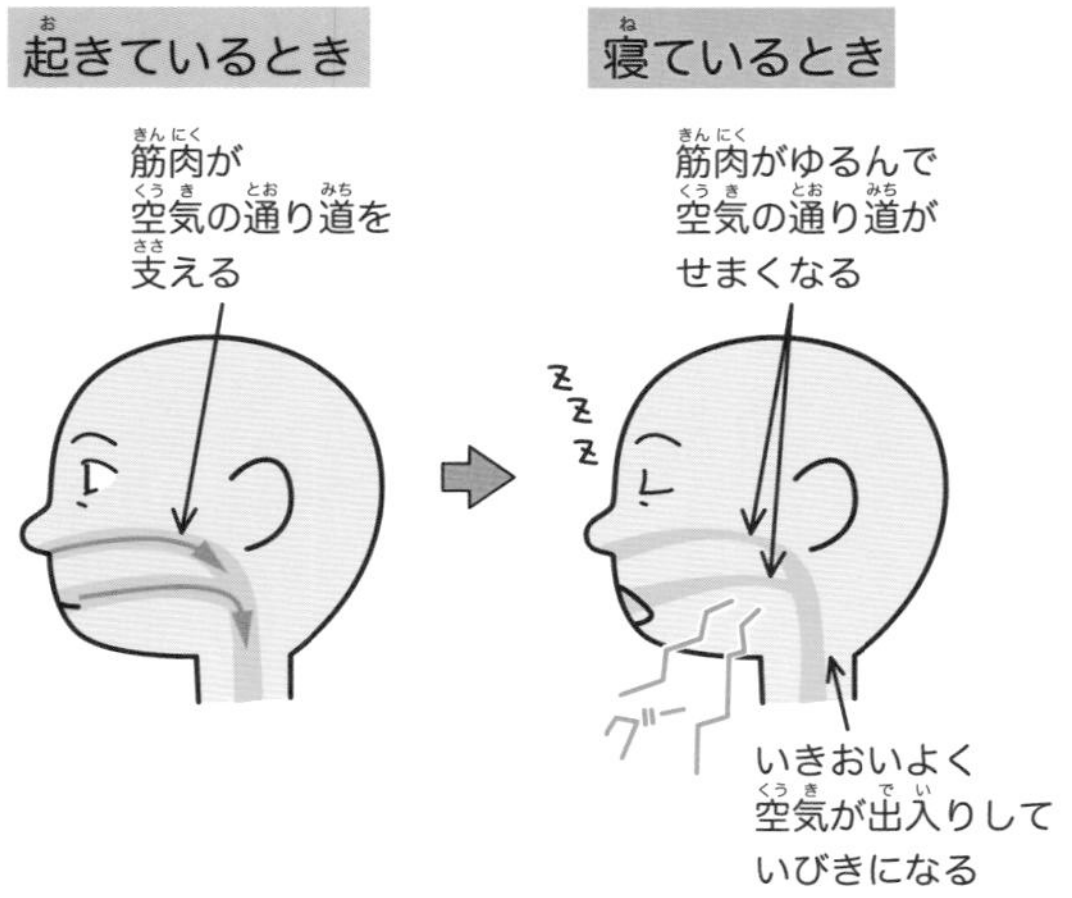

まめちしき ▶枕《まくら》が高《たか》すぎたり、からだに合《あ》わなかったりするときにもいびきが出《で》ることがある。いびきをかいている人《ひと》がいたら、「枕《まくら》が高《たか》すぎるんじゃない？」と聞《き》いてみてもいいかもしれないね。

11月《がつ》27日《にち》

どうしてネコはマタタビが好《す》きなの？

生《い》きもののふしぎ

ネコを元気《げんき》にする薬《くすり》？

ことわざに「ネコにマタタビ」というものがあります。これは、大好物《だいこうぶつ》なもののたとえになっています。

ところであなたは、マタタビってどんなものか知《し》っていますか？

マタタビは山《やま》に生《は》えるツル植物《しょくぶつ》というもので、むかしから薬《くすり》として使《つか》われてきました。

長《なが》い旅《たび》につかれた人《ひと》がマタタビの実《み》を食《た》べたところ元気《げんき》になり、「また、たびができる」といったことが名前《なまえ》の由来《ゆらい》だと伝《つた》わっています。

ネコにマタタビをあたえると、興奮《こうふん》したり、ゆかでゴロゴロと寝《ね》ころがったり、よだれをたらしたりと、人間《にんげん》がお酒《さけ》に酔《よ》ったような状態《じょうたい》になります。マタタビに含《ふく》まれる成分《せいぶん》が、ネコの脳《のう》や神経《しんけい》をまひさせるためです。

まひと聞《き》くと少《すこ》しこわい気《き》がしますが、あくまでも一時的《いちじてき》なもので、マタタビをとりあげれば、すぐにふつうの状態《じょうたい》に戻《もど》ります。

一度《いちど》にたくさんあたえなければ、ネコのからだに害《がい》はないので、ストレス解消《かいしょう》や、元気《げんき》をつけてあげたいときに使《つか》ってみるといいでしょう。

ちなみに人間《にんげん》も、お酒《さけ》にマタタビを入《い》れて飲《の》むと、早《はや》く酔《よ》っぱらうといわれています。

トラやライオンも大好《だいす》き

ネコだけでなく、トラやライオンなどのネコ科《か》の動物《どうぶつ》もマタタビが大好《だいす》きで、マタタビの木《き》を見《み》つけてあつまってきます。

また、キウイもマタタビと同《おな》じサルナシ科《か》という植物《しょくぶつ》なので、キウイの木《き》の根《ね》にはマタタビと同《おな》じような効果《こうか》があります。

まれにですが、キウイの実《み》（キウイフルーツ）にも反応《はんのう》するネコもいます。

このように、ネコが大好《だいす》きなマタタビですが、子《こ》どものネコは興味《きょうみ》をしめしません。また、大人《おとな》のネコはみんなマタタビで興奮《こうふん》するわけではなく、あまり反応《はんのう》のないネコもいます。

そういう点《てん》も、人間《にんげん》の世界《せかい》のお酒《さけ》と似《に》ていますね。

まめちしき ▶アメリカなどでとれるキャットニップ（「ネコがかむ草《くさ》」という意味《いみ》）という植物《しょくぶつ》は、マタタビと同《おな》じようにネコの大好物《だいこうぶつ》なんだって。日本《にほん》では「イヌハッカ」といわれるんだよ。

宇宙《うちゅう》のふしぎ

ブラックホールってなあに？

大《おお》きな恒星《こうせい》の最期《さいご》

自分《じぶん》で光《ひか》る星《ほし》のことを「恒星《こうせい》」といいますが、この恒星《こうせい》たちは燃《も》え続《つづ》けられる「寿命《じゅみょう》」がだいたい決《き》まっています。例《たと》えば、太陽《たいよう》の寿命《じゅみょう》は100億年《おくねん》ぐらい。太陽《たいよう》くらいの大《おお》きさの恒星《こうせい》は、寿命《じゅみょう》がくると「白色《はくしょく》わい星《せい》」と呼《よ》ばれる星《ほし》の死《し》がいになってしまいます。

ところが、太陽《たいよう》の30倍《ばい》以上《いじょう》重《おも》い星《ほし》の場合《ばあい》、寿命《じゅみょう》をむかえると、「超新星爆発《ちょうしんせいばくはつ》」という大爆発《だいばくはつ》を起《お》こします。このときにできるのがブラックホールというものです。

ブラックホールという名前《なまえ》は、1967年《ねん》にアメリカのホイーラーという学者《がくしゃ》が名《な》づけました。名前《なまえ》をそのまま日本語《にほんご》にすると「黒《くろ》い穴《あな》」です。

でも、ホントはブラックホールも星《ほし》のひとつなのです。しかし、まったく光《ひかり》を出《だ》していないうえ、ものすごく重《じゅう》力《りょく》が強《つよ》いため、周《まわ》りのものをどんどん引《ひ》きよせているのです。

なんでも吸《す》い込《こ》む！

想像《そうぞう》しにくいかもしれませんが、あなたの見《み》ている「光《ひかり》」さえも引《ひ》きよせてしまうほど。光《ひかり》がブラックホールの外《そと》に出《で》てこられないため、外《そと》からはなにも見《み》えないのです。

でも、外《そと》から見《み》ることのできないブラックホールを、どうやって見《み》つけたのでしょうか。たしかに、外《そと》から見《み》えないブラックホールは、まん中《なか》の星《ほし》そのものを見《み》ることはできません。

ですが、周《まわ》りの星《ほし》たちがブラックホールに吸《す》い込《こ》まれていくときには、押《お》しつぶされてエックス線《せん》という電磁波《でんじは》を出《だ》します。

これを望遠鏡《ぼうえんきょう》で見《み》つけることで、このあたりにブラックホールがありそうだぞ、ということがわかるのです。

こうした観測《かんそく》の結果《けっか》、1970年《ねん》に、はくちょう座《ざ》のはくちょうの首《くび》の付《つ》け根《ね》のあたりで「X《えっくす》1《わん》」というブラックホールらしきものがはじめて発見《はっけん》されました。そしてその後《ご》も、つぎつぎとブラックホールらしきものが見《み》つかっており、宇宙《うちゅう》のひみつを知《し》る手《て》がかりとなっています。

ブラックホールのイメージ

まめちしき ▶重力《じゅうりょく》は重《おも》さと深《ふか》い関係《かんけい》があるから、ブラックホールは想像《そうぞう》できないくらい重《おも》いものなんだ。そんなものは地球《ちきゅう》にも近《ちか》くの宇宙《うちゅう》にもないから、吸《す》い込《こ》まれる心配《しんぱい》はなさそうだね。

11月《がつ》29日《にち》

救急車《きゅうきゅうしゃ》のサイレンがいろいろ変《か》わるのはなぜ？

科学《かがく》のふしぎ

高《たか》い音《おと》と低《ひく》い音《おと》の違《ちが》い

ピーポーピーポー……どこからか、救急車《きゅうきゅうしゃ》のサイレンの音《おと》が聞《き》こえてきました。救急車《きゅうきゅうしゃ》や消防車《しょうぼうしゃ》、パトカーが来《き》たら、周《まわ》りの人《ひと》はそれらの車《くるま》を先《さき》に通《とお》してあげないといけませんからね。しばらくようすを見《み》てみましょう。

やっと救急車《きゅうきゅうしゃ》が見《み》えてきました。そしてあなたの目《め》の前《まえ》を通《とお》ると……あれれ、サイレンの音《おと》が低《ひく》くなってる！

おそらくあなたも、このような経験《けいけん》があると思《おも》います。これは救急車《きゅうきゅうしゃ》だけでなく、消防車《しょうぼうしゃ》やパトカーのサイレンでも同《おな》じようになりますよね。どうしてなのでしょうか。

音《おと》というのは、「音波《おんぱ》」という波《なみ》でできています。そこで、かんたんな実験《じっけん》をしてみましょう。

輪《わ》ゴムを用意《ようい》して指《ゆび》にひっかけて、のばしたりちぢめたりしながら、ビヨンビヨンとはじいてみてください。音《おと》が高《たか》くなったり低《ひく》くなったりしたりしているのがわかりますね。

音《おと》のふるえかたの変化《へんか》

では、音《おと》が高《たか》いときと、低《ひく》いときで輪《わ》ゴムのふるえかたの違《ちが》いを見《み》てみると、どうなっていますか？

音《おと》が高《たか》いときのほうが、より細《こま》かくふるえているのがわかりますね。

そう、音《おと》には細《こま》かくふるえるほど、音《おと》の高《たか》さが高《たか》くなるという性質《せいしつ》があるのです。

救急車《きゅうきゅうしゃ》が近《ちか》づくと……

今度《こんど》は、遠《とお》くからやってきてあなたの前《まえ》を通《とお》り、また遠《とお》ざかっていく救急車《きゅうきゅうしゃ》について考《かんが》えてみましょう。

音《おと》は波《なみ》ですから、救急車《きゅうきゅうしゃ》からあなたのところに向《む》かって波《なみ》が出《で》ていると考《かんが》えると、図《ず》のように、近《ちか》づいているときは波《なみ》がふつうより細《こま》かくふるえ、遠《とお》ざかるときはふつうよりゆったりとふるえるのです。

ですから、救急車《きゅうきゅうしゃ》が近《ちか》づくときはサイレンの音《おと》が高《たか》くなり、遠《とお》ざかるときは低《ひく》くなるというわけです。

車《くるま》などに乗《の》って、サイレンを鳴《な》らしながら止《と》まっている救急車《きゅうきゅうしゃ》に近《ちか》づいたときも、同《おな》じようになりますよ。

まめちしき

▶このような現象《げんしょう》のことを、ドップラー効果《こうか》というんだよ。ドップラーという学者《がくしゃ》が見《み》つけたからそう名付《なづ》けられたんだ。

11月《がつ》30日《にち》

オーロラってなあに？

自然《しぜん》のふしぎ

太陽《たいよう》の爆発《ばくはつ》がもと

オーロラは、主《おも》に地球《ちきゅう》の北《きた》と南《みなみ》のはてにある、北極《ほっきょく》や南極《なんきょく》の近《ちか》くで見《み》られます。大空《おおぞら》にかかる巨大《きょだい》なカーテンのように見《み》えるもので、赤《あか》や紫《むらさき》、緑《みどり》、黄《き》などに輝《かがや》きながら、ゆらゆらとゆれるようすは大変美《たいへんうつく》しいものです。

オーロラを起《お》こすもとになるのが「太陽風《たいようふう》」です。太陽《たいよう》の表面《ひょうめん》では、ときどき大《おお》きな爆発《ばくはつ》が起《お》こり、電子《でんし》、陽子《ようし》という電気《でんき》のつぶが、風《かぜ》のようになって地球《ちきゅう》に飛《と》んでくるのです。これが太陽風《たいようふう》です。

地球《ちきゅう》に届《とど》いた太陽風《たいようふう》は、北極《ほっきょく》や南極《なんきょく》の上空《じょうくう》にあつまります。地球《ちきゅう》は北極《ほっきょく》がS極《えすきょく》、南極《なんきょく》がN極《えぬきょく》という大《おお》きな磁石《じしゃく》になっていて、S極《えすきょく》とN極《えぬきょく》から、磁力線《じりょくせん》という磁石《じしゃく》の力《ちから》の強《つよ》い、目《め》に見《み》えない線《せん》が出《で》ています。電気《でんき》のつぶである太《たい》陽風《ようふう》は、この磁力線《じりょくせん》に引《ひ》きつけられていくのです。

こうして、北極《ほっきょく》と南極上空《なんきょくじょうくう》にあつまった太陽風《たいようふう》が、地球《ちきゅう》の周《まわ》りにある空気《くうき》のつぶ（原子《げんし》）とぶつかると光《ひかり》の色《いろ》を出《だ》します。これがオーロラです。

色《いろ》はぶつかった空気《くうき》によって異《こと》なり、酸素《さんそ》とぶつかると、緑《みどり》や赤《あか》、ちっ素《そ》では青《あお》や紫《むらさき》、水素《すいそ》では青《あお》やオレンジ、ナトリウムでは黄《き》となります。

日本《にほん》でもオーロラが見《み》える？

北極《ほっきょく》や南極《なんきょく》の近《ちか》くには、「オーロラオーバル」と呼《よ》ばれる領域《りょういき》があります。天気《てんき》さえよければ、ほぼ毎日《まいにち》のようにオーロラが見《み》えるため、世界中《せかいじゅう》からオーロラを見《み》たい人《ひと》たちがあつまってきます。

ちなみに、北極《ほっきょく》や南極以外《なんきょくいがい》でも、まれにオーロラが見《み》られることがあります。ふつうのオーロラと違《ちが》い、赤《あか》く光《ひか》るオーロラで、日本《にほん》では、北海道《ほっかいどう》でたびたび観測《かんそく》されています。

また、日本《にほん》の古《ふる》い書物《しょもつ》にもオーロラのことがしるされており、むかしの人《ひと》は、「赤気《せっき》」と呼《よ》んで、おそれていたことがわかっています。わたしたちも、一度《いちど》は見《み》てみたいものですね。

まめちしき ▶オーロラという名前《なまえ》は、ローマ神話《しんわ》の暁《あかつき》の女神《めがみ》・アウローラからつけられた。暁《あかつき》とは夜明《よあ》けのこと。たしかに朝《あさ》の光《ひかり》はとてもきれいだけど、オーロラはもっときれいなんだろうねえ。

おうちで手軽《てがる》にできる! 親子《おやこ》で楽《たの》しむ実験《じっけん》❹

◉われない風船《ふうせん》

【用意《ようい》するもの】…風船《ふうせん》・セロハンテープ・押《お》しピン

手順《てじゅん》 ❶風船《ふうせん》をふくらませましょう。

❷ふくらんだ風船《ふうせん》にセロハンテープをはりましょう。

❸セロハンテープの上《うえ》から押《お》しピンをぐっとさしてみると……われない！

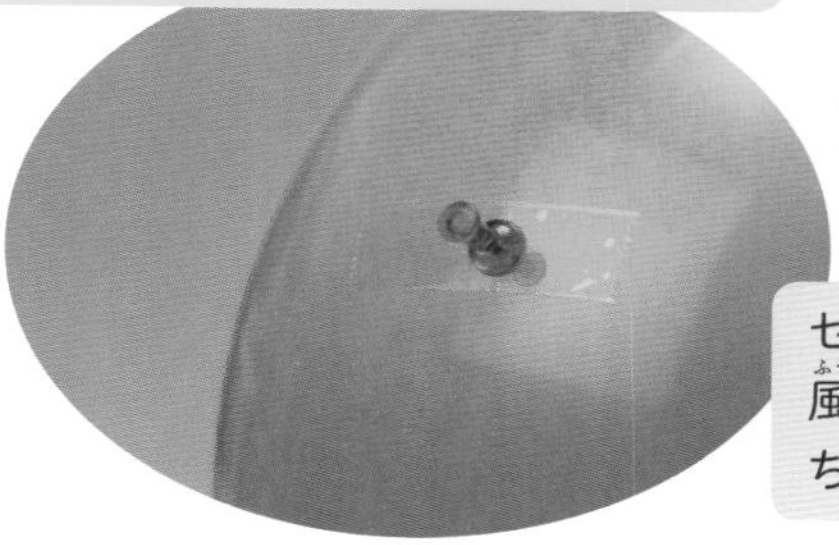

かくし芸《げい》に使《つか》えそうだね！

セロハンテープのおかげで風船《ふうせん》のゴムが急激《きゅうげき》にちぢまないからじゃよ。

◉水《みず》が出《だ》てくる野菜《やさい》

【用意《ようい》するもの】…ニンジン・野菜《やさい》が入《はい》る大《おお》きさのコップ・塩《しお》

手順《てじゅん》 ❶ニンジンのヘタ側《がわ》を、コップよりも野菜《やさい》が少《すこ》し長《なが》くなるように切《き》ります。

❷切《き》り口《くち》をスプーンでくりぬいて、1.5センチくらいの穴《あな》を開《あ》けます。

❸切《き》り口《くち》が水平《すいへい》になるように、コップに野菜《やさい》を入《い》れます。

❹穴《あな》の部分《ぶぶん》に塩《しお》を入《い》れ、一晩《ひとばん》おいたつぎの日《ひ》、野菜《やさい》を見《み》てみると、水《みず》が出《で》ているよ！

ためしてみよう▶ナスやサツマイモ、キュウリ……いろんな野菜《やさい》でためしてみよう。

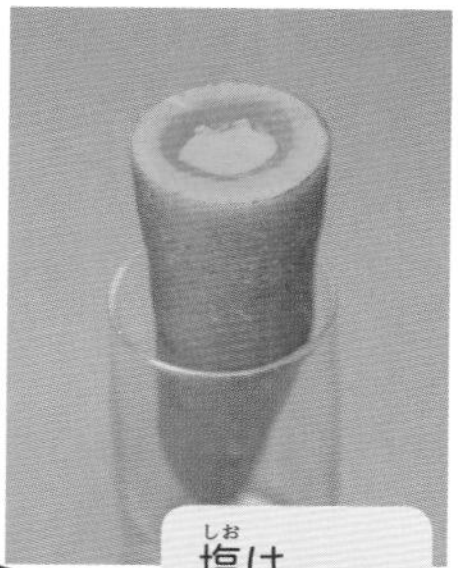

この水《みず》はどこから出《で》てきたんだろう？

塩《しお》はたっぷり入《い》れるようにな。

◉ふしぎなあぶり出《だ》し

【用意《ようい》するもの】…レモン（ミカンでもよい）・筆《ふで》・紙《かみ》・ロウソク

注意《ちゅうい》！この実験《じっけん》は火《ひ》を使《つか》うので注意《ちゅうい》しましょう！

手順《てじゅん》 ❶レモンをしぼります。

❷筆《ふで》にレモン汁《じる》をつけ、紙《かみ》に絵《え》や文字《もじ》を書《か》いてから、しっかり乾《かわ》かしましょう。

❸ロウソクに火《ひ》をつけて、その火《ひ》で紙《かみ》をあぶります。あぶるときは絶対《ぜったい》に火《ひ》に近《ちか》づけすぎないようにしましょう。

❹どう、書《か》いたものは紙《かみ》から浮《う》き出《で》てきたかな？

ためしてみよう▶リンゴやブドウ、ダイコン、タマネギ……いろんなものの汁《しる》であぶり出《だ》しができるか、ためしてみよう。

▶お酢《す》や砂糖水《さとうみず》、塩水《しおみず》でもためしてみよう。

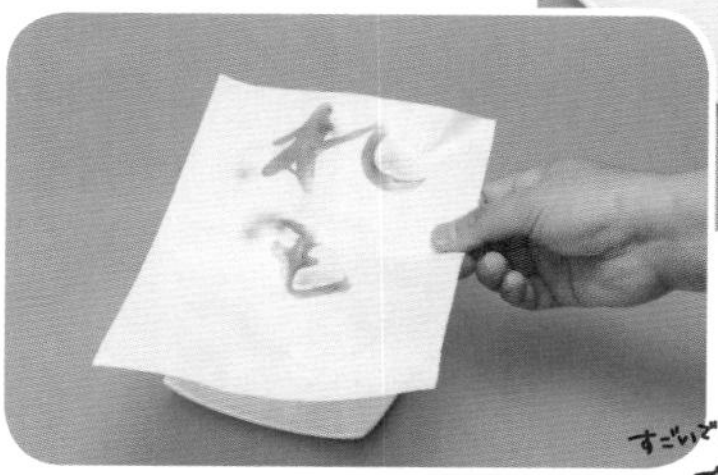

これでひみつの手紙《てがみ》が書《か》けるね！

レモンの汁《しる》の中《なか》の成分《せいぶん》が、紙《かみ》より先《さき》にこげるからなのじゃよ。

DECEMBER
12月
café

鉄《てつ》はどうやってつくっているの？

科学《かがく》のふしぎ

鉄《てっ》鉱《こう》石《せき》から鉄《てつ》を取《と》り出《だ》す

かたくてがんじょうな鉄《てつ》は、わたしたちの周《まわ》りでいろいろなものに使《つか》われています。鉄棒《てつぼう》やジャングルジム、ハサミや針《はり》、フライパンやほうちょう、車《くるま》や電車《でんしゃ》……これらをつくるために使《つか》う鉄《てつ》のことを「鋼《はがね》」といいます。

鉄《てつ》は鉄鉱石《てっこうせき》からつくられます。鉄鉱《てっこう》石《せき》は、鉄《てつ》と酸素《さんそ》などが結《むす》びついてできている岩石《がんせき》です。鉄鉱石《てっこうせき》から鉄《てつ》をつくるには、他《ほか》のものを追《お》い出《だ》して鉄《てつ》だけを取《と》り出《だ》さなければいけません。

鉄《てつ》を取《と》り出《だ》すためには、高炉《こうろ》という大《おお》きな窯《かま》に鉄鉱石《てっこうせき》とコークスというものを入《い》れて、１２００℃という高《たか》い温《おん》度《ど》で熱《ねっ》します。コークスをまぜることで鉄《てつ》にねばりが出《で》て、折《お》れにくく丈夫《じょうぶ》になるのです。

高《たか》い温度《おんど》で熱《ねっ》して取《と》り出《だ》された鉄《てつ》は、高炉《こうろ》の底《そこ》にたまります。このときたまった鉄《てつ》には、まだいろいろなものがまざっているので、別《べつ》の炉《ろ》にうつして炭酸《たんさん》カルシウムというものを入《い》れ、酸素《さんそ》を吹《ふ》きつけます。すると、まざっているものが追《お》い出《だ》され、かたくてがんじょうな鋼《はがね》ができあがるのです。

このように鉄鉱石《てっこうせき》から鋼《はがね》をつくることを、製鉄《せいてつ》といいます。

鉄鉱石《てっこうせき》

高炉《こうろ》で熱《ねっ》された鉄《てつ》

大《おお》むかしから使《つか》われている

ところで、人《ひと》が鉄《てつ》を使《つか》うようになったのは、いつごろなのでしょう。いまから約《やく》５０００年前《ねんまえ》のエジプトの遺跡《いせき》から鉄《てつ》の器《うつわ》が発見《はっけん》されているため、人《ひと》はそのころから鉄《てつ》を使《つか》っていたと考《かんが》えられています。

日本《にほん》では、平安時代《へいあんじだい》に九州《きゅうしゅう》などで製《せい》鉄《てつ》がはじまりました。

そのころからおこなわれている日《に》本《ほん》の製鉄法《せいてつほう》を、たたら製鉄《せいてつ》といい、日本《にほん》の刀《かたな》を生《う》んだ伝統《でんとう》ある技術《ぎじゅつ》として知《し》られています。

江戸《えど》時代《じだい》の終《お》わりごろには日本《にほん》初《はつ》の西洋式《せいようしき》の高炉《こうろ》がつくられ、12月《がつ》1日《ついたち》にはじめて製鉄《せいてつ》がおこなわれました。それを記念《きねん》して、今日《きょう》は「鉄《てつ》の記念日《きねんび》」と定《さだ》められています。

まめちしき ▶今日《きょう》から師走《しわす》。師《し》はお坊《ぼう》さんのことで、お経《きょう》をあげるためにたくさんの家《いえ》をまわるのにいそがしく、お坊《ぼう》さんも走《はし》る、という意味《いみ》があるようだよ。みんな12月《がつ》はいそがしそうだよね。

どうして寒《さむ》いときにはブルブルふるえるの？

人体《じんたい》のふしぎ

体温《たいおん》を一定《いってい》に保《たも》つ

人間《にんげん》のふだんの体温《たいおん》は、人《ひと》によって少《すこ》しずつ違《ちが》いますが、つねにある一定《いってい》の温度《おんど》を保《たも》つようになっています。

体温《たいおん》が高《たか》くなりすぎたり、低《ひく》くなりすぎたりすると、体調《たいちょう》をくずしたり、ときには命《いのち》が危険《きけん》にさらされてしまうことにすらなります。

ですから人間《にんげん》は、皮《ひ》ふを通《とお》してあつさや寒《さむ》さを感《かん》じ、身《み》を守《まも》るためにうまく体温《たいおん》を調節《ちょうせつ》できるような仕組《しく》みを持《も》っているのです。

例《たと》えばあついときには、汗《あせ》をかいて、からだの熱《ねつ》を外《そと》ににがすようにします。そして寒《さむ》いときには、なるべくからだの熱《ねつ》を外《そと》ににがさないようにするのです。

寒《さむ》いときに、はだにブツブツができる「鳥《とり》はだ」も、その仕組《しく》みのひとつです（34ページ）。

ブルブルふるえて熱《ねつ》を生《う》む

それでは、どうして寒《さむ》いときには、からだが自然《しぜん》にブルブルふるえるのでしょうか？

がんばってからだを動《うご》かすと、汗《あせ》をかくだけでなく、からだもポカポカあたたかくなりますね。これは、運動《うんどう》をして筋肉《きんにく》がブルブルふるえることで、熱《ねつ》のエネルギーが生《う》まれるからです。人間《にんげん》のからだは、それを使《つか》うことで下《さ》がった体温《たいおん》を取《と》り戻《もど》そうとしているわけです。

寒《さむ》いときにおしっこをすると、ブルブルッとふるえることがありますね。これも、おしっこと一緒《いっしょ》にからだの中《なか》の熱《ねつ》がにげてしまうので、筋肉《きんにく》をふるえさせて、からだが熱《ねつ》を取《と》り戻《もど》そうとしているのです。

ブルブルふるえたり、汗《あせ》をかいたり、息《いき》をしたり、心臓《しんぞう》を動《うご》かしたり。これらは、自分《じぶん》の意思《いし》で調節《ちょうせつ》することができない「自律神経《じりつしんけい》」というものが起《お》こしていることです。

生《い》きていくために必要《ひつよう》な自動調節機《じどうちょうせつき》能《のう》がそなわっているなんて、なんだかすごいですね。

まめちしき
▶寒《さむ》いときに手足《てあし》の指先《ゆびさき》が冷《つめ》たくなるのも、血管《けっかん》がちぢんで、体《からだ》から熱《ねつ》を逃《に》がさないようにしているためだよ。あたたかい手袋《てぶくろ》やくつ下《した》をはこう。

冬《とう》眠《みん》ってなあに？

生《い》きもののふしぎ

ヘビやカエルの冬《とう》眠《みん》

自然《しぜん》の中《なか》に住《す》んでいるヘビやカエルは、冬《ふゆ》になるとじっとして動《うご》かなくなります。眠《ねむ》っているわけではなく、朝《あさ》になっても起《お》きません。春《はる》になってあたたかくなると、やっと動《うご》き出《だ》します。

このように、冬《ふゆ》の間《あいだ》眠《ねむ》ったように動《うご》かなくなることを、冬眠《とうみん》といいます。

冬眠《とうみん》しているとき、ヘビやカエルの体温《たいおん》は、とても低《ひく》くなっています。なぜなら、自分《じぶん》で自分《じぶん》のからだをあたためることがほとんどできないので、冬《ふゆ》には体温《たいおん》が低《ひく》くて動《うご》けなくなってしまうからです。

冬眠《とうみん》すると、よいこともあります。冬《ふゆ》にエサがないときに、冬眠《とうみん》していれば、お腹《なか》がすきません。あまり食《た》べなくても生《い》きていけるということは、それだけ自然《しぜん》の中《なか》で生《い》きのびやすいということなのです。

冬眠《とうみん》の準備《じゅんび》をしなくちゃ！

コウモリやリスの冬《とう》眠《みん》

イヌやネコ、ウシやウマといった、冬《ふゆ》でもからだがあたたかい動物《どうぶつ》は、寒《さむ》いときには、自分《じぶん》で自分《じぶん》のからだをあたためられるようになっています。

ですから、冬《ふゆ》でも夏《なつ》と同《おな》じように動《うご》けるのですが、からだが冷《ひ》えないように、きちんとエサを食《た》べてエネルギーを取《と》らないといけません。

コウモリや、ある種《しゅ》のリスの仲間《なかま》も冬眠《とうみん》をします。しかし、それらはヘビやカエルと違《ちが》って、からだはあたたかくなっています。

一応《いちおう》自分《じぶん》で体温《たいおん》を調節《ちょうせつ》できるものの、大《おお》きい生《い》きものに比《くら》べてからだが冷《ひ》えやすいので、寒《さむ》い冬《ふゆ》に夏《なつ》と同《おな》じ体温《たいおん》を保《たも》つことが難《むずか》しいからです。そのため、体温《たいおん》をうばわれないように、じっとしているのです。

また、クマもエサがなくなるために冬眠《とうみん》することがあります。

もちろん、人間《にんげん》は冬眠《とうみん》をしませんから、寒《さむ》い冬《ふゆ》でもたくさんごはんを食《た》べて、元気《げんき》に外《そと》であそびましょうね。

まめちしき ▶クマは冬眠《とうみん》する前《まえ》にたくさん食《た》べて体《からだ》の中《なか》に脂肪《しぼう》をたくわえておくよ。冬眠中《とうみんちゅう》はこの脂肪《しぼう》を使《つか》って、呼吸《こきゅう》に必要《ひつよう》なエネルギーとしているんだ。

12月《がつ》 4日《にち》

どうして卵《たまご》には白身《しろみ》と黄身《きみ》があるの？

生《い》きもののふしぎ

白身《しろみ》が黄身《きみ》を守《まも》る

　わたしたちがふだん食《た》べている卵《たまご》は、ニワトリが産《う》んだものです。お店《みせ》で売《う》っている卵《たまご》は、メスしかいないところで飼《か》われているニワトリが産《う》んだものなので、ヒヨコにはなりません。でも、オスとメスを一緒《いっしょ》に飼《か》っていると、産《う》まれた卵《たまご》から、やがてヒヨコがかえります。

　ヒヨコになるのは、黄身《きみ》の中《なか》にある「胚《はい》」という部分《ぶぶん》です。これがどんどん大《おお》きくなって、やがてヒヨコになります。黄身《きみ》には栄養《えいよう》がたっぷりあるので、「胚《はい》」はそれを食《た》べながら成長《せいちょう》するのです。そしてその間《あいだ》、白身《しろみ》は黄身《きみ》を守《まも》っています。卵《たまご》を強《つよ》くゆらしても、周《まわ》りに白身《しろみ》があるので、黄身《きみ》は大《おお》きなショックを受《う》けずにすみます。

　また、白身《しろみ》にはばい菌《きん》を殺《ころ》す力《ちから》があるので、カラを通《とお》りぬけてばい菌《きん》が入《はい》ってきたとしても、黄身《きみ》には届《とど》きません。こんな風《ふう》に、白身《しろみ》と黄身《きみ》が助《たす》け合《あ》って、卵《たまご》はヒヨコになるのです。

いろいろなゆで方《かた》

　ところでゆで卵《たまご》には、かたゆで卵《たまご》と半《はん》じゅく卵《たまご》があります。半《はん》じゅく卵《たまご》は、黄身《きみ》はやわらかく、白身《しろみ》はかたまっています。でも、黄身《きみ》だけかたまって、白身《しろみ》はやわらかいままの卵《たまご》があるのを知《し》っていますか？

　これを「温泉卵《おんせんたまご》」といいます。ふつうのゆで卵《たまご》と違《ちが》って、お湯《ゆ》をふっとうさせず、70℃《ど》ぐらいのお湯《ゆ》で30分《ぷん》ほどゆでてつくります。

　黄身《きみ》は70℃《ど》のお湯《ゆ》でかたまるのに、白身《しろみ》は80℃《ど》以上《いじょう》のお湯《ゆ》でなくてはかたまらないので、このような面白《おもしろ》い卵《たまご》ができるのですね。

　おうちで温泉卵《おんせんたまご》をつくるのはとても難《むずか》しいのですが、温泉《おんせん》には、70℃《ど》ぐらいのお湯《ゆ》がわきでているものがあるので、そこに卵《たまご》をつけておくと、おいしい温泉卵《おんせんたまご》ができます。

　温泉《おんせん》に行《い》くことがあったら、ぜひおうちの人《ひと》にお願《ねが》いして、つくってもらいましょう。

白身《しろみ》は黄身《きみ》を守《まも》るように入《はい》っている

温泉卵《おんせんたまご》、つくったことある？

まめちしき

▶卵《たまご》には、黄身《きみ》を卵《たまご》のまん中《なか》に保《たも》つために、カラザというひものようなものがついているよ。カラザはアミノ酸《さん》と糖類《とうるい》でできているから、生《なま》で食《た》べるときにもとらなくて大丈夫《だいじょうぶ》だよ。

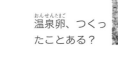

自然《しぜん》のふしぎ

風《かぜ》の音《おと》ってどうして聞《き》こえるの？

正体《しょうたい》は空気《くうき》のうず

風《かぜ》が強《つよ》い日《ひ》に外《そと》を歩《ある》いていると、「ピューピュー」という風《かぜ》の音《おと》がどこからか聞《き》こえてくることがありますよね。でもいったい、どこから音《おと》が聞《き》こえてくるのでしょうか。

それは、壁《かべ》や電線《でんせん》に風《かぜ》がぶつかったときに起《お》きるのです。風《かぜ》がいきおいよくぶつかると、その周《まわ》りで空気《くうき》のうずができます。この空気《くうき》のうずの振動《しんどう》が、風《かぜ》の音《おと》の正体《しょうたい》です。

例《たと》えば空気《くうき》のうずは、なわとびのなわを回《まわ》しているときにもできます。ゆっくり回《まわ》していると音《おと》は聞《き》こえませんが、速《はや》く回《まわ》しはじめると「ヒュンヒュン」と聞《き》こえるでしょう。

これは、なわが回《まわ》るたびに空気《くうき》をわり、できたうずが振動《しんどう》を起《お》こして音《おと》がひびいてくるからです。二重《にじゅう》とびやはやぶさとびをすると、ふつうにとぶより少《すこ》し高《たか》い音《おと》が聞《き》こえます。なわが速《はや》く回《まわ》っているので、その分《ぶん》空気《くうき》のうずもたくさんできて、音《おと》どうしがひびきあうからです。

ためしに輪《わ》ゴムを指《ゆび》で持《も》ち、引《ひ》く力《ちから》を変《か》えながらビヨンビヨンとはじいてみましょう。ゆれる速《はや》さにあわせて、音《おと》の高《たか》さもいろいろ変《か》わるのがよくわかりますね。

せまいところを通《とお》ると鳴《な》る音《おと》

風《かぜ》の音《おと》は、ビルとビルの間《あいだ》からも聞《き》こえてくることがあり、これをビル風《かぜ》といいます。

このように、せまいところにいきおいよく空気《くうき》が流《なが》れることで、周《まわ》りに空《くう》気《き》のうずができ、振動《しんどう》とともに音《おと》が聞《き》こえることがあります。

速《はや》いスピードの風《かぜ》は「ピュー」と高《たか》い音《おと》を出《だ》して通《とお》り抜《ぬ》けます。窓《まど》のすきまから聞《き》こえてくる風《かぜ》も同《おな》じ仕組《しく》みで、高《たか》い音《おと》になることが多《おお》くなります。

逆《ぎゃく》に、風《かぜ》がゆっくりと吹《ふ》いているときには、「ゴオー」という低《ひく》い音《おと》がひびくのです。

これらの仕組《しく》みは、バイオリンや笛《ふえ》などの楽器《がっき》に使《つか》われているものと同《おな》じなのですよ。

まめちしき
▶寒《さむ》い日《ひ》は、音《おと》の伝《つた》わる速《はや》さがあたたかい日《ひ》よりもおそいんだよ。気温《きおん》が1℃《ど》上《あ》がるごとに音速《おんそく》は1秒間《びょうかん》に0.6メートル進《すす》む分《ぶん》だけ速《はや》くなるんだって。

人体《じんたい》のふしぎ

どうして男《おとこ》の人《ひと》にはおちんちんがあるの？

子孫《しそん》を残《のこ》すということ

人間《にんげん》はもちろん、動物《どうぶつ》や植物《しょくぶつ》、すべての生《い》きものにとって、子孫《しそん》を残《のこ》すというのはとても大切《たいせつ》なことです。

そうやって、お父《とう》さんやお母《かあ》さん、おじいちゃんやおばあちゃん、そのまたおじいちゃんやおばあちゃん……と、家族《かぞく》がむかしからつながってきたように、今度《こんど》は自分《じぶん》から未来《みらい》へと命《いのち》をつなぎ、子《こ》どもや孫《まご》を残《のこ》していくことになるのです。

さて、お父《とう》さんや男《おとこ》の子《こ》にあるおちんちんには、子孫《しそん》を残《のこ》すためにとても大切《たいせつ》な役割《やくわり》があります。

赤《あか》ちゃんは、お母《かあ》さんのお腹《なか》の中《なか》で約十《やくじゅっ》ケ月間《げつかん》すごしてから生《う》まれてきます。しかし、お母《かあ》さんひとりでは赤《あか》ちゃんをつくることはできません。

お父《とう》さんのからだの中《なか》にある『精子《せいし》』というものを、お母《かあ》さんのからだの中《なか》に送《おく》り込《こ》むことで、お母《かあ》さんのからだの中《なか》にある『卵子《らんし》』という卵《たまご》と結《むす》びつくことができます。精子《せいし》と卵子《らんし》が結《むす》びついたとき、はじめて赤《あか》ちゃんになっていくのです。

さて、おちんちんには、男《おとこ》の人《ひと》のからだの中《なか》でできたいらないものを、おしっことしてからだの外《そと》に出《だ》すという大切《たいせつ》な役割《やくわり》もあります。

さらにもうひとつ、とても大切《たいせつ》な役割《やくわり》として、お母《かあ》さんと一緒《いっしょ》に赤《あか》ちゃんをつくる仕事《しごと》をする、というものがあるのです。

赤《あか》ちゃんをつくる仕組《しく》み

お父《とう》さんのからだは、精巣《せいそう》という場所《ばしょ》で、健康《けんこう》な精子《せいし》をつくります。それをおちんちんを通《とお》してお母《かあ》さんのからだの中《なか》に送《おく》り込《こ》む仕組《しく》みになっているのです。

そしてお母《かあ》さんのお腹《なか》の中《なか》で赤《あか》ちゃんの命《いのち》が誕生《たんじょう》すると、お母《かあ》さんのからだは子宮《しきゅう》という赤《あか》ちゃんのいる部屋《へや》を大《おお》きくしたり、おっぱいを飲《の》ませるための準備《じゅんび》をはじめます。

同《おな》じ人間《にんげん》でも、このように男《おとこ》の人《ひと》と女《おんな》の人《ひと》には、子孫《しそん》を残《のこ》すためにそれぞれ違《ちが》った、大切《たいせつ》な役割《やくわり》があるのです。

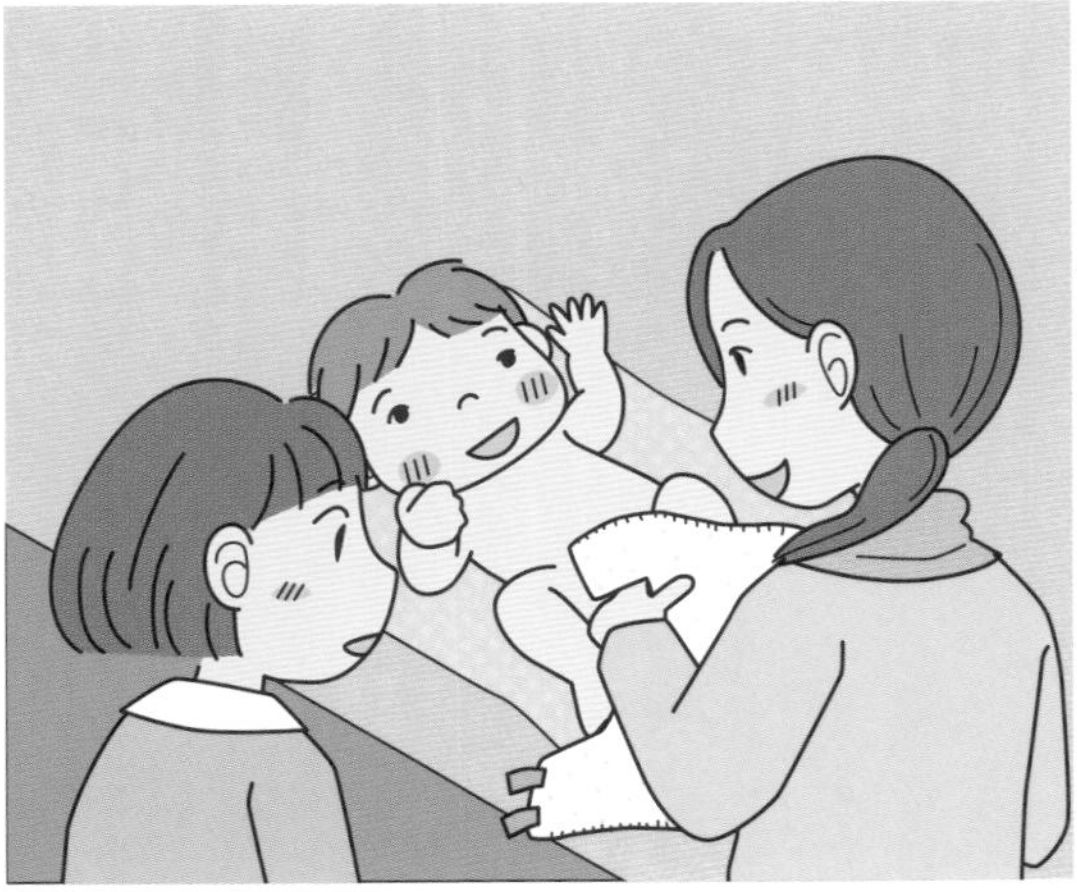

まめちしき
卵子《らんし》は、お母《かあ》さんのからだのお腹《なか》のあたりにある卵巣《らんそう》というところでつくられるよ。卵子《らんし》と精子《せいし》が結《むす》びついたあと、子宮《しきゅう》で赤《あか》ちゃんは大《おお》きくなっていくんだ。

どうして雪《ゆき》が降《ふ》るの？

雪《ゆき》のできかた

空気《くうき》の中《なか》にはたくさんの水《みず》が、水蒸《すいじょう》気《き》と呼《よ》ばれる目《め》に見《み》えない形《かたち》になってまざっています。このしめった空気《くうき》は、風《かぜ》によって地球《ちきゅう》のあちこちに運《はこ》ばれていきます。

空《そら》の高《たか》いところで水蒸気《すいじょうき》を含《ふく》んだ空《くう》気《き》が冷《ひ》やされると、小《ちい》さな氷《こおり》のつぶができます。いったん氷《こおり》のつぶができると、その周《まわ》りに、どんどん氷《こおり》がついていきます。これが、雪《ゆき》のつぶです。

こうしてできた雪《ゆき》は、空《そら》の高《たか》いところから下《した》のほうに落《お》ちていきます。このとき、空《そら》の下《した》のほうの空気《くうき》の温度《おんど》が高《たか》いと、雪《ゆき》のつぶは溶《と》けてしまいます。その場合《ばあい》、地上《ちじょう》には雨《あめ》が降《ふ》ります。

ところが、空《そら》の下《した》のほうが寒《さむ》いと、雪《ゆき》のつぶは溶《と》けないままおりてくるため、地上《ちじょう》に雪《ゆき》が降《ふ》るのです。

雪《ゆき》の結晶《けっしょう》

みなさんは、「結晶《けっしょう》」という言葉《ことば》を知《し》っていますか？　水晶《すいしょう》は先《さき》のとがったきれいな形《かたち》をしています。また、塩《しお》のつぶは、よく見《み》るとサイコロのような形《かたち》をしています。これらは水晶《すいしょう》や塩《しお》の結晶《けっしょう》の形《かたち》なのです。

水《みず》も、こおったときに結晶《けっしょう》の形《かたち》をとることがあります。空《そら》の高《たか》いところで、空気《くうき》が冷《ひ》やされたときにできる氷《こおり》は、どれも六角形《ろっかっけい》をしています。

この氷《こおり》のつぶの周《まわ》りに、どんどん新《あたら》しい氷《こおり》がついて雪《ゆき》に育《そだ》っていくときに、一《ひと》つひとつのつぶが、いろいろな違《ちが》った形《かたち》になるのです。

１９３６年《ねん》、中谷宇吉郎《なかやうきちろう》という人《ひと》が世界《せかい》ではじめて、人間《にんげん》の力《ちから》で雪《ゆき》の結晶《けっしょう》をつくることに成功《せいこう》しました。その中《なか》谷先生《やせんせい》は、雪《ゆき》を「天《てん》から送《おく》られた手紙《てがみ》」だといいました。

降《ふ》ってきたばかりの雪《ゆき》を、溶《と》けないうちに虫《むし》めがねで見《み》てみましょう。雪《ゆき》の結晶《けっしょう》を見《み》ることができますよ。とてもきれいなものですから、雪《ゆき》が降《ふ》ったらぜひ見《み》てくださいね。

まめちしき ▶あられとひょうの違《ちが》いは知《し》っている？　直径《ちょっけい》5ミリ未満《みまん》の氷《こおり》をあられ、直径《ちょっけい》5ミリ以上《いじょう》の氷《こおり》をひょうと呼《よ》ぶんだよ。

生《い》きもののふしぎ

スズメやカラスは暗《くら》くなるとどこに行《い》くの？

鳥《とり》も決《き》まった場所《ばしょ》に帰《かえ》る

夕方《ゆうがた》になると、スズメやカラスが木《き》や電線《でんせん》などに、たくさんあつまっているのを見《み》たことはありますか？　スズメやカラスは、まるで待《ま》ち合《あ》わせたように集合《しゅうごう》し、むれとなってねぐらに向《む》かうのです。

スズメは外敵《がいてき》におそわれないように、町《まち》の中《なか》や住宅地《じゅうたくち》に生《は》えている木《き》など、人間《にんげん》がいる場所《ばしょ》の近《ちか》くがねぐらになっていることが多《おお》いようです。

また、竹《たけ》やぶの中《なか》なども好《この》んでねぐらにしますが、これも、敵《てき》から姿《すがた》が見《み》えないようにするためです。

カラスは人間《にんげん》の住《す》む町《まち》から少《すこ》し離《はな》れた森《もり》や林《はやし》、木《き》の多《おお》い神社《じんじゃ》などをねぐらにしています。

このように多《おお》くの鳥《とり》がいっせいにあつまって眠《ねむ》る場所《ばしょ》を「集団《しゅうだん》ねぐら」といいます。

みんなで一緒《いっしょ》に寝《ね》ることで、敵《てき》が来《き》た場合《ばあい》も、だれかが見《み》つけて知《し》らせてくれるため、安心《あんしん》なのです。

ねぐらと巣《す》は違《ちが》う

ちなみに、ねぐらと巣《す》とは違《ちが》います。スズメやカラスは、ふだんは巣《す》の中《なか》で寝《ね》ているわけではなく、そのまま木《き》のえだにとまって寝《ね》ています。

巣《す》はあくまで子育《こそだ》てのためにつくるものなのです。卵《たまご》やヒナが地面《じめん》に落《お》ちたり、敵《てき》にうばわれたりしないための入《い》れものと考《かんが》えると、わかりやすいでしょう。

スズメは軒下《のきした》や、雨《あま》どいと屋根《やね》との間《あいだ》などに巣《す》をつくります。ほんのわずかなすきまでも入《はい》りこんでつくるので、人間《にんげん》の目《め》からは目立《めだ》たないことが多《おお》いです。カラスは木《き》のえだや電柱《でんちゅう》など、高《たか》いところに巣《す》をつくります。

春《はる》から夏《なつ》にかけての子育《こそだ》て中《ちゅう》の親鳥《おやどり》は、子《こ》どもを守《まも》ろうとして気《き》が荒《あら》くなっています。もし巣《す》を見《み》つけても、むやみに近《ちか》よったりはしないようにしましょうね。

カラスの巣《す》

まめちしき　▶歌《うた》ってみよう「七《なな》つの子《こ》」——♪烏《からす》なぜ啼《な》くの　烏《からす》は山《やま》に　可愛《かわい》い七《なな》つの子《こ》があるからよ　可愛可愛《かわいいかわいい》と烏《からす》は啼《な》くの　可愛可愛《かわいいかわいい》と啼《な》くんだよ　山《やま》の古巣《ふるす》へ行《い》って見《み》て御覧《ごらん》　丸《まる》い眼《め》をしたいい子《こ》だよ

12月《がつ》9日《にち》

どうして羽毛《うもう》ふとんはあたたかいの？

科学《かがく》のふしぎ

あたたかい空気《くうき》をのがさない！

冬《ふゆ》の寒《さむ》い朝《あさ》。でも、おふとんの中《なか》はぬくぬくあたたかで、いつまでも中《なか》でゴロゴロしていたいな〜、と思《おも》ったときはありませんか？

とくに、鳥《とり》の羽《はね》やうぶ毛《げ》が中《なか》に入《はい》っている羽毛《うもう》ふとんは、とてもあたたかいものですからね。

羽毛《うもう》とは、鳥《とり》の羽《はね》をつくる毛《け》のことをいいます。細《こま》かい羽《はね》の間《あいだ》に空気《くうき》をたくわえて、ふんわり取《と》り込《こ》むことができるため、人間《にんげん》のからだであたためられた空気《くうき》を、にがさずにたくわえておくことができます。ですから、羽毛《うもう》ふとんはとてもあたたかいのです。

水鳥《みずとり》の羽毛《うもう》

アヒルなどのように水《みず》の上《うえ》をスイスイ泳《およ》ぐ水鳥《みずとり》には、２種類《しゅるい》の羽《はね》が生《は》えています。外側《そとがわ》には水《みず》をはじく羽《はね》が生《は》え、さらにその下《した》には、ふわふわした羽《はね》が生《は》えています。これは、うぶ毛《げ》のようにやわらかく、「ダウン」とも呼《よ》ばれています。羽毛《うもう》ふとんには、これと同《おな》じ羽毛《うもう》が使《つか》われているのです。

ときどき水鳥《みずとり》が、わきの下《した》のあたりをくちばしでつついていることがあるでしょう。あれは、からだから出《で》る脂《あぶら》を羽《はね》の表面《ひょうめん》になすりつけて、水《みず》をはじくようにしているのです。ですから水《みず》の中《なか》にいてもびしょぬれにならずにすむのです。

また、先《さき》ほど説明《せつめい》したように、羽毛《うもう》は羽《はね》の間《あいだ》に空気《くうき》をたくわえておくことができます。そして羽毛《うもう》はとても軽《かる》いものなので、羽自体《はねじたい》があたたかくて軽《かる》い、空気《くうき》の浮《う》きぶくろのようなはたらきをするのです。

ですから、水辺《みずべ》に住《す》む鳥《とり》たちは、寒《さむ》い冬《ふゆ》でも水面《すいめん》に優雅《ゆうが》に浮《う》いていられるわけなのです。

羽毛《うもう》ふとんやダウンジャケットなど、水鳥《みずとり》たちのあたたかいおくりものを上手《じょうず》に使《つか》って、わたしたちも冬《ふゆ》を元気《げんき》にすごしていきましょうね。

まめちしき
▶南極観測隊員《なんきょくかんそくたいいん》が防寒着《ぼうかんぎ》としているジャケットには二重《にじゅう》にされたダウンが入っているよ。−《マイナス》40℃《ど》の環境《かんきょう》で作業《さぎょう》できるようにつくられているんだよ。

12月《がつ》10日《にち》

ノーベル賞《しょう》ってなあに？

みのまわりのふしぎ

ノーベルの遺言《ゆいごん》

今日《きょう》は、ノーベル賞《しょう》の授賞式《じゅしょうしき》がノルウェーとスウェーデンという国《くに》でおこなわれる日《ひ》です。

ノーベル賞《しょう》は、わたしたちのくらしや世《よ》の中《なか》をよくするために力《ちから》を注《そそ》いだ人《ひと》たちにおくられる、世界《せかい》で一番《いちばん》価値《かち》があるといわれる賞《しょう》です。

ノーベル賞《しょう》という名前《なまえ》は、ダイナマイトという爆薬《ばくやく》を考《かんが》え出《だ》した、スウェーデン人《じん》の、アルフレッド・ノーベルという人《ひと》の名前《なまえ》からつけられました。

ダイナマイトは、それまでのものより強力《きょうりょく》な爆薬《ばくやく》だったため、山《やま》にトンネルをほったり、岩山《いわやま》にある石炭《せきたん》などをほりおこしたりするときにとても役立《やくだ》ち、社会《しゃかい》を大《おお》きく発展《はってん》させました。

ノーベルは、ダイナマイトを考《かんが》え出《だ》したことで、たくさんのお金《かね》を手《て》にしました。

ところがのちに、ダイナマイトは戦《せん》争《そう》で人《ひと》を傷《きず》つけることにも使《つか》われるようになりました。それを知《し》ったノーベルはとても悩《なや》み、悲《かな》しみ、苦《くる》しんでいたといわれています。

そのため、ノーベルは自分《じぶん》が亡《な》くなるときに、

「自分《じぶん》が手《て》に入《い》れたお金《かね》を、この先《さき》すばらしい研究《けんきゅう》や発見《はっけん》などをした人《ひと》に、賞《しょう》としてあたえてほしい」

と遺言《ゆいごん》を残《のこ》したのです。遺言《ゆいごん》とは亡《な》くなる前《まえ》に書《か》き残《のこ》す手紙《てがみ》のことです。

この言葉《ことば》を受《う》けて、ノーベル賞《しょう》は1901年《ねん》にはじまりました。

世界中《せかいじゅう》でニュースに

それから毎年《まいとし》、秋《あき》になると賞《しょう》を受《う》ける人《ひと》が選《えら》ばれ、大《おお》きなニュースとして世界中《せかいじゅう》でとり上《あ》げられています。

日本《にほん》でも、これまでに多《おお》くの人《ひと》が賞《しょう》をもらっています。はじめて選《えら》ばれたのは、1949年《ねん》に、物理学賞《ぶつりがくしょう》という賞《しょう》を受賞《じゅしょう》した、湯川秀樹《ゆかわひでき》博士《はかせ》です。

あなたも、いつかはノーベル賞《しょう》をもらえるような、立派《りっぱ》な大人《おとな》になれるといいですね。

ノーベルの肖像《しょうぞう》

ノーベル賞授賞式《しょうじゅしょうしき》のパーティーがおこなわれる「黄金《おうごん》の間《ま》」

まめちしき

▶ノーベル賞《しょう》には物理学《ぶつりがく》、化学《かがく》、生理学《せいりがく》・医学《いがく》、文学《ぶんがく》、平和《へいわ》、経済学《けいざいがく》と6種類《しゅるい》の賞《しょう》がある。日本人《にほんじん》ではこれまで17人《にん》が受賞《じゅしょう》しているよ。

12月《がつ》11日《にち》

人体《じんたい》のふしぎ

どうしてゲームをすると目《め》がつかれてくるの？

筋肉《きんにく》がつかれてくる

せっかくカメラで写真《しゃしん》をとったのに、ピントが合《あ》わずに、ぼやけたものしかうつっていなかった、ということがありませんか。

カメラはきれいな写真《しゃしん》がとれるように、レンズを前《まえ》や後《うし》ろに動《うご》かして、うつしたいものがはっきりうつるように調節《ちょうせつ》します。ですがこの調節《ちょうせつ》に失敗《しっぱい》すると、写真《しゃしん》の大事《だいじ》なところがぼやけてしまうのです。

人間《にんげん》の目《め》には水晶体《すいしょうたい》というものがあって、レンズの役目《やくめ》をしています。人間《にんげん》は遠《とお》くをはっきり見《み》たり、近《ちか》くをはっきり見《み》たりする調節《ちょうせつ》をするときには、水晶体《すいしょうたい》を薄《うす》くしたり厚《あつ》くしたりしています。

水晶体《すいしょうたい》の厚《あつ》さを変《か》えるために、目《め》の中《なか》にある小《ちい》さな筋肉《きんにく》が使《つか》われています。

ゲームをしている間《あいだ》、わたしたちは画面《がめん》をよく見《み》るために、水晶体《すいしょうたい》の厚《あつ》さを調節《ちょうせつ》する筋肉《きんにく》をずっとはたらかせています。

ですから、長《なが》い時間《じかん》ゲームをしていると、だんだんこの筋肉《きんにく》がつかれていくのです。この筋肉《きんにく》がつかれると、わたしたちは目《め》がつかれたと感《かん》じるようになります。

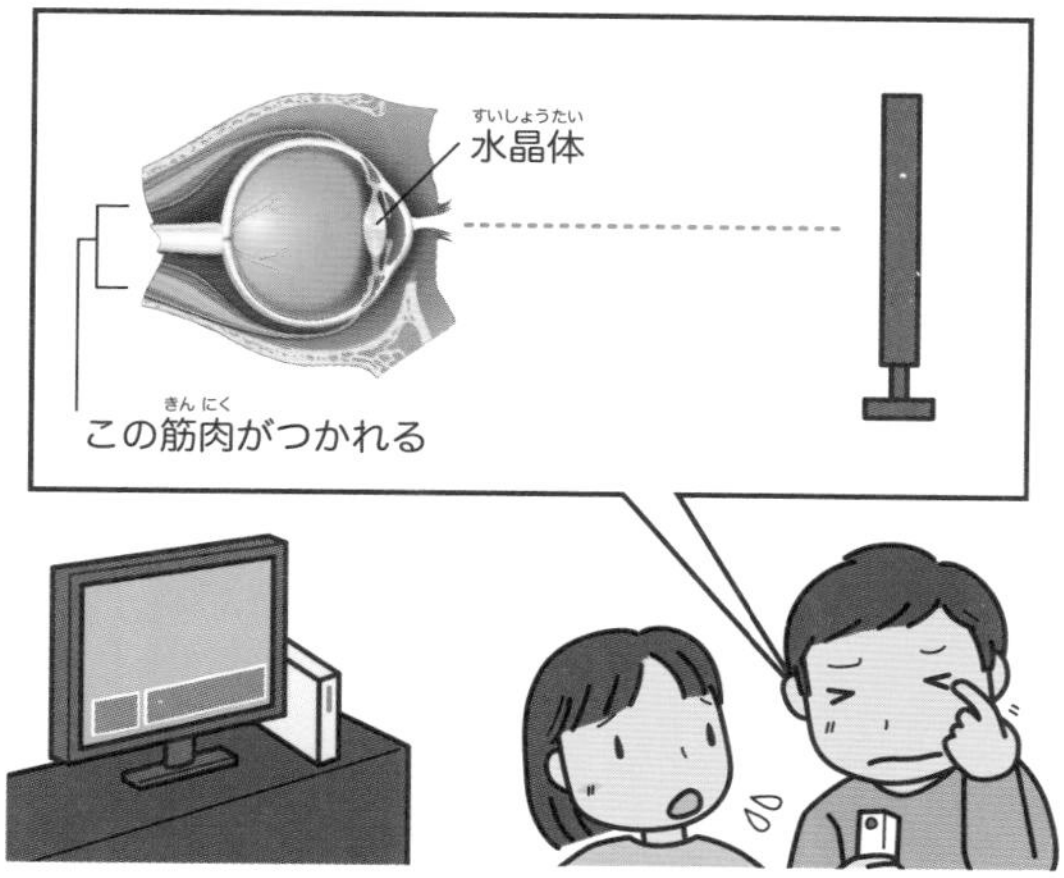

まばたきの回数《かいすう》が減《へ》る

動《うご》きの激《はげ》しいゲームなどをしているときは、まばたきをしている間《あいだ》に、失《しっ》敗《ぱい》をしてしまう、なんてことがめずらしくありません。ですから、ゲームをしている間《あいだ》は自然《しぜん》とまばたきをしないようになります。

ですが、まばたきにはとても大事《だいじ》な役目《やくめ》があります。人《ひと》はまばたきをすることで、少《すこ》しずつ涙《なみだ》を目《め》の表面《ひょうめん》に運《はこ》び、目《め》が乾《かわ》かないようにしているのです（297ページ）。

まばたきの回数《かいすう》が減《へ》ると、涙《なみだ》が足《た》りなくなって、目《め》が乾《かわ》いてしまいます。目《め》が乾《かわ》くと、ものがよく見《み》えにくくなるのですが、それでもがんばって見《み》ようとするので、目《め》はますますつかれてしまうのです。

ゲームは時間《じかん》を決《き》めて遊《あそ》び、目《め》がつかれないように気《き》をつけましょうね。

まめちしき
▶ゲームをしたあと、眠《ねむ》れなくなったことはないかな？　脳《のう》が興奮状態《こうふんじょうたい》になってしまうと、なかなか眠《ねむ》れないことがあるよ。寝《ね》る前《まえ》の数時間《すうじかん》は、ゲームはやめておこうね。

漢字《かんじ》っていつどこでできたの？

漢字《かんじ》がものの形《かたち》をあらわす

毎年《まいとし》12月《がつ》12日《にち》になると、京都《きょうと》の清水《きよみず》寺《でら》で「今年《ことし》をあらわす漢字《かんじ》」が書《か》かれます。あなたもきっと、新聞《しんぶん》やテレビで見《み》たことがあるでしょう。

漢字《かんじ》には、文字《もじ》でありながら、記号《きごう》のような役目《やくめ》もあります。

例《たと》えば、「母《はは》」という漢字《かんじ》には、ふたつの点《てん》がありますが、これはお母《かあ》さんのおっぱいをあらわしたものだとされています。

また、「木《き》」という漢字《かんじ》をよく見《み》ていると、木《き》のえだと、根《ね》っこに見《み》えてきませんか？　漢字《かんじ》は、ものの形《かたち》をかたどってつくられた文字《もじ》で、こういう文字《もじ》を「象形文字《しょうけいもじ》」といいます。

漢字《かんじ》が生《う》まれたのは、3000年《ねん》以《い》上前《じょうまえ》の中国《ちゅうごく》です。そのころの人《ひと》たちは、漢字《かんじ》よりもずっと、絵《え》に近《ちか》い文字《もじ》を使《つか》っていました。

例《たと》えば、三《みっ》つの三角《さんかく》がならんでいるような文字《もじ》は「山《やま》」をあらわしていました。三角《さんかく》は山《やま》の形《かたち》をあらわしているのですね。

でも、「山《やま》」とかくために、三《みっ》つも三角《さんかく》をかくとなると、文《ぶん》をかくのに時間《じかん》がかかってしかたがありません。そこで、三角《さんかく》を一本《いっぽん》の線《せん》に変《か》えて、いまの「山《やま》」という漢字《かんじ》ができたのです。

漢字《かんじ》は表意文字《ひょういもじ》

また、漢字《かんじ》には、文字《もじ》そのものに意味《いみ》があります。例《たと》えば「女《おんな》」「男《おとこ》」という漢字《かんじ》は、一文字《ひともじ》だけで、女《おんな》の人《ひと》と男《おとこ》の人《ひと》のことをあらわしています。

でも、英語《えいご》はそうではありません。「*pen*《ペン》」とかけば、ペンのことをあらわしているとわかりますが、「*p*《ピー》」だけだとなんの意味《いみ》も持《も》ちません。

漢字《かんじ》のように、それだけで意味《いみ》のある文字《もじ》のことを「表意文字《ひょういもじ》」と呼《よ》び、英語《えいご》のように、それだけでは意味《いみ》のない文字《もじ》を「表音文字《ひょうおんもじ》」と呼《よ》ぶのです。

漢字《かんじ》を見《み》たら、「もともとはどんな形《かたち》だったのかな？」と、想像《そうぞう》してみましょう。きっと、漢字《かんじ》をおぼえるのが面白《おもしろ》くなりますよ。

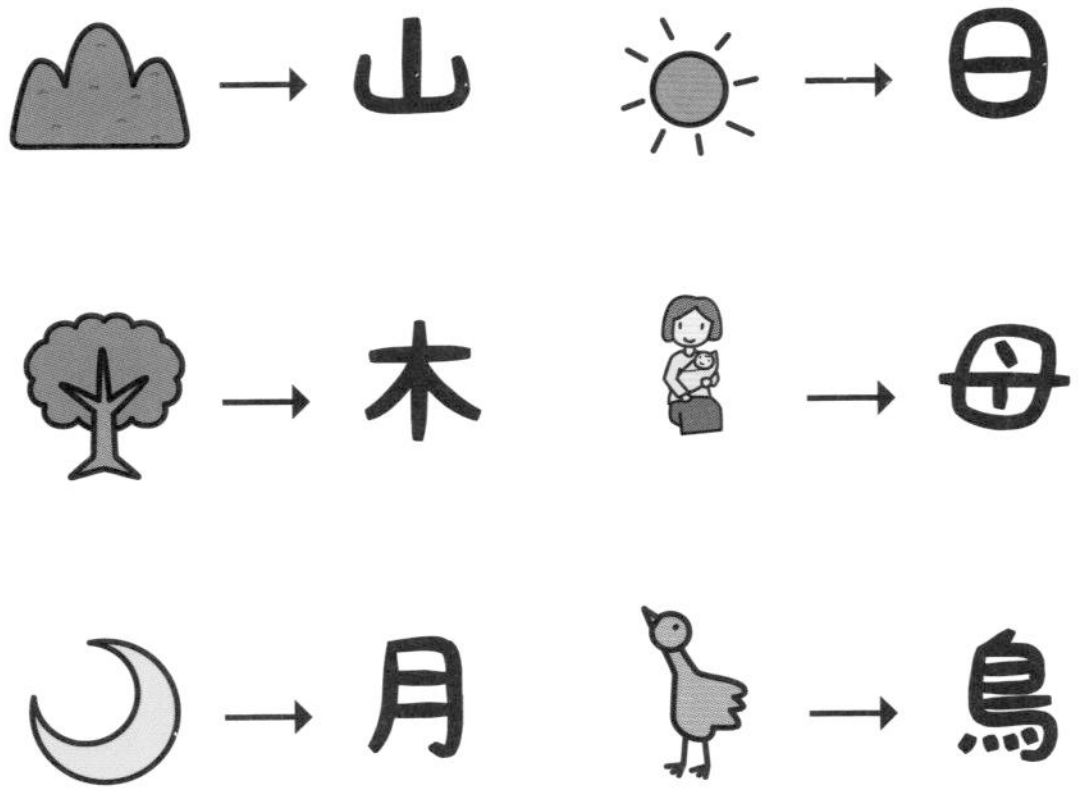

まめちしき
▶漢字《かんじ》は、現在《げんざい》では中国《ちゅうごく》、台湾《たいわん》、韓国《かんこく》などで使《つか》われている。中国《ちゅうごく》の漢字《かんじ》は日本《にほん》の漢字《かんじ》に似《に》てはいるけど、同《おな》じものではないよ。

読《よ》んだ日《ひ》　月《がつ》　日《にち》

12月《がつ》13日《にち》

生《い》きもののふしぎ

どうしてネコは寒《さむ》がりなの？

一応《いちおう》寒《さむ》さに強《つよ》い種類《しゅるい》もいる

ネコの先祖《せんぞ》は、アフリカでくらすヤマネコといわれています。砂漠《さばく》の広《ひろ》がるあつい地域《ちいき》だったので、ヤマネコは、あつさに強《つよ》い生《い》きものでした。

それからヤマネコは一万年近《いちまんねんちか》くかけて、世界中《せかいじゅう》に広《ひろ》がっていき、長《なが》い年月《ねんげつ》の間《あいだ》に、くらしている土地《とち》の気候《きこう》に合《あ》ったからだに変化《へんか》していきました。

例《たと》えば寒《さむ》い北《きた》の国《くに》、ノルウェーのネコであるノルウェージャンフォレストキャットは、水《みず》をはじくまっすぐでかたい上毛《うわげ》と、しっかりと空気《くうき》を含《ふく》む、ちぢれてやわらかな下毛《したげ》とが、他《ほか》の種類《しゅるい》のネコより多《おお》く生《は》えていて、寒《さむ》さから体温《たいおん》を守《まも》るようにできています。

日本《にほん》のネコも、季節《きせつ》のはっきりした日本《にほん》でくらすうちに、あつさにも寒《さむ》さにも強《つよ》くなったようです。

とはいえ、もともとがあつい地方《ちほう》の生《い》きものなので、ほとんどのネコは寒《さむ》さが苦手《にがて》です。とくに、南《みなみ》の国出身《くにしゅっしん》のシャムなどは、空気《くうき》を含《ふく》む下毛《したげ》がないので、飼《か》っている人《ひと》は、冬《ふゆ》の間《あいだ》こごえないように気《き》をつけてあげましょう。

ノルウェージャン
フォレストキャット

砂漠《さばく》にいたから水《みず》が苦手《にがて》

先祖《せんぞ》が砂漠《さばく》の地域《ちいき》でくらしていたということで、ネコは少《すく》ない水《みず》でも生《い》きていけるからだになっています。

しかし今《いま》では、ドライフード（乾燥《かんそう》したネコ用《よう》の食《た》べもの）をあたえる飼《か》い主《ぬし》も多《おお》く、食《た》べものから水分《すいぶん》をとることが難《むずか》しくなってきています。ですから、飲《の》み水《みず》はたっぷりと用意《ようい》してあげましょう。

また、砂漠《さばく》では水浴《みずあ》びをすることができなかったため、ネコはお風呂《ふろ》やシャワーが大《だい》の苦手《にがて》です。

ネコは清潔好《せいけつず》きなので、ザラザラした舌《した》でからだ中《じゅう》をなめて、よごれやぬけ毛《げ》をとり、きれいにしているのです。あまりひんぱんに洗《あら》わないようにしましょう。

まめちしき ▶ネコはひなたぼっこをして、からだからビタミンD《でぃー》を出《だ》し、それをなめることでビタミンD《でぃー》をからだに補給《ほきゅう》しているらしいよ。

12月《がつ》14日《にち》

北極《ほっきょく》と南極《なんきょく》ってどっちが寒《さむ》いの？

自然《しぜん》のふしぎ

寒《さむ》いのは南極《なんきょく》

今日《きょう》は「南極《なんきょく》の日《ひ》」です。いまからちょうど１００年前《ねんまえ》、ノルウェーの探検家《たんけんか》が南極点《なんきょくてん》（地球上《ちきゅうじょう》で一番南《いちばんみなみ》にある場所《ばしょ》）にたどり着《つ》いたことを記念《きねん》して、定《さだ》められました。

わたしたちが住《す》む日本《にほん》の場合《ばあい》は、北《きた》に行《い》くと寒《さむ》くなり、南《みなみ》に行《い》くとあつくなります。

それでは、地球《ちきゅう》の北《きた》と南《みなみ》のはしである、北極《ほっきょく》と南極《なんきょく》ではどちらが寒《さむ》いのでしょうね。

これまでの記録《きろく》から、一番寒《いちばんさむ》かったときの気温《きおん》を比《くら》べてみましょう。すると北極《ほっきょく》はマイナス71℃《ど》、南極《なんきょく》はマイナス89・2℃《ど》という記録《きろく》が残《のこ》っています。つまり、南極《なんきょく》のほうが寒《さむ》いことがわかります。

下《した》が海《うみ》か陸地《りくち》かで違《ちが》う

北極《ほっきょく》よりも南極《なんきょく》が寒《さむ》くなるのは、それぞれ下《した》にあるものが違《ちが》うからです。

北極《ほっきょく》の下《した》は海《うみ》で、厚《あつ》さ10メートルほどの氷《こおり》の板《いた》が浮《う》かんでいます。しかし南極《なんきょく》の下《した》は陸地《りくち》で、その上《うえ》には平均《へいきん》２４５０メートルにもなる氷《こおり》が積《つ》み上《あ》がっているのです。

北極《ほっきょく》も南極《なんきょく》も「放射冷却《ほうしゃれいきゃく》」と呼《よ》ばれる現象《げんしょう》で熱《ねつ》がうばわれ、氷《こおり》になるのは同《おな》じです（３４１ページ）。

ですが北極《ほっきょく》では、気温《きおん》よりも海《うみ》の水《みず》の温度《おんど》のほうがあたたかいため、氷《こおり》ができても10メートルをはるかにこえるような厚《あつ》さにはなりません。そのため氷《こおり》に熱《ねつ》を大《おお》きくうばわれることはなく、平均気温《へいきんきおん》はマイナス25℃《ど》くらいです。

一方《いっぽう》で、南極《なんきょく》は大陸《たいりく》の上《うえ》に厚《あつ》い氷《こおり》が積《つ》み上《あ》がっているので、大陸《たいりく》や海《うみ》からの熱《ねつ》が厚《あつ》い氷《こおり》にうばわれてしまいます。そのため、南極《なんきょく》は北極《ほっきょく》よりもさらに低《ひく》い、マイナス50～60℃《ど》が平均気温《へいきんきおん》となっています。

北極《ほっきょく》にも南極《なんきょく》にも、それぞれ動物《どうぶつ》がくらしています。同《おな》じように寒《さむ》さがきびしい場所《ばしょ》ですが、あまりに距離《きょり》が離《はな》れているため、ホッキョクグマが南極《なんきょく》にくらすことも、ペンギンが北極《ほっきょく》にくらすこともありません。

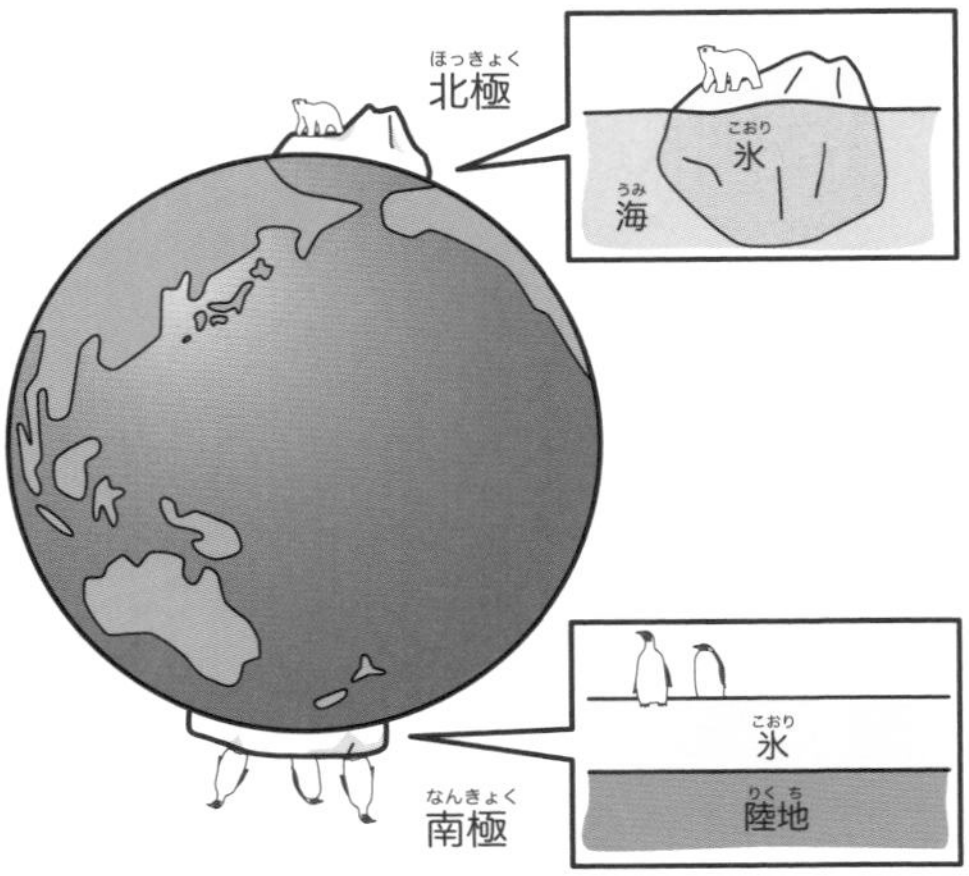

まめちしき
▶地球温暖化《ちきゅうおんだんか》の影響《えいきょう》をとくに大《おお》きく受《う》けるのが北極《ほっきょく》と南極《なんきょく》だ。冬場《ふゆば》に氷《こおり》が減《へ》るため、海《うみ》の水《みず》が減《へ》ってしまう。それが自然環境《しぜんかんきょう》にさまざまな影響《えいきょう》をあたえているんだよ。

12月《がつ》15日《にち》

牛乳《ぎゅうにゅう》を飲《の》むと骨《ほね》が強《つよ》くなるってホント？

人体《じんたい》のふしぎ

骨《ほね》をつくるカルシウム

わたしたちの骨《ほね》は、筋肉《きんにく》や皮《ひ》ふと違《ちが》って、かたくて丈夫《じょうぶ》ですね。これは、骨《ほね》や歯《は》がカルシウムというものをたくさん含《ふく》んでいるからです。

　人間《にんげん》はカルシウムをからだの中《なか》でつくり出《だ》すことができませんから、必要《ひつよう》なだけのカルシウムを、食《た》べものや飲《の》みものからとらないといけません。

　このカルシウムは、骨《ほね》や歯《は》をつくるだけではなく、人間《にんげん》のからだの中《なか》でいろいろと使《つか》われています。そのために人間《にんげん》は、血《ち》の中《なか》に溶《と》けたカルシウムがいつも同《おな》じ濃《こ》さになるような仕組《しく》みを持《も》っています。

　口《くち》から入《はい》ってくるカルシウムが足《た》りなくなると、からだは骨《ほね》からカルシウムを溶《と》かし出《だ》して、血《ち》の中《なか》のカルシウム分《ぶん》が薄《うす》くならないようにします。すると、骨《ほね》がもろくなってしまうので、カルシウムをしっかりとる必要《ひつよう》があるのです。

牛乳《ぎゅうにゅう》、チーズ、バター、ヨーグルト。乳製品《にゅうせいひん》はカルシウムたっぷり！

カルシウムを含《ふく》む食《た》べもの

日本人《にほんじん》にはカルシウムが足《た》りない人《ひと》が多《おお》いといわれています。牛乳《ぎゅうにゅう》はカルシウムを多《おお》く含《ふく》むため、足《た》りない分《ぶん》のカルシウムをとるのに役立《やくだ》ちます。そこで、牛乳《ぎゅうにゅう》をたくさん飲《の》むように、といわれることが多《おお》いのです。

　ただし、カルシウムを必要以上《ひつようい じょう》にとったからといって、骨《ほね》がふつうよりも強《つよ》くなるわけではありません。

　人間《にんげん》のからだには余分《よぶん》なカルシウムをとり入《い》れない仕組《しく》みがあるので、ふつうはとりすぎの心配《しんぱい》はいりません。ただし、薬《くすり》の形《かたち》にしたカルシウムを飲《の》みすぎると、かえってからだによくないといわれています。

　カルシウムは牛乳《ぎゅうにゅう》だけでなく、牛乳《ぎゅうにゅう》からつくったヨーグルトやチーズなどにも入《はい》っています。また、骨《ほね》まで食《た》べるような小魚《こざかな》の中《なか》にもたくさん入《はい》っています。

　あなたも好《す》き嫌《きら》いをしないで、バランスよくごはんを食《た》べて、丈夫《じょうぶ》なからだをつくりましょうね。

まめちしき
▶カルシウムが不足《ふそく》すると、骨《ほね》が弱《よわ》くなるだけでなく、足《あし》がつったりしびれたりすることがある。また、イライラすることが多《おお》くなるともいわれているよ。

みのまわりのふしぎ

電話《でんわ》をかけるときの「もしもし」ってなあに？

むかしは交換手《こうかんしゅ》がいた

日本《にほん》ではじめて電話機《でんわき》と電話機《でんわき》で人《ひと》が話《はなし》をしたのは、1890（明治《めいじ》23）年《ねん》の12月《がつ》16日《にち》のことでした。

電話機《でんわき》は、人《ひと》の声《こえ》や音《おと》を信号《しんごう》に変《か》えて、そのまま相手《あいて》に伝《つた》えることができます。離《はな》れた場所《ばしょ》にいる人《ひと》とも話《はなし》ができるようになって、それはそれは便利《べんり》になったことでしょうね。

さて、日本《にほん》で電話《でんわ》が開通《かいつう》したこの日《ひ》、まずは、東京《とうきょう》と横浜《よこはま》という短《みじか》い距離《きょり》からスタートしました。ぜんぶで199台《だい》の電話機《でんわき》と、9人《にん》の交換手《こうかんしゅ》ではじまったのです。交換手《こうかんしゅ》というのは、電話《でんわ》をかけた人《ひと》と受《う》けた人《ひと》をつなぐ人《ひと》たちのことです。

いまは、直接自分《ちょくせつじぶん》の電話機《でんわき》で話《はな》したい相手《あいて》の番号《ばんごう》にかければつながりますが、むかしはひとつの場所《ばしょ》ですべての電話《でんわ》を受《う》け、そこから相手《あいて》にとりついでもらわなければつながらないという仕組《しく》みでした。

呼《よ》びかけの言葉《ことば》だった

電話《でんわ》の通話《つうわ》がはじまったそのころ、交換手《こうかんしゅ》の人《ひと》たちが、電話《でんわ》がかかってきた相手《あいて》に最初《さいしょ》に呼《よ》びかけたのが、「もうしあげます。もうしあげます」という言葉《ことば》だったといわれています。

「もうしあげます。もうしあげます」が時代《じだい》とともに短《みじか》く変化《へんか》して、いまの「もしもし」になっていったというわけです。

時代《じだい》が移《うつ》り変《か》わり、新《あたら》しい電話機《でんわき》がどれだけ出《で》てこようと、もしもしと呼《よ》びかける言葉《ことば》は、むかしと変《か》わらずに使《つか》われているのですね。

いまでは家《いえ》の電話《でんわ》よりも、持《も》ち歩《ある》ける携帯電話《けいたいでんわ》のほうが便利《べんり》で、多《おお》くの人《ひと》たちに使《つか》われています。でも、静《しず》かな場所《ばしょ》で電源《でんげん》を切《き》ることや、電車《でんしゃ》やバスなど乗《の》りものの中《なか》では通話《つうわ》をしないなど、電話《でんわ》のマナーも変《か》わることなく伝《つた》わっていくとよいですね。

いまは
スマートフォンが
人気《にんき》！

むかしの交換手《こうかんしゅ》さんたち（写真提供《しゃしんていきょう》：共同通信社《きょうどうつうしんしゃ》）

まめちしき ▶「もしもし」と同《おな》じような言葉《ことば》として、アメリカをはじめ多《おお》くの国《くに》で「ハロー」が使《つか》われているよ。他《ほか》に、フランスでは「アロー」、イタリアでは「プロント」、中国《ちゅうごく》では「ウェイ」だって。

科学《かがく》のふしぎ

どうして飛行機《ひこうき》は空《そら》を飛《と》べるの？

つばさの形《かたち》のひみつ

飛行機《ひこうき》がなぜ空《そら》を飛《と》べるのか、あなたは知《し》っていますか。それはつばさがあるからです。「そんなこと知《し》ってるよ」といわれそうですね。

それでは、どうしてつばさがあると飛《と》べるのでしょう。鳥《とり》のようにはばたかないのに、飛行機《ひこうき》が飛《と》ぶのはふしぎではありませんか？

飛行機《ひこうき》にはつばさが何枚《なんまい》かついています。このうち、飛行機《ひこうき》を浮《う》かび上《あ》がらせるのに使《つか》われるのが、一番大《いちばんおお》きなつばさで、右《みぎ》と左《ひだり》に一枚《いちまい》ずつあります。これを、主翼《しゅよく》といいます。

この主翼《しゅよく》を横《よこ》からよく見《み》てください。つばさの上側《うえがわ》は少《すこ》し丸《まる》っこくふくらんでいて、下側《したがわ》はほとんどまっ平《たい》らになっていますね。この形《かたち》に飛行機《ひこうき》が飛《と》ぶひみつがあります。

空気《くうき》の流《なが》れが生《う》む力《ちから》

プロペラやジェットエンジンを使《つか》って飛行機《ひこうき》が前《まえ》に進《すす》むと、つばさに前《まえ》から空気《くうき》があたります。

空気《くうき》はつばさの上《うえ》と下《した》とにわかれて、後《うし》ろに流《なが》れていき、つばさの後《うし》ろでまた出会《であ》います。

少《すこ》しふくらんだつばさの上側《うえがわ》を通《とお》る空気《くうき》は、つばさの下側《したがわ》を通《とお》る空気《くうき》よりもすばやく通《とお》りすぎます。

このとき、つばさの上《うえ》を流《なが》れている空気《くうき》は弱《よわ》い力《ちから》でつばさを上《うえ》からおさえます。つばさの下《した》を流《なが》れている空気《くうき》は、強《つよ》い力《ちから》でつばさを下《した》からおし上《あ》げます。空気《くうき》の流《なが》れはこういう面白《おもしろ》い性質《せいしつ》をもっているのです。

つばさを下《した》からおす力《ちから》のほうが、上《うえ》からおさえる力《ちから》より強《つよ》いので、つばさは浮《う》き上《あ》がります。これが、飛行機《ひこうき》が浮《う》き上《あ》がる仕組《しく》みなのです。

１９０３年《ねん》の今日《きょう》、ライト兄弟《きょうだい》が世界《せかい》ではじめて、エンジンのついた飛行機《ひこうき》に乗《の》って飛《と》ぶことに成功《せいこう》しました。それから、飛行機《ひこうき》の性能《せいのう》はどんどん高《たか》くなっています。

あなたが大人《おとな》になったころには、どんなすごい飛行機《ひこうき》が飛《と》んでいるのでしょうね。

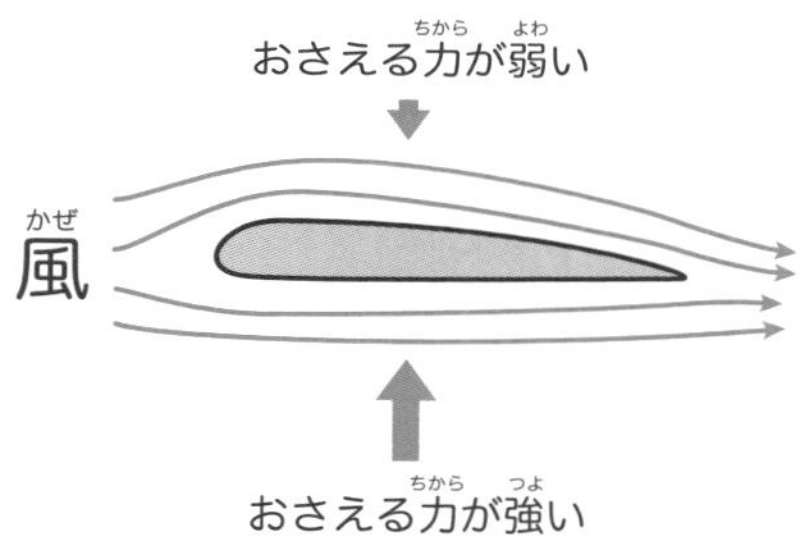

他《ほか》のつばさは飛《と》ぶ向《む》きを変《か》えたりするのに使《つか》うよ

まめちしき ▶最近《さいきん》の飛行機《ひこうき》の機体《きたい》は、金属《きんぞく》でできているものより、強化《きょうか》プラスチックでできているものが増《ふ》えているんだよ。機体《きたい》が軽《かる》くなって、燃料《ねんりょう》の節約《せつやく》ができるからね。

冬《ふゆ》でも葉《は》っぱが緑《みどり》のままの木《き》があるのはなぜ？

生《い》きもののふしぎ

木《き》も冬仕度《ふゆじたく》をする

わたしたちの周《まわ》りに生《は》えている木《き》には、大《おお》きくわけて落葉樹《らくようじゅ》と常緑樹《じょうりょくじゅ》があります。

落葉樹《らくようじゅ》というのは、秋《あき》に葉《は》を黄色《きいろ》や赤色《あかいろ》にそめて(紅葉《こうよう》)、やがて冬《ふゆ》には葉《は》を落《お》とす木《き》のことです。

常緑樹《じょうりょくじゅ》というのは、冬《ふゆ》でもツヤツヤとした緑《みどり》の葉《は》をつけている木《き》です。

落葉樹《らくようじゅ》で代表的《だいひょうてき》な木《き》には、イチョウ、カエデ、ブナなどがあり、常緑樹《じょうりょくじゅ》では、ツバキ、キンモクセイ、カシなどがよく知《し》られています。

それではなぜ、落葉樹《らくようじゅ》の葉《は》は色《いろ》を変《か》え、木《き》から落《お》ちてしまうのでしょう。

それは、秋《あき》が深《ふか》まり気温《きおん》が下《さ》がりはじめると、木《き》も冬仕度《ふゆじたく》をはじめるからです。

木《き》は、太陽《たいよう》の光《ひかり》からエネルギーを吸《きゅう》収《しゅう》したり、根《ね》から水分《すいぶん》や栄養分《えいようぶん》を吸収《きゅうしゅう》したりしながら生《い》きています(288ページ)。

吸収《きゅうしゅう》した栄養分《えいようぶん》や水分《すいぶん》をえだから葉《は》にも運《はこ》び、葉《は》を生《い》き生《い》きとした緑色《みどりいろ》に保《たも》っています(348ページ)。

しかし、春《はる》が来《き》て夏《なつ》が終《お》わり、太陽《たいよう》の光《ひかり》が弱《よわ》くなってくると、たくさんのエネルギーを吸収《きゅうしゅう》できなくなります。

そこで木《き》は、自分《じぶん》のからだにためていた水分《すいぶん》や栄養分《えいようぶん》で、冬《ふゆ》を乗《の》りこえようとします。

そのときに、古《ふる》くなってきた余分《よぶん》な葉《は》をえだから落《お》とすことで、からだの中《なか》の水分《すいぶん》や栄養分《えいようぶん》を長持《ながも》ちさせられるのです。それが、落葉樹《らくようじゅ》が寒《さむ》い冬《ふゆ》をすごすための準備《じゅんび》となるのです(342ページ)。

冬《ふゆ》に強《つよ》い常緑樹《じょうりょくじゅ》

反対《はんたい》に、常緑樹《じょうりょくじゅ》には冬《ふゆ》でも緑色《みどりいろ》の葉《は》をつけている木《き》が多《おお》くあります。

それは、常緑樹《じょうりょくじゅ》が冬《ふゆ》の乾燥《かんそう》や寒《さむ》さに強《つよ》く、生《い》きていくのに欠《か》かせない栄養《えいよう》分《ぶん》を、冬《ふゆ》でも自分《じぶん》でつくることができるからです。その他《ほか》、葉《は》を厚《あつ》くしたり小《ちい》さくしたりして、必要《ひつよう》な栄養分《えいようぶん》や水《すい》分《ぶん》が少《すく》なくても生《い》きていけるような工《く》夫《ふう》もしているのです。

雪《ゆき》の中《なか》でも大丈夫《だいじょうぶ》。右《みぎ》はマツボックリのついたマツのえだ

まめちしき

▶日本《にほん》で見《み》られる常緑樹《じょうりょくじゅ》のほとんどは、葉《は》が針《はり》のようにとがった、針葉樹《しんようじゅ》と呼《よ》ばれる背《せ》の高《たか》い木《き》だよ。マツ、スギ、ヒノキなどで、家《いえ》の柱《はしら》として使《つか》われているよ。

霜柱《しもばしら》ってなあに？

霜《しも》ってなんだろう

寒《さむ》い冬《ふゆ》の朝《あさ》、お庭《にわ》の花壇《かだん》や窓《まど》の外側《そとがわ》、車《くるま》の屋根《やね》などが、白《しろ》く氷《こおり》がはったように見《み》えることがありませんか。それは「霜《しも》」という氷《こおり》の結晶《けっしょう》がつもって、白《しろ》く見《み》えているのです。

結晶《けっしょう》というのは、目《め》に見《み》えないほど小《ちい》さなつぶのあつまりです。

顕微鏡《けんびきょう》という、小《ちい》さなものを見《み》るための道具《どうぐ》でのぞいてみると、花《はな》びらのような形《かたち》をしているものや、トランプのダイヤのマークのような形《かたち》のものなど、いろいろな形《かたち》をしていることがわかるでしょう。

外《そと》の温度《おんど》が0℃より下《した》になるほど寒《さむ》い日《ひ》には、空気《くうき》の中《なか》に含《ふく》まれている水分《すいぶん》がこおっていろいろな形《かたち》の結晶《けっしょう》となり、それらがいろいろなものに降《ふ》りつもって白《しろ》く見《み》えるのです。

土《つち》の中《なか》の水分《すいぶん》がこおる

このように、空気中《くうきちゅう》の水分《すいぶん》がこおってできるのが霜《しも》ですが、土《つち》の中《なか》の水分《すいぶん》が同《おな》じようにこおってできるものを霜柱《しもばしら》といいます。

霜柱《しもばしら》の場合《ばあい》は、まず水分《すいぶん》を多《おお》く含《ふく》んだ土《つち》がこおります。次《つぎ》に、こおった土《つち》がもり上《あ》がり、ストローのような管《くだ》をつくります。

そして今度《こんど》は、こおっていない土《つち》の中《なか》の水分《すいぶん》が、その管《くだ》から吸《す》い上《あ》げられるように土《つち》の表面《ひょうめん》に出《で》てきます。それを「毛管現象《もうかんげんしょう》」といいます。

このようにして少《すこ》しずつ土《つち》の表面《ひょうめん》に出《で》てきた水分《すいぶん》は、冷《つめ》たい外《そと》の空気《くうき》にふれてしだいにこおりはじめます。それを何度《なんど》もくり返《かえ》し、霜柱《しもばしら》ができてくるのです。

霜柱《しもばしら》は、かたい土《つち》ではもり上《あ》がりにくいので、耕《たがや》された畑《はたけ》などの、やわらかい土《つち》のあるところで見《み》られることが多《おお》いようです。ふんでみると、サクサクと気《き》もちのいい音《おと》がしますよ。

見《み》た目《め》が美《うつく》しいとはいえ、農作物《のうさくもつ》や植物《しょくぶつ》などには被害《ひがい》もあります。植物《しょくぶつ》の根《ね》が浮《う》き上《あ》がってしまうことや、浮《う》き上《あ》がった土《つち》がくずれやすくなってしまうからです。

まめちしき

▶霜柱《しもばしら》による農作物《のうさくもつ》や植物《しょくぶつ》への被害《ひがい》を防《ふせ》ぐため、ワラをしいて土《つち》の表面《ひょうめん》をあたためる工夫《くふう》などがおこなわれているんだよ。

生《い》きもののふしぎ

どうしてカモやアヒルは水《みず》の上《うえ》を泳《およ》げるの？

浮《う》き輪《わ》を持《も》っている

冬《ふゆ》になると、公園《こうえん》の池《いけ》などでカモが泳《およ》ぐ姿《すがた》を見《み》かけるようになります。カモたちは、冬《ふゆ》を日本《にほん》ですごすために、遠《とお》いシベリアから飛《と》んでくるのです。

アヒルはカモを人間《にんげん》が飼《か》う家畜《かちく》として改良《かいりょう》した鳥《とり》で、飛《と》ぶことはできません。どちらの鳥《とり》も水《みず》の上《うえ》を泳《およ》ぐことができるので、水鳥《みずとり》と呼《よ》ばれます。

鳥《とり》の仲間《なかま》は、空《そら》を飛《と》べるように、からだが軽《かる》くできています。まずからだが軽《かる》いことは、水《みず》に浮《う》かぶためのひとつの条件《じょうけん》です。

そして、カモやアヒルのからだには、たくさんの羽毛《うもう》が重《かさ》なり合《あ》って生《は》えており、羽毛《うもう》と羽毛《うもう》のすきまにたっぷりと空気《くうき》が入《はい》っています（376ページ）。

あなたも、海《うみ》やプールで泳《およ》ぐときに浮《う》き輪《わ》を使《つか》ったことがありますよね。浮《う》き輪《わ》の中《なか》には空気《くうき》が入《はい》っていて、水《みず》にプカプカ浮《う》きます。

そう、羽毛《うもう》と羽毛《うもう》の間《あいだ》の空気《くうき》も、カモやアヒルのからだを水《みず》に浮《う》かばせるはたらきをしているのです。

水《みず》にぬれても大丈夫《だいじょうぶ》！

さらに、アヒルやカモの尾《お》には、脂肪《しぼう》（からだに含《ふく》まれる脂《あぶら》の成分《せいぶん》です）が出《で》ていて、この脂肪《しぼう》をくちばしでからだ中《じゅう》の羽毛《うもう》にぬりつけて、羽毛《うもう》が水《みず》をはじくようにしています。

これにより、水《みず》が羽毛《うもう》の中《なか》に入《はい》ってこられないため、空気《くうき》をにがさずに浮《う》かんでいられるわけです。

また、足《あし》には水《みず》かきがついているため、水《みず》の上《うえ》だってスイスイ泳《およ》ぐことができます。

それにしても、冬《ふゆ》の池《いけ》の水《みず》に足《あし》をつけていても、冷《つめ》たくないのでしょうか？　じつは、水鳥《みずとり》の体温《たいおん》は40～41℃ですが、足《あし》だけは0～5℃くらいの温度《おんど》になっています。もともと足《あし》の温度《おんど》が低《ひく》いため、冷《つめ》たい水《みず》の中《なか》でも平気《へいき》というわけなのです。

羽毛《うもう》や水《みず》かきなど、水《みず》の上《うえ》を泳《およ》ぐための機能《きのう》がいっぱい！

まめちしき ▶カモの仲間《なかま》のほとんどは渡《わた》り鳥《どり》で、冬《ふゆ》になると日本《にほん》の北《きた》にあるシベリアから飛《と》んでくるよ。オスはメスよりもきれいな羽《はね》をもつものが多《おお》いよ。

読《よ》んだ日《ひ》　　月《がつ》　日《にち》

12月《がつ》21日《にち》

どうして骨《ほね》は折《お》れてもくっつくの？

人体《じんたい》のふしぎ

骨《ほね》は生《い》きている

骨《ほね》はかたくてがんじょうにできている、からだを支《ささ》える柱《はしら》のようなものです。みなさんが運動《うんどう》するときは、筋肉《きんにく》で骨《ほね》をひっぱることで、からだ全体《ぜんたい》を動《うご》かしているのです。

でも、がんじょうだといっても、骨《ほね》は鉄《てつ》や石《いし》のようなものではありません。骨《ほね》の中《なか》には神経《しんけい》や血管《けっかん》も通《とお》っています。骨《ほね》は、からだの他《ほか》の部分《ぶぶん》と同《おな》じように生《い》きているのです。

わたしたちは、ふだんから骨《ほね》の古《ふる》くなったところを少《すこ》しずつ溶《と》かして、そのぶんだけ新《あたら》しくつくりなおしながら生《い》きています。

このために、骨《ほね》は自分《じぶん》をこわすための仕組《しく》みと、新《あたら》しい骨《ほね》をつくる仕組《しく》みの両方《りょうほう》を持《も》っているのです。

骨《ほね》が折《お》れると、骨《ほね》は自分《じぶん》で修理《しゅうり》をはじめます。

新《あたら》しく骨《ほね》をつくる仕組《しく》みが、折《お》れたところの両側《りょうがわ》でさかんにはたらいていて、折《お》れた部分《ぶぶん》をくっつけます。こうして、たいていの骨折《こっせつ》は数週間《すうしゅうかん》もあればなおってしまうのです。

ただし、骨《ほね》が自分《じぶん》で自分《じぶん》のことをうまく修理《しゅうり》するためには、折《お》れたところが動《うご》かないようにしておかなくてはいけません。

お医者《いしゃ》さんがギプスで折《お》れた場所《ばしょ》をかためるのは、このためです。

いろいろな骨折《こっせつ》

骨《ほね》が折《お》れたときに、折《お》れた骨《ほね》が皮《ひ》ふをつき破《やぶ》って出《で》ているような場合《ばあい》には、なおすのが少《すこ》し大変《たいへん》です。

傷口《きずぐち》からからだの中《なか》にいろいろな菌《きん》が入《はい》り込《こ》まないようにするために、消毒《しょうどく》したり薬《くすり》を注射《ちゅうしゃ》したりします。骨《ほね》のよごれた部分《ぶぶん》を取《と》りのぞいたり、形《かたち》を整《ととの》える手術《しゅじゅつ》も必要《ひつよう》になります。

最近《さいきん》は子《こ》どもの骨折《こっせつ》が増《ふ》えています。ふだんあまり運動《うんどう》をしていないと、とっさのときにからだを動《うご》かすことができずに、骨《ほね》を折《お》るようなケガをしやすくなります。

寒《さむ》い季節《きせつ》でも、外《そと》へ出《で》てからだを動《うご》かしてあそぶようにしましょうね。

まめちしき

▶骨《ほね》のケガに脱臼《だっきゅう》というのがあるよ。骨《ほね》と骨《ほね》をつないでいる関節《かんせつ》の位置《いち》が正《ただ》しい位置《いち》からずれてしまうケガで、病院《びょういん》で正《ただ》しい位置《いち》に戻《もど》してもらうことが必要《ひつよう》になるんだ。

みのまわりのふしぎ

どうして冬至《とうじ》の日《ひ》にはゆずのお風呂《ふろ》に入《はい》るの？

身《み》を清《きよ》めて元気《げんき》になろう

一年《いちねん》のうちで、太陽《たいよう》が出《で》ている昼《ひる》の時間《じかん》が一番短《いちばんみじか》く、夜《よる》が一番長《いちばんなが》くなる日《ひ》を冬至《とうじ》といいます。毎年《まいとし》、12月《がつ》22日《にち》ごろのことです。

ところで、冬至《とうじ》の日《ひ》にゆずのお風呂《ふろ》に入《はい》ると、一年中《いちねんじゅう》かぜをひかずに元気《げんき》でいられるといわれています。

ゆずはとてもかおりがよく、血液《けつえき》の流《なが》れをよくしてからだをあたためる効《こう》果《か》があるからです。

ゆず湯《ゆ》には他《ほか》にも、身《み》を清《きよ》めるという意味《いみ》もあります。身《み》を清《きよ》めるというのは、からだの中《なか》も心《こころ》の中《なか》もきれいにするということです。

ゆずのように強《つよ》いかおりのするものには、よごれたものを洗《あら》い流《なが》す力《ちから》があるとされ、病気《びょうき》やわざわいなどわるいものがとりついていたとしても、ゆず湯《ゆ》に入《はい》ればからだのよごれと一緒《いっしょ》に、それらも洗《あら》い流《なが》してくれる、といわれているのです。

そこで、一年《いちねん》でもっとも夜《よる》の時間《じかん》が長《なが》い冬至《とうじ》を、太陽《たいよう》が生《う》まれ変《か》わる日《ひ》と信《しん》じて、日本《にほん》や中国《ちゅうごく》では、冬至《とうじ》の夜《よる》に心《こころ》もからだもきれいにして、新《あたら》しい朝《あさ》をむかえようと考《かんが》えたのです。

次《つぎ》の日《ひ》からは、生《う》まれ変《か》わった太陽《たいよう》がのぼり、少《すこ》しずつ昼間《ひるま》が長《なが》くなるにつれて、再《ふたた》び力《ちから》がよみがえり、幸運《こううん》も向《む》いてくると信《しん》じられていたのです。

冬至《とうじ》に食《た》べるものあれこれ

そしてもうひとつ、冬至《とうじ》の日《ひ》には「ん」のつく食《た》べものを食《た》べると、幸《こう》運《うん》を呼《よ》びこむことができるとも伝《つた》えられています。

レンコン、うどん、ダイコンなどたくさんありますが、その中《なか》でも、冬至《とうじ》によく食《た》べるものとして知《し》られているのがカボチャです。

カボチャはひらがなで書《か》くと「ん」がついていませんが、漢字《かんじ》では『南京《なんきん》』とも書《か》くからです。

カボチャは夏《なつ》の食《た》べものですが、長《なが》く保存《ほぞん》もできて栄養《えいよう》もあることから、カボチャを食《た》べて寒《さむ》い冬《ふゆ》を元気《げんき》にすごそう！　ということで食《た》べられるようになったそうですよ。

まめちしき ▶冬至《とうじ》の日《ひ》には夏至《げし》の日《ひ》よりも昼《ひる》の長《なが》さが、沖縄《おきなわ》の那覇《なは》で3時間《じかん》、東京《とうきょう》で5時間《じかん》、北海道《ほっかいどう》の札幌《さっぽろ》で6時間《じかん》も短《みじか》くなるそうだよ。

天皇陛下《てんのうへいか》ってどんな人《ひと》なの？

みのまわりのふしぎ

日本《にほん》の象徴《しょうちょう》って？

あなたは小学校《しょうがっこう》で、「天皇陛下《てんのうへいか》は、日本《にほん》の象徴《しょうちょう》なのですよ」とおそらく教《おそ》わることでしょう。

「象徴《しょうちょう》」という言葉《ことば》はむずかしいかもしれませんが、「日本《にほん》という国《くに》をあらわしている人《ひと》」という意味《いみ》です。

「日本《にほん》」を言葉《ことば》であらわすのはとてもむずかしいことです。四季《しき》があって、まわりを海《うみ》にかこまれていて、お金《かね》の単位《たんい》は円《えん》で……と、いろいろなことをいわなくては、それが日本《にほん》のことだとはわかりません。

でも、日《ひ》の丸《まる》を見《み》れば、「日本《にほん》の旗《はた》だ」とわかりますよね？　天皇陛下《てんのうへいか》は、日《ひ》の丸《まる》と同《おな》じように、日本《にほん》をあらわしておられる人《ひと》なのです。

タイやイギリスなどには、王《おう》さまや女王《じょおう》さまがいます。王《おう》さまや女王《じょおう》さまの役目《やくめ》は、国《くに》によって少《すこ》しずつちがいますが、その国《くに》で一番《いちばん》えらい人《ひと》にあたります。

天皇陛下《てんのうへいか》と王《おう》さまはよく似《に》ているように思《おも》えますが、天皇陛下《てんのうへいか》は「日本《にほん》で一番《いちばん》えらい人《ひと》」というわけではありません。なぜなら日本《にほん》では、わたしたち国民《こくみん》の一人《ひとり》ひとりがみんなえらいのだと、決《き》められているからです。

天皇陛下《てんのうへいか》の京都《きょうと》でのお住《す》まい「御所《ごしょ》」

むかしから続《つづ》く天皇家《てんのうけ》

ところで、わたしたちが「天皇《てんのう》になりたい！」と思《おも》っても、なることはできません。天皇《てんのう》には、歴代《れきだい》の天皇《てんのう》の血《ち》を受《う》けつぐ、「天皇家《てんのうけ》（皇室《こうしつ》）」の人《ひと》しかなれないと決《き》まっているからです。

では、天皇家《てんのうけ》というのはどれくらいむかしからあったのでしょう。はっきりと記録《きろく》にのこりはじめたのは西暦《せいれき》７００年《ねん》ごろからですが、神話《しんわ》というお話《はなし》の中《なか》では、２６００年《ねん》以上前《いじょうまえ》からつづいているといわれています。

神話《しんわ》では、空《そら》の上《うえ》にある「高天原《たかまがはら》」という国《くに》から神《かみ》さまが下《お》りてきて、その子孫《しそん》にあたる神武天皇《じんむてんのう》が、最初《さいしょ》の天皇《てんのう》になったとされています。

今日《きょう》は、現在《げんざい》の天皇陛下《てんのうへいか》のお誕生日《たんじょうび》です。神武天皇《じんむてんのう》からかぞえると、１２５代目《だいめ》の天皇《てんのう》になるのですよ。

まめちしき

▶天皇陛下《てんのうへいか》のお住《す》まいである皇居《こうきょ》は、むかし徳川幕府《とくがわばくふ》の将軍《しょうぐん》が政治《せいじ》をおこなっていた江戸城《えどじょう》の敷地《しきち》内《ない》にあるんだよ。また、京都《きょうと》には「御所《ごしょ》」というお住《す》まいもあるよ。

読《よ》んだ日《ひ》　　月《がつ》　日《にち》

クリスマスってなにをお祝《いわ》いする日《ひ》なの？

みのまわりのふしぎ

イエスさまの誕生日《たんじょうび》

ジングルベール、ジングルベール♪町《まち》には楽《たの》しい音楽《おんがく》が流《なが》れ、ツリーはキラキラ、家《いえ》にはケーキやごちそうがいっぱい。みんなが大好《だいす》きなクリスマスは、なんのお祝《いわ》いか知《し》っていますか？

　クリスマスは、いまから約《やく》２０００年《ねん》ほど前《まえ》に生《う》まれた、イエス・キリストの誕生日《たんじょうび》です。

　むかし、ナザレというところにマリアという女《おんな》の人《ひと》が住《す》んでいました。あるとき、マリアのところに天使《てんし》がやって来《き》て、「あなたは神《かみ》さまの子《こ》を産《う》むでしょう」といいました。

　それからしばらくして生《う》まれたのが、イエスさまです。イエスさまが生《う》まれたときには、夜《よる》にもかかわらず、あたりはパーッと明《あか》るい光《ひかり》にてらされ、天使《てんし》たちがお祝《いわ》いの歌《うた》をうたいました。空《そら》には大《おお》きな星《ほし》がピカピカ光《ひか》り、たくさんの人《ひと》たちが星《ほし》にみちびかれて、お祝《いわ》いにやって来《き》ました。

　クリスマス・ツリーの一番上《いちばんうえ》にかざる星《ほし》は、このときの星《ほし》をあらわしているのです。

　ツリーには、いろんなかざりがあって、それぞれ意味《いみ》があります。例《たと》えばベルは、イエスさまが生《う》まれたことを知《し》らせる鐘《かね》。ろうそくは、イエスさまが世界《せかい》を明《あか》るくしてくれる光《ひかり》をあらわしています。他《ほか》のかざりには、どんな意味《いみ》があるのでしょう。調《しら》べてみると面白《おもしろ》いですよ。

今日《きょう》はクリスマスイブ！

　大《おお》きくなったイエスさまは、たくさんのすばらしいおこないをしました。いまでは世界中《せかいじゅう》に、イエスさまをおまつりする教会《きょうかい》があり、教会《きょうかい》に行《い》けば、イエスさまの像《ぞう》や絵《え》が見《み》られます。

　今日《きょう》はクリスマスの前夜祭《ぜんやさい》、クリスマスイブです。今日《きょう》と明日《あした》はイエスさまの誕生《たんじょう》を祝《いわ》い、いろいろな行事《ぎょうじ》がおこなわれます。

　国《くに》によってお祝《いわ》いのしかたは違《ちが》いますが、イエスさまの誕生《たんじょう》をよろこび、しあわせな気持《きも》ちにつつまれるのはみな同《おな》じです。

まめちしき ▶アメリカやヨーロッパでは、クリスマスには家族《かぞく》があつまり、主《おも》に家《いえ》ですごすよ。でも、年末《ねんまつ》から新年《しんねん》はパーティが開《ひら》かれ、友《とも》だちと楽《たの》しくすごすんだって。日本《にほん》とは反対《はんたい》だね。

サンタクロースってどんな人《ひと》？

みのまわりのふしぎ

いろいろなサンタさん

いまから1700年《ねん》ほど前《まえ》、今《いま》のトルコあたりにある国《くに》に、セントニコラスという、やさしいおじいさんがいました。おじいさんは困《こま》っている人《ひと》を見《み》るとほうっておけず、内緒《ないしょ》でプレゼントをしたり、そっと助《たす》けたりしていたので、みんなに尊敬《そんけい》されていました。

その「セントニコラス」がやがて、「サンタクロース」と呼《よ》ばれるようになったといわれています。ですが、サンタさんの姿《すがた》や性格《せいかく》は、国《くに》によって少《すこ》しずつ違《ちが》っているのですよ。

例《たと》えば、ドイツでは、赤《あか》と白《しろ》の服《ふく》を着《き》たやさしいサンタさんと、黒《くろ》と茶色《ちゃいろ》の服《ふく》を着《き》たこわいサンタさんがいて、よい子《こ》にはやさしいサンタさんがプレゼントをくれるけれど、わるい子《こ》のところにはこわいサンタさんが来《き》て、おしおきをするのだそうです。

また、スウェーデンのサンタさんは、小《ちい》さくてかわいらしいおじいさんの妖《よう》精《せい》で、よい子《こ》のところにプレゼントを持《も》ってきてくれるといわれています。

冬至《とうじ》とクリスマス

クリスマスの数日前《すうじつまえ》に、「冬至《とうじ》」という日《ひ》があります。この日《ひ》は一年《いちねん》で一《いち》番夜《ばんよる》が長《なが》く、次《つぎ》の日《ひ》からまた少《すこ》しずつ昼間《ひるま》が長《なが》くなっていくので、「太陽《たいよう》が生《い》き返《かえ》る日《ひ》」と考《かんが》えられました。

人間《にんげん》が生《い》きていくために、太陽《たいよう》はとても大切《たいせつ》なものですから、むかしの人《ひと》は、冬至《とうじ》をとても大事《だいじ》な日《ひ》と考《かんが》え、はなやかなお祭《まつ》りをしたのです。そしてイエス・キリストが生《う》まれたあとは、クリスマスと一緒《いっしょ》にお祭《まつ》りをするようになりました。

スウェーデンでは冬至《とうじ》の祭《まつ》りのことを「ユール」と呼《よ》び、クリスマスのことも「ユール」と呼《よ》んでいます。スウェーデンのサンタさんは、冬至《とうじ》の日《ひ》にやってくる妖精《ようせい》なのですね。赤《あか》い帽子《ぼうし》は妖《よう》精《せい》のしるしでもあったようです。

いろいろなサンタさんがいますが、みんなよい子《こ》が大好《だいす》き。あなたも、サンタさんにプレゼントをもらえるよう、よい子《こ》にしていましょうね。

まめちしき

▶サンタクロースは、トナカイが引《ひ》くソリでやってくるよね。「赤鼻《あかはな》のトナカイ」という歌《うた》があるけど、この歌《うた》のトナカイは特別《とくべつ》な鼻《はな》をしていて、ふつうのトナカイの鼻《はな》は黒色《くろいろ》だよ。

宝石《ほうせき》ってなにでできているの？

自然《しぜん》のふしぎ

自然《しぜん》が産《う》んだ鉱物《こうぶつ》

キラキラ輝《かがや》く美《うつく》しい宝石《ほうせき》。天然《てんねん》の宝《ほう》石《せき》の大部分《だいぶぶん》は、自然《しぜん》のはたらきでできる鉱物《こうぶつ》というもので、いろいろな岩《いわ》や砂《すな》や土《つち》の中《なか》に埋《う》もれています。

宝石《ほうせき》は、アルミニウムや鉄《てつ》、銅《どう》やマグネシウムといった、いろいろな物質《ぶっしつ》が組《く》み合《あ》わさってできるのですが、その組《く》み合《あ》わせかたなどによって、種類《しゅるい》の違《ちが》う宝石《ほうせき》になるのです。

宝石《ほうせき》の特長《とくちょう》

宝石《ほうせき》は、美《うつく》しく、こわれにくく、そしてめずらしいことが特長《とくちょう》です。

ではなぜ美《うつく》しいのでしょうか。宝石《ほうせき》はキラキラ輝《かがや》いて見《み》えますが、もちろん宝石自体《ほうせきじたい》が輝《かがや》いているわけではありません。

光《ひかり》は7つの色《いろ》からできています。宝《ほう》石《せき》にはそれぞれ特定《とくてい》の光《ひかり》を吸収《きゅうしゅう》する性《せい》質《しつ》があり、吸収《きゅうしゅう》した以外《いがい》の色《いろ》を、人間《にんげん》の目《め》に見《み》せているのです。例《たと》えばルビーは青《あお》や緑《みどり》などの色《いろ》を吸収《きゅうしゅう》するので、赤《あか》く輝《かがや》いて見《み》えるのです。

次《つぎ》にこわれにくさ。いくらピカピカしてきれいでも、すぐにこわれるような石《いし》は宝石《ほうせき》とはいいません。とくにダイヤモンドは地球《ちきゅう》のなによりもかたいとされています。

そして宝石《ほうせき》は、なかなか見《み》つけることができないめずらしいものです。だから値段《ねだん》が高《たか》いのです。そこで人間《にんげん》は研究《けんきゅう》をして、本物《ほんもの》そっくりのものをつくることができるようになりました。こうしてだれもが気軽《きがる》におしゃれをできるようになったのです。

また、宝石《ほうせき》はおしゃれのためだけではなく、いろいろな場所《ばしょ》で役立《やくだ》っています。

例《たと》えばダイヤモンドはかたいものを切《き》る道具《どうぐ》に、ルビー、サファイア、水晶《すいしょう》は時計《とけい》に、ラピスラズリは絵《え》の具《ぐ》の原料《げんりょう》に使《つか》われています。

ところで、生《う》まれた月《つき》にちなんだ宝《ほう》石《せき》である誕生石《たんじょうせき》を身《み》につけると、しあわせが訪《おとず》れるといわれています。あなたの誕生石《たんじょうせき》は、どんな宝石《ほうせき》かな？

みんなが知《し》ってる有名《ゆうめい》な宝石《ほうせき》

まめちしき ▶ダイヤモンドの大《おお》きさを聞《き》くときに「カラット」という言葉《ことば》を聞《き》くことがあるけど、1カラットというのは0.2グラム。つまり重《おも》さのことなんだよ。

どうしてネコはネズミを追《お》いかけるの？

生《い》きもののふしぎ

ちょうどいい大《おお》きさ

ネコは大《おお》むかし、野山《のやま》でくらし、エサとなる動物《どうぶつ》を狩《か》りでつかまえて生《い》きていました。

ネコにとって、ネズミや小鳥《ことり》はつかまえるのにちょうどいい大《おお》きさの生《い》きものでした。

ネズミが動《うご》くときの「カサカサ」という音《おと》や、目《め》の前《まえ》をチョコチョコ走《はし》り回《まわ》ったり、にげて行《い》こうとする動《うご》きは、ネコにとって「えものだ！　つかまえろ！」というしるしになるのです。

また、ネコが狩《か》りをする夕方《ゆうがた》や、朝《あさ》早《はや》い時間《じかん》は、ネズミが活発《かっぱつ》に動《うご》き回《まわ》る時間《じかん》でもあります。

つまり、ネコとネズミは出会《であ》うことが多《おお》く、それだけつかまえやすい相手《あいて》だったのです。

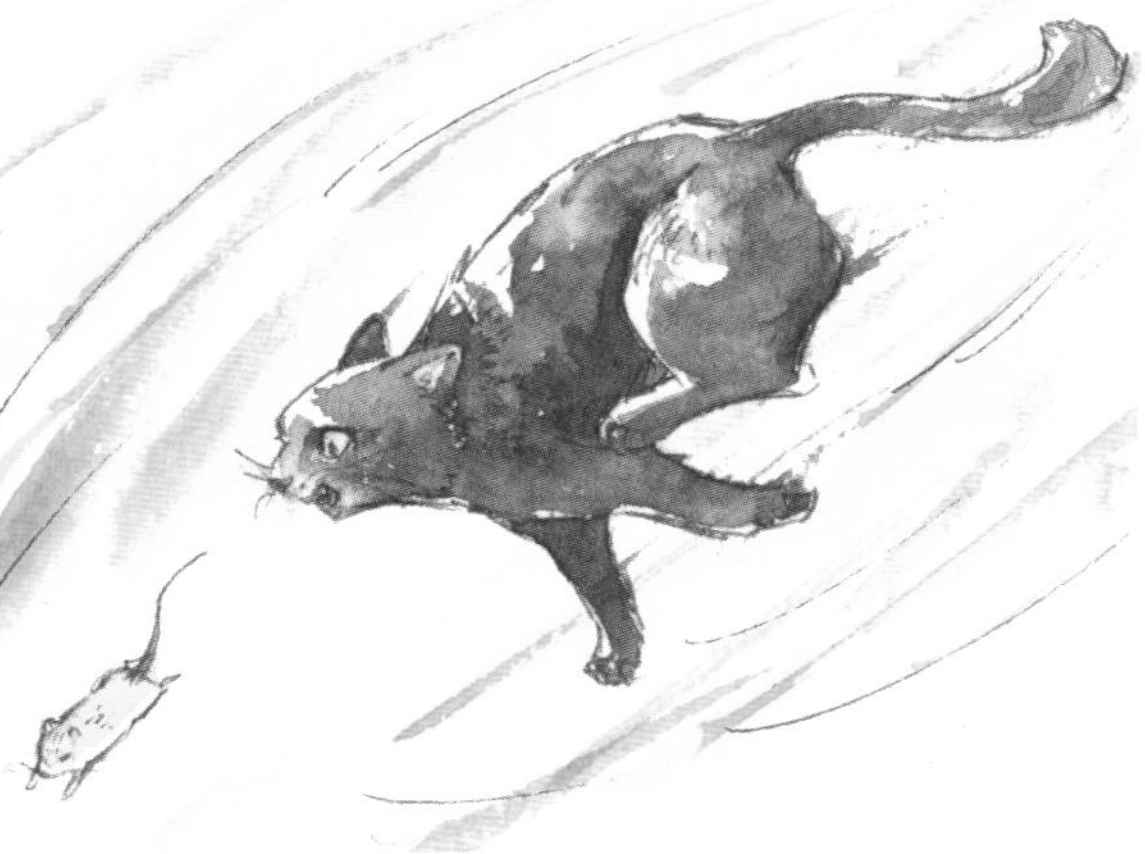

狩《か》りをするくせ

こうして、ネコはネズミをエサとして長《なが》い間《あいだ》生《い》きてきました。

一方《いっぽう》、人間《にんげん》は、米《こめ》や麦《むぎ》を育《そだ》てて、とれたものを倉庫《そうこ》で保存《ほぞん》していたのですが、ネズミに食《く》い荒《あ》らされて困《こま》っていました。

ネズミは丈夫《じょうぶ》な歯《は》で倉庫《そうこ》の壁《かべ》に穴《あな》を開《あ》け、人間《にんげん》が追《お》い払《はら》っても、退治《たいじ》しても、次《つぎ》から次《つぎ》に倉庫《そうこ》に入《はい》って来《く》るのです。そんなとき、人間《にんげん》が目《め》をつけたのがネコです。

ネコに倉庫《そうこ》の番《ばん》をさせてみたところ、ネズミはこわがって倉庫《そうこ》に入《はい》って来《こ》なくなりました。そこで人間《にんげん》はネコにエサをあたえ、やがてネコは人間《にんげん》に慣《な》れていったのです。

いまでは、ネコは狩《か》りをしなくてもよくなりましたが、動《うご》く動物《どうぶつ》を見《み》るとついつかまえてしまいます。先祖《せんぞ》のネコにとって、エサをとるのは生《い》きていくためにもっとも大切《たいせつ》なことでしたから、狩《か》りをするくせはなくならずに受《う》けつがれているのです。

みなさんの家《いえ》のネコも、ネズミやハト、トカゲ、虫《むし》などをつかまえて見《み》せに来《く》ることがあるかもしれません。でもそれはネコの本能《ほんのう》ですから、しからないであげてくださいね。

まめちしき

▶ネコが狩《か》りをするときは、何時間《なんじかん》でもしんぼう強《づよ》くまち、えものがやって来《き》たらねらいを定《さだ》めて一気《いっき》につかまえるんだよ。

読《よ》んだ日《ひ》　月《がつ》　日《にち》

12月《がつ》28日《にち》

みのまわりのふしぎ

どうして年末《ねんまつ》に大《おお》そうじをするの？

一年《いちねん》のよごれを落《お》とす

お正月《しょうがつ》をむかえる前《まえ》に、家《いえ》の中《なか》や外《そと》のそうじをするという行事《ぎょうじ》は、むかしからおこなわれてきました。江戸《えど》時代《だい》、江戸城《えどじょう》で、毎年《まいとし》12月《がつ》13日《にち》を『すす払《はら》いの日《ひ》』として大《おお》そうじをしたのがはじまりだといわれています。

12月《がつ》13日《にち》に神《かみ》さまをまつる神《かみ》だなや仏壇《ぶつだん》のすす払《はら》いだけをおこなう、というところも多《おお》いようですが、それぞれの家庭《かてい》では日付《ひづけ》をあまり気《き》にすることはなくなり、年末《ねんまつ》のお休《やす》みなどを使《つか》って大《おお》そうじをおこなっているようです。

それは、一年《いちねん》のうちにたまったほこりやよごれを取《と》りのぞき、家《いえ》をきれいにして新年《しんねん》をむかえるという意味《いみ》もありますが、それだけではありません。年神《としがみ》さまをおむかえする準備《じゅんび》をするという、もうひとつの大切《たいせつ》な意味《いみ》もあるのです。

年神《としがみ》さまをおむかえしよう

年神《としがみ》さまとは、その年《とし》の作物《さくもつ》が豊《ゆた》かに実《みの》り、家族《かぞく》みんなの健康《けんこう》やしあわせを守《まも》ってくださる神《かみ》さまだといわれています。

元日《がんじつ》の朝《あさ》、初日《はつひ》の出《で》と一緒《いっしょ》にあらわれると信《しん》じられていた年神《としがみ》さまを、家《いえ》をきれいにしておむかえするというのが、年末《ねんまつ》のすす払《はら》いや大《おお》そうじのむかしからのいい伝《つた》えだったようです。

家《いえ》の外《そと》には門松《かどまつ》やしめ縄《なわ》をかざり、年神《としがみ》さまがおりてくるときの目印《めじるし》を置《お》きます。そして家《いえ》の中《なか》では、大《おお》そうじをして神棚《かみだな》に鏡《かがみ》もちをかざります。鏡《かがみ》には、ふしぎな力《ちから》があると考《かんが》えられていたからです。

年神《としがみ》さまだけでなく、日本《にほん》のすべての神《かみ》さまは、まちがったおこないやよごれた場所《ばしょ》などにとてもきびしく、少《すこ》しでもよごれのある場所《ばしょ》にはおりてこないといわれていたのです。

そのようないい伝《つた》えから、いまでも年末《ねんまつ》の大《おお》そうじの習慣《しゅうかん》が続《つづ》いているのです。

いろいろな場所《ばしょ》をできるだけきれいにして新《あたら》しい年《とし》をむかえ、しっかりと神《かみ》さまをおむかえしましょうね。

まめちしき
▶鏡《かがみ》もちの上《うえ》にのせているミカンのようなものは、ダイダイというよ。代々家《だいだいいえ》が栄《さか》えるようにという願《ねが》いがこめられているんだ。ダイダイは4～5年《ねん》ずっとえだについたまま落《お》ちないそうだよ。

人体《じんたい》のふしぎ

どうして悲《かな》しい音楽《おんがく》を聴《き》くと悲《かな》しくなるの？

気《き》が合《あ》う人《ひと》と共感《きょうかん》する

あなたのお友《とも》だちが悲《かな》しんでいるとき、あなたも楽《たの》しい気持《きも》ちになんてなれませんよね。

お友《とも》だちの悲《かな》しい気持《きも》ちをいろいろ想像《そうぞう》して、きっと自分《じぶん》も悲《かな》しくなってしまうでしょう。こういうはたらきのことを「共感《きょうかん》」と呼《よ》びます。

ところで、悲《かな》しい音楽《おんがく》を聴《き》いていると、むかしあった悲《かな》しかったことを思《おも》い出《だ》してしまうことはありませんか。これも「共感《きょうかん》」にあたります。

「悲《かな》しい音楽《おんがく》を聴《き》いただけで、悲《かな》しい気持《きも》ちになるのはいやだなあ」と思《おも》うかもしれません。でも、「共感《きょうかん》」はとても大事《だいじ》なことなのです。

はじめて会《あ》った人《ひと》なのに、とても気《き》が合《あ》うように感《かん》じることはありませんか？　それは、その人《ひと》と共感《きょうかん》しているからです。

例《たと》えば海《うみ》を見《み》たときに、「大《おお》きくて気持《きも》ちがいいな」と思《おも》う人《ひと》もいれば、「おぼれそうでこわいな」と感《かん》じる人《ひと》もいます。

「気持《きも》ちがいい」と思《おも》う人《ひと》は、海《うみ》が大好《だいす》きでしょうが、「こわい」と感《かん》じる人《ひと》はあまり好《す》きではないでしょう。

その場合《ばあい》、あまり「気《き》が合《あ》う」とはいえないですね。でも、同《おな》じように「気持《きも》ちがいい」と思《おも》う人《ひと》たちは、「わたしたちは気《き》が合《あ》うな」と感《かん》じることでしょう。

動物《どうぶつ》も共感《きょうかん》する

共感《きょうかん》し合《あ》うのは、人間《にんげん》だけではありません。動物《どうぶつ》を研究《けんきゅう》してノーベル賞《しょう》を受賞《じゅしょう》した、オーストリアのコンラート・ローレンツ博士《はかせ》は、鳥《とり》たちも共感《きょうかん》し合《あ》っていると考《かんが》えました。

一羽《いちわ》のカラスがカァと鳴《な》くと、別《べつ》のカラスが鳴《な》き返《かえ》すことがあります。これは、例《たと》えば一羽《いちわ》のカラスが楽《たの》しい気《き》持《も》ちで鳴《な》いたときは、同《おな》じように楽《たの》しい気持《きも》ちのカラスが鳴《な》き返《かえ》すのだというものです。

周《まわ》りの人《ひと》の気持《きも》ちを考《かんが》え、共感《きょうかん》することって、人間《にんげん》でも動物《どうぶつ》でも大切《たいせつ》なことなのですね。

まめちしき
▶音楽《おんがく》のわけ方《かた》には長調《ちょうちょう》と短調《たんちょう》がある。長調《ちょうちょう》は明《あか》るく楽《たの》しい曲《きょく》が多《おお》く、短調《たんちょう》は暗《くら》くさみしい感《かん》じの曲《きょく》になる。悲《かな》しい曲《きょく》はたいてい短調《たんちょう》の曲《きょく》だよ。

地下鉄《ちかてつ》ってどうやって地下《ちか》に入《い》れたの？

地上《ちじょう》に線路《せんろ》がつながっている

わたしたちが住《す》む町《まち》の下《した》には、まっくらなトンネルの中《なか》を地下鉄《ちかてつ》が走《はし》り抜《ぬ》けている場所《ばしょ》があります。とても深《ふか》いところを走《はし》っているので、川《かわ》や海《うみ》があっても平気《へいき》です。

世界《せかい》ではじめての地下鉄《ちかてつ》は、1863年《ねん》にイギリスのロンドンで開業《かいぎょう》しました。そして、日本《にほん》ではじめての地下鉄《ちかてつ》が開業《かいぎょう》したのは、1927年《ねん》の今日《きょう》。区間《くかん》は上野《うえの》から浅草《あさくさ》までのわずか2・2キロでした。

短《みじか》い距離《きょり》ですが「地下《ちか》に電車《でんしゃ》が走《はし》る」というめずらしさから、この日《ひ》だけで10万人《まんにん》が乗車《じょうしゃ》したそうです。

さて、地下鉄《ちかてつ》はどうやって車両《しゃりょう》を地《ち》下《か》に入《い》れているのでしょうか。それにはふたつの方法《ほうほう》があります。

まずひとつは地上《ちじょう》にのびた線路《せんろ》から入《い》れる方法《ほうほう》です。

すべての駅《えき》が地下《ちか》にあっても、車両《しゃりょう》を置《お》く基地《きち》だけが地上《ちじょう》にある路線《ろせん》も多《おお》く、ここから地下《ちか》へと走《はし》っていくことができます。

クレーン車《しゃ》でつるして入《い》れる

もうひとつの方法《ほうほう》は、地上《ちじょう》から地下《ちか》のトンネルに通《つう》じる穴《あな》をほり、そこからクレーン車《しゃ》で車両《しゃりょう》をつるして入《い》れるというものです。

これは車両基地《しゃりょうきち》が地下《ちか》にあったり、地上《ちじょう》まで線路《せんろ》がのびていない場合《ばあい》に使《つか》う方法《ほうほう》です。

いまは鉄《てつ》よりも軽《かる》いアルミを使《つか》った車両《しゃりょう》が増《ふ》えていますが、それでも車両《しゃりょう》ひとつの重《おも》さは30トン以上《いじょう》あります。

重《おも》さでバランスがくずれないよう、作業《さぎょう》はクレーン車《しゃ》2台《だい》で両端《りょうはし》をつるし、何時間《なんじかん》もかけてゆっくりとおろしていきます。

また、工場《こうじょう》で完成《かんせい》した車両《しゃりょう》は、大型《おおがた》トレーラーを使《つか》って線路《せんろ》まで運《はこ》びます。自動車《じどうしゃ》の通行量《つうこうりょう》が少《すく》ない深夜《しんや》に、ゆっくりとしたスピードで車両《しゃりょう》を移動《いどう》させるようすは、まるで電車《でんしゃ》が道路《どうろ》を走《はし》っているみたい。ちょっと見《み》てみたいものですね。

地下鉄《ちかてつ》といっても基地《きち》は地上《ちじょう》にあることが多《おお》い

まめちしき

▶人《ひと》や車《くるま》が横切《よこぎ》ることのない地下鉄《ちかてつ》には基本的《きほんてき》にふみきりはないよ。ただし、東京《とうきょう》の上野駅《うえのえき》の近《ちか》くに、日本《にほん》ではただひとつとなる、地下鉄《ちかてつ》のふみきりがあるんだって。

12月《がつ》31日《にち》

みのまわりのふしぎ

どうして除夜《じょや》の鐘《かね》は百八回《ひゃくはちかい》つくの？

夜《よる》にひびく年越《としこ》しの鐘《かね》

大《おお》みそかの夜《よる》、夜《よ》ふかしをして起《お》きていられたら、

「ゴーン……、ゴーン……」

と、近《ちか》くのお寺《てら》から「除夜《じょや》の鐘《かね》」が聞《き》こえてくることでしょう。お寺《てら》のお坊《ぼう》さんがついているときもあれば、初《はつ》もうでに出《で》かけた人《ひと》たちが交代《こうたい》でついているときもあるようです。

除夜《じょや》の鐘《かね》は、ぜんぶで百八回《ひゃくはちかい》つかれます。そのうち百七回《ひゃくななかい》を12月《がつ》31日《にち》のうちにならし、最後《さいご》の一回《いっかい》を日付《ひづけ》が変《か》わった1月《がつ》1日《ついたち》につくのが正《ただ》しい鐘《かね》のつき方《かた》だといわれています。

ひとつついては鐘《かね》に手《て》を合《あ》わせ、またひとつついては……と、ゆっくりとしたリズムで進《すす》んでいきます。でも、どうして百八回《ひゃくはちかい》なのでしょう。

それは、人《ひと》の心《こころ》の中《なか》にある煩悩《ぼんのう》の数《かず》だといわれています。

煩悩《ぼんのう》を取《と》りはらう

煩悩《ぼんのう》というのは、例《たと》えば、『もっとほしい』『怒《おこ》る』『めんどう』『やきもちをやく』などといった、人《ひと》を苦《くる》しめたり悩《なや》ませたりする、いろいろな心《こころ》のはたらきのことです。

それらは人《ひと》の心《こころ》を乱《みだ》し、正《ただ》しい気持《きも》ちをまどわせてしまいます。それが人《ひと》には百八《ひゃくやっ》つあるといわれているのです。

きびしい修行《しゅぎょう》をつんでいるお坊《ぼう》さんは、心《こころ》の中《なか》からそのような煩悩《ぼんのう》を取《と》りはらい、けがれのない人《ひと》になろうとしているのです。

では、修行《しゅぎょう》をつんでいない人々《ひとびと》はどうすればいいのでしょう。そこで、一年《いちねん》の終《お》わりに煩悩《ぼんのう》を取《と》りはらう力《ちから》を持《も》つ鐘《かね》をならすことで、だれもが悩《なや》みや苦《くる》しみからのがれられるようにしましょう。そして、すべてのけがれをはらい落《お》とし、新《あたら》しい年《とし》をむかえられるようにしましょう。こういう願《ねが》いから除夜《じょや》の鐘《かね》がはじまったのです。

今年《ことし》はあなたにとって、どんな一年《いちねん》でしたか？　来年《らいねん》もいい年《とし》になりますように。

まめちしき ▶今日《きょう》は大《おお》みそか。むかしの暦《こよみ》では1ヶ月《げつ》は30日《にち》で、「三十日《みそか》」と読《よ》んだ。1年《ねん》の最後《さいご》の三十日《みそか》を大《おお》みそかといったんだ。夕食《ゆうしょく》には年越《としこ》しそばを食《た》べよう。

こたえ一覧《いちらん》

1月1日▼**どうしてお正月《しょうがつ》はお祝《いわ》いをするの？**……18
●お正月《しょうがつ》にやってくる年神《としがみ》さまをおむかえするため。

1月2日▼**どうして夢《ゆめ》を見《み》るの？**……19
●昼間《ひるま》に起《お》こったできごとを、脳《のう》が頭《あたま》の中《なか》で整理《せいり》するため。

1月3日▼**おせち料理《りょうり》ってなあに？**……20
●お正月《しょうがつ》の神《かみ》さまにおそなえする特別《とくべつ》な料理《りょうり》。

1月4日▼**どうして線路《せんろ》には石《いし》があるの？**……21
●線路《せんろ》が土《つち》の中《なか》に沈《しず》まないようにしたり、騒音《そうおん》をおさえるため。

1月5日▼**イチゴのツブツブってなあに？**……22
●実《み》。赤《あか》くておいしい部分《ぶぶん》は、花《はな》を乗《の》せる台《だい》。

1月6日▼**魚《さかな》は、水《みず》の中《なか》でも音《おと》やにおいがわかるの？**……23
●耳《みみ》や鼻《はな》があるのでわかる。

1月7日▼**七草《ななくさ》がゆってなあに？**……24
●お正月《しょうがつ》につかれた胃《い》を休《やす》めるために食《た》べるおかゆのこと。

1月8日▼**どうして冬《ふゆ》はおしっこに行《い》く回数《かいすう》が増《ふ》えるの？**……25
●他《ほか》の季節《きせつ》より汗《あせ》をあまりかかなくなるから。

1月9日▼**どうしてお坊《ぼう》さんは髪《かみ》の毛《け》をそっているの？**……26
●自分《じぶん》をかざりたいという気持《きも》ちをすてて、仏教《ぶっきょう》を学《まな》ぶため。

1月10日▼**パトカーが白黒《しろくろ》なのはなぜ？**……27
●他《ほか》の車《くるま》と区別《くべつ》するためにぬられるようになった。

1月11日▼**おもちはなにからできているの？**……28
●もち米《こめ》というお米《こめ》からできている。

1月12日▼**冬用《ふゆよう》のタイヤが雪《ゆき》の上《うえ》ですべらないのはなぜ？**……29
●深《ふか》いみぞとやわらかいゴムが使《つか》われているから。

1月13日▼**夜《よる》でも目《め》が見《み》える動物《どうぶつ》がいるってホント？**……30
●ホント。夜行性《やこうせい》という。

1月14日▼**どうして冬《ふゆ》は空気《くうき》がきれいに見《み》えるの？**……31
●空気中《くうきちゅう》の水蒸気《すいじょうき》や細《こま》かいチリやホコリがへるから。

1月15日▼**消《け》しゴムでえんぴつの字《じ》が消《け》せるのはなぜ？**……32
●紙《かみ》についたえんぴつのツブを、吸《す》ってはがすため。

1月16日▼**どうしてシロクマは寒《さむ》い北極《ほっきょく》でくらせるの？**……33
●光《ひかり》を通《とお》す毛《け》と、ぶあつい脂肪《しぼう》におおわれているから。

1月17日▼**「鳥《とり》はだ」ってどうしてできるの？**……34
●毛《け》がはえていないのに、からだの毛《け》を立《た》てようとするため。

1月18日▼**ゆでる前《まえ》のエビやカニは赤《あか》くないってホント？**……35
●ホント。ただしもともと赤《あか》いものもある。

1月19日▼**どうして山《やま》の上《うえ》では気温《きおん》が下《さ》がるの？**……36
●地面《じめん》からのあたたまった空気《くうき》が届《とど》きにくいから。

1月20日▼**どうして冬《ふゆ》は日《ひ》が短《みじか》いの？**……37
●太陽《たいよう》の光《ひかり》のあたり方《かた》が変《か》わるから。

1月21日▼**どうして歯《は》が生《は》えかわるの？**……38
●骨格《こっかく》(からだや骨《ほね》)の成長《せいちょう》に合《あ》わせるため。

1月22日▼**宇宙《うちゅう》だとからだが浮《う》くってホント？**……39
●ホント。無重力状態《むじゅうりょくじょうたい》という。

1月23日▼**どうして電子《でんし》メールが送《おく》れるの？**……40
●文章《ぶんしょう》を電気信号《でんきしんごう》に変《か》えて送《おく》ることができるため。

1月24日▼**どうしてかぜをひくと熱《ねつ》が出《で》るの？**……41
●ウイルス、ばい菌《きん》などを熱《ねつ》で退治《たいじ》しようとするため。

1月25日▼**どうして沖縄《おきなわ》と北海道《ほっかいどう》では気温《きおん》が違《ちが》うの？**……42
●太陽《たいよう》の角度《かくど》が違《ちが》うため、光《ひかり》のあたる量《りょう》も違《ちが》うから。

1月26日▼**どうして冬《ふゆ》にセーターを脱《ぬ》ぐとパチパチするの？**……43
●セーターにたまった静電気《せいでんき》が空気中《くうきちゅう》ににげるため。

1月27日▼**国旗《こっき》ってなんのためにあるの？**……44
●自分《じぶん》たちの国《くに》を象徴《しょうちょう》するものとするためにある。

1月28日▼**どうして魚《さかな》は水《みず》の中《なか》で目《め》を開《あ》けっぱなしなの？**……45
●魚《さかな》にはまぶたがないから。

1月29日▼**どうして望遠鏡《ぼうえんきょう》で遠《とお》くのものが見《み》えるの？**……46
●レンズを何枚《なんまい》か組《く》み合《あ》わせて大《おお》きく見《み》せるから。

1月30日▼**どうして夜《よる》になると眠《ねむ》くなるの？**……47
●脳《のう》からの合図《あいず》でねむくなる。

1月31日▼**はずかしいとどうして顔《かお》が赤《あか》くなるの？**……48
●顔《かお》の血管《けっかん》に血《ち》がたくさん流《なが》れるから。

2月1日▼**テレビはどうして動《うご》いて見《み》えるの？**……50
●少《すこ》しずつ異《こと》なる止《と》まった絵《え》を、続《つづ》けて見《み》せているから。

2月2日▼**結婚《けっこん》ってなあに？**……51
●家族《かぞく》ではない男《おとこ》の人《ひと》と女《おんな》の人《ひと》が一緒《いっしょ》にくらすという約束《やくそく》。

2月3日▼**どうして節分《せつぶん》の日《ひ》に豆《まめ》をまくの？**……52
●豆《まめ》をまいて鬼《おに》を追《お》い払《はら》うおまじないをするため。

2月4日▼**「がん」ってどんな病気《びょうき》？**……53
●からだの「細胞《さいぼう》」が「がん細胞《さいぼう》」になって増《ふ》える病気《びょうき》。

2月5日▼**ふたごはどうして生《う》まれるの？**……54
●お母《かあ》さんの卵《たまご》がふたつに分裂《ぶんれつ》したり、ふたつ同時《どうじ》にできることがあるため。

2月6日▼**のりってなにからできているの？**……55
●海《うみ》の中《なか》に育《そだ》つ藻《も》を乾《かわ》かしてつくる。

2月7日▼**どうして渡《わた》り鳥《どり》は引《ひ》っ越《こ》しをするの？**……56
●寒《さむ》さをさけたり、エサがあるところへ行《い》くため。

2月8日▼**どうして親子《おやこ》は似《に》ているの？**……57
●子《こ》どもが親《おや》から姿《すがた》や形《かたち》などの情報《じょうほう》を受《う》けつぐから。

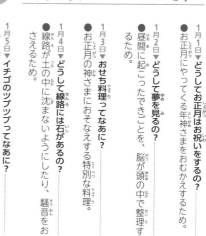

2月9日▼人間《にんげん》はいつから服《ふく》を着《き》るようになったの？……58
●とてもむかし。60万年《まんねん》以上《いじょう》むかしかも？

2月10日▼どうしてストローでジュースが飲《の》めるの？……59
●ストローを吸《す》うと、ジュースがグラスの外《そと》の空気《くうき》におされて上《あ》がってくるから。

2月11日▼日本《にほん》はいつできたの？……60
●今《いま》から2600年《ねん》以上《いじょう》むかしといわれている。

2月12日▼どうして正座《せいざ》をすると足《あし》がしびれるの？……61
●血管《けっかん》や神経《しんけい》がおさえつけられて、血《ち》のめぐりなどが悪《わる》くなるから。

2月13日▼どうしてニワトリは朝早《あさはや》くに鳴《な》くの？……62
●太陽《たいよう》の光《ひかり》に関係《かんけい》があるといわれるが、はっきりわかってはいない。

2月14日▼バレンタインデーってなんの日《ひ》？……63
●キリスト教《きょう》に関係《かんけい》する、恋人《こいびと》のお祭《まつ》り。

2月15日▼どうして三時《さんじ》におやつを食《た》べるの？……64
●むかしの時間《じかん》のかぞえかたで、八《や》つ（三時《さんじ》）ごろに食《た》べたから。

2月16日▼どうして宇宙飛行士《うちゅうひこうし》は宇宙服《うちゅうふく》を着《き》るの？……65
●空気《くうき》がなく、気温《きおん》も低《ひく》い宇宙《うちゅう》で生《い》きていくために必要《ひつよう》。

2月17日▼どうして海《うみ》の水《みず》はなくならないの？……66
●地球全体《ちきゅうぜんたい》で循環《じゅんかん》しているから。

2月18日▼卵《たまご》をあたためると、ヒヨコが生《う》まれてくるの？……67
●ひなが生《う》まれない「無精卵《むせいらん》」だから生《う》まれない。

2月19日▼どうして電子《でんし》レンジでものがあたたまるの？……68
●「マイクロ波《は》」が、ものの中《なか》の水分《すいぶん》をあたためるため。

2月20日▼どうして春《はる》になるとマスクをする人《ひと》が増《ふ》えるの？……69
●スギやヒノキの花粉《かふん》がからだの中《なか》に入《はい》るのを防《ふせ》ぐため。

2月21日▼新聞《しんぶん》っていつからあるの？……70
●毎日発行《まいにちはっこう》される形式《けいしき》の新聞《しんぶん》は日本《にほん》では1872年《ねん》からある。

2月22日▼どうしてネコはせまいところが好《す》きなの？……71
●敵《てき》からかくれるための、野生《やせい》のクセが残《のこ》っているから。

2月23日▼トンネルの中《なか》で耳《みみ》がツーンとするのはなぜ？……72
●気圧《きあつ》のバランスがくずれて、鼓膜《こまく》がおされるから。

2月24日▼どうして夕焼《ゆうや》けは赤《あか》いの？……73
●夕方《ゆうがた》は太陽《たいよう》の赤《あか》い光《ひかり》が地球《ちきゅう》に届《とど》きやすいため。

2月25日▼どうして寒《さむ》いときに吐《は》く息《いき》は白《しろ》いの？……74
●息《いき》の中《なか》の水蒸気《すいじょうき》が急《きゅう》に冷《ひ》やされて水《みず》のつぶに変《か》わるため。

2月26日▼どうしてごはんの前《まえ》には「いただきます」っていうの？……75
●ごはんに関《かか》わったいろいろな人《ひと》やものに感謝《かんしゃ》するため。

2月27日▼どうしてイヌはくんくんにおいをかいでばかりいるの？……76
●イヌはにおいでいろいろなことがわかるから。

2月28日▼ビスケットとクッキーってなにが違《ちが》うの？……77
●日本《にほん》では含《ふく》まれる成分量《せいぶんりょう》が違《ちが》う。世界《せかい》ではどちらも同《おな》じ。

2月29日▼うるう年《どし》ってなあに？……78
●四年《よねん》に一度《いちど》ある、一年《いちねん》の日数《にっすう》を調整《ちょうせい》するための年《とし》。

3月1日▼春一番《はるいちばん》ってなあに？……80
●春《はる》が来《き》てから最初《さいしょ》に吹《ふ》くあたたかい風《かぜ》のこと。

3月2日▼子《こ》どもはどうしてお酒《さけ》を飲《の》んではいけないの？……81
●成長《せいちょう》にわるい影響《えいきょう》があるから。

3月3日▼ひな祭《まつ》りってなあに？……82
●女《おんな》の子《こ》がしあわせに成長《せいちょう》することを願《ねが》い、お祝《いわ》いする日《ひ》。

3月4日▼どうして船《ふね》は水《みず》に浮《う》くの？……83
●中《なか》は空《から》っぽの部分《ぶぶん》が多《おお》いから。

3月5日▼パンダのからだはどうして白《しろ》と黒《くろ》なの？……84
●敵《てき》に見《み》つからないようからだを周《まわ》りに溶《と》け込《こ》ませるため。

3月6日▼冬《ふゆ》の間《あいだ》、虫《むし》はどこにいるの？……85
●いろいろな姿《すがた》で、いろいろな場所《ばしょ》で冬《ふゆ》ごしをしている。

3月7日▼どうして火《ひ》は燃《も》えるの？……86
●空気《くうき》のなかの酸素《さんそ》が、水素《すいそ》や炭素《たんそ》と一緒《いっしょ》になるため。

3月8日▼ハチミツはどうやってつくっているの？……87
●ミツバチが花《はな》のみつをあつめて、巣《す》で助《たす》け合《あ》ってつくる。

3月9日▼どうして「ありがとう」っていうの？……88
●感謝《かんしゃ》の気持《きも》ちを伝《つた》えるため。

3月10日▼砂糖《さとう》ってなにからできているの？……89
●主《おも》にサトウキビとテンサイという植物《しょくぶつ》。

3月11日▼どうして人工衛星《じんこうえいせい》は地球《ちきゅう》に落《お》ちてこないの？……90
●離《はな》れようとする力《ちから》とひっぱられる力《ちから》がつりあっているから。

3月12日▼辛《から》いものを食《た》べると汗《あせ》が出《で》てくるのはなぜ？……91
●辛《から》みの成分《せいぶん》が血《ち》の流《なが》れを速《はや》くするから。

3月13日▼サンドイッチはだれが考《かんが》え出《だ》したの？……92
●サンドイッチ伯爵《はくしゃく》という人《ひと》だといわれている。

3月14日▼丸《まる》いトンネルが多《おお》いのはなぜ？……93
●丸《まる》いほうががんじょうにできるから。

3月15日▼どうして家《いえ》の中《なか》ではくつをぬぐの？……94
●たたみを大切《たいせつ》に使《つか》うためなど、いろいろな理由《りゆう》がある。

こたえ一覧《いちらん》（3～4月《がつ》）

こたえ一覧《いちらん》（4～5月《がつ》）

4月22日▼どうして自然《しぜん》を大切《たいせつ》にしないといけないの？……133
●地球《ちきゅう》が生《い》きものの住《す》めない星《ほし》になってしまうから。

4月23日▼どうしてイカやタコの足《あし》はグニャグニャなの？……134
●骨《ほね》がなくて筋肉《きんにく》でできているから。

4月24日▼どうして自分《じぶん》の息《いき》を入《い》れた風船《ふうせん》は浮《う》かないの？……135
●自分《じぶん》が吐《は》く息《いき》は、空気《くうき》よりも重《おも》いから。

4月25日▼宇宙人《うちゅうじん》ってホントにいるの？……136
●今《いま》のところ見《み》つかっていないが、いないとはいえない。

4月26日▼どうしてお風呂《ふろ》に入《はい》るようになったの？……137
●仏教《ぶっきょう》ではからだをきれいにするのが大切《たいせつ》とされたから。

4月27日▼どうして生《い》きものは死《し》ぬの？……138
●からだの細胞《さいぼう》が、新《あたら》しく生《う》まれ変《か》われなくなるから。

4月28日▼どうしてゾウの鼻《はな》は長《なが》いの？……139
●くらすのに便利《べんり》なように進化《しんか》したから。

4月29日▼どうして草《くさ》や葉《は》っぱは緑色《みどりいろ》なの？……140
●葉緑素《ようりょくそ》という緑色《みどりいろ》のつぶがあるから。

4月30日▼どうしてゴールデンウィークっていうの？……141
●休《やす》みが連続《れんぞく》するすばらしい週間《しゅうかん》だから。

5月1日▼どうしてトンネルの中《なか》では音《おと》がひびくの？……144
●トンネルの壁《かべ》にあたった声《こえ》が、ずっと反射《はんしゃ》し続《つづ》けるから。

5月2日▼緑茶《りょくちゃ》も紅茶《こうちゃ》も、もとは同《おな》じってホント？……145
●ホント。どちらも同《おな》じ「茶《ちゃ》」の葉《は》からできている。

5月3日▼「憲法《けんぽう》」ってなあに？……146
●わたしたち国民《こくみん》の生活《せいかつ》を守《まも》る大切《たいせつ》なもの。

5月4日▼「渋滞《じゅうたい》」はどうして起《お》こるの？……147
●車《くるま》が同《おな》じ速《はや》さで走《はし》れなくなるために起《お》こる。

5月5日▼どうしてこどもの日《ひ》にはこいのぼりをかざるの？……148
●男《おとこ》の子《こ》がりっぱに成長《せいちょう》するように願《ねが》いをこめてかざる。

5月6日▼ゴムって植物《しょくぶつ》からできているってホント？……149
●ホント。パラゴムという木《き》の樹液《じゅえき》からつくられる。

5月7日▼どうして背《せ》が大《おお》きくなるの？……150
●成長《せいちょう》に合《あ》わせて骨《ほね》も大《おお》きくなるから。

5月8日▼ツメはどうやってのびるの？……151
●爪母基《そうぼき》でつくられてツメの先《さき》に送《おく》られる。

5月9日▼アイスはどうしてやわらかいの？……152
●中《なか》に空気《くうき》や脂肪《しぼう》がまざっているから。

5月10日▼どうして鳥《とり》は空《そら》を飛《と》べるの？……153
●大《おお》きなつばさや、軽《かる》いからだなどをもっているから。

5月11日▼どうして母《はは》の日《ひ》に赤《あか》いカーネーションをおくるの？……154
●アメリカで広《ひろ》まった習慣《しゅうかん》が日本《にほん》にやってきた。

5月12日▼どうしてお医者《いしゃ》さんは白《しろ》い服《ふく》を着《き》ているの？……155
●白《しろ》い色《いろ》は清潔《せいけつ》で、安心感《あんしんかん》を人《ひと》にあたえるから。

5月13日▼どうしてイヌの鼻《はな》はぬれているの？……156
●においの成分《せいぶん》を感《かん》じとりやすくするため。

5月14日▼どうして空《そら》は青《あお》いの？……157
●青色《あおいろ》の光《ひかり》が空気《くうき》の中《なか》をあちこち飛《と》び回《まわ》るから。

5月15日▼ヨーグルトはなにでできているの？……158
●牛乳《ぎゅうにゅう》を発酵《はっこう》させてつくっている。

5月16日▼総理大臣《そうりだいじん》と大統領《だいとうりょう》はなにが違《ちが》うの？……159
●選《えら》ばれ方《かた》や、仕事《しごと》の内容《ないよう》が違《ちが》う。

5月17日▼どうして血圧《けつあつ》が高《たか》いとからだによくないの？……160
●血《ち》の流《なが》れが止《と》まる病気《びょうき》につながるおそれがあるから。

5月18日▼ナメクジに塩《しお》をかけると小《ちい》さくなるのはなぜ？……161
●塩《しお》がナメクジのからだの水分《すいぶん》を吸《す》い取《と》ってしまうから。

5月19日▼どうして飛行機《ひこうき》では宇宙《うちゅう》に行《い》けないの？……162
●宇宙《うちゅう》には飛行機《ひこうき》を下《した》から支《ささ》える空気《くうき》がないから。

5月20日▼天気雨《てんきあめ》ってどうして降《ふ》るの？……163
●雨《あま》つぶが地面《じめん》に落《お》ちる前《まえ》に雲《くも》がなくなったりすると降《ふ》る。

5月21日▼お勉強《べんきょう》ってなんのためにするの？……164
●社会《しゃかい》で生《い》きていくのに必要《ひつよう》なことを身《み》につけるため。

5月22日▼地球《ちきゅう》にはどれくらいの種類《しゅるい》の生《い》きものがいるの？……165
●1000万種類以上《まんしゅるいいじょう》いると考《かんが》えられている。

5月23日▼どうしてカメの背中《せなか》にはこうらがあるの？……166
●敵《てき》から身《み》を守《まも》るため、からだの一部《いちぶ》が変化《へんか》してできた。

5月24日▼どうして眠《ねむ》たくなるとあくびが出《で》るの？……167
●酸素《さんそ》がたりなくなったことを脳《のう》が知《し》らせようとするため。

5月25日▼どうして水《みず》をかけると火《ひ》が消《き》えるの？……168
●燃《も》えているものに水《みず》がかかると、温度《おんど》が低《ひく》くなるから。

5月26日▼どうしてチョウは静《しず》かに飛《と》ぶの？……169
●大《おお》きな羽《はね》をゆっくり動《うご》かしているから。

5月27日▼どうして海《うみ》の水《みず》は満《み》ちたり引《ひ》いたりするの？……170
●月《つき》の引力《いんりょく》で海《うみ》の水《みず》がひっぱられるから。

5月28日▼花火《はなび》はどうしてきれいな色《いろ》が出《で》るの？……171
●熱《あつ》くなるときれいな光《ひかり》を出《だ》すまぜものが入《い》れてあるから。

5月29日▼どうしてコンニャクはフニャフニャなの？……172
●中《なか》にたくさんの水《みず》が閉《と》じ込《こ》められているから。

こたえ一覧《いちらん》（5～7月《がつ》）

5月30日▼わたしたちが出《だ》したゴミはどこへ行《い》くの？ …… 173
●燃《も》やされたり、分別《ぶんべつ》されたり、リサイクルされたりする。

5月31日▼タバコはからだによくないの？ …… 174
●近年《きんねん》よくないといわれるようになった。

6月1日▼写真《しゃしん》をとるときの「ピースサイン」ってなに？ …… 176
●勝利《しょうり》の「V《ぶい》」をあらわしているなど、いろいろな説《せつ》がある。

6月2日▼どうしてアジサイの花《はな》はいろいろ色《いろ》が変《か》わるの？ …… 177
●土《つち》の成分《せいぶん》で色《いろ》がいろいろ変《か》わる。

6月3日▼どうしてお風呂《ふろ》に長《なが》く入《はい》ると指《ゆび》がしわしわになるの？ …… 178
●指先《ゆびさき》の皮《ひ》ふはかたくて、水《みず》をよく吸《す》うから。

6月4日▼どうして歯《は》をみがかないと虫歯《むしば》になるの？ …… 179
●ミュータンス菌《きん》がつくる乳酸《にゅうさん》が歯《は》を溶《と》かすから。

6月5日▼酸性雨《さんせいう》ってどんな雨《あめ》なの？ …… 180
●木《き》をからしたりして、自然《しぜん》にわるい影響《えいきょう》がある雨《あめ》。

6月6日▼オタマジャクシがカエルの子《こ》ってホント？ …… 181
●ホント。大《おお》きくなると足《あし》が生《は》えてカエルになる。

6月7日▼床屋《とこや》さんにある赤《あか》と青《あお》のクルクルってなあに？ …… 182
●人間《にんげん》の血《ち》の色《いろ》をあらわしているといわれている。

6月8日▼どうして海《うみ》の水《みず》は塩辛《しおから》いの？ …… 183
●むかしつくられた塩《しお》の成分《せいぶん》が溶《と》けているから。

6月9日▼カギのギザギザってなんのためにあるの？ …… 184
●中《なか》のつっかえ棒《ぼう》を押《お》し上《あ》げ、カギが回《まわ》るようにするため。

6月10日▼一番寿命《いちばんじゅみょう》の長《なが》い動物《どうぶつ》ってなあに？ …… 185
●ゾウガメというカメの仲間《なかま》。

6月11日▼どうして梅雨《つゆ》になると雨《あめ》がよく降《ふ》るの？ …… 186
●日本《にほん》の空《そら》で、ふたつのしめった気団《きだん》が押《お》し合《あ》いをするため。

6月12日▼どうして魚《さかな》は水《みず》の中《なか》を自由《じゆう》に泳《およ》げるの？ …… 187
●からだを浮《う》き沈《しず》みさせる浮《う》き袋《ぶくろ》やヒレがあるため。

6月13日▼ロケットはどれぐらいの速《はや》さで飛《と》んでいるの？ …… 188
●1秒間《びょうかん》に8キロ以上進《いじょうすす》む速《はや》さで飛《と》んでいる。

6月14日▼どうして石《せっ》けんを使《つか》うとよごれが落《お》ちるの？ …… 189
●水《みず》に溶《と》けやすい成分《せいぶん》と、油《あぶら》に溶《と》けやすい成分《せいぶん》を含《ふく》むため。

6月15日▼どうしてオウムやインコは人間《にんげん》の言葉《ことば》をしゃべるの？ …… 190
●人間《にんげん》の声《こえ》をまねできるようなからだの構造《こうぞう》をしているため。

6月16日▼あんこってなにからできているの？ …… 191
●小豆《あずき》と砂糖《さとう》からできている。

6月17日▼録音《ろくおん》した自分《じぶん》の声《こえ》が違《ちが》って聞《き》こえるのはなぜ？ …… 192
●録音《ろくおん》した声《こえ》には、骨《ほね》を通《とお》して伝《つた》わる音《おと》が入《はい》っていないから。

6月18日▼どうしてヤギは紙《かみ》を食《た》べるの？ …… 193
●大好《だいす》きな木《こ》の葉《は》とかんちがいしているから。

6月19日▼「元号《げんごう》」と「西暦《せいれき》」ってなあに？ …… 194
●日本《にほん》と世界《せかい》の、年《とし》をかぞえるための名前《なまえ》や方法《ほうほう》。

6月20日▼どうして風《かぜ》が吹《ふ》くとすずしくなるの？ …… 195
●はだの周《まわ》りの熱《あつ》い空気《くうき》を吹《ふ》き飛《と》ばしてくれるから。

6月21日▼夏至《げし》ってなあに？ …… 196
●一年《いちねん》のうち、一番昼間《いちばんひるま》が長《なが》い日《ひ》のこと。

6月22日▼アマガエルが鳴《な》くと雨《あめ》が降《ふ》るってホント？ …… 197
●ホント。アマガエルはしめり気《け》に敏感《びんかん》なので。

6月23日▼どうしてオリンピックは4年《ねん》に一度《いちど》なの？ …… 198
●大《おお》むかしに4年《ねん》に一度《いちど》開《ひら》かれていたことのなごり。

6月24日▼ドレミファソラシドってなあに？ …… 199
●神《かみ》さまのための歌《うた》がドレミのはじまり。

6月25日▼たんこぶってどうしてできるの？ …… 200
●ぶつけた部分《ぶぶん》の血《ち》がからだの中《なか》にたまってしまうから。

6月26日▼雷《かみなり》ってなあに？ …… 201
●雲《くも》の中《なか》でできた電気《でんき》が空気中《くうきちゅう》に飛《と》び出《だ》したもの。

6月27日▼「コップが汗《あせ》をかく」ってどういうこと？ …… 202
●冷《ひ》やされた水蒸気《すいじょうき》が水滴《すいてき》に戻《もど》ってくっつくため。

6月28日▼どうしてホタルは光《ひか》るの？ …… 203
●オスとメスがたがいを見《み》つけて交尾《こうび》をするため。

6月29日▼宇宙《うちゅう》の果《は》てってどのくらい遠《とお》いの？ …… 204
●光《ひかり》の速《はや》さで137億年《おくねん》かかる距離《きょり》よりさらに遠《とお》い。

6月30日▼タイムトラベルってできるの？ …… 205
●今《いま》の科学技術《かがくぎじゅつ》ではできない。未来《みらい》に行《い》くことはできるかも？

7月1日▼湖《みずうみ》や池《いけ》ってどうやってできたの？ …… 208
●くぼんだところにたくさんの水《みず》がたまることでできる。

7月2日▼氷《こおり》はどうして水《みず》に浮《う》くの？ …… 209
●同《おな》じ大《おお》きさの水《みず》と氷《こおり》では、氷《こおり》のほうが軽《かる》いから。

7月3日▼アイスクリームのコーンはなんのためにあるの？ …… 210
●食《た》べて冷《つめ》たくなった舌《した》をもとの状態《じょうたい》に戻《もど》すため。

7月4日▼アマガエルはどうして壁《かべ》にはりつけるの？ …… 211
●はりつくための吸盤《きゅうばん》を足《あし》にもっているから。

7月5日▼天《あま》の川《がわ》ってなあに？ …… 212
●わたしたちの宇宙《うちゅう》「銀河《ぎんが》」の星《ほし》があつまった姿《すがた》。

7月6日▼ピアノはどうやって音《おと》を出《だ》しているの？ …… 213
●けんばんの奥《おく》にある棒《ぼう》で、弦《げん》をたたいて音《おと》を出《だ》している。

こたえ一覧《いちらん》（8～9月《がつ》）

8月12日▼**どうして台風《たいふう》ができるの？**……251
●あたたかい海面《かいめん》から水蒸気《すいじょうき》が空《そら》に上《のぼ》るのがはじまり。

8月13日▼**どうして右利《みぎき》きの人《ひと》と左利《ひだりき》きの人《ひと》がいるの？**……252
●右《みぎ》と左《ひだり》の脳《のう》のはたらきが、人《ひと》によって違《ちが》うから。

8月14日▼**お盆《ぼん》ってなあに？**……253
●死後《しご》の世界《せかい》から帰《かえ》ってきたご先祖《せんぞ》さまをもてなす期間《きかん》。

8月15日▼**どうして人間《にんげん》は戦争《せんそう》をするの？**……254
●他《ほか》の国《くに》のものをほしがったり、意見《いけん》のぶつかり合《あ》いが原因《げんいん》。

8月16日▼**クジラは魚《さかな》じゃないってホント？**……255
●ホント。わたしたち人間《にんげん》と同《おな》じほ乳類《にゅうるい》。

8月17日▼**どうして冷蔵庫《れいぞうこ》でものが冷《ひ》えるの？**……256
●「気化熱《きかねつ》」を利用《りよう》しているから。

8月18日▼**人間《にんげん》はいつからお米《こめ》を食《た》べるようになったの？**……257
●1万年《まんねん》以上前《いじょうまえ》からといわれている。

8月19日▼**どうしてバイクや自転車《じてんしゃ》は倒《たお》れないの？**……258
●人《ひと》がバランスをとるのを助《たす》ける仕組《しく》みがあるから。

8月20日▼**どうして信号機《しんごうき》の色《いろ》は赤黄青《あかきあお》なの？**……259
●遠《とお》くからでもはっきり見《み》えてわかりやすい色《いろ》だから。

8月21日▼**どうして血《ち》は赤《あか》いの？**……260
●血《ち》の中《なか》に含《ふく》まれるヘモグロビンが赤《あか》い色《いろ》をしているから。

8月22日▼**トカゲのしっぽはどうして切《き》れやすいの？**……261
●もともと切《き》り離《はな》せるように切《き》れ目《め》がついているから。

8月23日▼**川《かわ》の水《みず》はどこから流《なが》れはじめるの？**……262
●山《やま》の中《なか》の源流《げんりゅう》から。水《みず》は地球《ちきゅう》を循環《じゅんかん》している。

8月24日▼**紙《かみ》ってなにからできているの？**……263
●木《き》を原料《げんりょう》にした木材《もくざい》パルプからできているものが多《おお》い。

8月25日▼**カップめんがお湯《ゆ》を入《い》れるだけでできるのはなぜ？**……264
●めんの小《ちい》さな穴《あな》がお湯《ゆ》を吸《す》い込《こ》みやわらかくなるから。

8月26日▼**どうして日焼《ひや》けするとはだが黒《くろ》くなるの？**……265
●紫外線《しがいせん》にあたるとはだを黒《くろ》くする物質《ぶっしつ》がつくられるから。

8月27日▼**どうして毒《どく》ヘビは自分《じぶん》の毒《どく》で死《し》なないの？**……266
●つばと同《おな》じで、毒《どく》が自分《じぶん》の血《ち》の中《なか》に入《はい》ることはないから。

8月28日▼**運動《うんどう》の前《まえ》に準備運動《じゅんびうんどう》をするのはなぜ？**……267
●からだがきちんと動《うご》けるように準備《じゅんび》をさせるため。

8月29日▼**どうしてお肉《にく》がこげると黒《くろ》くなるの？**……268
●熱《ねつ》が加《くわ》わると、タンパク質《しつ》が違《ちが》う物質《ぶっしつ》に変《か》わるから。

8月30日▼**冷《つめ》たい温泉《おんせん》があるってホント？**……269
●ホント。一定《いってい》の成分《せいぶん》が含《ふく》まれていれば冷《つめ》たくても温泉《おんせん》。

8月31日▼**どうして野菜《やさい》を食《た》べないとダメなの？**……270
●からだに必要《ひつよう》な栄養素《えいようそ》をバランスよくとるため。

9月1日▼**どうして地震《じしん》が起《お》こるの？**……272
●地球《ちきゅう》の表面《ひょうめん》にある「プレート」のはたらきが主《おも》な原因《げんいん》。

9月2日▼**宝《たから》くじで一等《いっとう》を引《ひ》くのはどれくらい難《むずか》しいの？**……273
●ジャンボ宝《たから》くじならおよそ1000万分《まんぶん》の1。

9月3日▼**どうしてレンコンには穴《あな》が開《あ》いているの？**……274
●空気《くうき》をくきや根《ね》に送《おく》るパイプの役目《やくめ》をするため。

9月4日▼**どうしてふけが出《で》るの？**……275
●皮《ひ》ふが生《う》まれ変《か》わって、古《ふる》い細胞《さいぼう》がはがれおちるから。

9月5日▼**どうしてお腹《なか》がへるの？**……276
●脳《のう》がお腹《なか》がすいていることをからだに知《し》らせるため。

9月6日▼**チョコレートってなにからできているの？**……277
●カカオ豆《まめ》と砂糖《さとう》をねることでつくられている。

9月7日▼**火山《かざん》はどうして噴火《ふんか》するの？**……278
●火山《かざん》の地下《ちか》にたまったマグマがいっぱいになると噴火《ふんか》する。

9月8日▼**どうしてサルは木登《きのぼ》りが上手《じょうず》なの？**……279
●安全《あんぜん》で食《た》べものも多《おお》い木《き》の上《うえ》でくらすようになったから。

9月9日▼**救急車《きゅうきゅうしゃ》っていつからあるの？**……280
●19世紀《せいき》のはじめごろにヨーロッパで生《う》まれた。

9月10日▼**どうしておそばは音《おと》をたてて食《た》べてもいいの？**……281
●むかし書《か》き残《のこ》された食事作法《しょくじさほう》が受《う》けつがれているため。

9月11日▼**まゆ毛《げ》はなんのためにあるの？**……282
●汗《あせ》や日《ひ》ざしから目《め》を守《まも》るためといわれている。

9月12日▼**宇宙《うちゅう》はどうやってできたの？**……283
●ビッグバンという大爆発《だいばくはつ》で生《う》まれたといわれている。

9月13日▼**雲《くも》がいろいろと形《かたち》を変《か》えるのはなぜ？**……284
●空《そら》の上《うえ》では、雲《くも》ができたり消《き》えたりしているため。

9月14日▼**どうして月《つき》はいろいろ形《かたち》を変《か》えるの？**……285
●太陽《たいよう》の光《ひかり》のあたりかたがいろいろ変《か》わるから。

9月15日▼**十五夜《じゅうごや》のお月見《つきみ》ってなにをするの？**……286
●おそなえものをして、美《うつく》しいお月《つき》さまをながめる。

9月16日▼**年《とし》をとるとどうして髪《かみ》の毛《け》が白《しろ》くなるの？**……287
●髪《かみ》の毛《け》に色《いろ》をつける物質《ぶっしつ》がつくられなくなるから。

9月17日▼**植物《しょくぶつ》はなにも食《た》べなくても平気《へいき》なの？**……288
●「光合成《こうごうせい》」で栄養《えいよう》をつくっているから平気《へいき》。

9月18日▼**どうしてうんちやおならはくさいの？**……289
●食《た》べものを分解《ぶんかい》するときに、大腸《だいちょう》でできたガスが原因《げんいん》。

9月19日▼**日本《にほん》で一番多《いちばんおお》い苗字《みょうじ》ってなあに？**……290
●佐藤《さとう》さんが一番多《いちばんおお》い。

9月20日▼**世界《せかい》で一番大《いちばんおお》きな動物《どうぶつ》ってなあに？**……291
●海《うみ》の中《なか》にすんでいる「シロナガスクジラ」。

9月21日▼**どうして季節《きせつ》が変《か》わるの？**……292
●地球《ちきゅう》をあたためる太陽《たいよう》のてりかたが変《か》わるから。

9月22日▼**どうしてボールははずむの？**……293
●もとの形《かたち》に戻《もど》ろうとする力《ちから》である「弾性《だんせい》」のため。

9月23日▼**月《つき》はどうしてデコボコしているの？**……294
●むかし、いん石《せき》が月《つき》の表面《ひょうめん》にたくさんぶつかったから。

9月24日▼**リサイクルってなにをすること？**……295
●いらないものやゴミを、資源《しげん》として再《ふたた》び利用《りよう》すること。

9月25日▼**虫《むし》が力《ちから》もちってホント？**……296
●ホント。自分《じぶん》の体重《たいじゅう》の何十倍《なんじゅうばい》もの重《おも》さを引《ひ》っぱれる。

9月26日▼**どうしてまばたきをするの？**……297
●目《め》の表面《ひょうめん》を涙《なみだ》でうるおしたり、ごみをぬぐい取《と》るため。

9月27日▼**電車《でんしゃ》の中《なか》でジャンプするとどうなるの？**……298
●ジャンプしたところと同《おな》じところにおりる。

9月28日▼**霧《きり》ってなあに？**……299
●小《ち》さな水《みず》のつぶが、空気中《くうきちゅう》にたくさん浮《う》かんでいるもの。

9月29日▼**どうして大人《おとな》の男《おとこ》の人《ひと》は声《こえ》が低《ひく》いの？**……300
●声帯《せいたい》やのどの形《かたち》が、子《こ》どもや女《おんな》の人《ひと》と違《ちが》っているから。

9月30日▼**ビルのクレーンは最後《さいご》どうやって下《お》ろすの？**……301
●小《ち》さいクレーンを使《つか》って順番《じゅんばん》に下《お》していく。

10月1日▼**どうして大人《おとな》はコーヒーを飲《の》むの？**……304
●味《あじ》、かおり、成分《せいぶん》がつかれやストレスをやわらげるから。

10月2日▼**とうふはなにからできているの？**……305
●大豆《だいず》（まめ）からできている。

10月3日▼**山《やま》はどうやってできたの？**……306
●地面《じめん》が動《うご》いてもり上《あ》がったり、火山《かざん》の噴火《ふんか》によってできる。

10月4日▼**動物《どうぶつ》どうしでおしゃべりってするの？**……307
●いろんな方法《ほうほう》でコミュニケーションをとっているそう。

10月5日▼**化石《かせき》ってどうやってできたの？**……308
●生《い》きものの骨《ほね》や貝《かい》ガラが、長《なが》い時間《じかん》をかけて石《いし》に変《か》わるとできる。

10月6日▼**人間《にんげん》の赤《あか》ちゃんはどこから産《う》まれるの？**……309
●お母《かあ》さんのお腹《なか》から産《う》まれる。

10月7日▼**切《き》ったリンゴを塩水《しおみず》につけるのはなぜ？**……310
●塩水《しおみず》の膜《まく》が、リンゴと酸素《さんそ》がくっつくのを邪魔《じゃま》するから。

10月8日▼**どうしてダックスフントは足《あし》が短《みじか》いの？**……311
●細長《ほそなが》いアナグマの巣《す》にもぐりやすいため。

10月9日▼**神社《じんじゃ》とお寺《てら》はなにが違《ちが》うの？**……312
●お寺《てら》は修行《しゅぎょう》の場所《ばしょ》、神社《じんじゃ》は日本《にほん》の神《かみ》さまをまつる場所《ばしょ》。

10月10日▼**ふたつの目《め》で見《み》たものがひとつになるのはなぜ？**……313
●目《め》に入《はい》ったふたつの景色《けしき》を脳《のう》がひとつにまとめるから。

10月11日▼**どうして運動《うんどう》したあと筋肉《きんにく》が痛《いた》くなるの？**……314
●運動《うんどう》でできた「乳酸《にゅうさん》」が筋肉《きんにく》をつかれさせるから。

10月12日▼**どうして秋《あき》に鳴《な》く虫《むし》が多《おお》いの？**……315
●恋人《こいびと》をさがして子《こ》どもを残《のこ》すために鳴《な》く。

10月13日▼**どうしておいもを食《た》べるとおならが出《で》るの？**……316
●おいもは消化《しょうか》されにくいから。

10月14日▼**どうして新幹線《しんかんせん》は他《ほか》の電車《でんしゃ》よりずっと速《はや》いの？**……317
●車両《しゃりょう》や線路《せんろ》にいろいろな工夫《くふう》がされているから。

10月15日▼**キノコってどこに生《は》えているの？**……318
●しめった落《お》ち葉《ば》の下《した》などに生《は》えている。

10月16日▼**どうして天気《てんき》のいい日《ひ》はふとんを干《ほ》すの？**……319
●ふとんの水分《すいぶん》が乾《かわ》いてふかふかになるから。

10月17日▼**同《おな》じ指紋《しもん》をもつ人《ひと》はいないってホント？**……320
●ホント。すべての人《ひと》の指紋《しもん》は、一人《ひとり》ひとり、ぜんぶ違《ちが》う。

10月18日▼**どうして月《つき》はどこまでもついてくるの？**……321
●距離《きょり》がとても離《はな》れているから。

10月19日▼**イヌはなぜ電柱《でんちゅう》におしっこをするの？**……322
●群《む》れでくらしていたむかしのなごり。なわばりを示《しめ》すため。

10月20日▼**どうして鉄《てつ》は磁石《じしゃく》にくっつくの？**……323
●磁石《じしゃく》が近《ちか》づくと鉄《てつ》も磁石《じしゃく》になるから。

10月21日▼**どうして大人《おとな》は肩《かた》がこるの？**……324
●血液《けつえき》の流《なが》れが悪《わる》くなり、筋肉《きんにく》がかたくなるから。

こたえ一覧《いちらん》（10～11月《がつ》）

10月22日▼**星座《せいざ》ってだれが決《き》めたの？**……325
●むかしからあるものを参考《さんこう》に、学者《がくしゃ》たちが決《き》めた。

10月23日▼**ハムスターがエサをほっぺにつめるのはなぜ？**……326
●見《み》つけたエサを運《はこ》んだり、ためたりするため。

10月24日▼**お金《かね》はどこでつくっているの？**……327
●お札《さつ》は国立印刷局《こくりついんさつきょく》で、硬貨《こうか》は造幣局《ぞうへいきょく》で。

10月25日▼**山《やま》の高《たか》さはどうやってはかったの？**……328
●三角形《さんかっけい》の辺《へん》の長《なが》さを出《だ》す方法《ほうほう》を使《つか》っている。

10月26日▼**おへそってなんのためにあるの？**……329
●お母《かあ》さんのお腹《なか》の中《なか》で、栄養《えいよう》や酸素《さんそ》をもらうため。

10月27日▼**粘土《ねんど》はどうしてネバネバしているの？**……330
●「油粘土《あぶらねんど》」には、土《つち》だけでなく油《あぶら》も使《つか》われているから。

10月28日▼**どうしてカメレオンはからだの色《いろ》を変《か》えるの？**……331
●周《まわ》りにあわせてからだの色《いろ》が変《か》わる仕組《しく》みをもつから。

10月29日▼**どうして火《ひ》は熱《あつ》いの？**……332
●燃《も》えているときには原子《げんし》が激《はげ》しく動《うご》き回《まわ》っているから。

10月30日▼**どうしてグルグル回《まわ》ると目《め》が回《まわ》るの？**……333
●脳《のう》が、まだからだが回《まわ》っているとかんちがいするから。

10月31日▼**ハロウィンってなにをする日《ひ》なの？**……334
●仮装《かそう》をして悪霊《あくりょう》を追《お》い払《はら》おうというお祭《まつ》り。

11月1日▼**どうしてイヌは地面《じめん》をひっかくのが好《す》きなの？**……336
●むかしむかし、野生《やせい》だったころのなごり。

11月2日▼**どうして水《みず》と油《あぶら》はまざらないの？**……337
●水《みず》は水《みず》、油《あぶら》は油《あぶら》で引《ひ》き寄《よ》せあってしまうから。

11月3日▼**どうして本《ほん》を読《よ》んだほうがいいの？**……338
●いろいろなことを、本《ほん》を通《とお》して学《まな》べるから。

11月4日▼**目《め》くそや耳《みみ》くそ、鼻《はな》くそってなあに？**……339
●それぞれの場所《ばしょ》から出《で》てきた「かす」のこと。

11月5日▼**どうしてパンダはササを食《た》べているの？**……340
●ササはいつでも食《た》べることができたから。

11月6日▼**どうして天気《てんき》のいい夜《よる》は急《きゅう》に寒《さむ》くなるの？**……341
●地面《じめん》から熱《ねつ》がうばわれて、気温《きおん》が下《さ》がって寒《さむ》くなるから。

11月7日▼**どうして秋《あき》になると紅葉《こうよう》するの？**……342
●冬《ふゆ》じたくをした木《き》の葉《は》っぱにたまった栄養《えいよう》が色《いろ》をつける。

11月8日▼**人間《にんげん》と他《ほか》の動物《どうぶつ》の手《て》が違《ちが》うのはどうして？**……343
●動物《どうぶつ》の前足《まえあし》にあたる手《て》で道具《どうぐ》を使《つか》うようになったから。

11月9日▼**消防車《しょうぼうしゃ》はどうして赤《あか》いの？**……344
●遠《とお》くから見《み》やすく、注意《ちゅうい》をひく色《いろ》だからといった理由《りゆう》から。

11月10日▼**どうしてトイレには和式《わしき》と洋式《ようしき》があるの？**……345
●むかしから日本《にほん》にあるものと外国《がいこく》から来《き》たものがあるから。

11月11日▼**どうして鏡《かがみ》にものがうつるの？**……346
●ものの表面《ひょうめん》からはね返《かえ》った光《ひかり》を、鏡《かがみ》がはね返《かえ》すから。

11月12日▼**皮《かわ》がむけてもまた新《あたら》しくできるのはなぜ？**……347
●からだの中《なか》に傷《きず》をなおすはたらきがあるから。

11月13日▼**葉《は》っぱの筋《すじ》ってなあに？**……348
●葉脈《ようみゃく》という、水《みず》や栄養《えいよう》を運《はこ》ぶための管《くだ》。

11月14日▼**電気《でんき》っていったいなあに？**……349
●電子《でんし》という小《ち》さなつぶの流《なが》れのこと。

11月15日▼**どうして七五三《しちごさん》のお祝《いわ》いをするの？**……350
●子《こ》どもの元気《げんき》な成長《せいちょう》を節目《ふしめ》の年《とし》に祝《いわ》うため。

11月16日▼**どうしておしっこは黄色《きいろ》いの？**……351
●古《ふる》くなった血《ち》に含《ふく》まれる、おしっこを黄色《きいろ》くする物質《ぶっしつ》のため。

11月17日▼**どうしてバラにはとげがあるの？**……352
●くきを守《まも》るためなどさまざまな理由《りゆう》が考《かんが》えられる。

11月18日▼**飛行機雲《ひこうきぐも》ってどうしてできるの？**……353
●エンジンから出《で》た排気《はいき》ガスの中《なか》に含《ふく》まれる水《みず》が雲《くも》になる。

11月19日▼**山《やま》びこはどうして起《お》きるの？**……354
●声《こえ》が遠《とお》くの山《やま》にぶつかってはね返《かえ》ってくるから。

11月20日▼**毎日《まいにち》どれくらいの赤《あか》ちゃんが生《う》まれているの？**……355
●約《やく》38万人《まんにん》の赤《あか》ちゃんが生《う》まれている。

11月21日▼**どうして同《おな》じ人間《にんげん》でもはだや髪《かみ》の色《いろ》が違《ちが》うの？**……356
●地域《ちいき》によって紫外線《しがいせん》の量《りょう》が違《ちが》うから。

11月22日▼**どうして魚《さかな》は水《みず》の中《なか》でも息《いき》ができるの？**……357
●水《みず》の中《なか》に溶《と》けている酸素《さんそ》をエラを使《つか》って取《と》り出《だ》せるから。

11月23日▼**どうして大人《おとな》はお仕事《しごと》をするの？**……358
●人《ひと》の役《やく》に立《た》つことで、自分《じぶん》もしあわせになれるから。

11月24日▼**どうして冬《ふゆ》になると風《かぜ》が冷《つめ》たくなるの？**……359
●シベリア大陸《たいりく》のほうから北西《ほくせい》の冷《つめ》たい季節風《きせつふう》が吹《ふ》くから。

11月25日▼**朝《あさ》と夜《よる》で身長《しんちょう》が変《か》わるってホント？**……360
●ホント。椎間板《ついかんばん》というところがちぢむから。

11月26日▼**いびきはどうして出《で》るの？**……361
●のどや鼻《はな》の空気《くうき》の通《とお》り道《みち》がせまくなるから。

ジャンル別索引《べつさくいん》

生《い》きもののふしぎ

宇宙《うちゅう》のふしぎ

科学《かがく》のふしぎ

自然《しぜん》のふしぎ

人体《じんたい》のふしぎ

ジャンル別《べつ》　索引《さくいん》

みのまわりのふしぎ

‥‥ 執筆・イラスト作成・写真協力・参考文献 ‥‥

【執筆】
天野勢津子（あまちゃ工房）　池田千波留　井沢秋生　石井悠美子　石崎未紀（キャッツイヤー）　沖田千絵子　小田宏一[shuwriters]　上江洲規子　堤谷孝人（ルートツー）　中村典子　野口剛正　平井基一　星野真司　鷲尾康彰

【イラスト作成】

天野勢津子（あまちゃ工房）　池田聡男（池だ工房）　さややん。　鳥居春香（キャッツイヤー）　モリアート

【写真協力】
板津亮、JAXA、NASA

【参考文献】
学研まんが　ひみつシリーズ『魚のひみつ』『植物のひみつ』　学研まんが　新ひみつシリーズ『1年366日のひみつ』『宇宙・星のひみつ』『からだのひみつ』『地球のひみつ』『動物のひみつ』（以上、学研ホールディングス）、小学館の図鑑NEOシリーズ『宇宙』『地球』（以上、小学館）、『ナショナルジオグラフィック日本語版』（日経ナショナルジオグラフィック社）、『Newton』（株式会社ニュートンプレス）ほか

【実験記事参考WEBサイト】
NGKサイエンスサイト　http://www.ngk.co.jp/site/

D1458076

監　修

篠原菊紀（しのはら　きくのり）

1960年、長野県生まれ。東京大学大学院博士課程（健康教育学）を経て、現在、諏訪東京理科大学共通教育センター教授。東京理科大学総合研究機構併任教授。学生相談室長。専門は脳神経科学、応用健康科学。テレビ、雑誌等での解説・実験監修のほか、教育産業・アミューズメント事業などとの共同研究を多数行っている。近著に『脳がぐんぐん若返る！脳トレーニング』（永岡書店）、『「しなやか脳」でストレスを消す技術』（幻冬舎）、『2歳～5歳児の脳を育てる子ども体操』（講談社）、『子供が勉強にハマる脳の作り方』（フォレスト出版）など多数。

編集協力・本文デザイン　エディット（野口剛正、加納清花）
装丁イラスト　YOUCHAN（トゴル・カンパニー）
装丁デザイン　髙垣智彦（かわうそ部長）

考える力・知的好奇心を育てる
子どもに教えたい ふしぎのお話365

監　修　篠原菊紀
発行者　永岡修一
発行所　株式会社永岡書店
〒176-8518
東京都練馬区豊玉上 1-7-14
電話　03-3992-5155（代表）
03-3992-7191（編集）
DTP　千里
印刷所　末広印刷
製本所　若林製本工場

ISBN978-4-522-43066-8　C8076
落丁本、乱丁本はお取り替えいたします。⑨